中国民族统计年鉴 2022

CHINA'S ETHNIC STATISTICAL YEARBOOK 2022

国家民族事务委员会共同发展司
国家统计局国民经济综合统计司 编

图书在版编目（CIP）数据

中国民族统计年鉴. 2022 = China’s Ethnic Statistical Yearbook 2022 / 国家民族事务委员会共同发展司, 国家统计局国民经济综合统计司编. -- 北京 : 中国统计出版社, 2024.2
ISBN 978-7-5230-0403-6

Ⅰ. ①中… Ⅱ. ①国… ②国… Ⅲ. ①民族地区－统计资料－中国－2022－年鉴 Ⅳ. ①D633-54

中国国家版本馆 CIP 数据核字(2024)第 046411 号

中国民族统计年鉴 2022

作　　者/国家民族事务委员会共同发展司　国家统计局国民经济综合统计司
责任编辑/郭　栋
封面设计/李雪燕
出版发行/中国统计出版社有限公司
通信地址/北京市丰台区西三环南路甲 6 号　邮政编码/100073
出版电话/邮购（010）63376907　书店（010）68783172
网　　址/http://www.zgtjcbs.com
印　　刷/河北鑫兆源印刷有限公司
经　　销/新华书店
开　　本/880×1230mm　1/16
印　　张/40.25
字　　数/1240 千字
版　　别/2024 年 2 月第 1 版
版　　次/2024 年 2 月第 1 次印刷
定　　价/360.00 元

《中国民族统计年鉴 2022》
编辑委员会名单

总顾问　潘　岳

顾　问　边巴扎西　盛来运

主　编　张志刚　　付凌晖

副主编　范振军　　姜雷光

编　委　国家民委

陈传康　国家民委共同发展司规划统计处处长

万晓璐　国家民委共同发展司规划统计处二级调研员

马　帅　国家民委共同发展司规划统计处四级调研员

侯　运　国家民委共同发展司规划统计处一级主任科员

罗　胜　国家民委共同发展司规划统计处干部

国家统计局

李　研　国家统计局国民经济综合统计司数据服务处处长

王亚娟　国家统计局国民经济综合统计司资料处二级主任科员

郎泽宇　国家统计局国民经济综合统计司资料处二级主任科员

刘　晨　国家统计局国民经济综合统计司资料处干部

地方民委系统

丁希松　北京市民族宗教事务委员会副主任
元绍峰　天津市民族和宗教事务委员会副主任
范战考　河北省民族事务委员会一级巡视员
黄　杰　山西省民族事务委员会主任
云国盛　内蒙古自治区民族事务委员会副主任
林　娜　辽宁省民族和宗教事务委员会副主任
孟庆东　吉林省民族事务委员会副主任
王玉升　黑龙江省民族宗教事务委员会主任
陈　昶　上海市民族和宗教事务局局长
邓　飞　江苏省民族宗教事务委员会副主任
金　伟　浙江省民族宗教事务委员会副主任
时先政　安徽省民族事务委员会主任
兰明尚　福建省民族与宗教事务厅厅长
廖　敏　江西省民族宗教事务局副局长
马　辉　山东省民族宗教事务委员会副主任
郭瑞疆　河南省民族宗教事务委员会副主任
赵军章　湖北省民族宗教事务委员会副主任
胡建新　湖南省民族宗教事务委员会副主任
金　萍　广东省民族宗教事务委员会副主任
翚永红　广西壮族自治区民族宗教事务委员会副主任
黎梁东　海南省民族宗教事务委员会副主任
杨　光　重庆市民族宗教事务委员会主任
刘向鸿　四川省民族宗教事务委员会副主任
周　舟　贵州省民族宗教事务委员会副主任
丹　业　云南省民族宗教事务委员会副主任
刘冬梅　西藏自治区民族事务委员会副主任
王晓斐　陕西省民族宗教事务委员会副主任
赵凌云　甘肃省民族事务委员会主任
德　措　青海省民族宗教事务委员会专职委员
陈建龙　宁夏回族自治区民族事务委员会主任
马合木提•吾卜喀斯木　新疆维吾尔自治区民族事务委员会主任
李　毅　新疆生产建设兵团民族宗教事务局局长

《中国民族统计年鉴 2022》
编辑工作人员名单

编者说明

一、由国家民族事务委员会主办的《中国民族统计年鉴》，是一部全面反映全国少数民族和民族自治地方国民经济社会发展情况的统计资料工具书。

二、本书由“统计资料篇”“附录”共 2 部分组成。

1.统计资料篇。分“民族自治地方”“陆地边境县”“牧区半牧区县”“民族乡”“全国少数民族发展情况”“其他资料”等 6 部分。涉及到的全国性统计数据均不包括台湾省和香港特别行政区、澳门特别行政区的资料。统计资料主要来源于国家政府主管部门、各级统计和民族工作部门。部分数据合计数或相对数由于单位取舍不同而产生的计算误差均未作机械调整。全部统计资料均经国民经济综合统计司审核。

2.附录。包括相关行政区划名单，以及历史、文化、旅游、文学、体育等相关内容。

目　　录

统计资料篇

民族自治地方

十九、社会服务

陆地边境县

牧区半牧区县

民族乡

全国少数民族发展情况

一、人口

其他资料

附　录

统计资料篇

分“民族自治地方”“陆地边境县”“牧区半牧区县”“民族乡”“全国少数民族发展情况”“其他资料”6部分。涉及到的全国性统计数据均不包括台湾省和香港特别行政区、澳门特别行政区的资料。统计资料主要来源于国家政府主管部门、各级统计和民族工作部门。部分数据合计数或相对数由于单位取舍不同而产生的计算误差均未作机械调整。全部统计资料均经国家统计局国民经济综合统计司审核。

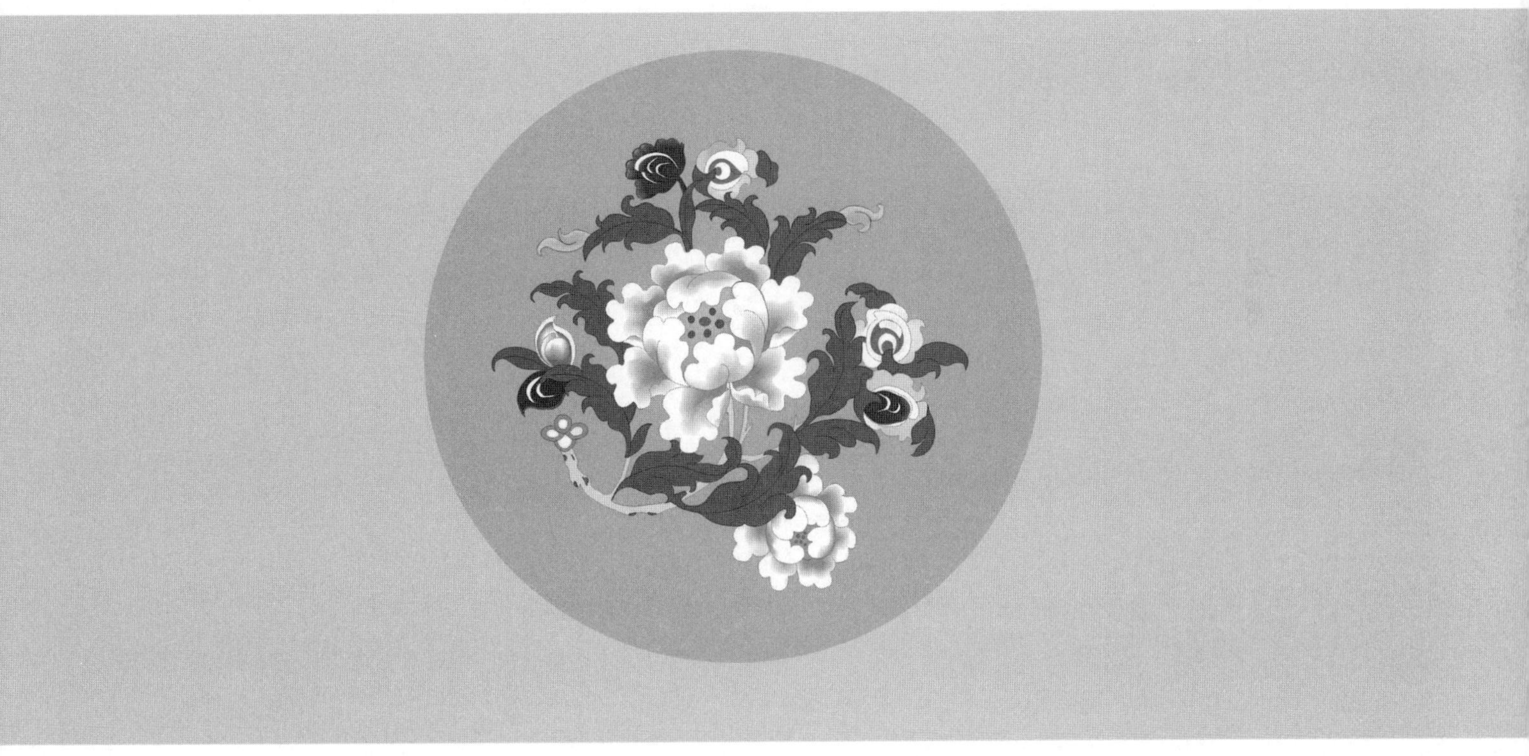

民族自治地方

一、行政区划

1–1 民族自治地方行政区划（2021年末）

省级		地级		县级		乡级
合计	行政区划单位	合计	行政区划单位	合计	行政区划单位	行政区划单位
5	5 自治区	77	38 地级市 6 地区 30 自治州 3 盟	715	94 市辖区 89 县级市 363 县 49 旗 117 自治县 3 自治旗	8592
河　北				6	6 自治县	122
内蒙古		12	9 地级市 3 盟	103	23 市辖区 11 县级市 17 县 49 旗 3 自治旗	1025
辽　宁				8	8 自治县	171
吉　林		1	1 自治州	11	6 县级市 2 县 3 自治县	153
黑龙江				1	1 自治县	11
浙　江				1	1 自治县	21
湖　北		1	1 自治州	10	2 县级市 6 县 2 自治县	109
湖　南		1	1 自治州	15	1 县级市 7 县 7 自治县	230
广　东				3	3 自治县	23
广　西		14	14 地级市	111	41 市辖区 10 县级市 48 县 12 自治县	1118

1—1 续表

省级	地级			县级			乡级
行政区划单位	合计	行政区划单位		合计	行政区划单位		行政区划单位
海　南				6	6	自治县	66
重　庆				4	4	自治县	138
四　川	3	3	自治州	51	4 43 4	县级市 县 自治县	997
贵　州	3	3	自治州	46	5 30 11	县级市 县 自治县	654
云　南	8	8	自治州	78	13 36 29	县级市 县 自治县	820
西　藏	7	6 1	地级市 地区	74	8 66	市辖区 县	699
甘　肃	2	2	自治州	21	2 12 7	县级市 县 自治县	281
青　海	6	6	自治州	36	5 24 7	县级市 县 自治县	333
宁　夏	5	5	地级市	22	9 2 11	市辖区 县级市 县	242
新　疆	14	4 5 5	地级市 地区 自治州	107	13 28 60 6	市辖区 县级市 县 自治县	1379

1-2 民族自治地方的地级、县级行政区划（2021年末）

地区	数量	县（旗）、市名称
河　北	6 自治县	秦皇岛市：青龙满族自治县 承德市：丰宁满族自治县、宽城满族自治县、围场满族蒙古族自治县 沧州市：孟村回族自治县 廊坊市：大厂回族自治县
内蒙古	9 地级市 3 盟 23 市辖区 11 县级市 17 县 49 旗 3 自治旗	*呼和浩特市：新城区、回民区、玉泉区、赛罕区、托克托县、和林格尔县、清水河县、武川县、土默特左旗 *包头市：昆都仑区、东河区、青山区、石拐区、白云鄂博矿区、九原区、固阳县、土默特右旗、达尔罕茂明安联合旗 *乌海市：海勃湾区、海南区、乌达区 *赤峰市：红山区、元宝山区、松山区、林西县、宁城县、阿鲁科尔沁旗、巴林左旗、巴林右旗、克什克腾旗、翁牛特旗、喀喇沁旗、敖汉旗 *通辽市：科尔沁区、霍林郭勒市、开鲁县、科尔沁左翼中旗、科尔沁左翼后旗、库伦旗、奈曼旗、扎鲁特旗 *鄂尔多斯市：康巴什区、东胜区、达拉特旗、准格尔旗、鄂托克前旗、鄂托克旗、杭锦旗、乌审旗、伊金霍洛旗 *呼伦贝尔市：海拉尔区、扎赉诺尔区、满洲里市、牙克石市、扎兰屯市、额尔古纳市、根河市、阿荣旗、陈巴尔虎旗、新巴尔虎左旗、新巴尔虎右旗、莫力达瓦达斡尔族自治旗、鄂伦春自治旗、鄂温克族自治旗 *巴彦淖尔市：临河区、五原县、磴口县、乌拉特前旗、乌拉特中旗、乌拉特后旗、杭锦后旗 *乌兰察布市：集宁区、丰镇市、卓资县、化德县、商都县、兴和县、凉城县、察哈尔右翼前旗、察哈尔右翼中旗、察哈尔右翼后旗、四子王旗 兴安盟：乌兰浩特市、阿尔山市、突泉县、科尔沁右翼前旗、科尔沁右翼中旗、扎赉特旗 锡林郭勒盟：锡林浩特市、二连浩特市、多伦县、阿巴嘎旗、苏尼特左旗、苏尼特右旗、东乌珠穆沁旗、西乌珠穆沁旗、太仆寺旗、镶黄旗、正镶白旗、正蓝旗 阿拉善盟：阿拉善左旗、阿拉善右旗、额济纳旗
辽　宁	8 自治县	鞍山市：岫岩满族自治县 抚顺市：新宾满族自治县、清原满族自治县 本溪市：本溪满族自治县、桓仁满族自治县 丹东市：宽甸满族自治县 阜新市：阜新蒙古族自治县 朝阳市：喀喇沁左翼蒙古族自治县
吉　林	1 自治州 6 县级市 2 县 3 自治县	四平市：伊通满族自治县 白山市：长白朝鲜族自治县 松原市：前郭尔罗斯蒙古族自治县 延边朝鲜族自治州：延吉市、图们市、敦化市、珲春市、龙井市、和龙市、汪清县、安图县
黑龙江	1 自治县	大庆市：杜尔伯特蒙古族自治县
浙　江	1 自治县	丽水市：景宁畲族自治县
湖　北	1 自治州 2 县级市 6 县 2 自治县	宜昌市：长阳土家族自治县、五峰土家族自治县 恩施土家族苗族自治州：恩施市、利川市、建始县、巴东县、宣恩县、咸丰县、来凤县、鹤峰县

注：1.内蒙古行政区划中的旗相当于县。

2.表中有*号的为民族自治地方所辖地级市。

1-2　续表 1

地区	数量	县（旗）、市名称
湖　南	1 自治州 1 县级市 7 县 7 自治县	邵阳市：城步苗族自治县 永州市：江华瑶族自治县 怀化市：麻阳苗族自治县、新晃侗族自治县、芷江侗族自治县、 靖州苗族侗族自治县、通道侗族自治县 湘西土家族苗族自治州：吉首市、泸溪县、凤凰县、花垣县、保靖县、 古丈县、永顺县、龙山县
广　东	3 自治县	韶关市：乳源瑶族自治县 清远市：连山壮族瑶族自治县、连南瑶族自治县
广　西	14 地级市 41 市辖区 10 县级市 48 县 12 自治县	*南宁市：青秀区、兴宁区、江南区、西乡塘区、良庆区、邕宁区、 武鸣区、横州市、隆安县、马山县、上林县、宾阳县 *柳州市：柳北区、城中区、鱼峰区、柳南区、柳江区、柳城县、 鹿寨县、融安县、融水苗族自治县、三江侗族自治县 *桂林市：临桂区、秀峰区、叠彩区、象山区、七星区、雁山区、 荔浦市、阳朔县、灵川县、全州县、兴安县、永福县、 灌阳县、资源县、平乐县、龙胜各族自治县、恭城瑶族自治县 *梧州市：长洲区、万秀区、龙圩区、岑溪市、苍梧县、藤县、蒙山县 *北海市：海城区、银海区、铁山港区、合浦县 *防城港市：港口区、防城区、东兴市、上思县 *钦州市：钦南区、钦北区、灵山县、浦北县 *贵港市：港北区、港南区、覃塘区、桂平市、平南县 *玉林市：玉州区、福绵区、北流市、容县、陆川县、博白县、兴业县 *百色市：右江区、田阳区、靖西市、平果市、田东县、德保县、 那坡县、凌云县、乐业县、田林县、西林县、隆林各族自治县 *贺州市：八步区、平桂区、昭平县、钟山县、富川瑶族自治县 *河池市：宜州区、金城江区、南丹县、天峨县、凤山县、东兰县、 罗城仫佬族自治县、环江毛南族自治县、巴马瑶族自治县、 都安瑶族自治县、大化瑶族自治县 *来宾市：兴宾区、合山市、忻城县、象州县、武宣县、金秀瑶族自治县 *崇左市：江州区、凭祥市、扶绥县、宁明县、龙州县、大新县、天等县
海　南	6 自治县	白沙黎族自治县、昌江黎族自治县、乐东黎族自治县、 陵水黎族自治县、保亭黎族苗族自治县、琼中黎族苗族自治县
重　庆	4 自治县	石柱土家族自治县、秀山土家族苗族自治县、 酉阳土家族苗族自治县、彭水苗族土家族自治县
四　川	3 自治州 4 县级市 43 县 4 自治县	绵阳市：北川羌族自治县 乐山市：峨边彝族自治县、马边彝族自治县 阿坝藏族羌族自治州：马尔康市、汶川县、理县、茂县、松潘县、 九寨沟县、金川县、小金县、黑水县、壤塘县、 阿坝县、若尔盖县、红原县 甘孜藏族自治州：康定市、泸定县、丹巴县、九龙县、雅江县、道孚县、 炉霍县、甘孜县、新龙县、德格县、白玉县、石渠县、 色达县、理塘县、巴塘县、乡城县、稻城县、得荣县、 凉山彝族自治州：西昌市、会理市、盐源县、德昌县、会东县、宁南县、 普格县、布拖县、金阳县、昭觉县、喜德县、冕宁县、 越西县、甘洛县、美姑县、雷波县、木里藏族自治县

1–2　续表 2

地区	数量	县（旗）、市名称
贵　州	3　自治州 5　县级市 30　县 11　自治县	遵义市：道真仡佬族苗族自治县、务川仡佬族苗族自治县 安顺市：镇宁布依族苗族自治县、关岭布依族苗族自治县、紫云苗族布依族自治县 毕节市：威宁彝族回族苗族自治县 铜仁市：玉屏侗族自治县、印江土家族苗族自治县、沿河土家族自治县、松桃苗族自治县 黔西南布依族苗族自治州：兴义市、兴仁市、普安县、晴隆县、贞丰县、望谟县、册亨县、安龙县 黔东南苗族侗族自治州：凯里市、黄平县、施秉县、三穗县、镇远县、岑巩县、天柱县、锦屏县、剑河县、台江县、黎平县、榕江县、从江县、雷山县、麻江县、丹寨县 黔南布依族苗族自治州：都匀市、福泉市、荔波县、贵定县、瓮安县、独山县、平塘县、罗甸县、长顺县、龙里县、惠水县、三都水族自治县
云　南	8　自治州 13　县级市 36　县 29　自治县	昆明市：石林彝族自治县、禄劝彝族苗族自治县、寻甸回族彝族自治县 玉溪市：峨山彝族自治县、新平彝族傣族自治县、元江哈尼族彝族傣族自治县 丽江市：玉龙纳西族自治县、宁蒗彝族自治县 普洱市：宁洱哈尼族彝族自治县、墨江哈尼族自治县、景东彝族自治县、景谷傣族彝族自治县、镇沅彝族哈尼族拉祜族自治县、江城哈尼族彝族自治县、孟连傣族拉祜族佤族自治县、澜沧拉祜族自治县、西盟佤族自治县 临沧市：双江拉祜族佤族布朗族傣族自治县、耿马傣族佤族自治县、沧源佤族自治县 楚雄彝族自治州：楚雄市、禄丰市、双柏县、牟定县、南华县、姚安县、大姚县、永仁县、元谋县、武定县 红河哈尼族彝族自治州：蒙自市、个旧市、开远市、弥勒市、建水县、石屏县、泸西县、元阳县、红河县、绿春县、屏边苗族自治县、金平苗族瑶族傣族自治县、河口瑶族自治县 文山壮族苗族自治州：文山市、砚山县、西畴县、麻栗坡县、马关县、丘北县、广南县、富宁县 西双版纳傣族自治州：景洪市、勐海县、勐腊县 大理白族自治州：大理市、祥云县、宾川县、弥渡县、永平县、云龙县、洱源县、剑川县、鹤庆县、漾濞彝族自治县、南涧彝族自治县、巍山彝族回族自治县 德宏傣族景颇族自治州：芒市、瑞丽市、梁河县、盈江县、陇川县 怒江傈僳族自治州：泸水市、福贡县、贡山独龙族怒族自治县、兰坪白族普米族自治县 迪庆藏族自治州：香格里拉市、德钦县、维西傈僳族自治县
西　藏	6　地级市 1　地区 8　市辖区 66　县	*拉萨市：城关区、堆龙德庆区、达孜区、林周县、当雄县、尼木县、曲水县、墨竹工卡县 *日喀则市：桑珠孜区、南木林县、江孜县、定日县、萨迦县、拉孜县、昂仁县、谢通门县、白朗县、仁布县、康马县、定结县、仲巴县、亚东县、吉隆县、聂拉木县、萨嘎县、岗巴县 *昌都市：卡若区、江达县、贡觉县、类乌齐县、丁青县、察雅县、八宿县、左贡县、芒康县、洛隆县、边坝县 *林芝市：巴宜区、工布江达县、米林县、墨脱县、波密县、察隅县、朗县 *山南市：乃东区、扎囊县、贡嘎县、桑日县、琼结县、曲松县、措美县、洛扎县、加查县、隆子县、错那县、浪卡子县 *那曲市：色尼区、嘉黎县、比如县、聂荣县、安多县、申扎县、索县、班戈县、巴青县、尼玛县、双湖县 阿里地区：噶尔县、普兰县、札达县、日土县、革吉县、改则县、措勤县

1-2　续表 3

<table>
<tr><th>地区</th><th>数量</th><th>县（旗）、市名称</th></tr>
<tr><td>甘　肃</td><td>2　自治州
2　县级市
12　县
7　自治县</td><td>天水市：张家川回族自治县
武威市：天祝藏族自治县
张掖市：肃南裕固族自治县
酒泉市：肃北蒙古族自治县、阿克塞哈萨克族自治县
临夏回族自治州：临夏市、临夏县、康乐县、永靖县、广河县、和政县、
东乡族自治县、积石山保安族东乡族撒拉族自治县
甘南藏族自治州：合作市、临潭县、卓尼县、舟曲县、迭部县、玛曲县、
碌曲县、夏河县</td></tr>
<tr><td>青　海</td><td>6　自治州
5　县级市
24　县
7　自治县</td><td>西宁市：大通回族土族自治县
海东市：民和回族土族自治县、互助土族自治县、化隆回族自治县、
循化撒拉族自治县
海北藏族自治州：海晏县、祁连县、刚察县、门源回族自治县
黄南藏族自治州：同仁市、尖扎县、泽库县、河南蒙古族自治县
海南藏族自治州：共和县、同德县、贵德县、兴海县、贵南县
果洛藏族自治州：玛沁县、班玛县、甘德县、达日县、久治县、玛多县
玉树藏族自治州：玉树市、杂多县、称多县、治多县、囊谦县、曲麻莱县
海西蒙古族藏族自治州：德令哈市、格尔木市、茫崖市、乌兰县、都兰县、天峻县</td></tr>
<tr><td>宁　夏</td><td>5　地级市
9　市辖区
2　县级市
11　县</td><td>*银川市：金凤区、兴庆区、西夏区、灵武市、永宁县、贺兰县
*石嘴山市：大武口区、惠农区、平罗县
*吴忠市：利通区、红寺堡区、青铜峡市、盐池县、同心县
*固原市：原州区、西吉县、隆德县、泾源县、彭阳县
*中卫市：沙坡头区、中宁县、海原县</td></tr>
<tr><td>新　疆</td><td>4　地级市
5　地区
5　自治州
13　市辖区
28　县级市
60　县
6　自治县</td><td>*乌鲁木齐市：天山区、沙依巴克区、新市区、水磨沟区、头屯河区、
达坂城区、米东区、乌鲁木齐县
*克拉玛依市：克拉玛依区、独山子区、白碱滩区、乌尔禾区
*吐鲁番市：高昌区、鄯善县、托克逊县
*哈密市：伊州区、巴里坤哈萨克自治县、伊吾县
阿克苏地区：阿克苏市、库车市、温宿县、沙雅县、新和县、拜城县、
乌什县、阿瓦提县、柯坪县
喀什地区：喀什市、疏附县、疏勒县、英吉沙县、泽普县、莎车县、
叶城县、麦盖提县、岳普湖县、伽师县、巴楚县、
塔什库尔干塔吉克自治县
和田地区：和田市、和田县、墨玉县、皮山县、洛浦县、策勒县、
于田县、民丰县
昌吉回族自治州：昌吉市、阜康市、呼图壁县、玛纳斯县、
奇台县、吉木萨尔县、木垒哈萨克自治县
博尔塔拉蒙古自治州：博乐市、阿拉山口市、精河县、温泉县
巴音郭楞蒙古自治州：库尔勒市、轮台县、尉犁县、若羌县、且末县、
和静县、和硕县、博湖县、焉耆回族自治县
克孜勒苏柯尔克孜自治州：阿图什市、阿克陶县、阿合奇县、乌恰县
伊犁哈萨克自治州：伊宁市、奎屯市、霍尔果斯市、
伊宁县、霍城县、巩留县、新源县、昭苏县、
特克斯县、尼勒克县、察布查尔锡伯自治县
塔城地区：塔城市、乌苏市、沙湾市、额敏县、托里县、裕民县、
和布克赛尔蒙古自治县
阿勒泰地区：阿勒泰市、布尔津县、富蕴县、福海县、哈巴河县、
青河县、吉木乃县
自治区直辖区县级行政单位：石河子市、阿拉尔市、图木舒克市、五家渠市、北屯市、
铁门关市、双河市、可克达拉市、昆玉市、胡杨河市、
新星市</td></tr>
</table>

主要统计指标解释

行政区划 指国家对行政区域的划分。根据有关法规规定，民族自治地方的行政区域划分如下：(1) 自治区分为地区（市、自治州）、县、自治县、市；(2) 自治州分为县、自治县、市；(3) 自治县分为乡、民族乡、镇。

自治区、自治州、自治县都是民族自治地方。

二、综　合

2-1 民族自治地方国民经济与社会发展主要指标

指　　标	总量指标					
	1990年	1995年	2000年	2005年	2010年	2020年
人口(万人)						
年底总人口	15296	16044	16818	17311	18531	19089
地区生产总值		**4901**	**7486**	**15706**	**38989**	**86925**
第一产业(亿元)		1629	2022	3300	6198	13747
第二产业(亿元)		1747	2834	6419	18809	29464
第三产业(亿元)		1526	2629	5987	13982	43714
人均地区生产总值(元)		3055	4451	8991	22060	47531
人民生活(元)						
城镇居民人均可支配收入						35987
农村居民人均可支配收入						13806
财政(亿元)						
地方一般公共预算收入	166.7	248	476	1026	3257	7730
地方一般公共预算支出	304.4	595	1173	3050	10512	31255
对外经济贸易(亿元)						
进出口总额						9397
出口额						5249
进口额						4148
农业						
农林牧渔总产值(亿元)		2537	3200	5349	10374	24260
主要农畜产品产量						
粮食产量(万吨)	5373	5801	6381	7187	8308	10637
棉花产量(万吨)	47	95	146	188	248	516
油料产量(万吨)	208	264	353	372	422	550
大牲畜年底头数(万头)	5286	5618	5566	6153	6068	5213
羊年底头数(万头)	11362	11906	13076	16391	14885	15893
猪年底头数(万头)	5668	7240	8201	8526	8141	6463
工业						
主要工业产品产量						
原盐(万吨)					701	1049
成品糖(万吨)	223	240	498	678	907	1024
天然气(亿立方米)					511	396
发电量(亿千瓦小时)	739	1187	1712	3052	6730	19228
粗钢(万吨)	368	700	647	1846	4005	9687
水泥(万吨)	1958	4296	5703	10156	21653	37388
规模以上工业企业(亿元)						
资产总计					45255	116385
营业收入					37395	60415
利润总额					4279	4349
建筑业						
建筑业总产值(亿元)			754	1656	5203	13940
施工房屋面积(万平方米)			9232	15964	35052	61322
竣工房屋面积(万平方米)			5326	8072	15418	19101

2021年	速度指标(%)								
	指数（2021年为以下各年）						平均增长速度		
	1990年	1995年	2000年	2005年	2010年	2020年	1991—2021年	1996—2021年	2001—2021年
19144	125.2	119.3	113.8	110.6	103.3	100.3	0.7	0.7	0.6
98523		**1256.7**	**814.8**	**468.2**	**239.7**	**107.1**		**10.2**	**10.5**
15258		397.2	302.4	229.4	229.4	107.3		5.4	5.4
35895		2068.4	1228.4	589.4	251.1	106.6		12.4	12.7
47369		1275.3	793.1	462.1	247.6	107.4		10.3	10.4
54042		1053.2	715.8	423.4	232.0	106.8		9.5	9.8
38718						107.6			
15199						110.1			
8497	5097.4	3425.0	1786.9	827.9	260.9	109.9	13.5	14.6	14.7
29500	9691.3	4957.2	2515.2	967.1	280.6	94.4	15.9	16.2	16.6
11006						117.1			
5832						111.1			
5166						124.5			
26980	4665.0	1063.6	843.2	504.3	260.1	111.2	13.2	9.5	10.7
11070	206.0	190.8	173.5	154.0	133.2	104.1	2.4	2.5	2.7
513	1091.5	542.3	350.8	273.0	206.5	99.4	8.0	6.7	6.2
536	257.9	203.2	151.9	144.2	127.0	97.5	3.1	2.8	2.0
5669	107.3	100.9	101.9	92.1	93.4	108.8	0.2		0.1
16632	146.4	139.7	127.2	101.5	111.7	104.7	1.2	1.3	1.2
7239	127.7	100.0	88.3	84.9	88.9	112.0	0.8		-0.6
1018					145.2	97.0			
1004	450.9	419.1	201.5	148.0	110.7	98.0	5.0	5.7	3.4
678					132.7	171.4			
21258	2877.4	1791.7	1241.4	696.5	315.9	110.6	11.4	11.7	12.7
9837	2670.8	1406.0	1520.2	532.8	245.6	101.5	11.2	10.7	13.8
37818	1931.7	880.3	663.1	372.4	174.7	101.2	10.0	8.7	9.4
134637					297.5	115.7			
85023					227.4	140.7			
8661					202.4	199.2			
15776			2091.5	952.7	303.2	113.2			15.6
66640			721.8	417.4	190.1	108.7			9.9
18722			351.5	231.9	121.4	98.0			6.2

2-1 续表

指　　标	总量指标					
	1990年	1995年	2000年	2005年	2010年	2020年
社会消费品零售总额(亿元)					**11686**	**27551**
交通运输业						
铁路营业里程(万公里)	1.31	1.70	1.43	1.69	2.12	3.58
公路里程(万公里)	29	33	42	59	91	141
客运量(亿人)						13.1
货运量(亿吨)						63.5
邮政电信						
邮政业务总量(亿元)						507
电信业务总量(亿元)						14703
互联网宽带接入用户(万户)						5532
金融(亿元)						
金融机构各项存款余额			7906	16324	46622	133128
金融机构各项贷款余额			6548	11300	30579	121330
教育						
在校学生数(万人)						
普通高等学校	13.6	18.6	34.2	100.0	161.9	279.8
普通高中和初中	610	632	873	1082	1050	1108
普通小学	1853	1889	1886	1668	1536	1621
专任教师数(万人)						
普通高等学校	2.8	3.7	3.6	6.3	9.5	13.7
普通高中和初中	41.5	41.5	47.9	61.1	67.4	81.0
普通小学	84.8	85.8	89.9	88.1	90.7	98.7
卫生						
医疗卫生机构数(万个)						15.0
卫生技术人员数(万人)	50.0	52.7	48.5	47.8	68.1	127.1
医疗卫生机构床位(万张)	33.2	35.7	36.1	38.4	55.7	112.6
文化						
出版数量						
图书(万册)	30166	42275	42310	41958	43099	70656
杂志(万册)	6552	6567	7018	8966	6962	6425
报纸(万份)	79120	94985	123277	169518	174848	152344
社会服务						
福利类收养单位床位数(万张)					27.3	43.1
城镇社区服务设施数(个)					6188	16349
城乡最低生活保障人数(万人)					1907	1252

注：1.本表速度指标中，国内生产总值及三次产业增加值均按可比价格计算；其他指标按绝对数计算。
2.2000、2010、2020年为常住人口数据，其余年份为户籍人口数据。

2021年	速度指标(%)								
	指数（2021年为以下各年）						平均增长速度		
	1990年	1995年	2000年	2005年	2010年	2020年	1991—2021年	1996—2021年	2001—2021年
30844					**263.9**	**112.0**			
3.66	279.3	215.2	256.3	216.5	172.3	102.1			4.6
148	502.5	444.4	348.4	250.3	161.8	104.9	5.3	5.9	6.1
11.8						90.2			
73.5						115.7			
423						83.3			
2735						18.6			
6317						114.2			
141986			1796.0	869.8	304.5	106.7			14.7
133640			2040.9	1182.7	437.0	110.1			15.4
309.2	2273.8	1662.6	904.2	309.2	191.0	110.5	10.6	11.4	11.1
1135	186.2	179.6	130.0	104.8	108.0	102.4	2.0	2.3	1.3
1684	90.9	89.2	89.3	101.0	109.6	103.9	-0.3	-0.4	-0.5
14.2	505.7	382.7	389.1	224.8	149.5	103.6	5.4	5.3	6.7
86.5	208.4	208.5	180.6	141.5	128.2	106.7	2.4	2.9	2.9
102.0	120.2	118.8	113.4	115.7	112.4	103.3	0.6	0.7	0.6
14.9						99.4			
138.5	277.0	262.6	285.4	289.5	203.5	109.0	3.3	3.8	5.1
120.0	361.6	336.2	332.3	312.2	215.4	106.6	4.2	4.8	5.9
77667	257.5	183.7	183.6	185.1	180.2	109.9	3.1	2.4	2.9
6449	98.4	98.2	91.9	71.9	92.6	100.4	-0.1	-0.1	-0.4
149353	188.8	157.2	121.2	88.1	85.4	98.0	2.1	1.8	0.9
46.6					170.7	108.1			
15695					253.6	96.0			
1185					62.1	94.6			

2-2 民族自治地方国民经济与社会发展主要指标占全国的比重

指　　标	1990年	1995年	2000年	2005年	2010年
人口与就业					
年底总人口	13.38	13.25	13.27	13.36	13.82
地区生产总值		**8.52**	**7.70**	**7.94**	**8.92**
第一产业		13.68	13.62	14.35	15.29
第二产业		6.50	6.19	6.62	8.55
第三产业		8.14	7.19	7.69	7.92
人均地区生产总值		60.54	56.65	63.98	67.00
人民生活					
城镇居民人均可支配收入					
农村居民人均可支配收入					
财政					
地方一般公共预算收入	8.60	8.31	7.42	6.80	8.02
地方一般公共预算支出	14.60	12.33	11.31	12.13	14.23
对外经济贸易					
进出口贸易			1.81	1.56	1.79
出口额			1.99	1.91	2.10
进口额			1.60	1.25	1.45
农业					
农林牧渔总产值	12.80	12.47	12.84	13.56	14.97
主要农牧产品					
粮食	12.00	12.43	15.75	14.85	15.20
棉花	10.40	19.84	33.11	32.89	41.68
油料	12.90	11.73	11.95	12.09	13.08
大牲畜年末头数	40.60	35.40	36.74	39.09	49.58
羊年末只数	54.10	43.00	45.04	43.98	53.00
猪年末头数	15.60	16.40	18.35	16.94	17.52
工业					
主要工业产品					
原盐					
成品糖	38.25	42.84	71.17	75.09	81.15
天然气					

2014年	2015年	2016年	2017年	2018年	2019年	2020年	2021年
13.71	13.54	13.55	13.63	13.57	13.56	13.52	13.55
10.12	**9.71**	**9.45**	**8.71**	**8.63**	**8.48**	**8.56**	**8.61**
16.41	16.33	16.49	16.40	17.39	17.69	17.68	18.36
10.92	10.44	10.06	8.41	8.20	7.54	7.67	7.96
8.21	7.94	7.81	7.76	7.76	7.95	7.89	7.77
73.60	70.37	73.37	66.41	65.60	64.51	66.02	66.74
					88.82	82.10	81.66
					80.06	80.59	80.29
8.74	8.49	8.18	7.94	7.73	7.81	7.72	7.65
15.01	14.48	12.58	14.81	14.87	14.59	14.85	14.01
2.51	2.61	2.76	2.55	2.87	3.02	2.92	2.82
3.09	2.84	2.73	2.56	2.81	3.14	2.93	2.68
1.82	2.30	2.79	2.55	2.95	2.88	2.92	2.97
11.10	15.77	15.74	17.28	17.34	17.53	17.61	18.35
16.11	15.77	15.85	15.29	15.75	15.96	15.89	16.21
59.61	63.09	67.92	80.82	83.79	84.97	87.35	89.52
13.84	14.50	15.59	16.57	15.52	16.29	15.34	14.84
47.98	45.72	49.70	57.79	53.21	52.01	50.78	54.06
53.90	52.96	53.18	55.41	53.96	53.31	51.84	52.02
18.77	18.64	19.14	18.82	16.29	16.85	15.06	16.11
				13.32	12.65	17.92	17.84
98.38	83.89	83.37	82.06	84.43	77.99	71.56	67.72
				22.80	20.73	20.56	32.68

2-2　续表

指　　标	1990年	1995年	2000年	2005年	2010年
发电量	11.90	11.80	12.63	12.33	16.00
粗钢	5.60	7.30	5.04	5.24	6.28
水泥	9.34	9.03	9.55	9.55	11.51
建筑业					
建筑业总产值			4.50	4.77	5.42
施工房屋面积					
竣工房屋面积					
运输					
铁路营业里程	24.50	31.10	24.30	22.41	23.28
公路线路里程	28.40	28.70	30.20	17.63	22.75
客运量					
货运量					
邮政电信					
邮政业务总量					
电信业务总量					
互联网宽带接入用户					
教育					
在校学生					
普通高等学校	6.59	6.40	6.15	6.40	7.25
普通高中和初中	13.29	11.76	11.85	14.88	13.64
普通小学	15.14	14.32	14.49	15.35	15.45
专任教师					
普通高等学校	7.09	9.23	7.86	6.48	7.05
普通高中和初中	13.68	12.44	11.96	12.82	13.38
普通小学	15.19	15.15	15.35	15.75	16.15
卫生					
医疗卫生机构数	17.00	18.10	18.78	19.68	19.84
卫生技术人员	12.50	12.40	7.91	10.66	10.85
医疗卫生机构床位数	12.70	12.60	12.25	11.96	11.77

注：财政收支占全国的比重是指占全国地方财政收支的比重。

2014年	2015年	2016年	2017年	2018年	2019年	2020年	2021年
20.17	21.50	22.29	24.27	22.64	24.06	24.72	24.91
6.19	6.38	6.57	6.81	6.27	7.16	9.10	9.50
14.52	15.43	16.45	15.66	15.94	16.37	15.61	15.90
3.64	5.04	5.05	5.19	5.13	5.28	5.28	5.38
					4.01	4.10	4.23
					4.41	4.75	4.59
21.38	24.98	24.55	24.73	24.12	24.28	24.49	24.27
25.08	25.24	25.50	25.90	26.03	25.85	27.07	27.95
					18.01	13.58	14.26
					15.72	13.41	13.86
					2.47	2.41	3.08
					9.11	10.75	15.90
					10.29	11.44	11.79
7.27	7.65	7.77	8.11	8.16	8.11	8.00	8.08
15.11	14.81	15.16	15.12	15.28	13.72	14.96	14.89
15.57	15.10	15.13	15.24	15.21	15.40	15.12	15.63
7.00	6.95	7.10	7.28	7.28	7.34	7.45	7.59
14.42	15.53	14.15	14.34	14.34	13.28	13.99	14.41
13.73	15.54	15.74	15.31	15.54	15.33	15.35	15.45
21.68	19.54	4.94	5.05	5.58	5.59	5.55	14.48
8.64	11.87	11.91	11.94	11.83	11.83	11.91	12.32
11.85	11.76	12.34	13.36	11.00	12.92	12.36	12.70

2-3 民族自治地方分地区生产总值(2021年)

单位：亿元

地　　区	地　区 生产总值	第一产业	第二产业	第三产业	工　业	建筑业
合　　计	**98522.52**	**15258.18**	**35895.05**	**47369.27**	**27459.79**	**8651.88**
河　　北	888.95	196.96	266.60	425.40	227.81	38.96
内 蒙 古	20514.19	2225.23	9374.19	8914.77	7911.88	1462.31
辽　　宁	893.63	238.33	221.07	434.24	298.19	36.29
吉　　林	1102.79	186.09	336.12	580.59	256.24	79.99
黑 龙 江	113.23	46.05	19.84	47.34	15.29	4.54
浙　　江	80.67	6.94	18.25	55.48	10.14	8.12
湖　　北	1585.82	300.85	368.46	916.51	294.13	75.58
湖　　南	1448.30	244.15	436.41	767.74	368.38	68.89
广　　东	217.14	32.39	78.77	105.97	59.16	19.63
广　　西	24740.86	4015.51	8187.90	12537.45	6074.49	2128.82
海　　南	733.43	259.33	139.87	334.23	63.38	76.70
重　　庆	1010.07	146.65	306.39	557.03	176.76	129.64
四　　川	3006.76	636.43	950.17	1420.15	795.13	157.35
贵　　州	5906.49	1213.00	1709.68	2983.82	1279.60	477.05
云　　南	11216.92	2193.99	3771.78	5251.15	2381.36	1390.63
西　　藏	2080.17	164.12	757.28	1158.77	189.90	567.38
甘　　肃	761.54	144.20	143.15	474.19	93.89	56.33
青　　海	1715.59	287.44	820.21	607.94	594.62	157.02
宁　　夏	4522.31	364.48	2021.55	2136.28	1677.83	345.10
新　　疆	15983.65	2356.06	5967.36	7660.23	4691.61	1371.57

2-4 民族自治地方分地区生产总值指数和人均地区生产总值(2021年)

地　　区	地　区 生产总值 (以2020年为100)	第一产业	第二产业	第三产业	人均地区 生产总值 (元)
合　　计	**107.1**	**107.3**	**106.6**	**107.4**	**54042**
河　　北	102.5	106.9	96.2	104.0	47937
内 蒙 古	106.3	104.8	106.1	106.7	85422
辽　　宁	105.9	104.9	106.6	106.1	30348
吉　　林	107.3	107.2	107.1	107.3	36663
黑 龙 江	109.4	105.8	113.8	106.4	49334
浙　　江	105.5	101.9	104.1	106.5	72677
湖　　北	112.8	113.1	115.9	111.5	39979
湖　　南	107.9	108.8	108.8	107.1	32763
广　　东	110.5	109.4	110.5	110.9	51938
广　　西	107.5	108.2	106.7	107.7	49206
海　　南	108.4	103.3	115.6	109.6	46402
重　　庆	107.5	107.1	107.9	107.5	50022
四　　川	107.3	106.7	108.1	107.0	41010
贵　　州	107.9	107.7	108.1	107.7	40962
云　　南	107.7	108.2	107.8	107.4	51084
西　　藏	106.7	107.3	99.1	111.8	56831
甘　　肃	107.0	107.4	104.5	107.6	23414
青　　海	105.2	105.0	105.0	108.3	46216
宁　　夏	106.7	104.7	106.6	107.1	62549
新　　疆	107.0	107.9	106.7	106.9	61725

2-5 民族自治地方分地区生产总值构成(2021年)

单位：%

地　　区	地区生产总值	第一产业	第二产业	第三产业	工　业	建筑业
合　　计	**100**	**15.5**	**36.4**	**48.1**	**27.9**	**8.8**
河　　北	100	22.2	30.0	47.9	25.6	4.4
内 蒙 古	100	10.8	45.7	43.5	38.6	7.1
辽　　宁	100	26.7	24.7	48.6	33.4	4.1
吉　　林	100	16.9	30.5	52.6	23.2	7.3
黑 龙 江	100	40.7	17.5	41.8	13.5	4.0
浙　　江	100	8.6	22.6	68.8	12.6	10.1
湖　　北	100	19.0	23.2	57.8	18.5	4.8
湖　　南	100	16.9	30.1	53.0	25.4	4.8
广　　东	100	14.9	36.3	48.8	27.2	9.0
广　　西	100	16.2	33.1	50.7	24.6	8.6
海　　南	100	35.4	19.1	45.6	8.6	10.5
重　　庆	100	14.5	30.3	55.1	17.5	12.8
四　　川	100	21.2	31.6	47.2	26.4	5.2
贵　　州	100	20.5	28.9	50.5	21.7	8.1
云　　南	100	19.6	33.6	46.8	21.2	12.4
西　　藏	100	7.9	36.4	55.7	9.1	27.3
甘　　肃	100	18.9	18.8	62.3	12.3	7.4
青　　海	100	16.8	47.8	35.4	34.7	9.2
宁　　夏	100	8.1	44.7	47.2	37.1	7.6
新　　疆	100	14.7	37.3	47.9	29.4	8.6

2-6 自治区、自治州、自治县(旗)基本情况(2021年)(一)

地　　区	年末总人口（万人）	#少数民族	少数民族占总人口（%）	地区生产总值（亿元）	第一产业（亿元）	第二产业（亿元）	第三产业（亿元）
5个自治区合计	**11117.00**	**4546.13**	**40.89**	**67841.18**	**9125.39**	**26308.29**	**32407.50**
内蒙古自治区	2400.00	567.75	23.66	20514.19	2225.23	9374.19	8914.77
广西壮族自治区	5037.00	1891.43	37.55	24740.86	4015.51	8187.90	12537.45
西藏自治区	366.00	320.47	87.56	2080.17	164.12	757.28	1158.77
宁夏回族自治区	725.00	273.26	37.69	4522.31	364.48	2021.55	2136.28
新疆维吾尔自治区	2589.00	1493.22	57.68	15983.65	2356.06	5967.36	7660.23
30个自治州合计	**5881.52**	**3516.66**	**59.79**	**27398.86**	**5049.70**	**9481.16**	**12868.00**
吉林省							
延边朝鲜族自治州	202.94	80.78	39.80	801.17	68.55	297.07	435.55
湖北省							
恩施土家族苗族自治州	401.13	219.20	54.65	1302.37	224.51	299.26	778.60
湖南省							
湘西土家族苗族自治州	247.63	191.84	77.47	792.11	114.00	239.19	438.91
四川省							
阿坝藏族羌族自治州	89.66	73.30	81.75	449.63	88.30	108.13	253.20
凉山彝族自治州	538.25	311.85	57.94	1901.18	431.63	650.90	818.64
甘孜藏族自治州	109.17	95.89	87.84	447.04	79.36	116.93	250.75
贵州省							
黔东南苗族侗族自治州	489.86	400.94	81.85	1255.04	260.67	274.56	719.81
黔南布依族苗族自治州	428.31	257.57	60.14	1747.41	274.49	624.70	848.22
黔西南布依族苗族自治州	373.46	157.00	42.04	1506.37	265.29	523.29	717.79
云南省							
西双版纳傣族自治州	101.81	79.28	77.87	676.15	159.18	172.95	344.03
文山壮族苗族自治州	344.40	201.48	58.50	1298.77	237.29	471.50	589.98
红河哈尼族彝族自治州	469.76	289.52	61.63	2742.12	370.89	1118.59	1252.64
德宏傣族景颇族自治州	131.60	60.33	45.84	556.21	123.60	112.50	320.11
怒江傈僳族自治州	56.41	53.01	93.97	234.11	35.51	89.35	109.26
迪庆藏族自治州	37.14	33.17	89.31	293.27	19.61	110.52	163.14
大理白族自治州	364.53	191.98	52.67	1632.99	371.92	461.22	799.86
楚雄彝族自治州	265.53	97.93	36.88	1608.12	311.32	675.68	621.12
甘肃省							
临夏回族自治州	245.90	161.10	65.51	373.79	65.28	72.89	235.62
甘南藏族自治州	75.34	48.69	64.63	230.04	42.34	28.63	159.07
青海省							
海北藏族自治州	29.52	20.39	69.07	100.40	30.31	16.79	53.30
黄南藏族自治州	27.85	25.97	93.25	110.45	30.83	25.74	53.89
海南藏族自治州	44.84	34.87	77.77	193.61	51.59	80.97	61.05

注：本表人口均指户籍人口。

地区生产总值增长速度(%)	人均地区生产总值(元)	地方一般公共预算收入(亿元)	地方一般公共预算支出(亿元)	城镇居民人均可支配收入(元)	农村居民人均可支配收入(元)	规模以上工业企业数(个)	规模以上工业企业资产总计(亿元)	农林牧渔业总产值(亿元)	农业机械总动力(万千瓦特)
6.92	**61061**	**6444.34**	**19877.92**	**39946**	**16474**	**17007**	**105058.40**	**16497.78**	**12371.37**
6.26	85422	2349.95	5239.57	44377	18337	3291	38824.52	3815.12	4239.42
7.50	49206	1800.15	5806.54	38530	16363	8065	23622.06	6524.39	3886.35
6.69	56831	215.62	2027.01	46503	16932	186	2253.34	255.34	595.90
6.70	62549	460.01	1427.89	38291	15337	1383	12133.90	759.81	653.82
6.96	61725	1618.61	5376.91	37642	15575	4082	28224.58	5143.12	2995.88
7.52	**46325**	**2030.27**	**8539.73**	**36498**	**14179**	**6199**	**30855.92**	**7512.23**	**4952.55**
6.80	39312	54.26	271.17	31122	14905	286	893.00	128.33	303.34
11.70	38011	75.51	376.49	34054	13307	364	477.60	412.20	254.73
8.70	31935	146.09	327.53	29774	12332	307	365.92	201.13	198.00
7.50	54900	31.85	309.98	40132	17161	139	638.19	153.20	77.09
7.20	39130	172.79	624.18	37452	16808	312	4024.34	742.56	369.21
7.00	40347	46.14	409.63	39497	15379	73	1627.46	120.52	102.80
5.20	33464	68.76	460.92	37425	12289	295	557.96	455.59	303.20
8.30	50089	115.04	446.52	38713	14237	905	1470.64	473.91	331.66
9.30	50070	113.56	382.17	38251	12623	433	1365.36	444.63	305.90
7.80	51812	40.26	144.03	36242	17108	116	373.64	265.10	98.23
8.10	37391	68.22	347.33	36810	13249	174	902.48	387.64	356.73
9.10	61524	160.62	505.10	40930	15039	477	2261.15	607.02	247.90
-5.10	42233	46.22	195.52	32836	12418	143	388.04	197.83	151.60
7.30	42297	15.84	128.80	29639	8602	25	337.51	54.97	38.60
6.50	75488	16.11	145.74	42402	11339	24	431.48	32.51	45.41
7.00	49046	111.78	302.67	41740	15023	261	1476.42	679.41	256.32
11.20	66893	93.06	297.06	42152	14392	358	1451.01	526.51	267.42
8.10	17677	23.12	308.45	24902	9006	70	19.88	119.38	99.40
4.80	33272	10.19	198.16	29481	10142	40	87.72	44.69	42.25
3.20	34013	6.46	67.52	37827	16351	32	85.19	43.57	52.35
1.20	39802	4.87	110.11	37093	11679	17	38.06	39.04	21.30
4.50	43230	16.78	114.12	36503	14613	47	470.14	73.22	55.97

2-6(一) 续表 1

地 区	年末总人口（万人）	#少数民族	少数民族占总人口（%）	地区生产总值（亿元）	第一产业（亿元）	第二产业（亿元）	第三产业（亿元）
果洛藏族自治州	21.77	20.23	92.93	51.50	10.03	16.23	25.25
玉树藏族自治州	42.37	41.41	97.73	71.10	41.88	8.51	20.71
海西蒙古族藏族自治州	40.31	13.75	34.11	713.78	43.49	469.30	200.99
新疆维吾尔自治区							
昌吉回族自治州	162.00	41.78	25.79	1698.21	277.05	812.72	608.44
巴音郭楞蒙古自治州	150.92	61.72	40.90	1298.87	204.16	683.76	410.95
克孜勒苏柯尔克孜自治州	62.22	55.69	89.50	197.84	23.49	65.99	108.36
博尔塔拉蒙古自治州	49.00	16.65	33.98	448.03	101.67	135.75	210.61
伊犁哈萨克自治州	277.89	179.34	64.54	2667.18	691.46	717.56	1258.17
120个自治县(旗)合计	**3729.26**	**2359.32**	**63.27**	**12335.70**	**3050.55**	**3347.51**	**5937.64**
河北省							
大厂回族自治县	16.01	3.46	21.59	174.18	4.95	32.34	136.89
孟村回族自治县	22.85	6.04	26.44	100.82	8.15	50.81	41.86
青龙满族自治县	55.77	41.74	74.85	132.39	50.33	28.28	53.78
丰宁满族自治县	40.36	29.38	72.78	141.70	36.42	45.20	60.07
围场满族蒙古族自治县	53.10	35.61	67.06	191.92	75.22	48.59	68.12
宽城满族自治县	26.02	19.85	76.29	147.94	21.88	61.38	64.69
内蒙古自治区							
鄂伦春自治旗	23.53	3.03	12.88	75.09	32.14	8.43	34.52
莫力达瓦达斡尔族自治旗	30.99	7.02	22.64	93.26	60.72	5.25	27.30
鄂温克族自治旗	13.54	6.02	44.46	148.28	10.98	94.46	42.83
辽宁省							
阜新蒙古族自治县	69.33	16.00	23.08	164.92	63.13	36.05	65.74
喀喇沁左翼蒙古族自治县	41.33	9.67	23.39	107.85	39.22	21.15	47.48
岫岩满族自治县	49.40	46.40	93.93	151.83	27.67	34.24	89.92
新宾满族自治县	27.93	23.74	85.00	52.63	18.03	8.13	26.47
清原满族自治县	30.72	21.22	69.08	60.62	18.83	14.02	27.77
本溪满族自治县	27.31	18.50	67.74	137.10	18.84	48.57	69.69
桓仁满族自治县	28.27	16.11	56.99	111.70	22.52	28.54	60.65
宽甸满族自治县	40.58	25.34	62.45	106.98	30.09	30.37	46.53
吉林省							
长白朝鲜族自治县	7.44	1.35	18.15	38.77	6.06	9.28	23.43
前郭尔罗斯蒙古族自治县	56.64	6.57	11.61	159.98	65.10	22.00	72.89
伊通满族自治县	43.15	16.89	39.15	102.88	46.38	7.77	48.72
黑龙江省							
杜尔伯特蒙古族自治县	22.95	4.63	20.17	113.23	46.05	19.84	47.34
浙江省							
景宁畲族自治县	16.83	2.02	12.01	80.67	6.94	18.25	55.48

地区生产总值增长速度(%)	人均地区生产总值(元)	地方一般公共预算收入(亿元)	地方一般公共预算支出(亿元)	城镇居民人均可支配收入(元)	农村居民人均可支配收入(元)	规模以上工业企业数(个)	规模以上工业企业资产总计(亿元)	农林牧渔业总产值(亿元)	农业机械总动力(万千瓦特)
2.20	23776	3.11	102.05	39919	10776	5	111.88	12.16	
8.00	16648	2.82	115.32	39523	10763			48.20	
4.10	152378	75.90	149.49	38819	17590	184	2327.37	67.38	43.43
7.00	96547	157.91	297.69	37191	23140	463	4370.17	265.59	269.29
6.40	30335	93.88	291.17	35958	21260	232	2333.74	309.02	
6.80	31797	17.79	179.09	31115	9878	47	279.55	51.66	54.39
9.20	91519	34.44	132.18	36859	21379	127	203.51	115.55	85.06
7.20	57579	206.88	799.53	35574	17199	243	1486.54	439.70	520.97
7.50	**38853**	**666.07**	**3780.59**	**34816**	**14216**	**3284**	**9381.41**	**5259.55**	**2921.08**
1.30	100828	34.74	44.09	49937	21694	70	122.78	7.73	
8.30	44121	4.92	16.49	39747	15891	75	94.85	14.88	28.26
6.20	31127	6.08	26.76	40208	14442	34	118.56	89.69	
8.40	38715	8.41	51.33	29132	11620	32	323.57	62.69	51.62
8.40	45458	6.85	47.60	30586	12552	43	305.00	113.88	67.50
-12.80	61732	13.41	26.09	39463	17245	64	292.30	32.40	9.06
5.80	43266	1.50	27.31	30100	12779	4	9.22	61.32	77.24
4.25	40931	1.93	30.99	27657	13846	4	9.46	98.69	151.30
0.11	105422	7.89	21.43	35740	28885	15	317.30	20.97	20.61
7.00	23787	8.87	41.97	32842	19709	71	246.32	160.54	180.64
5.90	31426	7.44	30.21		16732	65	68.12	81.65	31.00
6.40	30712	10.04	35.35	22742	19785	57	79.93	46.15	25.20
1.10	18842	6.78	24.28		17339	22	18.32	30.78	
3.00	20145	5.04	19.96		17814	18	35.72	29.91	29.75
5.50	50200	8.11	18.81	30199	20181	37	96.83	37.76	18.90
6.71	48577	4.80	18.83	29013	20195	26	66.93	42.77	17.38
7.00	32369	6.62	27.37		18805	31	64.61	52.58	32.00
7.50	51735	1.35	17.14	26129	13945	6	6.25	10.44	
7.70	28178	10.03	49.47	30898	16705	51	110.27	130.02	212.70
10.30	31438	3.99	42.78	29125	16445	14	31.55	103.92	
9.40	49334	4.00	27.66	27472	18456	40	133.88	99.81	82.00
5.50	72677	13.69	47.52	45574	24069	35	21.43	11.13	8.35

2-6(一) 续表 2

地区	年末总人口（万人）	#少数民族	少数民族占总人口（%）	地区生产总值（亿元）	第一产业（亿元）	第二产业（亿元）	第三产业（亿元）
湖北省							
长阳土家族自治县	37.93	24.65	65.00	183.43	49.08	43.70	90.65
五峰土家族自治县	19.33	16.33	84.46	100.02	27.26	25.50	47.26
湖南省							
城步苗族自治县	22.53	14.51	64.39	61.43	13.22	15.36	32.86
通道侗族自治县	23.87	18.76	78.59	60.84	9.33	18.37	33.14
江华瑶族自治县	53.78	40.21	74.77	146.09	31.45	51.34	63.29
新晃侗族自治县	25.50	22.10	86.67	81.15	12.19	25.01	43.94
芷江侗族自治县	37.22	24.34	65.41	113.24	24.54	30.19	58.51
靖州苗族侗族自治县	27.50	21.26	77.32	92.33	18.12	25.15	49.07
麻阳苗族自治县	39.18	37.40	95.45	101.12	21.29	31.80	48.02
广东省							
连南瑶族自治县	17.73	10.24	57.76	67.50	12.24	19.25	36.01
连山壮族瑶族自治县	12.48	8.15	65.30	42.12	11.03	7.18	23.90
乳源瑶族自治县	23.29	2.79	11.99	107.52	9.12	52.34	46.06
广西壮族自治区							
都安瑶族自治县	72.60	70.05	96.49	79.66	19.47	11.93	48.26
融水苗族自治县	52.43	40.01	76.31	142.79	21.16	44.55	77.08
三江侗族自治县	40.54	35.23	86.90	85.12	21.52	15.35	48.25
龙胜各族自治县	17.26	14.14	81.92	66.15	15.68	14.50	35.98
金秀瑶族自治县	15.61	13.05	83.61	53.00	14.67	13.07	25.25
隆林各族自治县	44.00	35.42	80.50	73.45	18.42	19.39	35.65
巴马瑶族自治县	32.00	25.70	80.31	92.72	15.44	31.69	45.58
罗城仫佬族自治县	38.74	29.67	76.59	65.50	26.44	5.34	33.72
富川瑶族自治县	34.37	20.08	58.42	109.55	36.13	37.03	36.39
大化瑶族自治县	48.87	45.93	93.98	77.64	12.31	31.11	34.22
环江毛南族自治县	37.87	35.85	94.67	72.36	24.87	16.13	31.36
恭城瑶族自治县	30.50	19.72	64.64	90.86	44.40	11.11	35.35
海南省							
白沙黎族自治县	19.36	12.98	67.07	62.57	25.29	6.49	30.79
昌江黎族自治县	25.41	10.49	41.28	143.74	37.24	59.84	46.66
乐东黎族自治县	55.01	21.27	38.67	174.25	94.70	21.69	57.86
陵水黎族自治县	38.65	22.22	57.49	223.39	57.64	34.09	131.66
琼中黎族苗族自治县	21.28	13.70	64.38	66.32	22.05	11.38	32.89
保亭黎族苗族自治县	16.73	11.67	69.75	63.16	22.40	6.39	34.37
重庆市							
石柱土家族自治县	54.61	44.29	81.10	186.54	33.86	43.25	109.44

地　区 生产总值 增长速度 (%)	人均地区 生产总值 (元)	地方一般 公共预算 收　入 (亿元)	地方一般 公共预算 支　出 (亿元)	城镇居民 人　均 可支配收入 (元)	农村居民 人　均 可支配收入 (元)	规模以上 工　业 企业数 (个)	规模以上 工业企业 资产总计 (亿元)	农林牧渔 业总产值 (亿元)	农业机械 总动力 (万千瓦特)
17.60	48362	6.53	34.36	33619	13448	52	95.92	95.74	25.60
19.20	62122	2.48	27.14	30933	13155	45	64.26	51.83	13.94
8.15	27147	2.78	28.29	28867	11424	36	37.33	24.80	21.12
8.70	30260	3.14	22.51	26174	11427	50	45.00	20.25	27.14
6.50	32449	9.93	41.23	30517	13845	136	265.01	63.41	49.87
0.08	36752	5.69	24.54	25794	11969	42	7.26	24.50	21.42
8.80	36850	8.70	31.01	29484	12263	56	29.19	44.44	11.00
8.58	39493	3.91	26.67	27175	13275	52	19.52	33.65	50.45
8.50	33622	4.66	32.54	28344	11779	38	21.90	39.82	26.96
9.80	49974	2.12	20.73	30130	17210	13	9.87	18.20	2.24
7.60	44187	2.21	17.60	28853	16788	7	5.93	16.64	5.19
12.20	57287	6.13	29.04	32431	18972	63	258.94	15.25	
7.50	14794	4.05	48.71	28783	10945	27	46.59	37.28	46.10
8.00	34540	7.23	53.80	34800	16524	58	51.40	34.34	29.52
8.10	26419	2.92	36.52	34319	16036	19	21.00	35.29	
6.20	47335	2.18	20.20	38845	15408	23	61.67	34.70	
7.20	40767	2.20	18.05	39099	13279	21	17.44	25.86	1.18
11.00	20906	2.86	33.09	35902	12066	26	47.78	29.69	36.50
7.60	39253	5.35	25.47	31721	11054	19	18.23	26.18	16.00
8.50	24010	3.07	37.64	28053	10846	24	38.77	44.04	
7.50	40877	3.48	31.50	34191	14756	25	126.50	61.61	22.65
0.80	21257	4.53	42.17	28667	11090	15	5.52	22.70	21.10
13.90	26197	4.08	31.55	32817	13197	29	51.48	47.04	
6.30	36936	2.84	25.77	37855	16494	19	15.40	56.92	60.22
7.50	37387	1.89	39.36	35088	15767	9	7.73	39.42	13.41
8.60	61610	17.47	39.70	40876	17513	25	452.30	61.30	18.85
7.60	37241	8.06	49.56	34016	17357	8	50.25	151.76	76.40
9.00	59634	35.89	91.73	36122	17332	11	15.78	85.10	26.45
10.10	36693	2.57	37.95	36109	15951	9	65.92	42.25	29.65
6.80	40305	3.67	31.20	36350	15689	2	1.18	33.75	6.87
7.80	48004	10.83	45.91	40467	17156	53	138.87	53.65	34.63

2-6(一) 续表 3

地　　区	年末总人口（万人）	#少数民族	少数民族占总人口（%）	地区生产总值（亿元）	第一产业（亿元）	第二产业（亿元）	第三产业（亿元）
秀山土家族苗族自治县	67.38	40.19	59.65	340.94	33.03	126.44	181.46
酉阳土家族苗族自治县	85.31	78.66	92.20	212.47	40.28	33.97	138.21
彭水苗族土家族自治县	70.06	40.35	57.59	270.12	39.48	102.72	127.92
四川省							
北川羌族自治县	23.10	9.07	39.26	88.11	14.87	22.34	50.90
木里藏族自治县	13.76	11.40	82.84	54.69	9.36	25.86	19.47
马边彝族自治县	22.54	11.96	53.04	58.03	13.07	22.28	22.68
峨边彝族自治县	14.90	6.05	40.61	62.77	9.21	29.58	23.98
贵州省							
松桃苗族自治县	73.28	50.27	68.60	187.01	43.54	43.78	99.69
镇宁布依族苗族自治县	29.97	16.39	54.69	129.88	30.14	28.17	71.57
紫云苗族布依族自治县	41.04	28.14	68.57	90.39	30.02	16.78	43.59
威宁彝族回族苗族自治县	160.25	38.48	24.01	308.99	125.54	51.23	132.22
关岭布依族苗族自治县	40.86	26.06	63.78	117.01	30.13	22.15	64.72
三都水族自治县	38.09	37.08	97.35	95.90	25.73	24.43	45.73
玉屏侗族自治县	17.63	14.44	81.91	104.82	13.78	40.97	50.06
道真仡佬族苗族自治县	35.31	30.12	85.30	88.57	29.06	17.52	42.00
务川仡佬族苗族自治县	48.57	43.33	89.21	95.72	30.35	20.33	45.04
印江土家族苗族自治县	44.54	33.82	75.93	130.73	38.45	25.11	67.17
沿河土家族自治县	69.37	51.75	74.60	144.54	41.54	21.07	81.94
云南省							
峨山彝族自治县	15.58	10.74	68.93	131.78	19.48	36.46	75.84
石林彝族自治县	25.58	9.38	36.67	127.02	32.90	17.06	77.07
沧源佤族自治县	17.25	16.23	94.09	58.72	17.52	16.73	24.46
耿马傣族佤族自治县	29.89	16.65	55.70	135.41	53.55	34.00	47.87
玉龙纳西族自治县	22.78	19.54	85.78	100.28	20.33	38.28	41.67
宁蒗彝族自治县	28.18	23.74	84.24	73.49	12.93	21.40	39.16
江城哈尼族彝族自治县	10.80	8.17	75.68	58.80	15.27	16.04	27.49
澜沧拉祜族自治县	43.75	39.52	90.33	137.37	35.51	42.08	59.78
孟连傣族拉祜族佤族自治县	14.17	11.56	81.56	56.98	18.52	8.09	30.37
西盟佤族自治县	8.70	7.90	90.80	30.27	5.92	6.90	17.45
河口瑶族自治县	9.32	6.54	70.15	125.51	16.51	37.99	71.01
屏边苗族自治县	16.08	11.15	69.35	68.27	11.45	26.81	30.00
贡山独龙族怒族自治县	3.48	3.35	96.43	21.10	4.33	6.30	10.47
巍山彝族回族自治县	32.36	15.03	46.45	101.78	34.30	24.12	43.36
南涧彝族自治县	22.68	12.41	54.73	88.23	22.87	24.88	40.47
寻甸回族彝族自治县	57.78	13.90	24.06	151.02	40.07	27.05	83.90

地区生产总值增长速度(%)	人均地区生产总值(元)	地方一般公共预算收入(亿元)	地方一般公共预算支出(亿元)	城镇居民人均可支配收入(元)	农村居民人均可支配收入(元)	规模以上工业企业数(个)	规模以上工业企业资产总计(亿元)	农林牧渔业总产值(亿元)	农业机械总动力(万千瓦特)
8.00	68702	14.31	53.28	40439	14821	75	114.03	55.26	34.93
6.00	34974	14.97	58.96	32774	12887	26	61.01	68.09	43.50
7.90	51266	13.62	59.69	36815	14857	30	193.64	66.84	43.04
8.40	37405	5.21	22.95	37405	17495	65	68.46	31.18	9.29
0.10	39745	6.87	26.13	33568	13613			18.50	
7.30	30759	4.13	20.74	38815	15349	22	84.51	20.89	
8.20	51454	4.34	17.44	37920	15021	33	114.86	15.19	12.55
8.20	38627	5.00	50.52	35431	11788	40	72.80	72.40	
9.80	43685	3.03	23.62	34866	11667	24	44.99	51.59	32.50
9.80	30998	3.01	30.51	33321	11637	21	23.11	53.69	
5.90	24229	10.89	108.72	35952	12440	55	238.72	218.93	3.00
9.20	29250	3.33	28.58	34717	11638	22	56.00	47.86	36.60
8.90	34703	3.35	33.24	35874	13530	32	24.51	41.39	20.84
9.10	69942	4.20	31.60	37605	15312	70	295.18	23.44	17.58
9.70	36412	3.45	44.16	36625	13423	21	29.99	46.83	31.77
10.30	31085	4.25	31.62	36796	13479	14	102.08	56.49	35.81
8.00	44652	3.22	30.49	35483	11716	49	26.33	60.47	65.00
8.60	33642	3.50	56.05	34971	11683	24	19.22	65.99	
9.60	91994	3.97	20.00	45836	17124	28	27.99	29.49	31.90
7.10	52969	6.59	23.21	49370	19061	34	53.39	59.36	36.01
10.10	36849	3.11	16.44	32870	13692	15	24.23	29.64	10.05
3.00	47672	4.91	23.02	34510	14958	28	47.66	77.54	16.00
6.40	44800	7.61	28.34	34106	14988	12	12.64	36.89	21.00
7.30	30033	3.11	35.76	28442	10007	4	0.45	22.63	9.65
13.00	53702	1.52	23.56	35084	13299	15	40.04	25.26	13.10
10.00	31275	5.91	52.38	33563	13098	18	216.37	57.50	30.24
9.60	39733	2.11	23.92	30951	13199	9	11.24	31.11	16.55
13.40	34283	0.65	16.90	30735	13097	3	4.68	9.73	12.12
10.00	123960	3.68	22.05	41047	16560	12	21.52	24.20	2.87
8.20	53187	1.81	16.68	37661	11626	16	23.68	18.26	0.73
8.50	54886	0.99	16.33	28275	8449	2	14.12	5.95	4.08
9.40	38220	4.45	22.55	39569	13350	19	12.53	57.37	24.70
8.90	45965	3.91	16.26	39732	12143	18	120.41	44.37	9.03
4.40	32731	8.19	43.93	42182	12031	35	114.66	68.59	43.90

2-6(一) 续表 4

地　　区	年末总人口（万人）	#少数民族	少数民族占总人口（%）	地区生产总值（亿元）	第一产业（亿元）	第二产业（亿元）	第三产业（亿元）
元江哈尼族彝族傣族自治县	21.16	17.43	82.37	140.55	36.52	37.70	66.33
新平彝族傣族自治县	28.02	20.75	74.05	243.75	34.07	100.97	108.71
墨江哈尼族自治县	36.60	28.62	78.22	90.32	27.42	16.70	46.20
双江拉祜族佤族布朗族傣族自治县	17.83	8.32	46.66	68.58	20.19	17.01	31.38
兰坪白族普米族自治县	19.57	18.00	91.98	98.38	13.82	42.69	41.87
维西傈僳族自治县	15.77	13.86	87.89	69.70	9.54	21.33	38.83
景东彝族自治县	36.16	18.71	51.74	117.81	39.05	17.76	61.01
景谷傣族彝族自治县	27.44	13.14	47.89	136.17	44.04	35.70	56.43
宁洱哈尼族彝族自治县	18.94	10.91	57.60	73.28	19.04	19.31	34.93
漾濞彝族自治县	10.64	7.62	71.56	38.80	12.57	8.95	17.29
禄劝彝族苗族自治县	48.55	16.12	33.21	155.47	43.40	31.30	80.78
金平苗族瑶族傣族自治县	39.59	34.93	88.23	101.63	19.81	39.17	42.65
镇沅彝族哈尼族拉祜族自治县	15.58	10.74	68.93	131.78	19.48	36.46	75.84
甘肃省							
张家川回族自治县	24.40	17.20	70.49	33.88	10.91	2.47	20.50
天祝藏族自治县	20.07	8.43	42.02	60.25	14.75	14.55	30.95
肃南裕固族自治县	3.93	2.26	57.51	33.06	8.29	12.44	12.32
肃北蒙古族自治县	1.23	0.52	42.28	19.78	1.40	9.36	9.02
阿克塞哈萨克族自治县	0.95	0.37	39.33	10.74	1.23	2.81	6.70
东乡族自治县	29.09	26.96		40.67	10.34	7.71	22.63
积石山保安族东乡族撒拉族自治县	23.89	15.08	63.12	29.73	5.72	1.62	22.38
青海省							
互助土族自治县	40.10	11.39	28.40	125.73	25.04	43.77	56.92
化隆回族自治县	31.03	26.39	85.05	56.85	9.38	23.48	23.99
循化撒拉族自治县	13.42	12.61	94.00	40.36	6.75	14.24	19.37
河南蒙古族自治县	4.16	4.08	98.08	20.52	10.22	3.42	6.87
门源回族自治县	16.23	10.64	65.60	37.05	11.79	4.78	20.49
大通回族土族自治县	46.85	24.82	52.98	132.52	22.87	69.28	40.37
民和回族土族自治县	43.97	27.33	62.16	119.29	15.26	51.90	52.13
新疆维吾尔自治区							
巴里坤哈萨克自治县	10.50	3.94	37.52	97.01	11.03	60.80	25.19
塔什库尔干塔吉克自治县	4.10	3.90	95.12	19.17	1.38	5.73	12.06
木垒哈萨克自治县	8.57	3.32	38.74	72.77	11.86	34.43	26.48
焉耆回族自治县	12.30	8.47	68.86	61.11	14.29	14.03	32.78
察布查尔锡伯自治县	19.06	12.95	67.92	83.32	34.81	16.63	31.88
和布克赛尔蒙古自治县	5.00	3.32	66.40	48.64	13.03	17.59	18.02

地　　区 生产总值 增长速度 (%)	人均地区 生产总值 (元)	地方一般 公共预算 收　　入 (亿元)	地方一般 公共预算 支　　出 (亿元)	城镇居民 人　　均 可支配收入 (元)	农村居民 人　　均 可支配收入 (元)	规模以上 工　业 企业数 (个)	规模以上 工业企业 资产总计 (亿元)	农林牧渔 业总产值 (亿元)	农业机械 总动力 (万千瓦特)
9.40	72170	4.62	19.11	45026	16822	24	45.48	61.18	9.85
10.90	93000	12.90	30.31	45812	17602	35	321.70	63.90	30.37
2.80	32361	4.04	29.33	34730	13368	12	63.72	45.08	22.50
10.00	41845	3.19	16.26	33531	14287	26	37.73	31.03	13.66
6.80	50234	5.10	34.89	30424	8767	3	246.62	21.69	6.58
6.40	47483	2.12	30.53	38644	11315	3	107.77	16.36	14.61
7.10	39133	4.09	25.33	34988	14168	11	10.26	64.33	32.55
9.20	49391	5.87	26.86	37576	14562	19	144.91	72.24	23.45
6.70	45599	3.30	19.86	37671	14324	22	40.81	31.18	21.07
8.20	39799	2.44	12.17	37353	14230	25	19.84	22.83	10.87
5.40	41179	5.21	44.43	40357	11739	15		68.36	36.80
10.30	31041	2.13	30.76	38294	11559	19	43.58	31.91	6.22
9.60	91994	3.97	20.00	45836	17124	28	27.99	29.49	31.90
8.60	13884	1.29	36.62	29723	9059	8	11.74	18.30	4.63
9.40	40430	3.73	41.10	29733	9763	30	36.61	26.86	24.00
5.80	120209	2.73	13.74	33531	21783	22	80.01		8.29
9.10	130964	3.06	10.72	44721	31690	20	121.96		
0.10	98107	0.75	6.07	46199	34229	4	19.47	2.32	2.77
7.77	14001	1.36	47.31	23509	7126	8	8.57	18.98	12.66
7.60	12431	1.26	31.84	23976	7634	3	0.10	12.23	
4.60	31358	5.09	44.84	36006	13939	20	94.02	43.23	44.28
4.40	28354	2.30	29.85	35783	12777	9	17.48	15.22	19.94
6.50	30071	1.18	22.37	35233	13773	8	4.42	13.83	5.16
1.90	50051	0.43	16.78	37221	13863	6		13.08	
3.30	22833	1.78	20.58	37252	14517	10	25.63	18.34	
7.60	32794	9.54	46.13	37043	15030	45	215.83	44.97	52.38
18.40	27130	5.95	37.94	35207	13837	18	171.47	24.70	
14.40	93731	8.69	23.94	34475	17271	26	239.51	15.16	13.60
4.80	46307	1.50	25.71	33654	10296	3		4.52	4.07
7.40	84876	4.46	20.83	32750	19912	29	209.24	19.69	20.50
5.90	49713	3.65	20.85	34944	20475	18	32.74	27.20	
11.50	46695	7.17	30.76	30505	16910	26		48.09	36.31
3.10		8.05	14.17	29627	17438	12		9.19	5.74

2–6 自治区、自治州、自治县(旗)基本情况(2021年)(二)

地　　区	粮　食 总产量 (万吨)	肉　类 总产量 (万吨)	社会消费品 零售总额 (亿元)	进出口 总　额 (亿元)	普通高中 在　校 学生数 (万人)	初　中 在　校 学生数 (万人)	小　学 在　校 学生数 (万人)
5个自治区合计	**7437.20**	**979.70**	**19328.90**	**8991.50**	**237.34**	**451.31**	**1047.11**
内蒙古自治区	3840.30	277.32	5060.31	1236.50	41.10	66.55	140.85
广西壮族自治区	1386.54	440.97	8538.50	5931.70	121.21	229.87	515.96
西藏自治区	106.15	27.36	810.34	40.20	7.57	14.51	36.56
宁夏回族自治区	368.44	35.33	1335.12	213.90	16.74	28.69	60.37
新疆维吾尔自治区	1735.78	198.73	3584.62	1569.20	50.72	111.69	293.38
30个自治州合计	**2877.95**	**450.62**	**9376.86**	**2238.74**	**113.31**	**229.36**	**505.96**
吉林省							
延边朝鲜族自治州	179.02	8.82	348.74	152.16	2.66	3.63	8.07
湖北省							
恩施土家族苗族自治州	147.14	34.59	686.08	8.90	7.66	13.97	25.07
湖南省							
湘西土家族苗族自治州	91.94	11.60	278.31	16.85	5.15	10.88	23.08
四川省							
阿坝藏族羌族自治州	16.39	10.68	107.89	3.11	1.45	2.75	6.38
凉山彝族自治州	250.80	49.42	761.66	8.58	7.78	26.35	62.54
甘孜藏族自治州	23.31	8.69	127.66	1.62	1.67	4.64	11.92
贵州省							
黔东南苗族侗族自治州	133.73	17.37	646.66	5.38	10.12	18.31	39.89
黔南布依族苗族自治州	123.05	23.06	788.95	21.07	8.18	15.26	34.89
黔西南布依族苗族自治州	83.97	19.45	708.33	2.86	9.37	16.56	32.95
云南省							
西双版纳傣族自治州	48.41	3.75	278.18	267.82	1.88	4.41	9.77
文山壮族苗族自治州	172.89	27.94	608.22	27.20	8.58	17.57	37.48
红河哈尼族彝族自治州	185.14	51.61	925.05	381.50	9.80	19.33	41.17
德宏傣族景颇族自治州	69.72	6.34	288.78	340.65	2.40	5.33	11.49
怒江傈僳族自治州	16.66	4.71	40.07	6.38	1.22	2.21	5.38
迪庆藏族自治州	16.37	3.54	69.71	0.04	0.71	1.32	2.81
大理白族自治州	166.96	40.82	651.50	15.53	6.44	11.37	23.47
楚雄彝族自治州	127.20	31.72	609.01	131.78	4.99	7.69	15.15
甘肃省							
临夏回族自治州	70.81	6.61	117.46	0.86	3.94	9.10	25.12
甘南藏族自治州	11.48	10.71	48.78	0.34	1.52	2.87	6.63
青海省							
海北藏族自治州	8.20	5.02	29.21	0.02	0.59	1.07	2.34
黄南藏族自治州	2.90	3.51	15.63		0.60	1.26	2.95
海南藏族自治州	14.93	6.99	34.00	1.23	1.17	2.09	4.61

医疗卫生机构（个）	卫生技术人员数（人）	医疗卫生机构床位数（张）	文化馆（个）	图书馆（个）	城镇居民最低生活保障人数（人）	城镇居民最低生活保障支出（万元）	农村居民最低生活保障人数（人）	农村居民最低生活保障支出（万元）
87328	**892092**	**732611**	**101**	**452**	**985047**	**563886**	**5556217**	**1857879**
24948	211694	166598		117	283412	200372	1305594	509177
34112	393882	319045		116	343967	146439	2429726	624815
6907	25607	19650	74	82	23482	18523	130628	39474
4571	60596	41191	27	27	76416	51394	373292	153432
16790	200313	186127		110	257770	147158	1316977	530981
45991	**415501**	**389820**	**275**	**264**	**563622**	**360058**	**2423597**	**1067044**
2348	16249	11175	8	9	42978	26651	37640	15630
2864	27200	28000	9	9	7818	4887	197440	89702
2962	19789	22534	10	10	27975	14843	142395	
1620	7141	5288	14	14	12855	32970	68601	17149
4975	31204	29881	18	18	29339	12986	3124	178385
2528	7375	5506	19	19	8308	4144	149563	48296
3921	30309	28384	17	17	63014	30454	202358	69263
2220	27073	25702	13	13	50697	24752	159939	55102
2307	22515	21100	9	9	62384	31080	169856	57725
600	10437	7835	4	4	5232	2721	16722	5787
1402	24435	22567	9	9	20019	10985	276837	99014
2538	33713	33711	14	14	46980	23264	159542	53795
541	11103	9998	7	8	3370	1812	48660	16180
355	3818	3813	5	5	5358	3374	91842	27753
290	3093	2030	4	4	2796	1428	41711	11976
2078	27614	23077	14	13	15473	8075	157076	51948
1784	20010	17844	11	11	21213	11555	94253	32492
1874	13326	12776	9	1	37234	19311	2836	62640
883	4756	3808	9	1	10545	7836	37043	10286
387	2066	1720	5	5	4932	5091	4920	7215
467	1728	1765	5	5	5763	4742	55524	27532
72	4329	3607	6	6	6036	3880	25087	

2-6(二) 续表 1

地　　区	粮　食 总产量 (万吨)	肉　类 总产量 (万吨)	社会消费品 零售总额 (亿元)	进出口 总　额 (亿元)	普通高中 在　校 学生数 (万人)	初　中 在　校 学生数 (万人)	小　学 在　校 学生数 (万人)
果洛藏族自治州	0.07	3.20	10.96		0.29	0.83	2.68
玉树藏族自治州	1.03	3.22	20.94		1.19	2.04	5.71
海西蒙古族藏族自治州	9.00	3.81	85.66	3.23	0.78	1.58	3.57
新疆维吾尔自治区							
昌吉回族自治州	129.85		268.23	46.27	2.48	4.34	8.92
巴音郭楞蒙古自治州	54.95	15.50	250.19	18.13			
克孜勒苏柯尔克孜自治州	30.75	3.31	39.50	28.72	1.40	2.98	8.80
博尔塔拉蒙古自治州	63.46	3.99	52.12	181.38	0.73	1.42	3.05
伊犁哈萨克自治州	627.85	30.65	479.40	567.14	8.53	18.18	40.07
120个自治县(旗)合计	**2245.44**	**330.05**	**3935.74**	**531.18**	**63.36**	**127.91**	**264.28**
河北省							
大厂回族自治县	1.27		31.07	0.64	0.35	0.65	1.72
孟村回族自治县	14.81	0.88	17.73		0.31	0.92	2.33
青龙满族自治县	11.08	5.37	47.87		0.94	1.79	3.55
丰宁满族自治县	17.82	4.45	34.76	0.36	0.71	1.73	2.43
围场满族蒙古族自治县	45.54	5.24	47.11	0.03	1.05	2.19	3.99
宽城满族自治县	5.81	1.56	44.10	0.99	0.32	1.09	2.31
内蒙古自治区							
鄂伦春自治旗	65.70		17.57	0.01	0.22	0.42	0.81
莫力达瓦达斡尔族自治旗	191.81		18.17		0.40	0.54	1.14
鄂温克族自治旗	2.86		30.59		0.08	0.19	0.40
辽宁省							
阜新蒙古族自治县	146.25	25.73	30.08	8.10	0.24	1.10	1.78
喀喇沁左翼蒙古族自治县	35.76	12.43	26.67		0.74	1.08	2.14
岫岩满族自治县	30.16	5.17	63.21		0.63	1.27	2.15
新宾满族自治县	26.22	1.69	13.64		0.25	0.49	0.92
清原满族自治县	28.48	4.07	11.07		0.40	0.62	1.02
本溪满族自治县	13.49		14.95		0.32	0.51	0.89
桓仁满族自治县	15.28	1.95	19.93	0.79	0.32	0.55	1.12
宽甸满族自治县	24.79	11.36	30.56	2.67	0.52	0.74	1.34
吉林省							
长白朝鲜族自治县	2.12	0.21	7.70		0.09	0.11	0.22
前郭尔罗斯蒙古族自治县	204.05	10.88	64.40	1.44	0.95	1.48	2.38
伊通满族自治县	114.09	12.13	24.68		0.88	0.96	1.51
黑龙江省							
杜尔伯特蒙古族自治县	85.58	5.81	23.70	16.77	0.51	0.82	0.80
浙江省							
景宁畲族自治县	3.65	0.28	38.32	25.69	0.18	0.47	0.73

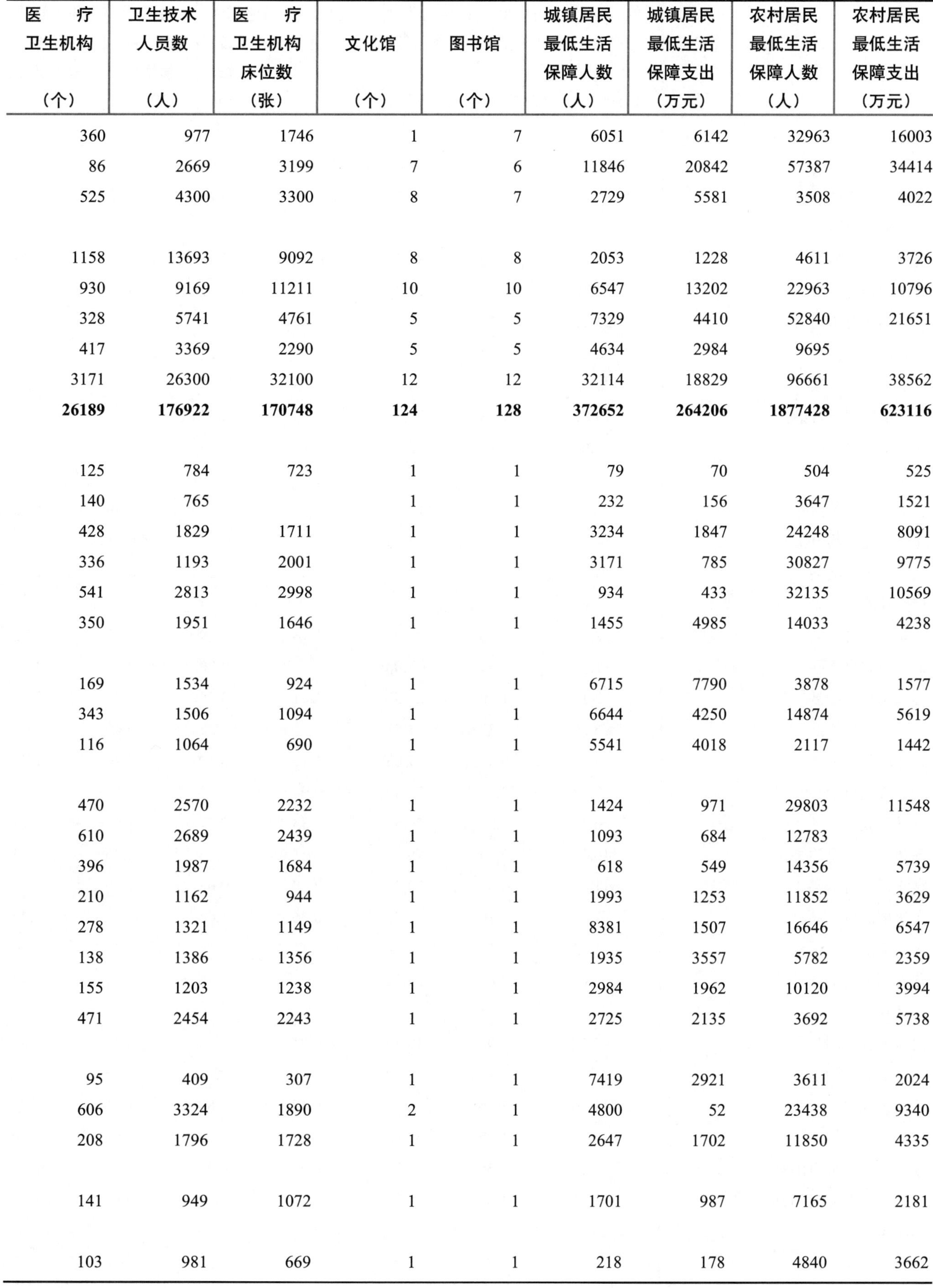

医　疗 卫生机构 （个）	卫生技术 人员数 （人）	医　疗 卫生机构 床位数 （张）	文化馆 （个）	图书馆 （个）	城镇居民 最低生活 保障人数 （人）	城镇居民 最低生活 保障支出 （万元）	农村居民 最低生活 保障人数 （人）	农村居民 最低生活 保障支出 （万元）
360	977	1746	1	7	6051	6142	32963	16003
86	2669	3199	7	6	11846	20842	57387	34414
525	4300	3300	8	7	2729	5581	3508	4022
1158	13693	9092	8	8	2053	1228	4611	3726
930	9169	11211	10	10	6547	13202	22963	10796
328	5741	4761	5	5	7329	4410	52840	21651
417	3369	2290	5	5	4634	2984	9695	
3171	26300	32100	12	12	32114	18829	96661	38562
26189	**176922**	**170748**	**124**	**128**	**372652**	**264206**	**1877428**	**623116**
125	784	723	1	1	79	70	504	525
140	765		1	1	232	156	3647	1521
428	1829	1711	1	1	3234	1847	24248	8091
336	1193	2001	1	1	3171	785	30827	9775
541	2813	2998	1	1	934	433	32135	10569
350	1951	1646	1	1	1455	4985	14033	4238
169	1534	924	1	1	6715	7790	3878	1577
343	1506	1094	1	1	6644	4250	14874	5619
116	1064	690	1	1	5541	4018	2117	1442
470	2570	2232	1	1	1424	971	29803	11548
610	2689	2439	1	1	1093	684	12783	
396	1987	1684	1	1	618	549	14356	5739
210	1162	944	1	1	1993	1253	11852	3629
278	1321	1149	1	1	8381	1507	16646	6547
138	1386	1356	1	1	1935	3557	5782	2359
155	1203	1238	1	1	2984	1962	10120	3994
471	2454	2243	1	1	2725	2135	3692	5738
95	409	307	1	1	7419	2921	3611	2024
606	3324	1890	2	1	4800	52	23438	9340
208	1796	1728	1	1	2647	1702	11850	4335
141	949	1072	1	1	1701	987	7165	2181
103	981	669	1	1	218	178	4840	3662

2-6(二) 续表 2

地区	粮食总产量（万吨）	肉类总产量（万吨）	社会消费品零售总额（亿元）	进出口总额（亿元）	普通高中在校学生数（万人）	初中在校学生数（万人）	小学在校学生数（万人）
湖北省							
长阳土家族自治县	10.85	5.37	78.65	6.74			1.29
五峰土家族自治县	9.61	2.57	41.75	2.88	0.15	0.33	0.65
湖南省							
城步苗族自治县	9.45	1.76	39.82	0.46	0.36	1.05	2.06
通道侗族自治县	9.36		18.99	0.32	0.41	0.83	1.77
江华瑶族自治县	23.52	6.57	69.44	57.02	0.85	2.35	4.85
新晃侗族自治县	8.29	2.73	28.73		0.51	0.88	1.81
芷江侗族自治县	22.88	3.68	34.47	0.23	0.46	1.15	2.21
靖州苗族侗族自治县	13.81	3.63	33.33		0.37	0.91	2.05
麻阳苗族自治县	11.64	2.12	30.59	0.18	0.63	1.31	2.82
广东省							
连南瑶族自治县	3.37	0.78	10.93		0.26	0.59	1.66
连山壮族瑶族自治县	4.05	0.98	5.44		0.17	0.41	1.02
乳源瑶族自治县	4.39	1.04	24.16	11.37	0.29	0.74	1.88
广西壮族自治区							
都安瑶族自治县	12.24	3.95	23.06	1.98	1.59	3.17	6.73
融水苗族自治县	11.26	2.89	47.08		0.70	2.01	3.57
三江侗族自治县	7.19	1.60	27.57	1.61	0.68	1.76	3.57
龙胜各族自治县	6.28	1.37	13.53		0.28	0.49	1.00
金秀瑶族自治县	3.52	0.46	7.03	1.10	0.19	0.44	1.02
隆林各族自治县	9.68	2.03	21.44	0.02	1.01	2.10	3.68
巴马瑶族自治县	6.31	2.31	26.52	0.33	0.51	1.47	2.97
罗城仫佬族自治县	10.16	2.24	19.09		0.54	1.36	2.74
富川瑶族自治县	11.04	4.31	22.39	2.50	0.62	1.29	2.98
大化瑶族自治县	7.39	3.10	12.73	0.26	1.04	2.19	4.74
环江毛南族自治县	11.92	1.56	13.28		0.69	1.35	2.54
恭城瑶族自治县	7.00	2.61	28.31		0.46	1.45	2.17
海南省							
白沙黎族自治县	2.19	0.98	19.24	0.01	0.24	0.74	1.49
昌江黎族自治县	2.57	1.16	30.24		0.46	0.92	1.97
乐东黎族自治县	11.24	1.96	52.25	0.18	0.88	1.61	3.76
陵水黎族自治县	5.15	1.17	39.61		0.55	1.53	3.66
琼中黎族苗族自治县	2.56	1.55	19.92	0.23	0.33	0.82	1.62
保亭黎族苗族自治县	2.21	1.07	18.20		0.24	0.66	1.32
重庆市							
石柱土家族自治县	22.35	2.85	97.38	32.43	1.35	1.70	2.72

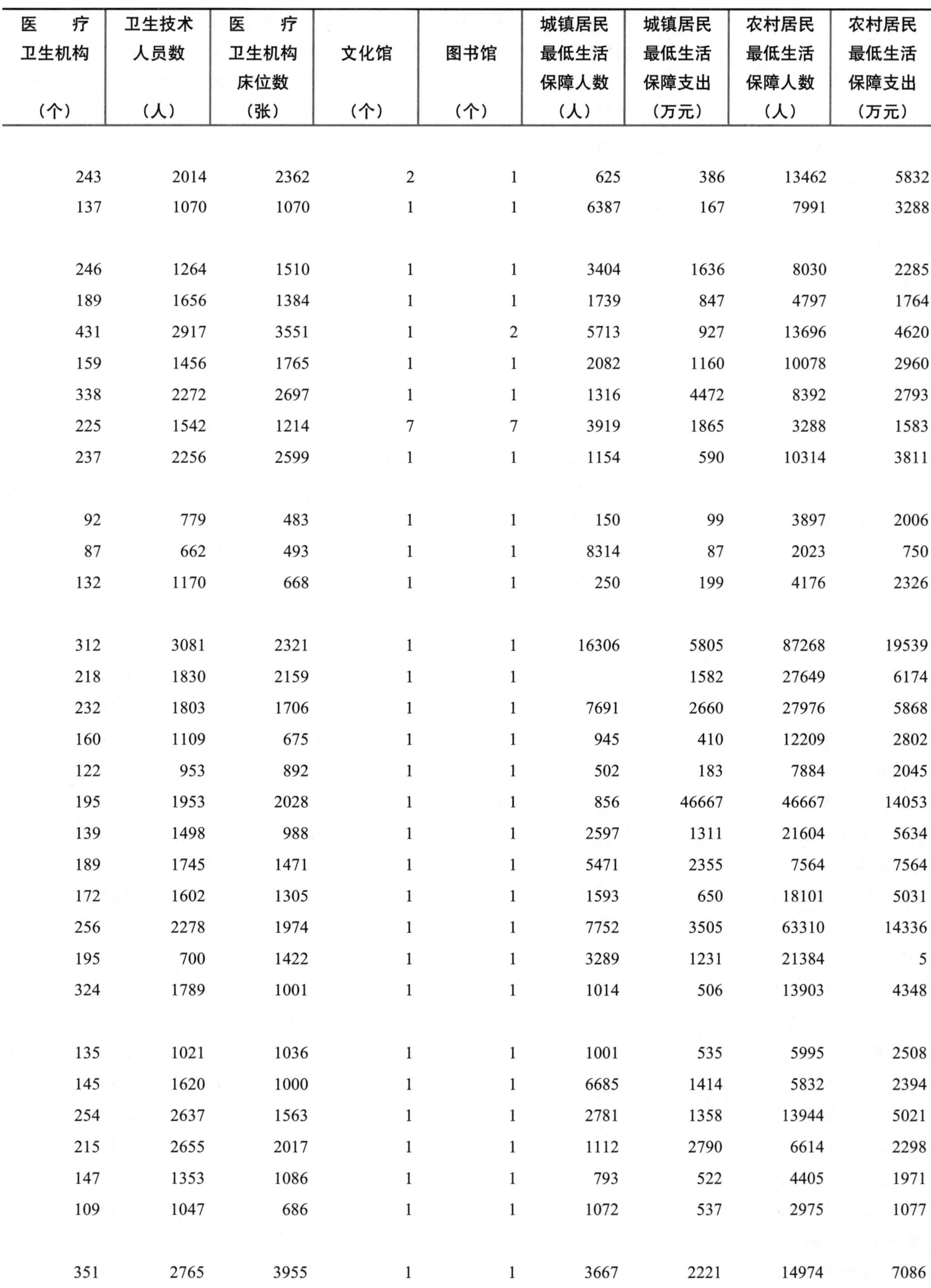

医疗卫生机构（个）	卫生技术人员数（人）	医疗卫生机构床位数（张）	文化馆（个）	图书馆（个）	城镇居民最低生活保障人数（人）	城镇居民最低生活保障支出（万元）	农村居民最低生活保障人数（人）	农村居民最低生活保障支出（万元）
243	2014	2362	2	1	625	386	13462	5832
137	1070	1070	1	1	6387	167	7991	3288
246	1264	1510	1	1	3404	1636	8030	2285
189	1656	1384	1	1	1739	847	4797	1764
431	2917	3551	1	2	5713	927	13696	4620
159	1456	1765	1	1	2082	1160	10078	2960
338	2272	2697	1	1	1316	4472	8392	2793
225	1542	1214	7	7	3919	1865	3288	1583
237	2256	2599	1	1	1154	590	10314	3811
92	779	483	1	1	150	99	3897	2006
87	662	493	1	1	8314	87	2023	750
132	1170	668	1	1	250	199	4176	2326
312	3081	2321	1	1	16306	5805	87268	19539
218	1830	2159	1	1		1582	27649	6174
232	1803	1706	1	1	7691	2660	27976	5868
160	1109	675	1	1	945	410	12209	2802
122	953	892	1	1	502	183	7884	2045
195	1953	2028	1	1	856	46667	46667	14053
139	1498	988	1	1	2597	1311	21604	5634
189	1745	1471	1	1	5471	2355	7564	7564
172	1602	1305	1	1	1593	650	18101	5031
256	2278	1974	1	1	7752	3505	63310	14336
195	700	1422	1	1	3289	1231	21384	5
324	1789	1001	1	1	1014	506	13903	4348
135	1021	1036	1	1	1001	535	5995	2508
145	1620	1000	1	1	6685	1414	5832	2394
254	2637	1563	1	1	2781	1358	13944	5021
215	2655	2017	1	1	1112	2790	6614	2298
147	1353	1086	1	1	793	522	4405	1971
109	1047	686	1	1	1072	537	2975	1077
351	2765	3955	1	1	3667	2221	14974	7086

2-6(二) 续表 3

地　　区	粮　食 总产量 （万吨）	肉　类 总产量 （万吨）	社会消费品 零售总额 （亿元）	进出口 总　额 （亿元）	普通高中 在　校 学生数 （万人）	初　中 在　校 学生数 （万人）	小　学 在　校 学生数 （万人）
秀山土家族苗族自治县	30.17	4.21	236.76		0.97	2.42	4.42
酉阳土家族苗族自治县	37.20	7.19	99.09	33.88	1.81	3.54	5.81
彭水苗族土家族自治县	31.67	5.76	139.88	0.10	1.53	2.42	4.22
四川省							
北川羌族自治县	8.81	1.77	38.07	0.35	0.30	0.52	1.05
木里藏族自治县	7.23	1.71	9.61		0.18	0.57	1.20
马边彝族自治县	9.61	1.39	27.23	0.32	0.23	1.01	2.29
峨边彝族自治县	5.11	1.51	26.77	1.38	0.10	0.48	1.21
贵州省							
松桃苗族自治县	17.35	6.07	77.95	0.75	1.46	2.11	5.02
镇宁布依族苗族自治县	8.88	1.55	38.72	0.06	0.40	1.36	2.97
紫云苗族布依族自治县	10.95		40.76		0.56	2.02	3.77
威宁彝族回族苗族自治县	65.91	10.85	108.16	0.23	3.73	7.72	15.67
关岭布依族苗族自治县	9.32	2.00	6.05		0.59	1.67	3.46
三都水族自治县	9.30	1.53	50.85	0.02	0.74	1.56	3.64
玉屏侗族自治县	2.23	1.46	24.36		0.30	0.66	1.59
道真仡佬族苗族自治县	25.64	1.93	22.29	0.36	0.58	1.27	2.11
务川仡佬族苗族自治县	40.23	2.63	33.76	0.01	1.03	1.58	3.16
印江土家族苗族自治县	8.27	2.42	48.71		0.98	1.54	2.98
沿河土家族自治县	14.26	3.22	91.41	0.01	1.43	2.73	4.87
云南省							
峨山彝族自治县	7.29	2.18	53.78	5.39	0.40	0.42	0.80
石林彝族自治县	14.35	4.86	49.50	0.08	0.55	0.75	1.65
沧源佤族自治县	8.00	1.26	22.90	6.27	0.25	0.55	1.47
耿马傣族佤族自治县	11.86	2.11	44.78	4.43	1.50	1.12	2.87
玉龙纳西族自治县	10.88	3.80	38.25	0.42	0.28	0.52	1.19
宁蒗彝族自治县	7.67	1.51	31.97		0.75	1.03	2.56
江城哈尼族彝族自治县	5.32	0.65	15.11	7.04	0.18	0.42	0.94
澜沧拉祜族自治县	25.55	4.29	36.63	0.65	0.48	1.52	3.70
孟连傣族拉祜族佤族自治县	7.60	0.76	20.17	13.23	0.18	0.54	1.32
西盟佤族自治县	4.21	0.53	7.13	0.72	0.11	0.32	0.82
河口瑶族自治县	2.26	0.30	24.17	265.26	0.13	0.25	0.86
屏边苗族自治县	6.34	1.15	32.77		0.18	0.51	1.16
贡山独龙族怒族自治县	0.41	0.12	3.77		0.06	0.14	0.29
巍山彝族回族自治县	16.20	2.81	34.78	0.31	0.57	0.99	1.95
南涧彝族自治县	11.11	2.76	29.73	0.02	0.42	0.74	1.48
寻甸回族彝族自治县	23.69	7.06	71.57	0.81	1.35	1.75	3.40

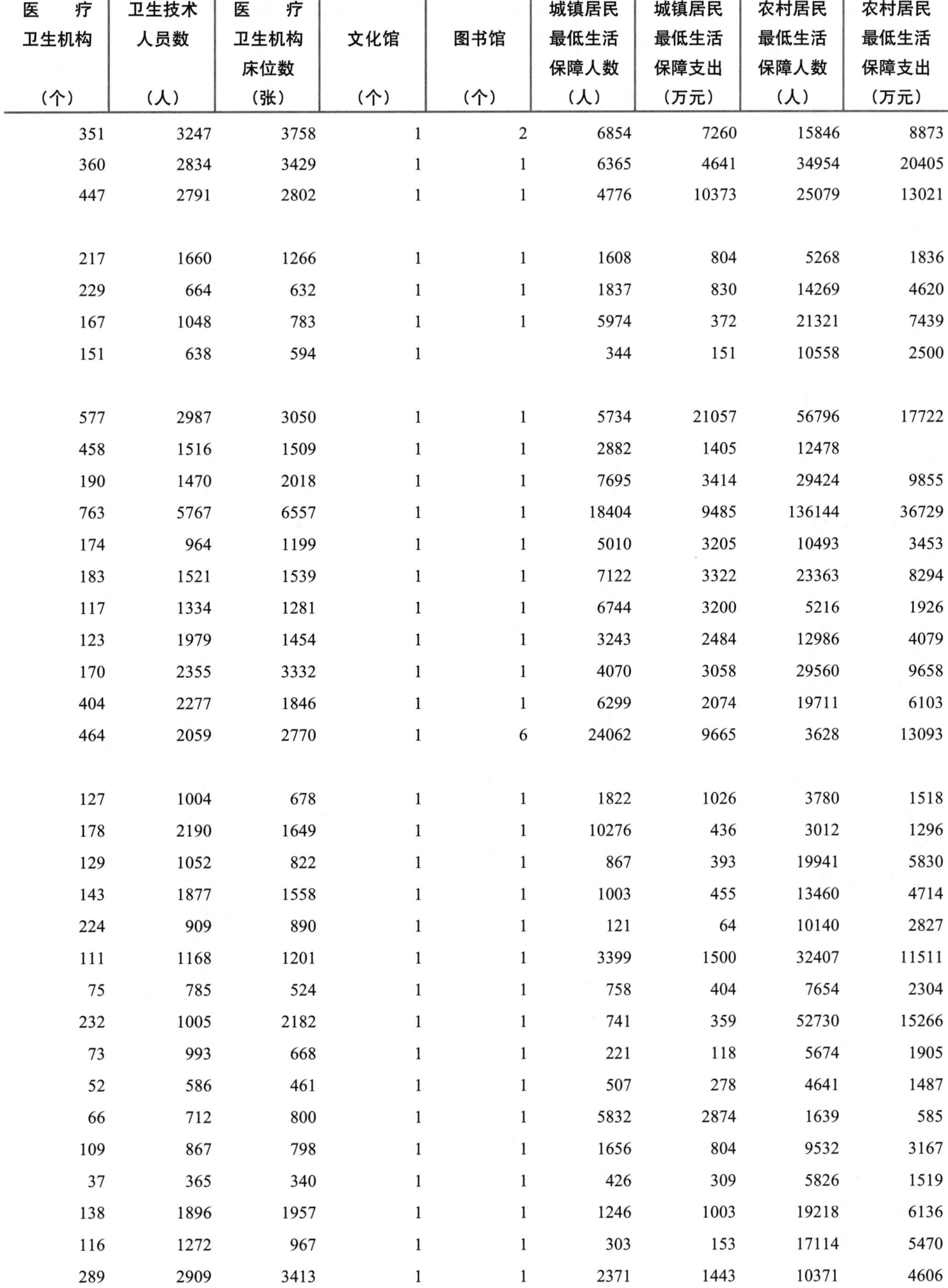

医疗卫生机构（个）	卫生技术人员数（人）	医疗卫生机构床位数（张）	文化馆（个）	图书馆（个）	城镇居民最低生活保障人数（人）	城镇居民最低生活保障支出（万元）	农村居民最低生活保障人数（人）	农村居民最低生活保障支出（万元）
351	3247	3758	1	2	6854	7260	15846	8873
360	2834	3429	1	1	6365	4641	34954	20405
447	2791	2802	1	1	4776	10373	25079	13021
217	1660	1266	1	1	1608	804	5268	1836
229	664	632	1	1	1837	830	14269	4620
167	1048	783	1	1	5974	372	21321	7439
151	638	594	1		344	151	10558	2500
577	2987	3050	1	1	5734	21057	56796	17722
458	1516	1509	1	1	2882	1405	12478	
190	1470	2018	1	1	7695	3414	29424	9855
763	5767	6557	1	1	18404	9485	136144	36729
174	964	1199	1	1	5010	3205	10493	3453
183	1521	1539	1	1	7122	3322	23363	8294
117	1334	1281	1	1	6744	3200	5216	1926
123	1979	1454	1	1	3243	2484	12986	4079
170	2355	3332	1	1	4070	3058	29560	9658
404	2277	1846	1	1	6299	2074	19711	6103
464	2059	2770	1	6	24062	9665	3628	13093
127	1004	678	1	1	1822	1026	3780	1518
178	2190	1649	1	1	10276	436	3012	1296
129	1052	822	1	1	867	393	19941	5830
143	1877	1558	1	1	1003	455	13460	4714
224	909	890	1	1	121	64	10140	2827
111	1168	1201	1	1	3399	1500	32407	11511
75	785	524	1	1	758	404	7654	2304
232	1005	2182	1	1	741	359	52730	15266
73	993	668	1	1	221	118	5674	1905
52	586	461	1	1	507	278	4641	1487
66	712	800	1	1	5832	2874	1639	585
109	867	798	1	1	1656	804	9532	3167
37	365	340	1	1	426	309	5826	1519
138	1896	1957	1	1	1246	1003	19218	6136
116	1272	967	1	1	303	153	17114	5470
289	2909	3413	1	1	2371	1443	10371	4606

2-6(二) 续表 4

地　　区	粮　食 总产量 (万吨)	肉　类 总产量 (万吨)	社会消费品 零售总额 (亿元)	进出口 总　额 (亿元)	普通高中 在　校 学生数 (万人)	初　中 在　校 学生数 (万人)	小　学 在　校 学生数 (万人)
元江哈尼族彝族傣族自治县	9.54	1.54	53.02	0.42	0.34	0.70	1.54
新平彝族傣族自治县	18.19	4.12	89.32	0.98	0.42	0.85	1.76
墨江哈尼族自治县	15.69	2.71	21.91		0.43	1.48	2.14
双江拉祜族佤族布朗族傣族自治县	7.41	1.69	18.94	0.05	0.42	0.55	1.55
兰坪白族普米族自治县	7.57	1.84	14.10		0.42	0.86	1.88
维西傈僳族自治县	7.59	1.55	14.73		0.08	0.53	1.21
景东彝族自治县	19.22	4.28	32.08		0.46	1.15	2.13
景谷傣族彝族自治县	15.82	2.49	32.50		0.49	1.07	2.23
宁洱哈尼族彝族自治县	8.60	2.56	20.31		0.31	0.53	1.15
漾濞彝族自治县	7.20	1.08	10.64	0.45	0.12	0.28	0.81
禄劝彝族苗族自治县	22.95	4.47	61.89		0.86	1.26	2.54
金平苗族瑶族傣族自治县	13.67	1.73	36.31	0.03	0.64	1.73	3.33
镇沅彝族哈尼族拉祜族自治县	7.29	2.18	53.78	5.39	0.40	0.42	0.80
甘肃省							
张家川回族自治县	13.83	1.00	10.25		0.59	1.14	2.88
天祝藏族自治县	5.30	2.12	22.16		0.30	0.45	1.07
肃南裕固族自治县	4.61	1.05	6.17		0.04	0.06	0.14
肃北蒙古族自治县	0.62	0.38	3.68			0.03	0.06
阿克塞哈萨克族自治县	0.17	0.21	3.33		0.03	0.04	0.08
东乡族自治县	11.68	1.82	3.61		0.23	1.04	4.12
积石山保安族东乡族撒拉族自治县	7.72	0.55	7.49		0.43	1.25	3.02
青海省							
互助土族自治县	12.71	2.36	23.34	0.02	0.81	0.99	2.64
化隆回族自治县	7.40	0.99	11.20		0.51	1.01	2.51
循化撒拉族自治县	4.34	0.48	11.92		0.35	0.70	1.64
河南蒙古族自治县		1.37	1.79				0.38
门源回族自治县	7.09	1.51	12.88		0.41	0.59	1.27
大通回族土族自治县	8.60	2.68	14.19		1.03	1.59	3.56
民和回族土族自治县	16.80	1.30	34.01		0.86	1.64	3.20
新疆维吾尔自治区							
巴里坤哈萨克自治县	10.28	0.77	8.81		0.08	0.21	0.55
塔什库尔干塔吉克自治县	1.76	0.61	0.97	3.60	0.08	0.18	0.42
木垒哈萨克自治县	16.55	1.06	9.98		0.09	0.20	0.50
焉耆回族自治县	9.56	0.89	22.89		0.20	0.47	1.19
察布查尔锡伯自治县	69.60	2.42	13.95	0.83	0.32	0.70	1.66
和布克赛尔蒙古自治县	1.15	1.28	3.15		0.06	0.16	0.42

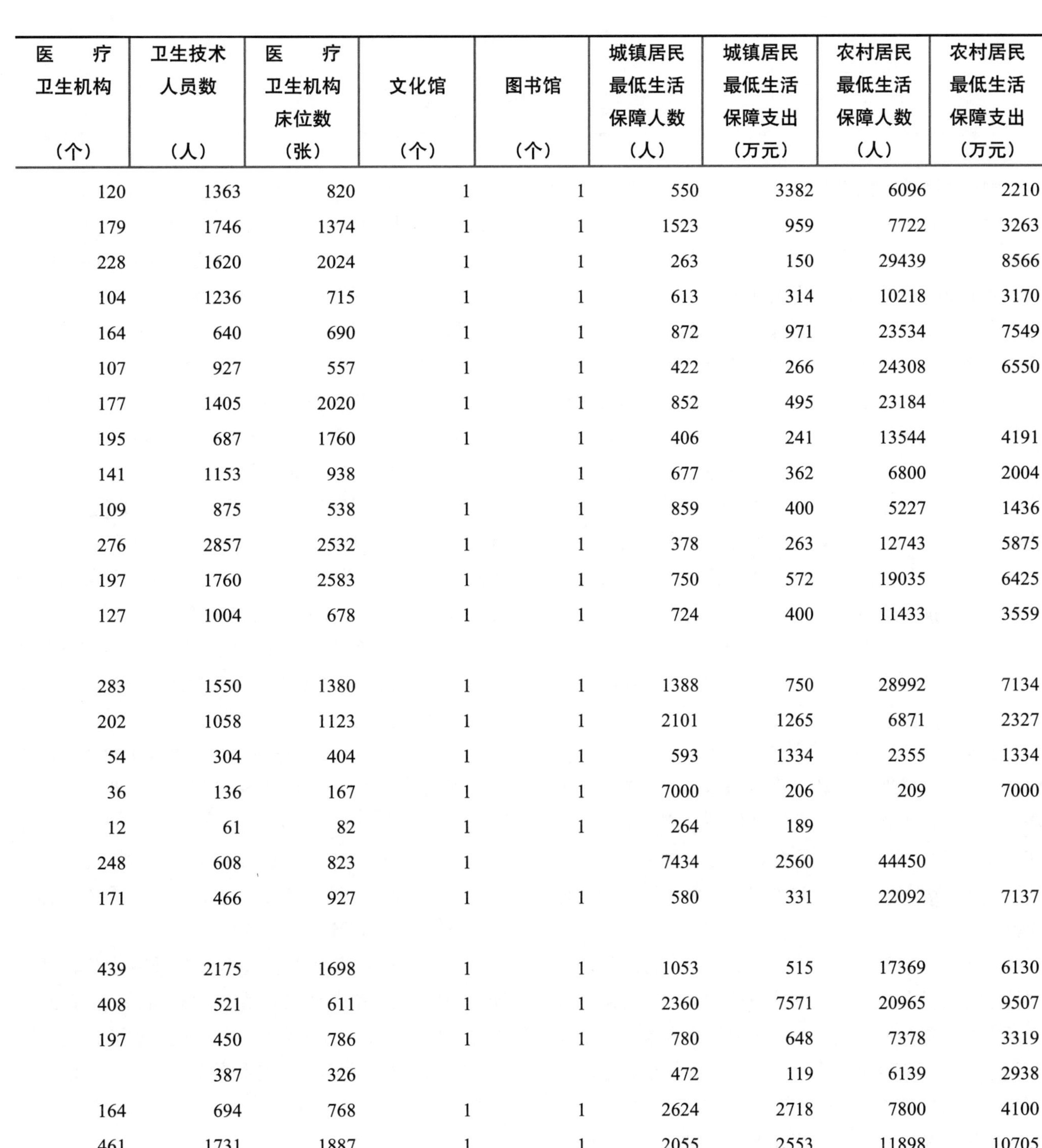

医疗卫生机构（个）	卫生技术人员数（人）	医疗卫生机构床位数（张）	文化馆（个）	图书馆（个）	城镇居民最低生活保障人数（人）	城镇居民最低生活保障支出（万元）	农村居民最低生活保障人数（人）	农村居民最低生活保障支出（万元）
120	1363	820	1	1	550	3382	6096	2210
179	1746	1374	1	1	1523	959	7722	3263
228	1620	2024	1	1	263	150	29439	8566
104	1236	715	1	1	613	314	10218	3170
164	640	690	1	1	872	971	23534	7549
107	927	557	1	1	422	266	24308	6550
177	1405	2020	1	1	852	495	23184	
195	687	1760	1	1	406	241	13544	4191
141	1153	938		1	677	362	6800	2004
109	875	538	1	1	859	400	5227	1436
276	2857	2532	1	1	378	263	12743	5875
197	1760	2583	1	1	750	572	19035	6425
127	1004	678	1	1	724	400	11433	3559
283	1550	1380	1	1	1388	750	28992	7134
202	1058	1123	1	1	2101	1265	6871	2327
54	304	404	1	1	593	1334	2355	1334
36	136	167	1	1	7000	206	209	7000
12	61	82	1	1	264	189		
248	608	823	1		7434	2560	44450	
171	466	927	1	1	580	331	22092	7137
439	2175	1698	1	1	1053	515	17369	6130
408	521	611	1	1	2360	7571	20965	9507
197	450	786	1	1	780	648	7378	3319
	387	326			472	119	6139	2938
164	694	768	1	1	2624	2718	7800	4100
461	1731	1887	1	1	2055	2553	11898	10705
530	1880	1509			7040	1405	17688	8510
73	203	222	1	1	2053	1228	8080	3726
16					6116	169	2976	1269
83	519	430	1	1	487	289	1766	833
105	975	695	1	1	442	282	2525	1142
107	767	763	1	1	1156	631	6498	2555
17	296	372	1	1	1069	781	1257	682

主要统计指标解释

国内（地区）生产总值(GDP) 指按市场价格计算的一个国家所有常住单位在一定时期内生产活动的最终成果。国内生产总值有三种表现形态，即价值形态、收入形态和产品形态。从价值形态看，它是所有常住单位在一定时期内生产的全部货物和服务价值与同期投入的全部非固定资产货物和服务价值的差额，即所有常住单位的增加值之和；从收入形态看，它是所有常住单位在一定时期内创造并分配给常住单位和非常住单位的初次收入之和；从产品形态看，它是所有常住单位在一定时期内最终使用的货物和服务价值与货物和服务净出口价值之和。在实际核算中，国内生产总值有三种计算方法，即生产法、收入法和支出法。三种方法分别从不同的方面反映国内生产总值及其构成。

对于一个地区来说，称为地区生产总值或地区GDP。

当年价格 指报告期的实际价格，如工厂的出厂价格、农产品的收购价格、商业的零售价格等。使用当年价格计算的数字，是为了使国民经济各项指标互相衔接，便于考察当年社会经济效益，便于对生产和流通、生产和分配、生产和消费进行经济核算和综合平衡。

按当年价格计算的价格指标在不同年份之间进行对比时，因为包含有各年间价格的因素，不能确切地反映实物量的增减变动，必须消除价格变动因素后才能真正反映经济发展动态。因此，在计算增长速度时都使用按可比价格计算的数字。

不变价格 指用同类产品的年平均价格作为固定价格来计算各年产品价值。按不变价格计算的产品价值消除了价格变动因素，不同时期对比可以反映生产的发展速度。新中国成立后，随着工农业产品价格水平的变化，国家统计局先后五次制定了全国统一的工业产品不变价格和农业产品不变价格，1949−1957 年使用 1952 年工（农）业产品不变价格，1957−1971 年使用 1957 年不变价格，1971−1981 年使用 1970 年不变价格，1981−1990 年使用 1980 年不变价格，1990 年开始使用 1990 年不变价格。

平均每年增长速度 在我国计算平均增长速度有两种方法：一种是习惯上经常使用的“水平法”，又称几何平均法，是以间隔期最后一年的水平同基期水平对比来计算平均每年增长（或下降）速度；另一种是“累计法”，又称代数平均法或议程法，是以间隔期内各年水平的总和同基期水平对比来计算平均每年增长（或下降）速度。

三次产业 三次产业的划分是世界上较为常用的产业结构分类，但各国的划分不尽一致。根据国家统计局《三次产业划分规定》和《国民经济行业分类》（GB/T 4754−2017），我国的三次产业划分是：

第一产业是指农、林、牧、渔业（不含农、林、牧、渔专业及辅助性活动业）。

第二产业是指采矿业（不含开采专业及辅助活动），制造业（不含金属制品、机械和设备修理业），电力、热力、燃气及水生产和供应业，建筑业。

第三产业即服务业，是指除第一、二产业以外的其他行业。

三、人　口

3-1 民族自治地方分地区年末总人口和少数民族人口(2021年)

地　区	年末总人口（万人）	#少数民族人口	少数民族占总人口的比重（%）
合　计	**19144.34**	**9403.55**	**49.12**
河　北	214.12	136.08	63.55
内蒙古	2400.00	567.75	23.66
辽　宁	314.88	176.99	56.21
吉　林	310.17	105.60	34.04
黑龙江	22.95	4.63	20.17
浙　江	16.83	2.02	12.01
湖　北	458.39	260.18	56.76
湖　南	477.20	370.42	77.62
广　东	53.49	21.18	39.60
广　西	5037.00	1891.43	37.55
海　南	176.44	92.34	52.33
重　庆	277.36	203.49	73.37
四　川	797.62	508.12	63.70
贵　州	1852.45	1148.31	61.99
云　南	2301.59	1330.34	57.80
西　藏	366.00	320.47	87.56
甘　肃	371.81	238.57	64.17
青　海	382.03	259.16	67.84
宁　夏	725.00	273.26	37.69
新　疆	2589.00	1493.22	57.68

注：本表人口均指户籍人口。

3-2 民族自治地方分地区人口构成(2021年)

单位：万人

地 区	按性别分		按城乡分	
	男	女	城镇人口	乡村人口
合 计	**4689.50**	**4394.28**	**9156.09**	**9988.17**
河 北	111.08	103.03	61.65	152.47
内 蒙 古			1637.00	763.00
辽 宁	160.14	154.74	78.63	236.25
吉 林	154.55	155.61	169.53	140.64
黑 龙 江	11.55	11.40	5.99	16.97
浙 江	8.80	8.04	3.57	13.26
湖 北	238.83	219.57	82.54	375.85
湖 南	248.25	228.94	172.27	304.93
广 东	27.78	25.71	16.42	37.07
广 西			2774.00	2263.00
海 南	92.37	84.07	54.99	121.45
重 庆	146.26	131.09	86.57	190.79
四 川	408.37	389.26	186.07	611.57
贵 州	974.88	877.57	675.84	1176.61
云 南	1179.04	1118.85	808.85	1492.74
西 藏	191.36	173.45	134.00	232.00
甘 肃	190.61	180.99	115.99	255.82
青 海	194.82	187.21	131.17	250.76
宁 夏	350.81	344.75	479.00	246.00
新 疆			1482.00	1107.00

注：本表人口均指户籍人口。

主要统计指标解释

人口数 指一定时点、一定地区范围内的有生命的个人的总和。年度统计的年末人口数指每年 12 月 31 日 24 时的人口数。

市 指经国家批准成立“市”建制的城市。

镇 指经省、自治区、直辖市批准的镇。1963 年以前为常住人口在 2000 人以上，非农业人口占 50%以上的人口聚居地。1964 年起改为常住人口在 3000 人以上，非农业人口占 70%以上或常住人口在 2500 人以上，不满 3000 人，非农业人口占 85%以上的。1984 年后又调整为凡县级地方国家机关所在地；或总人口在 20000 人以下的乡，乡政府驻地非农业人口超过 2000 人的；或总人口在 20000 人以上的乡，乡政府驻地非农业人口占全乡 10%以上；或少数民族地区、人口稀少的边远地区、山区和小型工矿区、小港口、风景旅游地、边境口岸等地，非农业人口虽不足 2000 人，都可建镇。

四、财　政

4-1 民族自治地方分地区财政收入情况(2021年)

单位：亿元

地　　区	地方一般公共预算收入	#税收收入	#国内增值税	#企业所得税	#个人所得税
合　　计	**8497.44**	**5629.32**	**2075.24**	**706.43**	**236.45**
河　　北	74.40	55.87	14.66	5.77	1.78
内 蒙 古	2349.95	1671.05	541.81	234.00	59.33
辽　　宁	57.70	42.72	15.80	5.61	1.72
吉　　林	69.64	41.33	10.79	3.99	1.48
黑 龙 江	4.00	2.65	0.33	0.39	0.05
浙　　江	13.69	12.76	6.41	1.90	2.43
湖　　北	84.52	63.33	24.32	5.66	2.14
湖　　南	184.89	143.37	22.29	6.32	1.68
广　　东	10.46	6.68	3.54	0.02	0.42
广　　西	1800.15	1191.09	501.21	173.48	49.60
海　　南	69.54	13.71	4.80	0.92	0.45
重　　庆	53.73	34.45	14.48	4.55	1.84
四　　川	264.45	168.32	29.98	5.94	2.27
贵　　州	341.24	183.14	61.93	19.16	6.09
云　　南	645.95	329.00	137.23	21.64	6.30
西　　藏	215.62	142.17	82.44	13.69	14.20
甘　　肃	44.87	26.27	11.34	1.72	0.54
青　　海	134.01	107.46	43.91	9.02	3.06
宁　　夏	460.01	300.74	121.54	33.55	19.42
新　　疆	1618.61	1093.24	426.41	159.10	61.66

4-2 民族自治地方分地区财政支出情况(2021年)(一)

单位：亿元

地　　区	地方一般公共预算支出	#一般公共服务	#教育	#科学技术
合　　计	**29500.42**	**2808.05**	**4863.47**	**243.54**
河　　北	212.35	23.38	41.47	1.59
内 蒙 古	5239.57	396.10	641.29	35.28
辽　　宁	216.78	19.53	35.18	0.10
吉　　林	380.56	40.76	46.35	0.90
黑 龙 江	27.66	2.57	3.81	0.06
浙　　江	47.52	5.08	5.12	0.61
湖　　北	437.99	45.22	80.25	6.72
湖　　南	534.32	53.47	99.97	5.89
广　　东	67.37	6.10	12.21	0.68
广　　西	5806.54	501.24	1094.08	71.13
海　　南	289.50	20.22	45.19	0.79
重　　庆	217.84	16.08	54.91	1.02
四　　川	1404.92	144.97	226.51	3.45
贵　　州	1725.50	184.32	394.51	23.22
云　　南	2605.57	318.20	491.15	8.30
西　　藏	2027.01	283.72	259.13	8.34
甘　　肃	614.87	97.72	86.02	2.08
青　　海	839.75	67.24	118.34	1.51
宁　　夏	1427.89	90.23	200.01	29.00
新　　疆	5376.91	491.90	927.96	42.86

4−2 民族自治地方分地区财政支出情况(2021年)(二)

单位：亿元

地　区	#文化体育与传媒	#社会保障和就业	#医疗卫生	#农林水
合　计	**513.39**	**4164.56**	**2633.94**	**4928.68**
河　北	2.34	26.43	17.92	41.91
内蒙古	107.33	874.77	362.73	818.84
辽　宁	1.53	46.80	12.17	45.24
吉　林	9.23	56.66	31.62	65.99
黑龙江	0.33	4.87	2.33	6.28
浙　江	1.38	5.06	3.53	6.81
湖　北	7.95	68.08	53.09	80.04
湖　南	9.37	72.39	63.97	98.91
广　东	1.05	12.93	6.50	10.07
广　西	88.51	923.05	613.75	757.80
海　南	4.85	31.87	27.46	62.07
重　庆	2.32	28.90	15.50	53.43
四　川	29.68	130.92	105.06	344.78
贵　州	21.86	195.46	184.76	311.21
云　南	34.74	365.97	335.97	455.81
西　藏	46.56	194.02	115.26	340.54
甘　肃	17.03	66.54	57.73	153.79
青　海	15.52	152.00	68.86	183.24
宁　夏	24.39	229.33	110.72	242.37
新　疆	87.44	678.48	445.02	849.55

主要统计指标解释

一般公共预算收入 指国家财政参与社会产品分配所取得的收入，是实现国家职能的财力保证。主要包括：(1) 各项税收：包括国内增值税、国内消费税、进口货物增值税和消费税、出口货物退增值税和消费税、营业税、企业所得税、个人所得税、资源税、城市维护建设税、房产税、印花税、城镇土地使用税、土地增值税、车船税、船舶吨税、车辆购置税、关税、耕地占用税、契税、烟叶税等。(2) 非税收入：包括专项收入、行政事业性收费、罚没收入和其他收入。财政收入按现行分税制财政体制划分为中央本级收入和地方本级收入。

一般公共预算支出 指国家财政将筹集起来的资金进行分配使用，以满足经济建设和各项事业的需要。主要包括：一般公共服务、外交、国防、公共安全、教育、科学技术、文化体育与传媒、社会保障和就业、医疗卫生与计划生育、节能环保、城乡社区、农林水、交通运输、资源勘探信息等、商业服务业等、金融、援助其他地区、国土海洋气象等、住房保障、粮油物资储备、政府债务付息等方面的支出。财政支出根据政府在经济和社会活动中的不同职权，划分为中央财政支出和地方财政支出。

五、人民生活

5-1-1 民族自治地方分地区城镇居民生活水平情况(2021年)(一)

单位：元

地区	城镇居民人均可支配收入	城镇居民人均消费支出	#食品烟酒	#衣着	#居住
合计	**38718**	**23884**	**6987**	**1567**	**4677**
河北	37920	23142	4980	1679	3637
内蒙古	44377	27194	7326	2153	5643
辽宁	14319	8472	2687	707	1312
吉林	30850	2852	737	236	548
黑龙江	27472	17271	4814	1230	3071
浙江	45574	30975	9788	2516	7316
湖北	33865	24947	8054	2161	4432
湖南	29479	19440	5945	1473	3841
广东	30824	20175	8116	869	3338
广西	38530	22555	7089	996	4704
海南	36528	24578	10028	1049	3296
重庆	37122	22194	7531	2579	4099
四川	38091	23391	8253	1897	4197
贵州	37376	23698	6480	1687	3984
云南	39108	25253	6436	1386	4867
西藏	46503	28159	9395	2626	6539
甘肃	26975	19593	6067	2021	3892
青海	37283	20357	6144	1916	3324
宁夏	38291	25386	6690	1897	4610
新疆	37642	25724	7753	1860	4772

5-1-2 民族自治地方分地区城镇居民生活水平情况(2021年)(二)

单位：元

地　　区	#生活用品及服务	#医疗保健	#交通通信	#教育文化娱乐
合　　计	**1466**	**2256**	**3392**	**2619**
河　　北	1149	1520	2956	2296
内 蒙 古	1547	2618	4063	3087
辽　　宁	450	884	1038	1131
吉　　林	183	240	327	389
黑 龙 江	752	3965	1837	1602
浙　　江	1512	4142	2939	2030
湖　　北	1589	2046	2885	3104
湖　　南	1178	1774	2111	2710
广　　东	1242	1491	2402	2396
广　　西	1371	2163	3009	2812
海　　南	965	1641	2301	2243
重　　庆	1507	1468	2124	2453
四　　川	1647	1675	2864	2161
贵　　州	1519	1593	3632	2809
云　　南	1543	2468	3501	2751
西　　藏	2053	1566	3651	1567
甘　　肃	1549	1604	2122	1884
青　　海	1514	1358	3489	1924
宁　　夏	1569	2559	4233	3076
新　　疆	1628	2850	3865	2047

5-2-1 民族自治地方分地区农村居民生活水平情况(2021年)(一)

单位：元

地 区	农村居民人均可支配收入	农村居民人均消费支出	#食品烟酒	#衣 着	#居 住
合 计	**15199**	**12593**	**4039**	**631**	**2371**
河 北	14109	11806	3371	813	1713
内蒙古	18337	15691	4721	854	2828
辽 宁	18899	7338	2229	387	1204
吉 林	15794	6569	2244	377	1041
黑龙江	18456	12735	3283	807	1838
浙 江	24069	18053	7438	861	3786
湖 北	13312	11482	4420	797	2155
湖 南	12430	11038	3519	522	2537
广 东	17872	14674	6006	529	3008
广 西	16363	14165	4716	460	2814
海 南	16846	14868	5906	470	2207
重 庆	14716	12227	4639	735	2357
四 川	16589	12343	4956	854	2141
贵 州	12782	12287	3297	625	2224
云 南	14109	11580	3435	450	2035
西 藏	16932	10577	3997	799	2538
甘 肃	9444	8456	2808	645	1926
青 海	13581	12131	4033	1024	1943
宁 夏	15337	13536	3942	733	2584
新 疆	15575	12821	3912	831	2533

5-2-2 民族自治地方分地区农村居民生活水平情况(2021年)(二)

单位：元

地　区	#生活用品及服务	#医疗保健	#交通通信	#教育文化娱乐
合　计	**690**	**1144**	**1742**	**1375**
河　北	707	1773	1347	1095
内蒙古	704	1951	2606	1710
辽　宁	311	854	1333	893
吉　林	280	510	924	740
黑龙江	658	1834	2091	2224
浙　江	951	1061	2171	1549
湖　北	817	1021	898	1183
湖　南	613	927	1162	1547
广　东	728	1237	1522	1530
广　西	784	1393	2003	1821
海　南	790	1083	1107	1246
重　庆	836	867	1324	1308
四　川	792	827	1488	1012
贵　州	698	948	1899	1463
云　南	537	828	1607	1180
西　藏	576	490	1530	471
甘　肃	689	852	894	527
青　海	643	1065	1935	1084
宁　夏	761	1603	2345	1302
新　疆	716	1211	1658	1317

5-3 民族自治地方分地区城乡居民储蓄存款年末余额（2021年）

单位：亿元

地　　区	城乡居民储蓄存款年末余额
合　　计	**80505.27**
河　　北	1191.01
内 蒙 古	17145.20
辽　　宁	1699.49
吉　　林	2326.57
黑 龙 江	
浙　　江	67.14
湖　　北	1570.96
湖　　南	1688.61
广　　东	38.99
广　　西	21000.85
海　　南	532.50
重　　庆	876.82
四　　川	2226.98
贵　　州	4359.25
云　　南	7143.46
西　　藏	1151.31
甘　　肃	1004.91
青　　海	711.15
宁　　夏	4269.00
新　　疆	11501.07

主要统计指标解释

居民可支配收入 指居民可用于最终消费支出和储蓄的总和，即居民可用于自由支配的收入。既包括现金收入，也包括实物收入。按照收入的来源，可支配收入包含四项，分别为：工资性收入、经营净收入、财产净收入和转移净收入。

工资性收入 指就业人员通过各种途径得到的全部劳动报酬和各种福利，包括受雇于单位或个人、从事各种自由职业、兼职和零星劳动得到的全部劳动报酬和福利。

经营净收入 指住户或住户成员从事生产经营活动所获得的净收入，是全部经营收入中扣除经营费用、生产性固定资产折旧和生产税之后得到的净收入。计算公式为：

经营净收入=经营收入−经营费用−生产性固定资产折旧−生产税

财产净收入 指住户或住户成员将其所拥有的金融资产、住房等非金融资产和自然资源交由其他机构单位、住户或个人支配而获得的回报并扣除相关的费用之后得到的净收入。财产净收入包括利息净收入、红利收入、储蓄性保险净收益、转让承包土地经营权租金净收入、出租房屋净收入、出租其他资产净收入和自有住房折算净租金等。财产净收入不包括转让资产所有权的溢价所得。

转移净收入 计算公式为：转移净收入=转移性收入−转移性支出

转移性收入 指国家、单位、社会团体对住户的各种经常性转移支付和住户之间的经常性收入转移。包括养老金或退休金、社会救济和补助、政策性生产补贴、政策性生活补贴、救灾款、经常性捐赠和赔偿、报销医疗费、住户之间的赡养收入，本住户非常住成员寄回带回的收入等。转移性收入不包括住户之间的实物馈赠。

转移性支出 指调查户对国家、单位、住户或个人的经常性或义务性转移支付。包括缴纳的税款、各项社会保障支出、赡养支出、经常性捐赠和赔偿支出以及其他经常转移支出等。

居民消费支出 指居民用于满足家庭日常生活消费需要的全部支出，既包括现金消费支出，也包括实物消费支出。消费支出可划分为食品烟酒、衣着、居住、生活用品及服务、交通通信、教育文化娱乐、医疗保健以及其他用品及服务八大类。

食品烟酒 指用于各种食品和烟草、酒类的支出。

衣着 指与居民穿着有关的支出，包括服装、服装材料、鞋类、其他衣类及配件、衣着相关加工服务的支出。

居住 指与居住有关的支出，包括房租、水、电、燃料、物业管理等方面的支出，也包括自有住房折算租金。

生活用品及服务 指家庭及个人的各类生活品及家庭服务。包括家具及室内装饰品、家用器具、家用纺织品、家庭日用杂品、个人用品和家庭服务。

交通通信 指用于交通和通信工具及相关的各种服务费、维修费和车辆保险等支出。

教育文化娱乐 指用于教育、文化和娱乐方面的支出。

医疗保健 指用于医疗和保健的药品、用品和服务的总费用。包括医疗器具及药品，以及医疗服务。

其他用品及服务 指无法直接归入上述各类支出的其他用品与服务支出。

居民储蓄存款余额 指城乡居民在某一时点上在银行和其他金融机构的本（人民币）、外币储蓄存款总额。不包括居民的手存现金和工矿企业、部队、机关、团体等单位存款。

六、城市概况

6-1 民族自治地方分地区城市情况(2021年)

地区	城市数(个)	#地级市	#县级市
合计	**126**	**38**	**88**
河北			
内蒙古	20	9	11
辽宁			
吉林	6		6
黑龙江			
浙江			
湖北	2		2
湖南	1		1
广东			
广西	24	14	10
海南			
重庆			
四川	4		4
贵州	5		5
云南	13		13
西藏	6	6	
甘肃	2		2
青海	4		4
宁夏	7	5	2
新疆	32	4	28

6-2 民族自治地方分地区城市市区情况(2021年)

地　区	市区面积 (平方公里)	市区人口 (万人)	市区暂住人口 (万人)
合　计	**880716.60**	**6717.12**	**1301.49**
河　北			
内蒙古	148694.54	914.01	276.07
辽　宁			
吉　林	27270.36	165.33	20.44
黑龙江			
浙　江			
湖　北	8572.82	176.52	8.92
湖　南	1093.30	34.11	10.39
广　东			
广　西	78641.38	2677.08	345.08
海　南			
重　庆			
四　川	25529.50	135.93	30.26
贵　州	10234.32	292.02	47.82
云　南	48313.19	535.44	102.27
西　藏	48658.42	92.95	40.90
甘　肃	2774.33	37.96	8.75
青　海	193459.60	50.45	5.71
宁　夏	21123.03	437.81	63.37
新　疆	266351.81	1167.51	341.51

6–3　民族自治地方分地区城市城区面积和人口情况(2021年)

地　　区	城区面积 (平方公里)	城区人口 (万人)	城区暂住人口 (万人)
合　　计	**17363.82**	**3292.59**	**1120.03**
河　　北			
内 蒙 古	4565.51	682.13	221.46
辽　　宁			
吉　　林	504.15	101.54	17.73
黑 龙 江			
浙　　江			
湖　　北	253.00	49.93	5.20
湖　　南	48.00	31.52	10.39
广　　东			
广　　西	5305.61	1027.68	314.55
海　　南			
重　　庆			
四　　川	795.28	72.60	16.65
贵　　州	707.47	115.57	34.64
云　　南	694.24	208.79	67.51
西　　藏	632.58	56.46	40.81
甘　　肃	53.65	23.81	6.37
青　　海	173.92	30.53	16.36
宁　　夏	915.76	228.59	76.72
新　　疆	2714.65	663.44	291.64

6-4 民族自治地方分地区城市用地情况(2021年)

地 区	建成区面积 (平方公里)	城市建设用地 (平方公里)
合 计	**6247.26**	**5864.93**
河 北		
内蒙古	1271.48	1158.97
辽 宁		
吉 林	163.85	142.68
黑龙江		
浙 江		
湖 北	62.53	62.53
湖 南	38.00	30.80
广 东		
广 西	1679.09	1633.46
海 南		
重 庆		
四 川	76.16	72.54
贵 州	245.05	184.20
云 南	372.12	384.34
西 藏	170.30	159.72
甘 肃	37.75	35.29
青 海	92.02	89.94
宁 夏	483.30	445.38
新 疆	1555.61	1465.08

6-5 民族自治地方分地区城市供水、液化气供气情况(2021年)

地　区	城市供水综合生产能力（万立方米/日）	供水管道长度（公里）	城市液化石油气储气能力（吨）	液化石油气供气总量（吨）
合　计	**2466.94**	**75071.20**	**182907.00**	**554845.46**
河　北				
内蒙古	394.07	12419.53	7900.58	67865.75
辽　宁				
吉　林	49.37	1632.46	2933.50	16187.49
黑龙江				
浙　江				
湖　北	31.39	1252.91	500.00	1660.00
湖　南	26.00	1357.72	80.00	2700.60
广　东				
广　西	750.60	26161.73	147342.73	312278.43
海　南				
重　庆				
四　川	33.90	1149.69	1736.00	12679.00
贵　州	76.21	3795.03	8005.29	21573.87
云　南	130.46	6323.37	3703.80	27234.53
西　藏	56.34	1879.53	1007.50	8579.41
甘　肃	19.10	394.41	235.20	3040.00
青　海	78.82	1396.97	2157.70	4712.83
宁　夏	193.46	2880.39	3967.00	17513.79
新　疆	627.22	14427.46	3337.70	58819.76

6-6 民族自治地方分地区城市道路情况(2021年)

地　　区	城市道路长度（公里）	城市道路面积（万平方米）
合　　计	**49888.30**	**102255.44**
河　　北		
内 蒙 古	11348.32	23057.35
辽　　宁		
吉　　林	968.95	1630.97
黑 龙 江		
浙　　江		
湖　　北	370.43	571.99
湖　　南	520.28	1238.84
广　　东		
广　　西	15637.43	32100.36
海　　南		
重　　庆		
四　　川	566.05	1015.97
贵　　州	1950.48	4138.71
云　　南	2987.91	5567.97
西　　藏	1048.08	2089.29
甘　　肃	245.95	655.53
青　　海	631.82	1442.53
宁　　夏	2921.99	7989.08
新　　疆	10690.61	20756.85

6-7 民族自治地方分地区城市绿化面积(2021年)

地区	绿化覆盖面积（公顷）	#建成区	绿地面积（公顷）	#建成区
合计	**357829.84**	**254995.19**	**311483.92**	**232167.01**
河北				
内蒙古	76442.07	53338.75	70792.64	49108.68
辽宁				
吉林	7592.05	6646.67	6466.73	6093.73
黑龙江				
浙江				
湖北	3838.53	2675.32	2967.91	2382.41
湖南	1801.30	1560.00	1863.33	1070.50
广东				
广西	86553.14	67556.52	76104.71	59444.34
海南				
重庆				
四川	3113.46	2925.46	2703.92	2697.19
贵州	26526.62	10183.02	10997.74	9698.38
云南	19922.53	15212.91	17127.35	13607.66
西藏	6752.56	6505.76	6372.42	6132.87
甘肃	1478.76	1327.45	1238.88	1165.85
青海	2961.26	2770.12	2659.80	2468.70
宁夏	28280.05	20526.58	26574.72	19410.31
新疆	92567.51	63766.63	85613.77	58886.39

6-8 民族自治地方分地区城市公园情况(2021年)

地　　区	公园绿地面积 (公顷)	公园个数 (个)	公园面积 (公顷)
合　　计	**70076.90**	**1913**	**53596.51**
河　　北			
内 蒙 古	18031.60	400	15247.63
辽　　宁			
吉　　林	1745.20	39	977.14
黑 龙 江			
浙　　江			
湖　　北	823.40	36	440.30
湖　　南	380.52	9	229.00
广　　东			
广　　西	18529.40	414	15936.93
海　　南			
重　　庆			
四　　川	969.22	47	1092.52
贵　　州	2531.89	81	1769.20
云　　南	3631.70	212	3462.48
西　　藏	1296.32	156	1061.27
甘　　肃	501.88	7	217.98
青　　海	590.83	12	437.23
宁　　夏	6336.13	106	3581.90
新　　疆	14708.81	394	9142.93

6-9 民族自治地方分地区城市环境卫生情况(2021年)

地　　区	生活垃圾处理量（万吨）	垃圾无害化处理厂数（座）	公厕数（座）
合　　计	**1886.68**	**170**	**17091**
河　　北			
内 蒙 古	364.90	30	6853
辽　　宁			
吉　　林	39.16	7	292
黑 龙 江			
浙　　江			
湖　　北	24.88	3	168
湖　　南	12.03	1	142
广　　东			
广　　西	583.48	35	1987
海　　南			
重　　庆			
四　　川	35.96	6	305
贵　　州	57.05	9	639
云　　南	132.48	15	1850
西　　藏	69.03	9	875
甘　　肃	24.17	1	103
青　　海	18.69	5	160
宁　　夏	124.53	11	936
新　　疆	400.31	38	2781

6-10 民族自治地方分地区城市市政公用设施水平情况(2021年)(一)

地　区	人口密度（人/平方公里）	人均日生活用水量（升）	用水普及率（%）	燃气普及率（%）
合　计	**3584**	**185.49**	**98.76**	**95.20**
河　北				
内蒙古	3921	108.07	99.43	97.44
辽　宁				
吉　林	3899	116.57	99.10	93.53
黑龙江				
浙　江				
湖　北	2184	203.24	98.11	96.95
湖　南	8731	194.50	98.47	86.90
广　东				
广　西	2994	279.61	99.81	99.59
海　南				
重　庆				
四　川	3836	143.51	86.54	73.97
贵　州	3578	139.08	96.99	88.87
云　南	4699	190.86	99.52	72.12
西　藏	2411	247.06	98.83	67.94
甘　肃	5772	224.88	98.76	92.46
青　海	4262	282.79	93.83	90.04
宁　夏	3518	169.15	99.69	97.76
新　疆	4166	158.00	99.40	99.08

6-10 民族自治地方分地区城市市政公用设施水平情况(2021年)(二)

地区	建成区供水管道密度(公里/平方公里)	人均道路面积(平方米)	建成区排水管道密度(公里/平方公里)	人均公园绿地面积(平方米)
合计	**11.84**	**23.39**	**9.30**	**15.29**
河北				
内蒙古	10.15	28.26	10.13	21.44
辽宁				
吉林	9.91	14.21	10.03	15.16
黑龙江				
浙江				
湖北	18.92	9.58	6.53	14.10
湖南	35.71	29.56	6.74	9.08
广东				
广西	16.39	22.88	11.99	13.20
海南				
重庆				
四川	14.09	11.22	8.88	11.40
贵州	12.60	25.50	8.73	15.80
云南	13.28	21.39	9.97	12.08
西藏	11.97	21.20	3.82	12.54
甘肃	11.67	20.85	12.91	16.59
青海	17.90	38.37	19.16	13.92
宁夏	5.51	24.77	4.97	20.18
新疆	8.12	21.04	6.89	15.56

6-10 民族自治地方分地区城市市政公用设施水平情况(2021年)(三)

地　区	建成区绿化覆盖率(%)	建成区绿地率(%)	生活垃圾处理率(%)	生活垃圾无害化处理率(%)
合　计	**40.53**	**35.83**	**99.81**	**99.86**
河　北				
内蒙古	41.93	38.61	99.89	99.89
辽　宁				
吉　林	40.80	37.40	100.00	100.00
黑龙江				
浙　江				
湖　北	42.78	38.10	100.00	100.00
湖　南	41.05	28.17	100.00	100.00
广　东				
广　西	40.25	35.40	100.00	100.00
海　南				
重　庆				
四　川	38.43	35.39	99.80	99.80
贵　州	41.52	39.64	97.33	97.33
云　南	40.82	36.58	100.00	100.00
西　藏	38.08	35.90	99.73	99.73
甘　肃	35.10	30.86	100.00	100.00
青　海	29.93	26.67	98.44	98.44
宁　夏	42.38	40.20	100.00	100.00
新　疆	41.01	37.87	100.00	100.00

主要统计指标解释

供水管道长度 指从送水泵至用户水表之间所有管道的长度。不包括新安装尚未使用、水厂内以及用户建筑物内的管道。

供水总量 指报告期供水企业（单位）供出的全部水量。包括有效供水量和漏损水量。

用水普及率 指报告期末城区内用水人口与总人口的比率。计算公式为：

$$用水普及率=\frac{城区用水人口（含暂住人口）}{城区人口+城区暂住人口}\times100\%$$

供气管道长度 指报告期末人工燃气生产厂制气、净化、输送等环节的综合生产能力，不包括备用设备能力。一般按设计能力计算，当实际生产能力大于设计能力时，应按实际测定的生产能力计算。测定时应以制气、净化、输送三个环节中最薄弱的环节为主。

供气总量 指报告期燃气企业（单位）向用户供应的燃气数量。包括销售量和损失量。

燃气普及率 指报告期末城区内使用燃气的人口与总人口的比率。

$$燃气普及率=\frac{城区用气人口（含暂住人口）}{城区人口+城区暂住人口}\times100\%$$

城市道路 指城市供车辆、行人通行的，具备一定技术条件的道路、桥梁、隧道及其附属设施。城市道路由车行道和人行道等组成。在统计时只统计路面宽度在 3.5 米（含 3.5 米）以上的各种铺装道路，包括开放型工业区和住宅区道路在内。

道路长度 指道路长度和与道路相通的桥梁、隧道的长度，按车行道中心线计算。

道路面积 道路实际铺装面积和与道路相通的广场、桥梁、隧道的铺装面积（统计时，将车行道面积、人行道面积分别统计）。

人行道面积按道路两侧面积相加计算，包括步行街和广场，不含人车混行的道路。

建成区面积 城市行政区内实际已成片开发建设、市政公用设施和公共设施基本具备的区域。对核心城市，它包括集中连片的部分以及分散的若干个已经成片建设起来，市政公用设施和公共设施基本具备的地区组成。因此建成区范围，一般是指建成区外轮廓线所能包括的地区，也就是这个城市实际建设用地所达到的范围。

绿地面积 指报告期末建成区内用作园林和绿化的各种绿地面积。包括公园绿地、生产绿地、防护绿地、附属绿地的面积。

其中：**公园绿地** 指向公众开放的、以游憩为主要功能，有一定游憩设施的绿地。

人口密度 指建成区范围内的人口疏密程度。

计算公式：

$$建成区人口密度（人/平方公里）=\frac{建成区常住人口（人）}{建成区面积（公顷）}\times100$$

人均日生活用水量 指用水人口平均每天的生活用水量。计算公式：

$$建成区人均日生活用水量（升/人）=\frac{建成区年生活用水量（万立方米）}{建成区用水人口（人）}\div365\times10^{7}$$

人均公园绿地面积 指报告期末建成区范围内平均每人拥有的公园绿地面积。

计算公式：

$$建成区人均公园绿地面积（平方米/人）=\frac{建成区公园绿地面积（公顷）}{建成区常住人口（人）}\times10^{4}$$

建成区绿化覆盖率 指报告期末建成区范围内绿化覆盖面积与建成区面积的比率。

计算公式：

$$建成区绿化覆盖率(\%)=\frac{建成区绿化覆盖面积（公顷）}{建成区面积（公顷）}\times100\%$$

建成区绿化率 指报告期末镇（乡）建成区范围内绿地面积与建成区面积的比率。

计算公式：

$$建成区绿地率(\%)=\frac{建成区绿地面积（公顷）}{建成区面积（公顷）}\times100\%$$

生活垃圾处理率 指报告期建成区范围内生活垃圾处理量与生活垃圾产生量的比率。

计算公式：

$$建成区生活垃圾处理率(\%)=\frac{建成区生活垃圾处理量（吨）}{建成区生活垃圾产生量（吨）}\times100\%$$

生活垃圾无害化处理率 指报告期建成区范围内生活垃圾无害化处理量与生活垃圾产生量的比率。

计算公式：

$$建成区生活垃圾无害化处理率(\%)=\frac{建成区生活垃圾无害化处理量（吨）}{建成区生活垃圾产生量（吨）}\times100\%$$

由于生活垃圾产生量不易取得，用清运量代替。

七、农　业

7—1 民族自治地方分地区农村基层组织情况(2021年)

地　区	乡镇个数(个)	村民委员会(个)	乡村人口(万人)	乡个数(个)	镇个数(个)
合　计	**7517**	**77607**	**9988**	**3412**	**4105**
河　北	116	1453	152	63	53
内蒙古	779	11036	763	270	509
辽　宁	149	1513	236	29	120
吉　林	120	1542	141	41	79
黑龙江	11	79	17	6	5
浙　江	19	136	13	15	4
湖　北	102	2255	376	35	67
湖　南	220	2816	305	88	132
广　东	23	221	37		23
广　西	1118	14172	2263	312	806
海　南	66	589	121	22	44
重　庆	125	913	191	53	72
四　川	995	5813	612	592	403
贵　州	523	6283	1177	105	418
云　南	778	6918	1493	368	410
西　藏	676	5263	232	534	142
甘　肃	268	2426	256	116	152
青　海	321	3056	251	205	116
宁　夏	193	2217	246	90	103
新　疆	915	8906	1107	468	447

注：本表所指的乡包括民族乡。

7-2 民族自治地方分地区农、林、牧、渔业总产值及指数(2021年)

地区	绝对数(亿元)					指数(上年=100)				
	农林牧渔业总产值	#农业	#林业	#牧业	#渔业	农林牧渔业总产值	#农业	#林业	#牧业	#渔业
合计	**26979.99**	**15324.83**	**1577.72**	**8127.35**	**924.61**	**111.2**	**114.9**	**115.5**	**103.4**	**122.2**
河北	321.27	167.93	31.84	109.53	0.74	107.5	108.8	100.9	107.2	94.4
内蒙古	3815.12	1879.55	94.06	1755.27	29.82	105.1	104.8	106.1	105.4	102.7
辽宁	482.14	205.28	49.03	197.85	18.43	105.7	109.2	103.7	104.5	111.2
吉林	372.72	179.18	10.76	168.44	7.00	108.8	107.9	106.8	110.6	110.6
黑龙江	99.81	35.19	0.56	52.49	10.58	106.8	105.8	104.9	107.3	107.3
浙江	11.13	6.89	1.62	2.26	0.20	102.8	102.3	103.3	103.8	103.3
湖北	559.77	318.03	36.06	165.58	4.36	117.0	109.5	125.9	126.0	88.0
湖南	451.99	237.69	33.21	164.81	7.14	109.3	105.9	108.2	113.8	100.7
广东	50.09	27.73	9.66	10.81	1.00	124.5	112.6	113.7	116.1	101.7
广西	6524.39	3690.73	538.10	1437.58	555.06	109.2	106.4	107.6	119.0	102.6
海南	413.57	274.81	38.04	41.42	46.08	104.2	104.3	101.3		
重庆	243.84	144.90	20.47	69.67	4.43	108.7	106.3	130.2	108.2	116.1
四川	1083.54	531.26	61.48	443.46	4.59	107.5	105.1	100.0	113.6	109.8
贵州	2071.83	1322.05	174.73	447.50	96.76	109.2	109.0	106.3	112.4	113.7
云南	3683.41	2023.62	366.95	1095.33	72.83	110.3	111.7	108.4	109.6	101.5
西藏	255.34	115.31	3.97	129.32	0.29	105.6	107.1	104.2	104.4	154.4
甘肃	211.55	97.56	2.46	53.39	0.27	109.1	109.9	95.5	115.3	87.6
青海	425.53	165.43	14.22	236.30	4.11	103.7	104.1	104.0	103.4	106.8
宁夏	759.81	412.70	11.38	280.66	24.96	104.8	100.9	108.0	110.8	105.4
新疆	5143.12	3488.99	79.12	1265.69	35.95	108.8	107.3	107.9	113.0	113.7

7-3 民族自治地方分地区农、林、牧、渔业总产值构成(2021年)

(以农、林、牧、渔业和农林牧渔服务业总产值为100)

地 区	农业	林业	牧业	渔业
合 计	**56.80**	**5.85**	**30.12**	**3.43**
河 北	52.27	9.91	34.09	0.23
内蒙古	49.27	2.47	46.01	0.78
辽 宁	42.58	10.17	41.04	3.82
吉 林	48.07	2.89	45.19	1.88
黑龙江	35.26	0.56	52.59	10.60
浙 江	61.86	14.52	20.28	1.80
湖 北	56.81	6.44	29.58	0.78
湖 南	52.59	7.35	36.46	1.58
广 东	55.36	19.29	21.58	1.99
广 西	56.57	8.25	22.03	8.51
海 南	66.45	9.20	10.02	11.14
重 庆	59.43	8.40	28.57	1.82
四 川	49.03	5.67	40.93	0.42
贵 州	63.81	8.43	21.60	4.67
云 南	54.94	9.96	29.74	1.98
西 藏	45.16	1.55	50.65	0.11
甘 肃	46.11	1.16	25.24	0.13
青 海	38.88	3.34	55.53	0.97
宁 夏	54.32	1.50	36.94	3.29
新 疆	67.84	1.54	24.61	0.70

注：本表按当年价格计算。

7-4 民族自治地方分地区农作物播种面积(2021年)

单位：千公顷

地区	农作物总播种面积	#粮食	#油料	#棉花
合计	**33864.06**	**19931.55**	**2173.29**	**2507.78**
河北	269.49	185.08	9.37	
内蒙古	8743.34	6884.32	815.66	0.02
辽宁	605.26	494.74	50.71	
吉林	837.23	822.00	65.76	
黑龙江	153.05	137.52	6.94	
浙江	12.50	6.02	0.05	
湖北	597.45	427.40	70.49	
湖南	569.33	327.56	90.79	0.21
广东	55.62	22.78	6.19	
广西	6177.52	2822.94	267.05	1.08
海南	180.23	50.88	3.91	
重庆	458.91	258.16	59.04	
四川	357.30	284.41	44.31	
贵州	2249.73	1150.66	234.51	0.40
云南	3994.17	2363.54	146.53	
西藏	274.19	186.48	19.01	
甘肃	337.78	226.35	32.89	
青海	427.55	220.05	109.91	
宁夏	1176.00	689.00	27.00	
新疆	6387.42	2371.65	113.17	2506.07

7-5 民族自治地方分地区主要农产品产量(2021年)

单位：万吨

地　　区	粮　食	油　料	棉　花	糖　料	烟　叶	茶　叶	水　果
合　　计	**11069.86**	**536.36**	**513.02**	**9501.36**	**85.09**	**70.86**	**7117.38**
河　　北	96.33	2.43		0.99			54.06
内 蒙 古	3840.30	213.89		362.09	0.30		190.82
辽　　宁	320.44	14.25			0.32		25.20
吉　　林	499.29	20.19			0.25		26.43
黑 龙 江	85.58	2.77					1.80
浙　　江	3.65	0.04				0.22	0.92
湖　　北	167.60	13.07			4.52	16.26	51.92
湖　　南	190.88	26.65	0.01	4.74	3.01	1.45	219.01
广　　东	11.81	2.32		0.37	0.13	0.20	7.67
广　　西	1386.54	75.86	0.11	7365.11	1.97	9.60	3121.13
海　　南	25.92	1.02		29.82		0.07	101.45
重　　庆	121.39	11.26		0.01	2.25	1.39	21.48
四　　川	314.03	7.34		5.24	15.28	1.31	249.49
贵　　州	543.78	40.98	0.04	47.61	11.26	10.25	274.72
云　　南	1059.19	26.63		1338.52	45.74	30.10	838.13
西　　藏	106.15	4.58				0.01	3.01
甘　　肃	106.80	8.70		0.25			6.35
青　　海	85.98	24.96					1.53
宁　　夏	368.44	4.82		0.07	0.05		262.77
新　　疆	1735.78	34.60	512.85	346.54			1659.51

7-6 民族自治地方分地区牲畜饲养情况(2021年)

单位：万头

地　区	牲畜年末存栏数		
	大牲畜	猪	羊
合　计	**5669.29**	**7238.71**	**16631.83**
河　北	30.87	50.00	82.01
内蒙古	871.31	565.20	6138.17
辽　宁	61.35	145.03	257.61
吉　林	81.01	135.61	87.87
黑龙江	14.28	9.68	29.79
浙　江	0.34	1.48	0.26
湖　北	3.24	333.03	40.67
湖　南	60.30	292.75	81.86
广　东	0.99	15.25	2.83
广　西	369.33	2128.19	259.04
海　南	57.68	54.83	17.83
重　庆	34.40	122.38	59.27
四　川	605.65	440.48	649.78
贵　州	438.01	694.11	202.50
云　南	562.50	1541.22	745.01
西　藏	688.15	62.05	942.32
甘　肃	205.84	52.70	533.26
青　海	603.54	73.10	1255.06
宁　夏	208.98	85.50	677.10
新　疆	771.51	436.10	4569.56

7-7 民族自治地方分地区畜产品和水产品产量(2021年)(一)

单位：万吨

地　区	肉类总产量	#猪　肉	#牛　肉	#羊　肉	奶类产量
合　计	**1650.78**	**779.41**	**278.33**	**247.86**	**1421.43**
河　北	17.50	6.83	6.89	1.76	8.06
内蒙古	277.32	67.39	68.71	113.65	680.04
辽　宁	62.40	20.86	9.42	5.71	5.42
吉　林	32.03	16.79	7.97	1.12	0.09
黑龙江	5.81	1.79	1.66	0.72	31.20
浙　江	0.28	0.22	0.02	0.01	
湖　北	42.54	37.82	0.06	1.05	
湖　南	32.08	26.30	2.57	1.54	5.85
广　东	2.80	1.84	0.04	0.05	
广　西	440.97	245.24	14.03	4.02	13.09
海　南	7.89	4.91	0.52	0.51	0.04
重　庆	20.01	14.00	2.42	1.14	
四　川	73.45	42.47	18.36	8.01	29.84
贵　州	92.01	66.17	11.57	2.54	0.36
云　南	226.61	158.18	25.16	11.14	49.57
西　藏	27.36	1.34	20.51	5.10	53.72
甘　肃	22.09	4.30	10.03	6.66	13.04
青　海	33.57	4.00	18.06	11.24	28.69
宁　夏	35.33	9.12	11.83	11.47	280.51
新　疆	198.73	49.85	48.50	60.44	221.92

7-7 民族自治地方分地区畜产品和水产品产量(2021年)(二)

单位：万吨

地　区	羊　毛	羊　绒	水产品
合　计	**23.48**	**1.00**	**498.27**
河　北	0.09	0.01	0.34
内蒙古	12.06	0.61	10.68
辽　宁	0.05	0.04	10.35
吉　林	0.02		1.84
黑龙江	0.11		0.54
浙　江			0.19
湖　北			0.72
湖　南			4.24
广　东			0.74
广　西			354.81
海　南			19.27
重　庆			1.23
四　川	0.44		0.15
贵　州			14.96
云　南	0.03		42.76
西　藏	0.72	0.08	0.08
甘　肃	0.57	0.01	0.19
青　海	1.13	0.01	1.52
宁　夏	0.76	0.04	16.60
新　疆	7.50	0.19	17.05

7-8 民族自治地方分地区农业机械总动力、有效灌溉面积、农村用电量及农用化肥施用量(2021年)

地　　区	农业机械总动力（万千瓦）	有效灌溉面积（千公顷）	农村用电量（亿千瓦小时）	农用化肥施用量（万吨）
合　　计	**18637.91**	**14553.97**	**962.91**	**1224.03**
河　　北	156.43	72.05	27.58	12.68
内 蒙 古	4239.42	3199.10	119.79	241.90
辽　　宁	334.87	175.05	91.46	32.76
吉　　林	516.04	55.48	16.40	26.59
黑 龙 江	82.00	111.08	0.91	2.27
浙　　江	8.35	15.27	0.28	0.92
湖　　北	294.27	97.33	14.67	26.94
湖　　南	405.96	314.35	8.02	31.49
广　　东	7.44	8.49	1.38	0.91
广　　西	3886.35	1731.00	236.83	251.89
海　　南	171.63	24.60	3.26	24.13
重　　庆	156.10	53.45	6.98	11.62
四　　川	570.94	291.78	16.68	14.30
贵　　州	1163.02	1175.81	47.53	49.34
云　　南	1923.34	1357.47	72.35	136.14
西　　藏	595.90	282.82		4.40
甘　　肃	181.34	92.91	6.18	10.04
青　　海	294.81	63.82	3.23	9.02
宁　　夏	653.82	538.70	19.47	96.00
新　　疆	2995.88	4893.40	269.92	240.69

主要统计指标解释

农林牧渔业总产值 指以货币表现的农、林、牧、渔业全部产品和对农林牧渔业生产活动进行的各种支持性服务活动的价值总量，它反映一定时期内农林牧渔业生产总规模和总成果。1957 年以前的农林牧渔业总产值中包括了厩肥和农民自给性手工业(如农民自制衣服、鞋、袜，自己从事粮食初步加工等)。1958 年及以后，林业中增加了村及村以下竹木采伐产值；牧业中取消了厩肥产值；副业中取消了农民自给性手工业产值，增加了村及村以下办的工业产值； 渔业中增加了海洋捕捞水产品产值。1980 年及以后，在副业中增加了农民家庭兼营工业商品部分的产值。从 1984 年起村及村以下工业产值划归工业。从 1993 年起取消副业，将野生动物的捕猎划入牧业，野生植物采集和农民家庭兼营商品性工业划归农业。从 2003 年起，执行新的国民经济行业分类标准，农林牧渔业总产值中包括了农林牧渔服务业产值。林业中增加了森林采运业产值。农业中取消了家庭兼营商品性工业产值，将野生林产品的采集划归林业。第一次农业普查以后，由于畜牧业产品年报数据与普查数据之间存在一定的差距，根据农业普查结果，对畜牧业年报数据和畜牧业产值进行了修正。2010 年执行《统计用产品分类目录》，对 2009 年的农业、林业产值做了相应调整。

农林牧渔业总产值的计算方法通常是按农、林、牧、渔业产品及其副产品的产量分别乘以各自单位产品价格求得；少数生产周期较长，当年没有产品或产品产量不易统计的，则采用间接方法匡算其产值；然后将四业产品产值及农林牧渔服务业产值相加即为农林牧渔业总产值。

农业机械总动力 指全部农业机械动力的额定功率之和。农业机械是指用于种植业、畜牧业、渔业、农产品初加工、农用运输和农田基本建设等活动的机械及设备。农机总动力按使用能源不同分为以下四部分：

柴油发动机动力：指全部柴油发动机额定功率之和；

汽油发动机动力：指全部汽油发动机额定功率之和；

电动机动力：指全部电动机（含潜水电泵的电动机）额定功率之和；

其他机械动力：指采用柴油、汽油、电力之外的其他能源，如水力、风力、煤炭、太阳能等动力机械功率之和。

这个指标的统计数据主要来源于农机部门。

农村用电总量 指调查年度内农村范围内所有企业、事业、行政单位和住房从事生产经营活动、工作和日常生活用电总量。

农用化肥施用量 指本年内实际用于农业生产的化肥数量，包括氮肥、磷肥、钾肥和复合肥。化肥施用量要求按折纯量计算数量。折纯量是指把氮肥、磷肥、钾肥分别按含氮、含五氧化二磷、含氧化钾的百分之百成分进行折算后的数量。复合肥按其所含主要成分折算。公式为：

折纯量=实物量×某种化肥有效成分含量的百分比

耕地灌溉面积 指具有一定的水源，地块比较平整，灌溉工程或设备已经配套，在一般年景下能够进行正常灌溉的耕地面积。在一般情况下，耕地灌溉面积应等于灌溉工程或设备已经配套，能够进行正常灌溉的水田和水浇地面积之和。它是反映我国农田水利建设的重要指标。

农作物总播种面积 指农业生产经营者应在日历年度内收获农作物在全部土地（耕地或非耕地）上的播种或移植面积。凡是本年内收获的农作物，无论是本年还是上年播种，都算为播种面积，但不包括本年播种，下年收获的农作物面积。

农作物产量 指调查年度内全社会生产农产品的数量，不论耕地上与非耕地上的农作物产量，都应该统计在内。各种主要作物产量按国家的统一规定计算。谷物一律按脱粒后原粮计算（玉米按脱粒后的粒子计算）；薯类产量按五斤折一斤计算；豆类按去豆荚后干豆计算；棉花按去籽后的皮棉计算；麻类除亚麻以麻秆计算、苎麻以刮皮后的干麻计算、苘麻和线麻以熟麻皮计算外，其余一律以生麻计算；烤烟和晒烟均以干烟叶计算；花生以带壳的干花生计算；甘蔗以蔗秆计算；甜菜以根块计算。城市郊区按蔬菜计算的薯类和豆类产量按鲜品统计。

粮食产量　指农业生产经营者日历年度内生产的全部粮食数量。按收获季节包括夏收粮食、早稻和秋收粮食，按作物品种包括谷物、薯类和豆类。其产量计算方法：谷物按脱粒后的原粮计算，豆类按去豆荚后的干豆计算；薯类(包括甘薯和马铃薯，不包括芋头和木薯)1963 年以前按每 4 公斤鲜薯折 1 公斤粮食计算，从 1964 年开始改为按 5 公斤鲜薯折 1 公斤粮食计算，2014 年开始按鲜薯计算；城市郊区作为蔬菜的薯类(如马铃薯等)按鲜品计算，并且不作粮食统计。1989 年以前全国粮食产量数据主要靠全面报表取得，1989 年开始使用抽样调查数据。

棉花产量　指全社会的产量。包括春播棉和夏播棉。产量按皮棉计算。不包括木棉。

油料产量　指全部油料作物的生产量。包括花生、油菜籽、芝麻、向日葵籽、胡麻籽（亚麻籽）和其他油料。不包括大豆、木本油料和野生油料。花生以带壳干花生计算。

茶叶产量　指调查年度内生产的全部茶叶数量。包括从成片茶园和荒芜未垦土地上种植的以及零星种植的茶树上所采摘的全部产量，不论自食的或出售的，都应统计在内。茶叶产量按经过初步加工后的干毛茶计算。

水果产量　指调查年度内从果树上收获的全部水果数量。不论自食的或出售的，都应统计在内。但不包括果用瓜，如西瓜、甜瓜、白兰瓜、哈密瓜、脆瓜等以及主要作蔬菜用的藕、西红柿等；也不包括采集的野生水果。水果产量按鲜果计算，干枣、葡萄干、柿饼、橘饼等应统一折成鲜果计算。

期初(末)畜禽存栏头(只)数　指报告期初(末)农村各种合作经济组织和国营农场、农民个人、机关、团体、学校、工矿企业、部队等单位以及城镇居民饲养的大牲畜、猪、羊、家禽等畜禽的数量。数据上报方式及数据调整情况同猪、牛、羊肉产量。

猪、牛、羊肉产量　指当年出栏并已屠宰、除去头蹄下水后带骨肉(即胴体重)的重量。包括全社会范围内的产量。1996 年以前为全面统计并逐级上报数据。1996 年第一次农业普查以后，根据普查结果，对畜牧业主要年报数据进行了修正。1999 年以后，国家统计局在部分地区开展了猪、牛、羊、禽等主要畜禽品种的抽样调查，并用抽样数据作为国家定案数据使用。未开展抽样调查的地区和品种，仍使用各级统计部门逐级上报数据。2007 年，根据第二次农业普查结果，对 2000—2006 年畜牧业主要年报数据进行了修正。2008 年，建立了主要畜禽监测调查制度，猪、牛、羊、禽等主要畜禽数据均以抽样调查数为法定数据。

水产品产量　指渔业（捕捞和养殖）生产活动的最终有效成果，包括全部海水和淡水鱼类、甲壳类(虾、蟹)、贝类、头足类、藻类和其他类渔业产品的最终产量。水产品产量是通过各级水产部门逐级上报取得数据。1995 年及以前，贝类中牡蛎按鲜肉计算；蚶、蛤、蛏按 5 斤鲜品折 1 斤计算。1996 年以后则统一按鲜品计算。

八、工　业

8-1 民族自治地方分地区规模以上工业企业单位数(2021年)

单位：个

地　区	总　计	#国有企业	#私营企业	#外资及港、澳、台商投资企业	大中型工业企业
合　计	**24745**	**3329**	**15782**	**1176**	**2572**
河　北	318	11	200	17	8
内蒙古	3291	803	1610	134	620
辽　宁	327	19	245	13	36
吉　林	357	15	253	19	52
黑龙江	40	2		2	
浙　江	35			1	
湖　北	461	39	412	1	9
湖　南	717	26	365	294	36
广　东	83	1	36	8	13
广　西	8065	713	5952	447	829
海　南	64	10	37	2	7
重　庆	184	28	146	3	13
四　川	644	45	238	2	28
贵　州	1973	105	1478	45	85
云　南	1956	103	1274	45	129
西　藏	186	69	61	6	11
甘　肃	194	27	62		2
青　海	385	14	96	9	47
宁　夏	1383	241	967	45	192
新　疆	4082	1058	2350	83	455

8-2 民族自治地方分地区规模以上工业企业主要财务指标(2021年)

单位：亿元

地　区	资产合计	负债合计	所有者权益合计	利润总额	主营业务收入
合　计	**134636.63**	**81767.79**	**28332.17**	**8660.95**	**85023.28**
河　北	1257.05	823.08	433.97	76.95	831.41
内蒙古	38824.52	22431.29		3378.19	24836.41
辽　宁	676.77	418.29	985.18	49.92	498.85
吉　林	1041.07	613.66	427.41	38.68	563.56
黑龙江	133.88	93.05	40.83	7.52	95.36
浙　江	21.43	10.87	10.56	1.08	13.86
湖　北	637.78	357.97	279.81	34.93	134.45
湖　南	791.13	416.92	368.63	61.10	844.71
广　东	274.74	155.89	118.85	16.75	197.50
广　西	23622.06	14894.70		1346.66	22274.07
海　南	593.17	357.10	236.07	28.84	302.53
重　庆	507.55	309.51	198.05	34.70	224.40
四　川	6557.82	4543.35	2014.69	250.39	1650.16
贵　州	4302.39	2928.03	1236.92	259.20	2726.57
云　南	8870.21	5263.47	3606.73	428.58	5743.95
西　藏	2253.34	1168.09	1085.25	50.10	415.73
甘　肃	377.40	285.27	92.13	14.20	95.75
青　海	3535.85	2722.34	813.52	187.40	1469.84
宁　夏	12133.90	7869.34	4264.56	458.91	6599.14
新　疆	28224.58	16105.57	12119.01	1936.85	15505.04

8-3 民族自治地方分地区主要工业产品产量(2021年)(一)

地　　区	机制纸及纸板（万吨）	原　盐（万吨）	成品糖（万吨）	卷　烟（亿支）
合　　计	**492.36**	**1017.83**	**1003.81**	**1631.60**
河　　北				
内 蒙 古		138.33	67.75	0.03
辽　　宁				
吉　　林				463.02
黑 龙 江	0.50			
浙　　江				
湖　　北				
湖　　南	16.94			
广　　东				
广　　西	336.22		702.74	716.44
海　　南		3.40	2.64	
重　　庆				
四　　川	1.60			
贵　　州	53.43		0.71	
云　　南	35.22		184.69	272.76
西　　藏				
甘　　肃				
青　　海		348.00		
宁　　夏	26.70	96.10		0.01
新　　疆	21.75	432.00	45.27	179.35

8–3 民族自治地方分地区主要工业产品产量(2021年)(二)

地 区	焦 炭 (万吨)	天然气 (万立方米)	发电量 (亿千瓦小时)	生 铁 (万吨)
合 计	**9616.56**	**6783782.63**	**21258.37**	**8001.85**
河 北			87.21	111.00
内蒙古	4657.93	2897470.00	6119.93	2347.43
辽 宁			39.60	92.94
吉 林		639.00	58.50	
黑龙江			13.77	
浙 江			3.29	
湖 北			112.48	7.08
湖 南			60.90	
广 东			5.65	
广 西	1071.81	2200.00	2081.93	3015.29
海 南			142.70	
重 庆		1139.48	117.18	
四 川	257.40		1896.86	432.40
贵 州	4.32	4205.30	780.45	80.00
云 南	160.64	66.85	1848.92	310.55
西 藏			112.77	
甘 肃			227.70	
青 海	0.02	62.00	782.10	
宁 夏	964.73	2100.00	2082.89	457.60
新 疆	2499.71	3875900.00	4683.55	1147.56

8-3 民族自治地方分地区主要工业产品产量(2021年)(三)

地　区	粗钢（万吨）	钢材（万吨）	水泥（万吨）	平板玻璃（万箱）	农用氮磷钾化肥（万吨）
合　计	**9836.70**	**11423.54**	**37818.49**	**16904.79**	**1939.42**
河　北	112.00	79.00	1094.18		
内蒙古	3117.89	2957.55	3667.92	1065.60	394.96
辽　宁	20.00		40.50	2232.00	
吉　林			187.64		3.00
黑龙江					
浙　江					
湖　北			678.03		
湖　南		11.54	570.22	0.06	
广　东			16.12		
广　西	3660.88	5282.09	11432.02	3561.34	41.21
海　南			695.53		
重　庆		1.20	394.31		
四　川	417.40	404.48	1115.19		91.09
贵　州	4.00	60.20	4176.41	518.73	125.52
云　南	608.32	567.66	5197.67	8065.95	96.04
西　藏			991.59		
甘　肃		9.83	307.97		16.43
青　海			692.13		743.39
宁　夏	596.30	582.30	1867.70	427.90	62.71
新　疆	1299.91	1467.68	4693.35	1033.21	365.08

主要统计指标解释

工业　指从事自然资源的开采，对采掘品和农产品进行加工和再加工的物质生产部门。具体包括：(1)对自然资源的开采，如采矿、晒盐等(但不包括禽兽捕猎和水产捕捞)；(2)对农副产品的加工、再加工，如粮油加工、食品加工、缫丝、纺织、制革等；(3)对采掘品的加工、再加工，如炼铁、炼钢、化工生产、石油加工、机器制造、木材加工等，以及电力、燃气及水的生产和供应等；(4)对工业品的修理、翻新，如机器设备的修理等。工业统计调查单位为工业法人单位。

工业法人单位指从事工业生产经营活动的法人单位。工业法人单位应同时具备以下条件：①依法成立，有自己的名称、组织机构和场所，能够独立承担民事责任；②独立拥有（或授权）使用资产，承担负债，有权与其他单位签订合同；③具有包括资产负债表在内的账户，或者能够根据需要编制账户。

主营业务收入　指企业确认的销售产品、提供劳务等主要经营业务取得的收入。

主营业务成本　指企业经营主要业务所发生的成本总额。

资产总计　指企业过去的交易或者事项形成的，由企业拥有或控制的，预期会给企业带来经济利益的资源。资产一般按流动性分为流动资产和非流动资产。其中流动资产可分为货币资金、交易性金融资产、应收票据、应收账款、预付款项、其他应收款、存货等；非流动资产可分为长期股权投资、固定资产、无形资产及其他非流动资产。

负债合计　指企业过去的交易或者事项形成的，预期会导致经济利益流出企业的现时义务。负债一般按偿还期长短分为流动负债和长期负债。

所有者权益　指企业投资人对企业净资产的所有权。企业净资产为企业全部资产与企业全部负债的差额，包括实收资本、资本公积、盈余公积、未分配利润等。

利润总额　指企业在一定会计期间的经营成果、是生产经营过程中各种收入扣除各种耗费后的盈余，反映企业在报告期内实现的盈亏总额。

九、建筑业

9-1 民族自治地方分地区建筑业基本情况(2021年)

地　　区	单位数 (个)	建筑业 总产值 (亿元)	房屋建筑 施工面积 (万平方米)	房屋建筑 竣工面积 (万平方米)	年　　末 从业人数 (万人)
合　　计	**12031**	**15775.95**	**66639.54**	**18721.58**	**253.36**
河　　北	78	47.05	234.78	61.80	0.76
内 蒙 古	1026	1279.38	7497.50	1320.70	15.49
辽　　宁	197	63.24	247.00	101.65	1.37
吉　　林	338	187.85	875.86	269.36	3.25
黑 龙 江	11	1.19	1.10	0.97	0.04
浙　　江	37	26.09	79.00	15.00	0.75
湖　　北	202	115.06	1729.75	123.83	3.16
湖　　南	145	87.33	635.55	299.52	2.70
广　　东	40	90.59	150.98	22.88	2.62
广　　西	2351	6699.59	29484.20	8596.70	118.51
海　　南	29	11.82	24.85	3.77	0.41
重　　庆	158	171.31	318.16	193.74	3.17
四　　川	1967	120.57	235.25	13.03	2.89
贵　　州	635	687.29	2592.13	967.36	11.57
云　　南	1770	1905.53	6376.00	2389.23	33.52
西　　藏	410	270.73	425.50	196.40	3.84
甘　　肃	129	22.89	59.86	32.48	1.14
青　　海	147	182.08	326.77	148.75	1.48
宁　　夏	648	681.60	1989.70	839.90	11.00
新　　疆	1713	3124.77	13355.60	3124.50	35.70

9-2 民族自治地方分地区建筑业主要财务指标（2021年）

单位：亿元

地　区	企业资产合计	企业负债合计	企业所有者权益	企业利润总额
合　计	**17444.50**	**12658.23**	**4786.27**	**326.43**
河　北	55.04	37.71	17.33	0.74
内蒙古	2531.58	1728.61	802.97	19.53
辽　宁	83.56	63.64	27.83	1.66
吉　林	252.30	184.27	68.03	3.03
黑龙江	2.68	1.37	1.31	-0.19
浙　江	27.50	17.50	10.00	0.80
湖　北	124.94	80.44	44.50	1.90
湖　南	178.06	112.57	65.59	3.48
广　东	166.76	113.91	52.84	22.92
广　西	5147.12	3913.94	1233.17	121.32
海　南	28.54	16.91	11.63	0.51
重　庆	167.89	110.15	57.74	28.33
四　川	53.62	42.57	25.04	2.96
贵　州	1235.73	866.51	367.41	12.71
云　南	1105.75	704.97	400.78	25.48
西　藏	796.91	547.08	249.83	9.03
甘　肃	41.47	16.89	20.80	0.93
青　海	178.21	76.35	41.17	0.16
宁　夏	839.89	599.76	240.14	12.77
新　疆	4471.22	3423.06	1048.16	58.34

主要统计指标解释

建筑业统计单位 指从事房屋、构筑物建造和设备安装活动的法人企业。建筑业法人企业应具有建筑业资质并能够独立核算，同时还应具备以下条件：①依法成立，有自己的名称、组织机构和场所，能够承担民事责任；②独立拥有和使用资产，承担负债，有权与其他单位签订合同；③独立核算盈亏，能够编制资产负债表。

建筑业总产值 是以货币形式表现的建筑业企业在一定时期内生产的建筑业产品和提供服务的总和。建筑业总产值包括：

⑴建筑工程产值：指列入建筑工程预算内的各种工程价值。

⑵安装工程产值：指设备安装工程价值，不包括被安装设备本身的价值。

⑶其他产值：建筑业总产值中除建筑工程、安装工程以外的产值。包括房屋构筑物修理产值、非标准设备制造产值、总包企业向分包企业收取的管理费以及不能明确划分的施工活动所完成的产值。

a.房屋构筑物修理产值：指房屋和构筑物修理所完成的产值，但不包括被修理房屋、构筑物本身价值和生产设备的修理价值。

b.非标准设备制造产值：指加工制造没有定型的非标准生产设备的加工费和原材料价值(如化工厂、炼油厂用的各种罐、槽，矿井生产统一使用的各种漏斗、三角槽、阀门等)以及附属加工厂为本企业承建工程制作的非标准设备的价值。

房屋建筑施工面积 指报告期内施工的全部房屋建筑面积，包括本期新开工的房屋建筑面积、上期跨入本期继续施工的房屋建筑面积、上期停缓建在本期恢复施工的房屋建筑面积、本期竣工的房屋建筑面积及本期施工后又停缓建的房屋建筑面积。

房屋建筑竣工面积 指报告期内房屋建筑按照设计要求已全部完工，达到住人和使用条件，经验收鉴定合格或达到竣工验收标准，可正式移交使用的各栋房屋建筑面积的总和。

十、运输和邮电

10—1 民族自治地方分地区运输条件(2021年)

单位：公里

地 区	公路里程	#等级公路	铁 路 营业里程	内河航道 里 程
合 计	**1475816**	**1261092**	**36584**	**18819**
河 北	12834	5999	323	
内蒙古	212603	208632	14209	2403
辽 宁	20589	19128	378	217
吉 林	11852	10505		
黑龙江	1827	1526	60	146
浙 江	1974	12		105
湖 北	43935	8180	307	729
湖 南	25298	22805	723	1555
广 东	4274	3511		
广 西	160637	153292	5216	5707
海 南	8587	7212	104	29
重 庆	25471	22506	419	262
四 川	84119	81013		24
贵 州	115454	88858	1917	3610
云 南	285361	233240	2175	3753
西 藏	120132	100820	1188	
甘 肃	18428	17905	16	
青 海	67537	45674	42	149
宁 夏	37577	37568	1678	130
新 疆	217326	192708	7830	

10—2 民族自治地方分地区公路、铁路旅客、货物运输量(2021年)

地　区	客运量合计(万人)	#公　路	#铁　路	货运量合计(万吨)	#公　路	#铁　路
合　计	**118359**	**87701**	**26087**	**734524**	**561135**	**134458**
河　北	567	537	30	5028	5018	10
内蒙古	6283	2686	3597	215975	132847	83128
辽　宁	5693	1892	2945	8104	7253	986
吉　林	1800	1245	497	5468	4601	867
黑龙江	160	160		195	195	
浙　江	50	50		251	251	
湖　北	3444	2621	583	5885	5735	1
湖　南	3840	3646	351	3441	3098	487
广　东	236	236		85	85	
广　西	27918	18326	9088	216168	169019	9119
海　南	836	836		508	508	
重　庆	2238	1999	235	2634	2554	76
四　川	779	779		4427	4427	
贵　州	17122	13413	3054	58130	51624	6505
云　南	21767	18473	2115	66093	64532	1494
西　藏	939	612	327	4583	4502	81
甘　肃	2506	2505	1	8425	8424	1
青　海	2581	1490		8686	4649	3081
宁　夏	3575	2713	720	46929	37506	9423
新　疆	16026	13483	2543	73508	54309	19199

10—3 民族自治地方分地区公路、铁路旅客、货物周转量(2021年)

地　　区	旅客周转量（亿人公里）	#公　路	#铁　路	货物周转量（亿吨公里）	#公　路	#铁　路
合　　计	**1616.49**	**817.60**	**748.78**	**14715.49**	**7221.24**	**5237.06**
河　　北	4.84	4.15	0.69	26.23	25.62	0.61
内 蒙 古	164.82	34.20	130.61	4933.82	2218.50	2715.32
辽　　宁	17.43	12.63	4.27	147.53	146.66	0.03
吉　　林	14.14	14.14		151.18	151.18	
黑 龙 江	0.48	0.48		0.57	0.57	
浙　　江	0.28	0.28		3.89	3.89	
湖　　北	17.78	17.52		79.38	79.38	
湖　　南	22.30	20.96	1.07	24.67	23.67	0.42
广　　东	0.99	0.99		2.11	2.11	
广　　西	521.94	184.22	335.64	4882.04	1873.39	772.72
海　　南	4.02	4.02		1.74	1.74	
重　　庆	10.70	10.70		22.47	22.42	
四　　川	32.94	32.94		175.75	175.75	
贵　　州	153.54	99.58	36.55	283.50	207.95	75.55
云　　南	276.09	236.18	14.86	792.89	696.57	87.92
西　　藏	30.16	14.77	15.38	150.15	118.91	31.23
甘　　肃	14.69	14.61	0.01	142.43	142.43	0.01
青　　海	12.64	8.29		82.84	71.45	
宁　　夏	55.92	26.81	29.03	812.21	577.70	234.50
新　　疆	260.78	80.12	180.66	2000.07	681.33	1318.74

10—4 民族自治地方分地区邮电业情况(2021年)

地 区	邮政业务总量(亿元)	营业网点(处)	邮路总长度(万公里)	农村投递线路(万公里)	电信业务总量(亿元)	移动电话年末用户(万户)	固定电话年末用户(万户)	互联网宽带接入用户(万户)
合 计	**422.58**	**36685**	**149.75**	**89.97**	**2734.90**	**19807.47**	**1731.47**	**6316.91**
河 北	2.09	98	0.90	1.53	8.80	190.06	10.41	68.46
内蒙古	62.86	7475	20.54	15.21	296.92	3016.92	203.74	796.24
辽 宁	3.63	238	1.60	2.23	4.85	203.01	37.19	48.51
吉 林	9.59	167	1.49	1.20	19.10	328.46	43.17	73.94
黑龙江	0.31	11	12.28	0.01		7.00	2.40	
浙 江	0.30	22	0.22	0.19	1.01	13.27	1.02	1.63
湖 北	10.21	128	2.57	2.39	26.79	389.02	17.02	135.43
湖 南	9.09	326	2.25	2.64	39.44	455.20	21.16	303.25
广 东	0.31	27	0.07	0.11	0.80	24.36	3.56	8.07
广 西	162.01	12782	29.14	11.68	536.25	5511.39	422.89	1827.40
海 南	1.56	105	1.62	1.69	9.13	116.57	37.22	42.30
重 庆	4.09	223	1.28	0.70	11.67	216.02	23.85	72.63
四 川	8.97	1921	4.81	8.40	52.09	655.08	125.21	252.58
贵 州	18.60	2184	3.26	8.79	133.73	1602.42	61.12	451.13
云 南	48.12	2969	14.23	11.21	827.91	2379.06	102.71	588.70
西 藏	5.16	1180	5.87	8.94	61.85	333.43	80.32	115.31
甘 肃	3.60	356	1.02	1.99	217.58	295.73	31.37	81.13
青 海	3.44	500	1.66	2.03	10.94	238.95	55.37	68.89
宁 夏	22.46	1981	7.64	2.20	104.64	866.12	47.98	317.13
新 疆	46.18	3992	37.30	6.82	371.43	2965.41	403.77	1064.18

主要统计指标解释

铁路营业里程 又称营业长度，指办理客货运输业务的铁路正线总长度。

公路里程 指报告期末公路的实际长度。统计范围：包括城间、城乡间、乡（村）间能行驶汽车的公共道路，公路通过城镇街道的里程，公路桥梁长度、隧道长度、渡口宽度。不包括城市街道里程，断头路里程，农（林）业生产用道路里程，工（矿）企业等内部道路里程。统计原则：按已竣工验收或交付使用的实际里程计算；两条或多条公路共同经由同一路段的重复里程，只计算一次。

内河航道里程 指在一定时期内，能通航运输船舶及排筏的天然河流、湖泊水库、运河及通航渠道的长度。包括全年季节性通航累计三个月以上的航道，不包括仅供零散流放竹、木排的河道。两省以河为界的航道里程，双方均按一半计算，以免重复。

货（客）运量 指在一定时期内，各种运输工具实际运送的货物重量(旅客数量)。货运按吨计算，客运按人计算。货物不论运输距离长短、货物类别，均按实际重量统计。旅客不论行程远近或票价多少，均按一人一次客运量统计；半价票、儿童票也按一人统计。

货（客）周转量 指在一定时期内，由各种运输工具运送的货物(旅客)数量与其相应运输距离的乘积之总和。该指标可以反映运输业生产的总成果，也是编制和检查运输生产计划，计算运输效率、劳动生产率以及核算运输单位成本的主要基础资料。计算货物周转量通常按发出站与到达站之间的最短距离，也就是计费距离计算。计算公式为：

$$货物（旅客）周转量=\sum（货物（旅客）运输量\times运输距离）$$

邮电、电信业务总量 指以货币形式表示的邮政、电信通信企业为社会提供各类邮政、电信通信服务的总数量。计算方法为各类业务的实物量分别乘以相应的不变单价，求出各类业务的货币量加总求得。没有不变单价的业务按其业务收入直接相加。

移动电话用户 指在电信运营企业营业网点办理开户登记手续，通过移动电话交换机进入移动电话网，占用移动电话号码的各类电话用户。包括各类签约用户、智能网预付费用户、无线上网卡用户。

固定电话用户 指在电信企业营业网点办理开户登记手续并已接入固定电话网上的全部电话用户。包括普通电话用户、无线市话用户、公用电话用户、窄带综合业务数字网（N—ISDN）用户、智能网专用接入终端用户等。

邮路 指各邮电局、所、代办所之间，邮电局、所与代办所、车站、码头、机场、转运站、报刊社之间，有自编或委办人员按固定班期规定路线交换邮件、报刊的路线。包括农村地区运邮兼投递的路线，不包括城市、农村地区纯投递路线。

农村投递路线 指农村局、所自编或委办人员按固定班期、规定路线至农村乡（镇）、行政村等收件单位投递邮件、报刊的路线。

十一、国内贸易

11-1 民族自治地方分地区社会消费品零售总额(2021年)

地　区	社会消费品零售总额（亿元）	上年社会消费品零售总额（亿元）	同比（%）
合　计	**30843.51**	**27557.41**	**11.92**
河　北	222.63	233.32	-4.58
内蒙古	5060.31	4760.45	6.30
辽　宁	210.10	185.44	13.30
吉　林	445.52	356.88	24.84
黑龙江	23.70	22.60	4.87
浙　江	38.32	38.33	-0.02
湖　北	806.48	655.74	22.99
湖　南	533.68	469.78	13.60
广　东	40.53	36.98	9.59
广　西	8538.50	7831.01	9.03
海　南	179.46	154.50	16.15
重　庆	573.12	479.08	19.63
四　川	1089.27	966.95	12.65
贵　州	2636.12	1814.21	45.30
云　南	4212.81	3979.46	5.86
西　藏	810.34	745.78	8.66
甘　肃	211.83	192.27	10.17
青　海	291.05	270.70	7.52
宁　夏	1335.12	1301.39	2.59
新　疆	3584.62	3062.55	17.05

11-2 民族自治地方分地区限额以上批发业情况(2021年)

地区	法人企业 (个)	年末从业人员 (人)	商品购进额 (亿元)	商品销售额 (亿元)	期末商品库存额 (亿元)	主营业务收入 (亿元)	主营业务利润 (亿元)
合计	**10211**	**320571**	**39119.38**	**41348.51**	**2457.41**	**37582.57**	**711.15**
河北	32	1328	23.91	27.02	7.12	19.39	
内蒙古	1357	45262	5629.47	6043.58	395.89	5440.03	170.84
辽宁	51	724	104.50	109.26	4.36	182.11	-0.17
吉林	74	1687	88.68	121.85	8.26	112.79	0.78
黑龙江	5	153	20.80	0.05	1.46	22.76	0.50
浙江	17	2523	884.70	921.63	31.62	821.49	39.79
湖北	48	3741	108.51	128.43	4.50	117.46	5.75
湖南	58	3127	86.54	123.65	3.83	116.21	10.04
广东	60	2819	265.69	282.58	2.08	233.57	9.21
广西	2783	89278	13360.71	13930.36	479.67	12403.52	126.52
海南	43	404	52.90	53.21	2.51	47.97	0.43
重庆	140	3719	222.07	263.67	5.17	248.05	17.06
四川	356	8487	328.24	384.53	29.03	338.02	0.82
贵州	512	15844	872.42	1010.26	52.17	907.80	15.82
云南	1028	23267	1829.19	2096.22	148.18	2433.80	77.96
西藏	90	8462	634.42	796.77	40.59	693.82	28.52
甘肃	19	1026	27.49	35.14	1.39	31.55	1.80
青海	291	2728	380.19	410.01	16.59	192.85	1.51
宁夏	288	12883	1456.94	1444.13	51.15	1285.12	17.96
新疆	2959	93109	12742.00	13166.15	1171.84	11934.27	186.02

11-3　民族自治地方分地区限额以上零售业情况(2021年)

地　区	法人企业(个)	年末从业人员(人)	商品购进额(亿元)	商品销售额(亿元)	期末商品库存额(亿元)	主营业务收入(亿元)	主营业务利润(亿元)
合　计	**10316**	**444103**	**6242.09**	**7327.42**	**623.20**	**6614.41**	**268.56**
河　北	45	2956	37.06	18.63	2.00	13.38	0.24
内蒙古	1143	78218	1170.03	1372.65	119.57	1250.86	8.77
辽　宁	50	1837	12.18	13.68	1.61	11.83	0.14
吉　林	163	5338	93.38	118.19	9.86	108.25	2.08
黑龙江	2	513	0.44	-0.05	0.01	0.42	0.06
浙　江	13	302	1.97	2.34	0.21	1.49	-0.02
湖　北	243	8309	55.35	75.08	5.96	116.86	5.75
湖　南	267	6664	79.18	126.79	4.10	106.74	1.95
广　东	9	107	0.87	0.99	0.09	0.57	
广　西	3101	140974	1916.60	2124.56	185.27	1930.41	195.68
海　南	32	932	4.62	15.31	1.94	4.96	0.07
重　庆	308	7094	96.67	106.56	4.39	97.91	7.21
四　川	251	8242	133.73	212.49	7.24	129.81	0.27
贵　州	1014	27017	360.07	465.90	25.33	412.79	11.88
云　南	1377	44857	563.70	680.53	50.07	605.87	8.90
西　藏	208	7622	163.81	234.79	15.64	209.82	2.42
甘　肃	50	2457	45.53	50.55	2.15	43.96	0.96
青　海	61	1677	12.50	14.62	1.34	11.99	0.10
宁　夏	306	24023	302.00	340.75	37.19	315.66	2.97
新　疆	1673	74964	1192.39	1353.05	149.24	1240.85	19.14

主要统计指标解释

社会消费品零售总额 指企业（单位、个体户）通过交易售给个人、社会集团非生产、非经营用的实物商品金额，以及提供餐饮服务所取得的收入金额。个人包括城乡居民和入境人员，社会集团包括机关、社会团体、部队、学校、企事业单位、居委会或村委会等。

批发零售贸易业商品购、销、存总额 指各种登记注册类型的批发和零售业企业(单位)以本企业(单位)为总体的，从国内、国外市场购进的商品总量，销售和出口的商品总量，库存的商品总量等情况。该指标可以反映商品流转过程中商品的购进、销售、库存之间的比例关系和存在的问题。

商品购进额 指从本企业以外的单位和个人购进（包括从国外直接进口）作为转卖或加工后转卖的商品金额（含增值税）。商品购进包括：(1) 从工农业生产者、批发和零售业企业、住宿和餐饮业企业、出版社或报社的出版发行部门和其他服务业企业购进的商品；(2) 从机关团体、事业单位购进的商品；(3) 从海关、市场管理部门购进的缉私和没收的商品；(4) 从居民收购的废旧商品等。不包括：(1) 企业为本单位自身经营用，不是作为转卖而购进的商品，如材料物资、包装物、低值易耗品、办公用品等；(2) 未通过买卖行为而收入的商品，如接受其他部门移交的商品、借入的商品、收入代其他单位保管的商品、其他单位赠送的样品、加工回收的成品等；(3) 经本单位介绍，由买卖双方直接结算，本单位只收取手续费的业务；(4) 销售退回和买方拒付货款的商品；(5) 商品溢余。

商品销售额 指对本单位以外的单位和个人出售的商品金额（包括售给本单位消费用的商品，含增值税）。商品销售包括：(1) 售给城乡居民和社会集团消费用的商品；(2) 售给农业、工业、建筑业、服务业等国民经济各行业用于生产、经营用的商品，包括售予批发和零售业作为转卖或加工后转卖的商品；(3) 对国（境）外直接出口的商品。不包括：(1) 未通过买卖行为付出的商品，如随机构变动移交给其他企业单位的商品、借出的商品、归还受其他单位委托代保管的商品、付出的加工原料和赠送给其他单位的样品等；(2) 经本单位介绍，由买卖双方直接结算，本单位只收取手续费的业务；(3) 购货退回的商品；(4) 商品损耗和损失；(5) 出售本单位自用的废旧物资。

期末商品库存额 对于批发和零售业法人单位和个体经营户，是指报告期末取得所有权的全部商品金额（含增值税）；对于批发和零售业产业活动单位，是指报告期末实际在库且归属法人具有所有权的全部商品金额（含增值税）。库存商品包括：(1)存放在本单位(如门市部、批发站、采购站、经营处)的仓库、货场、货柜和货架中的商品；(2)挑选、整理、包装中的商品；(3)已记入购进而尚未运到本单位的商品，即发货单或银行承兑凭证已到而货未到的商品；(4)寄放他处的商品，如因购货方拒绝付款而暂时存在购货方的商品；(5)委托其他单位代销(未作销售或调出)尚未售出的商品；(6)代其他单位购进尚未交付的商品。不包括：所有权不属于本单位的商品；委托外单位加工的商品；外贸企业代理其他单位从国外进口，尚未付给订货单位的商品；代国家储备部门保管的商品。

十二、对外经济贸易

12—1 民族自治地方分地区对外贸易和利用外资情况(2021年)

地区	进出口总额(亿元)	出口总额(亿元)	进口总额(亿元)	外商投资企业年底注册登记情况 企业数(个)	投资总额(亿美元)	注册资本(亿美元)
合计	**11006**	**5832**	**5166**	**14596**	**10615**	**1907**
河北	13.16	11.84	1.32	47	1.75	3.18
内蒙古	1236.50	478.10	758.50	3200	606.15	237.38
辽宁	11.56	2.48	0.99	25	98.11	0.98
吉林	153.60	72.48	81.12	13	0.15	6.03
黑龙江	16.77	16.77				
浙江	25.69	7.63	18.06	5	0.23	0.22
湖北	18.52	18.02	0.50	1	1.30	0.11
湖南	75.04	74.32	0.72	31	0.75	0.58
广东	11.37	9.94	1.44	84	8.20	6.77
广西	5931.70	2938.80	2992.90	7028	9005.51	1195.25
海南	0.41	0.01	0.23	2		
重庆	433.68	1.86	431.82	25	0.10	0.07
四川	6.77	4.30	2.53	11	0.05	0.21
贵州	30.73	30.23	0.50	728	0.34	18.67
云南	1211.39	690.90	520.49	221	17.84	15.75
西藏	40.20	22.50	17.60	300	27.33	20.98
甘肃	1.20	0.78	0.42			
青海	4.50	4.31	0.18			
宁夏	213.90	174.70	39.20	910	279.56	135.21
新疆	1569.20	1272.10	297.10	1965	568.06	266.06

注：进出口总额按经营单位所在地分。

主要统计指标解释

货物进出口总额 指实际进出我国国境的货物总金额。包括对外贸易实际进出口货物，来料加工装配进出口货物，国家间、联合国及国际组织无偿援助物资和赠送品，华侨、港澳台同胞和外籍华人捐赠品，租赁期满归承租人所有的租赁货物，进料加工进出口货物，边境地方贸易及边境地区小额贸易进出口货物，中外合资企业、中外合作经营企业、外商独资经营企业进出口货物和公用物品，到、离岸价格在规定限额以上的进出口货样和广告品(无商业价值、无使用价值和免费提供出口的除外)，从保税仓库提取在中国境内销售的进口货物，以及其他进出口货物。该指标可以观察一个国家在对外贸易方面的总规模。我国规定出口货物按离岸价格统计，进口货物按到岸价格统计。

进口 指直接从国外进口的商品和委托外贸部门代理进口的商品，不包括从国内有关单位（包括对外贸易部门和其他单位）购进的进口商品。对外贸易企业只统计自主经营进口的商品，不包括受托代理进口的商品。

出口 指直接向国（境）外出口商品和委托外贸部门代理出口的商品，不包括售给外贸部门出口或加工后出口的商品以及在国内市场以外币销售的商品。

商品经营单位所在地进、出口额 指在所在地海关注册登记的有进出口经营权的企业实际进、出口额。

商品目的地进口额和商品货源地出口额 目的地进口额指进口货物的消费、使用或最终抵运地的实际进口额；货源地出口额指出口货物的产地或原始发货地的实际出口额。

十三、文旅资源

13-1 民族自治地方分地区世界遗产情况(2021年)

单位：个

地区	世界自然遗产	世界文化遗产	人类口述和非物质遗产
合计	**7**	**7**	**11**
河北			
内蒙古		1	2
辽宁		1	
吉林			
黑龙江			1
浙江			
湖北		1	
湖南			
广东			
广西		1	
海南			
重庆			
四川	3		
贵州	1		1
云南	1	1	
西藏		1	3
甘肃			1
青海	1		1
宁夏			
新疆	1	1	2

13-2 民族自治地方分地区国家级自然保护区、国家AAAAA级旅游区、国家级风景名胜区(2021年)

单位：个

地　区	国家级 自然保护区	国家AAAAA级 旅游区	国家级 风景名胜区
合　计	**6**	**66**	**50**
河　北			
内蒙古	3	6	2
辽　宁		1	2
吉　林	3	2	2
黑龙江			
浙　江			
湖　北		4	
湖　南			4
广　东			
广　西		8	3
海　南		2	
重　庆		2	
四　川		6	4
贵　州		3	11
云　南		6	9
西　藏		5	4
甘　肃		1	
青　海		2	1
宁　夏		4	2
新　疆		14	6

13-3 民族自治地方分地区全国重点文物保护单位(2021年)

单位：个

地　　区	全国重点文物保护单位	古遗址	古墓葬	古建筑及历史纪念建筑物	近现代重要史迹及代表性建筑	石窟寺石刻及其他
合　　计	**584**	**245**	**85**	**145**	**73**	**36**
河　　北						
内 蒙 古	128	74	22	22	8	2
辽　　宁	16	10	6			
吉　　林	14	9	4	1		
黑 龙 江						
浙　　江	1			1		
湖　　北	9	5		2	1	1
湖　　南	18	5	1	6	3	3
广　　东						
广　　西	66	19	2	17	25	3
海　　南		2			1	
重　　庆	3	1		1	1	
四　　川	20	5	1	10	3	1
贵　　州	21	2	6	9	4	
云　　南	53	11	2	26	10	4
西　　藏	52	7	5	31	4	5
甘　　肃	18	11		2	1	4
青　　海	21	8	4	5	3	1
宁　　夏	29	15	3	7	1	3
新　　疆	112	61	29	5	8	9

13-4 民族自治地方分地区国家历史文化名城和中国历史文化名镇、名村(2021年)

单位：个

地　　区	国家历史文化名城	中国历史文化名镇	中国历史文化名村
合　　计	**20**	**43**	**73**
河　　北			
内 蒙 古	1	5	2
辽　　宁		1	
吉　　林			1
黑 龙 江			
浙　　江		1	
湖　　北		1	4
湖　　南	1	4	5
广　　东			1
广　　西	3	10	29
海　　南			
重　　庆		2	
四　　川	1		1
贵　　州	1	3	10
云　　南	3	6	6
西　　藏	3	5	4
甘　　肃		1	
青　　海	1	1	5
宁　　夏	1		1
新　　疆	5	3	4

主要统计指标解释

旅游人数 包括入境国际旅游者人数、出境居民人数和国内旅游者人数。

入境游客 指报告期内来中国（大陆）观光、度假、探亲访友、就医疗养、购物、参加会议或从事经济、文化、体育、宗教活动的外国人、港澳台同胞等游客（即入境旅游人数）。统计时，入境游客按每入境一次统计 1 人次。入境旅游人数包括入境过夜游客和入境一日游游客。

出境人数（出境游客） 指中国（大陆）居民因公或因私出境前往其他国家、中国香港特别行政区、澳门特别行政区和台湾省观光、度假、探亲访友、就医疗养、购物、参加会议或从事经济、文化、体育、宗教活动的人数（即出境游客）。统计时，出境游客按每出境一次统计 1 人次。

国内游客 指报告期内在中国（大陆）观光游览、度假、探亲访友、就医疗养、购物、参加会议或从事经济、文化、体育、宗教活动的中国（大陆）居民人数，其出游的目的不是通过所从事的活动谋取报酬。统计时，国内游客按每出游一次统计 1 人次。

国际旅行社 指经营对外招徕并接待外国人、华侨、港澳同胞和台湾同胞来中国、归国或回内地旅游业务的旅行社。

国内旅行社 指负责经营招徕、组团、接待国内旅客的旅游业务，以及不对外招徕，负责经营接待国际旅行社或其他涉外部门组织的外国人、华侨、港澳同胞和台湾同胞来中国、归国或回内地旅游业务的旅行社。

十四、金　融

14—1 民族自治地方分地区金融机构信贷(2021年)

单位：亿元

地　区	全部金融机构人民币各项存款余额	全部金融机构人民币各项贷款余额
合　计	**141986.36**	**133639.82**
河　北	1498.54	1230.66
内蒙古	27534.00	24965.00
辽　宁	1860.97	766.38
吉　林	2949.35	1704.96
黑龙江	97.20	66.77
浙　江	125.84	106.28
湖　北	2068.75	1781.97
湖　南	2241.61	1824.59
广　东	108.16	47.56
广　西	36706.23	39325.29
海　南	937.39	588.08
重　庆	1094.04	1123.65
四　川	4622.40	2589.00
贵　州	6133.21	7394.12
云　南	11011.54	9392.73
西　藏	5591.85	5135.13
甘　肃	1499.69	1035.57
青　海	1880.21	1204.07
宁　夏	7466.00	8284.00
新　疆	26559.40	25074.00

主要统计指标解释

信贷资金　指金融机构以信用方式积聚和分配的货币资金。金融机构信贷资金的来源有各项存款、金融债券、对国际金融机构负债、流通中现金、其他项目等；信贷资金的运用有各项贷款、有价证券及投资、黄金占款、外汇买卖、财政借款及在国际金融机构中的资产等。

存款　指企业、机关、团体或居民根据资金必须收回的原则，把货币资金存入银行或其他信贷机构保管并取得一定利息的一种信用活动形式。根据存款对象或性质的不同可划分为住户存款、非金融企业存款、政府存款、非银行业金融机构存款等科目。它是银行信贷资金的主要来源。

贷款　指银行或其他信贷机构根据资金必须归还的原则，按一定利率，为企业、个人等提供资金的一种信用活动形式。我国银行贷款分为短期贷款、中长期贷款、融资租赁、票据融资、各项垫款、境外贷款等。

十五、教　育

15-1 民族自治地方分地区高等学校基本情况(2021年)

单位：人

地区	学校数（所）	在校本、专科学生数	招生数	毕业生数	教职工数	#专任教师数
合计	**269**	**3092418**	**952907**	**688809**	**203426**	**141597**
河北						
内蒙古	54	506809	144869	130344	41852	26981
辽宁						
吉林	3	36409	10751	8287	3015	1839
黑龙江						
浙江						
湖北	3	50060	16277	10736	2852	2165
湖南	3	37297	23557	19638	2622	1919
广东						
广西	85	1321042	403945	286009	78418	56576
海南						
重庆						
四川	4	54923	15716	12559	1799	1189
贵州	16	171682	53419	40443	9168	7128
云南	17	141728	49643	32739	7654	5700
西藏	7	38556	11586	9846	3981	2712
甘肃	2	17305	5418	3628	1018	813
青海						
宁夏	20	161054	48585	34761	13252	9440
新疆	55	555553	169141	99819	37795	25135

15-2 民族自治地方分地区普通高中基本情况(2021年)

单位：人

地　区	学校数(所)	在校学生数	招生数	毕业生数	教职工数	#专任教师数
合　计	**2018**	**3863099**	**1340061**	**1172100**	**404738**	**293927**
河　北	13	36814	12293	11006	3151	2703
内蒙古	307	410955	138161	132419	60197	39273
辽　宁	22	34207	11012	11068	4076	3122
吉　林	36	45851	15643	13707	4362	3571
黑龙江	2	5130	1583	1513	358	341
浙　江	1	1840	604	610	199	172
湖　北	32	78103	27830	22618	15665	5306
湖　南	44	87442	31144	26806	7058	6733
广　东	3	7084	2400	2298	600	558
广　西	521	1212148	427099	353003	113050	76598
海　南	23	27053	11524	7174	2929	2258
重　庆	13	56633	18952	19256	4126	4027
四　川	74	115359	40991	35514	1993	7860
贵　州	166	387394	133720	126688	32792	27496
云　南	254	461373	159558	125360	46686	35375
西　藏	38	75004	26674	20335	7037	6080
甘　肃	35	64191	22624	20020	12535	11810
青　海	64	81967	27238	29757	8652	7226
宁　夏	70	167356	57485	50447	14893	12079
新　疆	300	507195	173526	162501	64379	41339

15-3 民族自治地方分地区初中基本情况(2021年)

单位：人

地 区	学校数(所)	在校学生数	#专 任 教师数
合 计	**6898**	**7485329**	**570883**
河 北	65	83577	6284
内蒙古	719	665544	62953
辽 宁	118	63461	9322
吉 林	175	61890	7246
黑龙江	13	8198	790
浙 江	6	4742	344
湖 北	152	142954	10664
湖 南	290	193663	15655
广 东	26	17350	1369
广 西	1757	2298651	157292
海 南	105	62893	5089
重 庆	91	100898	7727
四 川	224	357506	23152
贵 州	701	727919	52344
云 南	898	864455	67142
西 藏	105	142938	12371
甘 肃	120	137010	10929
青 海	163	147848	9418
宁 夏	248	286945	21100
新 疆	922	1116887	89692

15—4 民族自治地方分地区中等职业学校基本情况(2021年)

单位：人

地 区	学校数(所)	在校学生数	招生数	毕业生数	教职工数	#专 任教师数
合 计	**990**	**1854308**	**710216**	**531657**	**99216**	**82134**
河 北	8	16856	6417	4408	1358	1124
内蒙古	200	178668	67352	48568	17604	14375
辽 宁	8	7334	2417	1795	842	602
吉 林	25	16119	5430	2753	2051	1672
黑龙江	1	328	228	28	91	72
浙 江	1	1940	717	622	124	115
湖 北	14	38390	13685	10727	1848	1654
湖 南	39	50519	26482	14494	2972	2506
广 东	3	2012	909	473	194	165
广 西	230	690913	272341	188153	27724	21476
海 南	2	1492	642	405	162	159
重 庆	8	18773	7373	4834	1166	1124
四 川	15	29035	12673	7161	1172	1303
贵 州	60	144364	71358	48968	7218	6237
云 南	148	233309	71774	63702	10415	8887
西 藏	13	32120	14776	6272	2668	2544
甘 肃	20	12650	5776	2880	1626	1277
青 海	19	57808	15926	12927	1404	1042
宁 夏	31	76339	28183	23721	3950	3475
新 疆	145	245339	85757	88766	14627	12325

15-5 民族自治地方分地区小学基本情况(2021年)

单位：人

地　区	学校数（所）	在校学生数	#专任教师数
合　计	**30381**	**16844905**	**1019613**
河　北	256	163315	11181
内蒙古	1661	1408464	107636
辽　宁	257	113689	10911
吉　林	429	121790	12491
黑龙江	11	8010	794
浙　江	16	7260	627
湖　北	493	270064	15985
湖　南	486	406485	23755
广　东	55	45504	2429
广　西	7950	5159552	293089
海　南	447	138218	10626
重　庆	385	171823	12786
四　川	1318	853884	46563
贵　州	3292	1533397	83613
云　南	5385	1838860	115573
西　藏	827	352875	24486
甘　肃	1773	359833	24168
青　海	561	354344	17754
宁　夏	1129	603706	34995
新　疆	3650	2933832	170151

主要统计指标解释

普通高等学校　指通过国家普通高等教育招生考试，招收高中毕业生为主要培养对象，实施高等学历教育的全日制大学、独立设置的学院、独立学院和高等专科学校、高等职业学校及其他机构。

大学、独立设置的学院主要实施本科及本科层次以上的教育。独立学院主要实施本科层次的教育。高等专科学校、高等职业学校实施专科层次的教育。其他机构是指承担国家普通招生计划任务不计校数的机构，包括普通高等学校分校、大专班等。

十六、科　技

16—1 民族自治地方分地区县及县以上政府部门所属研究与开发机构及情报文献机构和人员(2021年)

地　区	机构数(个)	从业人员(人)	#从事科技活动人员	#大学本科及以上学历
合　计	**848**	**55631**	**41835**	**38567**
内蒙古	159	10980	9068	8265
辽　宁	1	184	184	164
吉　林	9	245	211	199
湖　北	18	846	347	330
湖　南	15	796	560	530
广　东	1	12	4	4
广　西	156	15361	10407	9725
海　南	3	39	35	17
重　庆	24	385	360	338
四　川	22	1481	1024	950
贵　州	19	1377	772	673
云　南	140	4999	3983	3508
西　藏	30	2036	1303	1181
甘　肃	15	558	522	484
青　海	12	500	440	421
宁　夏	84	4769	4046	3732
新　疆	119	6846	5005	4805

16-2 民族自治地方分地区县及县以上政府部门所属研究与开发机构及情报文献机构经费(2021年)

单位：千元

地　区	经费收入	#科技活动收入	经费支出	#科技经费支出
合　计	**19892307**	**14459200**	**17963189**	**12570139**
内蒙古	3363712	2713126	3086508	2438803
辽　宁	18933	18384	12815	12266
吉　林	55317	52245	45727	41048
湖　北	123404	110248	115978	93805
湖　南	146878	137011	141341	118825
广　东	595	595	595	480
广　西	6574993	4009241	6103937	3462789
海　南	3616	2946	2997	2579
重　庆	183682	160933	154399	131473
四　川	349062	293362	310154	241064
贵　州	334570	200925	321875	167775
云　南	1380018	916553	1212348	910528
西　藏	920852	581454	761311	423921
甘　肃	118612	106176	114414	90977
青　海	297174	259968	289526	237892
宁　夏	1762283	1512787	1559237	1307697
新　疆	2177251	1552324	2085015	1472577

16-3 民族自治地方分地区县及县以上政府部门所属研究与开发机构及情报文献机构科技活动成果情况(2021年)

地区	发表科技论文(篇)	#国外发表	出版科技著作(种)	有效发明专利总数(项)	专利申请数(件)	#发明专利	专利授权数(件)	#发明专利
合计	**12245**	**1867**	**483**	**3874**	**2672**	**1189**	**2248**	**614**
内蒙古	1229	38	75	172	270	112	166	33
辽宁								
吉林	25		4	1	20	1	10	
湖北	82	11	5	25	42	29	15	9
湖南	50	2	2	5	7	5	1	1
广东	1							
广西	4164	580	157	1936	1189	585	1046	308
海南	1		1					
重庆	45		1	6	2	2	4	1
四川	250	13	5	121	38	12	22	9
贵州	140	3	4	43	11	9	7	5
云南	617	63	37	167	100	27	118	24
西藏	433	52	13	40	62	18	77	19
甘肃	109			8	44	2	17	
青海	39		5	1	3	1	10	1
宁夏	1046	45	37	167	248	99	230	42
新疆	2277	146	106	610	406	119	341	85

主要统计指标解释

研究与开发机构 指有明确的任务和研究方向，有一定学术水平的业务骨干和一定数量的研究人员，具有研究、开发、开展学术工作的基本条件，主要进行科学研究与技术开发活动，并且在行政上有独立的组织形式，财务上独立核算盈亏，有权与其他单位签订合同，在银行有单独户头的单位。包括国务院各部门、中国科学院、中国社会科学院和各省、自治区、协调以及地（市）以上［含地（市）］各部门所属的国有科学研究与技术开发机构。

研究与开发机构职工 指参与研究与试验发展项目研究、管理和辅助工作的人员，包括项目(课题)组人员，企业科技行政管理人员和直接为项目(课题)活动提供服务的辅助人员。反映投入从事拥有自主知识产权的研究开发活动的人力规模。

研究与开发经费支出合计 指调查单位用于内部开展 R&D 活动（基础研究、应用研究和试验发展）的实际支出。包括用于 R&D 项目（课题）活动的直接支出，以及间接用于 R&D 活动的管理费、服务费、与 R&D 有关的基本建设支出以及外协加工费等。不包括生产性活动支出、归还贷款支出以及与外单位合作或委托外单位进行 R&D 活动而转拨给对方的经费支出。

十七、文 化

17-1 民族自治地方分类别按登记注册类型分的主要文化事业机构(2021年)

单位：个

类 别	合 计	按执行会计制度分类		按单位所属部门分类	
		事业	企业	文化部门	其他部门
总 计	**38168**	**13695**	**24473**	**13569**	**24599**
一、文化合计	36253	11780	24473	11847	24406
艺术表演团体	1324	396	928	436	888
其中：公有制艺术表演团体	452	396	56	436	16
艺术表演场馆	264	77	187	77	187
其中：公有制艺术表演场馆	84	77	7	77	7
公共图书馆	766	766		766	
文化馆	787	787		787	
文化站	8299	8299		8299	
其中：乡镇综合文化站	7637	7637		7637	
艺术展览创作机构	124	124		124	
其中：美术馆	115	115		115	
艺术教育业	11	11		11	
文化科研机构	32	32		32	
文化市场经营机构(不包括非公有制院团和场馆)	18001		18001		18001
文化行政主管部门	777	777		777	
其他文化机构	546	511	35	538	8
其中：文化市场执法机构	343	343		342	1
二、文物合计	1915	1915		1722	193
博物馆	762	762		590	172
文物保护管理机构	678	678		666	12
文物科研机构	14	14		14	
文物商店	439	439		439	
其他文物机构	22	22		13	9

17-2 民族自治地方分类别按登记注册类型分的主要文化事业机构职工(2021年)

单位：人

类　　别	合　计	按执行会计制度分类		按单位所属部门分类	
		事业	企业	文化部门	其他部门
总　　计	**346293**	**114031**	**232262**	**114796**	**231497**
一、文化合计	327868	95606	232262	98346	229522
艺术表演团体	43659	18425	25234	20532	23127
其中：公有制艺术表演团体	21101	18425	2676	20532	569
艺术表演场馆	5923	517	5406	536	5387
其中：公有制艺术表演场馆	600	517	83	536	64
公共图书馆	8199	8199		8199	
文化馆	11224	11224		11224	
文化站	25490	25490		25490	
其中：乡镇综合文化站	23329	23329		23329	
艺术展览创作机构	705	705		705	
其中：美术馆	638	638		638	
艺术教育业	914	914		914	
文化科研机构	554	554		554	
文化市场经营机构(不包括非公有制院团和场馆)	107602		107602		107602
文化行政主管部门	23104	23104		23104	
其他文化机构	7167	6474	693	7088	79
其中：文化市场执法机构	3857	3857		3857	
二、文物合计	18425	18425		16450	1975
博物馆	12026	12026		10055	1971
文物保护管理机构	4208	4208		4204	4
文物科研机构	456	456		456	
文物商店	1546	1546		1546	
其他文物机构	189	189		189	

17-3 民族自治地方分地区按登记注册类型分的主要文化事业机构(2021年)

单位：个

地区	合计	按执行会计制度分类		按单位所属部门分类	
		事业	企业	文化部门	其他部门
合计	**38168**	**13695**	**24473**	**13569**	**24599**
河北	347	158	189	158	189
内蒙古	5926	1973	3953	1937	3989
辽宁	445	205	240	205	240
吉林	847	233	614	231	616
黑龙江	37	19	18	19	18
浙江	81	30	51	29	52
湖北	770	183	587	181	589
湖南	2092	477	1615	481	1611
广东	102	42	60	43	59
广西	5451	2063	3388	2030	3421
海南	486	128	358	128	358
重庆	666	202	464	199	467
四川	2383	1081	1302	1080	1303
贵州	1854	890	964	890	964
云南	5565	1499	4066	1484	4081
西藏	2626	1373	1253	1354	1272
甘肃	944	447	497	447	497
青海	1155	545	610	544	611
宁夏	1815	457	1358	437	1378
新疆	4576	1690	2886	1692	2884

17-4 民族自治地方分地区按登记注册类型分的主要文化事业机构职工(2021年)

单位：人

地　区	合　计	按执行会计制度分类		按单位所属部门分类	
		事业	企业	文化部门	其他部门
合　计	**346293**	**114031**	**232262**	**114796**	**231497**
河　北	2022	624	1398	646	1376
内蒙古	52083	22134	29949	21799	30284
辽　宁	2394	1096	1298	1096	1298
吉　林	4963	2543	2420	2592	2371
黑龙江	350	125	225	125	225
浙　江	1157	194	963	205	952
湖　北	8547	1986	6561	1975	6572
湖　南	16998	3588	13410	3632	13366
广　东	1085	494	591	517	568
广　西	72293	18370	53923	18562	53731
海　南	3178	727	2451	807	2371
重　庆	5016	1194	3822	1165	3851
四　川	12935	4967	7968	4939	7996
贵　州	18883	6122	12761	6225	12658
云　南	46107	11618	34489	11423	34684
西　藏	21469	11007	10462	11019	10450
甘　肃	7742	3911	3831	4125	3617
青　海	9856	3392	6464	3374	6482
宁　夏	14307	4410	9897	5009	9298
新　疆	44908	15529	29379	15561	29347

17—5 民族自治地方分地区艺术事业机构(2021年)

单位：个

地　　区	合　计	艺术表演团　体	艺术表演场　馆	艺术创作机　构
合　　计	**1716**	**1324**	**264**	**128**
河　　北	31	29	1	1
内 蒙 古	290	221	36	33
辽　　宁	8	6	2	
吉　　林	25	14	8	3
黑 龙 江	4	4		
浙　　江	30	29	1	
湖　　北	77	74	1	2
湖　　南	117	92	16	9
广　　东	7	7		
广　　西	112	72	34	6
海　　南	29	23	6	
重　　庆	117	115	2	
四　　川	61	26	28	7
贵　　州	58	55	2	1
云　　南	246	210	30	6
西　　藏	116	89	27	
甘　　肃	40	28	5	7
青　　海	121	84	37	
宁　　夏	50	43	6	1
新　　疆	177	103	22	52

17–6 民族自治地方分地区艺术事业机构职工(2021年)

单位：人

地　区	合　计	艺术表演团　体	艺术表演场　馆	艺术创作机　构
合　计	**50324**	**43659**	**5923**	**742**
河　北	614	612		2
内蒙古	10750	9785	738	227
辽　宁	218	210	8	
吉　林	739	624	17	98
黑龙江	79	79		
浙　江	554	544	10	
湖　北	2045	1985	44	16
湖　南	3039	2442	567	30
广　东	138	138		
广　西	3197	2210	901	86
海　南	500	397	103	
重　庆	1605	1504	101	
四　川	1650	1145	492	13
贵　州	2771	2676	95	
云　南	7523	5562	1940	21
西　藏	2803	2682	121	
甘　肃	1496	1355	113	28
青　海	3770	3511	259	
宁　夏	1679	1584	86	9
新　疆	5154	4614	328	212

17—7 民族自治地方分地区群众文化事业、图书馆事业机构(2021年)

单位：个

地　　区	群众文化事业			图书馆
	合　计	文化馆	文化站	
合　　计	**9086**	**787**	**8299**	**766**
河　　北	126	7	119	6
内 蒙 古	1201	118	1083	117
辽　　宁	167	8	159	8
吉　　林	152	13	139	12
黑 龙 江	12	1	11	1
浙　　江	22	1	21	1
湖　　北	120	12	108	11
湖　　南	339	20	319	22
广　　东	26	3	23	3
广　　西	1300	125	1175	116
海　　南	85	8	77	8
重　　庆	173	5	168	5
四　　川	875	51	824	51
贵　　州	685	40	645	40
云　　南	943	89	854	88
西　　藏	779	82	697	82
甘　　肃	297	24	273	24
青　　海	353	44	309	42
宁　　夏	272	27	245	27
新　　疆	1159	109	1050	102

17–8 民族自治地方分地区群众文化事业、图书馆事业机构职工(2021年)

单位：人

地　区	群众文化事业			图书馆事业
	合　计	文化馆	文化站	
合　计	**78127**	**11224**	**25490**	**8199**
河　北	163	46	214	36
内蒙古	5422	1837	3099	1813
辽　宁	361	116	222	87
吉　林	633	635	327	265
黑龙江	43	12	11	12
浙　江	38	18	76	12
湖　北	1523	139	458	127
湖　南	1731	271	825	211
广　东	314	51	79	28
广　西	16221	2157	3451	1763
海　南	1760	118	115	66
重　庆	970	106	591	58
四　川	3272	625	1203	301
贵　州	6306	583	1447	285
云　南	17063	1218	2704	855
西　藏	6349	584	4983	198
甘　肃	1122	355	589	277
青　海	1121	574	710	329
宁　夏	3583	611	799	562
新　疆	10132	1168	3587	914

17—9 民族自治地方分地区文物事业机构和职工(2021年)

地　　区	文物事业机构		#文物保护管理机构		#博物馆	
	机构数（个）	职工人数（人）	机构数（个）	职工人数（人）	机构数（个）	职工人数（人）
合　　计	**1440**	**16234**	**678**	**4208**	**762**	**12026**
河　　北	10	80	6	11	4	69
内 蒙 古	251	3616	83	638	168	2978
辽　　宁	15	346	7	252	8	94
吉　　林	28	326	12	84	16	242
黑 龙 江	2	16	1		1	16
浙　　江	4	49	1	11	3	38
湖　　北	14	220	2	14	12	206
湖　　南	26	537	8	103	18	434
广　　东	3	52			3	52
广　　西	239	3231	70	392	169	2839
海　　南	8	66			8	66
重　　庆	10	81	5	32	5	49
四　　川	51	700	27	200	24	500
贵　　州	62	527	21	71	41	456
云　　南	162	1386	83	498	79	888
西　　藏	241	1337	228	1053	13	284
甘　　肃	49	682	11	78	38	604
青　　海	38	283	22	38	16	245
宁　　夏	86	1177	22	292	64	885
新　　疆	141	1522	69	441	72	1081

17—10—1 民族自治地方分地区广播电视机构设置情况(2021年)(一)

单位：个

地　　区	合　计	广播电台	电视台	广播电视台	融媒体中心
合　　计	**745**	**1**	**7**	**498**	**190**
河　　北	6				
内 蒙 古	92		3	77	1
辽　　宁	9			6	2
吉　　林	12			12	
黑 龙 江	1				1
浙　　江	1			1	
湖　　北	10			1	
湖　　南	16			16	
广　　东	3				3
广　　西	92			80	7
海　　南	6			5	1
重　　庆	4				3
四　　川	71			62	
贵　　州	49			49	
云　　南	95			8	85
西　　藏	76			76	
甘　　肃	24			24	
青　　海	43		4	39	
宁　　夏	33	1		26	1
新　　疆	102			16	86

17—10—2 民族自治地方分地区广播电视机构设置情况(2021年)(二)

单位：个

地　区	省			
	合　计	广播电台	电视台	广播电视台
合　计	**5**			**5**
内蒙古	1			1
广　西	1			1
西　藏	1			1
宁　夏	1			1
新　疆	1			1

17—10—3 民族自治地方分地区广播电视机构设置情况(2021年)(三)

单位：个

地　区	地			
	合　计	广播电台	电视台	广播电视台
合　计	**83**		**6**	**77**
内蒙古	16		2	14
吉　林	1			1
湖　北	1			1
湖　南	1			1
广　西	14			14
四　川	3			3
贵　州	3			3
云　南	8			8
西　藏	7			7
甘　肃	2			2
青　海	6		4	2
宁　夏	7			7
新　疆	14			14

17—10—4 民族自治地方分地区广播电视机构设置情况(2021年)(四)

单位：个

地 区	县				
	合 计	广播电台	电视台	广播电视台	融媒体中心
合 计	**657**	**1**	**1**	**416**	**190**
河 北	6				
内蒙古	75		1	62	1
辽 宁	9			6	2
吉 林	11			11	
黑龙江	1				1
浙 江	1			1	
湖 北	9				
湖 南	15			15	
广 东	3				3
广 西	77			65	7
海 南	6			5	1
重 庆	4				3
四 川	68			59	
贵 州	46			46	
云 南	87				85
西 藏	68			68	
甘 肃	22			22	
青 海	37			37	
宁 夏	25	1		18	1
新 疆	87			1	86

17—11—1　民族自治地方使用民族语言广播播出机构(2021年)(一)

单位：个

地　区	总 计	蒙古语	藏语	维吾尔语	苗语	彝语	壮语	朝鲜语
合　计	**160**	**35**	**54**	**46**	**1**	**4**	**14**	**6**
内蒙古	25	25						
辽　宁	4	2						2
吉　林	4	1						3
黑龙江	2	1						1
广　西	13						13	
四　川	4		2			2		
云　南	5		1		1	2	1	
西　藏	25		25					
甘　肃	2		2					
青　海	26	2	24					
新　疆	50	4		46				

17—11—2　民族自治地方使用民族语言广播播出机构(2021年)(二)

单位：个

地　区	总 计	哈尼语	哈萨克语	傣语	傈僳语	拉祜语	景颇语	柯尔克孜语
合　计	**28**	**2**	**15**	**3**	**2**	**1**	**2**	**3**
内蒙古								
辽　宁								
吉　林								
黑龙江								
广　西								
四　川								
云　南	10	2		3	2	1	2	
西　藏								
甘　肃								
青　海								
新　疆	18		15					3

17—12—1 民族自治地方广播节目制作情况(2021年)(一)

单位：小时

地区	全年制作广播节目时间	全年制作新闻资讯类广播节目时间	全年制作专题服务类广播节目时间	全年制作综艺类广播节目时间
合　　计	**1099192**	**230551**	**332721**	**310949**
河　　北	4529	1546	1103	210
内 蒙 古	308706	45322	95448	101437
辽　　宁	19669	2875	4880	5418
吉　　林	32918	5466	12035	12439
黑 龙 江	129	105		23
浙　　江	652	103	198	91
湖　　北	11613	3382	3454	2567
湖　　南	8340	2801	1271	1700
广　　东	1095	1095		
广　　西	216710	50898	39489	82376
海　　南	851	565	225	
重　　庆	4461	1517	937	489
四　　川	15022	3648	6842	2926
贵　　州	28597	13073	8755	2693
云　　南	57253	16882	25347	8606
西　　藏	45405	7107	13665	13793
甘　　肃	8439	5362	1161	463
青　　海	7335	3458	2225	736
宁　　夏	59845	11789	27347	10108
新　　疆	267624	53557	88341	64875

17-12-2 民族自治地方广播节目制作情况(2021年)(二)

单位：小时

地区	全年制作广播剧类广播节目时间	全年制作广告类广播节目时间	全年制作其他类广播节目时间
合计	**32104**	**82284**	**110584**
河北		222	1448
内蒙古	10293	17658	38549
辽宁	3820	1449	1227
吉林	627	1431	920
黑龙江		1	
浙江		30	230
湖北	50	1201	960
湖南	700	705	1163
广东			
广西	1918	12573	29455
海南	5	6	50
重庆	300	74	1145
四川		566	1040
贵州	59	2915	1102
云南	2309	1059	3050
西藏	6549	3176	1116
甘肃	609	97	747
青海	158	113	645
宁夏	1201	7089	2310
新疆	3506	31919	25427

17—13—1 民族自治地方广播覆盖情况(2021年)(一)

地　区	广播综合人口覆盖		中央节目		省级节目	
	人　口（万人）	覆盖率（%）	人　口（万人）	覆盖率（%）	人　口（万人）	覆盖率（%）
合　计	**18791.12**	**98.74**	**18758.92**	**98.58**	**18472.69**	**97.07**
河　北	175.49	97.68	175.49	97.68	151.43	84.28
内蒙古	2398.64	99.74	2396.70	99.66	2355.44	97.94
辽　宁	311.09	98.07	310.22	97.80	306.22	96.54
吉　林	312.62	99.73	312.62	99.73	312.13	99.57
黑龙江	23.32	100.00	23.32	100.00	22.82	97.86
浙　江	16.95	100.00	16.95	100.00	16.95	100.00
湖　北	459.81	99.94	459.81	99.94	459.56	99.89
湖　南	438.53	98.82	438.52	98.81	434.71	97.95
广　东	38.68	100.00	38.68	100.00	38.68	100.00
广　西	4940.34	98.56	4924.53	98.24	4915.58	98.06
海　南	175.27	99.16	175.27	99.16	163.04	92.24
重　庆	274.58	98.89	270.56	97.44	270.56	97.44
四　川	778.27	96.68	775.81	96.37	719.86	89.42
贵　州	1825.13	96.31	1825.04	96.30	1774.02	93.61
云　南	2344.09	99.54	2342.08	99.46	2263.06	96.10
西　藏	362.04	99.24	357.97	98.12	359.13	98.44
甘　肃	375.23	99.21	375.22	99.21	375.22	99.21
青　海	364.07	98.87	364.07	98.87	358.50	97.36
宁　夏	720.35	99.93	720.35	99.93	720.05	99.89
新　疆	2456.63	99.15	2455.73	99.11	2455.73	99.11

17—13—2 民族自治地方广播覆盖情况(2021年)(二)

地　区	广播综合人口覆盖				无线广播综合覆盖			
	地市级节目		县级节目				中央节目	
	人　口（万人）	覆盖率（%）	人　口（万人）	覆盖率（%）	人　口（万人）	覆盖率（%）	人　口（万人）	覆盖率（%）
合　计	**15126.64**	**79.49**	**9357.58**	**49.17**	**18408.55**	**96.73**	**18378.52**	**96.58**
河　北	175.49	97.68	158.35	88.14	175.49	97.68	175.49	97.68
内蒙古	2355.94	97.96	1294.14	53.81	2392.56	99.49	2390.80	99.41
辽　宁	273.57	86.24	285.36	89.96	307.91	97.07	302.96	95.51
吉　林	292.26	93.23	263.36	84.01	312.44	99.67	312.44	99.67
黑龙江	21.47	92.07	21.42	91.85	23.32	100.00	23.32	100.00
浙　江	7.97	47.00	7.97	47.00	16.95	100.00	16.95	100.00
湖　北	437.41	95.07	196.17	42.64	459.66	99.91	459.66	99.91
湖　南	349.07	78.66	258.24	58.19	430.55	97.02	430.54	97.02
广　东	31.61	81.71	27.19	70.29	38.68	100.00	38.68	100.00
广　西	4754.73	94.85	2620.74	52.28	4900.98	97.77	4896.01	97.67
海　南			151.03	85.44	174.93	98.96	174.93	98.96
重　庆			173.55	62.51	263.35	94.85	260.78	93.93
四　川	472.46	58.69	338.18	42.01	742.28	92.21	739.78	91.90
贵　州	916.95	48.38	321.03	16.94	1615.52	85.24	1615.46	85.24
云　南	1940.20	82.39	637.35	27.07	2291.98	97.33	2287.86	97.16
西　藏	99.89	27.38	21.53	5.90	358.15	98.18	353.84	96.99
甘　肃	321.58	85.03	308.73	81.63	367.58	97.19	367.57	97.19
青　海	168.46	45.75	248.09	67.38	363.99	98.85	363.99	98.85
宁　夏	688.98	95.57	386.81	53.66	717.28	99.50	717.28	99.50
新　疆	1818.62	73.40	1638.36	66.12	2454.95	99.08	2450.19	98.89

17-14 民族自治地方使用民族语言电视播出机构(2021年)

单位：个

地　区	合　计	蒙古语	藏语	维吾尔语	彝语	壮语	朝鲜语	哈萨克语	傣语	景颇语	柯尔克孜语
合　计	**264**	**33**	**103**	**56**	**7**	**15**	**5**	**26**	**10**	**6**	**3**
内蒙古	24	24									
辽　宁	1	1									
吉　林	6	1					5				
黑龙江	1	1									
山　东											
广　西	14					14					
四　川	19		16		3						
云　南	23		2		4	1			10	6	
西　藏	51		51								
甘　肃	7		7								
青　海	29	2	27								
新　疆	89	4		56				26			3

17–15–1 民族自治地方电视节目制作情况(2021年)(一)

单位：小时

地 区	全年制作电视节目时间	#新闻资讯类	#专题服务类	#综艺益智类	#影视剧类	#广告类
合 计	**416550**	**191541**	**89595**	**28790**	**7225**	**53773**
河 北	4308	1084	810	135		531
内蒙古	79660	32201	19291	7496		11422
辽 宁	3563	849	921	766		611
吉 林	12194	2138	2962	1129	143	5502
黑龙江	1460	345	1114			1
浙 江	479	96	54	98		110
湖 北	3920	2281	679	136		332
湖 南	9266	3284	1606	834		1548
广 东	205	164				41
广 西	95631	39879	18635	2911	44	18642
重 庆	2586	747	363	17		462
四 川	17699	11551	2953	1757		430
贵 州	14743	10120	1523	94		1076
云 南	46077	24523	9158	1846	538	5562
西 藏	27203	12310	5041	4842	2504	1963
甘 肃	6550	3313	2160	503		293
青 海	8373	5193	1516	501	61	222
宁 夏	17543	7794	4560	1470	1	2525
新 疆	65088	33667	16248	4254	3935	2500

17-15-2 民族自治地方电视节目制作情况(2021年)(二)

单位：小时

地　区	全年制作其他类电视节目时间（小时）	全年制作电视剧数量	
		部	集
合　计	**45625**	**2**	**117**
河　北	1747		
内蒙古	9250		
辽　宁	416		
吉　林	320		
黑龙江			
浙　江	121		
湖　北	493		
湖　南	1994		
广　东			
广　西	15520	1	49
重　庆	997		
四　川	1007		
贵　州	1930		
云　南	4449		
西　藏	543		
甘　肃	280		
青　海	880		
宁　夏	1192		
新　疆	4485	1	68

17-16-1 民族自治地方电视覆盖情况(2021年)(一)

地区	电视综合人口覆盖		中央节目		省级节目	
	人口(万人)	覆盖率(%)	人口(万人)	覆盖率(%)	人口(万人)	覆盖率(%)
合计	**18887.98**	**99.25**	**18862.35**	**99.12**	**18666.18**	**98.09**
河北	178.52	99.36	178.52	99.36	178.52	99.36
内蒙古	2398.71	99.74	2398.19	99.72	2366.00	98.38
辽宁	309.52	97.58	308.69	97.32	308.93	97.39
吉林	313.15	99.90	311.87	99.49	312.40	99.65
黑龙江	23.32	100.00	23.32	100.00	22.82	97.86
浙江	16.95	100.00	16.95	100.00	16.95	100.00
湖北	459.88	99.96	459.88	99.96	459.88	99.96
湖南	440.40	99.24	440.40	99.24	432.21	97.39
广东	38.68	100.00	38.68	100.00	38.68	100.00
广西	4978.09	99.31	4966.61	99.08	4958.41	98.92
海南	175.49	99.28	175.49	99.28	172.05	97.33
重庆	276.44	99.56	276.23	99.49	276.23	99.49
四川	793.31	98.55	792.10	98.40	727.86	90.42
贵州	1857.63	98.02	1857.27	98.00	1807.73	95.39
云南	2346.16	99.63	2342.78	99.49	2311.56	98.16
西藏	362.57	99.39	358.54	98.28	359.94	98.67
甘肃	375.16	99.20	375.14	99.19	375.14	99.19
青海	364.26	98.93	364.19	98.91	363.37	98.69
宁夏	720.76	99.98	720.76	99.98	720.76	99.98
新疆	2458.96	99.24	2456.72	99.15	2456.72	99.15

17–16–2 民族自治地方电视覆盖情况(2021年)(二)

地区	电视综合人口覆盖率							
	地市级节目		县级节目		无线电视综合覆盖			
							中央节目	
	人口（万人）	覆盖率（%）	人口（万人）	覆盖率（%）	人口（万人）	覆盖率（%）	人口（万人）	覆盖率（%）
合计	**15782.23**	**82.93**	**12095.48**	**63.56**	**18404.28**	**96.71**	**18350.91**	**96.43**
河北	136.58	76.02	178.52	99.36	178.52	99.36	178.52	99.36
内蒙古	2343.99	97.47	1334.30	55.48	2377.66	98.87	2360.43	98.15
辽宁	287.13	90.52	275.90	86.98	287.99	90.79	287.31	90.58
吉林	283.17	90.33	304.49	97.13	311.76	99.45	310.51	99.05
黑龙江	22.34	95.80	19.43	83.32	23.32	100.00	23.32	100.00
浙江	8.32	49.06	8.32	49.06	16.95	100.00	16.95	100.00
湖北	425.82	92.56	308.68	67.09	459.80	99.94	459.80	99.94
湖南	339.13	76.42	281.92	63.53	427.43	96.31	427.43	96.31
广东	31.61	81.71	29.84	77.14	38.68	100.00	38.68	100.00
广西	4555.80	90.89	2978.04	59.41	4940.40	98.56	4921.90	98.19
海南					175.16	99.09	175.16	99.09
重庆			156.46	56.35	256.39	92.34	256.19	92.27
四川	632.05	78.52	590.46	73.35	757.55	94.11	755.44	93.84
贵州	1010.92	53.34	758.18	40.01	1593.02	84.06	1592.42	84.03
云南	2019.62	85.76	1908.92	81.06	2299.81	97.66	2294.42	97.43
西藏	126.89	34.78	69.79	19.13	356.41	97.70	352.52	96.63
甘肃	327.01	86.46	318.96	84.34	366.19	96.82	366.17	96.82
青海	292.07	79.32	293.26	79.65	362.31	98.40	362.24	98.38
宁夏	699.43	97.03	438.04	60.77	716.77	99.43	716.77	99.43
新疆	2240.34	90.42	1841.98	74.34	2458.16	99.21	2454.73	99.07

17-17 民族自治地方分地区图书、杂志、报纸出版情况(2021年)

地　区	图　书		杂　志		报　纸	
	种　数(种)	印 数[万册(份)]	种　数(种)	印 数[万册(份)]	种　数(种)	印 数[万册(份)]
合　计	**17565**	**77667**	**1567**	**6449**	**475**	**149353**
河　北	8	2	1	1	1	12
内蒙古	3049	6261	151	1082	53	23238
辽　宁					3	409
吉　林		8350	21	64	11	194
黑龙江					1	27
浙　江					1	87
湖　北	40	70	2	4	3	150
湖　南	23	10	121	1	24	4531
广　东						
广　西	7054	33817	179	3561	42	45354
海　南	1		8	1	1	9
重　庆	20	1	72	1	39	523
四　川	2	4	34	7	27	1881
贵　州	51	32	530	24	89	5143
云　南	164	227	124	12	20	3744
西　藏	541	1684	40	248	26	9674
甘　肃	2	15	1		4	390
青　海	23	14	30	8	10	539
宁　夏	2384	5306	37	376	19	8578
新　疆	4203	21874	216	1059	101	44871

主要统计指标解释

文化产业机构 指专门从事文化工作具有法人资格、独立核算的事业、企业单位以及单独核算、附属于事业单位的经营性专业文化活动单位。

文化产业机构包括艺术业、图书馆业、群众文化业、文物业、文化艺术教育业、出版业、娱乐业、文化艺术经纪与代理业以及不属于以上分类的其他文化产业。

艺术业 包括戏剧、舞蹈、音乐、美术等各种艺术团及艺术家的活动。如演员、音乐家、作家、雕刻家、画家、漫画家、雕塑家的活动等。也包括剧场、音乐厅、美术展览馆等演出、展出设施的管理。

在制度中，将艺术业分为艺术表演团体、艺术表演场所和其他艺术三类。

艺术表演团体 指由文化部门主办或实行行业管理（经文化行政部门审批或已申报登记并领取相关许可证），专门从事表演艺术等活动的各类专业艺术表演团体，含民间职业剧团。不包括群众业余文艺表演团体。

艺术表演场所 指由文化部门主办或实行行业管理（经文化市场行政部门审批或已申报登记并领取相关许可证），有观众席、舞台、灯光设备，公开售票、专供文艺团体演出的文化活动场所。

图书馆 包括公共图书馆和除部队系统外的各类单位内部举办的或单独举办的图书馆。不包括群众艺术馆、文化馆、文化站内设的图书室。目前制度仅统计公共图书馆。

群众文化机构 包括群众艺术馆、文化馆、文化站、文化宫、少年宫等群众文化活动。在制度中，目前暂时不统计文化系统外的文化宫和少年宫。

群众艺术馆、文化馆、文化站指从事群众文化工作的专业机构。不包括临时抽调人员组成、没有编制的农村和街道文化工作队、服务站等。

广播电台 经国家广播电影电视总局（原广播电影电视部，下同）批准设置并颁发许可证，独立建制，财务上独立核算，有自办节目并正式播出的无线广播播出机构。

广播节目套数 经国家广播电影电视总局批准，并在颁发许可证中载明的，用固定频率自办播出节目并编有整套节目时间表，定期向听众公布广播节目名称和播出时间和节目的套数。

广播/电视节目覆盖人口数 按一定的技术标准在对象区内能接收广播节目的人口数。

广播/电视节目综合人口覆盖率 指根据原国家广电总局制定的《广播电视人口覆盖率统计技术标准和方法》进行统计调查的，在对象区内能接收到由中央、省、地市或县通过无线、有线或卫星等各种技术方式转播的各级广播/电视节目的人口数占全国总人口数的百分比。

电视台 经国家广播电影电视总局批准设置，并颁发许可证，独立建制，财务上独立核算，有自办节目并正式播出的无线电视播出机构。

电视节目套数 经国家广播电影电视总局批准，并在颁发许可证中载明的，用固定频道自办电视节目，并编有整套节目时间表，定期向观众公布电视节目名称和播出时间的节目的套数。

电视覆盖人口数 按一定的技术标准在对象区内能接收电视节目的人口数。

电视发射台和转播台 经广播电影电视行政主管部门批准设置正式开播的电视发射台和转播台。

电影放映单位 指具有放映机器设备、固定或不固定的放映场所与专职或兼职的放映技术人员，经有关部门登记批准，经常为一定的观众对象放映电影的机构。包括经批准对外开放进行营业，并与电影发行放映管理机构分账的专用放映单位和军委系统租片单位。

十八、卫　生

18—1 民族自治地方分地区卫生机构数(2021年)

单位：个

地区	卫生机构	医院	卫生院	门诊部	疗养院、所	专科防治所、站	疾病预防控制中心	妇幼保健所、站	社区卫生服务中心(站)
合计	**149252**	**4979**	**8539**	**2188**	**18**	**108**	**829**	**696**	**3480**
河北	2558	50	116	19			6	6	27
内蒙古	24936	806	1252	771	5	14	121	114	1230
辽宁	2893	50	161	19		5	8	8	19
吉林	3383	80	127	93		12	12	12	19
黑龙江	224	8	17	1			2	2	3
浙江	103	3	19				1	1	2
湖北	3242	70	105	18		1	11	11	11
湖南	4844	112	334	40		5	16	16	15
广东	309	7	28	1		2	3	3	1
广西	34112	803	1263	622	8	30	122	105	338
海南	1096	31	76	50		7	7	6	22
重庆	1498	46	126	6		2	4	4	15
四川	9689	216	954	29			54	54	44
贵州	11701	519	684	31	1	1	49	49	230
云南	12550	618	835	136		25	87	85	137
西藏	6907	179	675	8			82	36	14
甘肃	3313	99	288	10	1		24	23	41
青海	4353	145	349	19		1	42	41	119
宁夏	4571	213	205	68			25	23	239
新疆	16970	924	925	247	3	3	153	97	954

18-1 续表

单位：个

地　区	诊所、卫生所、医务室	急救中心（站）	采供血机构	卫生监督所（中心）	医学科学研究机构	医学在职培训机构	健康教育所（站、中心）	其他卫生机构
合　计	**35536**	**52**	**135**	**653**	**18**	**13**	**36**	**91972**
河　北	715			6				1613
内蒙古	7466	9	18	104	1	2	8	13015
辽　宁	648		1	6	1			1967
吉　林	1542	1	7	8		1		1469
黑龙江	55			2				134
浙　江	29			1				47
湖　北	627		1	10				2377
湖　南	647		1	16	1			3641
广　东	32			3				229
广　西	11332	4	35	125	10		1	19314
海　南	285		3					609
重　庆	276			4				1015
四　川	623	3	3	43	1	5		7660
贵　州	1319	1	10	44			2	8761
云　南	2976	26	8	75	2	3	7	7530
西　藏	645		7	2		1		5258
甘　肃	544	2	2	20	2	1	3	2253
青　海	417		7	35				3178
宁　夏	1571	3	7	24			11	2182
新　疆	3787	3	25	125			4	9720

18—2 民族自治地方分地区卫生机构床位数(2021年)

单位：张

地区	卫生机构床位	医院	#市	疗养院、所	卫生院	#乡卫生院
合计	**1200334**	**887524**	**182687**	**1400**	**243684**	**242874**
河北	11401	7682			3238	3238
内蒙古	166598	133841	30972	2	21388	21368
辽宁	14761	9961			3867	3867
吉林	15989	12219	1013		2445	2445
黑龙江	1372	916			289	289
浙江	669	573			82	82
湖北	31303	20542	4176		9456	9156
湖南	37494	26967	6212		9406	9406
广东	1548	814			575	575
广西	319045	219722	58280	1015	78203	78203
海南	7829	5140			2449	2449
重庆	15164	8671			5263	5263
四川	43726	32288	5652		9378	9368
贵州	102041	79256	8418	83	17532	17274
云南	144316	106332	17058		30078	29856
西藏	19650	14808	3565		4066	4066
甘肃	19652	14236	2788	100	3851	3851
青海	20458	15669	2124		3930	3930
宁夏	41191	35703	7426		3394	3394
新疆	186127	142184	35003	200	34794	34794

18-2 续表

单位：张

地区	门诊部	妇幼保健所、站	专科防治所、站	卫生防疫站	其他卫生机构
合计	**4357**	**40233**	**1640**		**21496**
河北		243			238
内蒙古	882	4481	336		5668
辽宁	33	182	30		688
吉林	760	189	94		282
黑龙江		57			110
浙江					14
湖北	22	806	15		462
湖南	44	574	32		471
广东		149	10		
广西	20	16194	414		3477
海南	36	97	28		79
重庆		222			1008
四川	6	1499			555
贵州	20	3463			1687
云南	255	5226	606		1819
西藏	36	468			272
甘肃	8	1061			396
青海	52	415	40		352
宁夏	35	1604			455
新疆	2148	3303	35		3463

18—3 民族自治地方分地区专业卫生人员(2021年)(一)

单位：人

地　　区	卫生人员合计	#卫生技术人员	#执业(助理)医师
合　　计	**1752742**	**1384904**	**488699**
河　　北	14140	10811	4810
内 蒙 古	261285	211375	84230
辽　　宁	19954	14504	5851
吉　　林	28171	22438	9432
黑 龙 江	1874	1537	768
浙　　江	1216	981	438
湖　　北	37081	30466	11084
湖　　南	41254	32937	11859
广　　东	3262	2575	841
广　　西	493178	393882	131975
海　　南	12943	10159	3512
重　　庆	15536	11835	4370
四　　川	64964	48771	15897
贵　　州	131102	104078	33611
云　　南	198511	159014	50560
西　　藏	42311	25607	10627
甘　　肃	27105	21421	7388
青　　海	29074	21604	8332
宁　　夏	73110	60596	22519
新　　疆	256671	200313	70595

18—3 民族自治地方分地区专业卫生人员(2021年)(二)

单位：人

地区	市属卫生人员	#卫生技术人员	#执业(助理)医生	县属专业卫生人员	#卫生技术人员	#执业(助理)医生
合计	**268091**	**227025**	**76618**	**834476**	**712272**	**232635**
河北				8853	7548	2968
内蒙古	45768	38244	13240	106006	90521	34762
辽宁				13305	10826	3985
吉林	1811	1501	489	15953	13003	5088
黑龙江				1380	1224	540
浙江				796	651	247
湖北	4646	4128	1384	17019	15423	5421
湖南	5242	4427	1414	26377	22918	7884
广东				1852	1476	428
广西	96869	82114	26747	218739	182848	54177
海南				8948	7251	2299
重庆				10522	8916	3242
四川	7109	5796	1831	39962	34591	10849
贵州	10371	8806	3006	74924	65858	20603
云南	22216	19402	6175	116111	102275	31271
西藏	6121	4957	2047	10824	8690	3392
甘肃	3726	2994	1035	15639	13753	4536
青海	2244	1872	713	13150	11489	4221
宁夏	13870	11984	4334	20056	17624	6018
新疆	48098	40800	14203	114060	95387	30704

18—4 民族自治地方分地区卫生机构万元以上设备台数(2021年)

单位：台

地　　区	合　计	10万元以下	10—49万元	50—99万元	100万元以上
合　　计	**1297807**	**951222**	**268081**	**42375**	**36129**
河　　北	9481	7115	1889	224	253
内 蒙 古	228493	166213	47422	7624	7234
辽　　宁	12961	10079	2263	356	263
吉　　林	22876	17052	4523	630	671
黑 龙 江	1761	1475	237	22	27
浙　　江	1749	1358	320	31	40
湖　　北	27970	20516	5796	945	713
湖　　南	24419	15180	7977	646	616
广　　东	2241	1581	514	92	54
广　　西	350583	255142	71866	13015	10560
海　　南	7472	5548	1494	273	157
重　　庆	11010	7874	2488	369	279
四　　川	42262	32713	7455	1244	850
贵　　州	80225	59479	16447	2332	1967
云　　南	134066	102652	24387	3586	3441
西　　藏	21115	13451	5743	1171	750
甘　　肃	18272	13284	3933	617	438
青　　海	25091	18915	4818	790	568
宁　　夏	61419	45359	12390	1846	1824
新　　疆	214341	156236	46119	6562	5424

18—5 民族自治地方分地区乡村医生、卫生员(2021年)

单位：人

地 区	乡村医生和卫生员	乡村医生	卫生员
合 计	**124570**	**121165**	**3405**
河 北	1707	1704	3
内 蒙 古	13417	12988	429
辽 宁	2295	2262	33
吉 林	1406	1390	16
黑 龙 江	133	129	4
浙 江	20	20	
湖 北	2701	2667	34
湖 南	2917	2873	44
广 东	175	173	2
广 西	27116	26703	413
海 南	602	571	31
重 庆	1450	1438	12
四 川	7653	7589	64
贵 州	11018	10614	404
云 南	17140	16997	143
西 藏	10457	9778	679
甘 肃	2257	2199	58
青 海	4149	3913	236
宁 夏	2723	2680	43
新 疆	15234	14477	757

18-6 民族自治地方分地区民族医院情况(2021年)

单位：个

地区	机构个数	床位数	人员数				
			合计	卫生技术人员小计	#医生	其他技术人员	管理人员
合计	**310**	**40406**	**45091**	**37270**	**14451**	**3783**	**2701**
内蒙古	95	17468	21370	18234	7042	1395	1246
辽宁	1	300	524	401	170	66	28
吉林	2	116	161	139	70	9	13
黑龙江	1	100	32	27	11		5
湖北	1	200	234	200	77	28	
湖南	1	40	32	27	11	1	3
广西	5	1355	2347	1911	700	258	261
四川	40	1978	2039	1628	689	180	97
贵州	7	385	316	243	65	12	42
云南	4	379	619	523	205	13	56
西藏	51	3112	3459	2513	1336	412	220
甘肃	14	1047	878	773	450	34	47
青海	32	2744	2141	1780	882	180	87
宁夏	2	241	253	205	68		34
新疆	54	10941	10686	8666	2675	1195	562

主要统计指标解释

医疗卫生机构　指从卫生(卫生计生)行政部门取得《医疗机构执业许可证》、《计划生育技术服务许可证》，或从民政、工商行政、机构编制管理部门取得法人单位登记证书，为社会提供医疗服务、公共卫生服务或从事医学科研和医学在职培训等工作的单位。医疗卫生机构包括医院、基层医疗卫生机构、专业公共卫生机构、其他医疗卫生机构。

医院　包括综合医院、中医医院、中西医结合医院、民族医院、各类专科医院和护理院，不包括专科疾病防治院、妇幼保健院和疗养院，包括医学院校附属医院。

基层医疗卫生机构　包括社区卫生服务中心、社区卫生服务站、街道卫生院、乡镇卫生院、村卫生室、门诊部、诊所(医务室)。

专业公共卫生机构　包括疾病预防控制中心、专科疾病防治机构、妇幼保健机构（含妇幼保健计划生育服务中心）、健康教育机构、急救中心（站）、采供血机构、卫生监督机构、取得《医疗机构执业许可证》或《计划生育技术服务许可证》的计划生育技术服务机构。

其他医疗卫生机构　包括疗养院、临床检验中心、医学科研机构、医学在职教育机构、卫生监督（监测、检测）机构、医学考试中心、农村改水中心、人才交流中心、统计信息中心等卫生事业单位。

卫生人员　指在医院、基层医疗卫生机构、专业公共卫生机构及其他医疗卫生机构工作的职工，包括卫生技术人员、乡村医生和卫生员、其他技术人员、管理人员和工勤人员。一律按支付年底工资的在岗职工统计，包括各类聘任人员(含合同工)及返聘本单位半年以上人员，不包括临时工、离退休人员、退职人员、离开本单位仍保留劳动关系人员、本单位返聘和临聘不足半年人员。

卫生技术人员　包括执业医师、执业助理医师、注册护士、药师（士）、检验技师（士）、影像技师、卫生监督员和见习医（药、护、技）师（士）等卫生专业人员。不包括从事管理工作的卫生技术人员(如院长、副院长、党委书记等)。

执业医师　指《医师执业证》“级别”为“执业医师”且实际从事医疗、预防保健工作的人员，不包括实际从事管理工作的执业医师。执业医师类别分为临床、中医、口腔和公共卫生四类。

执业(助理)医师　指《医师执业证》“级别”为“执业助理医师”且实际从事医疗、预防保健工作的人员，不包括实际从事管理工作的执业助理医师。执业助理医师类别分为临床、中医、口腔和公共卫生四类。

床位数　指年底固定实有床位（非编制床位），包括正规床、简易床、监护床、正在消毒和修理床位、因扩建或大修而停用的床位、不包括产科新生儿床、接产室待产床、库存床、观察床、临时加床和病人家属陪侍床。

十九、社会服务

19-1 民族自治地方分地区收养单位、民间组织和社区建设情况(2021年)

地区	收养单位		民间组织		社区建设
	福利类收养单位床位数(万张)	福利类收养单位收养救助人数(万人)	单位数(个)	#社会团体	城镇社区服务设施数(个)
合计	**46.63**	**20.61**	**97723**	**52354**	**15704**
河北	0.50	0.25	516	259	63
内蒙古	8.22	4.53	17288	7777	1862
辽宁	0.87	0.41	805	295	268
吉林	2.05	1.14	2560	1318	343
黑龙江	0.06	0.05	115	38	9
浙江	0.06	0.03	245	169	9
湖北	1.85	0.64	2536	999	222
湖南	1.61	0.77	2324	1235	493
广东	0.11	0.02	265	173	20
广西	9.19	3.33	29485	13011	2068
海南	0.11	0.01	657	342	80
重庆	0.22	0.07	1415	837	169
四川	1.99	0.92	2849	1968	122
贵州	3.25	1.30	4562	2748	1837
云南	4.77	1.39	11505	7744	1310
西藏	1.38	0.78	633	560	16
甘肃	0.42	0.23	3232	2666	457
青海	0.58	0.34	3387	2702	1120
宁夏	2.67	0.88	5070	2869	474
新疆	6.72	3.52	8274	4644	4762

19—2 民族自治地方分地区城镇居民最低生活保障情况(2021年)

地　区	城镇居民最低生活保障人数(人)	城镇居民最低生活保障户数(户)	城镇居民最低生活保障支出(万元)	城镇居民最低生活保障年支出水平(元/人·年)
合　计	**1736144**	**933521**	**992313**	**5716**
河　北	7678	4343	4016	5231
内蒙古	283412	183892	200372	7070
辽　宁	14570	10658	10428	7157
吉　林	54362	41122	37971	6985
黑龙江	1701	1152	987	5803
浙　江	218	143	178	8142
湖　北	8704	5969	5440	6250
湖　南	43212	23605	22544	5217
广　东	505	344	385	7624
广　西	343967	153604	146439	4257
海　南	8874	4548	4838	5452
重　庆	25400	14410	17298	6810
四　川	54913	32866	24418	4447
贵　州	270803	98538	130783	4829
云　南	151027	104940	80537	5333
西　藏	23482	12783	18523	7888
甘　肃	60433	22392	32747	5419
青　海	48697	24790	55859	11471
宁　夏	76416	47257	51394	6726
新　疆	257770	146165	147158	5709

19—3 民族自治地方分地区农村居民最低生活保障情况(2021年)

地　　区	农村居民最低生活保障人数（人）	农村居民最低生活保障户数（户）	农村居民最低生活保障支出（万元）	农村居民最低生活保障年支出水平（元/人·年）
合　　计	**10113100**	**4704961**	**3448586**	**3410**
河　　北	105659	84799	34719	3286
内 蒙 古	1305594	844955	509177	3900
辽　　宁	116883	71008	44051	3769
吉　　林	76539	50626	31329	4093
黑 龙 江	7165	4806	2181	3044
浙　　江	4840	2736	3662	7567
湖　　北	218893	121465	98822	4515
湖　　南	202516	97798	64763	3198
广　　东	10096	5083	5082	5034
广　　西	2429726	853584	624815	2572
海　　南	39833	16264	15268	3833
重　　庆	90853	44696	49384	5436
四　　川	840626	339276	260226	3096
贵　　州	904410	359570	296814	3282
云　　南	1297301	644797	431342	3325
西　　藏	130628	38644	39474	3022
甘　　肃	362897	104366	107430	2960
青　　海	278372	98699	145634	5232
宁　　夏	373292	269169	153432	4110
新　　疆	1316977	652620	530981	4032

主要统计指标解释

城市居民最低生活保障人数　指在报告期末共同生活的家庭成员人均收入低于当地最低生活保障标准，且家庭财产状况符合相关规定的城镇居民，并已发放补助经费的人数。

农村居民最低生活保障人数　指报告期末共同生活的家庭成员人均收入低于当地最低生活保障标准，得到当地政府给予最低生活保障待遇的农业人口家庭人数。

社区服务机构和设施数　指报告期末设立的社区服务指导中心、社区服务中心、社区服务站、社区养老机构、社区互助型养老设施及其他社区服务机构的总和数。具有面向老人，残疾人，儿童及其家庭的商品递送、医疗保健、家庭保洁、日间照料、陪伴服务等为社区居家养老服务的设施和突出综合服务的职能。

陆地边境县

1—1 陆地边境县经济发展主要指标

指　　标	2020年	占全国比重(%)	2021年	占全国比重(%)
人口与就业				
年末总人口(万人)	2387.07	1.69	2336.67	1.65
#少数民族人口	1191.92		1204.22	
地区生产总值(亿元)	**10012.00**	**0.99**	**11404.81**	**1.00**
第一产业	2377.11	3.06	2588.21	3.12
第二产业	2856.54	0.74	3657.75	0.81
第三产业	4778.30	0.86	5158.86	0.85
人均地区生产总值(元)	**41942.70**	**58.25**	**48807.87**	**60.27**
财政(亿元)				
地方一般公共预算收入	587.31	0.59	672.39	0.61
地方一般公共预算支出	3754.12	1.78	3402.34	1.62
农业				
耕地灌溉面积(千公顷)	2841.09	4.11	3036.17	4.36
农林牧渔总产值(亿元)	3792.95	2.75	4209.18	2.86
主要农产品产量(万吨)				
粮食产量	2442.31	3.65	2556.01	3.74
棉花产量	22.46	3.80	19.99	3.49
油料产量	52.90	1.47	44.92	1.24
牲畜年末存栏数(万头)				
大牲畜	812.33	7.91	1054.53	10.06
羊	3039.69	9.92	2691.90	8.42
猪	638.88	1.57	655.16	1.46
肉类总产量(万吨)	207.65	2.68	191.33	2.13
工业				
规模以上工业企业资产总计(亿元)	9778.93	0.77	10686.82	0.73
教育				
普通高中和初中				
学校数(个)	1195	1.82	1139	1.73
在校学生数(人)	1094428	1.56	1122128	1.60
专任教师数(人)	95522	1.75	94789	1.74
普通小学				
学校数(个)	4461	2.82	3994	2.59
在校学生数(人)	1726391	1.61	1769754	1.64
专任教师数(人)	119268	1.85	113587	1.72
医疗卫生				
医疗卫生机构数(个)	16183	1.58	16242	1.58
医疗机构床位数(张)	116688	1.28	115115	1.22
卫生技术人员数(人)	137473	1.29	136957	1.22

注：本表人口均指户籍人口。

2-1 陆地边境县行政区划(2021年末)

地区	合计	市辖区	县级市	县	旗	自治县
合计	**140**	**8**	**34**	**66**	**15**	**17**
内蒙古	20	1	4		15	
辽宁	5	3	1			1
吉林	10	1	6	2		1
黑龙江	18	1	8	9		
广西	8	1	3	4		
云南	25		5	11		9
西藏	18			18		
甘肃	1					1
新疆	35	1	7	22		5

2—2 我国陆地边境县(旗)、市(市辖区)分布(2021年末)

地区	个数	县、旗、市(市辖区)
内蒙古自治区	1 市辖区 4 县级市 15 旗	包头市： 达尔罕茂明安联合旗 呼伦贝尔市：扎赉诺尔区、满洲里市、额尔古纳市 陈巴尔虎旗、新巴尔虎左旗、新巴尔虎右旗 巴彦淖尔市：乌拉特中旗、乌拉特后旗 乌兰察布市：四子王旗 兴安盟：阿尔山市、科尔沁右翼前旗 锡林郭勒盟： 二连浩特市、阿巴嘎旗、苏尼特左旗 苏尼特右旗、东乌珠穆沁旗 阿拉善盟：阿拉善左旗、阿拉善右旗、额济纳旗
辽宁省	3 市辖区 1 县级市 1 自治县	丹东市：振兴区、元宝区、振安区、东港市、宽甸满族自治县
吉林省	1 市辖区 6 县级市 2 县 1 自治县	通化市：集安市 白山市：浑江区、临江市、抚松县、长白朝鲜族自治县 延边朝鲜族自治州：图们市、珲春市、龙井市、和龙市、安图县
黑龙江省	1 市辖区 8 县级市 9 县	鸡西市：虎林市、密山市、鸡东县 鹤岗市：萝北县、绥滨县 双鸭山市：饶河县 伊春市：嘉荫县 佳木斯市：同江市、抚远市 牡丹江市：绥芬河市、穆棱市、东宁市 黑河市：爱辉区、逊克县、孙吴县 大兴安岭地区：漠河市、呼玛县、塔河县

2-2 续表

地区	个数	县、旗、市(市辖区)
广西壮族自治区	1 市辖区 3 县级市 4 县	防城港市：防城区、东兴市 百色市：靖西市、那坡县 崇左市：凭祥市、宁明县、龙州县、大新县
云南省	5 县级市 11 县 9 自治县	保山市：腾冲市、龙陵县 普洱市：江城哈尼族彝族自治县、孟连傣族拉祜族佤族自治县 澜沧拉祜族自治县、西盟佤族自治县 临沧市：镇康县、耿马傣族佤族自治县、沧源佤族自治县 红河哈尼族彝族自治州：绿春县、金平苗族瑶族傣族自治县、河口瑶族自治县 文山壮族苗族自治州：麻栗坡县、马关县、富宁县 西双版纳傣族自治州：景洪市、勐海县、勐腊县 德宏傣族景颇族自治州：芒市、瑞丽市、盈江县、陇川县 怒江傈僳族自治州：泸水市、福贡县、贡山独龙族怒族自治县
西藏自治区	18 县	日喀则市：定日县、康马县、定结县、仲巴县、亚东县、吉隆县、 聂拉木县、萨嘎县、岗巴县 林芝市：墨脱县、察隅县 山南市：洛扎县、错那县、浪卡子县 阿里地区：噶尔县、普兰县、札达县、日土县
甘肃省	1 自治县	酒泉市：肃北蒙古族自治县
新疆维吾尔自治区	1 市辖区 7 县级市 22 县 5 自治县	哈密市：伊州区、巴里坤哈萨克自治县、伊吾县 阿克苏地区：温宿县、乌什县 喀什地区：叶城县、塔什库尔干塔吉克自治县 和田地区：和田县、皮山县 昌吉回族自治州：奇台县、木垒哈萨克自治县 博尔塔拉蒙古自治州：博乐市、阿拉山口市、温泉县 克孜勒苏柯尔克孜自治州：阿图什市、阿克陶县、阿合奇县、乌恰县 伊犁哈萨克自治州：霍尔果斯市、霍城县、昭苏县、察布查尔锡伯自治县 塔城地区：塔城市、额敏县、托里县、裕民县、和布克赛尔蒙古自治县 阿勒泰地区：阿勒泰市、布尔津县、富蕴县、福海县、哈巴河县、青河县、吉木乃县 自治区直辖县级行政单位：可克达拉市

3—1 陆地边境县分地区年末总人口和少数民族人口(2021年)

单位：万人

地　　区	年末总人口	#少数民族人口	乡村人口	城镇人口
合　　计	**2336.67**	**1204.22**	**1351.17**	**974.76**
内 蒙 古	180.32	58.41	91.73	86.76
辽　　宁	174.13	39.90	87.72	86.40
吉　　林	183.30	43.85	54.50	123.50
黑 龙 江	281.12	20.82	112.58	168.55
广　　西	272	219.83	201.46	70.06
云　　南	682.21	410.28	432.16	236.50
西　　藏	38.36	36.33	30.19	9.99
甘　　肃	1.23	0.52	0.42	0.81
新　　疆	524.48	374.28	340.40	192.18

注：本表人口均指户籍人口。

4—1 陆地边境县分地区生产总值(2021年)

单位：亿元

地　　区	地区生产总值	第一产业	第二产业	第三产业	人均地区生产总值（元）
合　　计	**11404.81**	**2588.21**	**3657.75**	**5158.86**	**48808**
内 蒙 古	1655.35	282.31	786.81	586.24	90792
辽　　宁	593.24	132.39	130.63	330.22	35431
吉　　林	698.37	83.83	223.53	391.02	38274
黑 龙 江	1293.34	607.63	194.98	490.74	50888
广　　西	847.25	198.95	255.53	392.77	37899
云　　南	2984.80	689.14	886.00	1409.67	43991
西　　藏	181.75	20.46	68.27	93.03	43397
甘　　肃	19.78	1.40	9.36	9.02	130964
新　　疆	3130.93	572.12	1102.64	1456.16	52268

4-2 陆地边境县分地区生产总值指数(2021年)

地　区	地区生产总值(以2020年为100)	第一产业	第二产业	第三产业
合　计	**106.6**	**107.0**	**106.9**	**106.1**
内蒙古	103.8	105.7	100.9	105.7
辽　宁	105.9	107.2	103.3	106.4
吉　林	106.6	106.6	106.3	106.3
黑龙江	106.7	106.6	107.4	106.7
广　西	108.7	107.3	110.0	107.7
云　南	105.6	107.9	106.1	104.6
西　藏	106.1	104.2	101.1	113.9
甘　肃	109.1	109.7	111.7	106.8
新　疆	108.5	107.0	112.3	106.5

4-3 陆地边境县分地区生产总值构成(2021年)

单位：%

地　区	地区生产总值	第一产业	第二产业	第三产业
合　计	**100**	**22.7**	**32.1**	**45.2**
内蒙古	100	17.1	47.5	35.4
辽　宁	100	22.3	22.0	55.7
吉　林	100	12.0	32.0	56.0
黑龙江	100	47.0	15.1	37.9
广　西	100	23.5	30.2	46.4
云　南	100	23.1	29.7	47.2
西　藏	100	11.3	37.6	51.2
甘　肃	100	7.1	47.3	45.6
新　疆	100	18.3	35.2	46.5

5—1　陆地边境县分地区社会消费品零售总额和进出口总额(2021年)

单位：亿元

地　　区	社会消费品零售总额	进出口总额
合　　计	**3276.55**	**5283.83**
内 蒙 古	253.43	500.69
辽　　宁	241.27	8.10
吉　　林	213.34	117.12
黑 龙 江	484.58	320.61
广　　西	231.09	2725.64
云　　南	1165.70	1277.38
西　　藏	35.79	0.86
甘　　肃	3.68	
新　　疆	647.68	333.43

6—1　陆地边境县分地区财政收入情况(2021年)

单位：亿元

地　　区	地方一般公共预算收入	#税收收入	#国内增值税	#企业所得税	#个人所得税
合　　计	**672.39**	**395.74**	**145.69**	**47.63**	**22.71**
内 蒙 古	110.68	51.26	15.60	7.14	1.40
辽　　宁	33.03	22.66	9.39	2.41	0.83
吉　　林	33.19	17.19	5.37	2.28	0.84
黑 龙 江	59.44	32.20	7.96	4.15	1.28
广　　西	42.86	25.02	9.16	1.95	0.80
云　　南	126.64	74.82	34.40	8.63	2.24
西　　藏	34.81	4.28	1.36	0.33	0.24
甘　　肃	3.05	1.31	0.07	0.02	
新　　疆	228.70	167.00	62.37	20.72	15.08

6—2 陆地边境县分地区财政支出情况(2021年)

单位：亿元

地区	一般公共预算支出	#一般公共服务	#教育	#科学技术
合计	**3402.34**	**351.15**	**503.19**	**11.06**
内蒙古	400.80	40.23	31.57	1.03
辽宁	82.94	10.24	15.16	0.01
吉林	221.69	23.36	30.97	0.42
黑龙江	423.23	33.75	41.41	3.15
广西	259.11	28.99	41.34	0.77
云南	766.43	91.46	142.04	1.26
西藏	155.69	15.36	9.79	0.02
甘肃	27.97	1.79	0.72	0.02
新疆	1064.49	105.98	190.18	4.40

7—1 陆地边境县分地区居民收入和支出情况(2021年)

单位：元

地区	城镇居民人均可支配收入	城镇居民人均消费支出	农村居民人均可支配收入	农村居民人均消费支出
合计	**34659**	**21247**	**15691**	**12035**
内蒙古	40498	24849	19575	14789
辽宁	37156	22881	20723	16025
吉林	28283	17332	15578	11666
黑龙江	31005	20423	21073	14110
广西	37557	21557	15538	10133
云南	35289	23557	13534	10993
西藏	47676		15238	
甘肃	44721	37557	31690	26782
新疆	33847	19101	14435	12066

8–1 陆地边境县分地区农村基层组织情况(2021年)

地　区	乡镇个数（个）	乡村人口（万人）	村民委员会（个）
合　计	**1331**	**1351.17**	**10263**
内蒙古	214	91.73	1098
辽　宁	45	87.72	465
吉　林	147	54.50	885
黑龙江	161	112.58	1394
广　西	74	201.46	883
云　南	252	432.16	2021
西　藏	139	30.19	862
甘　肃	4	0.42	26
新　疆	295	340.40	2629

注：本表所指的乡包括民族乡。

8–2 陆地边境县分地区农、林、牧、渔业总产值及指数(2021年)

单位：亿元

地　区	农林牧渔业总产值	#农业	#林业	#牧业	#渔业	农林牧渔业总产值指数
合　计	**4209.18**	**2419.46**	**345.19**	**963.27**	**194.27**	**108.4**
内蒙古	282.49	74.03	5.52	153.26	4.36	107.3
辽　宁	239.89	88.63	3.57	50.08	87.83	108.3
吉　林	235.88	80.11	15.66	33.07	7.89	107.9
黑龙江	1154.44	876.07	52.14	157.00	25.48	107.5
广　西	320.59	184.17	47.06	46.55	28.39	108.7
云　南	1092.27	634.21	187.42	202.75	31.60	109.3
西　藏	28.08	9.12	0.49	15.85	0.06	107.6
甘　肃						100.0
新　疆	855.53	473.11	33.34	304.70	8.66	109.1

8—3 陆地边境县分地区耕地灌溉面积(2021年)

单位：千公顷

地　　区	耕地灌溉面积
合　　计	**3036.17**
内 蒙 古	241.18
辽　　宁	56.19
吉　　林	61.01
黑 龙 江	1111.89
广　　西	53.15
云　　南	531.97
西　　藏	37.91
甘　　肃	1.26
新　　疆	941.60

8—4 陆地边境县分地区主要农产品产量(2021年)

单位：万吨

地　　区	粮食	油料	棉花
合　　计	**2556.01**	**44.92**	**19.99**
内 蒙 古	285.91	19.70	
辽　　宁	86.13	1.16	
吉　　林	102.68	0.33	
黑 龙 江	955.53	1.63	
广　　西	64.16	1.67	0.02
云　　南	317.10	8.50	
西　　藏	10.79	0.57	
甘　　肃	0.92	0.02	
新　　疆	732.79	11.35	19.96

8–5 陆地边境县分地区牲畜年末存栏数(2021年)

单位：万头

地　区	牲畜年末存栏数		
	大牲畜	猪	羊
合　计	**1054.53**	**655.16**	**2691.90**
内蒙古	110.64	31.98	805.84
辽　宁	21.03	40.20	13.19
吉　林	18.43	30.08	7.06
黑龙江	57.52	84.65	49.98
广　西	26.65	82.94	11.09
云　南	127.10	343.62	72.91
西　藏	59.83	5.90	227.12
甘　肃	3.00	0.20	22.00
新　疆	630.32	35.58	1482.71

8–6 陆地边境县分地区畜产品产量(2021年)

单位：万吨

地　区	肉类总产量	#猪肉	#牛肉	#羊肉
合　计	**191.33**	**70.39**	**44.88**	**33.79**
内蒙古	29.41	4.91	17.10	12.39
辽　宁	24.40	4.37	0.17	0.08
吉　林	6.21	3.16	1.54	0.09
黑龙江	16.94	11.00	3.26	0.86
广　西	12.77	7.94	0.98	0.19
云　南	46.17	33.86	5.08	1.14
西　藏	2.39	0.27	1.13	0.98
甘　肃	0.38	0.02	0.07	0.22
新　疆	52.66	4.87	15.54	17.84

8—7 陆地边境县分地区农业机械总动力和农村用电量(2021年)

地　　区	农业机械总动力 (万千瓦)	农村用电量 (亿千瓦小时)
合　　计	**2265.53**	**73.09**
内 蒙 古	68.30	5.12
辽　　宁	61.60	15.39
吉　　林	111.81	3.09
黑 龙 江	757.20	7.08
广　　西	111.91	6.07
云　　南	477.88	13.64
西　　藏	179.99	0.15
甘　　肃		0.02
新　　疆	496.85	22.54

9—1 陆地边境县分地区规模以上工业企业单位数和资产总计(2021年)

地　　区	工业企业单位数 (个)	资产总计 (亿元)
合　　计	**3140**	**10686.82**
内 蒙 古	361	1769.34
辽　　宁	251	396.59
吉　　林	259	705.35
黑 龙 江	425	642.25
广　　西	271	735.87
云　　南	569	2420.57
西　　藏	266	11.68
甘　　肃	20	121.96
新　　疆	718	3883.19

10—1 陆地边境县分地区教育情况(2021年)

地　区	普通高中			初中			普通小学		
	学校数（所）	在　校学生数（人）	#专　任	学校数（所）	在　校学生数（人）	#专　任	学校数（所）	在　校学生数（人）	#专　任教师数
合　计	**230**	**369519**	**28458**	**909**	**752609**	**66331**	**3994**	**1769754**	**113587**
内蒙古	23	13884	1453	62	31380	3896	92	75904	5699
辽　宁	5	14242	1223	55	19505	2835	145	63762	3400
吉　林	20	21300	2610	124	27708	5639	157	57634	6203
黑龙江	35	39065	2909	150	68729	7362	198	99798	9342
广　西	14	26453	2031	74	94993	6236	455	212469	12613
云　南	77	130544	10470	263	278590	19963	1792	613241	35609
西　藏				18	13531	1358	135	35612	2628
甘　肃	2	208	36	1	314	49	2	646	79
新　疆	54	123823	7726	162	217859	18993	1018	610688	38014

11—1 陆地边境县分地区医疗卫生情况(2021年)

地　区	医疗卫生机构数（个）	医疗卫生机构床位数（张）	卫生技术人员数（人）
合　计	**16242**	**115115**	**136957**
内蒙古	1655	7824	11714
辽　宁	1094	6164	9233
吉　林	1552	7569	9669
黑龙江	2208	14654	15707
广　西	1627	11147	12789
云　南	3516	41814	45017
西　藏	805	1637	2046
甘　肃	36	167	136
新　疆	3749	24139	30646

12—1 陆地边境县分地区收养单位、民间组织和社区建设情况(2021年)

地　区	收养单位		民间组织		社区建设
	福利类收养单位床位数(万张)	福利类收养单位收养救助人数(万人)	单位数(个)	#社会团体(个)	城镇社区服务设施数(个)
合　计	**5.52**	**2.70**	**8438**	**4652**	**2460**
内蒙古	0.44	0.25	1081	695	180
辽　宁	0.65	0.39	680	92	350
吉　林	1.05	0.62	987	630	356
黑龙江	1.38	0.54	1197	489	267
广　西	0.07	0.03	1351	624	113
云　南	0.95	0.29	2238	1612	357
西　藏	0.08	0.03	26	25	
甘　肃	0.01		29	21	7
新　疆	0.89	0.55	849	464	830

12—2 陆地边境县分地区城镇居民最低生活保障情况(2021年)

地　区	城镇居民最低生活保障人数(人)	城镇居民最低生活保障户数(户)	城镇居民最低生活保障支出(万元)	城镇居民最低生活保障年支出水平(包括春节等一次性补助)(元/人·年)
合　计	**243316**	**159191**	**150777**	**6197**
内蒙古	23446	16565	17982	7670
辽　宁	10884	8498	8796	8082
吉　林	56463	43066	36912	6537
黑龙江	38441	27162	25168	6547
广　西	13517	6161	5885	4354
云　南	32847	22993	18434	5612
西　藏	2214	893	2554	11537
甘　肃	294	153	206	7000
新　疆	65210	33700	34840	5343

12—3 陆地边境县分地区农村居民最低生活保障情况(2021年)

地　区	农村居民最低生活保障人数(人)	农村居民最低生活保障户数(户)	农村居民最低生活保障支出(万元)	农村居民最低生活保障年支出水平(元/人·年)
合　计	**1138787**	**579589**	**419159**	**3681**
内蒙古	83355	55497	35944	4312
辽　宁	29165	20160	11394	3907
吉　林	50679	35586	20674	4079
黑龙江	43527	28246	21882	5027
广　西	159800	55224	47532	2974
云　南	407216	200531	135595	3330
西　藏	4916	1749	1774	3609
甘　肃	209	114	58	2751
新　疆	359920	182482	144306	4009

13-1 各陆地边境县主要经济社会指标(2021年)(一)

地　区	年　末 总人口 (万人)	地　　区 生产总值 (亿元)	人均地区 生产总值 (元)	规模以上工业 企业资产总计 (亿元)	农林牧渔业 总产值 (亿元)
内蒙古自治区	**180.32**	**1655.35**	**90792**	**1769.34**	**282.49**
达尔罕茂明安联合旗	10.85	107.67	99248		
四子王旗	20.66	63.90	30926	96.92	33.31
二连浩特市	3.67	74.57	100564	46.34	1.85
阿巴嘎旗	4.28	43.31	111040		11.40
东乌珠穆沁旗	8.10	112.62	95437	60.38	37.58
苏尼特左旗	3.40	39.33	116178	155.06	16.32
苏尼特右旗	6.55	43.22	70280	68.70	14.50
满洲里市	17.20	157.94	70009	173.88	
额尔古纳市	7.71	43.18	63458	52.71	33.73
陈巴尔虎旗	5.33	111.42	223060	266.27	29.61
新巴尔虎左旗	4.15	27.01	74617	11.76	23.34
新巴尔虎右旗	3.50	77.14	204357	90.97	34.60
乌拉特中旗	14.25	102.92	92890	325.16	41.98
乌拉特后旗	5.77	93.11	175183	0.03	
阿拉善左旗	14.80	303.82	205283	177.60	
阿拉善右旗	2.50	22.17	97768	45.91	
额济纳旗	1.90	37.60	197883	54.16	
阿尔山市	4.24	20.56	48489		4.27
科尔沁右翼前旗	33.17	114.22	40206		
扎赉诺尔区	8.30	59.63	71036	143.49	
辽宁省	**174.13**	**593.24**	**35431**	**396.59**	**239.89**
振安区	16.40	49.03	29727	121.60	16.50
元宝区	17.55	67.77	33803	17.18	1.06
振兴区	41.20	125.90	30559	37.02	10.34
东港市	58.40	243.56	43000	156.19	159.41
宽甸满族自治县	40.58	106.98	32369	64.61	52.58
吉林省	**183.30**	**698.37**	**38274**	**705.35**	**235.88**
集安市	20.60	72.87	35184	92.19	14.47

注：本表人口均指户籍人口。

粮　食 总产量 （万吨）	肉　类 总产量 （万吨）	社会消费品 零售总额 （亿元）	城镇居民人均 可支配收入 （元）	农村居民人均 可支配收入 （元）	地方一般 公共预算收入 （亿元）	地方一般 公共预算支出 （亿元）
285.91	**29.41**	**253.43**	**40498**	**19575**	**110.68**	**400.80**
8.83	0.28	17.28	46552	20677	7.72	20.82
21.36	1.12	17.36	33577	14481	2.15	28.29
	0.17	22.77	49603		3.60	17.49
		5.41	43806	33881	2.97	13.23
		1.17	45228	38179	14.87	30.80
		5.31	44842	20397	2.64	12.95
0.04	1.54	8.78	42768	15796	2.50	14.55
0.32	0.47	42.22	42597		14.00	38.94
30.20		13.16	34143	32626	1.76	16.45
15.02		7.40		27849	6.47	16.85
5.05	12.55	6.37	31058	27221	1.21	10.75
0.18	1.20	7.02	35096	27502	4.54	11.87
31.52		14.01	37050	22028	7.50	28.51
0.85		7.23	36837	19986	10.00	21.24
11.17		34.10	46950	24248	15.04	31.44
0.41	0.29	5.50	48143	27668	1.26	10.23
0.21	0.11	9.29	44040	29286	1.88	9.36
4.21	0.60	5.21	31213	14025	0.90	13.90
156.54	11.08	19.92	32362	14315	5.37	45.16
		11.31	39673		4.29	7.96
86.13	**24.40**	**241.27**	**37156**	**20723**	**33.03**	**82.94**
4.42	1.61	7.82	35576	20218	4.60	8.96
0.20	0.17	55.91	36447	20218	4.93	6.01
1.87	0.34	95.06	37793			
54.85	10.93	51.92		22156	16.88	40.60
24.79	11.36	30.56		18805	6.62	27.37
102.68	**6.21**	**213.34**	**28283**	**15578**	**33.19**	**221.69**
7.07	0.55	22.13	29205	17428	3.81	29.01

13-1(一) 续表 1

地　区	年　末 总人口 （万人）	地　　区 生产总值 （亿元）	人均地区 生产总值 （元）	规模以上工业 企业资产总计 （亿元）	农林牧渔业 总产值 （亿元）
浑江区	32.05	145.22	45310	231.65	20.40
临江市	14.33	84.16	56410	29.77	16.67
抚松县	27.09	115.33	42577	90.10	42.42
长白朝鲜族自治县	7.44	38.77	51735	6.25	10.44
图们市	10.20	27.74	26864		3.37
龙井市	14.50	33.53	22948		8.51
珲春市	22.40	102.25	45600	192.07	12.74
和龙市	15.70	36.46	20548	63.33	9.87
安图县	19.00	42.05	27843		96.99
黑龙江省	**281.12**	**1293.34**	**50888**	**642.25**	**1154.44**
萝北县	20.75	106.07	51108	74.06	97.38
绥滨县	17.25	58.99	42789	41.77	73.35
饶河县	13.51	68.84	50786	9.59	129.88
密山市	38.06	143.96	42931	86.41	119.65
虎林市	26.80	160.79	60595	163.47	173.65
鸡东县	25.90	92.20	44093		58.90
嘉荫县	6.83	26.73	38911	6.85	24.54
绥芬河市	6.78	53.95	47611	28.19	2.79
东宁市	19.90	74.98	37599	21.62	52.38
同江市	17.37	110.71	63348	39.59	109.37
抚远市	8.16	78.14	80916		96.83
爱辉区	19.00	38.24	36935	35.00	30.82
逊克县	9.35	41.85	51317	60.07	42.46
孙吴县	8.00	23.34	29172		18.39
呼玛县	4.30	17.29	48327	3.78	15.59
塔河县	6.80	23.01	45063	6.75	23.20
漠河市	6.56	41.29	79327	33.16	24.10
穆棱市	25.80	132.97	68512	31.94	61.18
广西壮族自治区	**271.52**	**847.25**	**37899**	**735.87**	**320.59**
防城区	45.47	133.42	33922	30.60	63.84

粮食总产量（万吨）	肉类总产量（万吨）	社会消费品零售总额（亿元）	城镇居民人均可支配收入（元）	农村居民人均可支配收入（元）	地方一般公共预算收入（亿元）	地方一般公共预算支出（亿元）
4.10	0.59	69.70	28465	14261	2.69	13.06
4.60	0.53	13.33	27511	17348	2.80	17.13
8.65	0.66	29.58	28152	17937	4.01	28.65
2.12	0.21	7.70	26129	13945	1.35	17.14
6.56	0.39	7.89	30013	30013	1.59	18.38
17.98	1.13	8.91	27201	13472	2.36	24.20
18.11	0.62	32.03	30719	16546	7.53	26.94
16.83	0.94	12.11	24956	12326	4.30	23.79
16.65	0.58	9.95	27311	13928	2.73	23.41
955.53	**16.94**	**484.58**	**31005**	**21073**	**59.44**	**423.23**
49.39	2.77	14.33	31015	24333	6.02	25.94
13.57	1.44	10.14	27304	16643	2.03	18.66
19.40	0.51	8.62	28782	12490	2.00	18.13
20.43	1.83	30.50	30407	19858	4.64	38.08
309.93	0.54	27.78	30308	25224	4.28	28.44
71.50	0.80	23.75	29787	21971	2.91	26.08
37.50	0.35	7.66	27191	22596	1.30	19.90
0.63	1.75	208.94	40802	26143	5.36	24.53
17.22	0.54	41.15	36531	30024	3.02	21.54
24.72	0.68	21.39	28714	13391	3.44	27.16
183.37	0.92	9.18	29069	19614	2.84	25.16
48.20	0.55	12.18	33477	20094	3.07	28.97
67.95	0.71	5.73	28821	19985	3.69	25.86
30.34	0.76	5.55	23912	17528	2.39	24.61
11.10	0.17	2.66	29532	19861	1.31	14.69
0.46	0.26	4.71	28204	16455	0.64	8.58
0.27	0.22	8.17	31415	24463	4.29	16.28
49.58	2.14	42.14	32924	23719	6.22	30.64
64.16	**12.77**	**231.09**	**37557**	**15538**	**42.86**	**259.11**
9.70	2.89	34.10	40990	19219	6.42	27.34

13-1(一) 续表 2

地 区	年 末 总人口 (万人)	地 区 生产总值 (亿元)	人均地区 生产总值 (元)	规模以上工业 企业资产总计 (亿元)	农林牧渔业 总产值 (亿元)
东兴市	16.22	81.00	37293	32.05	
凭祥市	11.69	84.55	65141	28.76	11.82
大新县	38.33	119.39	42261	122.69	52.43
宁明县	44.31	118.40	37063	53.55	81.90
龙州县	27.43	104.19	44908	109.17	52.52
靖西市	66.22	158.96	32470	347.03	38.77
那坡县	21.85	47.35	27572	12.02	19.32
云南省	**682.21**	**2984.80**	**43991**	**2420.57**	**1092.27**
澜沧拉祜族自治县	49.20	137.37	31275	216.37	57.50
江城哈尼族彝族自治县	11.80	58.80	53702	40.04	25.26
西盟佤族自治县	9.60	30.27	34283	4.68	9.73
孟连傣族拉祜族佤族自治县	13.30	56.98	39733	11.24	31.11
镇康县	18.60	64.93	37762	31.51	28.57
沧源佤族自治县	17.25	58.72	36849	24.23	29.64
耿马傣族佤族自治县	29.89	135.41	47672	47.30	77.54
龙陵县	30.60	139.05	51233	132.63	55.43
腾冲市	69.25	321.92	46484	177.62	93.65
麻栗坡县	29.80	100.55	42020	47.89	28.31
马关县	38.80	127.53	40571	127.13	46.01
富宁县	46.10	140.47	35707	168.00	50.61
绿春县	24.70	58.99	28379	12.51	26.65
金平苗族瑶族傣族自治县	39.59	101.63	31041	43.58	31.91
河口瑶族自治县	9.32	125.51	123960	21.52	24.20
景洪市	43.52	350.50	54396	214.23	106.17
勐海县	33.81	182.15	51345	126.65	65.87
勐腊县	25.40	143.50	46912	34.88	93.06
芒市	41.20	180.99	40099	102.07	57.28
瑞丽市	14.60	142.46	58040	82.92	22.30
盈江县	31.60	120.06	40267	151.39	59.27
陇川县	19.60	71.28	38717	20.79	38.92

粮 食 总产量 （万吨）	肉 类 总产量 （万吨）	社会消费品 零售总额 （亿元）	城镇居民人均 可支配收入 （元）	农村居民人均 可支配收入 （元）	地方一般 公共预算收入 （亿元）	地方一般 公共预算支出 （亿元）
1.82	0.85	24.18	46296	23439	5.42	26.71
1.67	0.40	38.70	41501	15646	3.76	20.71
12.79	2.15	34.00	38627	16559	3.27	31.56
6.85	1.50	22.08	32780	15472	3.02	38.77
3.95	1.06	29.32	34032	13916	3.00	28.37
20.90	2.82	38.97	34224	13777	15.37	58.27
6.49	1.10	9.73	29122	11098	2.59	27.38
317.10	**46.17**	**1165.70**	**35289**	**13534**	**126.64**	**766.43**
25.56	4.29	36.63	33563	13098	5.91	52.38
5.32	0.65	15.11	35084	13299	1.52	23.56
4.21	0.53	7.13	30735	13097	0.65	16.90
7.60	0.76	20.17	30951	13199	2.11	23.92
8.73	1.77	20.94	33160	13943	3.53	16.73
8.00	1.26	22.90	32870	13692	3.11	16.44
11.86	2.11	44.78	34510	14958	4.91	23.02
15.41	3.20	43.85	34286	13914	6.43	26.53
43.12	9.28	111.04	39234	14917	15.46	59.97
10.83	2.11	49.58	33755	13338	3.72	31.45
16.33	2.67	55.09	36936	13271	7.09	33.90
13.27	1.70	64.48	36381	13723	3.86	33.68
11.21	1.45	34.33	37685	11395	1.69	20.36
13.67	1.73	36.31	38294	11559	2.13	30.76
2.26	0.30	24.17	41047	16560	3.68	22.05
9.34	1.65	174.40	40244	19553	12.64	45.18
29.50	0.67	52.65	35517	15430	6.27	34.92
9.57	1.38	51.12	30969	14259	3.78	34.85
22.31	1.96	103.78	33674	14503	16.48	39.21
4.57	1.12	109.43	36122	13132	8.04	50.77
23.35	1.28	39.78	31394	12768	4.60	31.95
12.01	1.02	22.06	30049	11491	2.92	22.22

13-1(一)　续表 3

地　区	年　末 总人口 （万人）	地　　区 生产总值 （亿元）	人均地区 生产总值 （元）	规模以上工业 企业资产总计 （亿元）	农林牧渔业 总产值 （亿元）
泸水市	19.00	87.26	42670	561.25	19.52
福贡县	12.20	27.37	23860	6.04	7.81
贡山独龙族怒族自治县	3.48	21.10	54886	14.12	5.95
西藏自治区	**38.36**	**181.75**	**43397**	**11.68**	**28.08**
洛扎县	2.07	8.38	40428		0.87
错那县	1.57	8.90	56872		0.64
浪卡子县	3.80	10.82	28520	7.01	1.20
定结县	2.20	5.97	24000		1.60
定日县	6.10	13.17	20797		4.33
康马县	2.37	7.39	31115		2.06
聂拉木县	2.00	10.96	50736	4.60	1.92
吉隆县	1.70	10.49	61731		1.17
亚东县	1.44	10.49	69522		1.79
岗巴县	1.23	7.00	57549		0.67
仲巴县	2.79	10.82	38985		3.05
萨嘎县	1.68	6.85	20398		1.56
噶尔县	2.20	29.77	95700		0.88
普兰县	1.00	7.61	62067		1.19
日土县	1.12	6.64	59370		1.44
札达县	0.85	5.87	69261		0.71
墨脱县	1.40	8.52	60857	0.07	0.55
察隅县	2.83	12.10	42702		2.44
甘肃省	**1.23**	**19.78**	**130964**	**121.96**	
肃北蒙古族自治县	1.23	19.78	130964	121.96	
新疆维吾尔自治区	**524.48**	**3130.93**	**52268**	**3883.19**	**855.53**
伊州区	43.10	499.50	108157	1342.50	32.03
伊吾县	2.10	130.63	619899	478.49	8.06
巴里坤哈萨克自治县	10.50	97.01	93731	239.51	15.16
和田县	35.30	52.57	15344	58.16	32.09
皮山县	29.40	46.51	14443	6.45	27.90

粮　食 总产量 （万吨）	肉　类 总产量 （万吨）	社会消费品 零售总额 （亿元）	城镇居民人均 可支配收入 （元）	农村居民人均 可支配收入 （元）	地方一般 公共预算收入 （亿元）	地方一般 公共预算支出 （亿元）
6.42	2.71	17.30	30760	8778	4.01	35.42
2.26	0.46	4.90	28332	8365	1.09	23.93
0.41	0.12	3.77	28275	8449	0.99	16.33
10.79	**2.39**	**35.79**	**47676**	**15238**	**34.81**	**155.69**
1.04	0.12	2.18	40056	18045	0.63	14.98
0.55	0.16	2.24		16360	0.90	8.88
0.52	0.22	2.22		16201	0.20	9.93
	0.05	1.47		11773		3.96
3.45	0.11	2.35		12820	18.72	18.72
1.29	0.29	1.45		16180		
0.83	0.12	1.62		12855		
0.40	0.05			16599	0.33	7.66
0.08	0.04	3.56		17340	0.73	18.50
0.22	0.02			16144	8.16	5.64
	0.41	1.30		17130	0.40	9.09
0.14	0.07	2.93		13079	0.17	
	0.09	10.04	50008	17118	0.86	11.41
0.02	0.07	1.21	48916	16332	0.41	8.45
	0.13	1.34	50085	16922	0.45	10.55
	0.06	1.18	48999	15730	0.30	8.55
0.52	0.03	0.68	43433	17035	0.68	9.13
1.73	0.35		41346	15425	1.87	10.25
0.92	**0.38**	**3.68**	**44721**	**31690**	**3.05**	**27.97**
0.92	0.38	3.68	44721	31690	3.05	27.97
732.79	**52.66**	**647.68**	**33847**	**14435**	**228.70**	**1064.49**
2.50	0.92	106.11	40306	22018	34.97	61.40
0.43	0.47	2.91	41524	22376	12.54	15.76
10.28	0.77	8.81	34475	17271	8.69	23.94
12.15	1.36	4.63	33231	11060	3.19	57.77
8.20	1.27	4.98	31963	10324	2.09	51.23

13-1(一) 续表 4

地　区	年　末 总人口 （万人）	地　　区 生产总值 （亿元）	人均地区 生产总值 （元）	规模以上工业 企业资产总计 （亿元）	农林牧渔业 总产值 （亿元）
温宿县	23.60	99.32	36632	55.14	91
乌什县	23.10	60.55	26212	35.41	40.58
叶城县	55.08	121.19	22004		89.94
塔什库尔干塔吉克自治县	4.20	19.17	46307		4.52
阿图什市	28.53	80.52	28219	67.34	20.91
阿合奇县	4.58	17.42	38018	13.47	4.78
乌恰县	5.84	44.52	76266	92.42	3.63
阿克陶县	23.11	55.39	23984	78.86	20.54
奇台县	23.51	208.18	88561	437.58	42.27
木垒哈萨克自治县	8.57	72.77	84876	209.24	19.69
博乐市	18.90	205.05	67949	94.71	41.17
阿拉山口市	0.40	100.38	877799	65.79	
温泉县	6.30	34.66	69264	8.20	21.87
昭苏县	17.40	51.46	34993	16.17	30.33
霍城县	26.81	112.77	38490	68.73	45.51
察布查尔锡伯自治县	19.06	83.32	46695		48.09
霍尔果斯市	6.60	208.37	291568	42.33	7.43
塔城市	14.50	123.34	77925	7.79	36.81
额敏县	15.29	113.73	60222		
裕民县	5.10	22.36	4397	5.49	8.87
托里县	9.00	50.53	54015	58.53	21.68
和布克赛尔蒙古自治县	5.00	48.64	97280		9.19
阿勒泰市	18.50	109.41	49267	26.70	31.38
青河县	6.30	28.18	44725	33.60	11.55
吉木乃县	3.50	19.21	55786	23.05	4.51
富蕴县	9.60	66.59	66570	128.99	19.38
布尔津县	7.10	34.57	47296	80.02	12.70
福海县	6.50	55.98	73902	24.83	31.50
哈巴河县	8.10	57.12	69027	83.67	20.97

粮　食 总产量 （万吨）	肉　类 总产量 （万吨）	社会消费品 零售总额 （亿元）	城镇居民人均 可支配收入 （元）	农村居民人均 可支配收入 （元）	地方一般 公共预算收入 （亿元）	地方一般 公共预算支出 （亿元）
27.89	2.46	61.89	35416	17630	5.30	40.17
31.16	6.10	5.07	33423	11880	2.74	37.17
29.65	0.69		28198	10674	5.61	76.92
1.76	0.61	0.97	33654	10296	1.50	25.71
9.60	1.15	17.63	29621	10234	4.84	51.10
0.58	0.41	6.29		9605	1.04	16.52
0.56	6.94	6.95	9272	7542	4.95	27.36
19.31	1.38	8.62	13051	9203	4.98	58.78
7.50	2.75	27.61	37306	21280	7.56	25.98
16.55	1.06	9.98	32750	19912	4.46	20.83
24.12	1.33	36.97	38554	22530	15.07	43.44
		1.49			7.99	10.02
33.61	1.13	3.77	33894	15925	2.07	17.55
15.70	2.67	13.97	33748	17143	2.52	24.98
26.99	2.82	29.60	32601	17250	5.01	34.22
69.60	2.42	1.40	30505	16910	7.17	30.76
7.69	0.38	6.70	35054	17749	41.31	55.77
105.05	1.66	179.43	30340	21697	5.48	28.97
119.25		16.30	30416	20094	2.94	27.80
20.65	0.84	2.43	29163	17615	0.81	12.44
21.43	2.60	3.77	28861	14574	1.63	16.90
1.15	1.28	3.15	29627	17438	0.81	14.17
11.15	1.46	32.76	38280	17660	4.73	37.19
12.30	0.74	3.52	36761	16272	1.84	18.44
1.98	0.47	1.41	31672	13418	0.93	13.61
21.06	1.26	7.65	31750	13548	10.98	25.67
6.06	0.99	15.91	34804	15846	3.16	17.74
24.05	1.18	7.30	31600	18127	3.64	20.93
32.82	1.12	7.68	32426	14784	6.14	23.28

13-1 各陆地边境县主要经济社会指标(2021年)(二)

地　区	普通高中在校学生数（人）	普通高中专任教师数（人）	初中在校学生数（人）	初中专任教师数（人）	普通小学在校学生（人）	普通小学专任教师（人）	文化馆（个）
内蒙古自治区	**13884**	**1453**	**31380**	**3896**	**75904**	**5699**	**15**
达尔罕茂明安联合旗	367	67	888	156	2618	294	1
四子王旗	2164		3155		5359	486	1
二连浩特市	769		3567	421	5096	360	1
阿巴嘎旗	929	196	656	167	1562	194	
东乌珠穆沁旗	705		1966		4288	388	1
苏尼特左旗	411	78	665	160	1760	217	1
苏尼特右旗	583	141	1553	229	3151	373	1
满洲里市	3172	257	6509	860	8691	556	1
额尔古纳市	821	90	1360	185	2384	260	1
陈巴尔虎旗			910	235	1703	297	
新巴尔虎左旗			757	160	1862	219	1
新巴尔虎右旗	60	28	771	137	1766	192	1
乌拉特中旗	1110	259	1628	218	4216	391	1
乌拉特后旗	540	62	749	170	2301	304	1
阿拉善左旗	1013	116	3763	500	8460	784	1
阿拉善右旗	209	46	394	77	784	137	1
额济纳旗	277	31	482	67	1456	131	1
阿尔山市			700	154	874	139	
科尔沁右翼前旗					17036		
扎赉诺尔区	754	82	1817	235	2240	274	
辽宁省	**14242**	**1223**	**19505**	**2835**	**63762**	**3400**	**3**
振安区					15770		
元宝区			540	86	6662	322	1
振兴区					5127		
东港市	9057	842	11605	1548	22761	1818	1
宽甸满族自治县	5185	381	7360	1201	13442	1260	1
吉林省	**21300**	**2610**	**27708**	**5639**	**57634**	**6203**	**10**
集安市	2687	335	3463	929	6685	742	1

图书馆（个）	博物馆（个）	医疗卫生机构数（个）	医疗卫生机构床位数（张）	卫生技术人员（人）	城镇居民最低生活保障人数（人）	城镇居民最低生活保障支出（万元）	农村居民最低生活保障人数（人）	农村居民最低生活保障支出（万元）
17	**21**	**1655**	**7824**	**11714**	**23446**	**17982**	**83355**	**35944**
1	1	85	634	557	303	227	2404	1027
1	1	116	634	899	2758	1918	32965	12529
1	1	52	299	499	411	323		
		17	228	333	762	558	551	314
1	1	21	298	272	1396	997	660	453
1	1	79	160	275	538	332	988	500
1		79	372	388	2067	1204	4857	1847
1	1	117	1113	1890	1424	1202		
1	3	98	401	570	2277	1713		
		16	340	342	1674	1262	396	291
1	1	24	137	347	1172	946	1444	795
1	2	23	178	443	1063	838	579	319
1	1	134	407	865	996	770	5177	2390
1	1	76	290	424	2137	1538	2124	1436
2	3	129	414	637	1269	1430	740	512
1	1	56	154	198	81	79		
1	1	45	158	259	79	101		
		29	204	262	1557	1312		
		400	1176	1640	1482	1235	30470	13530
1	2	59	227	614				
3	**2**	**1094**	**6164**	**9233**	**3427**	**2926**	**1266**	**843**
		142	746	874	1484	1096	2490	1001
1		90	23	471	2483	2047	336	141
					3427	2926	1266	843
1	1	391	3152	5434	765	593	9532	3672
1	1	471	2243	2454	2725	2135	15541	5738
9	**10**	**1552**	**7569**	**9669**	**56463**	**36912**	**50679**	**20674**
1	1	258	987	1069	2657	1586	5905	2562

13-1(二) 续表 1

地　区	普通高中在校学生数（人）	普通高中专任教师数（人）	初中在校学生数（人）	初中专任教师数（人）	普通小学在校学生（人）	普通小学专任教师（人）	文化馆（个）
浑江区	2162	177	2647	547	7043	718	1
临江市	2574	276	2435	597	5000	413	1
抚松县	5202	557	5456	713	11011	1020	1
长白朝鲜族自治县	889	159	1146	249	2231	372	1
图们市	674	130	1071	264	2042	287	1
龙井市	989	186	1515	410	3099	357	1
珲春市	3130	369	5197	930	11643	924	1
和龙市	1139	179	1890	474	3643	664	1
安图县	1854	242	2888	526	5237	706	1
黑龙江省	**39065**	**2909**	**68729**	**7362**	**99798**	**9342**	**19**
萝北县	996	161	6960	502	6320	382	1
绥滨县	1808	263	3387	484	4846	519	1
饶河县	1539	171	3099	363	5726	539	1
密山市	7894	372	10208	1089	10276	642	1
虎林市	3768	307	7987	720	10285	939	1
鸡东县	3234	295	6561	745	7862	1058	1
嘉荫县	624	61	1337	171	2274	217	1
绥芬河市	2239	174	3616	259	6579	403	1
东宁市	3831		4479	426	9405	806	1
同江市	1902	155	3145	306	5180	679	1
抚远市	1147	81	2785	291	4957	466	1
爱辉区	1132	84	2339	495	8164	814	1
逊克县	1251	120	1752	255	3252	366	1
孙吴县	1545	115	2029	237	3620	395	1
呼玛县	770	73	709	108	1333	124	1
塔河县	599	82	651	219	1251	228	1
漠河市	668	71	2390	173	30	28	1
穆棱市	4118	324	5295	519	8438	737	2
广西壮族自治区	**26453**	**2031**	**94993**	**6236**	**212469**	**12613**	**7**
防城区	568	24	17093	1081	42385	2253	

图书馆（个）	博物馆（个）	医疗卫生机构数（个）	医疗卫生机构床位数（张）	卫生技术人员（人）	城镇居民最低生活保障人数（人）	城镇居民最低生活保障支出（万元）	农村居民最低生活保障人数（人）	农村居民最低生活保障支出（万元）
		66	430	547	12942	8244	3876	1651
1	2	186	1202	1255	3646	2077	6054	2474
1	1	302	2020	1968	9925	4886	8666	2360
1	1	95	307	409	3937	2921	3611	2024
1	1	98	406	2687	3240	2420	2047	918
1	1	15	389	631	4008	3539	1943	1106
1	1	289	705	967	6616	4651	3599	1549
1	1	19	464	678	5595	4363	5744	2705
1	1	224	659	1413	3897	2226	9234	3326
18	**36**	**2208**	**14654**	**15707**	**3584**	**3004**	**8569**	**4130**
1	4	189	1031	804	4330	2504	2559	1295
1	1	133	505	446	2930	1755	3765	1747
1	1	150	913	893	1728	1044	2090	811
1	1	266	3185	3049	3584	3004	8569	4130
1	1	162	1433	1862	3341	2331	1297	778
1		177	1456	1238	2146	1282	4988	2789
1	2	45	363	416	1515	953	2461	1030
1	3	42	586	735	404	289	343	217
1	2	196	1120	977	1595	1040	1837	1125
1	3	94	445	707	2876	1964	2964	1722
1		56	298	397	514	348	821	427
1	2	92	473	634	4161	2833	539	199
1	2	72	389	375	974	585	1447	599
1	5	111	488	574	1984	1230	4515	2320
1	1	59	214	355	824	506	1268	694
1	1	34	425	470	1793	1291	325	208
1	4	43	350	352				
1	3	287	980	1423	3742	2209	3739	1793
7	**6**	**1627**	**11147**	**12789**	**13517**	**5885**	**159800**	**47532**
		270	1117	1679	2629	1330	13630	4634

13-1(二) 续表 2

地 区	普通高中在校学生数（人）	普通高中专任教师数（人）	初中在校学生数（人）	初中专任教师数（人）	普通小学在校学生（人）	普通小学专任教师（人）	文化馆（个）
东兴市	2942	219	8892	677	27103	1651	1
凭祥市	2111	150	4250	283	12033	749	1
大新县	6389	333	11002	647	23755	1420	1
宁明县	5844	320	14959	939	29393	1874	1
龙州县	3611	189	6605	403	17266	1124	1
靖西市	8461	628	23917	1522	45315	2545	1
那坡县	2916	168	8275	684	15219	997	1
云南省	**130544**	**10470**	**278590**	**19963**	**613241**	**35609**	**27**
澜沧拉祜族自治县	4776	298	15203	1850	36994	1786	1
江城哈尼族彝族自治县	1759	125	4162	319	9392	493	1
西盟佤族自治县	1106	80	3178	276	8175	559	1
孟连傣族拉祜族佤族自治县	1826	152	5430	393	13229	743	1
镇康县	3033	173	8089	552	19093	1077	1
沧源佤族自治县	2489	209	5506	506	14709	1000	1
耿马傣族佤族自治县	15004	897	11245	1013	28733	2124	1
龙陵县	5943	348	11852	832	25526	1603	1
腾冲市	16366	1697	27467	1378	51592	2998	1
麻栗坡县	4849	649	11341	698	23885	1784	1
马关县	5525	461	14958	1203	32696	1961	1
富宁县	11199	1088	20773	1384	41627	2820	1
绿春县	3173	215	9052	926	23491	1112	1
金平苗族瑶族傣族自治县	6374	383	17342	1078	33251	1832	1
河口瑶族自治县	1309	89	2549	305	8557	617	1
景洪市	11002	809	21184	1311	44486	2276	2
勐海县	5510	423	20098	795	31010	1407	1
勐腊县	4367	297	11847	766	25136	1375	1
芒市	4197	318	14315	1065	38043	2160	1
瑞丽市	3810	454	7481	646	19457	967	2
盈江县	5262	392	13849	1031	30703	1692	1
陇川县	3686	246	8085	569	18419	1013	1

图书馆（个）	博物馆（个）	医疗卫生机构数（个）	医疗卫生机构床位数（张）	卫生技术人员（人）	城镇居民最低生活保障人数（人）	城镇居民最低生活保障支出（万元）	农村居民最低生活保障人数（人）	农村居民最低生活保障支出（万元）
1	1	125	509	1063	756	359	4673	1852
1	1	76	486	940	931	260	2847	607
1	1	348	1798	1775	1220	600	17380	5128
1		199	1515	1963	1901	706	18868	4559
1		135	1328	1642	1496	480	8146	2523
1	1	316	3229	2928	2894	1359	69389	20877
1	2	158	1165	799	1690	791	24867	7352
30	**22**	**3516**	**41814**	**45017**	**221**	**118**	**5674**	**1905**
1	1	232	2182	1005	741	359	52730	15266
1	1	75	524	785	758	404	7654	2304
1	1	52	461	586	507	278	4641	1487
1	1	73	668	993	221	118	5674	1905
1		114	1075	1201	610	290	8838	2604
1		129	822	1052	867	393	19941	5830
1	1	143	1558	1877	1003	455	13460	4714
1	3	141	1215	620	343	194	16976	6601
2	4	382	3810	4974	817	1526	21888	9241
1		113	1524	739	1270	658	22333	7953
1		155	1842	2009	2420	1264	33734	11558
1	1	182	2333	2842	3443	2233	39719	14473
1	1	114	1021	1367	879	327	16488	6164
1		197	2087	1760	750	572	19035	6425
1	1	66	800	712	5832	2874	1639	585
2	1	227	4724	5539	2856	1499	6084	2016
1		213	2094	2327	698	394	5635	2027
1	1	161	1322	2150	1678	828	5003	1744
3	1	167	4761	4699	1020	456	7968	2824
2		96	2179	1940	526	285	3786	1188
1	1	156	1099	1653	714	412	14669	4681
1		96	1009	1455	408	211	11013	3799

13-1(二) 续表 3

地　区	普通高中在校学生数（人）	普通高中专任教师数（人）	初中在校学生数（人）	初中专任教师数（人）	普通小学在校学生（人）	普通小学专任教师（人）	文化馆（个）
泸水市	5801	481	7891	601	18533	1255	1
福贡县	1625	136	4319	315	13596	681	1
贡山独龙族怒族自治县	553	50	1374	151	2908	274	1
西藏自治区			**13531**	**1358**	**35612**	**2628**	**46**
洛札县			706	59	1614	125	
错那县			364	53	762	94	1
浪卡子县			1628	134	3022	244	
定结县			800	77	2128	174	11
定日县			2943	235	7476	363	
康马县					2024		
聂拉木县			725	76	1897	152	1
吉隆县			667	78	1839	142	7
亚东县			416	55	1116	128	
岗巴县			508	73	1063	143	
仲巴县			1295	111	3369	194	
萨嘎县			774	78	1757	156	1
噶尔县			455	64	933	96	6
普兰县			225	42	1019	78	4
日土县			355	39	943	91	6
札达县			124	27	565	71	8
墨脱县			504	61	1480	159	
察隅县			1042	96	2605	218	1
甘肃省	**208**	**36**	**314**	**49**	**646**	**79**	**1**
肃北蒙古族自治县	208	36	314	49	646	79	1
新疆维吾尔自治区	**123823**	**7726**	**217859**	**18993**	**610688**	**38014**	**44**
伊州区	9539	952	15163	1268	32290	2749	2
伊吾县	535	68	627	92	1835	288	1
巴里坤哈萨克自治县	788	105	2140	413	5484	737	1
和田县	6650	555	17978	1176	73120	2801	1
皮山县	5220	464	13959	1176	50613	2229	1

图书馆（个）	博物馆（个）	医疗卫生机构数（个）	医疗卫生机构床位数（张）	卫生技术人员（人）	城镇居民最低生活保障人数（人）	城镇居民最低生活保障支出（万元）	农村居民最低生活保障人数（人）	农村居民最低生活保障支出（万元）
1	1	127	2009	2119	1430	740	36892	11162
1	1	68	355	248	2630	1354	25590	7523
1	1	37	340	365	426	309	5826	1519
8	**2**	**805**	**1637**	**2046**	**2214**	**2554**	**4916**	**1774**
		37	127	188	22	20	94	37
	1	39	104	151	18	14	208	55
1		93	67	173	33	30	706	356
		67	58	296	28	16	238	45
1		14		187	89	105	1680	208
		59	84		6	6	145	316
1		51	104	132	1587	1952	216	39
1		42	89	147	26	35	297	390
		24	63	118	24	19		
		29	41	104	8	9	61	22
1		72	107	161	64	44	625	154
1		55	40	128	29	22	210	32
		24	376		200	211	11	4
		10	43		1	1		
		15	74		25	24	11	2
		17	69		20	26		
1	1	55	49	108	22	13	340	103
1		102	142	153	12	10	74	11
1	**1**	**36**	**167**	**136**	**294**	**206**	**209**	**58**
1	1	36	167	136	294	206	209	58
33	**22**	**3749**	**24139**	**30646**	**65210**	**34840**	**359920**	**144306**
2	2	285	2593	4170	1331	662	4521	194
1	1	32	234	278	49	42	253	162
1	1	73	222	203	405	211	1788	705
1		18	1317	1278	1336	701	56257	21077
1		244	1218	1149	3077	1728	50653	18767

13-1(二) 续表 4

地　区	普通高中在校学生数(人)	普通高中专任教师数(人)	初中在校学生数(人)	初中专任教师数(人)	普通小学在校学生(人)	普通小学专任教师(人)	文化馆(个)
温宿县	4520	353	11818	986	30546	2032	1
乌什县	3480	270	11312	759	30975	1702	1
叶城县	40156		29111	4296	100498	4296	
塔什库尔干塔吉克自治县	806	63	1759	111	4180	292	
阿图什市	9822	876	14040	962	40189	2201	1
阿合奇县			1885	274	4991	674	1
乌恰县			2473	370	6444	1152	1
阿克陶县	4197	536	11400	1043	36398	2494	1
奇台县	3697	306	6484	456	13850	1028	1
木垒哈萨克自治县	905	95	1999	140	4979	540	1
博乐市	3209	276	8368	577	17192	1140	1
温泉县	142	27	272	29	589	41	1
阿拉山口市	461	71	1435	236	3278	457	1
昭苏县	2540	222	6094	562	16457	1187	1
霍城县	5645	359	11594	903	26087	1890	1
察布查尔锡伯自治县	3150		6981	215	16573	1944	1
霍尔果斯市	919	75	1706	113	3138	220	1
塔城市	1395	125			9323		1
额敏县	2860		6129		12538		1
裕民县	562	777	1495	210	3971	339	1
托里县	1112	96	5882	342	8928	755	1
和布克赛尔蒙古自治县	645	99	1553	176	4224	574	12
阿勒泰市	3861	292	6453	467	11949	1089	1
青河县	1478	109	2915	240	7154	484	1
吉木乃县	666	58	1226	75	2599	280	1
富蕴县	2195	148	4488	607	10346	686	1
布尔津县	1439	110	2744	210	6580	534	1
福海县	1103	82	2339	232	5786	546	1
哈巴河县	126	157	4037	277	7584	633	1

图书馆（个）	博物馆（个）	医疗卫生机构数（个）	医疗卫生机构床位数（张）	卫生技术人员（人）	城镇居民最低生活保障人数（人）	城镇居民最低生活保障支出（万元）	农村居民最低生活保障人数（人）	农村居民最低生活保障支出（万元）
1		197	878	1112	1115	762	4628	2253
1	1	130	666	863	2115	1307	19296	7943
		452	3847	1862	26353	11560	99445	41740
		16			277	169	2976	1269
2		95	1012	794	3213	1886	22554	9886
		26	270	406	771	473	1462	594
1	1	39	345	627	695	474	2845	1000
1		109	1011	1361	2650	1576	25979	10171
1	1	186	1107	1607	316	168	2142	917
1	1	83	430	519	487	289	1766	833
1		252	1581	2475	2367	1386	4604	2809
1		2	100	118	915	579	1337	670
1	1	142	322	505	1982	1003	6938	2837
1	1	71	788	1261	3736	2013	16375	6327
1		150	1022	1781	1156	631	6498	2555
1		107	763	767	1262	1002	3504	1856
1		20		252	2762	1861	3724	1826
1	2	163	390	553	807	521	1185	597
1	1	159		1387	1017	712	3260	1312
1	1	57	260	412	1069	781	1257	682
1	1	136	541	655	906	543	3178	1174
1		17	372	296	439	256	1882	710
1	1	131	472	779	378	194	923	339
1	1	57	340	560	755	435	2737	1015
1	1	42	169	339	509	275	2116	722
1	1	90	410	395	570	400	1281	477
2	1	74	546	766	390	241	2556	888
1	1		363	687	439	256	1882	710
	1	114	550	681	378	194	923	339

牧区半牧区县

1—1 牧区半牧区县经济社会发展主要指标

指　　标	2020年	占全国比重(%)	2021年	占全国比重(%)
人口				
年末总人口(万人)	4557.10	3.23	4243.58	3.00
地区生产总值(亿元)	**19407.92**	**1.91**	**21910.46**	**1.92**
第一产业	4488.05	5.77	4654.98	5.60
第二产业	6746.37	1.76	8727.38	1.94
第三产业	8172.91	1.48	8708.15	1.43
人均地区生产总值(元)	**43520.45**		**52561.57**	
财政(亿元)				
地方一般公共预算收入	1300.32	1.30	1279.06	1.15
地方一般公共预算支出	7220.60	3.43	6182.43	2.94
农业				
农林牧渔总产值(亿元)	7054.40	5.12	7622.69	5.19
粮食产量(万吨)	7148.08	10.68	7200.95	10.55
牲畜年末存栏数(万头)				
大牲畜	3523.57	34.33	4206.17	40.11
羊	10024.54	32.70	9877.37	30.90
猪	1778.78	4.38	1934.87	4.31
肉类总产量(万吨)	577.30	7.45	570.10	6.34
工业				
规模以上工业企业资产总计(亿元)	28268.53	2.23	32202.15	2.20
教育				
普通高中和初中				
学校数(个)	2042	3.12	2025	3.09
在校学生数(人)	2118556	3.16	2079146	3.11
专任教师数(人)	182687	2.29	190570	2.11
普通小学				
学校数(个)	6736	4.26	8559	5.55
在校学生数(人)	2927356	2.73	2985988	2.77
专任教师数(人)	236387	3.68	218549	3.31
医疗卫生				
医疗卫生机构数(个)	43950	4.30	39133	3.80
医疗卫生机构床位数(张)	205823	2.26	206013	2.18
卫生技术人员数(人)	218506	2.05	228451	2.03
人民生活				
农村居民人均可支配收入(元)	14511		16350	

注：本表人口均指户籍人口。

2-1 牧区半牧区县行政区划(2021年末)

地　　区	合计	市辖区	县级市	县	自治县	旗	自治旗
合　　计	**268**	**3**	**21**	**180**	**18**	**44**	**2**
河　　北	6			4	2		
山　　西	1			1			
内 蒙 古	53	1	2	4		44	2
辽　　宁	6		1	3	2		
吉　　林	8		3	4	1		
黑 龙 江	15		4	10	1		
四　　川	48		3	44	1		
云　　南	3		1	1	1		
西　　藏	38	1		37			
甘　　肃	20		1	15	4		
青　　海	30		3	25	2		
宁　　夏	3			3			
新　　疆	37	1	3	29	4		

2–2 我国牧区半牧区县(旗)、市(市辖区)分布(2021年末)

地区	个数	县、旗、市(市辖区)
河北省	4 县 2 自治县	张家口市：张北县、康保县、沽源县、尚义县 承德市：丰宁满族自治县、围场满族蒙古族自治县
山西省	1 县	朔州市：右玉县
内蒙古自治区	1 市辖区 2 县级市 4 县 44 旗 2 自治旗	包头市：达尔罕茂明安联合旗 赤峰市：林西县、阿鲁科尔沁旗、巴林左旗、巴林右旗、克什克腾旗、翁牛特旗、敖汉旗 通辽市：开鲁县、科尔沁左翼中旗、科尔沁左翼后旗、库伦旗、奈曼旗、扎鲁特旗 鄂尔多斯市：东胜区、达拉特旗、准格尔旗、鄂托克前旗、鄂托克旗、杭锦旗、乌审旗、伊金霍洛旗 呼伦贝尔市：扎兰屯市、阿荣旗、陈巴尔虎旗、新巴尔虎左旗、新巴尔虎右旗、莫力达瓦达斡尔族自治旗、鄂温克族自治旗 巴彦淖尔市：磴口县、乌拉特前旗、乌拉特中旗、乌拉特后旗 乌兰察布市：察哈尔右翼中旗、察哈尔右翼后旗、四子王旗 兴安盟：突泉县、科尔沁右翼前旗、科尔沁右翼中旗、扎赉特旗 锡林郭勒盟：锡林浩特市、阿巴嘎旗、苏尼特左旗、苏尼特右旗、东乌珠穆沁旗、西乌珠穆沁旗、太仆寺旗、镶黄旗、正镶白旗、正蓝旗 阿拉善盟：阿拉善左旗、阿拉善右旗、额济纳旗
辽宁省	1 县级市 3 县 2 自治县	沈阳市：康平县 阜新市：彰武县、阜新蒙古族自治县 朝阳市：北票市、建平县、喀喇沁左翼蒙古族自治县
吉林省	3 县级市 4 县 1 自治县	四平市：双辽市 松原市：长岭县、乾安县、前郭尔罗斯蒙古族自治县 白城市：洮南市、大安市、镇赉县、通榆县
黑龙江省	4 县级市 10 县 1 自治县	齐齐哈尔市：龙江县、泰来县、甘南县、富裕县 鸡西市：虎林市 大庆市：肇州县、肇源县、林甸县、杜尔伯特蒙古族自治县 佳木斯市：同江市 绥化市：安达市、肇东市、兰西县、青冈县、明水县

2-2 续表

地区	个数	县、旗、市(市辖区)
四川省	3 县级市 44 县 1 自治县	阿坝藏族羌族自治州：马尔康市、汶川县、理县、茂县、松潘县、九寨沟县、金川县、小金县、黑水县、壤塘县、阿坝县、若尔盖县、红原县 甘孜藏族自治州：康定市、泸定县、丹巴县、九龙县、雅江县、道孚县、炉霍县、甘孜县、新龙县、德格县、白玉县、石渠县、色达县、理塘县、巴塘县、乡城县、稻城县、得荣县 凉山彝族自治州：西昌市、会理市、盐源县、德昌县、会东县、宁南县、普格县、布拖县、金阳县、昭觉县、喜德县、冕宁县、越西县、甘洛县、美姑县、雷波县、木里藏族自治县
云南省	1 县级市 1 县 1 自治县	迪庆藏族自治州：香格里拉市、德钦县、维西傈僳族自治县
西藏自治区	2 市辖区 36 县	拉萨市：林周县、当雄县 日喀则市：昂仁县、谢通门县、康马县、仲巴县、亚东县、萨嘎县、岗巴县 昌都市：卡若区、江达县、贡觉县、类乌齐县、丁青县、察雅县、八宿县 林芝市：工布江达县 山南市：曲松县、措美县、错那县、浪卡子县 那曲市：色尼区、嘉黎县、比如县、聂荣县、安多县、申扎县、索县、班戈县、巴青县、尼玛县 阿里地区：噶尔县、普兰县、札达县、日土县、革吉县、改则县、措勤县
甘肃省	1 县级市 15 县 4 自治县	兰州市：永登县 金昌市：永昌县 白银市：靖远县 武威市：民勤县、天祝藏族自治县 张掖市：山丹县、肃南裕固族自治县 酒泉市：瓜州县、肃北蒙古族自治县、阿克塞哈萨克族自治县 庆阳市：环县、华池县 定西市：漳县、岷县 甘南藏族自治州：合作市、卓尼县、迭部县、玛曲县、碌曲县、夏河县
青海省	3 县级市 25 县 2 自治县	海北藏族自治州：海晏县、祁连县、刚察县、门源回族自治县 黄南藏族自治州：同仁市、尖扎县、泽库县、河南蒙古族自治县 海南藏族自治州：共和县、同德县、贵德县、兴海县、贵南县 果洛藏族自治州：玛沁县、班玛县、甘德县、达日县、久治县、玛多县 玉树藏族自治州：玉树市、杂多县、称多县、治多县、囊谦县、曲麻莱县 海西蒙古族藏族自治州：德令哈市、格尔木市、乌兰县、都兰县、天峻县
宁夏回族自治区	3 县	吴忠市：盐池县、同心县 中卫市：海原县
新疆维吾尔自治区	1 市辖区 3 县级市 29 县 4 自治县	乌鲁木齐市：乌鲁木齐县 哈密市：伊州区、巴里坤哈萨克自治县、伊吾县 阿克苏地区：温宿县、沙雅县 喀什地区：塔什库尔干塔吉克自治县 和田地区：民丰县 昌吉回族自治县：奇台县、木垒哈萨克自治县 博尔塔拉蒙古自治州：博乐市、精河县、温泉县 巴音郭楞蒙古自治州：尉犁县、且末县、和静县、和硕县 克孜勒苏柯尔克孜自治州：阿克陶县、阿合奇县、乌恰县 伊犁哈萨克自治州：巩留县、新源县、昭苏县、特克斯县、尼勒克县 塔城地区：塔城市、额敏县、托里县、裕民县、和布克赛尔蒙古自治县 阿勒泰地区：阿勒泰市、布尔津县、富蕴县、福海县、哈巴河县、青河县、吉木乃县

3-1 牧区半牧区县分地区年末总人口(2021年)

单位：万人

地　　区	年末总人口	城镇人口	乡村人口
合　　计	**4243.58**	**1214.37**	**3022.62**
河　　北	195.88	41.89	154.00
山　　西	8.73	5.14	3.59
内 蒙 古	942.40	285.26	656.26
辽　　宁	292.18	62.19	229.99
吉　　林	311.97	92.77	219.20
黑 龙 江	580.45	162.88	417.57
四　　川	737.38	178.25	553.39
云　　南	37.14	6.49	30.65
西　　藏	166.93	32.03	134.90
甘　　肃	309.82	114.27	195.55
青　　海	211.05	72.81	138.26
宁　　夏	101.47	23.98	77.49
新　　疆	348.18	136.42	211.78

注：本表人口均指户籍人口。

4-1 牧区半牧区县分地区生产总值(2021年)

单位：亿元

地　　区	地区生产总值				人均地区生产总值（元）
		第一产业	第二产业	第三产业	
合　　计	**22090.51**	**4654.98**	**8727.38**	**8708.15**	**52562**
河　　北	662.40	223.09	194.43	244.88	33816
山　　西	108.80	8.70	49.07	51.03	124645
内 蒙 古	8402.34	1146.46	4492.84	2763.06	89159
辽　　宁	782.57	276.95	177.90	327.72	28790
吉　　林	871.09	315.39	133.62	422.07	27079
黑 龙 江	1744.96	792.43	301.08	651.45	34116
四　　川	2602.83	599.28	860.99	1322.60	35299
云　　南	293.27	19.61	110.52	163.14	75585
西　　藏	617.83	79.39	206.09	332.36	37012
甘　　肃	1284.04	245.22	405.65	633.16	41445
青　　海	1052.51	203.96	472.28	376.26	49870
宁　　夏	373.55	48.40	169.90	155.25	45666
新　　疆	3114.27	696.09	1153.00	1265.18	83996

4-2 牧区半牧区县分地区生产总值指数(2021年)

地　区	地区生产总值（以2020年为100）	第一产业	第二产业	第三产业
合　计	**106.8**	**106.3**	**107.3**	**107.0**
河　北	108.0	108.1	106.9	108.9
山　西	109.3	109.3	107.6	110.6
内蒙古	106.3	105.1	106.7	107.0
辽　宁	106.7	106.9	106.1	106.8
吉　林	107.4	107.0	108.7	107.4
黑龙江	107.2	106.6	110.2	106.3
四　川	107.2	106.6	108.3	107.0
云　南	106.5	106.2	101.4	110.0
西　藏	106.7	106.4	105.0	109.8
甘　肃	107.7	110.6	109.0	107.9
青　海	102.0	98.9	100.9	102.2
宁　夏	108.5	105.1	110.4	107.8
新　疆	108.5	107.4	111.4	106.8

4-3 牧区半牧区县分地区生产总值构成(2021年)

单位：%

地　区	地区生产总值	第一产业	第二产业	第三产业
合　计	**100**	**21.1**	**39.5**	**39.4**
河　北	100	33.7	29.4	37.0
山　西	100	8.0	45.1	46.9
内蒙古	100	13.6	53.5	32.9
辽　宁	100	35.4	22.7	41.9
吉　林	100	36.2	15.3	48.5
黑龙江	100	45.4	17.3	37.3
四　川	100	21.5	30.9	47.5
云　南	100	6.7	37.7	55.6
西　藏	100	12.8	33.4	53.8
甘　肃	100	19.1	31.6	49.3
青　海	100	19.4	44.9	35.7
宁　夏	100	13.0	45.5	41.6
新　疆	100	22.4	37.0	40.6

5-1 牧区半牧区县分地区农村居民生活水平情况(2021年)(一)

单位：元

地　　区	农村居民 人　　均 可支配收入	农村居民 人　　均 消费支出
合　　计	**16350**	**14939**
河　　北	13084	11530
山　　西	11062	7743
内 蒙 古	17846	13630
辽　　宁	17918	10178
吉　　林	15438	12152
黑 龙 江	16760	12254
四　　川	16872	11939
云　　南	11345	10789
西　　藏	15988	6713
甘　　肃	12241	10686
青　　海	13273	10049
宁　　夏	12712	10873
新　　疆	19341	18191

6-1 牧区半牧区县分地区财政收支、城乡居民储蓄存款和社会消费品零售总额(2021年)

单位：亿元

地　　区	地方一般公共 预算收入	地方一般公共 预算支出	城乡居民储蓄 存款年末余额	社会消费品 零售总额
合　　计	**1279.06**	**6182.43**	**14912.44**	**3912.91**
河　　北	35.03	203.88	860.33	145.66
山　　西	5.28	17.11	87.78	17.49
内 蒙 古	553.44	1455.33	4670.10	1130.02
辽　　宁	56.39	215.85	1266.49	189.96
吉　　林	46.96	339.59	1263.46	211.19
黑 龙 江	71.38	462.69	1666.73	424.13
四　　川	124.02	932.80	1437.86	656.17
云　　南	11.47	100.01	154.93	69.71
西　　藏	27.84	311.84	81.96	84.30
甘　　肃	54.39	424.38	929.34	233.72
青　　海	54.92	546.07	361.92	173.65
宁　　夏	14.28	157.14	214.64	83.28
新　　疆	223.65	1015.73	1916.91	493.60

7-1 牧区半牧区县分地区农业经济和规模以上工业企业资产总计(2021年)

地　　区	农林牧渔业总产值(亿元)	粮食总产量(万吨)	规模以上工业企业资产总计(亿元)
合　　计	**7622.69**	**7200.95**	**32202.15**
河　　北	383.80	118.62	1684.40
山　　西	14.60	5.84	273.75
内 蒙 古	1520.53	2065.10	15662.71
辽　　宁	617.35	521.28	864.85
吉　　林	624.83	1086.48	847.32
黑 龙 江	1544.04	2105.99	1199.42
四　　川	973.38	217.46	3197.28
云　　南	32.51	16.37	431.48
西　　藏	137.77	20.60	110.84
甘　　肃	388.12	192.80	1601.89
青　　海	256.94	38.03	1688.21
宁　　夏	105.01	62.75	674.22
新　　疆	1023.82	749.64	3965.77

7-2 牧区半牧区县分地区牲畜年末存栏数和奶产量(2021年)

地　　区	牲畜年末存栏数(万头)			奶产量(万吨)
	大牲畜	猪	羊	
合　　计	**4206.17**	**1934.87**	**9877.37**	**617.01**
河　　北	47.58	56.06	122.73	30.52
山　　西	0.16	1.87	26.33	0.20
内 蒙 古	761.84	337.77	3199.02	196.13
辽　　宁	123.55	254.49	406.31	28.56
吉　　林	134.77	257.31	490.58	14.59
黑 龙 江	237.86	417.34	398.71	201.04
四　　川	627.19	374.57	566.30	30.01
云　　南	5.22	35.70	17.82	1.78
西　　藏	478.34	45.22	633.43	21.69
甘　　肃	172.77	84.39	898.16	12.82
青　　海	886.38	9.60	1122.58	15.12
宁　　夏	22.62	7.74	276.71	8.89
新　　疆	707.90	52.80	1718.69	55.66

7–3 牧区半牧区县分地区肉产量(2021年)

单位：万吨

地　　区	肉类总产量	#猪肉	#牛肉	#羊肉
合　　计	**570.10**	**201.63**	**156.89**	**119.88**
河　　北	19.72	5.85	7.73	2.48
山　　西	0.79	0.23	0.20	0.32
内 蒙 古	104.38	21.90	36.73	39.56
辽　　宁	113.03	45.21	20.41	9.35
吉　　林	48.82	29.35	6.64	6.31
黑 龙 江	82.85	43.77	14.81	7.62
四　　川	63.76	35.85	18.55	7.92
云　　南	3.54	2.77	0.40	0.17
西　　藏	17.91	0.17	13.06	4.08
甘　　肃	28.09	8.65	7.42	10.65
青　　海	23.49	1.19	14.07	8.58
宁　　夏	8.06	0.73	1.94	5.19
新　　疆	55.67	5.95	14.93	17.64

8–1 牧区半牧区县分地区教育情况(2021年)

地　　区	普通高中			初中			普通小学		
	学校数（所）	在校学生数（人）	专任教师数（人）	学校数（所）	在校学生数（人）	专任教师数（人）	学校数（所）	在校学生数（人）	专任教师数（人）
合　　计	**416**	**678481**	**62179**	**1609**	**1400665**	**128391**	**8559**	**2985988**	**218549**
河　　北	13	33004	2304	45	65001	4072	194	104685	8123
山　　西	1	1763	215	2	2337	236	12	5148	685
内 蒙 古	91	141646	14325	292	232797	24270	684	508582	42802
辽　　宁	20	36307	3756	121	63411	10266	188	103156	9082
吉　　林	56	66675	3008	189	74579	7660	650	128392	14800
黑 龙 江	40	82085	5819	256	168422	17783	291	173648	16800
四　　川	75	116520	13942	194	314138	21941	1486	804868	43837
云　　南	1	773	66	6	11891	872	35	28086	2240
西　　藏	2	4355	356	41	60590	5481	2498	148890	9706
甘　　肃	39	54709	5717	180	108804	11567	1181	247325	21673
青　　海	21	41448	2679	87	77378	6035	317	195108	11128
宁　　夏	7	21588	1506	34	42959	3055	324	94119	5284
新　　疆	50	77608	8486	162	178358	15153	699	443981	32389

9—1 牧区半牧区县分地区医疗卫生情况(2021年)

地　　区	医疗卫生机构(个)	医疗卫生机构床位数(张)	卫生技术人员(人)
合　　计	**39133**	**206013**	**228451**
河　　北	2151	9063	7966
山　　西	269	509	676
内 蒙 古	8710	47971	54646
辽　　宁	3006	12610	14640
吉　　林	1592	10986	10329
黑 龙 江	2538	23709	20674
四　　川	8343	38672	43196
云　　南	290	2030	3093
西　　藏	2600	5509	7758
甘　　肃	3521	17294	17854
青　　海	1656	12516	11055
宁　　夏	607	3255	4189
新　　疆	3850	21889	32375

10—1 牧区半牧区县分地区城镇居民最低生活保障情况(2021年)

地　　区	城镇居民最低生活保障人数(人)	城镇居民最低生活保障户数(户)	城镇居民最低生活保障支出(万元)	城镇居民最低生活保障年支出水平(元/人・年)
合　　计	**425867**	**265715**	**292444**	**6867**
河　　北	11878	8530	5552	4674
山　　西	1181	708	581	4919
内 蒙 古	113668	75345	80217	7057
辽　　宁	17224	11088	10021	5818
吉　　林	33850	23992	23014	6799
黑 龙 江	53775	39498	35443	6591
四　　川	48306	28577	21334	4417
云　　南	3397	2343	1735	5107
西　　藏	13559	6378	8952	6602
甘　　肃	35089	16511	24763	7057
青　　海	34857	16995	44010	12626
宁　　夏	15974	8337	10432	6531
新　　疆	43109	27413	26390	6122

10—2　牧区半牧区县分地区农村居民最低生活保障情况（2021年）

地　区	农村居民最低生活保障人数（人）	农村居民最低生活保障户数（户）	农村居民最低生活保障支出（万元）	农村居民最低生活保障年支出水平（元/人·年）
合　计	**2802348**	**1519254**	**1009022**	**3601**
河　北	176737	144123	60911	3446
山　西	10466	6617	4352	4158
内蒙古	674321	438448	263256	3904
辽　宁	93256	53272	33650	3608
吉　林	158297	101701	56022	3539
黑龙江	201593	139264	62968	3124
四　川	770059	311273	237270	3081
云　南	12505	6923	3755	3003
西　藏	82182	23802	22814	2776
甘　肃	180275	67936	58135	3225
青　海	175066	59706	93411	5336
宁　夏	105729	76032	46319	4381
新　疆	161862	90157	66159	4087

11－1　各牧区半牧区县主要经济社会指标（2021年）（一）

地　区	年末总人口（万人）	地区生产总值（亿元）	人均地区生产总值（元）	规模以上工业企业资产总计（亿元）
河北省	**195.88**	**662.40**	**33816**	**1684.40**
张北县	35.64	129.37	36298	518.12
康保县	26.45	65.00	24578	166.79
沽源县	21.94	66.97	30519	152.52
尚义县	18.39	67.44	36666	218.40
丰宁满族自治县	40.36	141.70	35107	323.57
围场满族蒙古族自治县	53.10	191.92	36146	305.00
山西省	**8.73**	**108.80**	**124645**	**273.75**
右玉县	8.73	108.80	124645	273.75
内蒙古自治区	**942.40**	**8402.34**	**89159**	**15662.71**
达尔罕茂明安联合旗				
阿鲁科尔沁旗	28.87	99.66	41629	82.33
巴林左旗	33.00	142.88	51637	118.35
巴林右旗	17.90	65.36	42512	79.07
林西县	22.36	89.95	34534	68.68
克什克腾旗	24.10	150.19	81760	503.98
翁牛特旗	46.80	153.29	46061	56.47
敖汉旗	59.60	163.17	36450	77.89
科尔沁左翼中旗	39.96	137.73	33979	132.92
科尔沁左翼后旗	39.59	127.06	39831	78.40
开鲁县	38.73	141.45	45556	149.22
库伦旗	14.98	52.30	36986	19.33
扎鲁特旗	30.38	151.79	60619	112.75
奈曼旗	44.47	134.25	35657	126.90
东胜区	27.61	860.43	149510	1684.66
达拉特旗	37.19	410.95	124493	734.10
准格尔旗	33.47	1070.90	297350	2776.86
鄂托克旗	9.78	518.95	316917	1746.20
鄂托克前旗	9.42	198.55	212236	329.60
杭锦旗	14.24	146.30	130800	791.82
乌审旗	11.75	398.31	291447	1242.49
伊金霍洛旗	18.19	990.77	398460	2538.96
阿荣旗	31.81	103.00	40056	33.19
莫力达瓦达斡尔族自治旗	30.99	93.26	40931	9.46
鄂温克族自治旗	13.54	148.28	105422	317.30

注：本表人口均指户籍人口。

农林牧渔业总产值（亿元）	粮食总产量（万吨）	肉类总产量（万吨）	社会消费品零售总额（亿元）	农村居民人均可支配收入（元）	地方一般公共预算收入（亿元）	地方一般公共预算支出（亿元）
383.80	**118.62**	**19.72**	**145.66**	**13084**	**35.03**	**203.88**
55.32	14.43	2.58	26.02	15264	10.00	38.86
46.21	13.20	4.49	13.79	13985	4.58	31.92
56.68	22.67	1.69	17.36	12350	1.87	8.92
49.01	4.96	1.27	6.62	12913	3.32	25.26
62.69	17.82	4.45	34.76	11620	8.41	51.33
113.88	45.54	5.24	47.11	12552	6.85	47.60
14.60	**5.84**	**0.79**	**17.49**	**11062**	**5.28**	**17.11**
14.60	5.84	0.79	17.49	11062	5.28	17.11
1520.53	**2065.10**	**104.38**	**1130.02**	**17846**	**553.44**	**1455.33**
42.52	68.33	3.76	29.50	12958	3.69	38.27
50.11	58.45	3.88	47.41	13808	4.58	30.64
26.09	34.66	4.80	17.95	14224	6.11	29.69
26.45	22.48	2.17	17.18	11428	4.06	28.47
42.13	25.08	5.74	20.90	15095	6.75	27.72
91.14	87.58	4.92	34.25	13937	4.67	44.04
95.36	101.02	6.50	38.16	15167	4.40	42.96
61.59	227.85	7.58	28.04	15744	4.00	40.09
	136.88		25.33	16541	2.83	33.70
	132.05		25.67	20838	3.13	33.78
37.71	63.85		11.10		1.34	18.72
	74.05		21.07	20261	8.06	32.98
	122.08	4.27	26.60	15236	4.57	40.50
3.34	1.81	0.44	233.06		60.92	99.16
83.66	80.02	5.00	45.04	22981	27.13	57.17
23.33	22.78	1.49	105.58	22892	88.02	94.48
19.79	12.86	2.24	32.60	24016	32.16	57.11
27.82	11.83	2.01	25.30	24380	12.30	34.83
43.53	37.01	2.17	15.24	23521	7.46	40.12
32.85	24.08	2.26	43.23	21836	30.12	50.40
17.23	10.62	0.63	51.48	23528	80.52	98.97
85.62	169.39	2.39	21.06	23137	3.23	36.78
98.69	191.81		18.17	13846	1.93	30.99
20.97	2.86			35740	7.89	21.43

11-1(一) 续表 1

地　区	年末总人口（万人）	地区生产总值（亿元）	人均地区生产总值（元）	规模以上工业企业资产总计（亿元）
陈巴尔虎旗	5.33	111.42	223060	266.27
新巴尔虎左旗	4.15	27.01	74617	11.76
新巴尔虎右旗	3.50	77.14	204357	90.97
扎兰屯市	39.70	179.31	56519	117.89
磴口县	11.01	62.63	626300	65.89
乌拉特前旗	32.67	164.28	64236	226.23
乌拉特中旗	14.25	102.92	92890	325.16
乌拉特后旗	5.77	93.11	175183	0.03
察哈尔右翼中旗	19.23	56.00	65035	
察哈尔右翼后旗	19.95	75.70		
四子王旗	20.66	63.90		96.92
科尔沁右翼前旗				
科尔沁右翼中旗				
扎赉特旗				
突泉县				
锡林浩特市	20.35	295.40	83393	62.48
阿巴嘎旗	4.28	43.31	111040	
苏尼特左旗	3.40	39.33	116178	155.06
苏尼特右旗	6.55	43.22	70280	68.70
东乌珠穆沁旗	6.21	66.95	95437	60.38
西乌珠穆沁旗	8.06	175.45	174930	0.59
太仆寺旗	20.16	52.67	47884	86.54
镶黄旗	3.10	24.94	90346	61.89
正镶白旗	6.93	36.49	85054	107.84
正蓝旗	8.41	62.37		47.19
阿拉善左旗				
阿拉善右旗				
额济纳旗				
辽宁省	**292.18**	**782.57**	**28790**	**864.85**
康平县	33.28	124.38		130.94
阜新蒙古族自治县	69.33	164.92		246.32
彰武县	38.78	119.90	30916	116.47
建平县	56.20	128.10	22794	159.23
喀喇沁左翼蒙古族自治县	41.33	107.85	31426	68.12
北票市	53.26	137.42	31525	143.77

农林牧渔业总产值（亿元）	粮食总产量（万吨）	肉类总产量（万吨）	社会消费品零售总额（亿元）	农村居民人均可支配收入（元）	地方一般公共预算收入（亿元）	地方一般公共预算支出（亿元）
29.61	15.02			27849	29.44	16.85
23.34	5.05	12.55	6.37	27221	1.21	10.75
34.60	0.18	1.20	7.02	27502	4.54	11.87
105.83	141.62	7.21	28.35	21921	5.36	35.88
25.35	26.00	2.30	12.50	23162	1.54	16.46
78.18	56.85	4.93	29.61	22766	8.44	
41.98	31.52		14.01	22028	7.50	28.51
9.84	0.85		7.23	19986	10.00	21.24
	12.54		11.10	11971	1.30	22.06
	12.24	4.15	10.59	15306	2.86	23.94
33.31	21.36	1.12		14481	2.15	28.29
40.44	0.33		10.24	32976	25.81	37.31
11.40			4.50	33881	2.97	13.23
16.32			5.31	20397	2.64	12.95
14.50	0.04	1.54	8.78	15796	2.50	14.71
37.58		3.37	11.17	38179	6.70	18.19
35.59			11.62	33398	20.74	21.18
29.79	21.43		9.12	15463	2.20	21.76
9.23			3.35	19273	1.66	9.20
13.71	0.67	1.19	5.22	15241	1.47	12.60
		2.57		23377	2.53	15.35
617.35	**521.28**	**113.03**	**189.96**	**17918**	**56.39**	**215.85**
76.64	56.81	13.11	33.68	19255	10.90	31.28
160.54	146.25	25.73	30.08	19709	8.87	41.97
130.60	113.78	16.78	26.48	16410	6.57	25.59
82.97	105.92	17.90	33.30	16855	12.60	42.80
81.65	35.76	12.43	26.67	16732	7.44	30.21
84.95	62.76	27.08	39.76	17255	10.00	44.01

11−1(一) 续表 2

地 区	年末总人口（万人）	地区生产总值（亿元）	人均地区生产总值（元）	规模以上工业企业资产总计（亿元）
吉林省	**311.97**	**871.09**	**27079**	**847.32**
双辽市	38.00	104.48	27264	115.90
前郭尔罗斯蒙古族自治县	56.64	159.98	28178	110.27
长岭县	62.44	158.79	25373	168.64
乾安县	26.73	74.11	27628	50.94
镇赉县	25.72	85.55	33157	98.62
通榆县	34.84	92.30	26494	192.66
洮南市	30.70	93.04	23551	
大安市	36.91	102.84	27766	110.28
黑龙江省	**580.45**	**1744.96**	**34116**	**1199.42**
龙江县	56.98	134.06	33039	99.07
泰来县	29.74	69.22	23182	22.42
甘南县	36.44	91.67	24426	73.91
富裕县	27.44	80.40	29152	35.17
虎林市	26.80	160.79	60595	163.47
肇州县	42.25	153.42	50426	62.74
肇源县	42.87	129.88	39542	72.90
林甸县	25.10	85.25	44829	52.85
杜尔伯特蒙古族自治县	22.95	113.23	49334	133.88
同江市	17.37	110.71	63348	39.59
兰西县	48.01	76.14	24566	19.64
青冈县	43.81	83.79	19073	97.32
明水县	32.90	54.32	16646	18.25
安达市	84.06	222.15	26427	122.15
肇东市				
四川省	**737.38**	**2602.83**	**35299**	**3197.28**
汶川县	9.10	81.95	98739	145.50
理县	4.26	31.77	85858	91.00
茂县	10.90	48.70	51539	68.87
松潘县	7.29	28.59	42668	21.90
九寨沟县	6.70	33.10		56.53
金川县	6.78	22.31		11.65
小金县	7.62	26.66	41021	47.87
黑水县	5.75	29.33	66652	
马尔康市	5.30	45.81	78991	13.20
壤塘县	4.81	14.30	31788	4.43
阿坝县	8.26	20.71	25890	4.46

农林牧渔业总产值（亿元）	粮食总产量（万吨）	肉类总产量（万吨）	社会消费品零售总额（亿元）	农村居民人均可支配收入（元）	地方一般公共预算收入（亿元）	地方一般公共预算支出（亿元）
624.83	**1086.48**	**48.82**	**211.19**	**15438**	**46.96**	**339.59**
90.58	126.70	7.71	23.95	17036	7.33	41.16
130.02	204.05	10.88	64.40	16705	10.03	49.47
128.04	185.85	10.39	36.65	16092	9.04	49.75
40.43	120.47	3.42	15.86	16679		29.26
59.73	126.24	1.48	13.76	13579	6.30	35.52
52.89	100.28	6.51	14.43	13659	5.53	48.87
59.71	126.70	2.21	25.98	14235		42.18
63.42	96.18	6.22	16.16	13475	8.74	43.39
1544.04	**2105.99**	**82.85**	**424.13**	**16760**	**71.38**	**462.69**
117.11	234.55	9.99	36.60	20497	6.31	45.79
56.44	107.80	3.35	19.86	11651	3.82	2.65
84.55	161.39	6.23	13.22	11313	5.00	41.64
70.64	100.04		9.85	10542	4.24	31.62
173.65	309.93	0.54	27.78	25224	4.28	28.44
119.35	101.68	9.48	26.99	18184	3.62	23.40
109.94	108.03	6.58	38.42	18060	3.85	34.57
68.54	90.46	6.05	22.85	12306	3.03	23.85
99.81	85.58	5.81	23.70	18456	4.00	27.66
109.37	247.23	0.68	21.39	13391	3.44	27.16
81.27	104.03	5.93	18.03	12945	4.53	28.28
94.33	117.60	5.41	17.48	15650	2.57	32.96
60.94	64.80	4.28	13.21	13646	1.90	25.46
211.51	173.71	12.91	86.55	21104	10.21	54.59
973.38	**217.46**	**63.76**	**656.17**	**16872**	**124.02**	**932.80**
22.39	1.15	0.17	14.75	18317	4.49	22.74
7.53	0.76	0.33	7.10	17158	1.29	13.66
18.37	2.72	0.63	12.46	17222	2.26	19.04
11.03	1.34	0.79	7.24	17165	1.02	19.60
6.32	1.12	1.50	11.60	17315	1.67	27.72
8.13	2.30	0.53	7.49	17126	1.08	16.18
8.70	2.12	0.46	7.44	17045	1.01	19.87
8.62	1.80	0.66	5.12	16780	0.93	14.69
8.32	0.97	0.56	10.66	17735	2.68	15.15
6.96		0.59	3.66	15368	0.27	16.62
12.10	1.05	1.14	6.93	16920	0.73	21.90

11−1(一)　续表 3

地　区	年末总人口（万人）	地区生产总值（亿元）	人均地区生产总值（元）	规模以上工业企业资产总计（亿元）
若尔盖县	8.05	31.74	41217	8.56
红原县	4.90	19.67	41854	
康定市	10.62	119.31	93873	591.69
泸定县	8.62	32.36	38524	85.41
丹巴县	5.64	23.58	47398	84.84
九龙县	6.40	30.19	56269	148.30
雅江县	4.78	20.15	39543	523.31
道孚县	5.53	14.61	27436	
炉霍县	4.77	13.68	29083	4.56
甘孜县	6.52	19.41	26809	9.27
新龙县	5.18	14.15	31027	
德格县	8.87	17.46	19784	
白玉县	5.51	21.56	36267	14.42
石渠县	10.40	21.14	20462	
色达县	5.73	16.59	25742	
理塘县	6.89	21.83	32532	4.68
巴塘县	5.13	18.92	37947	8.15
乡城县	2.90	16.88	53929	118.90
稻城县	3.13	14.04	42820	
得荣县	2.56	11.18	45186	33.93
西昌市	73.99	630.48	65743	540.66
木里藏族自治县	13.76	54.69	39745	
盐源县	38.80	148.09	43301	135.39
德昌县	22.40	86.01	38509	0.49
会理市	46.00	20.00	51163	
会东县	42.42	159.37	46194	137.63
宁南县	20.25	75.00	40763	36.66
普格县	22.14	35.31	16125	0.01
布拖县	21.71	38.09		
金阳县	21.60	45.72	26892	18.12
昭觉县	33.38	46.11	18155	49.50
喜德县	21.87	34.16	21555	30.45
冕宁县	40.70	127.70	34985	34.68
越西县	38.00	57.88	152322	
甘洛县	24.09	45.18	21881	36.47
美姑县	28.49	40.77	16989	7.16
雷波县	28.88	76.55	31831	68.63

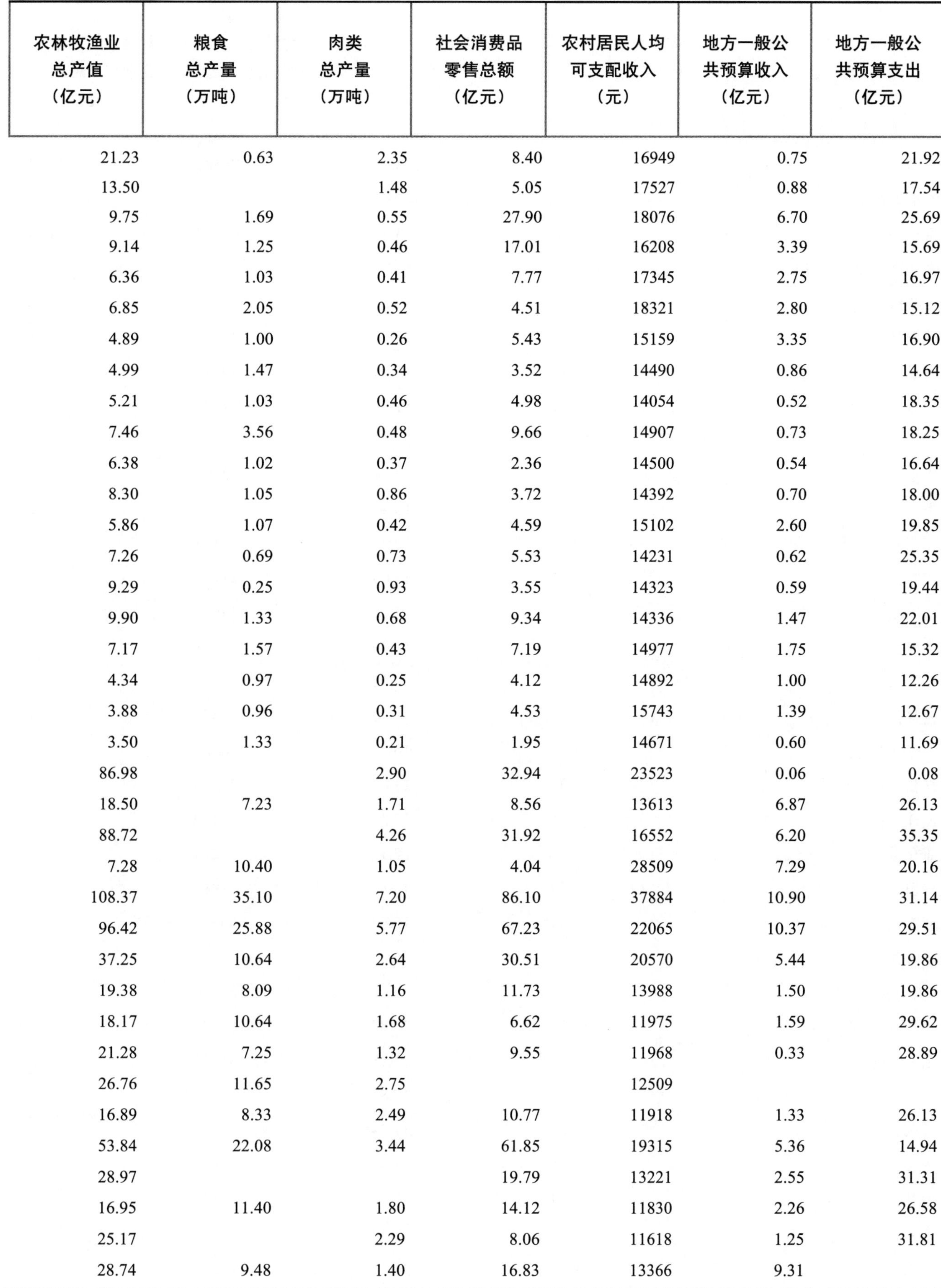

农林牧渔业总产值（亿元）	粮食总产量（万吨）	肉类总产量（万吨）	社会消费品零售总额（亿元）	农村居民人均可支配收入（元）	地方一般公共预算收入（亿元）	地方一般公共预算支出（亿元）
21.23	0.63	2.35	8.40	16949	0.75	21.92
13.50		1.48	5.05	17527	0.88	17.54
9.75	1.69	0.55	27.90	18076	6.70	25.69
9.14	1.25	0.46	17.01	16208	3.39	15.69
6.36	1.03	0.41	7.77	17345	2.75	16.97
6.85	2.05	0.52	4.51	18321	2.80	15.12
4.89	1.00	0.26	5.43	15159	3.35	16.90
4.99	1.47	0.34	3.52	14490	0.86	14.64
5.21	1.03	0.46	4.98	14054	0.52	18.35
7.46	3.56	0.48	9.66	14907	0.73	18.25
6.38	1.02	0.37	2.36	14500	0.54	16.64
8.30	1.05	0.86	3.72	14392	0.70	18.00
5.86	1.07	0.42	4.59	15102	2.60	19.85
7.26	0.69	0.73	5.53	14231	0.62	25.35
9.29	0.25	0.93	3.55	14323	0.59	19.44
9.90	1.33	0.68	9.34	14336	1.47	22.01
7.17	1.57	0.43	7.19	14977	1.75	15.32
4.34	0.97	0.25	4.12	14892	1.00	12.26
3.88	0.96	0.31	4.53	15743	1.39	12.67
3.50	1.33	0.21	1.95	14671	0.60	11.69
86.98		2.90	32.94	23523	0.06	0.08
18.50	7.23	1.71	8.56	13613	6.87	26.13
88.72		4.26	31.92	16552	6.20	35.35
7.28	10.40	1.05	4.04	28509	7.29	20.16
108.37	35.10	7.20	86.10	37884	10.90	31.14
96.42	25.88	5.77	67.23	22065	10.37	29.51
37.25	10.64	2.64	30.51	20570	5.44	19.86
19.38	8.09	1.16	11.73	13988	1.50	19.86
18.17	10.64	1.68	6.62	11975	1.59	29.62
21.28	7.25	1.32	9.55	11968	0.33	28.89
26.76	11.65	2.75		12509		
16.89	8.33	2.49	10.77	11918	1.33	26.13
53.84	22.08	3.44	61.85	19315	5.36	14.94
28.97			19.79	13221	2.55	31.31
16.95	11.40	1.80	14.12	11830	2.26	26.58
25.17		2.29	8.06	11618	1.25	31.81
28.74	9.48	1.40	16.83	13366	9.31	

11−1(一)　续表 4

地　区	年末总人口（万人）	地区生产总值（亿元）	人均地区生产总值（元）	规模以上工业企业资产总计（亿元）
云南省	**37.14**	**293.27**	**75585**	**431.48**
香格里拉市	15.27	177.64	95352	274.23
德钦县	6.10	45.93	83652	49.48
维西傈僳族自治县	15.77	69.70	47483	107.77
西藏自治区	**166.93**	**617.83**	**37012**	**110.84**
林周县	6.52	15.35	23551	1.63
当雄县	5.47	22.00	40247	96.52
卡若区	15.02	81.53	54282	
江达县	9.88	35.63		
贡觉县	3.99	13.81	32509	
类乌齐县	6.12	16.42		5.50
丁青县	9.61	20.29	21115	
察雅县	6.65	18.05	27151	
八宿县	5.01	17.53	33018	
曲松县	1.53	10.79	69731	
措美县	1.35	36.92		
错那县	1.57	8.90	56872	
浪卡子县	3.80	10.82	28520	7.01
昂仁县	6.00	13.03	21315	
谢通门县	5.31	17.33	3260	
康马县	2.37	7.39	3214	
仲巴县	2.79	10.82	38985	
亚东县	1.44	10.49	69522	
萨嘎县	1.68	6.85		
岗巴县	1.23	7.00	57549	
色尼区	11.58	73.87	64594	
嘉黎县	4.22	13.18	31573	
比如县	7.26	17.88		
聂荣县	4.01	11.34		
安多县	4.45	12.46	27978	
申扎县	2.34	7.19	31878	
索县	5.71	12.62		
班戈县	4.40	10.68	24279	

农林牧渔业总产值（亿元）	粮食总产量（万吨）	肉类总产量（万吨）	社会消费品零售总额（亿元）	农村居民人均可支配收入（元）	地方一般公共预算收入（亿元）	地方一般公共预算支出（亿元）
32.51	**16.37**	**3.54**	**69.71**	**11345**	**11.47**	**100.01**
11.88	6.54	1.56	44.15	11406	8.16	41.61
4.27	2.24	0.42	10.83	11291	1.19	27.88
16.36	7.59	1.55	14.73	11315	2.12	30.53
137.77	**20.60**	**17.91**	**84.30**	**15988**	**27.84**	**311.84**
		0.39		16115	2.57	14.90
8.32		1.35		20057	4.00	14.41
6.66	1.92	0.69	30.49	16439		22.26
7.52	1.96	0.84	0.65	15047		21.47
0.95	1.44		3.95	14637		12.18
4.86	0.94	0.85	0.45	15353	0.55	11.04
8.03	2.86	0.94	5.90	15976	0.49	
4.73	1.21	0.93	4.79	14804	0.65	14.16
4.18	1.18	0.44	6.25	16876		
0.95	0.81	0.20				
0.53	0.32	0.23		14222	0.33	8.36
0.64	0.55	0.16		16360	0.90	
1.20	0.52	0.22	2.22	16201	0.20	9.93
4.58	2.30	0.68	3.34	12621	0.28	13.15
3.68	1.77	0.45	1.79	15369	0.60	10.72
1.08	1.29	0.29		16180		
3.05		0.41		17130	0.40	9.09
1.79	0.08	0.04	3.56	17340	0.73	18.50
1.57	0.14	0.07		13079	0.17	
0.67	0.22	0.02		16144	0.13	
42.26		1.01		16247	1.13	21.52
3.95	0.06	0.90	2.88	16897	0.62	12.17
	0.57	0.23	3.53		0.59	20.93
2.36		0.24		15299	0.23	9.81
2.26		1.83		15607	0.28	12.94
2.23		0.46	2.14		0.18	9.08
	0.43	0.24		12388	0.33	11.46
2.61		0.54		13642	0.16	

11-1(一)　续表 5

地　区	年末总人口（万人）	地区生产总值（亿元）	人均地区生产总值（元）	规模以上工业企业资产总计（亿元）
巴青县	6.31	12.03	19906	
尼玛县	3.42	9.83	26075	0.18
普兰县	1.50	4.88	14973	
札达县	0.85	4.11	47810	
噶尔县	3.11	4.57	36252	
日土县	1.12	4.78	36482	
革吉县	1.80	6.11	30953	
改则县	2.53	8.16	30319	
措勤县	1.70	4.71	24422	
工布江达县	3.29	18.48	56215	
甘肃省	**309.82**	**1284.04**	**41445**	**1601.89**
永登县	28.27	125.98		90.20
永昌县	17.43	101.01	57558	165.56
靖远县	36.58	82.75	22410	82.13
民勤县	17.39	91.24	51940	196.57
天祝藏族自治县	20.07	60.25	40430	36.61
肃南裕固族自治县	3.93	33.06	120209	80.01
山丹县	19.69	69.19	46374	85.12
瓜州县	12.89	115.71	89734	533.52
肃北蒙古族自治县	1.23	19.78	130964	121.96
阿克塞哈萨克族自治县	0.95	10.74	98107	19.47
环县	36.42	129.57	42700	70.69
华池县	13.95	117.85	80798	5.15
漳县	16.54	28.52	17163	10.26
岷县	49.47	46.95	13638	13.11
合作市	11.22	61.51	54831	32.09
卓尼县				
迭部县	5.65	129.50	3589	31.46
玛曲县	5.71	22.14	25793	13.71
碌曲县	3.81	14.52	40443	3.00
夏河县	8.63	23.77	27538	11.26
青海省	**211.05**	**1052.51**	**49870**	**1688.21**
门源回族自治县	16.22	37.05		
祁连县	5.30	20.43	38104	9.82
海晏县	3.50	22.67		7.32

农林牧渔业总产值（亿元）	粮食总产量（万吨）	肉类总产量（万吨）	社会消费品零售总额（亿元）	农村居民人均可支配收入（元）	地方一般公共预算收入（亿元）	地方一般公共预算支出（亿元）
0.08		0.45		19906	0.39	11.08
2.58	0.02	0.96	1.97	15984	0.26	12.75
1.33		0.66		13599	0.10	5.45
0.65		0.06	2.12	30591	1.08	0.44
0.83		0.08	1.06	23538	1.09	0.82
1.37		0.14	1.92	23604	1.23	1.09
2.40		0.26	1.30	29270	1.16	0.32
3.22		0.23	1.81	30788		0.28
1.40		0.21	2.14	21555	1.22	0.13
3.25		0.19			4.56	1.40
388.12	**192.80**	**28.09**	**233.72**	**12241**	**54.39**	**424.38**
24.02	17.33	1.60		12602	4.67	0.05
47.46	36.72	1.17	36.75	17203	3.41	21.56
70.72	21.11	3.41	25.85	12531	5.05	41.56
70.04	21.06	3.87	21.16	17059	3.31	29.15
26.86	5.30	2.12	22.16	9763	3.73	41.10
		1.05		21783	2.73	13.74
26.31	21.47	1.78	27.56	17007	3.65	18.36
35.30	5.53	0.82	40.51	21372	3.79	17.18
	0.92	0.31	3.68	31690	3.05	10.72
2.32	0.17	0.21	3.33	34229	0.75	6.07
18.67	30.78	2.27	18.22	11136	6.88	47.20
11.43	13.48	0.45	8.90	11119	3.66	23.68
9.58	8.55	0.37	6.64	9220	1.95	18.33
21.60	6.82	0.78	23.58	9224	2.76	43.13
	0.99	0.89	20.34	10312	2.42	18.15
5.88	1.11	0.98	2.82	9666	0.72	16.18
		2.54	3.42	12350	0.45	17.51
6.75	0.29	1.35	2.95	11976	0.35	17.51
11.19	1.20	2.09	6.37	10207	1.05	23.20
256.94	**38.03**	**23.49**	**173.65**	**13273**	**54.92**	**546.07**
18.34	7.09	1.51	12.88	14517	1.78	20.58
10.81	0.43	1.24	6.52	19192	0.93	12.56
4.37	0.07	0.08	4.69	18374	1.04	14.57

11-1(一) 续表 6

地 区	年末总人口（万人）	地区生产总值（亿元）	人均地区生产总值（元）	规模以上工业企业资产总计（亿元）
刚察县	4.49	20.25		33.16
同仁市	10.23	40.26	39499	0.22
尖扎县	5.90	23.81	59069	
泽库县	8.12	20.74	39499	2.14
河南蒙古族自治县	4.16	20.52	50051	
共和县	13.31	96.91		3.65
同德县	6.39	16.57	18116	
贵德县	11.27	31.13	29453	
兴海县	8.32	25.31	33319	19.82
贵南县	8.17	52.58		
玛沁县	5.88	20.74	35498	8.30
班玛县	3.21	5.02	15706	
甘德县	4.14	4.25	10318	
达日县	4.05	4.54	11237	
久治县	2.96	5.76	18536	2.89
玛多县	1.47	3.62	25700	
玉树市	11.49	19.51	13743	
杂多县	7.50	14.10	20407	
称多县	11.87	7.44	12955	
治多县	3.50	8.86		
囊谦县	10.83	12.41	13470	
曲麻莱县	4.70	6.06		
格尔木市	13.82	305.93	117575	1203.58
德令哈市	7.32	94.95		
乌兰县	3.47	37.01	105746	71.23
都兰县	7.11	52.54	77265	98.04
天峻县	2.36	21.53	88782	228.05
宁夏回族自治区	**101.47**	**373.55**	**45666**	**674.22**
盐池县	17.24	162.98	101862	269.49
同心县	38.77	121.60	37648	281.77
海原县	45.47	88.97	26558	122.96
新疆维吾尔自治区	**348.18**	**3114.27**	**83996**	**3965.77**
乌鲁木齐县	5.18	30.74		73.27
伊州区	35.86	499.50	108157	1342.50
巴里坤哈萨克自治县	10.24	97.01	93731	239.51

农林牧渔业总产值（亿元）	粮食总产量（万吨）	肉类总产量（万吨）	社会消费品零售总额（亿元）	农村居民人均可支配收入（元）	地方一般公共预算收入（亿元）	地方一般公共预算支出（亿元）
9.86	0.04	1.50	5.13	19843	1.19	17.40
8.60	1.34	0.57	10.15	22060	1.19	29.40
3.26	1.76	0.21	1.29	15947	0.94	16.38
13.14	0.30	1.32	1.80	9777	0.30	22.01
13.08	0.20	1.07		37221	0.43	16.78
18.09	3.62	1.91	17.57	15428	5.81	25.73
	0.03	0.92	2.18	14034	0.68	17.17
8.62	6.44	0.87	6.87	13443	4.62	24.45
16.00	2.20	1.69	2.66	10825	0.99	17.02
16.77	4.07	1.72		13949	0.36	18.27
3.54	0.03	0.49	2.07	14043	1.19	16.54
1.75	0.06	0.47	0.82	10022	0.25	13.88
1.79		0.45	0.96	10002	0.23	15.37
1.64		0.41	0.94	9697	0.18	13.97
2.31		0.86		9754	0.23	12.39
1.13		0.24	0.91	10266	0.24	14.32
9.72	0.27	0.68	11.50	11938	1.24	25.40
				10792	0.20	16.25
4.39		0.45			0.15	16.18
6.44		0.41	1.88	11640	0.07	7.68
7.15	1.08	0.97	0.97	7996	0.11	38.60
17.04			6.05		1.38	9.89
10.11	0.22	0.48	49.88	20543	16.83	46.47
13.95	2.49	0.51	14.95	18761	3.23	18.00
8.33	1.28	0.60	2.29	15811	3.87	11.39
26.70	5.01	1.07	5.45	15831	1.06	8.94
		0.76	3.26	16883	4.20	8.45
105.01	**62.75**	**8.06**	**83.28**	**12712**	**14.28**	**157.14**
27.49	10.51	2.91	25.08	15245	8.34	37.64
45.89	31.57	3.09	28.59	12656	3.56	57.69
31.64	20.67	2.06	29.62	11742	2.38	61.81
1023.82	**749.64**	**55.67**	**493.60**	**19341**	**223.65**	**1015.73**
14.73			7.04	24189	6.18	12.00
32.03	2.50	0.92	106.11	40306	34.97	61.40
15.16	10.28	0.77	8.81	17271	8.69	23.94

11-1(一) 续表 7

地 区	年末总人口（万人）	地区生产总值（亿元）	人均地区生产总值（元）	规模以上工业企业资产总计（亿元）
伊吾县	2.10	130.63	619899	478.49
奇台县	23.51	208.18	88561	43.76
木垒哈萨克自治县	8.57	72.77	84876	209.24
博乐市		205.05	67949	94.71
精河县		107.95	85464	42.44
温泉县		34.66	69264	8.20
尉犁县	10.84	81.88	80405	16.31
且末县		36.10	52160	
和静县	15.30	107.78	72920	160.24
和硕县		44.61		
温宿县	27.11	99.32	36632	55.14
沙雅县	26.22	103.71	39546	145.72
阿克陶县	23.11	55.39	23984	78.86
阿合奇县	4.58	17.42	38018	13.47
乌恰县	5.84	44.52	611734	92.42
塔什库尔干塔吉克自治县	4.10	19.17	46307	
民丰县	4.24	16.80	37994	
巩留县	19.21	71.52	40644	116.10
新源县	31.18	127.80	41642	136.61
昭苏县	17.71	51.46	34993	16.17
特克斯县	16.38	46.52	31192	87.31
尼勒克县	17.75	74.13	114000	48.10
塔城市	14.50	123.34	77925	7.79
额敏县	15.29	113.73	60222	
托里县	9.36	50.53	54015	58.53
裕民县		22.36	4397	
和布克赛尔蒙古自治县		48.64		
阿勒泰市		109.41	49267	26.70
布尔津县		34.57	47296	80.02
富蕴县		57.12	69027	83.67
福海县		19.21	55786	23.05
哈巴河县		55.98	73902	24.83
青河县		66.59	66570	128.99
吉木乃县		28.18	4554	33.60

农林牧渔业总产值（亿元）	粮食总产量（万吨）	肉类总产量（万吨）	社会消费品零售总额（亿元）	农村居民人均可支配收入（元）	地方一般公共预算收入（亿元）	地方一般公共预算支出（亿元）
8.06	0.43	0.47	2.91	22376	12.54	15.76
42.27	74.10	2.75		21280	7.56	25.98
19.69	16.55	1.06	9.98	19912	4.46	20.83
41.17	24.12	1.33	36.97	38554	15.07	43.44
52.51	5.73	1.02	9.89	21832	6.46	26.58
21.87	33.61	1.13	3.77	33894	2.07	17.55
52.54	1.61	0.84	7.94	20588	2.04	19.60
14.03	4.43	0.51	3.06		7.00	27.06
35.50	9.34	2.55		20509	9.74	28.19
25.80	16.81	0.94	8.14	18582	1.81	15.07
90.51	27.89	2.46	61.89	17630	5.30	40.17
81.49	17.77	0.96	17.89	17753	16.68	41.38
20.54	19.31	1.38	8.62	9203	4.98	58.78
4.78	0.58	0.41	6.29	9605	1.04	16.52
3.63	0.56	6.94	6.95	9272	4.95	27.36
4.52	1.76	0.61		10296	1.50	25.71
7.14	1.47		2.45	14165	1.79	15.77
45.80	42.38	2.40	15.01	17316	5.06	24.87
67.64	48.23	4.79	40.22	17274	7.43	29.81
33.61	15.70	2.67	13.97	17143	2.52	24.98
37.46		2.88		17219	3.02	21.79
42.83	19.56	0.01		31881	7.70	94.21
36.81	105.50	1.66	17.94	21697	5.48	28.97
	119.25		16.30	20094	2.94	27.80
21.68	21.43	2.28	3.77	28861	1.63	16.90
8.87	20.65	0.84	2.43	29163	0.81	12.44
9.19	11.50	1.28		29627	0.81	14.02
31.38	11.15	1.46	31.76	17660	4.73	37.19
12.70	6.06	0.99	15.91	15846	3.16	17.74
20.97		3.73	7.68	14784	6.14	23.28
4.51	1.98	0.47	1.41	13418	0.93	13.61
31.50	24.05	1.18	7.30	18127	3.64	20.93
19.38	21.06	1.26	7.65	13548	10.98	25.67
11.55	12.30	0.74	3.52	16272	1.84	18.44

11-1 各牧区半牧区县主要经济社会指标(2021年)(二)

地　区	普通高中在校学生数(人)	普通高中专任教师数(人)	初中在校学生数(人)	初中专任教师数(人)	普通小学在校学生(人)
河北省	**33004**	**2304**	**65001**	**4072**	**104685**
张北县	10584	632	16755	681	21109
康保县	2186	190	2733	284	5209
沽源县	1555	185	4101	385	9728
尚义县	1071	136	2247	253	4458
丰宁满族自治县	7071	615	17280	946	24298
围场满族蒙古族自治县	10537	546	21885	1523	39883
山西省	**1763**	**215**	**2337**	**236**	**5148**
右玉县	1763	215	2337	236	5148
内蒙古自治区	**141646**	**14325**	**232797**	**24270**	**508582**
达尔罕茂明安联合旗					
阿鲁科尔沁旗	4847	418	7240	670	13358
巴林左旗	15956	1254	9967	739	15800
巴林右旗	3301	340	4735	473	9562
林西县	4198	338	5579	488	9145
克什克腾旗	2996	294	4213	543	9976
翁牛特旗	5842	818	9755	1128	19355
敖汉旗	9448	923	14487	1357	32752
科尔沁左翼中旗	5247	531	10207	1161	20672
科尔沁左翼后旗	4066	446	11291	845	20164
开鲁县	7127	939	10025	1454	18786
库伦旗					
扎鲁特旗	4712	443	8063	889	15957
奈曼旗	8452	618	12879	1083	26962
东胜区	14075	1384	20997	1654	52493
达拉特旗	4271	433	10618	1011	27638
准格尔旗	4937	549	12060	1061	27626
鄂托克旗	1810	417	4491	481	11323
鄂托克前旗	927	139	2900	329	6126
杭锦旗	1034	169	3069	422	7240
乌审旗	1179	181	3777	340	11596
伊金霍洛旗	2397	231	6184	661	17945
阿荣旗	4360	290	8382	1029	14192
莫力达瓦达斡尔族自治旗	3973	287	6863	1300	15066
鄂温克族自治旗					

普通小学专任教师（人）	医疗卫生机构数（个）	医疗卫生机构床位数（张）	卫生技术人员（人）	城镇居民最低生活保障人数（人）	城镇居民最低生活保障支出（万元）	农村居民最低生活保障人数（人）	农村居民最低生活保障支出（万元）
8123	**2151**	**9063**	**7966**	**11878**	**5552**	**176737**	**60911**
1460	402	1757	2016	3523	1511	37801	11492
636	360	898	593	653	403	27783	12263
756	326	785	556	2082	1011	27096	9304
607	186	534	795	2942	1409	21095	7507
1655	336	2091	1193	1744	785	30827	9775
3009	541	2998	2813	934	433	32135	10569
685	**269**	**509**	**676**	**1181**	**581**	**10466**	**4352**
685	269	509	676	1181	581	10466	4352
42802	**8710**	**47971**	**54646**	**113668**	**80217**	**674321**	**263256**
				303	227	2404	1027
1367	421	1497	2463				
1529	224	2120	1814	1295	948	32674	11303
941	227	946	1370	1423	1041	14530	5668
925	35	1478	1278	2299	1442	21334	7641
1033	282	1474	1695	2400	1923	23388	6511
2368	264	1290	1001	900	779	45329	18193
2135	611	3326	2609	1817	1403	42513	14197
1871	665	2000	1462	6027	4199	38994	15173
1685	39	1511	1005	2318	1661	14945	5718
1578	588	1443	1390	2269	1620	18378	6848
	289	891	1406	1498	1097	9036	3499
1800	384	1433	1765	4696	3335	21354	8074
2496	758	1789	2741	2799	2181	29746	12804
3175	511	4566	6409	2890	1950	752	338
1869	353	2729	2682	515	434	4788	2579
2006	155	1590	2735	710	573	6976	3924
955	154	745	1087	370	287	1629	766
545	102	508	727	202	150	406	216
654	89	754	651	235	182	1538	757
979	126	836	981	331	292	2160	1310
1402	177	1236	1353	338	278	3080	1730
1015	293	1320	1666	5460	4357	10717	4838
1532	228	1094	1581	6644	4250	14874	5619
				11601	7790	3878	1577

11-1(二) 续表 1

地　区	普通高中在校学生数（人）	普通高中专任教师数（人）	初中在校学生数（人）	初中专任教师数（人）	普通小学在校学生（人）
陈巴尔虎旗			910	235	1703
新巴尔虎左旗			757	160	1862
新巴尔虎右旗	60	28	771	137	1766
扎兰屯市	4267	282	8701	832	17001
磴口县	879	97	1234	278	3931
乌拉特前旗	2882	282	5938	534	13548
乌拉特中旗	1110	259	1628	218	4216
乌拉特后旗	540	62	749	170	2301
察哈尔右翼中旗	894	114	1340	175	2637
察哈尔右翼后旗	814	138	2059	200	4059
四子王旗					5359
科尔沁右翼前旗					
科尔沁右翼中旗					
扎赉特旗					
突泉县					
锡林浩特市	9053	835	8622	821	20890
阿巴嘎旗	926	196	656	167	1562
苏尼特左旗	411	78	665	160	1760
苏尼特右旗	582	141	1553	229	3151
东乌珠穆沁旗	705		1966		4288
西乌珠穆沁旗					
太仆寺旗	1819	171	2584	285	4549
镶黄旗	1195	130	2167	224	5152
正镶白旗	354	70	667	121	1533
正蓝旗			2048	206	3580
阿拉善左旗					
阿拉善右旗					
额济纳旗					
辽宁省	**36307**	**3756**	**63411**	**10266**	**103156**
康平县	4769	425	7620	1014	13226
阜新蒙古族自治县	2352	688	10954	2998	17825
彰武县	5134	402	9132	2300	4834
建平县	9082	722	14150	1991	25810
喀喇沁左翼蒙古族自治县	7443	764	10847	959	21393
北票市	7527	755	10708	1004	20068

普通小学专任教师（人）	医疗卫生机构数（个）	医疗卫生机构床位数（张）	卫生技术人员（人）	城镇居民最低生活保障人数（人）	城镇居民最低生活保障支出（万元）	农村居民最低生活保障人数（人）	农村居民最低生活保障支出（万元）
297	16		342	1674	1262	396	291
219	24	137	347	1172	946	1444	795
192	23	178	443	1063	838	579	319
1296	247	1967	2823	6783	4953	17475	7834
348	69	1135	826	3218	2277	8105	3199
1030	289	1574	1871	1853	1211	16661	6159
391	134	407	865	996	770	5177	2390
304	76	290	424	2137	1538	2124	1436
317	14			2403	1510	32664	10931
333	107	530	598	1777	1235	26515	10742
486	116	634	899	2758	1918	32965	12529
				1482	1235	30470	13530
				2720	2086	14158	5890
				4068	3213	38471	15632
				4358	2836	33079	11549
1132	76	2061	511	2091	1517	589	409
194	17	228	333	762	558	551	314
217	79	160	275	538	332	988	500
373	79	372	388	2067	1204	4857	1847
388	21	298	300	1396	997	660	453
				2235	1338	1087	530
456	163	431	323	3232	1470	23219	8691
405	124	400	454	769	348	1572	703
248	61	242	433	550	239	8150	3432
316		351	320	797	376	6202	2332
				1269	1430	740	512
				81	79		
				79	101		
9082	**3006**	**12610**	**14640**	**17224**	**10021**	**93256**	**33650**
1366	314	1358	1741	1195	830	8040	3325
1745	470	2232	2570	1424	971	29803	11548
272	261	1800	1829	855	684	13172	4704
1990	733	2401	3711	1479	947	11367	3910
1998	610	2439	2689	1093	684	12783	4498
1711	618	2380	2100	11178	5904	18091	5666

11-1(二) 续表 2

地　区	普通高中在校学生数（人）	普通高中专任教师数（人）	初中在校学生数（人）	初中专任教师数（人）	普通小学在校学生（人）
吉林省	**66675**	**3008**	**74579**	**7660**	**128392**
双辽市	5643	455	9517	1153	18137
前郭尔罗斯蒙古族自治县	24838		15267		23772
长岭县	10493	561	17212	1434	27093
乾安县	4332	355	5394	687	9427
镇赉县	4342	326	5682	963	9672
通榆县	6693	584	7537	1028	15031
洮南市	5174	353	7621	982	15054
大安市	5160	374	6349	1413	10206
黑龙江省	**82085**	**5819**	**168422**	**17783**	**173648**
龙江县	6870	463	20761	1760	19350
泰来县	1800	230	12000	1024	19000
甘南县	5812	423	10583	889	15573
富裕县	3654	244	5391	594	8213
虎林市	3768	307	7987	720	10285
肇州县	5523	437	12436	1383	10505
肇源县	8023	285	17002	2202	16801
林甸县	4288	257	5255	639	8087
杜尔伯特蒙古族自治县	5130	341	8198	790	8010
同江市	1902	155	3145	306	5180
兰西县	5485	424	17902	1685	11472
青冈县	9229	479	11018	1079	9961
明水县	3151	480	6944	721	7388
安达市	5590	498	11329	1697	1108
肇东市	11860	796	26458	2294	22715
四川省	**116520**	**13942**	**314138**	**21941**	**804868**
汶川县	3121	284	396	3042	5183
理县	417	48	826	166	1934
茂县			4674	534	6674
松潘县	637	57	1546	325	4415
九寨沟县	1043	144	1908	211	4449
金川县	710	130	1377	236	3321
小金县	358	119	1822	364	3875
黑水县					2228
马尔康市			3619	381	3866
壤塘县			2235	194	5968
阿坝县	590	52	2935	151	8779

普通小学专任教师（人）	医疗卫生机构数（个）	医疗卫生机构床位数（张）	卫生技术人员（人）	城镇居民最低生活保障人数（人）	城镇居民最低生活保障支出（万元）	农村居民最低生活保障人数（人）	农村居民最低生活保障支出（万元）
14800	**1592**	**10986**	**10329**	**33850**	**23014**	**158297**	**56022**
2172	426	1820	1460	2804	1919	15713	4617
2410		1890		4800	52	23438	9340
2089				1742	1342	20875	8129
1091	82	1000	1661	1545	1237	9428	4972
1414	147	814	1066	4745	2617	25244	8500
1845	194	1367	1748	4243	2216	25807	7105
1638	398	2566	2070	8289	6003	15830	6173
2141	345	1529	2324	5682	7629	21962	7186
16800	**2538**	**23709**	**20674**	**53775**	**35443**	**201593**	**62968**
1572	243	2308	2265	2729	1788	24209	8351
945	106	2382	1320	2423	1528	11350	3831
1077	198	1238	1347	5384	3660	13421	4948
807	91	1239	1272	1926	1462	12400	4739
939	162	1433	1862	3341	2331	1297	778
1271	116	1662	1974	1662	919	9410	2380
2135	251	1083	802	1473	771	3988	1083
997	136	1053	1094	1092	556	12449	3683
794	141	1072	949	1701	987	7165	2181
679	94	448	707	2876	1964	2964	1722
1226	175	2063	1274	5039	3774	23814	6846
953	180	1550	1387	7096	3934	36591	8631
563	183	1615		3487	2372	17772	5531
1170	172	1706	2324	6709	4865	16236	5753
2611	290	2857	2097	6837	4532	8527	2512
43837	**8343**	**38672**	**43196**	**48306**	**21334**	**770059**	**237270**
710	144	575	977	530	271	1722	595
358	89	305	317	420	192	481	175
616	194	874	1014	6034	2187	1310	272
557	143	379	491	2901	1204	2437	835
518	116	451	540	344	195	979	359
624	99	538	508	35	21	588	208
566	142	383	520	218	112	1390	472
348	147	201	317	229	83	6083	1946
427	137	962	1153	1038	442	4256	1158
307	56	268	294	392	151	15620	3576
705	101	505	390	452	167	23354	4852

11-1(二) 续表 3

地　区	普通高中在校学生数（人）	普通高中专任教师数（人）	初中在校学生数（人）	初中专任教师数（人）	普通小学在校学生（人）
若尔盖县	1700	139	4002	276	7516
红原县	1058	779	2157	130	5887
康定市	4067	240	4416	375	8924
泸定县	4724	328	2983	259	5814
丹巴县	1047	85	1663	217	2994
九龙县	1653	97	3077	131	5545
雅江县	763	61	1710	124	4212
道孚县	337	14	2084	159	5096
炉霍县	656	41	2684	169	6272
甘孜县	1838	163	2893	208	8265
新龙县			1862	120	6211
德格县			4045	195	12988
白玉县			1758	116	7282
石渠县			5161	222	14742
色达县			2475	185	8596
理塘县			3284	223	10123
巴塘县	1644	139	3044	145	5467
乡城县			1238	100	2197
稻城县			1289	98	2594
得荣县			774	92	1884
西昌市	15933	1346	41513	2469	94665
木里藏族自治县	1808	96	5696	413	11953
盐源县	6093	485	18164	977	36336
德昌县	10325	77	15134	59	20804
会理县	14000	1042			28000
会东县	7927	470	18872	1201	29572
宁南县	2915	209	8712	503	18574
普格县	3169	228	12425	833	34505
布拖县	1259	62	12038人	383人	37136
金阳县	1719	125	10835	640	32059
昭觉县	3398	222	15893	1039	52272
喜德县	3675	352	12768	332	27227
冕宁县	5342	5562	18726	1003	44749
越西县	4261	229	19717	816	49104
甘洛县	2828	134	12318	618	26733
美姑县	1615	73	14201	923	43337
雷波县	3890	310	15227	967	34541

普通小学专任教师（人）	医疗卫生机构数（个）	医疗卫生机构床位数（张）	卫生技术人员（人）	城镇居民最低生活保障人数（人）	城镇居民最低生活保障支出（万元）	农村居民最低生活保障人数（人）	农村居民最低生活保障支出（万元）
566	119	382	390	148	60	4171	1153
428	47	430	298	114	45	6210	1548
625	265	1617	1971	2046	1006	5014	1748
555	137	319	555	1237	684	1281	459
421	170	366	413	114	68	2448	839
401	89	279	294	143	70	4723	1418
319	103	246	248	29	12	4118	1208
286	143	243	305	278	139	5914	2098
404	195	242	316	80	47	3890	1299
532	161	323	357	497	234	17119	5709
421	114	176	264	391	186	9343	3581
608	178	217	360	535	226	16088	4398
376	151	243	302	334	116	8098	2146
683	152	218	321	396	190	35325	10451
464	150	132	305	854	353	12697	3881
570	141	246	377	517	284	10421	3730
484	77	189	283	139	74	4082	1646
265	78	137	218	169	117	585	271
238	108	166	258	267	157	3413	1223
270	116	147	228	243	163	4746	2098
4151	766	7942	9440	2837	1250	15547	4736
833	229	632	664	1837	830	14269	4620
1820	363	2003	2466	1824	791	46488	14538
726	216	1972	1534	694	312	18070	4987
1733	488	2159	2488				
1676	343	1833	1687	416	178	24551	7247
947	164	1235	1376	1451	598	20112	5607
1438	164	949	873	732	324	40642	12406
1410	328	456	642	2842	1407	44220	12672
1500	125	1018	119	2031	927	49780	15755
2709	208	1057	746	2855	1200	69538	21175
1370	205	817	882	2785	1289	40617	11465
1845	336	1542	1955	686	272	13280	3467
2230	26	1060	842	2297	1020	38807	13240
1240	20	688	796	1022	443	24634	7341
1958	41	569	710	1600	667	56029	21329
1599	259	981	1392	1273	572	35569	11335

11-1(二) 续表 4

地 区	普通高中在校学生数（人）	普通高中专任教师数（人）	初中在校学生数（人）	初中专任教师数（人）	普通小学在校学生（人）
云南省	**773**	**66**	**11891**	**872**	**28086**
香格里拉市			5032	383	12504
德钦县			1563	141	3435
维西傈僳族自治县	773	66	5296	348	12147
西藏自治区	**4355**	**356**	**60590**	**5119**	**148890**
林周县	2015	193	1992		4593
当雄县	2340	163	2521		5692
卡若区			1539	183	9111
江达县			3543	646	9882
贡觉县			1625	157	1802
类乌齐县			2739	187	6845
丁青县			4371	346	12723
察雅县			1856	156	5988
八宿县			1751	155	4826
曲松县			443	62	926
措美县			231	44	917
错那县			364	53	762
浪卡子县			1628	134	3022
昂仁县			2495	202	5434
谢通门县			1810	144	5181
康马县			899	92	2033
仲巴县			1295	111	3369
亚东县			416	55	1116
萨嘎县			774	78	156
岗巴县			508	73	1063
色尼区					
嘉黎县			2011	142	5753
比如县			4974	295	11941
聂荣县			1243	110	3710
安多县			6723	560	4088
申扎县					1226
索县			2562	197	8205
班戈县			1655	160	3937

普通小学专任教师（人）	医疗卫生机构数（个）	医疗卫生机构床位数（张）	卫生技术人员（人）	城镇居民最低生活保障人数（人）	城镇居民最低生活保障支出（万元）	农村居民最低生活保障人数（人）	农村居民最低生活保障支出（万元）
2240	**290**	**2030**	**3093**	**3397**	**1735**	**12505**	**3755**
1019	120	1235	1806	570	287	6425	2303
368	63	238	360	1804	875	10978	3123
853	107	557	927	422	266	24308	6550
7996	**2600**	**5509**	**7293**	**13559**	**8952**	**82182**	**22814**
	10	65	306	652	434	786	234
	9	63	185	341	431	1970	442
580		204	737	2693	2091	6920	2440
278			321	529	296	6637	2437
347	20		164	566	455	6885	2335
496	187	180	180	321	210	4860	1660
743	161	410	637	171	126	8633	2551
481	31	230	593	230	187	7831	2749
	127	170	495	218	170	5422	2180
162	30	65	105	18	24	331	56
124	17	46	42	35	29	169	40
94	75	104	151	18	14	208	55
244	93	67	173	33	30	706	356
324	202	277	129	21	24	2161	454
320	96	188	268	52	39	1283	242
227	66		47	6	6	145	316
194	72	107	161	64	44	625	154
128	24	63	118	24	19		
	55	72	128	29	22	210	32
143	29	41	104	8	9	61	22
	160	122	272	3277	2032	7027	1329
321	134	170	209	193	73	1824	171
614		353	289	308	35	1256	654
274	140	155	195	482	146	1760	10
309	89	240	208	1167	857	1751	457
108		144	176	231	146	470	83
452	131	158	266	133	69	1880	257
303	100	217	190	826	209	2170	94

11-1(二) 续表 5

地　区	普通高中在校学生数（人）	普通高中专任教师数（人）	初中在校学生数（人）	初中专任教师数（人）	普通小学在校学生（人）
巴青县			2520	196	8667
尼玛县			1494	116	3656
普兰县					
札达县			120	30	521
噶尔县			435	69	860
日土县			426	39	891
革吉县			641	58	1975
改则县			1092	82	2899
措勤县			663	53	1328
工布江达县			1231	134	3792
甘肃省	**54709**	**5717**	**108804**	**11567**	**247325**
永登县			14901	1618	20025
永昌县	4165	392	5758	637	8528
靖远县	7344	985	13940	1562	30092
民勤县	3387	460	4120	610	6929
天祝藏族自治县	2983	374	4507	552	10694
肃南裕固族自治县	376	38	638	122	1445
山丹县	2959	253	5772	449	11233
瓜州县	2785	254	4396	390	8840
肃北蒙古族自治县	208	36	314	49	646
阿克塞哈萨克族自治县	307	17	391	35	786
环县	9473	920	12059	1865	22599
华池县	2301	227	4944	623	10843
漳县	3678	343	6271	559	37782
岷县	9369	704	19760	1470	44734
合作市	909	89	2254	146	8212
卓尼县					
迭部县	1142	302	1706	352	4700
玛曲县	1020	88	2477	171	6932
碌曲县	962	101	1712	174	3840
夏河县	1341	134	2884	183	8465
青海省	**41448**	**2679**	**77378**	**6035**	**195108**
门源回族自治县	4063	324	5868	459	12731
祁连县	950	88	1787	132	4092
海晏县	929	193	1221	193	2490

普通小学专任教师（人）	医疗卫生机构数（个）	医疗卫生机构床位数（张）	卫生技术人员（人）	城镇居民最低生活保障人数（人）	城镇居民最低生活保障支出（万元）	农村居民最低生活保障人数（人）	农村居民最低生活保障支出（万元）
454	169	93	208	146	103	2878	715
276	95	205	236	226	51	3577	104
	24	240		20	26		
	19	150		200	211	11	4
	20	150		25	24	11	2
	25	154		34	32	102	17
	56	256		168	155	536	46
	28	200		64	105	751	16
	106	150		29	23	335	101
21673	**3521**	**17294**	**17854**	**35089**	**24763**	**180275**	**58135**
1964	354	2153	1752	1190	750	15024	5157
723	359	850	1591	3508	2946	5268	2752
3270	546	1737	1894	3560	2402	21708	5964
789	254	1088	1364	4441	3157	6310	2708
1171	202	1123	1058	2101	1265	6871	2327
201	54	404	304	593	299	2355	783
901	185	1499	1446	4119	2796	6691	2220
704	131	914	928	1453	1018	3989	1432
79	36	167	136	294	206	209	58
62	12	82	61	264	189		
2037	321	1271	2111	1421	991	31475	9081
883	151	1190	984	2289	1609	11481	3324
2885	149	1365	539	1454	950	12890	4265
3044	382	2344	1945	2385	1470	37818	12889
662	67	50	245	3205	2719	2585	743
				247	162	4955	1350
426	131	340	325	573	426	2727	619
546	43	191	306	802	578	3210	1215
595	10	262	326	347	277	1742	497
731	134	264	539	843	553	2967	752
11128	**1656**	**12516**	**11055**	**34857**	**44010**	**175066**	**93411**
764	164	768	694	2624	2718	7800	4100
310	59	288	259	1019	904	2369	859
320	10	197	337	730	593	1272	540

11-1(二) 续表 6

地　区	普通高中在校学生数（人）	普通高中专任教师数（人）	初中在校学生数（人）	初中专任教师数（人）	普通小学在校学生（人）
刚察县			1628	118	4096
同仁市	16821	1198	4842	382	10651
尖扎县			2099	148	5235
泽库县	1915	137	3038	200	8933
河南蒙古族自治县					3781
共和县			6059	329	13206
同德县			2739	237	6568
贵德县			4537	340	9527
兴海县	866	72	4140	429	9140
贵南县			3484	256	7698
玛沁县			2294	392	3476
班玛县			1129	156	4166
甘德县	232		1633	87	4946
达日县			1286	96	5913
久治县			977	142	3868
玛多县			229	26	1599
玉树市					
杂多县			3561	237	11483
称多县	945	67	2838	164	7362
治多县			1290	156	4681
囊谦县	260	46	4356	250	11704
曲麻莱县			1325	109	3976
格尔木市	4063	293	7886	609	18722
德令哈市	7551		2937		6297
乌兰县	1341	127	877	115	1525
都兰县	1237	99	2515	187	5459
天峻县	275	35	803	86	1783
宁夏回族自治区	**21588**	**1506**	**42959**	**3055**	**94119**
盐池县	3056	206	5369	440	12008
同心县	8300	558	18212	1348	42252
海原县	10232	742	19378	1267	39859
新疆维吾尔自治区	**77608**	**8486**	**178358**	**15153**	**443981**
乌鲁木齐县	370	12	1547	131	3849
伊州区	9539	952	15163	1268	32290
巴里坤哈萨克自治县	788	105	2140	413	5484

普通小学专任教师（人）	医疗卫生机构数（个）	医疗卫生机构床位数（张）	卫生技术人员（人）	城镇居民最低生活保障人数（人）	城镇居民最低生活保障支出（万元）	农村居民最低生活保障人数（人）	农村居民最低生活保障支出（万元）
256	47	263	225	559	876	3225	1717
679	95	1266	189				
383	102	334	507	613	570	10937	7064
550		427	255	2302	2082	24379	10516
294	2	280	137	472	119	6139	2938
782	212	746	783	2848	1500	7285	2560
375	110	590	744	1083	824	4710	2477
544	202	1377	830	870	536	3160	1311
418	72	402	243	475	354	6195	2786
465	11	530	500	760	666	3737	2107
271	46	299	311	1709	1317	3158	1556
198	14	179	155	993	936	5630	2676
177	48	251	170	1672	1527	4504	2308
319	47	198	149	496	478	7370	3654
374	34	96	288	342	1109	8123	3580
69	8	77	132	839	774	4178	2230
				5123	14277	14229	4656
403	43	147	161	1762	1911	7476	4620
374		320	153	766	1231	15145	8252
328	10	132	142	816	655	4096	2668
575	15	383	117	2700	2154	11127	10709
291	11	144		679	615	5314	3508
1059		1445	1967	512	581	434	210
	96	826	1000	1470	2384	1286	1661
71		150	239	200	773	446	589
308	122	300	256	250	926	1186	1194
171	76	101	112	173	621	156	368
5284	**607**	**3255**	**4189**	**15974**	**10432**	**105729**	**46319**
846	235	673	934	1797	1283	9555	3757
2083	155	1082	1454	3723	2417	46208	19175
2355	217	1500	1801	10454	6733	49966	23387
32389	**3850**	**21889**	**32375**	**43109**	**26390**	**161862**	**66159**
279	44	295	500	61	47	593	397
2749	285	2593	4170	1331	662	4521	194
737	73	222	203	405	211	1788	705

11-1(二) 续表 7

地 区	普通高中在校学生数（人）	普通高中专任教师数（人）	初中在校学生数（人）	初中专任教师数（人）	普通小学在校学生（人）
伊吾县	535	68	627	92	1835
奇台县	3697	306	6484	456	13850
木垒哈萨克自治县	350	905	319	153	4979
博乐市	3209	276	8368	577	17192
精河县	1283	128	3919	367	9322
温泉县	172	71	1435	236	3278
尉犁县	1554	68	3477	232	7006
且末县	853		2798		8509
和静县	2648	219	6384	500	14534
和硕县	1049	189	2080	163	4578
温宿县	4520	353	11818	986	30546
沙雅县	5393	426	13228	900	33757
阿克陶县	4197	536	11400	1043	36398
阿合奇县			1885	274	4991
乌恰县			2473	370	6444
塔什库尔干塔吉克自治县	806	63	1759	111	4180
民丰县	536	55	1839	135	5159
巩留县	3153	250	5879	369	20822
新源县	6411		13281	1307	31261
昭苏县	2540	222	6094	562	16457
特克斯县	3182	249	7577	543	18959
尼勒克县	2840	189	7123	559	17319
塔城市					9323
额敏县	2860	947	6129	461	12538
托里县	1112	96	5882	342	8928
裕民县	562	777	1495	210	3971
和布克赛尔蒙古自治县	645	99	1553	176	4224
阿勒泰市	3861	292	6453	467	11949
布尔津县	1439	110	2744	210	6580
富蕴县	2062	126	4037	277	7584
福海县	666	58	1226	75	2599
哈巴河县	1103	82	2339	232	5786
青河县	2195	148	4488	607	10346
吉木乃县	1478	109	2915	349	7154

普通小学专任教师（人）	医疗卫生机构数（个）	医疗卫生机构床位数（张）	卫生技术人员（人）	城镇居民最低生活保障人数（人）	城镇居民最低生活保障支出（万元）	农村居民最低生活保障人数（人）	农村居民最低生活保障支出（万元）
288	32	234	278	49	42	253	162
1028	186	1107	1607	316	168	2142	917
540	83	430	519	487	289	1766	833
1140	252	1581	2475	2367	1386	4604	2809
734	108	538	734	1273	666	3754	1837
457	142	322	505	915	579	1337	670
483	87	377	580	938	563	1833	763
	68			155	109	187	114
1060	122	766	1099	864	665	3665	1918
474	71	318	466	1769	1221	3914	2119
2032	197	878	1112	222	151	1473	783
1847	189	1152	1469	1115	762	4628	2253
2494	109	1011	1361	1279	819	5799	2310
674	26	270	406	2650	1576	25979	10171
1152	39	345	627	771	473	1462	594
292				695	474	2845	1000
451	45	302	426	277	169	2976	1269
1151	128	810	1347	163	92	2337	952
1572	203	1638	1686	2060	1128	9401	3684
1187	71	788	1261	1778	1183	8870	3897
1228	72	711	1027	1982	1003	6938	2837
1426	108	788	1007	2417	1290	8325	2867
	163	390	553	1728	951	6797	2528
994	159		1387	1262	1002	3504	1856
755	136	541	655	2762	1861	3724	1826
339	57	260	412	1017	712	3260	1312
574	17	372	296	807	521	1185	597
1089	131	472	779	1069	781	1257	682
534	74	546	766	3947	2343	14673	5324
633	114	550	681	906	543	3178	1174
280	42	169	339	509	275	2116	722
546	70	363	687	755	435	2737	1015
686	90	410	395	570	400	1281	477
484	57	340	560	390	241	2556	888

民族乡

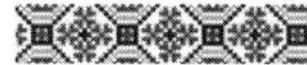

1-1 全国分地区民族乡基本情况(2021年)

地　区	民族乡数（个）	行政区划面积（平方公里）	年末总人口（万人）	#少数民族	村民委员会（个）
合　计	**962**	**255842**	**1600.94**	**881.86**	**9278**
北　京	5	621	9.08	2.19	62
天　津	1	25	0.73	0.30	13
河　北	42	3872	72.20	26.99	550
内蒙古	18	24924	21.05	6.81	162
辽　宁	54	7432	87.04	50.78	515
吉　林	28	5975	42.01	12.37	313
黑龙江	52	21334	65.80	24.35	411
江　苏	1	54	2.27	0.70	6
浙　江	14	645	10.94	2.79	101
安　徽	9	432	20.63	6.25	67
福　建	19	2168	42.32	14.78	321
江　西	8	1080	11.44	2.96	72
河　南	12	204	19.15	8.43	92
湖　北	10	2242	24.73	14.44	125
湖　南	83	11715	147.43	91.60	981
广　东	7	1381	8.78	3.62	50
广　西	59	15929	115.93	90.57	589
重　庆	14	1426	16.58	6.62	98
四　川	83	14688	71.96	34.12	459
贵　州	192	20197	435.07	233.23	2307
云　南	140	41040	284.48	182.69	1070
西　藏	9	3816	3.51	3.36	28
甘　肃	32	16149	32.09	21.91	293
青　海	28	5955	22.14	14.91	340
新　疆	42	52537	33.58	25.09	253

注：内蒙古含1个民族苏木。

2–1 全国分地区民族乡乡镇企业情况(2021年)

地　区	乡镇企业从业人员(万人)	乡镇企业总产值(亿元)	#工业企业总产值	乡镇企业年净利润总额(亿元)
合　计	**72.54**	**2658.71**	**1638.78**	**258.51**
北　京	9.50	372.95	33.26	9.78
天　津	0.01	0.36	0.36	0.01
河　北	9.63	351.63	208.66	31.73
内蒙古	0.10	1.36	1.16	0.47
辽　宁	4.07	176.57	144.52	13.14
吉　林	2.37	164.77	87.77	19.17
黑龙江	0.98	47.26	10.23	3.17
江　苏	1.29	91.46	64.02	2.29
浙　江	0.33	17.82	14.82	1.35
安　徽	1.04	15.05	8.41	1.40
福　建	6.32	247.83	187.29	14.18
江　西	0.59	11.51	8.64	0.90
河　南	1.69	118.97	62.86	14.73
湖　北	0.83	28.42	27.55	4.66
湖　南	5.99	108.50	93.48	25.55
广　东	0.19	13.56	28.99	2.87
广　西	1.46	35.93	31.71	4.26
重　庆	0.89	9.10	3.72	3.09
四　川	1.37	31.51	17.06	7.08
贵　州	16.03	379.86	268.44	71.82
云　南	6.34	279.77	209.31	22.17
西　藏	0.01	0.44		0.44
甘　肃	0.48	116.78	115.21	0.80
青　海	0.01	0.07		0.01
新　疆	1.03	37.24	11.30	3.47

3-1 全国分地区民族乡农业基本情况(2021年)

地　区	农作物总播种面积（公顷）	#粮食播种面积	农林牧渔业总产值（亿元）	粮食产量（万吨）	肉类总产量（万吨）
合　计	**2939871**	**2003356**	**1836.23**	**1460.53**	**199.50**
北　京	2189	871	3.31	0.59	0.02
天　津	187	180	1.35	0.07	0.15
河　北	81676	65191	98.15	46.95	16.84
内蒙古	238016	188552	63.34	109.50	2.67
辽　宁	172942	127247	109.11	110.41	25.25
吉　林	187744	160555	61.58	185.17	3.20
黑龙江	311615	290061	118.76	282.73	5.53
江　苏	3952	3552	6.91	2.74	0.21
浙　江	9086	4596	13.40	3.88	1.12
安　徽	36127	27451	24.25	23.29	1.53
福　建	34495	17511	53.65	10.08	3.63
江　西	8381	5189	10.53	3.83	1.98
河　南	20448	14486	11.96	12.52	1.63
湖　北	43782	24760	45.19	11.13	2.79
湖　南	169086	102181	179.67	77.08	15.77
广　东	8968	4329	14.63	4.35	0.56
广　西	147797	74946	72.23	37.91	10.56
重　庆	23342	11828	17.32	7.89	2.28
四　川	108926	72231	85.61	54.93	13.73
贵　州	505136	295907	324.98	173.26	30.62
云　南	607083	361163	412.25	178.58	38.64
西　藏	1117	820	2.70	1.20	0.21
甘　肃	62901	44163	13.67	18.62	3.24
青　海	38313	21090	10.78	16.32	1.30
新　疆	116561	84496	80.91	87.51	16.05

4-1 全国分地区民族乡财政收支和农村居民人均可支配收入情况(2021年)

地　　区	地方一般公共预算收入（万元）	地方一般公共预算支出（万元）	农村居民人均可支配收入（元）
合　　计	**1923612**	**2008784**	**13919**
北　　京	82214	103568	41305
天　　津	1997	1997	27275
河　　北	75050	73722	14388
内 蒙 古	27552	27977	16818
辽　　宁	85812	93201	13498
吉　　林	60270	53905	13421
黑 龙 江	77083	68423	18955
江　　苏	13759	6102	25732
浙　　江	46880	45793	31808
安　　徽	28979	33755	20852
福　　建	69553	69324	21091
江　　西	23824	23728	18699
河　　南	14442	16206	20414
湖　　北	19975	28626	15033
湖　　南	123336	128654	13058
广　　东	14901	14905	19365
广　　西	96564	114835	11121
重　　庆	28426	27947	15407
四　　川	90419	96596	16440
贵　　州	403038	385475	11803
云　　南	327526	365291	12638
西　　藏	3631	2123	20257
甘　　肃	38734	38082	10207
青　　海	25938	28005	10990
新　　疆	143707	160544	17426

5-1 全国分地区民族乡教育情况(2021年)

地区	普通高中			初中			小学		
	学校总数（所）	在校学生数（人）	教师总数（人）	学校总数（所）	在校学生数（人）	教师总数（人）	学校总数（所）	在校学生数（人）	教师总数（人）
合　计	**28**	**23710**	**3249**	**745**	**357343**	**31833**	**3802**	**899014**	**74226**
北　京	1	410	94	2	2140	260	9	5512	469
天　津				1	310	32	2	321	27
河　北	2	5744	460	18	11744	837	189	39290	2860
内蒙古				11	2356	481	21	5824	870
辽　宁	2	695	56	52	14600	2044	131	25497	3264
吉　林				31	5025	1144	74	9015	2068
黑龙江	2	292	78	31	5223	1007	99	8631	2022
江　苏				1	253	52	1	708	59
浙　江				2	379	43	12	1670	219
安　徽				7	2489	203	31	5359	530
福　建	1	3267	207	17	10427	858	53	23100	1539
江　西				8	2421	198	23	4856	422
河　南				9	3206	327	53	10605	804
湖　北				10	3580	375	34	8072	633
湖　南	3	3369	261	93	31248	3093	230	56903	4796
广　东				5	1171	114	10	3022	252
广　西	1	188	1300	39	24406	1826	362	67285	7071
重　庆				2	770	54	23	5351	569
四　川	1	253	19	30	14160	1063	146	38690	2785
贵　州	9	6322	389	202	118937	9389	1097	309934	20312
云　南	3	1347	115	121	82153	6335	866	206688	14410
西　藏				2	2259	231	15	3697	390
甘　肃				21	6431	658	175	20125	1895
青　海	2	1687	270	18	6092	576	68	12511	1823
新　疆	1	136		12	5563	633	78	26348	4137

6-1 全国分地区民族乡文化情况(2021年)

地　　区	图书馆	文化站	村文化活动室
合　　计	**1244**	**1567**	**11533**
北　　京	4	5	61
天　　津	13	1	13
河　　北	22	41	544
内 蒙 古	23	16	141
辽　　宁	31	53	507
吉　　林	43	48	312
黑 龙 江	182	110	387
江　　苏	1	1	8
浙　　江	14	14	100
安　　徽	21	9	67
福　　建	8	21	316
江　　西	13	8	72
河　　南	16	16	86
湖　　北	3	19	147
湖　　南	222	223	986
广　　东	4	7	81
广　　西	35	91	590
重　　庆	5	13	99
四　　川	105	167	464
贵　　州	235	243	2117
云　　南	56	146	3434
西　　藏	8	7	92
甘　　肃	30	42	288
青　　海	60	71	361
新　　疆	90	195	260

7–1 全国分地区民族乡医疗卫生情况(2021年)

地区	医疗卫生机构(个)	医院	基层医疗卫生机构	卫生院	村卫生室	卫生人员(人)	卫生技术人员
合计	**10367**	**115**	**10064**	**1032**	**9365**	**38589**	**23733**
北京	109	1	107	4	66	438	349
天津	12		12	1	11	25	7
河北	596	3	593	45	548	1682	820
内蒙古	169	5	163	18	146	599	443
辽宁	664	12	642	53	610	1574	737
吉林	324	3	301	32	287	880	470
黑龙江	432	8	424	54	370	1310	730
江苏	7		7	1	5	55	45
浙江	65		65	14	50	197	137
安徽	77	2	75	9	66	286	154
福建	320	2	318	18	300	980	612
江西	90		90	9	80	280	163
河南	104	1	103	11	91	373	235
湖北	139	1	138	10	128	746	497
湖南	1138	4	1120	114	1005	2829	1764
广东	68		67	7	54	208	147
广西	607	2	568	68	600	2489	1744
重庆	110		110	16	94	382	260
四川	627	8	616	89	553	1811	1096
贵州	2483	55	2382	196	2273	10726	6701
云南	1231	1	1226	144	1065	7852	4807
西藏	98		98	9	89	274	215
甘肃	290	1	289	32	257	782	491
青海	318	2	265	32	364	523	305
新疆	289	4	285	46	253	1288	804

7-1 续表

地区	其中：执业（助理）医师	乡村医生和卫生员	医疗卫生机构床位数（张）	医院	基层医疗卫生机构	卫生院
合计	**9777**	**13828**	**32063**	**5606**	**23075**	**21948**
北京	267	68	115	80	35	35
天津	5	18	12		12	12
河北	433	862	1339	196	1143	856
内蒙古	219	123	371	69	212	165
辽宁	378	824	1865	350	1331	1018
吉林	234	383	523	22	409	366
黑龙江	363	541	1202	129	1026	897
江苏	33	30	26		26	26
浙江	75	39	26		26	26
安徽	90	132	244	30	214	196
福建	226	368	502	133	369	369
江西	65	111	253		106	233
河南	119	135	429	38	391	303
湖北	193	244	582		534	516
湖南	824	1045	2936	84	2601	2436
广东	49	54	146		116	129
广西	601	732	2357	62	1535	1944
重庆	124	109	402		364	324
四川	417	680	1662	92	1202	1175
贵州	2767	3444	10563	4095	5803	5387
云南	1510	2762	4446	95	4333	4311
西藏	91	49	177		28	24
甘肃	200	245	681	69	518	497
青海	230	387	480	22	284	266
新疆	264	443	724	40	457	437

8-1 全国分地区民族乡农业科技情况(2021年)

地　区	农业科技与服务单位数 (个)	中高级农业技术人员数 (人)
合　计	**1688**	**8393**
北　京	4	12
天　津	2	6
河　北	81	225
内蒙古	14	119
辽　宁	137	480
吉　林	133	442
黑龙江	115	632
江　苏	7	34
浙　江	14	55
安　徽	12	43
福　建	32	133
江　西	8	59
河　南	40	153
湖　北	44	239
湖　南	103	537
广　东	8	43
广　西	77	284
重　庆	15	103
四　川	105	632
贵　州	230	1743
云　南	199	1640
西　藏	5	54
甘　肃	72	251
青　海	23	49
新　疆	208	425

9-1 全国各民族乡基本情况(2021年)(一)

民族乡名称	行政区划面积(平方公里)	村民委员会(个)	年末总人口(人)	#少数民族(人)	乡镇企业从业人员(人)
北京	**621**	**62**	**90824**	**21942**	**94996**
朝阳区常营回族乡	9		39915	9263	73829
通州区于家务回族乡	65	23	28854	3945	5175
密云区檀营满族蒙古族乡	3		5384	1336	
怀柔区喇叭沟门满族乡	302	15	6872	3008	
怀柔区长哨营满族乡	242	24	9799	4390	15992
天津市	**25**	**13**	**7265**	**3040**	**115**
蓟州区孙各庄满族乡	25	13	7265	3040	115
河北省	**3872**	**550**	**721992**	**269889**	**96280**
石家庄市新乐市彭家庄回族乡	30	8	22390	6376	6121
石家庄市藁城市九门回族乡	47	13	48797	6785	1050
石家庄市无极县高头回族乡	32	15	37030	14852	15230
唐山市遵化市汤泉满族乡	24	10	9750	8700	1800
唐山市遵化市西下营满族乡	34	14	11805	5644	650
唐山市遵化市东陵满族乡	78	27	23979	18917	4403
邯郸市邱县陈村回族乡	12	5	7569	6432	520
邯郸市大名县营镇回族乡	20	17	16531	4444	2088
保定市易县凌云册满族回族乡	62	19	32376	8600	680
定州市号头庄回族乡	43	17	39356	14576	69
张家口市沽源县大二号回族乡	63	4	3029	945	
张家口市怀来县王家楼回族乡	132	16	7956	1488	824
廊坊市永清县管家务回族乡	33	12	13451	3640	1680
廊坊市文安县大围河回族满族乡	62	24	33362	6337	16923
承德市滦平县平坊满族乡	67	8	7439	5133	1076
承德市滦平县安纯沟门满族乡	157	11	13204	9420	157
承德市滦平县五道营子满族乡	124	6	4810	4009	82
承德市滦平县邓厂满族乡	74	3	2614	1910	
承德市滦平县马营子满族乡	138	10	9199	5874	30
承德市滦平县付家店满族乡	80	6	5516	2590	282

注：本表人口均指户籍人口。

乡镇企业总产值		乡镇企业年净利润总额	农林牧渔业总产值	农作物总播种面积		粮食产量	肉类总产量	农民合作社个数
	#工业企业				#粮食播种面积			
(万元)	(万元)	(万元)	(万元)	(亩)	(亩)	(吨)	(吨)	(个)
3729465	**332573**	**97773**	**33139**	**32831**	**13070**	**5908**	**214**	**27**
2919435	150632	63610	1036	67				
364830	181941	2999	27057	22198	6233	2704	200	7
			2091	5332	2498	1212	13	3
445200		31164	2956	5234	4338	1993	2	17
3560	**3560**	**65**	**13510**	**2800**	**2702**	**659**	**1454**	**27**
3560	3560	65	13510	2800	2702	659	1454	27
3516306	**2086631**	**317297**	**981470**	**1225142**	**977866**	**469506**	**168369**	**1082**
466750	28612	36752	41773	54899	44534	20778	2486	1
166390	131645	45325	72760	81432	70360	32053	4485	9
46824	35000	9560	46800	33200	26200	36000	3247	8
36400	33410	310	4820	12950	8780	3190	561	2
135000	124000	1200	10512	11800	5930	2100	1058	18
136423	58655	38944	17722	25710	18855	8622	5899	12
12000	12000	900	16000	20185	8367	4400	3000	3
12580	6800	1800	6500	37260	17155	10000	700	11
18026	18026	2000	40388	72178	62310	25448	7556	36
6030	5000	510	78289	50268	50268	44041	5270	67
			1050	4180	2220	1981	81	32
2705	5	271	1711	17658	14608	6425	1783	16
58423	48656	5472	21700	23355	15450	9230	2280	38
431000	430500	21550	10790	47655	43800	22351	3270	52
84691	55888	6137	874	16550	11813	3379	4444	13
4872	682	206	34692	15732	9300	6510	400	22
58	40	39	5300	412	412	2261	401	17
			8165	3045	3045	1352	230	22
40	40	20	21360	11451	11370	2453	3000	15
16400	9618	5816	5613	7136	6321	2528	108	5

9–1(一) 续表 1

民族乡名称	行政区划面积（平方公里）	村民委员会（个）	年末总人口（人）	#少数民族（人）	乡镇企业从业人员（人）
承德市滦平县西沟满族乡	154	9	7794	5148	459
承德市承德县岗子满族乡	80	10	8487	3430	271
承德市承德县两家满族乡	101	9	10910	4200	230
承德市兴隆县八卦岭满族乡	100	8	14836	8195	150
承德市兴隆县南天门满族乡	99	10	7310	2426	479
承德市隆化县尹家营满族乡	90	11	8786	6023	
承德市隆化县庙子沟蒙古族满族乡	98	6	6832	3950	
承德市隆化县偏坡营满族乡	179	14	13008	8242	150
承德市隆化县八达营蒙古族乡	189	12	13947	10315	70
承德市隆化县太平庄满族乡	171	11	11341	7586	211
承德市隆化县旧屯满族乡	174	11	8031	6297	120
承德市隆化县西阿超满族蒙古族乡	189	10	10630	7155	58
承德市平泉市七家岱满族乡	115	4	9540	5330	1495
承德市平泉市茅兰沟满族蒙古族乡	170	9	19218	12821	3563
沧州市黄骅市羊二庄回族乡	330	48	54241	6938	14002
沧州市黄骅市新村回族乡	43	4	11791	2286	
沧州市河间市果子洼回族乡	55	8	9664	5623	3566
沧州市献县本斋回族乡	27	20	23261	7181	4335
沧州市沧县大褚村回族乡	30	11	17080	4253	2868
沧州市沧县杜林回族乡	45	26	27433	4353	538
沧州市沧县捷地回族乡	78	38	46363	4506	1340
沧州市黄骅市羊三木回族乡	43	16	31326	6959	8710
内蒙古自治区	**24924**	**162**	**210505**	**68114**	**977**
呼伦贝尔市莫力达瓦达斡尔族自治旗巴彦鄂温克民族乡	1500	17	36005	7489	
呼伦贝尔市莫力达瓦达斡尔族自治旗杜拉尔鄂温克民族乡	529	10	7759	1535	
呼伦贝尔市扎兰屯市达斡尔民族乡	423	7	11096	2825	45
呼伦贝尔市扎兰屯市萨马街鄂温克民族乡	1939	6	8232	2629	
呼伦贝尔市扎兰屯市南木鄂伦春民族乡	2006	8	12874	2457	365
呼伦贝尔市阿荣旗查巴奇鄂温克民族乡	726	11	10373	2495	292
呼伦贝尔市阿荣旗新发朝鲜族民族乡	162	7	8003	1936	

乡镇企业总产值（万元）	#工业企业（万元）	乡镇企业年净利润总额（万元）	农林牧渔业总产值（万元）	农作物总播种面积（亩）	#粮食播种面积（亩）	粮食产量（吨）	肉类总产量（吨）	农民合作社个数（个）
749.1	674	230	31121	18700	15136	5724	2716	30
2537	2537	140	11655	10900	9592	4165	3452	16
1612	1612	36	12339	13125	8120	3215	813	20
10431	8751	1755	27839	2220	2220	675	181	14
19691	6968	905	9139	3660	3570	1105	78	3
			30008	23559	14164	5842	2687	56
			22083	11574	11335	4209	1658	20
2900	720	29	39117	49733	25555	9890	3910	66
9000	3000	2000	54176	24085	22879	10213	2102	6
2009	202	142	16875	25058	16416	6739	1159	11
2870	200	25	26155	16721	12119	4915	2967	41
6467	2684	820	35260	20317	7104	2814	276	53
46429	46429	3075	22775	18300	16937	5615	30023	34
56551	5897	31215	40736	33951	29523	14281	49523	32
831586	315529	46895	71837	181406	151496	38302	8302	125
233823	206605	10896	5206	55820	55500	9528	598	29
134790	87931	7058	15118	37120	20908	11173	1848	39
208560	189800	15630	20418	34666	30787	15476		27
15000	15000	5000	256	8700	5300	16000	2700	13
206393	159503	6836	21532	60145	60145	28319		40
91045	34012	7797	21006	28326	27963	26203	3116	8
13594	**11642**	**4714**	**633447**	**3570240**	**2828277**	**1094961**	**26674**	**1126**
			52500	565100	565100	221515	500	217
			189200	248000	225000	82484		75
7200	7200	3900	39474	211805	211805	77078	1199	47
			31000	221502	221502	98500	4130	27
3280	2460	567	39800	120414	120355	26097	1204	41
182	82	17	13980	285804	285440	98800	1612	85
			5000	128414	127674	57614	992	19

9-1(一) 续表 2

民族乡名称	行政区划面积（平方公里）	村民委员会（个）	年末总人口（人）	#少数民族（人）	乡镇企业从业人员（人）
呼伦贝尔市阿荣旗音河达斡尔鄂温克民族乡	558	9	12226	1828	
呼伦贝尔市阿荣旗得力其尔鄂温克民族乡	2527	9	14528	2137	
呼伦贝尔市根河市敖鲁古雅鄂温克民族乡	1767	1	1416	323	65
呼伦贝尔市额尔古纳市三河回族乡	3535	17	9877	4921	
呼伦贝尔市额尔古纳市室韦俄罗斯民族乡	2068	7	2860	1230	210
兴安盟科尔沁右翼前旗满族屯满族乡					
赤峰市松山区当铺地满族乡	386	25	42981	16980	
赤峰市喀喇沁旗十家满族乡	341	14	27112	14577	
乌兰察布市凉城县曹碾满族乡					
呼伦贝尔市鄂温克族自治旗巴彦塔拉达斡尔族乡	418	7	2569	2314	
呼伦贝尔市陈巴尔虎旗鄂温克苏木	6037	7	2594	2438	
辽宁省	**7432**	**515**	**870427**	**507793**	**40673**
沈阳市康平县柳树屯蒙古族满族乡	105	9	14766	7889	52
沈阳市康平县沙金台蒙古族满族乡	150	11	17722	13731	713
沈阳市法库县四家子蒙古族乡	96	9	16409	7712	247
沈阳市康平县东升满族蒙古族乡	123	10	17573	7502	137
沈阳市康平县西关屯蒙古族满族乡	89	9	14657	6256	202
大连市瓦房店市三台满族乡	130	10	25559	10990	3170
大连市瓦房店市杨家满族乡	109	11	22104	6726	1335
大连市庄河市太平岭满族乡	104	6	20498	5102	2953
大连市庄河市桂云花满族乡	215	5	18850	7540	8835
抚顺市抚顺县拉古满族乡	104	10	17065	6454	2140
抚顺市抚顺县汤图满族乡	149	9	7455	6905	30
本溪市桓仁县雅河朝鲜族乡	212	8	19166	10205	395
丹东市宽甸满族自治县下露河朝鲜族乡	259	6	10488	7768	73
丹东市东港市合隆满族乡	99	10	20029	12204	471
丹东市凤城市大堡蒙古族乡	266	8	21702	21241	1405
锦州市义县地藏寺满族乡	116	5	6756	3241	606
锦州市义县大定堡满族乡	109	8	6487	2595	715
阜新市彰武县二道河子蒙古族乡	93	8	12622	4050	85

乡镇企业总产值（万元）	#工业企业（万元）	乡镇企业年净利润总额（万元）	农林牧渔业总产值（万元）	农作物总播种面积（亩）	#粮食播种面积（亩）	粮食产量（吨）	肉类总产量（吨）	农民合作社个数（个）
			22738	200550	192938	81037	1098	40
				465000	300000	150319	2390	102
1900	1900		1061	29355	11254	2115	4	10
			48900	520000	208000	56000		30
1032		230	15294	192593	92857	21320	780	12
				211097	190202	74794		260
				79376	76150	32592	11040	73
			7100				26	60
			167400	91230		14695	1700	28
1765658	**1445152**	**131439**	**1091107**	**2594131**	**1908710**	**1104110**	**252512**	**1643**
1910	1910	82	40455	82600	73159	39320	5252	80
13232	4200	360	42140	119200	110000	31600	6500	43
18000	14000	450	42000	67335	63400	41000	11000	60
536	373	16	37722	95102	90232	44221	6968	59
1101	921	95	23005	77100	61302	21755	1290	55
99381	37670	1840	84775	52778	39327	18821	7944	19
144490	130891	1530	29783	58503	51781	19594	11833	15
58820	39295	3114	45180	63195	48982	20600	1900	6
79243	49252	8181	20719	40927	39485	21664	7704	27
510185	491771	35267	15216	34263	34105	16217	803	5
			11490	24309	20715	182380	1246	52
19825	13897	66	17635	28447	28264	13379	184	7
600		320	11320	14739	303	4535		12
11056	7884	305	79658	57120	46095	24646	7400	75
8072	6752	110		81455	58060	14110	9025	32
82058	79085	3890	14283	33247	33247	11936	4324	8
11800	11800	3600	10000	20377	16000	9000	2270	26
1200	600	200	19895	96723	65420	30810	7200	57

9-1(一) 续表 3

民族乡名称	行政区划面积(平方公里)	村民委员会(个)	年末总人口(人)	#少数民族(人)	乡镇企业从业人员(人)
辽阳市辽阳县吉洞峪满族乡	282	12	18826	12702	1275
辽阳市辽阳县甜水满族乡	314	14	20058	17620	379
铁岭市开原市林丰满族乡	142	10	10334	9436	423
铁岭市铁岭县白旗寨满族乡	166	9	11898	6717	280
铁岭市西丰县成平满族乡	147	10	12173	9481	
铁岭市西丰县德兴满族乡	106	7	9200	6510	7
铁岭市西丰县和隆满族乡	265	10	16896	12078	
铁岭市西丰县金星满族乡	134	9	13976	9320	132
铁岭市西丰县明德满族乡	116	7	9926	7944	42
铁岭市西丰县营厂满族乡	179	9	10110	6770	
铁岭市清河区聂家满族乡	132	10	9583	8332	
朝阳市北票市马友营蒙古族乡	207	9	16341	3655	678
朝阳市北票市凉水河蒙古族乡	112	6	6518	659	58
朝阳市建平县三家蒙古族乡	160	14	29256	3654	635
朝阳市凌源市三家子蒙古族乡	233	17	37218	1893	721
朝阳市朝阳县松岭门蒙古族乡	83	6	9250	2760	355
朝阳市朝阳县乌兰河硕蒙古族乡	66	7	9237	3012	213
葫芦岛市绥中县西平坡满族乡	115	10	18253	17885	195
葫芦岛市绥中县范家满族乡	129	10	15990	11807	172
葫芦岛市绥中县高甸子满族乡	111	9	18320	15910	560
葫芦岛市绥中县葛家满族乡	104	10	14000	12580	457
葫芦岛市绥中县明水满族乡	104	8	14281	12824	460
葫芦岛市绥中县网户满族乡	75	14	21351	10086	860
葫芦岛市兴城市白塔满族乡	153	11	23197	16128	1195
葫芦岛市兴城市大寨满族乡	77	13	17862	15764	186
葫芦岛市兴城市碱厂满族乡	161	7	11508	7926	1053
葫芦岛市兴城市旧门满族乡	83	8	9701	5875	615
葫芦岛市兴城市刘台子满族乡	47	10	14409	7423	103
葫芦岛市兴城市南大山满族乡	130	15	20369	17966	238
葫芦岛市兴城市望海满族乡	81	10	19644	15722	1510

乡镇企业总产值（万元）	#工业企业（万元）	乡镇企业年净利润总额（万元）	农林牧渔业总产值（万元）	农作物总播种面积（亩）	#粮食播种面积（亩）	粮食产量（吨）	肉类总产量（吨）	农民合作社个数（个）
23210	21050	4380	11050	30565	29265	19327	900	56
6016	5076	579	17665	39500	38000	10622	1982	40
4125	4125	1185	16870	35261	33781	18984	856	4
7861	6512	1221	4952	27667	27667	17800	4170	38
			13060	35768	33510	16790	9670	18
148	148	3	6500	27501	23693	8690	2000	16
			19566	39187	26588	22738	299	33
298	116	23	8490	45003	41156	27273	3480	29
382	382	124	502	31601	30898	17052	6650	7
			7260	27960	23870	11950	1700	8
			12100	42540	42540	27651	4650	4
5421	304	1568	15652	110564	67289	42135	5869	62
5052	2770	368	2896	23476	22280	11140	3833	19
16532	952	1624	39546	128145	124084	79180	1235	134
103800	102800	35850	46660	46785	42280	24488	9192	17
235600	204050	965	16200	23714	23714	4500	4380	3
2990	589	1182	27576	43584	41967	17786	2751	11
12800	2860	692	25554	26752	16177	11392	8491	42
1912	1065	441	6572	39800	16200	6380	7560	49
8960	6850	310	11320	33885	29085	17727	6780	40
15600	9660	780	12400	15700	15650	4900	3500	6
12540	7733	632	12502	14500	10500	5250	3710	8
29830	11207	2530	37540	59800	16540	9930	14330	76
26253	23185	1032	10105	33135	14699	6450	10311	24
6850	2857	564	31600	74270	44255	24186	5237	6
1806	1263	543	13965	41869	13668	514	773	10
33478	23575	3820	10063	22131	10295	3373	6616	18
4685	3672	469	9821	33744	11359	5120	2250	29
3362	2470	212	10543	74601	8495	3610	4413	31
39331	37360	2752	24120	74736	19691	3950	7925	42

9-1(一) 续表 4

民族乡名称	行政区划面积（平方公里）	村民委员会（个）	年末总人口（人）	#少数民族（人）	乡镇企业从业人员（人）
葫芦岛市兴城市围屏满族乡	112	8	12920	11569	232
葫芦岛市兴城市羊安满族乡	68	11	21015	12950	2000
葫芦岛市兴城市药王满族乡	138	11	15797	10378	379
葫芦岛市兴城市三道沟满族乡	170	11	19493	17102	295
葫芦岛市兴城市元台子满族乡	112	9	17710	11135	1299
葫芦岛市建昌二道湾子蒙古族乡	89	12	23899	6109	102
吉林省	**5975**	**313**	**420073**	**123732**	**23744**
延边朝鲜族自治州珲春市三家子满族乡	60	8	8824	5100	
延边朝鲜族自治州珲春市杨泡满族乡	232	7	3980	2786	
吉林市昌邑区土城子满族朝鲜族乡	96	12	19032	9629	89
吉林市昌邑区两家子满族乡	161	13	9934	1997	9
吉林市永吉县金家满族乡	152	7	20299	5638	53
吉林市蛟河市乌林朝鲜族乡	228	20	16056	3902	246
通化市梅河口市小杨满族朝鲜族乡	180	17	15694	3759	562
通化市集安市凉水朝鲜族乡	175	9	5842	1762	57
通化市通化县金斗朝鲜族满族乡	106	5	7401	2789	101
通化市通化县大泉源满族朝鲜族乡	339	21	23667	6802	245
通化市辉南县楼街朝鲜族乡	120	12	10469	253	
通化市柳河县姜家店朝鲜族乡	92	10	11073	3995	218
辽源市东丰县三合满族朝鲜族乡	167	16	26262	3546	6507
长春市双阳区双营子回族乡	75	6	17135	5197	7810
长春市榆树市延和朝鲜族乡	12	3	2086	2044	15
长春市九台区胡家回族乡	168	9	22598	8712	2552
长春市九台区莽卡满族乡	153	12	33640	13466	1160
白城市通榆县包拉温都蒙古族乡	244	4	4516	2066	
白城市通榆县向海蒙古族乡	1175	16	23749	8244	
白城市洮南市呼和车力蒙古族乡	260	7	10052	2077	
白城市洮南市胡力吐蒙古族乡	15	10	7912	1786	
白城市镇赉县哈吐气蒙古族乡	151	5	3310	1074	
白城市镇赉县莫莫格蒙古族乡	487	13	11603	4988	

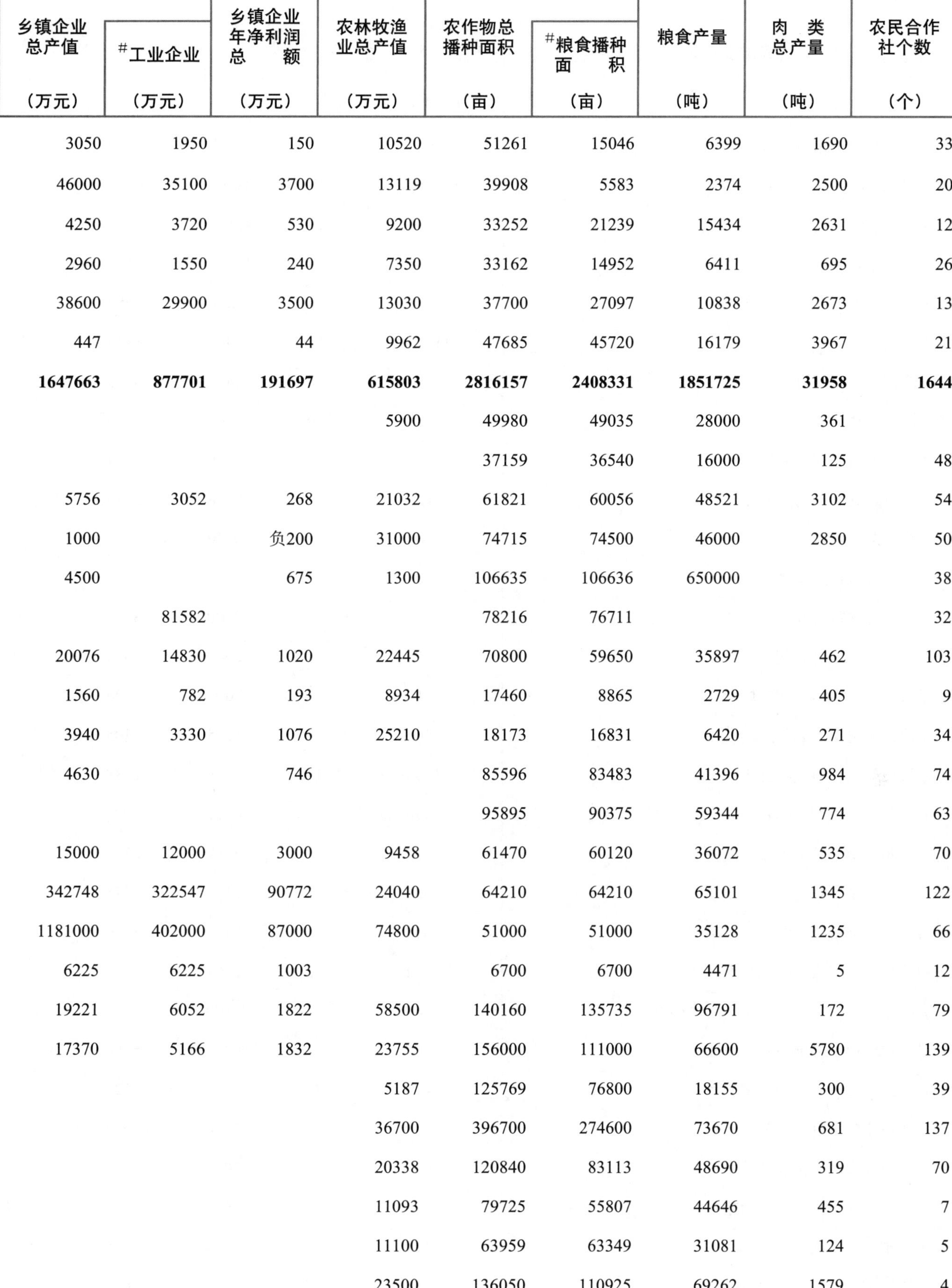

乡镇企业总产值（万元）	#工业企业（万元）	乡镇企业年净利润总额（万元）	农林牧渔业总产值（万元）	农作物总播种面积（亩）	#粮食播种面积（亩）	粮食产量（吨）	肉类总产量（吨）	农民合作社个数（个）
3050	1950	150	10520	51261	15046	6399	1690	33
46000	35100	3700	13119	39908	5583	2374	2500	20
4250	3720	530	9200	33252	21239	15434	2631	12
2960	1550	240	7350	33162	14952	6411	695	26
38600	29900	3500	13030	37700	27097	10838	2673	13
447		44	9962	47685	45720	16179	3967	21
1647663	**877701**	**191697**	**615803**	**2816157**	**2408331**	**1851725**	**31958**	**1644**
			5900	49980	49035	28000	361	
				37159	36540	16000	125	48
5756	3052	268	21032	61821	60056	48521	3102	54
1000		负200	31000	74715	74500	46000	2850	50
4500		675	1300	106635	106636	650000		38
	81582			78216	76711			32
20076	14830	1020	22445	70800	59650	35897	462	103
1560	782	193	8934	17460	8865	2729	405	9
3940	3330	1076	25210	18173	16831	6420	271	34
4630		746		85596	83483	41396	984	74
				95895	90375	59344	774	63
15000	12000	3000	9458	61470	60120	36072	535	70
342748	322547	90772	24040	64210	64210	65101	1345	122
1181000	402000	87000	74800	51000	51000	35128	1235	66
6225	6225	1003		6700	6700	4471	5	12
19221	6052	1822	58500	140160	135735	96791	172	79
17370	5166	1832	23755	156000	111000	66600	5780	139
			5187	125769	76800	18155	300	39
			36700	396700	274600	73670	681	137
			20338	120840	83113	48690	319	70
			11093	79725	55807	44646	455	7
			11100	63959	63349	31081	124	5
			23500	136050	110925	69262	1579	4

9-1(一) 续表 5

民族乡名称	行政区划面积（平方公里）	村民委员会（个）	年末总人口（人）	#少数民族（人）	乡镇企业从业人员（人）
白城市大安市新艾里蒙古族乡	85	5	5180	1090	
白城市洮北区德顺蒙古族乡	388	19	21363	6785	260
松原市扶余区三骏满族蒙古族锡伯族乡	296	29	45846	6362	160
四平市公主岭市龙山满族乡	146	8	14050	5197	3700
四平市双辽市那木斯蒙古族乡	213	10	18500	2686	
黑龙江省	**21334**	**411**	**657962**	**243513**	**9776**
哈尔滨市南岗区红旗满族乡	56	8	21400	8135	1500
哈尔滨市双城区乐群满族乡	88	9	15762	12110	201
哈尔滨市双城区同心满族乡	92	7	18399	11324	366
哈尔滨市双城区希勤满族乡	127	8	19568	12690	30
哈尔滨市双城区青岭满族乡	102	9	18840	13206	525
哈尔滨市五常市红旗满族乡	209	12	42451	17691	85
哈尔滨市五常市营城子满族乡	112	7	27900	18000	55
哈尔滨市五常市民乐朝鲜族乡	55	6	12041	6065	556
哈尔滨市尚志市河东朝鲜族乡	112	8	12007	4294	55
哈尔滨市尚志市鱼池朝鲜族乡	460	7	11105	2305	
哈尔滨市依兰县迎兰朝鲜族乡	1008	15	22726	2538	
齐齐哈尔市梅里斯达斡尔族区莽格吐达斡尔族乡	330	3	6111	2085	
齐齐哈尔市泰来县宁姜蒙古族乡	417	7	17489	2732	
齐齐哈尔市泰来县胜利蒙古族乡	333	5	17157	2571	
齐齐哈尔市富裕县友谊达满柯族乡	618	14	25307	3819	
齐齐哈尔市讷河市兴旺鄂温克族乡	374	12	32761	3285	3126
齐齐哈尔市富拉尔基区杜尔门沁达族乡	100	3	12109	2576	98
牡丹江市穆棱市福禄朝鲜族满族乡	109	11	16717	6306	405
牡丹江市宁安市江南朝、满族乡	425	25	26121	7123	
牡丹江市宁安市卧龙朝鲜族乡	229	13	16460	5920	300
牡丹江市西安区海南朝鲜族乡	667	16	17000	3329	126
佳木斯市同江市街津口赫哲族乡	286	6	3655	420	67
佳木斯市同江市八岔赫哲族乡	172	4	3465	385	
佳木斯市桦川县星火朝鲜族乡	57	14	9382	7651	72

乡镇企业总产值（万元）	#工业企业（万元）	乡镇企业年净利润总额（万元）	农林牧渔业总产值（万元）	农作物总播种面积（亩）	#粮食播种面积（亩）	粮食产量（吨）	肉类总产量（吨）	农民合作社个数（个）
			11400	70350	64050	33900	445	4
2000	1800	260	45000	170000	163000	8000	1800	154
19942	15640	2030	38428	233934	232366	143000	6100	122
2695	2695		26845	84840	82874	57851		27
			79839	158000	110000	85000	1750	82
472623	**102294**	**31666**	**1187580**	**4674222**	**4350922**	**2827278**	**55312**	**1740**
93191	46461	4124	34651	48368	40778	41053	1867	98
1875	1790	452	34007	116409	114738	152874	484	4
11505	4025	4372	25583	104898	104738	81135	276	124
12000		600	72500	136400	135200	11000	520	76
608	592	116	85548	126401	123660	80379	5271	76
9800			29475	16500	16500	174025	5190	85
5560		980	49604	220510	220000	187000		85
20003	3715	1521	15652	4995	4977	2497		62
15379	15379	27	19279	102973	101833	20367	249	31
			51738	68321	58704	1174	426	49
			15034	245000	245000	145000	468	166
			23005	198000	110000	60000		1
12366	3123		20240	13843	13843	8360		40
2000	1143		32827	14050	14050	8430		4
			134160	290055	281394	53329	1334	12
200728		8350	34000	42000	38000		1530	36
2930	2800	830	1350	95800	95700	47000	300	17
3000	3000	920	13301	58234	57555	17000	1100	8
				175875	175875	110388	3070	67
8773		1000	42207	10666	8660	592500	5000	42
3200	2400	1100	44200	192795	188838	55000	3500	35
5176		1032	24210	118000	118000	29940	310	8
			18700	218984	217200	48975		36
4500	4500	130	16000	71154	70593	38131	6233	14

9-1(一) 续表 6

民族乡名称	行政区划面积（平方公里）	村民委员会（个）	年末总人口（人）	#少数民族（人）	乡镇企业从业人员（人）
佳木斯市汤原县汤旺朝鲜族乡	36	6	4673	4421	193
大庆市肇源县超等蒙古族乡	247	7	16573	5469	
大庆市肇源县浩德蒙古族乡	153	5	8487	1402	312
大庆市肇源县义顺蒙古族乡	269	7	14590	3893	30
黑河市逊克县新鄂鄂伦春族乡	7561	5	2017	636	
黑河市逊克县新兴鄂伦春族乡	389	4	946	200	
黑河市爱辉区新生鄂伦春族乡	1700	3	1042	181	
黑河市爱辉区四嘉子满族乡	225	6	4460	1561	
黑河市爱辉区坤河达斡尔族满族乡	88	6	2535	1328	
黑河市北安市主星朝鲜族乡	58	4	3842	1443	
黑河市孙吴县沿江达斡尔族满族乡	576	8	7248	2279	
绥化市北林区兴和朝鲜族乡	20	2	3088	2971	
绥化市北林区红旗满族乡	100	5	16980	14840	105
绥化市望奎县厢白满族乡	151	7	22200	10568	1120
绥化市望奎县灵山满族乡	91	10	17370	5211	
伊春市铁力市年丰朝鲜族乡	142	10	13509	2410	102
鹤岗市萝北县东明朝鲜族乡	49	7	3180	3064	15
鹤岗市绥滨县福兴满族乡	92	3	4190	1935	
大兴安岭地区呼玛县白银纳鄂伦春族乡	514	6	1744	212	
大兴安岭地区塔河县十八站鄂伦春族乡	1572	6	2183	217	
双鸭山市饶河县四排赫哲族乡	52	4	1578	241	28
双鸭山市友谊县成富朝鲜族满族乡	88	3	4916	1108	
七台河市勃利县杏树朝鲜族乡	122	11	18121	2496	125
七台河市勃利县吉兴朝鲜族、满族乡	121	14	14980	2029	
鸡西市密山市和平朝鲜族乡	191	12	16115	4064	
鸡西市鸡东县鸡林朝鲜族乡	50	6	7815	6991	
鸡西市鸡东县明德朝鲜族乡	61	8	8849	3373	
鸡西市城子河区永丰朝鲜族乡	78	7	8798	2410	179
江苏省	**54**	**6**	**22723**	**6985**	**12915**
扬州市高邮市菱塘回族乡	54	6	22723	6985	12915

乡镇企业总产值（万元）	#工业企业（万元）	乡镇企业年净利润总额（万元）	农林牧渔业总产值（万元）	农作物总播种面积（亩）	#粮食播种面积（亩）	粮食产量（吨）	肉类总产量（吨）	农民合作社个数（个）
			6500	7220	7220	14790		2
			17541	137894	106768	70880	2665	2
2500		140	21815	78192		30723	591	
578	523	188	21148	90915	72945	11000	792	7
			3908	58700	58700	31269	873	5
			1689	28953	28953	14500	277	31
			1300	41880	41475	5380	42	7
			10180	77175	52695		110	24
			8000	56220	56220	24362	111	9
			5569	62000	62000		36	
			29397	144030	144030	79400	882	36
1000	898	439	800					2
1457	271	402	22654	126000	119775			117
600	277	180	15200	186880	185200	78000	40	78
			31007	10487	9899	62920	1733	10
6400	6400	320	37126	96686	94752	47085	2150	7
2600		178	7832	48015	48015	25001	712	13
			6912	51840	51810	27648		
			6510	79980	79980	8072	82	13
19		3	1592	5748	3627	3315	670	7
500		200	6032	46554	46131	20547	134	11
				100440	100440	52573		13
552	552	25	24811	154247	147780	47521	4284	19
34		2	11005	148386	137127	48248	335	48
28771	3272	2336	27654	11487	11147	84129	271	43
10828	950	480	14678	51732	51732	34688	7	20
3966		1197	9450	67000	65000	32500	300	32
223	223	22		15332	11666	7171	1089	8
914628	**640245**	**22865**	**69102**	**59280**	**53280**	**27440**	**2050**	**18**
914628	640245	22865	69102	59280	53280	27440	2050	18

9-1(一) 续表 7

民族乡名称	行政区划面积（平方公里）	村民委员会（个）	年末总人口（人）	#少数民族（人）	乡镇企业从业人员（人）
浙江省	**645**	**101**	**109398**	**27912**	**3263**
金华市兰溪市水亭畲族乡	47	19	21350	2983	1524
衢州市龙游县沐尘畲族乡	83	10	11335	2880	65
丽水市莲都区丽新畲族乡	83	9	10773	2058	293
丽水市龙泉市竹垟畲族乡	102	8	7709	2391	139
丽水市云和县雾溪畲族乡	33	2	2035	568	
丽水市云和县安溪畲族乡	34	3	2742	823	496
丽水市遂昌县三仁畲族乡	79	8	8356	2061	300
丽水市松阳县板桥畲族乡	32	5	4794	1115	89
杭州市桐庐县莪山畲族乡	29	7	9117	2859	350
温州市平阳县青街畲族乡	22	9	9909	2381	
温州市苍南县岱岭畲族乡	20	7	7184	2119	
温州市苍南县凤阳畲族乡	21	5	5776	3003	
温州市文成县周山畲族乡	14	6	5085	1605	7
温州市泰顺县竹里畲族乡	47	3	3233	1066	
安徽省	**432**	**67**	**206259**	**62542**	**10354**
淮南市谢家集区孤堆回族乡	38	8	17735	6044	152
合肥市肥东县牌坊回族满族乡	90	11	46110	6248	3790
滁州市定远县二龙回族乡	41	5	16065	12219	232
淮南市凤台县李冲回族乡	23	6	18565	8093	2414
淮南市潘集区古沟回族乡	43	12	32691	6434	950
六安市寿县陶店回族乡	38	4	14796	4662	531
宣城市宁国市云梯畲族乡	51	4	5931	1840	138
蚌埠市五河县临北回族乡	60	11	27994	8545	1921
阜阳市颍上县赛涧回族乡	49	6	26372	8457	226
福建省	**2168**	**321**	**423167**	**147805**	**63188**
福州市罗源县霍口畲族乡	198	24	19956	4245	13
福州市连江县小沧畲族乡	60	5	4334	2471	
宁德市福安市坂中畲族乡	67	19	28087	10480	9652
宁德市福安市康厝畲族乡	110	32	29756	7598	2189

乡镇企业总产值（万元）	#工业企业（万元）	乡镇企业年净利润总额（万元）	农林牧渔业总产值（万元）	农作物总播种面积（亩）	#粮食播种面积（亩）	粮食产量（吨）	肉类总产量（吨）	农民合作社个数（个）
178174	**148192**	**13479**	**133997**	**136295**	**68946**	**38751**	**11242**	**270**
79000	79000	4200	42135	38805	19800	6658	7800	19
5500	5500	1600	11000	11520	7280	940	53	18
25290	25290	1145	18652	23045	9967	4250	780	22
5698	5335	362	25210	13113	9870	4647	650	16
				2359	1222	1554	19	12
				6858	2666	669	501	10
11208	11208	892	11720	18150	9360	3270	601	38
1850	1850	280	12000	8700	700	12000	50	3
49600	20000	5000					306	8
			4025	4725	2280	1124	121	35
			2290	518	217	1195	135	45
			3560	3267	2650	986	141	4
28	9		1805	3735	1944	958	59	21
			1600	1500	990	500	25	19
150488	**84114**	**13976**	**242456**	**541910**	**411769**	**232933**	**15271**	**293**
21644	19004	1523	13954	63819	54855	26584	611	10
45782	25281	2586	80662	131865	64320	36345	2440	40
6920	2810	147	19454	69285	64156	29654	1056	20
22937	18766	3421	17457	32985	20685	6796	1231	36
8100	7300	3900	17000	33000	32250	32500	900	9
19856	9035	786	21798	86995	81444	43152	2412	24
4326	689	143	8050	7885	3860	1180	950	10
18273	1229	993	34693	110820	85964	36385	4798	72
2650		477	29388	5256	4235	20337	873	72
2478347	**1872902**	**141773**	**536507**	**517431**	**262670**	**100787**	**36288**	**728**
806		37	32099	24271	14249	5502	397	50
			3986	3023	2355	1184	149	1
279452	254460	8650	21418	46187	14732	4111	552	27
91932	75486	1665	35942	47982	22708	6156	1445	74

9-1(一) 续表 8

民族乡名称	行政区划面积（平方公里）	村民委员会（个）	年末总人口（人）	#少数民族（人）	乡镇企业从业人员（人）
宁德市福安市穆云畲族乡	121	33	26611	10344	335
宁德市霞浦县盐田畲族乡	158	22	27952	7644	4484
宁德市霞浦县崇儒畲族乡	142	27	20155	4031	5761
宁德市霞浦县水门畲族乡	150	23	20646	4556	1253
宁德市蕉城区金涵畲族乡	65	16	25758	8022	5428
宁德市福鼎市硖门畲族乡	59	9	17832	4485	1423
宁德市福鼎市佳阳畲族乡	73	12	20911	7380	41
漳州市漳浦县赤岭畲族乡	101	9	15072	12542	538
漳州市漳浦县湖西畲族乡	81	10	27753	9096	1254
漳州市龙海区隆教畲族乡	76	10	26492	8376	1812
三明市永安市青水畲族乡	258	21	19063	6176	120
三明市宁化县治平畲族乡	178	12	14883	4720	7238
龙岩市上杭县官庄畲族乡	124	18	34024	12064	605
龙岩市上杭县庐丰畲族乡	131	14	26373	8316	6042
泉州市惠安县百崎回族乡	17	5	17509	15259	15000
江西省	**1080**	**72**	**114438**	**29551**	**5865**
鹰潭市贵溪樟坪畲族乡	122	5	4088	1163	103
上饶市铅山县太源畲族乡	79	4	2254	851	14
上饶市铅山县篁碧畲族乡	81	4	4241	1421	208
吉安市永丰县龙冈畲族乡	140	11	15661	4719	562
赣州市南康赤土畲族乡	157	18	52783	10857	2695
吉安市青原区东固畲族乡	243	15	19716	5307	1550
抚州市乐安县金竹畲族乡	248	10	12484	4135	172
吉安市峡江县金坪民族乡	11	5	3211	1098	561
河南省	**204**	**92**	**191517**	**84317**	**16936**
郑州市荥阳市金寨回族乡	6	2	7934	5798	945
商丘市民权县伯党回族乡	25	9	22997	10203	2053
商丘市民权县胡集回族乡	24	13	20526	9868	1902
平顶山市叶县马庄回族乡	11	8	12773	6672	990
平顶山市郏县姚庄回族乡	9	6	8557	4938	994

乡镇企业总产值（万元）	#工业企业（万元）	乡镇企业年净利润总额（万元）	农林牧渔业总产值（万元）	农作物总播种面积（亩）	#粮食播种面积（亩）	粮食产量（吨）	肉类总产量（吨）	农民合作社个数（个）
9122	7955	858	51867	52784	26354	8287	407	55
150725	129015	1010	21952	17237	9488	2849	166	65
73154	63960	399	21886	18002	9238	3371	889	76
71654	52536	865	21957	19034	11846	4018	2319	79
229785	140166	11998	10397	8596	3908	1135	86	18
101248	81582	1295	23825	12006	8607	3082	284	27
4841	3841	277	37207	23203	12078	4538	853	17
10241	7600	536	25471	22606	7979	3928	9456	30
6258	2516	946	33279	29383	13526	6116	2172	24
107042	79534	5373	63801	19731	7106	3304	6601	33
197000	197000	4520	53642	52339	22397	12145	2588	98
33755	30195	2571	9477	26140	17958	6852	924	15
48605	36330	1905	22310	42210	26650	9410	4210	18
57426	7016	348	41431	51927	30811	14199	2207	16
1005300	703710	98520	4560	770	680	600	582	5
115094	**86434**	**8990**	**105338**	**125712**	**77831**	**38327**	**19844**	**207**
1410	1200	270	370	4000	3000	900	6	12
92	92	7	2365	1772	1592	504	137	15
2180	1301	360	2835	3594	3019	1368	87	16
30340	30192	2496	17378	35156	24626	9650	281	25
35012	22919	4409	53926	26805	12953	12145	16706	21
32400	23950	271	20710	40300	24688	10403	392	31
1109		224	5052	8112	4635	2031	2221	72
12551	6780	953	2702	5973	3318	1326	14	15
1189661	**628610**	**147256**	**119565**	**306714**	**217289**	**125160**	**16256**	**162**
45679	45679	19230	3669	2400	2400	2104	245	
8700	7460	890	18240	57005	34130	17070	5530	11
17500	13600	6200	25380	53870	40175	24890	1437	13
36200	18638	4850	7238	9340	9041	9950	685	7
20403	17167	1844	4055	18660	12642	4911	1325	7

9-1(一) 续表 9

民族乡名称	行政区划面积（平方公里）	村民委员会（个）	年末总人口（人）	#少数民族（人）	乡镇企业从业人员（人）
新乡市封丘县荆乡回族乡	8	5	7260	7138	235
许昌市许昌县艾庄回族乡	14	9	14908	1784	1410
许昌市禹州市山货回族乡	12	6	13373	5769	1645
南阳市镇平县郭庄回族乡	18	9	13958	4557	1495
南阳市方城县袁店回族乡	35	9	18153	7378	1468
驻马店市西平县蔡寨回族乡	20	6	17080	4242	1524
洛阳市瀍河回族区瀍河回族乡	24	10	33998	15970	2275
湖北省	**2242**	**125**	**247251**	**144435**	**8310**
荆门市钟祥市九里回族乡	100	9	14151	2998	3720
荆州市洪湖市老湾回族乡	61	6	14961	2678	63
荆州市松滋市卸甲坪土家族乡	103	9	14392	9085	145
宜昌市宜都市潘家湾土家族乡	144	9	14933	6293	
十堰市郧西县湖北口回族乡	251	17	23170	3551	
恩施土家族苗族自治州恩施市芭蕉侗族乡	285	18	66101	42870	3566
恩施土家族苗族自治州宣恩县长潭河侗族乡	433	17	36788	23737	466
恩施土家族苗族自治州宣恩县晓关侗族乡	421	22	42077	33637	
神农架林区下谷坪土家族乡	216	6	5868	4776	50
恩施土家族苗族自治州鹤峰县铁炉白族乡	228	12	14810	14810	300
湖南省	**11715**	**981**	**1474332**	**916044**	**59874**
怀化市辰溪县罗子山瑶族乡	61	8	7827	5248	
怀化市辰溪县苏木溪瑶族乡	55	10	10212	7454	38
怀化市辰溪县上蒲溪瑶族乡	63	8	9789	5383	50
怀化市辰溪县后塘瑶族乡	69	12	19133	13201	60
怀化市辰溪县仙人湾瑶族乡	133	16	24988	11140	
怀化市洪江市深渡苗族乡	87	9	10328	6610	
怀化市洪江市龙船塘瑶族乡	104	7	8447	7273	63
怀化市会同县炮团侗族苗族乡	84	8	12911	11207	
怀化市会同县宝田侗族苗族乡	65	6	9872	7345	153
怀化市会同县蒲稳侗族苗族乡	56	6	10289	9569	580
怀化市会同县金子岩侗族苗族乡	237	26	33075	24103	312

乡镇企业总产值（万元）		乡镇企业年净利润总额（万元）	农林牧渔业总产值（万元）	农作物总播种面积（亩）		粮食产量（吨）	肉类总产量（吨）	农民合作社个数（个）
	#工业企业（万元）				#粮食播种面积（亩）			
11797	7263	798	2013	13680	12300	6690	1808	12
44963	42473	876	5870	29490	24600	11550	920	6
162355	146880	14430	11872	22812	20989	8952	192	6
6294	6294	375	7912	12540	12540	11820		19
12009	6879	1689	16795	41550	17130	10216	2121	35
37167	18613	695	16521	43770	30075	16582	1983	35
786594	297664	95379		1597	1267	425	10	11
284196	**275526**	**46627**	**451871**	**656727**	**371397**	**111276**	**27914**	**713**
45239	42000	3285	38100	88609	65951	28628	2024	34
4470	4470	-188	28206	43845	25525	11053	175	10
6779	6779	1200	7952	17159	13124	4798	652	32
			7150	46998	30475	8355	6771	36
			23605	55771	29949	6880	1600	106
201384	201384	38263	174787	101935	46587	11244	4125	135
4222	3791	3156	79560	141509	66423	15673	4266	123
			79134	119100	71100	18200	6600	160
2103	2103	611	4195	16851	8153	1988	402	15
20000	15000	300	9182	24950	14110	4457	1300	62
1085011	**934756**	**255471**	**1796691**	**2536291**	**1532709**	**770825**	**157737**	**2780**
			6874	8500	7000	3500	1582	10
372	372	80	612	7800	6200	13258		10
460	460	110	3640	9150	7085	5035	1120	8
620	620	125	8758	11200	8000	18940		12
			3020	22600	16400	14012		21
			5456	30000	17000	7894	95	9
268	268	145	4540	16800	16301	9907	840	11
			1486	4189	3569	3099	41	23
1364	1364	698	8000	7100	5900	6500	1000	14
203			720	13715	3759	1923	200	6
1046	1046	213	20062	32730	30025	11263	1630	27

9-1(一) 续表 10

民族乡名称	行政区划面积（平方公里）	村民委员会（个）	年末总人口（人）	#少数民族（人）	乡镇企业从业人员（人）
怀化市会同县漠滨侗族苗族乡	76	7	13500	10125	
怀化市会同县青朗侗族苗族乡	118	13	23352	15746	486
怀化市沅陵县二酉苗族乡	366	30	42143	38771	512
怀化市沅陵县火场土家族乡	101	6	7332	6802	
怀化市中方县蒿吉坪瑶族乡	74	6	7044	3190	
怀化市通道侗族自治县大高坪苗族乡	28	4	4206	4016	
怀化市新晃侗族自治县步头降苗族乡	83	7	10368	9931	
怀化市新晃侗族自治县米贝苗族乡	122	8	15652	14910	142
邵阳市绥宁县河口苗族乡	142	10	15198	12867	103
邵阳市绥宁县麻塘苗族乡	250	13	16285	10844	132
邵阳市绥宁县东山侗族乡	116	12	18445	16946	273
邵阳市绥宁县鹅公岭侗族苗族乡	72	11	12579	12259	50
邵阳市绥宁县寨市苗族侗族乡	415	27	31465	28041	1679
邵阳市绥宁县乐安铺苗族侗族乡	106	8	10566	10345	478
邵阳市绥宁县关峡苗族乡	217	9	25275	24334	571
邵阳市绥宁县长铺子苗族乡	551	29	38640	33230	4800
邵阳市隆回县山界回族乡	47	16	28836	9986	652
邵阳市隆回县虎形山瑶族乡	96	12	17554	7483	650
邵阳市洞口县那溪瑶族乡	236	12	11701	7587	1802
邵阳市洞口县大屋瑶族乡	73	7	5245	3532	1100
邵阳市洞口县长塘瑶族乡	59	6	5320	2461	568
邵阳市新宁县黄金瑶族乡	143	11	8794	6221	255
邵阳市新宁县麻林瑶族乡	182	11	13746	10172	2736
永州市蓝山县荆竹瑶族乡	183	6	4460	4335	73
永州市蓝山县湘江源瑶族乡	56	5	3309	3078	515
永州市蓝山县浆洞瑶族乡	172	6	5575	2405	1522
永州市蓝山县汇源瑶族乡	50	5	3158	1659	412
永州市蓝山县犁头瑶族乡	39	4	3129	1295	931
永州市蓝山县大桥瑶族乡	138	7	9630	4524	744
永州市江永县松柏瑶族乡	228	14	29422	27068	74

乡镇企业总产值（万元）	#工业企业（万元）	乡镇企业年净利润总额（万元）	农林牧渔业总产值（万元）	农作物总播种面积（亩）	#粮食播种面积（亩）	粮食产量（吨）	肉类总产量（吨）	农民合作社个数（个）
			7694	786	756	9372	600	7
4725	4725	879	13197	29891	12400	5399	980	33
1010		204	14330	72522	52365	13478	1046	60
			968	6780	5752	1045	156	10
			142	7647	4221	1393	85	32
			1080	3200	2800	2240	80	13
			4138	12760	10830	4343	39	20
5683	5683	1832	13481	32420	24135	7108	2654	16
7456	7456	964	9781	28950	15493	8153	2631	52
6546	6255	1611	14512	20226	15350	7151	2501	63
8200	7100	420	20130	20220	16410	9200	2580	146
1300	700	150	18300	11865	10150	3315	350	38
18401	9432	7433	186911	66783	39702	16800	5805	167
62529	57662	200	5625	20535	12300	4691	5369	34
91293	91192	16439	23279	31979	24998	12340	3126	84
142454	112454	95300	5756	73735	33993	15925	260	273
16329	13828	2215	22537	3	2	1	2025	22
8800	8800	2860	20000	20826	17436	7950	1520	35
24318	21052	1625	10430	56700	16845	6693	721	28
330	198	40	8550	3802	3605	1480	660	19
4700	4000	1500	3040	4225	3020	1750	305	15
20438	15155	12232	417544	176565	9061	5302	3685	21
20851	20575	6270	30711	22143	12816	6408	1125	23
6321	118	685	5089	2452	1804	536	301	11
3720	3015	330	4885	4620	2380	880	570	16
9220	2058	726	9815	4560	4200	1515	95	8
1390	826	124	5280	8110	2100	870	453	6
335	94	47	4627	6736	1629	560	126	4
1590	863	245	15826	11300	11000	3212	234	7
4929	4590	2705	4976	38115	26493	14416	1825	45

9-1(一) 续表 11

民族乡名称	行政区划面积（平方公里）	村民委员会（个）	年末总人口（人）	#少数民族（人）	乡镇企业从业人员（人）
永州市江永县千家洞瑶族乡	367	12	23406	21259	125
永州市江永县兰溪瑶族乡	66	6	9957	8020	185
永州市江永县源口瑶族乡	203	12	25424	20234	245
永州市宁远县九疑瑶族乡	328	21	37892	7440	501
永州市宁远县棉花坪瑶族乡	49	5	7253	4861	
永州市宁远县桐木漯瑶族乡	69	6	7673	4849	
永州市宁远县五龙山瑶族乡	168	11	11738	4095	40
永州市道县横岭瑶族乡	100	8	10135	5621	
永州市道县洪塘营瑶族乡	222	10	15129	9600	232
永州市道县审章塘瑶族乡	108	14	28549	13756	378
永州市祁阳市晒北滩瑶族乡	118	9	6615	3615	
永州市新田县门楼下瑶族乡	134	13	9804	6439	66
永州市双牌县上梧江瑶族乡	197	13	14307	4503	
永州市江华瑶族自治县小圩壮族乡	133	21	28213	15310	8150
张家界市桑植县刘家坪白族乡	38	6	12233	11744	40
张家界市桑植县马合口白族乡	119	9	15772	13723	
张家界市桑植县走马坪白族乡	133	15	19500	17400	760
张家界市桑植县芙蓉桥白族乡	206	13	18272	17944	12
张家界市桑植县洪家关白族乡	148	23	33815	30771	
张家界市慈利县三官寺土家族乡	113	17	26184	24905	550
张家界市慈利县高峰土家族乡	148	16	16565	14271	31
张家界市慈利县金岩土家族乡	138	12	18045	14035	238
张家界市慈利县许家坊土家族乡	81	10	19666	16716	145
张家界市慈利县阳和土家族乡	74	10	20312	17539	150
张家界市慈利县甘堰土家族乡	180	20	33752	30090	90
张家界市慈利县赵家岗土家族乡	73	12	15370	14601	190
郴州市桂阳县白水瑶族乡	135	14	22987	839	20
郴州市北湖区保和瑶族乡	101	11	19060	2078	4923
郴州市北湖区仰天湖瑶族乡	176	15	24815	3667	384
郴州市宜章县莽山瑶族乡	89	6	9703	5778	1132

乡镇企业总产值（万元）	#工业企业（万元）	乡镇企业年净利润总额（万元）	农林牧渔业总产值（万元）	农作物总播种面积（亩）	#粮食播种面积（亩）	粮食产量（吨）	肉类总产量（吨）	农民合作社个数（个）
623	235	70	42155	109980	64311	3550	3600	24
51	31	13	11788	27863	13753	4700	2611	23
2430	2290	1782	42372	37790	22333	8153	4425	30
1395	742	603	11146	16000	14920	10260	6300	40
			4496	5516	3205	1321	596	5
			300	1800	900	1500		6
412		60	585	7320	4978	2200	750	16
			9416	9391	6690	5000	1300	6
1920	172	1187	9715	26380	16331	6217	450	10
2379	1665	743	20063	48600	40000	17062	1555	15
			5940	1380	860	550	300	26
1340	303	266	6675	14986	9521	2152	1516	33
			18000	17500	10061	5546	2430	38
470	309	169	13941	62299	39688	13532	4730	35
746		246	1258	17200	5800	8495		33
			762	1786	708	7618		16
5400	1800	1000	3421	11337	9987	2521	251	15
56	19	19	1200	24000	16000	64000	15000	20
			4685	29020	27318	8480	933	24
800	500	300	5874	34542	21462	9658	1200	24
521		123	13000	35292	28677	10325	1660	32
380	260	240	8436	38158	25000	9828	220	49
1280	950	320	1251	38520	27910	13078	539	20
2450	1250	200	6060	42490	27215	15064	900	23
1320	754	112	17800	68865	58985	29193	1856	41
2568	1776	1031	8806	28758	21621	7708	558	20
565		385	16495	57868	26118	25568	21467	33
77000	77000	48919	22687	65558	19986	8218	1078	32
28000	18660	1587	11402	12080	10603	8200	123	93
13000	7456	500	2398	3750	3100	5722	150	15

9-1(一) 续表 12

民族乡名称	行政区划面积 (平方公里)	村民委员会 (个)	年末总人口 (人)	#少数民族 (人)	乡镇企业从业人员 (人)
郴州市汝城县文明瑶族乡	383	36	52099	26012	2280
郴州市汝城县延寿瑶族乡	173	17	29908	24152	2325
郴州市临武县西山瑶族乡	205	13	13454	2651	78
郴州市资兴市回龙山瑶族乡	130	11	18879	2432	25
郴州市资兴市八面山瑶族乡	239	15	15060	1018	355
常德市鼎城区许家桥回族维吾尔族乡	117	16	37796	6030	795
常德市汉寿县毛家滩回族维吾尔族乡	54	8	26682	7956	2700
常德市桃源县枫树维吾尔族回族乡	59	12	32702	3379	1498
常德市桃源县青林回族维吾尔族乡	101	13	39857	5201	105
株洲市炎陵县中村瑶族乡	291	12	13074	2444	82
衡阳市常宁市塔山瑶族乡	146	11	11198	6420	1028
益阳市桃江县鲊埠回族乡	48	9	22677	9950	7500
广东省	**1381**	**50**	**87792**	**36157**	**1901**
惠州市龙门县蓝田瑶族乡	132	7	11071	8959	
清远市连州市三水瑶族乡	137	4	4376	1547	168
清远市连州市瑶安瑶族乡	226	10	13383	4063	300
清远市阳山县秤架瑶族乡	569	10	18757	4326	63
肇庆市怀集县下帅壮族瑶族乡	77	5	11698	8127	288
韶关市始兴县深渡水瑶族乡	171	4	7901	2139	550
河源市东源县漳溪畲族乡	68	10	20606	6996	532
广西壮族自治区	**15929**	**589**	**1159262**	**905680**	**14576**
梧州市蒙山县长坪瑶族乡	133	5	3027	2556	
梧州市蒙山县夏宜瑶族乡	81	6	6889	5856	
贺州市八步区黄洞瑶族乡	170	4	7623	5717	374
贺州市平桂管理区大平瑶族乡	217	6	15152	3996	55
贺州市昭平县仙回瑶族乡	185	6	15149	8915	356
贺州市钟山县两安瑶族乡	140	6	18286	15440	99
贺州市钟山县花山瑶族乡	188	6	8233	7142	900
贵港市平南县马练瑶族乡	236	12	48356	40265	179
贵港市平南县国安瑶族乡	143	10	24178	21931	130

乡镇企业总产值（万元）	#工业企业（万元）	乡镇企业年净利润总额（万元）	农林牧渔业总产值（万元）	农作物总播种面积（亩）	#粮食播种面积（亩）	粮食产量（吨）	肉类总产量（吨）	农民合作社个数（个）
13301	9679	980	67750	111478	34885	21426	1989	83
29982	26492	9849	35374	31286	16388	8096	1269	21
6560	4310	2982	6052	25689	15012	5798	589	54
3020	3020	660	37408	68270	44374	14160	3380	50
36000	30000	2850	25600	15000	13509	10020	410	35
18200	18200	970	58300	161946	111032	36460	5179	28
30253	27195	3630	23638	91178	65671	25623	6299	42
59781	48500	6025	179344	42075	38938	31062	3788	57
22692	15692	567	35954	108870	84170	23920	5183	16
9781	3281	4894	6692	17228	12674	2897	335	94
3133	253	1381	2052	602	331	89	52	30
230000	230000	2400	30600	2400	2400	7000	4350	14
135602	**289919**	**28702**	**146263**	**134524**	**64931**	**43516**	**5614**	**191**
	165259		32114	24022	13996	5889	177	31
5848	5848	927	9248	5272	1925	729	372	22
4148	4148	1000	13639	7800	5900	18050	130	22
964	964	1093	24244	41541	11202	3304	740	39
7542		3150	40542	24465	11717	6977	1651	11
7800	4400	932	13211	11449	4591	1851	338	8
109300	109300	21600	13265	19975	15600	6716	2206	58
359311	**317150**	**42573**	**722294**	**2216957**	**1124185**	**379095**	**105585**	**1221**
				3219	1628	1040	274	4
			6000	12082	5309	1672	441	6
14148	11880	2878	16380	15364	4148	1323	387	8
220		28	14029	25512	12102	3662	68	13
4120	500	1030	1142	12000	1800	440	63	9
6824	6824	269	15349	28400	15680	5532	1509	14
97455	97455	3362	14970	12589	7176	2039	1398	11
2200	1580	220		59592	26549	7856	1756	36
3100	1170	920	24320	32803	12002	5340	1601	17

9-1(一) 续表 13

民族乡名称	行政区划面积（平方公里）	村民委员会（个）	年末总人口（人）	#少数民族（人）	乡镇企业从业人员（人）
防城港市上思县南屏瑶族乡	526	9	14032	13961	16
防城港市防城区十万山瑶族乡	99	5	11970	8250	
南宁市马山县古寨瑶族乡	151	8	21660	21413	
南宁市马山县里当瑶族乡	152	9	21008	19958	
南宁市上林县镇圩瑶族乡	112	11	25450	25087	
柳州市三江侗族自治县同乐苗族乡	180	19	48000	46100	68
柳州市三江侗族自治县福禄苗族乡	168	15	35869	35572	
柳州市三江侗族自治县高基瑶族乡	169	8	7226	5841	180
柳州市融水苗族自治县滚贝侗族乡	292	11	19861	19861	
柳州市融水苗族自治县同练瑶族乡	204	6	11240	8992	
柳州市柳城县古砦仫佬族乡	248	13	36065	17418	
桂林市临桂区宛田瑶族乡	342	15	23240	13406	260
桂林市临桂区黄沙瑶族乡	262	5	5624	2258	
桂林市灵川县大境瑶族乡	265	8	12663	5433	18
桂林市灵川县兰田瑶族乡	125	3	6173	2042	129
桂林市全州县蕉江瑶族乡	230	8	14600	3980	
桂林市全州县东山瑶族乡	420	16	35923	31145	24
桂林市兴安县华江瑶族乡	438	9	18168	6088	4876
桂林市灌阳县洞井瑶族乡	212	9	9438	3892	562
桂林市灌阳县西山瑶族乡	188	10	13286	5710	1216
桂林市资源县车田苗族乡	310	12	25367	18116	110
桂林市资源县两水苗族乡	181	6	10332	8318	
桂林市资源县河口瑶族乡	112	5	5171	2942	
桂林市平乐县大发瑶族乡	456	10	18762	10343	711
桂林市荔浦市蒲芦瑶族乡	259	9	10260	7182	700
桂林市雁山区草坪回族乡	37	4	5514	2095	278
百色市右江区汪甸瑶族乡	547	12		25780	
百色市田东县作登瑶族乡	371	21	40554	39636	83
百色市田林县潞城瑶族乡	788	19	28306	23635	
百色市田林县利周瑶族乡	253	9	17426	14731	

乡镇企业总产值（万元）	#工业企业（万元）	乡镇企业年净利润总额（万元）	农林牧渔业总产值（万元）	农作物总播种面积（亩）	#粮食播种面积（亩）	粮食产量（吨）	肉类总产量（吨）	农民合作社个数（个）
77		40	3298	3830	824	347	639	18
			5121	11820	7245	1793	487	7
			13952	76545	27330	7600	2118	47
			13577	34734	24664	7474	1983	45
			32401	37108	23438	7245	1668	50
1700		300	35914	29840	14160	5721	1772	82
			13772	26819	13950	5816	1307	15
1250	225	685	10526	12752	5580	2040	686	5
			159	24467	11802	3738	578	11
				21966	12396	4334		35
				133498	74600	26514	2078	14
965	320			45968	19658	6316	3034	15
			52	15139	6513	1396	362	5
18		10	2130	32310	14799	4293	902	14
2510	2510		262	18380	7018	2106	437	4
			30216	20360	1102	6300	1816	10
6000	6000	1300	16879	46500	46500	18000	2320	43
25753	23685	2068	16025	25568	14882	6626	1041	21
16120	13462	3352	8646	40521	27213	25965	2812	
15142	13661	4550	15500	10090	8770	2368	745	17
15000	15000	1450	2689	25954	25954	10163	1423	78
			2439	24394	7040	328	876	9
			14203	17612	6620	1447	408	4
17055	6301	436	39900	53698	23698	7186	1355	15
17000	16700	3340		31422	9243	3314	820	7
36	186	186	2544	8775	1770	496	793	3
				93222		12544		
485	485	190	40227	62041	34292	9502	36030	38
				44785	25284	8128	2207	45
				15631	10806	5467	1532	36

9-1(一) 续表 14

民族乡名称	行政区划面积（平方公里）	村民委员会（个）	年末总人口（人）	#少数民族（人）	乡镇企业从业人员（人）
百色市田林县八桂瑶族乡	336	12	15283	14716	
百色市田林县八渡瑶族乡	677	17	22924	20400	
百色市凌云县伶站瑶族乡	194	9	21152	17678	620
百色市凌云县朝里瑶族乡	176	6	9649	7986	
百色市凌云县沙里瑶族乡	221	12	21280	15104	
百色市凌云县玉洪瑶族乡	334	18	24186	15373	
百色市西林县足别瑶族苗族乡	282	6	9725	9125	
百色市西林县普合苗族乡	195	7	12269	11533	
百色市西林县那佐苗族乡	598	18	27916	25487	
河池市南丹县八圩瑶族乡	510	15	31081	25255	
河池市南丹县里湖瑶族乡	362	12	29919	22390	
河池市南丹县中堡苗族乡	158	5	8872	6857	20
河池市天峨县八腊瑶族乡	333	9	22359	6063	
河池市凤山县平乐瑶族乡	170	10	26064	14589	
河池市凤山县江洲瑶族乡	107	7	13140	9021	188
河池市凤山县金牙瑶族乡	236	12	28464	9743	532
河池市东兰县三弄瑶族乡	89	5	5641	3553	
河池市环江毛南族自治县驯乐苗族乡	590	10	28133	27813	1250
河池市宜州区北牙瑶族乡	370	19	62004	52651	515
河池市宜州区福龙瑶族乡	400	15	39120	29340	127
重庆市	**1426**	**98**	**165771**	**66174**	**8884**
奉节县云雾土家族乡	81	3	4284	3180	60
奉节县长安土家族乡	274	8	16280	5012	3850
奉节县龙桥土家族乡	119	6	11854	3602	3619
奉节县太和土家族乡	135	8	13998	3389	86
万州区恒合土家族乡	84	13	28170	15446	375
万州区地宝土家族乡	44	4	7701	4534	84
云阳县清水土家族乡	102	14	19266	4413	235
巫山县红椿土家族乡	110	5	6977	3800	
巫山县邓家土家族乡	58	5	3925	1334	18

乡镇企业总产值	#工业企业	乡镇企业年净利润总额	农林牧渔业总产值	农作物总播种面积	#粮食播种面积	粮食产量	肉类总产量	农民合作社个数
（万元）	（万元）	（万元）	（万元）	（亩）	（亩）	（吨）	（吨）	（个）
				34473	13501	4182	1455	12
				78376	23687	7560	2284	37
52000	48000	11000	8100	23100	14950	3865	1030	18
			89802	7952	7058	2514	393	6
			17960	27562	21900	7252	1167	23
			27501	28976	27738	7481	1405	20
				29928	18768	5046	994	24
				32279	19103	4639	1317	12
				54057	37608	11942	1255	43
				55981	29145	6664	1966	7
			18847	51436	31455	6707	2766	1
2550	2550	815	8564	19133	9090	2008	761	10
				61109	36155	8937	1407	18
			13129	40456	26245	6505	1376	36
3130	2060	300	5486	25676	15471	3211	872	7
8211	5820	722	8700	40851	27113	5491	1307	12
				7585	4738	1152	324	
42000	38000	2100	31000	53610	26910	9500	1484	30
3710	2244	940	80583	191797	63877	19840	1341	70
532	532	81		105314	76132	21128	953	24
90988	**37242**	**30918**	**173192**	**350135**	**177415**	**78923**	**22810**	**397**
1600		1000	6600	14600	2100	2590	800	22
29264	350	11705	36756	34500	6621	2204	1648	19
12000	6500	5800	15000	29361	19437	6440	200	32
5000		2300	17105	43410	6421	5512	862	81
5125	2096	2145	33482	65734	38911	12068	1275	38
485	105	232	2098	13574	11156	8600	240	16
2336	1850	680	2280	14543	10340	2760	1460	31
			4023	16478	4050	4300	684	35
76		24	1457	12000	2800	4000	296	19

9-1(一) 续表 15

民族乡名称	行政区划面积（平方公里）	村民委员会（个）	年末总人口（人）	#少数民族（人）	乡镇企业从业人员（人）
忠县磨子土家族乡	32	8	18786	8356	87
武隆区石桥苗族土家族乡	106	6	11219	4299	46
武隆区文复苗族土家族乡	110	6	9486	3933	25
武隆区后坪苗族土家族乡	87	6	7522	2397	295
武隆区浩口苗族仡佬族乡	85	6	6303	2479	104
四川省	**14688**	**459**	**719603**	**341225**	**13748**
甘孜藏族自治州九龙县子耳彝族乡	352	5	3962	2887	
甘孜藏族自治州九龙县小金彝族乡	42	3	2639	2395	
甘孜藏族自治州九龙县朵落彝族乡	125	2	1454	1196	
阿坝藏族羌族自治州松潘县十里回族乡	73	7	4053	2671	
攀枝花市仁和区大龙潭彝族乡	224	6	14956	10372	
攀枝花市仁和区啊喇彝族乡	178	5	9374	5132	27
攀枝花市米易县麻陇彝族乡	228	6	9878	8298	53
攀枝花市米易县白坡彝族乡	341	7	10087	5032	112
攀枝花市米易县湾丘彝族乡	132	5	15346	5466	
攀枝花市米易县新山傈僳族乡	71	4	7366	2121	139
攀枝花市盐边县红果彝族乡	288	6	9795	5860	1535
攀枝花市盐边县温泉彝族乡	180	5	8140	6739	
攀枝花市盐边县格萨拉彝族乡	329	6	12856	12521	
攀枝花市盐边县红宝苗族彝族乡	304	5	3567	2783	8
泸州市叙永县白蜡苗族乡	140	7	20692	4396	120
泸州市叙永县合乐苗族乡	97	5	12495	4977	66
泸州市叙永县枧槽苗族乡	81	6	12783	3056	60
泸州市叙永县石厢子彝族乡	35	4	9364	3441	15
泸州市叙永县水潦彝族乡	82	10	23917	9844	33
泸州市古蔺县箭竹苗族乡	121	8	15611	3775	533
泸州市古蔺县大寨苗族乡	47	3	8038	1950	89
泸州市古蔺县马嘶苗族乡	78	6	13507	2945	215
广元市青川县蒿溪回族乡	111	4	4045	1071	
广元市青川县大院回族乡	50	5	5678	1485	

乡镇企业总产值（万元）	#工业企业（万元）	乡镇企业年净利润总额（万元）	农林牧渔业总产值（万元）	农作物总播种面积（亩）	#粮食播种面积（亩）	粮食产量（吨）	肉类总产量（吨）	农民合作社个数（个）
16572	8266	4965	14464	39329	25355	9024	574	11
795	731	368	12906	33415	23221	5963	793	21
275	214	117	14511	2519	2021	5163	11430	18
860	530	420	7010	1672	1672	4299	1248	49
16600	16600	1162	5500	29000	23310	6000	1300	5
315057	**170586**	**70765**	**856135**	**1633895**	**1083464**	**549334**	**137276**	**1579**
			2895	5822	5002	1343	283	28
			1430	4423	1942	640	93	12
			1135	707	687	166	72	15
			5272	4254	2590	493	403	26
			60400	47606	23997	8754	2610	53
6212	1689	141	30900	15696	10255	4021	859	23
1500	500	500	20330	26865	15795	5416	1309	18
630	18		26025	35613	23980	8349	1483	40
			32415	30940	22335	28909	15000	21
1950	603	659	18797	27435	13095	5259	1045	16
7457	7457	2045	27620	29838	22711	5743	2497	33
			9218	25376	21076	6554	1459	14
2630	2630	1578	16097	40296	33367	9709	1377	27
210	210	60	6365	8450	6150	2655	689	17
1864	1056	389	8462	25150	22750	10580	2866	17
1953	312	460	7214	37934	26728	8298	1618	26
7000	300	850	1200	27500	19600	2532	800	10
525	525	96	4729	8213	5940	794	524	22
2528	2528	1376	163	43332	36139	28893	2345	11
12016	7945	4530	11036	13120	7816	8307	412	21
13962	12470	3645	16312	10740	5475	4927	113	22
12641	5389	3628	7643	36000	30165	9458	59	8
			1480	9625	5383	838	488	13
			12443	27685	17950	48100	1664	7

9-1(一) 续表 16

民族乡名称	行政区划面积（平方公里）	村民委员会（个）	年末总人口（人）	#少数民族（人）	乡镇企业从业人员（人）
乐山市金口河区和平彝族乡	41	5	7322	2327	
乐山市金口河区共安彝族乡	168	4	7012	3356	
南充市阆中市博树回族乡	23	5	7082	3856	41
宜宾市筠连县高坪苗族乡	33	5	8264	2426	42
宜宾市筠连县联合苗族乡	44	5	9973	3712	11
宜宾市筠连县团林苗族乡	46	6	7078	2016	95
宜宾市屏山县屏边彝族乡	94	5	12083	7249	76
宜宾市屏山县清平彝族乡	83	7	9157	2804	
宜宾市兴文县大坝苗族乡	130	23	31351	7662	2358
宜宾市兴文县大河苗族乡	126	15	43414	8018	1272
宜宾市兴文县麒麟苗族乡	115	16	32580	8097	2860
宜宾市兴文县仙峰苗族乡	111	8	12421	4982	317
宜宾市珙县罗渡苗族乡	41	6	14385	2865	215
宜宾市珙县玉和苗族乡	25	4	6446	2052	
宜宾市珙县观斗苗族乡	21	4	5525	1416	264
雅安市汉源县小堡藏族彝族乡	58	2	2245	525	40
雅安市汉源县坭美彝族乡	67	2	1387	887	11
雅安市汉源县永利彝族乡	109	3	3079	654	
雅安市汉源县顺河彝族乡	79	3	4847	1097	46
雅安市汉源县片马彝族乡	55	4	5029	1784	21
雅安市石棉县蟹螺藏族乡	197	4	3938	2096	315
雅安市石棉县栗子坪彝族乡	510	4	5871	5857	20
雅安市石棉县新民藏族彝族乡	123	5	6649	2458	130
雅安市石棉县草科藏族乡	341	3	2430	1381	328
雅安市宝兴县跷碛藏族乡	335	5	6420	2898	150
雅安市荥经县宝峰彝族民族乡	937	4	5414	5349	208
雅安市荥经县民建彝族民族乡	14	3	3258	556	13
雅安市石棉县王岗坪彝族藏族乡	25	4	5212	1647	
凉山彝族自治州西昌市高草回族乡	25	4	14274	3307	
凉山彝族自治州西昌市裕隆回族乡	44	5	20921	6276	111

乡镇企业总产值（万元）	#工业企业（万元）	乡镇企业年净利润总额（万元）	农林牧渔业总产值（万元）	农作物总播种面积（亩）	#粮食播种面积（亩）	粮食产量（吨）	肉类总产量（吨）	农民合作社个数（个）
			4410		12968	3669		65
			11523	8058	8058	3031		38
912	384	42	6874	22310	14176	4830	984	26
502	125	224	13701	32840	11520	4308	1390	7
3000	500	450	22770	16270	12870	5148	2051	17
968	594	335	261	8803	8105	5960	1959	12
650	650		14600	9400	8600	2150	195	33
			6500	20000	3000	5321	4356	15
42000	13440	7560	10290	78306	51820	47580	7000	11
29640	9485	5335	9970	100858	59807	43829	9600	63
21956	7026	3952	21430	140210	70752	20241	3871	50
16112	5156	2900	24365	32100	11000	9350	5610	28
13214	12342	814	8429	39250	24436	7571	4100	35
			9030	15240	14500	3985	98	8
6612	6612	1211	2230	8821	3300	2312	700	11
54	54		1297	6067	4193	1258	2576	10
124	79	11	1200	12429	5942	1566	125	17
			3368	3500	1608	1447	2084	12
916	916	84		6170	4703	1403	258	9
125	125	18	9908	11651	11651	2607	418	32
25017	24995	13212	3548	11386	903	1560	830	11
			40	44	48	52	56	8
7407	6778	2042	12033	17668	11264	3410	6014	16
1300	1300	910	3346	12146	7200	1245	300	16
7800	7600	1000	45000	12836	5313	3548	59	15
9000	6000	1200	4100	5000	5000	12000	800	53
1238		560	2000	6000	150	41	300	6
			4531	363	83	19	45	7
			24379	32445	26455	11106	3817	39
7173	1356		19746	27803	15109	4995	4395	18

9-1(一) 续表 17

民族乡名称	行政区划面积(平方公里)	村民委员会(个)	年末总人口(人)	#少数民族(人)	乡镇企业从业人员(人)
凉山彝族自治州木里藏族自治县屋脚蒙古族乡	307	2	2534	2531	
凉山彝族自治州木里藏族自治县俄亚纳西族乡	590	6	6019	5403	
凉山彝族自治州木里藏族自治县白碉苗族乡	81	4	6005	5402	
凉山彝族自治州木里藏族自治县项脚蒙古族乡	142	3	3581	2518	
凉山彝族自治州木里藏族自治县固增苗族乡	473	4	3729	3490	
凉山彝族自治州盐源县大坡蒙古族乡	149	3	3847	3058	
凉山彝族自治州德昌县金沙傈僳族乡	74	3	3386	3284	
凉山彝族自治州德昌县南山傈僳族乡	39	3	2136	2136	
凉山彝族自治州会理市新安傣族乡	137	6	9193	6052	
凉山彝族自治州冕宁县和爱藏族乡	96	5	3269	1250	
凉山彝族自治州越西县保安藏族乡	35	3	5143	4473	
绵阳市平武县木皮藏族乡	251	3	1092	806	
绵阳市平武县木座藏族乡	453	3	1672	1384	
绵阳市平武县白马藏族乡	785	4	1615	1537	
绵阳市平武县黄羊关藏族乡	199	4	1516	539	
绵阳市平武县虎牙藏族乡	484	5	2602	683	40
绵阳市平武县泗耳藏族乡	548	3	836	227	59
绵阳市平武县锁江羌族乡	497	12	12433	12100	109
绵阳市平武县旧堡羌族乡	121	4	3426	1760	10
绵阳市平武县阔达藏族乡	136	5	5077	2871	
绵阳市平武县土城藏族乡	222	6	5778	3792	54
绵阳市平武县平通羌族乡	244	12	11637	11055	12
绵阳市平武县豆叩羌族乡	270	12	10550	9044	55
绵阳市盐亭县大兴回族乡	45	7	12219	3837	7
绵阳市北川羌族自治县桃龙藏族乡	63	5	3269	2600	22
达州市宣汉渡口土家族乡	105	6	7684	7376	
达州市宣汉龙泉土家族乡	224	10	11212	9942	
达州市宣汉三墩土家族乡	86	5	15237	14482	261
达州市宣汉漆树土家族乡	104	8	18236	7570	1170

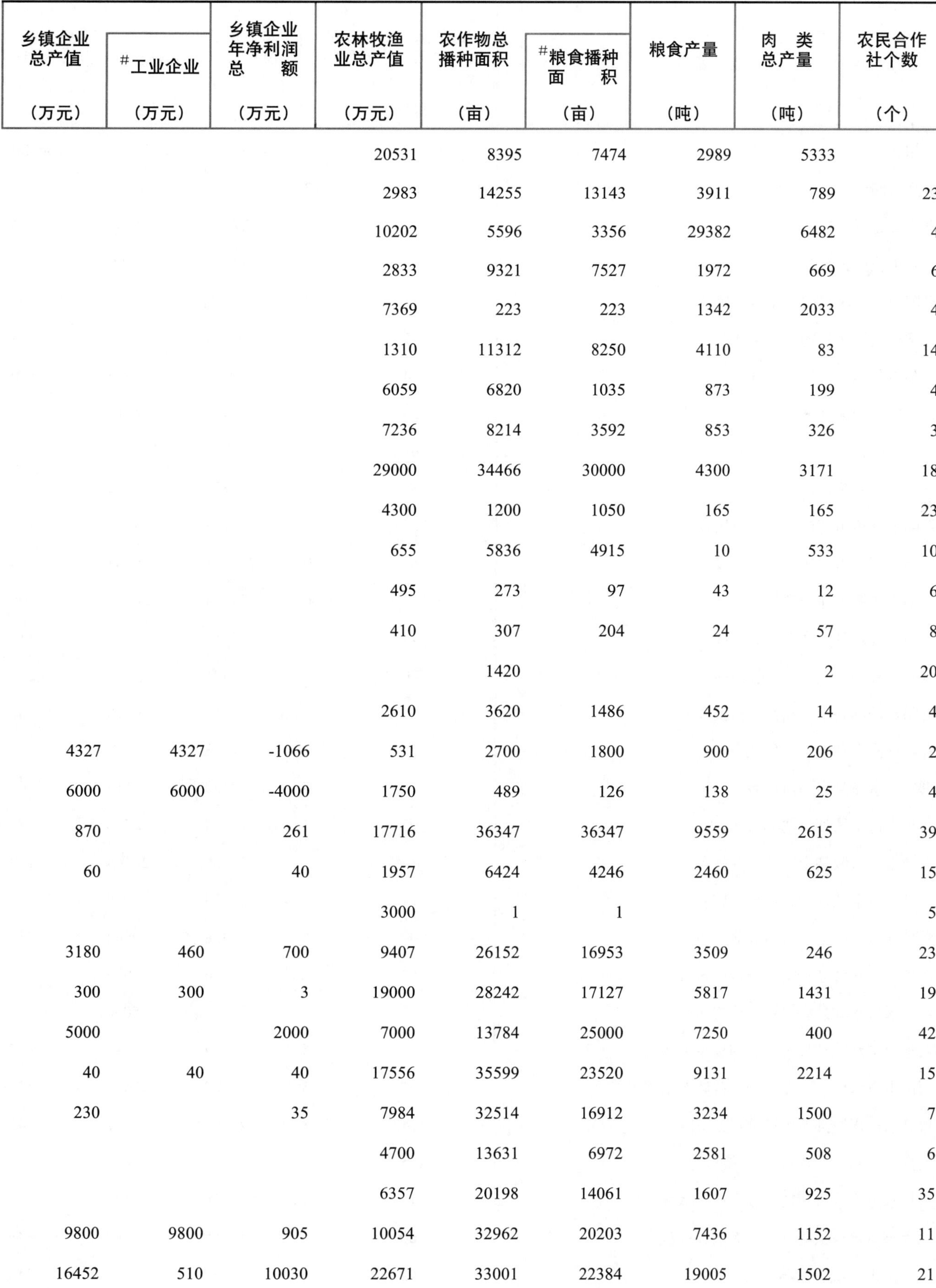

乡镇企业总产值（万元）	#工业企业（万元）	乡镇企业年净利润总额（万元）	农林牧渔业总产值（万元）	农作物总播种面积（亩）	#粮食播种面积（亩）	粮食产量（吨）	肉类总产量（吨）	农民合作社个数（个）
			20531	8395	7474	2989	5333	
			2983	14255	13143	3911	789	23
			10202	5596	3356	29382	6482	4
			2833	9321	7527	1972	669	6
			7369	223	223	1342	2033	4
			1310	11312	8250	4110	83	14
			6059	6820	1035	873	199	4
			7236	8214	3592	853	326	3
			29000	34466	30000	4300	3171	18
			4300	1200	1050	165	165	23
			655	5836	4915	10	533	10
			495	273	97	43	12	6
			410	307	204	24	57	8
				1420			2	20
			2610	3620	1486	452	14	4
4327	4327	-1066	531	2700	1800	900	206	2
6000	6000	-4000	1750	489	126	138	25	4
870		261	17716	36347	36347	9559	2615	39
60		40	1957	6424	4246	2460	625	15
			3000	1	1			5
3180	460	700	9407	26152	16953	3509	246	23
300	300	3	19000	28242	17127	5817	1431	19
5000		2000	7000	13784	25000	7250	400	42
40	40	40	17556	35599	23520	9131	2214	15
230		35	7984	32514	16912	3234	1500	7
			4700	13631	6972	2581	508	6
			6357	20198	14061	1607	925	35
9800	9800	905	10054	32962	20203	7436	1152	11
16452	510	10030	22671	33001	22384	19005	1502	21

9-1(一) 续表 18

民族乡名称	行政区划面积（平方公里）	村民委员会（个）	年末总人口（人）	#少数民族（人）	乡镇企业从业人员（人）
贵州省	**20197**	**2307**	**4350723**	**2332276**	**160330**
贵阳市南明区小碧布依族苗族乡	66	12	20775	8076	
贵阳市花溪区高坡苗族乡	120	19	27760	23566	14
贵阳市花溪区孟关苗族布依族乡	69	8	32691	13180	
贵阳市花溪区马铃布依族苗族乡	81	3	9439	5150	300
贵阳市花溪区黔陶布依族苗族乡	75	7	10928	5082	573
贵阳市乌当区偏坡布依族乡	14	2	2064	2006	180
贵阳市乌当区新堡布依族乡	54	7	6859	4019	
贵阳市白云区牛场布依族乡	67	13	15008	5223	341
贵阳市白云区都拉布依族乡	35	7	10971	7561	810
贵阳市清镇市麦格苗族布依族乡	125	15	26433	9366	1400
贵阳市清镇市王庄布依族苗族乡	80	10	25611	8964	840
贵阳市清镇市流长苗族乡	158	26	54934	28367	365
贵阳市开阳县高寨苗族布依族乡	177	8	27580	9621	750
贵阳市开阳县南江布依族苗族乡	120	6	21501	7949	560
贵阳市开阳县禾丰布依族苗族乡	83	6	17257	6216	85
贵阳市修文县大石布依族乡	50	7	14528	4017	
贵阳市息烽县青山苗族乡	50	5	7430	2155	403
六盘水市水城县坪寨彝族乡	97	4	12224	2758	70
六盘水市水城县南开苗族彝族乡	136	12	54309	26169	140
六盘水市水城县青林苗族彝族乡	64	4	21074	9298	136
六盘水市水城县金盆苗族彝族乡	107	6	32358	19664	239
六盘水市水城县新街彝族苗族布依族乡	52	3	14116	8974	30
六盘水市水城县杨梅彝族苗族回族乡	163	6	21212	15058	103
六盘水市水城县野钟苗族彝族布依族乡	142	5	24134	13712	35
六盘水市水城县果布嘎彝族苗族布依族乡	107	5	17229	12577	125
六盘水市水城县龙场苗族白族彝族乡	101	8	25395	19157	145
六盘水市水城县营盘苗族彝族白族乡	115	6	18906	10888	224
六盘水市水城县顺场苗族彝族布依族乡	119	7	26616	21531	516
六盘水市水城县花戛苗族布依族彝族乡	160	5	17168	14560	46
六盘水市水城县猴场苗族布依族乡	155	6	20757	19394	515

乡镇企业总产值 （万元）	#工业企业 （万元）	乡镇企业年净利润总额 （万元）	农林牧渔业总产值 （万元）	农作物总播种面积 （亩）	#粮食播种面积 （亩）	粮食产量 （吨）	肉类总产量 （吨）	农民合作社个数 （个）
3798629	**2684378**	**718178**	**3249786**	**7577043**	**4438608**	**1732568**	**306213**	**5749**
								12
3365	3365	541	23319	46121	15192	9300	1147	19
389000	389000		11998	15062	2777	1049	180	5
3500		1000	30000	35520	5130	3318	79	19
14953	9153	8913	27035	14325	4895	2683	146	21
620		308	11116	10713	2931	1599	65	12
			15460	6820	5800	1982	366	7
1331	396	89	46841	15660	2565	894	901	45
31500			1000	4500	850	270	29	9
89295	42000	6000	40325	565506	71777	59722	1645	49
76100	76100	1050	2784	73000	25000	8701	657	21
7010	6500	900	39073	73300	47300	7400	8200	54
32050	25000	30060	26500	35100	31500	8200	375	54
1610		260	32373	69389	22639	6590	2812	43
26688	22195	13440	28608	57244	23248	6865	1591	33
			19868	34018	10866	4825	1317	6
1356	670	499	13920	38564	12500	3455	1200	7
584	584	394	1612	39747	19561	3251	877	6
1720	760	680	39487	65199	39347	21500	1842	54
1599	680	630	15400	29666	10573	4313	2790	8
2890	1880	1007	27300	51062	33685	6210	1115	24
211	130	25	18738	43730	18875	3119	382	19
2921	1892	962	2299	49100	45100	11090	893	21
2320	2320	1235	1012	33500	27800	4780	765	9
6600	720	700	18000	35000	21000	4660	450	24
5020	2650	495	23000	45631	40986	19348	1500	45
2522	753	417	15718	36800	12000	3512	761	18
33000	33000	5940	23000	32000	18000	5400	614	27
13860	13860	2020	13560	32924	21000	10000	602	12
4916	2828	450	26558	17786	12465	4959	556	41

9-1(一) 续表 19

民族乡名称	行政区划面积（平方公里）	村民委员会（个）	年末总人口（人）	#少数民族（人）	乡镇企业从业人员（人）
六盘水市盘州市普田回族乡	74	6	15378	4243	132
六盘水市盘州市旧营白族彝族苗族乡	102	11	33082	14529	162
六盘水市盘州市羊场布依族白族苗族乡	136	15	26687	13722	13242
六盘水市盘州市保基苗族彝族乡	147	7	16775	14895	1260
六盘水市盘州市淤泥彝族乡	175	18	31521	23120	16510
六盘水市盘州市普古彝族苗族乡	195	21	27984	19078	1179
六盘水市盘州市坪地彝族乡	152	15	38622	13718	1846
六盘水市六枝特区梭戛苗族彝族乡	57	7	23965	9600	1034
六盘水市六枝特区落别布依族彝族乡	94	13	45850	27251	6700
六盘水市六枝特区中寨苗族彝族布依族乡	165	17	41000	38900	9756
六盘水市六枝特区牛场苗族彝族乡	85	9	27518	10962	1243
六盘水市六枝特区月亮河彝族苗族乡	117	17	36712	22360	2448
遵义市仁怀市后山苗族布依族乡	72	4	10498	4264	
遵义市播州区平正仡佬族乡	145	7	24153	4108	1400
遵义市播州区洪关苗族乡	65	3	11794	1179	212
遵义市桐梓县马鬃苗族乡	109	10	8796	2512	11524
遵义市正安县谢坝仡佬族苗族乡	93	6	14671	11003	300
遵义市正安县市坪苗族仡佬族乡	111	4	24079	21430	601
遵义市余庆县花山苗族乡	106	4	14796	7633	350
遵义市道真仡佬族苗族自治县上坝土家族乡	92	6	30723	18100	6250
安顺市西秀区鸡场布依族苗族乡	110	5	20006	7982	2540
安顺市西秀区杨武布依族苗族乡	152	12	30454	16894	185
安顺市西秀区岩腊苗族布依族乡	114	8	15063	8436	9260
安顺市西秀区新场布依族苗族乡	70	8	17846	7348	62
安顺市西秀区黄腊布依族苗族乡	77	7	18074	16473	1239
安顺市平坝区十字回族乡	110	11	40492	10065	91
安顺市平坝区羊昌布依族苗族乡	76	7	27634	21286	654
安顺市普定县补郎苗族乡	81	11	31860	11720	1700
安顺市普定县猴场苗族仡佬族乡	93	10	28430	9832	130
安顺市普定县猫洞苗族仡佬族乡	89	15	32648	10774	

乡镇企业总产值（万元）	#工业企业（万元）	乡镇企业年净利润总额（万元）	农林牧渔业总产值（万元）	农作物总播种面积（亩）	#粮食播种面积（亩）	粮食产量（吨）	肉类总产量（吨）	农民合作社个数（个）
911	160	151	7262	13250	8088	6015	537	6
603	402	96	29357	75092	52927	22052	1957	18
804355	403548	102596	17772	34139	19630	11474	1851	16
8598	2495	1856	27162	32150	17193	8894	1212	7
337902	246925	171238	5012	57300	54300	15087	2386	51
58542	51928	14714	68588	83427	38912	38881	2076	27
43188	27672	8649	14783	80100	32000	15200	1813	21
22576	12089	1725	17458	29844	14549	6357	792	9
64700	8400	17201	38360	41265	26890	15130	1210	32
10701	5320	1599	28788	29999	18290	7780	671	25
26510	5106	7215	39845	47688	19413	1374	1330	13
29653	11874	2021	50102	76665	31420	11112	2278	58
			5886	21240	20997	5168	934	12
38000	32000	6150	13000	70000	30500	7800	2700	33
38000	23000	2564	24981	51859	30462	8511	1247	20
16200	6800	8550	19112	40500	12510	2330	335	22
22360	10062	1509	5000	56948	23291	15771	926	11
4231	710	4129	21263	28519	19130	7982	540	10
6400	6400	1500	21060	57800	22930	7676	4500	35
530	210	200	24400	62000	26124	10200	11250	15
5133	735	1495	16674	72039	39199	8040	368	28
13056	13056	410	12985	83960	38525	24623	2055	11
1005	426	210	1604	55316	13235	3765	4280	26
5500	4500	600	1985	24500	17422	6250	1350	31
4200	4000	88	18348	44947	21433	10792	3338	41
6536			14025	14632	12054	4807	993	13
179000	104800	6700	1855	39800	32900	4700	1110	45
11720	8200	3520	13350	22000	17800	6780	400	43
				17000	4300	500	1400	8
				23172	15148	9532	1466	63

9-1(一) 续表 20

民族乡名称	行政区划面积（平方公里）	村民委员会（个）	年末总人口（人）	#少数民族（人）	乡镇企业从业人员（人）
毕节市七星关区大屯彝族乡	60	8	22963	8214	1300
毕节市七星关区田坎彝族乡	61	7	15200	4160	143
毕节市七星关区阿市苗族彝族乡	101	13	27860	11422	74
毕节市七星关区团结彝族苗族乡	84	13	24733	6687	190
毕节市七星关区阴底彝族苗族白族乡	117	12	46917	12748	303
毕节市七星关区干溪彝族苗族白族乡	56	5	23213	5914	120
毕节市黔西市永燊彝族苗族乡	95	13	26933	8017	
毕节市黔西市新仁苗族乡	69	9	26565	5638	348
毕节市黔西市花溪彝族苗族乡	82	10	19332	11965	543
毕节市黔西市中建苗族彝族乡	62	6	12490	3436	
毕节市黔西市定新彝族苗族乡	95	13	26376	8005	
毕节市黔西市太来彝族苗族乡	100	13	32315	9952	337
毕节市黔西市绿化白族彝族乡	43	7	18853	8030	596
毕节市黔西市红林彝族苗族乡	107	11	24950	14980	430
毕节市黔西市五里布依族苗族乡	84	10	23907	10210	
毕节市黔西市铁石苗族彝族乡	88	11	21481	12865	20
毕节市大方县竹园彝族苗族乡	53	9	30124	15462	732
毕节市大方县响水白族彝族仡佬族乡	114	16	47428	15425	716
毕节市大方县鼎新彝族苗族乡	111	12	47653	30067	13
毕节市大方县牛场苗族彝族乡	106	10	48630	17860	1077
毕节市大方县理化苗族彝族乡	131	10	53075	21318	76
毕节市大方县安乐彝族仡佬族乡	68	8	16520	11090	513
毕节市大方县风山彝族蒙古族乡	60	8	16615	7432	1850
毕节市大方县百纳彝族乡	96	6	22584	9018	470
毕节市大方县三元彝族苗族白族乡	94	8	20120	12805	
毕节市大方县沙厂彝族乡	74	6	13071	3364	135
毕节市大方县黄泥彝族苗族满族乡	64	6	13268	4966	180
毕节市大方县核桃彝族白族乡	88	9	36761	11864	
毕节市大方县八堡彝族苗族乡	106	9	40284	12462	15
毕节市大方县兴隆苗族乡	100	8	31088	9507	9663

乡镇企业总产值（万元）	#工业企业（万元）	乡镇企业年净利润总额（万元）	农林牧渔业总产值（万元）	农作物总播种面积（亩）	#粮食播种面积（亩）	粮食产量（吨）	肉类总产量（吨）	农民合作社个数（个）
8213	6407	6304	5018	13115	6288	4382	1989	8
500	450	260	24000	30143	24500	6200	998	14
4800	3000	900	7810	89050	76000	8350	1200	15
2296	529	150	4570	45735	33920	5291	731	17
8020	1121	890	30005	58630	26006	9797	2850	37
1500	800	600	1190	15000	16800	5000	1600	33
			9562	49530	48100	45100	8045	17
1917	310	468	39060	28125	22995	11490	1012	11
24283	24283	543	23840	8555	7238	3610	544	20
			33560	26334	21000	10510	418	23
			11000	33000	28100	14600	1738	13
19000	10000	3800	31690	50441	35265	8945	461	32
12169	10368	2269	43518	50065	28016	7239	968	15
951	739	385	14360	2568	1868	930	450	14
			4300	43838	32000	3200	1100	19
7285	5986	2008	29342	15865	10646	7200	2110	32
43011	39786	1250	3156	14750	6840	5200	2100	26
39000	32230	800	4476	28500	19280	6650	1307	80
20		12	116530	66100	42140	25630	354	14
2325	606	854	24220	81015	38500	16538	1632	54
525	525	135	9768	73680	58000	20980	4425	41
25628	21068	200	10752	1493	1254	6205	1921	55
84000	54000	9850	6835	18000	7000	2000	500	56
6800	3010	2340	19270	25912	20810	8100	800	20
			12500	75650	48500	19502	700	37
2000	150	65	6910	26807	11087	1900	561	15
1182	568	316	1920	5800	1520	492	586	15
			11870	41253	32955	899	82	45
821	821	346	1165	51243	44597	7806	1662	24
1278		500	81	12855	12855	7319	1910	95

9－1(一) 续表 21

民族乡名称	行政区划面积（平方公里）	村民委员会（个）	年末总人口（人）	#少数民族（人）	乡镇企业从业人员（人）
毕节市大方县大山苗族彝族乡	85	11	19550	7800	
毕节市大方县星宿苗族彝族仡佬族乡	127	10	14495	5521	220
毕节市织金县自强苗族乡	53	11	17572	13231	714
毕节市织金县官寨苗族乡	63	16	33628	17735	328
毕节市织金县后寨苗族乡	108	13	31149	17046	1040
毕节市织金县大平苗族彝族乡	56	13	24152	13103	130
毕节市织金县茶店布依族苗族彝族乡	86	21	39732	19605	
毕节市织金县金龙苗族彝族布依族乡	108	20	53927	32411	467
毕节市织金县鸡场苗族彝族布依族乡	105	24	55304	29880	400
毕节市金沙县太平彝族苗族乡	97	5	14010	3675	50
毕节市金沙县石场苗族彝族乡	120	11	33000	9350	210
毕节市金沙县马路彝族苗族乡	84	7	13554	3782	
毕节市金沙县安洛苗族彝族满族乡	107	8	21125	8924	1400
毕节市金沙县新化苗族彝族满族乡	90	8	24199	8168	3982
毕节市金沙县大田彝族苗族布依族乡	84	7	10104	3524	950
毕节市赫章县兴发苗族彝族回族乡	188	16	29071	13277	300
毕节市赫章县松林坡白族彝族苗族乡	113	18	29683	12407	260
毕节市赫章县雉街彝族苗族乡	140	10	17545	8563	586
毕节市赫章县珠市彝族乡	158	218	24102	13497	2010
毕节市赫章县双坪彝族苗族乡	193	26	43244	9726	836
毕节市赫章县辅处彝族苗族乡	83	9	16224	4213	200
毕节市赫章县铁匠苗族乡	83	11	20708	5884	408
毕节市赫章县可乐彝族苗族乡	132	19	45685	15301	286
毕节市赫章县河镇彝族苗族乡	173	21	40145	17786	598
毕节市赫章县结构彝族苗族乡	106	8	20584	9872	623
毕节市赫章县水塘堡彝族苗族乡	120	14	20986	5226	360
毕节市赫章县古达苗族彝族乡	129	25	31733	9050	167
毕节市纳雍县厍东关彝族苗族白族乡	59	10	24479	10583	536
毕节市纳雍县董地苗族彝族乡	99	12	31246	22216	289
毕节市纳雍县左鸠戛彝族苗族乡	59	6	13267	6512	130

乡镇企业总产值（万元）	#工业企业（万元）	乡镇企业年净利润总额（万元）	农林牧渔业总产值（万元）	农作物总播种面积（亩）	#粮食播种面积（亩）	粮食产量（吨）	肉类总产量（吨）	农民合作社个数（个）
			7000	44500	16932	18014	320	11
2180	2180	680	1800	16822	15833	8000	300	60
4967	1978	987	11056	29381	19978	8450	2735	62
1560	1085	160	8030	34850	28000	2450	205	20
25070	25030	14000	3210	39564	39481	2986	810	42
8500	8500	3500	20150	59690	36900	10360	1060	65
			19720	32630	18060	31200	1400	17
1357		491	41201	7293	6021	3011	8320	41
4300	2400	710	9556	70000	11750	6500	1600	60
1500		150	1720	5400	3500	630	676	12
2300	1500	800	17207	35800	19000	9200	2400	30
			21000	15400	10600	8720	6000	13
30000	27600	12000	9000	48750	21750	4350	1110	26
99146	99146	28893	15121	2680	2405	8426	1108	20
3500	3500	2500	1370	37561	24600	16355	418	7
48000	40000	2600	15010	45000	35000	29764	1078	32
37500	37500	3800	9512	37500	32023	5580	1870	32
695	670	247	64987	46100	32300	42450	659	24
300000	280000	76000	21000	64349	53321	9860	1200	60
11352	7928	2746	49580	128343	89176	16215	3012	85
12100	8200	2600	22312	42380	31286	12000	700	20
587	371	269	21184	32454	30017	31057	1174	35
1980	980	1350	46500	81500	81500	2350	23000	21
4500	1200	3500	23087	66000	66000	70098	2173	42
35295	33250	7869	21353	48165	24986	4914	1179	29
80439	70324	3200	10522	49773	42500	6500	250	59
5320	5320	870	3985	43600	43600	6100	101	27
3076	2451	253	76716	20731	13128	3220	1456	28
1250	392	466	6048	82013	61740	2063	2287	12
1225	235	160	1900	47500	47500	7120	1750	16

9-1(一) 续表 22

民族乡名称	行政区划面积(平方公里)	村民委员会(个)	年末总人口(人)	#少数民族(人)	乡镇企业从业人员(人)
毕节市纳雍县锅圈岩苗族彝族乡	103	17	30987	17897	246
毕节市纳雍县新房彝族苗族乡	100	25	44262	18969	312
毕节市纳雍县化作苗族彝族乡	97	20	42822	21532	468
毕节市纳雍县姑开苗族彝族乡	78	14	36634	12967	558
毕节市纳雍县羊场苗族彝族乡	117	16	34388	8610	330
毕节市纳雍县昆寨苗族彝族白族乡	90	17	31112	15651	131
毕节市纳雍县猪场苗族彝族乡	93	11	21150	14240	866
毕节市威宁彝族回族苗族自治县新发布依族乡	151	31	49542	14961	
毕节市大方县大水彝族苗族布依族乡	83	8	14496	9285	161
毕节市黔西市金坡苗族彝族满族乡	72	10	21782	14560	3865
毕节市大方县普底彝族苗族白族乡	74	10	15140	12869	800
毕节市黔西市仁和彝族苗族乡	86	9	26211	12895	350
铜仁市碧江区桐木坪侗族乡	69	3	9645	6842	
铜仁市碧江区瓦屋侗族乡	115	6	11337	9801	380
铜仁市碧江区和平土家族侗族乡	117	9	21360	15327	98
铜仁市碧江区滑石侗族苗族土家族乡	53	5	15609	14086	495
铜仁市碧江区六龙山侗族土家族乡	86	4	4325	3865	
铜仁市万山区高楼坪侗族乡	76	14	16930	14256	3600
铜仁市万山区黄道侗族乡	92	10	14177	13325	165
铜仁市万山区熬寨侗族乡	89	7	9036	7229	238
铜仁市万山区下溪侗族乡	65	8	7952	7531	468
铜仁市万山区鱼塘侗族土家族苗族乡	126	12	27054	24887	1530
铜仁市万山区大坪侗族土家族苗族乡	155	12	24798	22346	298
铜仁市德江县楠杆土家族乡	122	13	15636	15355	8
铜仁市德江县沙溪土家族乡	122	15	12385	9144	51
铜仁市德江县桶井土家族乡	94	23	19837	19305	163
铜仁市德江县堰塘土家族乡	102	14	16285	14273	98
铜仁市德江县荆角土家族乡	92	16	15855	15697	107
铜仁市德江县长丰土家族乡	95	14	17587	16899	24
铜仁市德江县龙泉土家族乡	90	13	13308	11758	86

乡镇企业总产值（万元）	#工业企业（万元）	乡镇企业年净利润总额（万元）	农林牧渔业总产值（万元）	农作物总播种面积（亩）	#粮食播种面积（亩）	粮食产量（吨）	肉类总产量（吨）	农民合作社个数（个）
1865	1865	1600	5200	86000	56300	2560	2600	63
960	720	260	52368	92000	82000	11500	1120	25
2135	472	294	8132	81368	51670	11230	1303	71
6850	3440	5210	8554	42000	38000	19200	104	44
2702	203	199	11202	29643	15496	9630	1760	26
1726	1491	516	1344	53368	28856	7618	906	30
4600	1125	700	2008	50600	40526	8450	1356	15
			345	55000	11500	58500	4600	62
9166		-419	2871	44257	15927	8192	157	13
8975	8198	1890	5086	7987	5580	2935	595	44
46564	45654	13236	1650	5300	3420	4003	1141	32
2800	2630	620	10392	33234	25934	7780	608	15
			8412	8580	8580	3127	3476	43
2800	2700	800	9708	9512	7781	3981	684	11
4836	1807	420	31745	34006	19617	5438	2985	64
7120	6840	925	45000	41030	32153	13541	1537	50
			3530	4580	4580	3085	385	12
55150	38450	17550	4605	21000	17400	875	1900	50
1528		1164	41950	14558	11408	6292	6320	27
1300		430	23795	13450	8400	3236	1592	13
2950	2450	970	11200	1530	5300	2050	1286	26
3510		2510	21367	62861	50782	14300	600	87
3650	1200	240	24500	53594	26584	14412	2016	32
300	300	57	5469	2627	1827	19063	681	35
578	354	86	27400	33610	23120	5158	2098	46
913	90	39	15100	34892	11377	11369	1914	80
391		127	32774	71360	40967	10399	1444	49
3300	2300	1280	16156	34997	19483	5085	1217	48
362		86	19435	29125	25850	4125	1968	102
562		80	22689	46870	30301	7236	2126	40

9-1(一) 续表 23

民族乡名称	行政区划面积（平方公里）	村民委员会（个）	年末总人口（人）	#少数民族（人）	乡镇企业从业人员（人）
铜仁市德江县钱家土家族乡	80	14	14253	14112	170
铜仁市江口县德旺土家族苗族乡	191	10	17308	8215	269
铜仁市江口县官和侗族土家族苗族乡	120	4	9194	6438	
铜仁市石阡县聚凤仡佬族侗族乡	159	18	20851	19603	365
铜仁市石阡县大沙坝仡佬族侗族乡	61	15	20203	13738	
铜仁市石阡县枫香仡佬族侗族乡	70	12	10088	7868	560
铜仁市石阡县青阳苗族仡佬族侗族乡	135	14	11444	8865	81
铜仁市石阡县龙井侗族仡佬族乡	100	23	28078	22736	68
铜仁市石阡县石固仡佬族侗族乡	166	14	13096	6875	500
铜仁市石阡县坪地仡佬族侗族乡	143	18	22397	16850	520
铜仁市石阡县甘溪仡佬族侗族乡	158	9	13908	11827	40
铜仁市石阡县坪山仡佬族侗族乡	123	8	11368	8266	239
铜仁市思南县思林土家族苗族乡	56	14	14845	8846	46
铜仁市思南县枫芸土家族苗族乡	68	16	16303	5273	86
铜仁市思南县杨家坳苗族土家族乡	76	18	21001	10506	70
铜仁市思南县胡家湾苗族土家族乡	59	14	16282	12680	165
铜仁市思南县宽坪土家族苗族乡	68	14	15776	8713	148
铜仁市思南县三道水土家族苗族乡	62	17	21542	12358	166
铜仁市思南县天桥土家族苗族乡	69	12	16016	8631	152
铜仁市思南县兴隆土家族苗族乡	56	13	16258	9088	332
黔西南布依族苗族自治州兴仁市鲁础营回族乡	145	8	19848	7913	426
黔西南布依族苗族自治州望谟县油迈瑶族乡	156	8	13738	13705	
黔东南苗族侗族自治州从江县秀塘壮族乡	178	6	6815	6205	7
黔东南苗族侗族自治州从江县刚边壮族乡	145	11	10155	9999	610
黔东南苗族侗族自治州从江县翠里瑶族壮族乡	165	20	14213	13786	9
黔东南苗族侗族自治州镇远县尚寨土家族乡	73	4	7546	6942	15
黔东南苗族侗族自治州麻江县坝芒布依族乡	127	7	17196	11658	
黔东南苗族侗族自治州榕江县水尾水族乡	171	5	3538	3510	
黔东南苗族侗族自治州榕江县三江水族乡	199	13	14393	12983	7
黔东南苗族侗族自治州榕江县仁里水族乡	83	8	11022	9757	

乡镇企业总产值（万元）	#工业企业（万元）	乡镇企业年净利润总额（万元）	农林牧渔业总产值（万元）	农作物总播种面积（亩）	#粮食播种面积（亩）	粮食产量（吨）	肉类总产量（吨）	农民合作社个数（个）
445	330	55	18325	27700	27700	7415	1480	59
9163	7109	1643	26370	21975	21975	14236	2532	10
			18459	15145	7093	4379	816	30
3357	1496	1861	9164	31546	31259	7843	1695	38
			4500	30080	25000	12500	500	43
1350	1100	680	1350	16500	9550	2088	1085	24
268	89	95	7988	18577	6557	5975	4250	26
690	305	150	1113	38971	16481	9868	1355	23
6600	5000	2100	386	15371	3647	280	280	25
2000	1200	600	1050	6200	3800	1000	2000	20
2000	400	700	9855	30574	25542	7293	1149	9
31200	30600	2860	22680	21490	14216	5120	1570	28
785		126	11433	32112	20110	6525	1615	41
1546	925	158	19786	18892	15562	4750	741	42
513		49	13014	30650	26300	17932	2673	24
378	195	55	15844	36024	29052	6364	1033	18
242		59	15506	30963	27563	4574	1703	24
1612		682	18230	39568	26587	8546	983	21
560		362	12986	29594	19668	4830	1561	22
570		180	15260	34200	23500	7853	1083	24
2510	824	910	5623	38391	20011	6084	985	18
			8953	50934	9636	2338	289	30
200		43	12238	19868	10010	5590	390	34
2150		142	4560	5600	4500	6200	520	47
572	572	280	12312	22560	12204	5130	354	16
40		8	11052	37582	14500	3489	620	5
			17413	62447	16408	6921	860	27
			4982	8585	5585	1983	907	12
212	72	30	10051	28668	14240	3958	921	24
			1377	22180	13450	2476	785	17

9-1(一) 续表 24

民族乡名称	行政区划面积（平方公里）	村民委员会（个）	年末总人口（人）	#少数民族（人）	乡镇企业从业人员（人）
黔东南苗族侗族自治州榕江县定威水族乡	147	7	5820	5254	
黔东南苗族侗族自治州榕江县兴华水族乡	176	9	11548	11428	58
黔东南苗族侗族自治州榕江县塔石瑶族水族乡	86	9	10073	8728	96
黔东南苗族侗族自治州雷山县达地水族乡	73	10	11426	10097	
黔东南苗族侗族自治州黎平县顺化瑶族乡	59	4	5010	4960	
黔东南苗族侗族自治州黎平县雷洞瑶族水族乡	82	16	13376	13354	
黔东南苗族侗族自治州岑巩县羊桥土家族乡	161	15	28347	21976	
黔南布依族苗族自治州都匀市归兰水族乡	150	12	33516	32335	10
黔南布依族苗族自治州荔波县瑶山瑶族乡	207	6	10591	10339	150
黔南布依族苗族自治州荔波县黎明关水族乡	488	14	21357	19218	520
黔南布依族苗族自治州平塘县卡蒲毛南族	108	6	13233	12955	270
贵阳市花溪区湖潮布依族苗族乡	111	20	46219	16898	
云南省	**41040**	**1070**	**2844800**	**1826868**	**63434**
昆明市晋宁区夕阳彝族乡	157	10	9610	7714	663
昆明市晋宁区双河彝族乡	152	6	9466	7729	137
昆明市宜良县九乡彝族回族乡	302	8	19478	5979	
昆明市宜良县耿家营彝族苗族乡	199	9	19281	6824	
昭通市昭阳区守望回族乡	67	7	52488	38187	676
昭通市昭阳区小龙洞回族彝族乡	124	6	40883	33524	2103
昭通市布嘎回族乡	97	5	36679	24305	346
昭通市青岗岭回族彝族乡	113	7	31625	10436	145
昭通市鲁甸县桃源回族乡	58	7	44385	42083	1862
昭通市鲁甸县茨院回族乡	43	6	32049	9055	3500
昭通市大关县上高桥回族彝族苗族乡	103	7	22418	7183	461
昭通市永善县马楠苗族彝族乡	211	6	16642	5779	24
昭通市永善县伍寨彝族苗族乡	174	5	15816	4792	200
昭通市镇雄县果珠彝族乡	91	5	44150	10356	1236
昭通市镇雄县林口彝族苗族乡	117	8	52421	14998	482
昭通市彝良县龙街苗族彝族乡	238	12	50009	12051	
昭通市彝良县奎香苗族彝族乡	229	11	56047	11398	

乡镇企业总产值		乡镇企业年净利润总　额	农林牧渔业总产值	农作物总播种面积		粮食产量	肉　类总产量	农民合作社个数
	#工业企业				#粮食播种面　积			
(万元)	(万元)	(万元)	(万元)	(亩)	(亩)	(吨)	(吨)	(个)
			8625	6295	6295	2574	200	21
1163		99	5567	10811	8000	2851	806	3
1283			9100	11563	8552	2153	573	35
			8562	31000	18000	4500	526	14
			5671	7195	3432	1827	88	10
			3944	8890	8000	4104	671	20
			22014	60103	27024	9013	1151	49
414		130	28857	60687	28396	19235	2055	46
1080	1080	260	13120	8120	6516	1842	585	21
2662	2662	656	30885	28139	25000	7000	2154	75
3600	2380	1590	13060	16138	14067	5676	1609	6
			15500	13300	3000	1300	2318	34
2797702	**2093100**	**221664**	**4122470**	**9106249**	**5417442**	**1785786**	**386433**	**4024**
1100		480	21335	25674	11975	3302	633	11
980		101	42000	39147	7774	2732	2537	22
				94783	41955	18276	1191	13
				77890	56750	13500	6800	3
19786	18000	4947	64560	62382	29611	23117	1251	14
11000		945	28000	60774	35949	23084	1309	26
903		72	36200	75800	33000	7322	425	38
2830	1065	1395	16261	45950	38170	15655	2843	25
96209	92740	18763	49700	68701	35712	10190	2506	72
238075	187290	50785	20345	37965	24345	8709	1587	43
668	535	486	18165	46548	38567	6218	2005	19
300	300	1000	11600	34500	26000	6820	1720	37
3000		1200	6850	48500	38000	4900	280	14
8704	8704	2720	44192	70443	57400	12439	3535	48
3600	2900	600	69870	98175	83584	19523	3550	32
			15010	96885	66000	43390	3644	57
			35116	66320	43152	24238	3517	23

9-1(一) 续表 25

民族乡名称	行政区划面积（平方公里）	村民委员会（个）	年末总人口（人）	#少数民族（人）	乡镇企业从业人员（人）
昭通市彝良县树林彝族苗族乡	119	6	28235	7792	
昭通市彝良县柳溪苗族乡	97	5	23360	6086	
昭通市彝良县洛旺苗族乡	168	9	33019	7980	
昭通市威信县双河苗族彝族乡	146	8	35187	9648	
曲靖市师宗县龙庆彝族壮族乡	481	14	43563	20297	541
曲靖市师宗县五龙壮族乡	476	13	37560	14272	960
曲靖市师宗县高良壮族苗族瑶族乡	561	11	28395	27691	1032
曲靖市罗平县长底布依族乡	89	6	19055	6401	559
曲靖市罗平县旧屋基彝族乡	120	7	11566	4326	152
曲靖市罗平县鲁布革布依族苗族乡	249	9	21037	18830	173
曲靖市富源县古敢水族乡	83	3	16162	6606	403
曲靖市会泽县新街回族乡	263	16	46459	18837	108
楚雄彝族自治州南华县雨露白族乡	243	7	14047	11778	
楚雄彝族自治州大姚县湾碧傈僳傣族乡	558	12	18148	10346	20
楚雄彝族自治州永仁县永兴傣族乡	539	12	11670	8815	885
楚雄彝族自治州武定县东坡傣族乡	168	8	12603	10590	190
玉溪市红塔区小石桥彝族乡	73	3	6524	3054	917
玉溪市红塔区洛河彝族乡	171	5	10165	9210	1316
玉溪市江川区安化彝族乡	96	5	9719	9255	
玉溪市通海县高大傣族彝族乡	110	6	11275	7540	1120
玉溪市通海县里山彝族乡	100	6	8961	4640	3900
玉溪市通海县兴蒙蒙古族乡	5	3	5903	5607	1210
玉溪市华宁县通红甸彝族苗族乡	115	6	10585	4755	86
玉溪市易门县十街彝族乡	160	8	12244	6962	
玉溪市易门县浦贝彝族乡	179	7	17377	9461	448
玉溪市易门县铜厂彝族乡	293	9	21597	14238	
红河哈尼族彝族自治州河口瑶族自治县桥头苗族壮族乡	161	8	19193	15124	
红河哈尼族彝族自治州金平苗族瑶族傣族自治县者米拉祜族乡	376	4	25382	25252	
红河哈尼族彝族自治州蒙自市期路白苗族乡	212	6	19294	14879	
红河哈尼族彝族自治州蒙自市老寨苗族乡	157	4	13153	8207	5124

乡镇企业总产值 (万元)	#工业企业 (万元)	乡镇企业年净利润总额 (万元)	农林牧渔业总产值 (万元)	农作物总播种面积 (亩)	#粮食播种面积 (亩)	粮食产量 (吨)	肉类总产量 (吨)	农民合作社个数 (个)
			5900	51008	42135	11000	1320	8
			16380	25980	23510	8260	1040	22
			13017	60333	39235	19774	3228	27
			20137	73080	64020	17658	2450	26
1289	273	552	83512	166712	86953	29912	16864	14
4100	1360	2100	51768	180760	35740	19454	9660	17
11779	1203	2056	13310	136520	49420	32200	5841	43
3130	469	704	41179	80124	26284	13327	1867	7
1050	300	540	41221	55405	21100	9168	2080	7
1737	117	940	27878	42419	15944	5987	3231	31
3488	1903	262	19066	48797	15140	9423	5202	21
1194	374	189	31621	59914	46316	21125	13670	20
			8417	40500	28800	8560	2783	38
91	5	22	28200	40288	26754	8278	1203	30
17500	6660	1800	27964	35500	28000	9100	3000	32
13210	12404	806	8960	26000	13800	4850	4432	48
40240	38493	794	27425	41742	8408	3448	1564	4
63593	25009	1183	39211	26937	10314	5176	5145	5
			47045	60652	12940	5858	504	22
22330	21050	260	31303	26340	10021	4047	1615	12
1368521	1057558	35169	37698	45844	9619	3415	2510	20
83654	73668	4970	13211	9948	963	435	102	13
3285	3285	2864	33682	41168	15044	4638。6	975	7
			23300	43815	33224	1454	3762	20
45201	45201	24861	37596	56989	26264	6773	7172	16
			44693	87641	38973	12650	4376	21
			16028	56376	25455	8416	1244	2
			25662	45805	31700	11974	980	11
			9316	48650	37800	9543	1007	4
2135	2135	260	18844	68760	33700	7678	1468	12

9-1(一) 续表 26

民族乡名称	行政区划面积（平方公里）	村民委员会（个）	年末总人口（人）	#少数民族（人）	乡镇企业从业人员（人）
红河哈尼族彝族自治州开远市大庄回族乡	104	5	19290	15862	74
文山壮族苗族自治州文山市东山彝族乡	158	4	11077	10004	
文山壮族苗族自治州文山市红甸回族乡	91	4	15170	12801	
文山壮族苗族自治州文山市秉烈彝族乡	293	10	24560	23453	
文山壮族苗族自治州文山市柳井彝族乡	173	7	15681	9545	
文山壮族苗族自治州文山市坝心彝族乡	127	5	8188	4234	
文山壮族苗族自治州砚山县阿舍彝族乡	268	7	27946	23269	
文山壮族苗族自治州砚山县维末彝族乡	581	10	62008	41981	1968
文山壮族苗族自治州砚山县盘龙彝族乡	238	6	36114	23727	2110
文山壮族苗族自治州砚山县干河彝族乡	237	4	24955	20226	
文山壮族苗族自治州丘北县舍得彝族乡	303	7	24372	22356	37
文山壮族苗族自治州丘北县新店彝族乡	472	6	26669	24772	8
文山壮族苗族自治州丘北县树皮彝族乡	599	9	51184	32217	156
文山壮族苗族自治州丘北县八道哨彝族乡	230	5	38974	29195	386
文山壮族苗族自治州丘北县腻脚彝族乡	424	7	32212	21094	51
文山壮族苗族自治州麻栗坡县猛硐瑶族乡	215	5	15727	15054	286
文山壮族苗族自治州富宁县洞波瑶族乡	535	12	39483	35030	59
普洱市澜沧拉祜族自治县酒井哈尼族乡	381	4	12766	12123	
普洱市澜沧拉祜族自治县发展河哈尼族乡	486	4	16188	12346	
普洱市澜沧拉祜族自治县谦六彝族乡	896	15	46466	38092	
普洱市澜沧拉祜族自治县文东佤族乡	180	6	14841	10651	
普洱市澜沧拉祜族自治县安康佤族乡	179	5	12721	12503	
普洱市澜沧拉祜族自治县雪林佤族乡	222	7	14231	13716	
普洱市思茅区云仙彝族乡	681	12	17284	8154	
普洱市思茅区龙潭彝族傣族乡	326	6	11702	5249	23
普洱市墨江哈尼族自治县孟弄彝族乡	213	7	12750	10770	12
普洱市西盟佤族自治县力所拉祜族乡	186	5	12197	11756	
大理白族自治州大理市太邑彝族乡	107	5	9266	8961	
大理白族自治州鹤庆县六合彝族乡	250	13	15714	15462	431
大理白族自治州宾川县钟英傈僳族彝族乡	292	6	8711	5382	37

乡镇企业总产值（万元）	#工业企业（万元）	乡镇企业年净利润总额（万元）	农林牧渔业总产值（万元）	农作物总播种面积（亩）	#粮食播种面积（亩）	粮食产量（吨）	肉类总产量（吨）	农民合作社个数（个）
11023	11023	582	53600	64850	59300	31959	2614	29
			16390	52517	24980	9404	675	15
			25808	71670	40204	11834	1361	15
			28095	108424	65982	22040	3115	13
			18774	47175	29278	8689	469	4
			8982	39538	23397	14120	756	10
			27755	95663	52912	15999	1542	3
7915		1237	71902	272161	125652	41699	5458	69
73438	72231	1207	37836	125316	55018	18211	1724	38
			34742	132900	61530	16676	1457	3
1840		335	15154	73904	40852	10569	1830	2
124	1	16	28234	114124	72566	17980	5650	13
275	165	158	61944	316897	91352	22238	9061	65
42262	36532	2186	57179	150718	73437	19110	2015	52
20047	20047	2631	59700	169693	88369	19822	8244	32
3320	2112	245	17000	37605	18732	5079	1381	24
			50600	96470	46820	14300	2280	62
			27300	49160	30227	10427	1026	4
			27230	53671	43006	16684	1526	22
			32783	158957	125400	35703	1544	15
			17941	79902	58142	13938	1284	6
			5176	61014	40647	10777	47	5
			16528	36756	29844	7730	752	7
			42901	116341	71988	17908	2169	21
250		32	21350	37649	26350	6321	1483	18
360	360	38	12730	74258	63500	12700	1682	8
			14491	38114	28201	6719	554	20
			9112	15443	14660	6501	1628	52
1780	790	508	21200	34100	28600	7309	4156	20
301	107	68	13420	31506	22170	8861	1415	13

9-1(一) 续表 27

民族乡名称	行政区划面积(平方公里)	村民委员会(个)	年末总人口(人)	#少数民族(人)	乡镇企业从业人员(人)
大理白族自治州宾川县拉乌彝族乡	242	7	10557	5088	162
大理白族自治州祥云县东山彝族乡	316	8	10008	9659	
大理白族自治州弥渡县牛街彝族乡	264	11	19630	7444	245
大理白族自治州永平县北斗彝族乡	482	9	13285	10241	23
大理白族自治州永平县厂街彝族乡	362	11	19640	11128	682
大理白族自治州永平县水泄彝族乡	396	9	16880	13217	114
大理白族自治州云龙县苗尾傈僳族乡	662	8	18090	15454	
大理白族自治州云龙县团结彝族乡	306	5	11323	10885	156
丽江市华坪县永兴傈僳族乡	315	7	13364	5480	3482
丽江市华坪县通达傈僳族乡	152	5	8024	6404	34
丽江市华坪县新庄傈僳族傣族乡	277	7	16921	8658	347
丽江市华坪县船房傈僳族傣族乡	174	4	9882	3615	230
丽江市永胜县羊坪彝族乡	164	5	7994	7994	
丽江市永胜县东山傈僳族彝族乡	379	5	6098	5915	
丽江市永胜县六德傈僳族彝族乡	331	8	13755	10252	133
丽江市永胜县大安彝族纳西族乡	241	8	15185	10206	
丽江市永胜县光华傈僳族彝族乡	170	8	14925	8033	
丽江市永胜县松坪傈僳族彝族乡	291	8	8081	7843	
丽江市宁蒗彝族自治县翠玉傈僳族普米族乡	618	6	15242	11650	
丽江市古城区金江白族乡	89	5	3420	2828	
丽江市玉龙纳西族自治县九河白族乡	359	11	28500	27514	
丽江市玉龙纳西族自治县石头白族乡	574	5	9469	8868	
丽江市玉龙纳西族自治县黎明傈僳族乡	812	7	15751	12972	
保山市隆阳区瓦马彝族白族乡	307	21	25421	13212	150
保山市隆阳区瓦房彝族苗族乡	300	19	34058	14628	2468
保山市隆阳区杨柳白族彝族乡	492	18	39219	27155	2936
保山市隆阳区芒宽彝族傣族乡	510	15	48576	33486	5111
保山市施甸县摆榔彝族布朗族乡	83	4	7391	5228	
保山市施甸县木老元布朗族彝族乡	77	4	5944	2899	
保山市龙陵县木城彝族傈僳族乡	234	5	9471	4023	

乡镇企业总产值（万元）	#工业企业（万元）	乡镇企业年净利润总额（万元）	农林牧渔业总产值（万元）	农作物总播种面积（亩）	#粮食播种面积（亩）	粮食产量（吨）	肉类总产量（吨）	农民合作社个数（个）
3500	2300	450	19890	27800	17700	7200	2126	31
			48991	31689	20793	8752	2771	43
2925	2345	482	19871	66148	44449	18552	9803	46
3614	2766	2460	41458	33648	21600	10841	3144	53
56952	21310	6120	82640	62250	59835	26469	3685	62
44125	44125	3567	34885	64217	63256	12277	2214	56
			26768	55833	41960	13083	2266	1
7700	7200	2310	17000	51398	34797	9475	2932	36
1498	1498	480	22851	34901	17469	3926	893	41
1063	330	275	1207	36211	19454	5193	772	20
1764	765	915	42351	51963	27813	9252	1820	34
2520		168	12566	24105	16388	4101	1300	28
			4656	22900	22318	5521	667	16
			11633	45120	36373	10912	1363	5
10401	1792	550	9678	31036	25376	6834	2195	42
			12855	55123	24312	6985	1357	51
			17380	35931	26600	7338	2267	24
			6630	35820	19140	4655	1280	22
			14875	53804	21974	4687	816	38
			3136	5670	4470	1788	651	3
			25072	64942	51624	44945	2890	85
			6336	26010	18388	3289	1953	25
			14842	67740	63127	10640	3021	36
12764	12764	676	53499	87976	64249	26875	7801	31
27964	20011	5629	55900	112058	80246	37564	8910	52
64730	10005	4068	80135	181501	125885	63044	7094	76
124600	97258	3586	125748	116225	68569	39043	7579	84
			16806	31442	21827	6479	2226	20
			9484	22407	16253	4646	1291	5
			31700	41746	26100	7370	1900	21

9-1(一) 续表 28

民族乡名称	行政区划面积（平方公里）	村民委员会（个）	年末总人口（人）	#少数民族（人）	乡镇企业从业人员（人）
保山市昌宁县朱街彝族乡	281	10	14154	13165	42
保山市昌宁县苟街彝族苗族乡	358	11	23563	6239	236
保山市昌宁县湾甸傣族乡	316	5	18755	5840	531
德宏傣族景颇族自治州陇川县户撒阿昌族乡	256	11	26637	18367	2736
德宏傣族景颇族自治州芒市三台山德昂族乡	158	4	7788	6018	
德宏傣族景颇族自治州梁河县曩宋阿昌族乡	109	9	25377	7540	
德宏傣族景颇族自治州梁河县九保阿昌族乡	134	6	15674	7606	
德宏傣族景颇族自治州盈江县苏典傈僳族乡	428	4	8662	6635	
怒江傈僳族自治州福贡县匹河怒族乡	402	9	12364	12089	83
怒江傈僳族自治州泸水市洛本卓白族乡	267	9	13641	13521	
迪庆藏族自治州香格里拉市三坝纳西族乡	980	7	18779	17209	81
迪庆藏族自治州德钦县霞若傈僳族乡	1415	7	8622	8568	
迪庆藏族自治州德钦县拖顶傈僳族乡	375	8	9922	9877	
临沧市凤庆县新华彝族苗族乡	340	11	24745	19121	510
临沧市凤庆县腰街彝族乡	92	6	9155	7868	
临沧市凤庆县郭大寨彝族白族乡	176	11	21957	8714	35
临沧市云县栗树彝族傣族乡	250	16	21750	17284	
临沧市云县忙怀彝族布朗族乡	238	11	20258	16058	
临沧市云县后箐彝族乡	187	11	21147	15559	
临沧市永德县大雪山彝族拉祜族傣族乡	392	8	21503	8387	129
临沧市永德县乌木龙彝族乡	204.2	10	27997	20317	1826
临沧市临翔区平村彝族傣族乡	297	5	9109	5280	2
临沧市临翔区南美拉祜乡	121	4	4922	4046	43
临沧市耿马傣族佤族自治县芒洪拉祜族布朗族乡	259	5	8559	6014	
临沧市沧源佤族自治县勐角傣族彝族拉祜族乡	218	9	14743	12933	97
临沧市镇康县军赛佤族拉祜族傈僳族德昂族乡	184	6	14452	5283	103
西双版纳傣族自治州景洪市基诺山基诺族乡	623	7	15006	14121	
西双版纳傣族自治州景洪市景哈哈尼族乡	399	6	17160	16151	3937
西双版纳傣族自治州勐腊县瑶区瑶族乡	464	4	9277	8683	
西双版纳傣族自治州勐腊县象明彝族乡	934	5	12589	12286	

乡镇企业总产值（万元）	#工业企业（万元）	乡镇企业年净利润总额（万元）	农林牧渔业总产值（万元）	农作物总播种面积（亩）	#粮食播种面积（亩）	粮食产量（吨）	肉类总产量（吨）	农民合作社个数（个）
3434	3434	356	36111	72702	42494	12987	3398	32
3557	3557	137	53700	74843	42800	12144	9724	52
12945	7265	723	65200	133162	64116	23300	13547	40
24534		6968	59590	130687	59908	20439	1800	31
			23683	42215	27055	8277	656	21
			9989	43363	24346	9584	854	33
			10124	41004	21925	6697	909	37
			7000	47700	24000	7000	1000	14
420		230	8546	21945	13080	2833	576	38
			7432	37602	22811	2335	854	9
6430	6300	577		48638	42795	12268	1551	60
			22327	16188	8209	2480	481	60
				15401	13001	1285	831	91
1080		507	50520	81000	76420	16460	5120	38
			28713	37263	25110	4583	1720	21
1625		36	39300	55868	37818	7497	3914	43
			30350	67615	49540	15860	3800	33
			31000	50210	46780	13540	4150	11
			34361	78602	67250	14876	3330	11
53000	53000	-400	43453	88652	52551	20305	4782	8
32860	12386	4929	29000	46970	43761	12666	1119	12
86		4	21518	48203	21371	6714	856	15
5765	5765	273	16024	59625	34437	2691	1279	22
			21320	41624	17927	5003	701	8
4817	3152	328	13377	61903	45223	12056	2456	19
11000	11000	-1100	24718	68783	54100	12184	1970	17
			61243	70534	35071	10226	550	43
19615	7503	1373	31688	16226	11226	3850	546	14
			56448	45718	23693	7426	1180	10
			70000	47400	26802	10721	350	53

9-1(一)　续表 29

民族乡名称	行政区划面积（平方公里）	村民委员会（个）	年末总人口（人）	#少数民族（人）	乡镇企业从业人员（人）
西双版纳傣族自治州勐海县格朗和哈尼族乡	313	5	18058	17280	153
西双版纳傣族自治州勐海县布朗山布朗族乡	1001	7	22447	21583	
西双版纳傣族自治州勐海县西定哈尼族乡	615	11	26592	24390	
西藏自治区	**3816**	**28**	**35144**	**33585**	**70**
山南市错那县麻麻门巴族乡	107	1	306	306	
山南市错那县贡日门巴族乡	187	2	191	191	
山南市错那县基巴门巴族乡	89	2	176	176	
山南市错那县勒布区勒门巴族乡	674	2	150	96	5
林芝市巴宜区更章门巴族乡	619	6	1485	1480	
林芝市米林县南伊珞巴乡	633	3	26221	24742	
林芝市墨脱县达木珞巴族乡	800	4	1118	1104	
昌都市芒康县下盐井纳西族乡	375	5	4880	4873	65
山南市隆子县斗玉洛巴乡	333	3	617	617	
甘肃省	**16149**	**293**	**320935**	**219053**	**4845**
临夏回族自治州广河县阿里麻土东乡族乡	36	6	15936	15936	
甘南藏族自治州临潭县长川回族乡	47	10	11032	3940	
甘南藏族自治州临潭县卓洛回族乡	20	3	3285	2361	13
甘南藏族自治州卓尼县勺哇土族乡					
陇南市文县铁楼藏族乡	324	16	10986	2563	72
陇南市武都区坪垭藏族乡	95	9	6369	6369	
陇南市武都区磨坝藏族乡	84	8	5159	1829	18
陇南市宕昌县新城子藏族乡	91	10	7776	2132	221
酒泉市肃州区黄泥堡裕固族乡	98	3	1667	1116	
酒泉市玉门市小金湾东乡族乡	24	5	7077	7077	10
白银市会宁县新添堡回族乡	208	13	19586	15594	156
庆阳市正宁县五倾源回族乡	145	5	6651	2506	
平凉市崆峒区峡门回族乡	209	24	20629	19185	2189
平凉市华亭市神峪回族乡	101	11	11617	3835	925
平凉市华亭市山寨回族乡	85	8	13802	3731	120
平凉市崆峒区白庙回族乡	66	9	13889	6670	

乡镇企业总产值（万元）	#工业企业（万元）	乡镇企业年净利润总额（万元）	农林牧渔业总产值（万元）	农作物总播种面积（亩）	#粮食播种面积（亩）	粮食产量（吨）	肉类总产量（吨）	农民合作社个数（个）
12797	8900	1919	45474	55625	38809	14019	474	80
			60810	66075	44147	11000	3610	196
			40000	124349	77886	27080	837	48
4450		**4440**	**27007**	**16750**	**12299**	**12025**	**2130**	**58**
			55	76	57	7	30	1
			586	455	455	85	34	2
			83	144	95	20	14	1
10			42	39		1	25	3
				1599	1599	500	98	1
			24080	3230	2399	8712	1339	
			584	2833	2257	692	45	24
4440		4440	1267	7892	5087	1868	502	11
			310	484	352	139	43	15
1167786	**1152117**	**8001**	**136673**	**943511**	**662443**	**186181**	**32397**	**779**
			988	11990	11405	5393	6108	19
				36099	17796	2461	807	43
				5735	4907	563	441	10
1650	950	660	146	18784	12752	2295	1532	43
			35	13764	9858	3252	1917	9
80		56	984	17244	7564	2713	225	18
280	145	62	1140	10200	6700	1158	35	25
			8075	7344	1030	484		18
128		120	8957	24236	7571	3925	462	14
5646	3850	2320	1588	110812	103123	16118	2479	63
				16012	14822	6586		12
1142572	1139772	3704	17630	53711	43055	12267		51
5239	4222	315	10144	43238	33958	8465	901	13
1200	210	150	9458	37412	25546	6341	744	25
			600	33582	27370	8104	1743	50

9-1(一) 续表 30

民族乡名称	行政区划面积（平方公里）	村民委员会（个）	年末总人口（人）	#少数民族（人）	乡镇企业从业人员（人）
平凉市崆峒区大秦回族乡	58	12	13444	11680	
平凉市崆峒区寨河回族乡	84	12	15761	11820	
平凉市崆峒区大寨回族乡	227	24	25990	18193	96
平凉市崆峒区西阳回族乡	89	13	12936	12936	
平凉市崆峒区上杨回族乡	46	7	8097	7688	187
张掖市肃南裕固族自治县祁丰藏族乡	10202	13	3265	2756	
张掖市肃南裕固族自治县马蹄藏族乡	1999	23	4668	2523	
张掖市肃南裕固族自治县白银蒙古族乡	448	3	690	307	
张掖市甘州区平山湖蒙古族乡	1040	3	871	143	
临夏回族自治州临夏县井沟东乡族乡	62	13	20915	14640	110
临夏回族自治州和政县梁家寺东乡族乡	39	8	18179	17556	60
临夏回族自治州临夏县安家坡东乡族乡	16	4	12042	8273	668
酒泉市瓜州县七墩回族东乡族乡	44	3	3987	2350	
酒泉市瓜州县广至藏族乡	70	6	8769	3229	
酒泉市瓜州县沙河回族乡	48	5	8570	2825	
酒泉市玉门市独山子东乡族乡	45	4	7290	7290	
青海省	**5955**	**340**	**221363**	**149121**	**81**
西宁市大通回族土族自治县朔北藏族乡	80	18	19780	7877	50
西宁市大通回族土族自治县向化藏族乡	172	9	8121	4417	
西宁市湟中区群加藏族乡	99	5	2259	1378	
西宁市湟中区大才回族乡	63	16	28722	20492	
西宁市湟中区汉东回族乡	40	4	6365	6365	
西宁市湟源县日月藏族乡	482	22	13523	6626	
海东市民和回族土族自治县杏儿藏族乡	65	7	4777	4060	6
海东市乐都区下营藏族乡	72	10		4759	
海东市乐都区中坝藏族乡	130	14	7300	2867	
海东市乐都区达拉土族乡	162	21	8942	3628	
海东市互助土族自治县松多藏族乡	207	8	7008	5348	
海东市化隆回族自治县雄先藏族乡	183	24	9329		
海东市化隆回族自治县查甫藏族乡	121	12	6110	4081	

乡镇企业总产值（万元）	#工业企业（万元）	乡镇企业年净利润总额（万元）	农林牧渔业总产值（万元）	农作物总播种面积（亩）	#粮食播种面积（亩）	粮食产量（吨）	肉类总产量（吨）	农民合作社个数（个）
			10403	44704	38694	11741	1152	25
			285	61245	52497	16272	1672	16
5795	387	296	309	89986	75129	20464	1411	86
			267	65986	60390	19408	1163	42
2463	2123	52	10125	23245	17195	5236	525	4
			489	7919	7919	4631	226	18
			335	21357	17465	4373	4746	33
			91	1066	832	400	149	10
				863	300	154	500	14
150			532	33641	28301	3245	1548	36
410	410	175		16610	11081	4507	107	17
2173	48	91	11067	12062	8927	8855	303	12
			6797	20219	3051	1088	194	8
			17249	37062	1166	629	662	21
			10743	32710	5023	2151	149	14
			8237	34674	7016	2904	498	10
726	**8**	**97**	**107797**	**574692**	**316349**	**163185**	**12976**	**691**
96	8	32	9	5	2	4010	7	4
				31212	16120	11732	71	22
			4490	3700	812	47121	16	2
			8820	27593	17579	1110	983	42
			5061	7344	4008	1058	37	4
			2110	48000	19700	8880		42
30		15	5552	7540	7000	5390	431	7
			8142	10868	6074	1315	580	26
			25645	21181	18952	17892	527	10
			360	31748	23700	4740	12	61
			4593	20730	12594	5138	310	23
				29454				43
			8290	30278	23134	4627	643	11

9-1(一) 续表 31

民族乡名称	行政区划面积（平方公里）	村民委员会（个）	年末总人口（人）	#少数民族（人）	乡镇企业从业人员（人）
海东市化隆回族自治县金源藏族乡	344	14	7103	7103	
海东市化隆回族自治县塔加藏族乡	160	9	4389	4389	
海东市循化撒拉族自治县道帏藏族乡	444	27	10792	10792	
海东市循化撒拉族自治县尕楞藏族乡	185	11	4830	4830	
海东市循化撒拉族自治县岗察藏族乡	266	3	1780	1780	
海东市循化撒拉族自治县文都藏族乡	225	16	8558	8558	
海东市平安区沙沟回族乡	90	10	11650	8127	
海东市平安区巴藏沟回族乡	69	13	4892	3142	
海东市平安区石灰窑回族乡	84	14	9561	5727	
海东市平安区洪水泉回族乡		15	8408	4102	25
海东市平安区古城回族乡	112	14	11816	6683	
海东市互助土族自治县巴扎藏族乡	523	8	5284	3854	
海北藏族自治州门源回族自治县皇城蒙古族乡	742	4	1996	1639	
海北藏族自治州海晏县哈勒景蒙古乡	672	3	1686	1416	
海南藏族自治州贵德县新街回族乡	163	9	6382	5081	
新疆维吾尔自治区	**52537**	**253**	**335843**	**250893**	**10270**
吐鲁番市鄯善县东巴扎回族乡	144	4	4249	4129	
和田地区皮山县瑙阿巴提塔吉克族乡	6000	3	1107	1107	
和田地区皮山县康克尔柯尔克孜族乡	2200	2	1759	1759	
巴音郭楞蒙古自治州和硕县乌什塔拉回族乡	431	7	11037	5271	
昌吉回族自治州奇台县大泉塔塔尔族乡	1349	2	4515	3545	34
昌吉回族自治州奇台县五马场哈萨克族乡	1824	4	9032	7217	39
昌吉回族自治州奇台县乔仁哈萨克族乡	2210	2	3851	3216	12
昌吉回族自治州木垒哈萨克自治县大南沟乌孜别克族乡	216	3	3564	3532	
昌吉回族自治州玛纳斯县旱卡子滩哈萨克族乡	425	4	4735	3129	
昌吉回族自治州玛纳斯县塔西河哈萨克族乡	840	5	4370	4081	16
昌吉回族自治州玛纳斯县清水河哈萨克族乡	2876	6	6558	5476	
昌吉回族自治州阜康市三工河哈萨克族乡	1323	3	4600	3728	50
昌吉回族自治州阜康市上户沟哈萨克族乡	3780	8	11178	7218	624
昌吉回族自治州昌吉市阿什里哈萨克族乡	3000	6	7617	7445	2438

乡镇企业总产值（万元）	#工业企业（万元）	乡镇企业年净利润总额（万元）	农林牧渔业总产值（万元）	农作物总播种面积（亩）	#粮食播种面积（亩）	粮食产量（吨）	肉类总产量（吨）	农民合作社个数（个）
				12378	12378			29
				10258	10258	2005		
				40388	28005	1829	890	27
				19229	15841	9301	80	4
							1050	7
				24990	20163	11909	541	30
			1475	18508				26
				8295	2507	1002		12
			2010	31728	11291	7264	3011	49
600		50	14058	41629	17144	5576	2369	46
			9243	39200	24946	8606	1004	85
			3645	10755	8805	365	131	7
				16310	7341	1644	120	9
			4294	4170	1595	672	163	35
				27200	6400			28
372379	**113002**	**34714**	**809057**	**1748420**	**1267437**	**875083**	**160462**	**585**
			15415	4797			662	
			241	4078	830	174	287	
			1050	1419	969	289	113	
				146336	99079	91929	13933	94
610	610	130	24930	37200	26800	15391	1582	3
370		87	51420	7580	7000	45588	1041	14
11000		1400	14080	23377	16756	11965	2115	5
			7296	11955	5965	855	922	10
			16681	25873	22717	20123	462	10
400	400	170	11027	18800	15740	1200	2120	8
			17	19710	7155	368	1788	7
8208	4800	3840	8357	42913	11259	5740	2355	13
16988	1	5884	40206	219000	57500	43025	7124	17
24760		15414	21700	40843	9602	5259	8900	11

9-1(一) 续表 32

民族乡名称	行政区划面积（平方公里）	村民委员会（个）	年末总人口（人）	#少数民族（人）	乡镇企业从业人员（人）
昌吉回族自治州呼图壁县石梯子哈萨克族乡	1226	6	7465	6035	
乌鲁木齐市米东区柏杨河哈萨克族乡	768	6	5464	3825	1062
克孜勒苏柯尔克孜自治州阿克陶县塔尔塔吉克族乡	982	7	4013	4010	
喀什地区塔什库尔干塔吉克自治县科克亚尔柯尔克孜族乡	602	2	1089	1084	
喀什地区泽普县布依鲁克塔吉克族乡	24	4	3674	1508	20
喀什地区莎车县孜热普夏提塔吉克族乡	425	13	10038	2543	130
伊犁哈萨克自治州察布查尔锡伯自治县米粮泉回族乡	37	3	5308	4724	
伊犁哈萨克自治州特克斯县科克铁热克柯尔克孜族乡	863	7	18995	16960	
伊犁哈萨克自治州特克斯县呼吉尔特蒙古族乡	220	5	7617	5314	14
伊犁哈萨克自治州伊宁县愉群翁回族乡	155	16	51594	49185	2577
伊犁哈萨克自治州尼勒克县科克浩特浩尔蒙古族乡	1013	10	17166	12355	
伊犁哈萨克自治州霍城县伊车嘎善锡伯族乡	80	5	13243	5662	475
伊犁哈萨克自治州霍城县三宫回族乡	167	5	16590	1726	2000
伊犁哈萨克自治州昭苏县胡松图喀尔逊蒙古族乡	1027	8	8935	6889	12
伊犁哈萨克自治州昭苏县察汗乌苏蒙古族乡	420	7	9929	8276	10
伊犁哈萨克自治州昭苏县夏特柯尔克孜族乡	1002	8	14608	12753	358
塔城地区塔城市阿西尔达斡尔族乡	402	18	9951	4677	
塔城地区乌苏市塔布勒合特蒙古族乡	1854	4	2517	2477	65
塔城地区乌苏市吉尔格勒特郭楞蒙古族乡	143	8	5593	2349	78
塔城地区额敏县额玛勒郭楞蒙古族乡	123	10	4543	1900	
塔城地区额敏县霍吉尔特蒙古族乡	1300	10	7625	5516	
阿克苏地区乌什县雅曼苏柯尔克孜族乡	1807	7	9928	9885	52
阿克苏地区温宿县博孜东柯尔克孜族乡	2878	9	6232	6213	14
哈密市伊吾县前山哈萨克族乡	1743	3	2827	2754	
哈密市德外都如克哈萨克族乡	2000	2	1623	1499	
哈密市乌拉台哈萨克族乡	658	3	4398	3853	
阿勒泰地区布尔津县禾木哈纳斯蒙古族乡	3040	2	2729	2705	
阿勒泰地区阿勒泰市汗德尕特蒙古族乡	960	6	3977	3363	190

乡镇企业总产值（万元）	#工业企业（万元）	乡镇企业年净利润总额（万元）	农林牧渔业总产值（万元）	农作物总播种面积（亩）	#粮食播种面积（亩）	粮食产量（吨）	肉类总产量（吨）	农民合作社个数（个）
			34695	96061	55032	40110	394	18
28325	1725	1852	4607	7197	623	403	3296	24
			2047	6369	5454	1568	14	5
				3315	2109	368	13	2
120		40	11845	12100	10600	4765	127	4
2200	2200	1500	9105	52000	14750	4400		17
			16249	18736	18531	14543	15214	4
			4	85920	55230	16569		23
260900	102500	420	38476	40389	16766	13863	1191	9
			72983	117428	114520	9738	3955	13
			15682	75446	61897	54900	10234	12
1913	765	861	29027	69836	60837	45072	3833	29
			35979	21058	25750	1516	7	39
50		50	39222	65370	32000	19200	54500	7
175		165	126452	71483	47163	19601	47	12
1364		571	26504	80890	60648	24438	3250	5
			58666	35000	205000	183891	12883	63
655		643	3453	36423	28220	2270	520	1
8513		912	6093	53000	10400	10000	480	16
			15000		53554	48903		13
				79311	67658	64276		9
			19213	37207	26953	14511	14	41
378		37	17976	28855	10663	35075	4350	14
				257	233	60		1
			948	15803			295	1
			10388	20663	618	3022	592	4
			73				16	7
5450	1	1158	1952	14426	858	117	1835	

9-1 全国各民族乡基本情况(2021年)(二)

民族乡名称	农民合作社成员数（户）	农业技术服务机构个数（个）	农业技术服务机构从业人员数（人）	公共财政收入（万元）	公共财政支出（万元）
北京	**1229**	**4**	**12**	**82214**	**103568**
朝阳区常营回族乡				29393.1	29900.7
通州区于家务回族乡	658	1	5	61024	61024
密云区檀营满族蒙古族乡				5095	5095
怀柔区喇叭沟门满族乡	230	2	4	5314	13729
怀柔区长哨营满族乡	341	1	3	10781	23720
天津市	**1120**	**2**	**6**	**1997**	**1997**
蓟州区孙各庄满族乡	1120	2	6	1997	1997
河北省	**11202**	**81**	**225**	**75050**	**73722**
石家庄市新乐市彭家庄回族乡	25	1	2	1295	1295
石家庄市藁城市九门回族乡	73	2	10	4157	4157
石家庄市无极县高头回族乡	75	6	15	844	844
唐山市遵化市汤泉满族乡	46	10	10	250	250
唐山市遵化市西下营满族乡	90	9	12	850	850
唐山市遵化市东陵满族乡	135	2	8	920	668
邯郸市邱县陈村回族乡	360			206	206
邯郸市大名县营镇回族乡	220	5	24	349	349
保定市易县凌云册满族回族乡	491			2195	2198
定州市号头庄回族乡	130	1		1029	1029
张家口市沽源县大二号回族乡	165	1	10	630	630
张家口市怀来县王家楼回族乡	185	2	4	946	1359
廊坊市永清县管家务回族乡	66	1	18	2157	2157
廊坊市文安县大围河回族满族乡	260	1	3	2312	2312
承德市滦平县平坊满族乡	90	2	4	930	958
承德市滦平县安纯沟门满族乡	24	1	1	1327	1182
承德市滦平县五道营子满族乡	87	1	2	728	658
承德市滦平县邓厂满族乡	176	1	2	638	638
承德市滦平县马营子满族乡	60			941	941
承德市滦平县付家店满族乡	132	1	5	494	536

农村居民人均可支配收入（元）	普通高中和初中			小学			图书馆（个）	文化站（个）
	学校数（个）	在校学生数（人）	教师数（人）	学校数（个）	在校学生数（人）	教师数（人）		
41305	**3**	**2550**	**354**	**9**	**5512**	**469**	**4**	**5**
55794	2	2135	290	3	3036	216	1	1
30974	1	415	64	3	1192	112	1	1
				1	1063	70		1
25533				1	85	31	1	1
23769				1	136	40	1	1
27275	**1**	**310**	**32**	**2**	**321**	**27**	**13**	**1**
27275	1	310	32	2	321	27	13	1
14388	**20**	**17488**	**1297**	**189**	**39290**	**2860**	**22**	**41**
21651	1	504	38	8	1409	96	1	1
24420	1	1450	80	12	5447	270	1	1
15900	1	425	28	3	1253	55	1	1
14000	1	233	23	3	507	40		1
11000				1	675	50		1
11640	1	669	44	6	1406	74		1
13780				2	465	26	1	1
18850	1	190	12	5	1106	81		1
8000				3	1059	111		1
8950	1	438	49	10	2067	134		1
12008				1	68	15		1
12113				1	235	35	1	1
11000	1	323	27	3	760	50	1	1
19635	1	1432	121	7	1888	120	1	1
8274				1	105	38	1	1
10658				2	291	54	1	1
7500				1	105	25	1	1
10715				1	60	13	1	1
6600				1	188	27	1	1
6834				1	82	29	1	1

9-1(二) 续表 1

民族乡名称	农民合作社成员数（户）	农业技术服务机构个数（个）	农业技术服务机构从业人员数（人）	公共财政收入（万元）	公共财政支出（万元）
承德市滦平县西沟满族乡	723	1	2	1136	1136
承德市承德县岗子满族乡	513	6	18	794	718
承德市承德县两家满族乡	224	3	6	748	748
承德市兴隆县八卦岭满族乡	77	1	3	574	618
承德市兴隆县南天门满族乡	30	1	2	500	500
承德市隆化县尹家营满族乡	1301	1	3	858	858
承德市隆化县庙子沟蒙古族满族乡	110	1	2	763	763
承德市隆化县偏坡营满族乡	368	1	4	1081	1081
承德市隆化县八达营蒙古族乡	53	1	3	1037	1037
承德市隆化县太平庄满族乡	221	1	2	612	612
承德市隆化县旧屯满族乡	252	1	4	1336	1336
承德市隆化县西阿超满族蒙古族乡	265	1	3	924	924
承德市平泉市七家岱满族乡	210	5	7	624	624
承德市平泉市茅兰沟满族蒙古族乡	353	1	4	963	963
沧州市黄骅市羊二庄回族乡	625	1	5	12082	6260
沧州市黄骅市新村回族乡				15228	15243
沧州市河间市果子洼回族乡	165	4	12	3094	3094
沧州市献县本斋回族乡	296			1818	1818
沧州市沧县大褚村回族乡	1450	1	2	1227	1587
沧州市沧县杜林回族乡	305	1	5	2440	2440
沧州市沧县捷地回族乡	421			2476	3512
沧州市黄骅市羊三木回族乡	350	2	8	1537	4633
内蒙古自治区	**6229**	**14**	**119**	**27552**	**27977**
呼伦贝尔市莫力达瓦达斡尔族自治旗巴彦鄂温克民族乡	1085	1	3	1618	1618
呼伦贝尔市莫力达瓦达斡尔族自治旗杜拉尔鄂温克民族乡	425	1	2	1135	1167
呼伦贝尔市扎兰屯市达斡尔民族乡	276	1	9	941	941
呼伦贝尔市扎兰屯市萨马街鄂温克民族乡	140	1	6	979	940
呼伦贝尔市扎兰屯市南木鄂伦春民族乡	205	1	4	1494	1612
呼伦贝尔市阿荣旗查巴奇鄂温克民族乡	415	1	8	2102	2208
呼伦贝尔市阿荣旗新发朝鲜族民族乡	121	1	9	1405	1428

农村居民人均可支配收入（元）	普通高中和初中			小学			图书馆	文化站
	学校数（个）	在校学生数（人）	教师数（人）	学校数（个）	在校学生数（人）	教师数（人）	（个）	（个）
5856				1	123	28		1
15214				2	252	22		1
7415				1	260	23		1
17057				3	770	91		1
17057				2	219	35		1
12315				7	401	42	1	1
15000				6	253	37		1
11304				2	458	66	1	1
9568	1	200	23	7	210	20	1	1
8665				11	433	49	1	1
10255				7	372	41		1
10200				7	338	48		1
10321				1	248	35		1
16025				10	664	58		1
20181	3	734	86	10	1925	169	1	1
38422								
17006				4	505	53	1	1
10771				3	1559	137	1	1
12560	1	416	32	3	1150	75		1
13200	2	2661	154	10	2418	177	1	1
10275	1	2095	112	14	4682	183		1
13226	3	5718	468	6	2874	128	1	1
16818	**11**	**2356**	**481**	**21**	**5824**	**870**	**23**	**16**
10755	2	556	96	3	1502	174		1
15998	1	78	54	1	78	54	2	
21700	1	429	61				2	1
18881	1	170	17	1	351	20		1
16832	1	123	29	2	342	55		1
18986	1	176	37	1	430	30	12	1
28000				1	102	18		

9-1(二) 续表 2

民族乡名称	农民合作社成员数（户）	农业技术服务机构个数（个）	农业技术服务机构从业人员数（人）	公共财政收入（万元）	公共财政支出（万元）
呼伦贝尔市阿荣旗音河达斡尔鄂温克民族乡	213	1	9	1682	1931
呼伦贝尔市阿荣旗得力其尔鄂温克民族乡	792	1	10	1570	1670
呼伦贝尔市根河市敖鲁古雅鄂温克民族乡	75			497	497
呼伦贝尔市额尔古纳市三河回族乡	150			2169	1655
呼伦贝尔市额尔古纳市室韦俄罗斯民族乡	60	1	6	2323	2567
兴安盟科尔沁右翼前旗满族屯满族乡					
赤峰市松山区当铺地满族乡	1380	1	5	3194	3194
赤峰市喀喇沁旗十家满族乡	380	1	5	2119	2225
乌兰察布市凉城县曹碾满族乡					
呼伦贝尔市鄂温克族自治旗巴彦塔拉达斡尔族乡	400	1	21	1478	1478
呼伦贝尔市陈巴尔虎旗鄂温克苏木	112	1	22	2846	2846
辽宁省	**22319**	**137**	**480**	**85812**	**93201**
沈阳市康平县柳树屯蒙古族满族乡	532	1	2	8596	8596
沈阳市康平县沙金台蒙古族满族乡	216	1	12	2000	1500
沈阳市法库县四家子蒙古族乡	388	5	15	2397	2234
沈阳市康平县东升满族蒙古族乡	863	1	10	4071	4071
沈阳市康平县西关屯蒙古族满族乡	202	2	16	4393	4393
大连市瓦房店市三台满族乡	558	1	15	3588	3588
大连市瓦房店市杨家满族乡	254	1	14	2002	2002
大连市庄河市太平岭满族乡	30	1	9	2708	3930
大连市庄河市桂云花满族乡	592	1	3	6604	7569
抚顺市抚顺县拉古满族乡	92			3404	3404
抚顺市抚顺县汤图满族乡	725	1	4	732	611
本溪市桓仁县雅河朝鲜族乡	255	1	7	1214	1214
丹东市宽甸满族自治县下露河朝鲜族乡	300	1	2	213	213
丹东市东港市合隆满族乡	673	1	10	612	1267
丹东市凤城市大堡蒙古族乡	321	1	6	501	705
锦州市义县地藏寺满族乡	138	1	4	658	658
锦州市义县大定堡满族乡	312	1	15	1766	1766
阜新市彰武县二道河子蒙古族乡	1750	5	28	95	95

农村居民人均可支配收入（元）	普通高中和初中			小学			图书馆（个）	文化站（个）
	学校数（个）	在校学生数（人）	教师数（人）	学校数（个）	在校学生数（人）	教师数（人）		
19830	1	149	32	1	354	54		1
17535	1	157	32	1	410	41	1	1
11000								1
17000	1	116	37	2	238	66	3	3
15100				1		14	1	1
	1	402	86	3	1333	240	1	1
				3	679	98		1
15600				1	5	6	1	1
20140								1
13498	**54**	**15295**	**2100**	**131**	**25497**	**3264**	**31**	**53**
13200	1	262	51	1	458	49	1	1
16000	1	356	58	1	688	76		1
19380				1	602	77	9	1
15493	1	411	47	1	652	60	1	1
11569	1	379	55	1	488	59	1	1
21020	3	960	98	1	1074	66		1
21000	1	265	43	1	418	65	1	1
17000	1	246	49	1	412	62		1
19414	2	157	49	2	242	42		1
14510	1	142	45	1	295	55		1
17600	1	163	25	1	235	30	1	1
18884				1	158	26	1	1
16200	1	145	35	1	233	56	1	1
22188	1	303	50	4	410	56	1	1
18796	1	255	44	5	362	95		1
10886	1	75	16	1	65	19		1
11200	1	58	15	1	48	18	1	1
15762	1	210	37	1	314	40		1

9-1(二) 续表 3

民族乡名称	农民合作社成员数（户）	农业技术服务机构个数（个）	农业技术服务机构从业人员数（人）	公共财政收入（万元）	公共财政支出（万元）
辽阳市辽阳县吉洞峪满族乡	1421	11	20	1454	1454
辽阳市辽阳县甜水满族乡	1156	1	8	1895	1895
铁岭市开原市林丰满族乡	405	6	24	1435	1071
铁岭市铁岭县白旗寨满族乡	236	1	2	542	935
铁岭市西丰县成平满族乡	890	1	3	103	752
铁岭市西丰县德兴满族乡	96	2	4	865	865
铁岭市西丰县和隆满族乡	356			778	778
铁岭市西丰县金星满族乡	302	5	17	1175	1175
铁岭市西丰县明德满族乡	40	1	2	614	614
铁岭市西丰县营厂满族乡	540	1	3	513	513
铁岭市清河区聂家满族乡	273	1	2	989	989
朝阳市北票市马友营蒙古族乡	374	1	4	3370	3370
朝阳市北票市凉水河蒙古族乡	260	1	4	1160	1160
朝阳市建平县三家蒙古族乡	693	3	12	1627	5294
朝阳市凌源市三家子蒙古族乡	794	1	5	6329	6329
朝阳市朝阳县松岭门蒙古族乡	18		9	1172	1172
朝阳市朝阳县乌兰河硕蒙古族乡	978	5	8	2162	2162
葫芦岛市绥中县西平坡满族乡	244	4	5	818	792
葫芦岛市绥中县范家满族乡	260	4	12	775	770
葫芦岛市绥中县高甸子满族乡	304	3	9	796	796
葫芦岛市绥中县葛家满族乡	97	1	4	686	686
葫芦岛市绥中县明水满族乡	121	1	4	544	544
葫芦岛市绥中县网户满族乡	535	1	34	755	755
葫芦岛市兴城市白塔满族乡	179	2	5	877	1463
葫芦岛市兴城市大寨满族乡	251	5	6	980	940
葫芦岛市兴城市碱厂满族乡	112	8	12	1037	1037
葫芦岛市兴城市旧门满族乡	162	9	36	89	460
葫芦岛市兴城市刘台子满族乡	149	1	3	527	527
葫芦岛市兴城市南大山满族乡	272	3	4	729	727
葫芦岛市兴城市望海满族乡	507	7	20	751	649

农村居民人均可支配收入（元）	普通高中和初中			小学			图书馆（个）	文化站（个）
	学校数（个）	在校学生数（人）	教师数（人）	学校数（个）	在校学生数（人）	教师数（人）		
16000	2	405	47	7	521	68	1	1
12100	2	343	49	3	493	80		1
9874	1	95	19	1	147	31		
15000	1	220	28	2	275	53		1
16459	1	95	23	2	102	41		1
13800				1	80	26		1
15603	1	311	43	3	395	58	1	1
13590				2	222	50		1
13400				1	90	30		1
10220	1	127	17	2	143	37		1
12000	1	124	26	1	137	41	1	1
14200	1	325	42	5	627	99		1
8150				2	80	44		1
15013	1	810	100	7	1230	125	1	1
8800	1	1218	98	10	2007	162		1
12000	1	165	25	1	367	40		1
8551	1	197	25	3	271	55		1
8300	1	420	38	1	729	49		1
9070	1	276	33	1	468	29	1	1
8700	1	367	33	3	646	51	1	1
6688	1	330	32	1	580	33	1	1
6569	1	205	25	1	323	31	1	1
11100	1	398	42	2	767	50	1	1
11105	2	327	67	7	479	115		1
11780	1	516	103	7	1595	109		1
6600	1	297	37	2	329	58		1
11860	1	213	34	2	319	45		1
10500	1	265	34	2	531	41		1
11215	1	388	39	1	555	68	1	1
14200	1	372	48	3	725	80		1

9-1(二) 续表 4

民族乡名称	农民合作社成员数（户）	农业技术服务机构个数（个）	农业技术服务机构从业人员数（人）	公共财政收入（万元）	公共财政支出（万元）
葫芦岛市兴城市围屏满族乡	498	8	11	669	669
葫芦岛市兴城市羊安满族乡	130	1	1	1797	1797
葫芦岛市兴城市药王满族乡	607	5	5	767	767
葫芦岛市兴城市三道沟满族乡	480	1	3	611	611
葫芦岛市兴城市元台子满族乡	260	5	5	520	520
葫芦岛市建昌二道湾子蒙古族乡	118	1	2	349	349
吉林省	**15715**	**133**	**442**	**60270**	**53905**
延边朝鲜族自治州珲春市三家子满族乡				3577	3417
延边朝鲜族自治州珲春市杨泡满族乡	418	1	3	495	495
吉林市昌邑区土城子满族朝鲜族乡	262	7	6	969	969
吉林市昌邑区两家子满族乡	330	1	1	350	350
吉林市永吉县金家满族乡	260	1	3	2674	2674
吉林市蛟河市乌林朝鲜族乡	192	21	43	2973	4053
通化市梅河口市小杨满族朝鲜族乡	1326	1	14	1691	2155
通化市集安市凉水朝鲜族乡	142	6	21	34	1281
通化市通化县金斗朝鲜族满族乡	266	1	4	1438	1438
通化市通化县大泉源满族朝鲜族乡	392	2	35	1466	1620
通化市辉南县楼街朝鲜族乡	557	5	14	1896	1896
通化市柳河县姜家店朝鲜族乡	363	13	57	640	640
辽源市东丰县三合满族朝鲜族乡	1820	10	46	2239	1983
长春市双阳区双营子回族乡	437	2	6	1020	951
长春市榆树市延和朝鲜族乡	207	1	1	671	671
长春市九台区胡家回族乡	688	1	7	4071	4126
长春市九台区莽卡满族乡	1112	1	9	5227	5227
白城市通榆县包拉温都蒙古族乡	104	1	3	430	520
白城市通榆县向海蒙古族乡	720	1	9	10038	826
白城市洮南市呼和车力蒙古族乡	1201	1	5	1302	1302
白城市洮南市胡力吐蒙古族乡	44	1	11	1285	1284
白城市镇赉县哈吐气蒙古族乡	392	1	1	565	543
白城市镇赉县莫莫格蒙古族乡	40	4	10	2728	2832

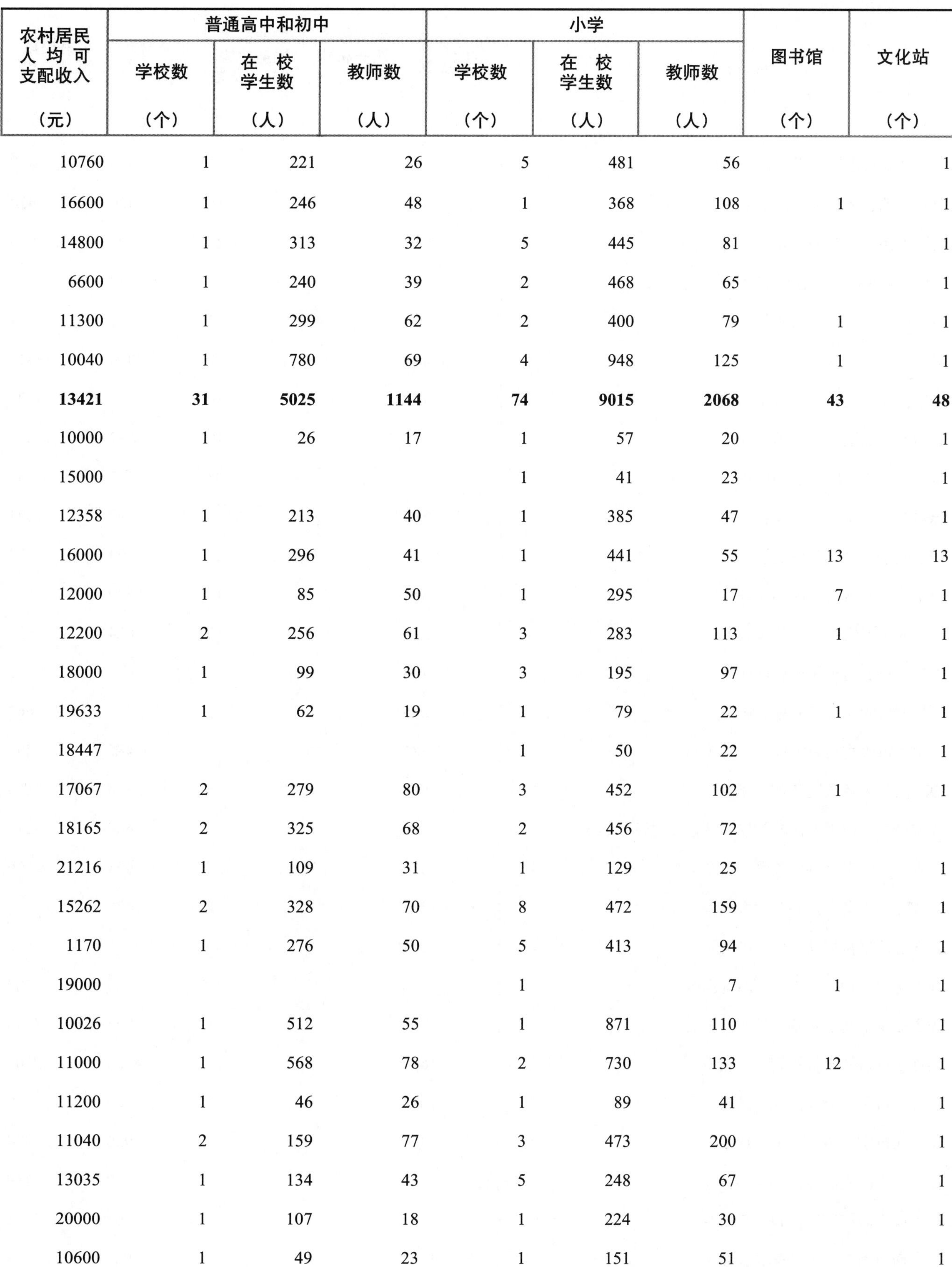

农村居民人均可支配收入（元）	普通高中和初中			小学			图书馆（个）	文化站（个）
	学校数（个）	在校学生数（人）	教师数（人）	学校数（个）	在校学生数（人）	教师数（人）		
10760	1	221	26	5	481	56		1
16600	1	246	48	1	368	108	1	1
14800	1	313	32	5	445	81		1
6600	1	240	39	2	468	65		1
11300	1	299	62	2	400	79	1	1
10040	1	780	69	4	948	125	1	1
13421	**31**	**5025**	**1144**	**74**	**9015**	**2068**	**43**	**48**
10000	1	26	17	1	57	20		1
15000				1	41	23		1
12358	1	213	40	1	385	47		1
16000	1	296	41	1	441	55	13	13
12000	1	85	50	1	295	17	7	1
12200	2	256	61	3	283	113	1	1
18000	1	99	30	3	195	97		1
19633	1	62	19	1	79	22	1	1
18447				1	50	22		1
17067	2	279	80	3	452	102	1	1
18165	2	325	68	2	456	72		
21216	1	109	31	1	129	25		1
15262	2	328	70	8	472	159		1
1170	1	276	50	5	413	94		1
19000				1		7	1	1
10026	1	512	55	1	871	110		1
11000	1	568	78	2	730	133	12	1
11200	1	46	26	1	89	41		1
11040	2	159	77	3	473	200		1
13035	1	134	43	5	248	67		1
20000	1	107	18	1	224	30		1
10600	1	49	23	1	151	51		1
11572	1	165	49	1	271	90		1

9-1(二) 续表 5

民族乡名称	农民合作社成员数（户）	农业技术服务机构个数（个）	农业技术服务机构从业人员数（人）	公共财政收入（万元）	公共财政支出（万元）
白城市大安市新艾里蒙古族乡	36	1	3	550	550
白城市洮北区德顺蒙古族乡	2072	3	15	450	450
松原市扶余区三骏满族蒙古族锡伯族乡	950	5	28	7906	7906
四平市公主岭市龙山满族乡	184	1	2	838	838
四平市双辽市那木斯蒙古族乡	1200	40	85	2747	2907
黑龙江省	**34040**	**115**	**632**	**77083**	**68423**
哈尔滨市南岗区红旗满族乡	490	1	10	13044	3304
哈尔滨市双城区乐群满族乡	95	1	10	892	892
哈尔滨市双城区同心满族乡	763	17	108	83	68
哈尔滨市双城区希勤满族乡	380	1	4	1092	1092
哈尔滨市双城区青岭满族乡	413	6	19	893	893
哈尔滨市五常市红旗满族乡	654	1	15	640	640
哈尔滨市五常市营城子满族乡	520	2	12	624	624
哈尔滨市五常市民乐朝鲜族乡	420	1	8	420	420
哈尔滨市尚志市河东朝鲜族乡	205	1	6	662	662
哈尔滨市尚志市鱼池朝鲜族乡	381	1	5	485	485
哈尔滨市依兰县迎兰朝鲜族乡	816	1	5	2156	2156
齐齐哈尔市梅里斯达斡尔族区莽格吐达斡尔族乡	5	1	5	3600	3219
齐齐哈尔市泰来县宁姜蒙古族乡	634	1	20	2656	2656
齐齐哈尔市泰来县胜利蒙古族乡	1728	1	1	1488	
齐齐哈尔市富裕县友谊达满柯族乡	504	1	15	3876	3876
齐齐哈尔市讷河市兴旺鄂温克族乡	148	12	12	785	480
齐齐哈尔市富拉尔基区杜尔门沁达族乡	1745	1	4	1945	2133
牡丹江市穆棱市福禄朝鲜族满族乡	662	1	8	4125	2207
牡丹江市宁安市江南朝、满族乡	1028	1	13	680	680
牡丹江市宁安市卧龙朝鲜族乡	304	3	8	930	930
牡丹江市西安区海南朝鲜族乡	690	1	3	120	119
佳木斯市同江市街津口赫哲族乡	40	5	54	505	5721
佳木斯市同江市八岔赫哲族乡	1433	1	2	1909	2919
佳木斯市桦川县星火朝鲜族乡	35	1	6	1558	1557

农村居民人均可支配收入（元）	普通高中和初中			小学			图书馆（个）	文化站（个）
	学校数（个）	在校学生数（人）	教师数（人）	学校数（个）	在校学生数（人）	教师数（人）		
12780	1	75	28	1	155	44	6	1
18300	1	98	35	5	242	93	1	1
13275	2	195	75	7	855	142		1
10634	1	475	40	4	589	62		1
13500	1	88	40	9	369	130		10
18955	**33**	**5515**	**1085**	**99**	**8631**	**2022**	**182**	**110**
24000	1	256	42	1	198	34	9	1
15197	1	301	21	1	202	22	1	1
17713	1	149	11	1	163	17	3	1
19800	1	326	39	1	425	41	1	1
21970	1	112	30	1	206	55	3	1
19521	1	380	32	1	312	42	1	1
17500	1	350	52	1	455	56	1	1
25468							1	1
22229				1	34	18	8	1
23740				1	113	39	7	1
19187	2	148	123				1	1
20280	1	25	14	1	53	35	1	1
15050	2	589	75	2	52	490	1	1
14500	1	285	45	4	580	61	5	1
13214				3	2164	175	14	1
19290	1	428	64	2	1076	95	1	1
24000	3	237	56	3	263	68	3	3
23832	1	61	29	1	66	28	1	1
21300				5	443	94	1	1
21520	1			1	137	24	15	1
19230				2	30	42	16	16
23200				1	4	16		1
19302				1	4	14	1	1
19700							15	1

9-1(二) 续表 6

民族乡名称	农民合作社成员数（户）	农业技术服务机构个数（个）	农业技术服务机构从业人员数（人）	公共财政收入（万元）	公共财政支出（万元）
佳木斯市汤原县汤旺朝鲜族乡	8				
大庆市肇源县超等蒙古族乡	19	1	3	912	912
大庆市肇源县浩德蒙古族乡		1	7		
大庆市肇源县义顺蒙古族乡	14767	1	5	899	899
黑河市逊克县新鄂鄂伦春族乡	25	1	2	733	733
黑河市逊克县新兴鄂伦春族乡	57	1	13	979	979
黑河市爱辉区新生鄂伦春族乡	30	1	2	1951	2024
黑河市爱辉区四嘉子满族乡	597	1	7	4157	4080
黑河市爱辉区坤河达斡尔族满族乡	100	2	7	1663	1663
黑河市北安市主星朝鲜族乡		1	1	363	363
黑河市孙吴县沿江达斡尔族满族乡	436	1	9	60	38
绥化市北林区兴和朝鲜族乡			1	825	825
绥化市北林区红旗满族乡	1220	1	11	1065	1065
绥化市望奎县厢白满族乡	420	7	128		968
绥化市望奎县灵山满族乡	50	1	4	369	369
伊春市铁力市年丰朝鲜族乡	292	1	5	3324	3345
鹤岗市萝北县东明朝鲜族乡		1	10		
鹤岗市绥滨县福兴满族乡					
大兴安岭地区呼玛县白银纳鄂伦春族乡	74	1	2	1269	1311
大兴安岭地区塔河县十八站鄂伦春族乡	55	20	21	2600	27
双鸭山市饶河县四排赫哲族乡	11			436	436
双鸭山市友谊县成富朝鲜族满族乡	65	1	3		
七台河市勃利县杏树朝鲜族乡	118	3	15	3147	3147
七台河市勃利县吉兴朝鲜族、满族乡	260	1	2	3220	3220
鸡西市密山市和平朝鲜族乡	588	1	5	1492	1806
鸡西市鸡东县鸡林朝鲜族乡	112	1	12	755	760
鸡西市鸡东县明德朝鲜族乡	600	1	3	832	853
鸡西市城子河区永丰朝鲜族乡	43	1	1	866	866
江苏省	**1970**	**7**	**34**	**13759**	**6102**
扬州市高邮市菱塘回族乡	1970	7	34	13759	6102

农村居民人均可支配收入（元）	普通高中和初中			小学			图书馆（个）	文化站（个）
	学校数（个）	在校学生数（人）	教师数（人）	学校数（个）	在校学生数（人）	教师数（人）		
17000				1	2	11	1	7
18010	1	475	77	1	281	31	8	1
15000	1			1	124	37	1	1
15050	1	324	43	1	362	72	1	1
17758							4	1
12980							1	1
18960				1		17	1	1
17500	1	30	24	1	37	28	7	7
22000							1	1
19000							1	1
23463				1	4	16	1	1
24000							2	1
20970	1	198	64		123	36	12	24
16800	1	145	23	3	221	39	1	1
13746	1	131	49		83	61	1	1
18760				39	45		1	1
23955	2	132	33	1	28	18	1	1
14535				6	13		1	1
16326	1	4	11	1	19	10		1
15017	1	28	19	1	34	18	6	1
14425				1	4	9	1	1
25570							1	1
17890	1	126	31	3	81	46	1	1
13258	1	183	27	1	128	52	1	1
18390		71	30		52	30	1	1
21820								1
15580	1	21	21	1	10	25	8	1
22340							7	7
25732	**1**	**253**	**52**	**1**	**708**	**59**	**1**	**1**
25732	1	253	52	1	708	59	1	1

9-1(二) 续表 7

民族乡名称	农民合作社成员数（户）	农业技术服务机构个数（个）	农业技术服务机构从业人员数（人）	公共财政收入（万元）	公共财政支出（万元）
浙江省	**2595**	**14**	**55**	**46880**	**45793**
金华市兰溪市水亭畲族乡	57	1	4	6288	6288
衢州市龙游县沐尘畲族乡	146	1	4	1989	1989
丽水市莲都区丽新畲族乡	620	1	7	5630	4350
丽水市龙泉市竹垟畲族乡	248	1	3	6639	5567
丽水市云和县雾溪畲族乡	78	1	1	1899	2318
丽水市云和县安溪畲族乡	50	1	1	6990	6290
丽水市遂昌县三仁畲族乡	261	1	9	3295	3445
丽水市松阳县板桥畲族乡	45			2355	3050
杭州市桐庐县莪山畲族乡	403	1	5	981	1344
温州市平阳县青街畲族乡	35	1	4	2426	2569
温州市苍南县岱岭畲族乡	278	1	3	2306	2311
温州市苍南县凤阳畲族乡	20	1	2	1791	1791
温州市文成县周山畲族乡	239	2	7	1569	1758
温州市泰顺县竹里畲族乡	115	1	5	2724	2724
安徽省	**9852**	**12**	**43**	**28979**	**33755**
淮南市谢家集区孤堆回族乡	383	1	5	2095	2445
合肥市肥东县牌坊回族满族乡	2919	1	2	17155	17155
滁州市定远县二龙回族乡	852	4	6	855	855
淮南市凤台县李冲回族乡	780	1	6	46	2867
淮南市潘集区古沟回族乡	67	1	4	713	567
六安市寿县陶店回族乡	161	1	3	2687	2687
宣城市宁国市云梯畲族乡	66	1	6	1414	1414
蚌埠市五河县临北回族乡	4229	1	6	3659	3834
阜阳市颍上县赛涧回族乡	395	1	5	355	1931
福建省	**12208**	**32**	**133**	**69553**	**69324**
福州市罗源县霍口畲族乡	778	1	2	3486	3486
福州市连江县小沧畲族乡	5	1	2	1457	1457
宁德市福安市坂中畲族乡	103	5	17	12142	12143
宁德市福安市康厝畲族乡	514	3	10	2159	2159

农村居民人均可支配收入（元）	普通高中和初中			小学			图书馆（个）	文化站（个）
	学校数（个）	在校学生数（人）	教师数（人）	学校数（个）	在校学生数（人）	教师数（人）		
31808	**2**	**379**	**43**	**12**	**1670**	**219**	**14**	**14**
39577	1	306	32	2	541	42		1
30354				1	107	21	1	1
34560				1	245	23		1
27542				1	37	15		1
24372							1	1
24555				1	102	13	1	1
23405				1	139	22		1
2250				1	100	17	6	1
38475				1	184	21	1	1
29832				1	83	16	1	1
27526	1	73	11	1	94	18	1	1
27521				1	38	11		1
23595							1	1
23500							1	1
20852	**7**	**2489**	**203**	**31**	**5359**	**530**	**21**	**9**
18895	1	711	45	3	662	63		1
28233				4	374	111		1
17287	1	3	10	1	54	33	2	1
17600	1	361	32	2	435	21	7	1
19531	1	410	39	6	880	74	1	1
14550	1	143	16	3	532	43	5	1
24805				1	88	16	6	1
19693	1	349	24	8	1509	108		1
19236	1	512	37	3	825	61		1
21091	**18**	**13694**	**1065**	**53**	**23100**	**1539**	**8**	**21**
17069	1	87	20	2	208	27		1
17607								1
18525	2	4755	287	3	3559	205	1	1
21580	1	1530	62	1	1088	75		2

9-1(二) 续表 8

民族乡名称	农民合作社成员数（户）	农业技术服务机构个数（个）	农业技术服务机构从业人员数（人）	公共财政收入（万元）	公共财政支出（万元）
宁德市福安市穆云畲族乡	352	1	11	5206	5206
宁德市霞浦县盐田畲族乡	328	1	4	5839	5839
宁德市霞浦县崇儒畲族乡	1510	1	3	5434	5434
宁德市霞浦县水门畲族乡	910	2	8	3109	2915
宁德市蕉城区金涵畲族乡	91	3	13	2277	2525
宁德市福鼎市硖门畲族乡	143	1	4	4862	4778
宁德市福鼎市佳阳畲族乡	85	1	3	1568	1568
漳州市漳浦县赤岭畲族乡	254	1	8	1100	1050
漳州市漳浦县湖西畲族乡	738	1	2	1177	1124
漳州市龙海区隆教畲族乡	325	1	3	7316	7316
三明市永安市青水畲族乡	474	2	8	2646	2646
三明市宁化县治平畲族乡	816	1	6	2398	2413
龙岩市上杭县官庄畲族乡	280	4	11	2930	2902
龙岩市上杭县庐丰畲族乡	485	1	12	2167	2159
泉州市惠安县百崎回族乡	4017	1	6	2281	2206
江西省	**5965**	**8**	**59**	**23824**	**23728**
鹰潭市贵溪樟坪畲族乡	60	1	4	629	629
上饶市铅山县太源畲族乡	311	1	3	1950	1950
上饶市铅山县篁碧畲族乡	91	1	8	2133	2513
吉安市永丰县龙冈畲族乡	1367	1	24	3066	3043
赣州市南康赤土畲族乡	2008	1	10	8616	8616
吉安市青原区东固畲族乡	635	1	4	3094	2638
抚州市乐安县金竹畲族乡	1391	1	4	1262	1263
吉安市峡江县金坪民族乡	102	1	2	3075	3075
河南省	**37396**	**40**	**153**	**14442**	**16206**
郑州市荥阳市金寨回族乡		1	10	5466	3800
商丘市民权县伯党回族乡	77	6	36	553	567
商丘市民权县胡集回族乡	280	7	40	498	498
平顶山市叶县马庄回族乡	166	1	4	810	920
平顶山市郏县姚庄回族乡	42	2	9	1120	1117

农村居民人均可支配收入（元）	普通高中和初中			小学			图书馆	文化站
	学校数（个）	在校学生数（人）	教师数（人）	学校数（个）	在校学生数（人）	教师数（人）	（个）	（个）
21172				1	377	29		1
21777	1	397	35	3	1065	76		1
21307	1	124	27	2	278	35		1
20122	1	187	36	1	461	59	1	1
21025	2	2813	196	2	6384	248		1
20655	1	290	27	2	886	78		1
20732				1	298	36		2
21333	1	467	36	2	815	50		1
19083	1	766	62	6	1635	98		1
23301	1	590	45	10	1406	115		1
27548	1	323	42	1	587	52	1	1
19267	1	183	20	2	420	31	1	1
21097	1	596	57	3	1469	100		1
19403	1	236	69	8	498	100	1	1
27154	1	350	44	3	1666	125	3	1
18699	**8**	**2421**	**198**	**23**	**4856**	**422**	**13**	**8**
21085	1	10	6	3	60	25		1
17079	1	63	10	1	85	16		1
16502	1	68	12	1	163	12		1
21508	1	581	36	1	1201	81		1
18903	1	968	69	13	1596	135	2	1
17030	1	497	41	1	1193	92		1
17353	2	234	24	2	335	46	10	1
18115				1	223	15	1	1
20414	**9**	**3206**	**327**	**53**	**10605**	**804**	**16**	**16**
22261				1	386	26	1	1
9035	1	495	33	6	1457	115		1
9445	1	418	35	6	1305	82		1
9660	1	340	48	6	856	82	1	1
10356	1	272	17	4	479	25	1	1

9-1(二) 续表 9

民族乡名称	农民合作社成员数（户）	农业技术服务机构个数（个）	农业技术服务机构从业人员数（人）	公共财政收入（万元）	公共财政支出（万元）
新乡市封丘县荆乡回族乡	86	1	3	219	815
许昌市许昌县艾庄回族乡	130	9	11	1051	1031
许昌市禹州市山货回族乡	11	1	2	289	1019
南阳市镇平县郭庄回族乡	95	9	18	331	835
南阳市方城县袁店回族乡	598	1	7	660	1936
驻马店市西平县蔡寨回族乡	182	1	9	1173	1395
洛阳市瀍河回族区瀍河回族乡	35729	1	4	2273	2273
湖北省	**10258**	**44**	**239**	**19975**	**28626**
荆门市钟祥市九里回族乡	241	4	12	440	440
荆州市洪湖市老湾回族乡	102	4	4	663	633
荆州市松滋市卸甲坪土家族乡	242	2	6	2674	2438
宜昌市宜都市潘家湾土家族乡	1194	1	10	1435	3171
十堰市郧西县湖北口回族乡	780	1	5	1570	1570
恩施土家族苗族自治州恩施市芭蕉侗族乡	1322	1	22	5599	5599
恩施土家族苗族自治州宣恩县长潭河侗族乡	4876	4	20	379	6286
恩施土家族苗族自治州宣恩县晓关侗族乡	677	24	150	5084	5979
神农架林区下谷坪土家族乡	104	1	1	1178	1556
恩施土家族苗族自治州鹤峰县铁炉白族乡	720	2	9	954	954
湖南省	**68790**	**103**	**537**	**123336**	**128654**
怀化市辰溪县罗子山瑶族乡	314	1	3	407	407
怀化市辰溪县苏木溪瑶族乡	20	1	3	900	656
怀化市辰溪县上蒲溪瑶族乡	700	1	1	433	433
怀化市辰溪县后塘瑶族乡	52	1	5	532	521
怀化市辰溪县仙人湾瑶族乡	52	1	5	1603	1592
怀化市洪江市深渡苗族乡	9	1	2	1092	1092
怀化市洪江市龙船塘瑶族乡	330	1	4	957	952
怀化市会同县炮团侗族苗族乡	560	1	7	744	744
怀化市会同县宝田侗族苗族乡	1256	1	5	668	619
怀化市会同县蒲稳侗族苗族乡	534	1	2	709	525
怀化市会同县金子岩侗族苗族乡	437	1	17	1620	1758

农村居民人均可支配收入（元）	普通高中和初中			小学			图书馆（个）	文化站（个）
	学校数（个）	在校学生数（人）	教师数（人）	学校数（个）	在校学生数（人）	教师数（人）		
15510	1	262	44	1	417	34	5	5
10176				3	450	48	1	1
21396	1	150	22	2	560	44	6	1
11863	1	214	30	7	843	83		1
17061	1	893	63	9	2547	156	1	1
14802	1	162	35	6	853	66		1
21408				2	452	43		1
15033	**10**	**3580**	**375**	**34**	**8072**	**633**	**3**	**19**
22746	1	193	37	1	296	29		1
18529	1	326	30	1	617	34		1
18947	1	282	42	3	574	41		1
20013	1	130	28	1	189	21		10
12746	1	849	51	8	1433	98		1
14159	2	982	99	12	2246	183		1
13081				3	770	60	1	1
13876	1	303	28	1	1059	84	1	1
11117	1	78	16	2	127	33	1	1
12480	1	437	44	2	761	50		1
13058	**96**	**34617**	**3354**	**230**	**56903**	**4796**	**222**	**223**
12791	1	49	15	3	161	21	2	1
15550	1	300	25	1	300	25	10	10
9500	1	95	16	1	171	16	9	1
18000	1	532	44	7	600	30	12	12
8900	1	458	34	1	1035	68	16	1
8000	1	82	17	1	133	20		1
11350	1	85	18	1	150	19	1	1
4372	1	284	20	1	461	28		1
12100	1	233	16	1	271	24		1
6600	1	383	31	1	188	22	7	1
7730	3	682	80	3	1121	99		1

9-1(二) 续表 10

民族乡名称	农民合作社成员数（户）	农业技术服务机构个数（个）	农业技术服务机构从业人员数（人）	公共财政收入（万元）	公共财政支出（万元）
怀化市会同县漠滨侗族苗族乡	4074			1393	1289
怀化市会同县青朗侗族苗族乡	1862	1	2	1319	1326
怀化市沅陵县二酉苗族乡	500	1	13	3565	3565
怀化市沅陵县火场土家族乡	922	2	3	1434	1434
怀化市中方县蒿吉坪瑶族乡	960	1	4	646	1270
怀化市通道侗族自治县大高坪苗族乡	115	4	5	1721	1641
怀化市新晃侗族自治县步头降苗族乡	476	3	26	1272	1268
怀化市新晃侗族自治县米贝苗族乡	1400	1	9	904	970
邵阳市绥宁县河口苗族乡	419	1	4	2449	2449
邵阳市绥宁县麻塘苗族乡	1229	1	10	1909	2072
邵阳市绥宁县东山侗族乡	810	5	13	2750	2750
邵阳市绥宁县鹅公岭侗族苗族乡	477	1	1	1657	1670
邵阳市绥宁县寨市苗族侗族乡	936	2	13	6358	6305
邵阳市绥宁县乐安铺苗族侗族乡	1049	1	2	544	544
邵阳市绥宁县关峡苗族乡	1227	1	17	4785	4934
邵阳市绥宁县长铺子苗族乡	5460	1	5	4965	5042
邵阳市隆回县山界回族乡	267	1	17	2055	2055
邵阳市隆回县虎形山瑶族乡	735	1	9	1557	828
邵阳市洞口县那溪瑶族乡	1678	1	2	1181	1181
邵阳市洞口县大屋瑶族乡	281	1	4	655	655
邵阳市洞口县长塘瑶族乡	568	1	12	850	850
邵阳市新宁县黄金瑶族乡	1335	1	9	969	969
邵阳市新宁县麻林瑶族乡	409	1	13	1277	1277
永州市蓝山县荆竹瑶族乡	217	1	3	493	493
永州市蓝山县湘江源瑶族乡	60	1	2	380	372
永州市蓝山县浆洞瑶族乡	90	1	2	313	313
永州市蓝山县汇源瑶族乡	116	1	3	326	326
永州市蓝山县犁头瑶族乡	114	1	1	396	452
永州市蓝山县大桥瑶族乡	283	1	2	582	570
永州市江永县松柏瑶族乡	1959	1	8	842	842

农村居民人均可支配收入（元）	普通高中和初中			小学			图书馆（个）	文化站（个）
	学校数（个）	在校学生数（人）	教师数（人）	学校数（个）	在校学生数（人）	教师数（人）		
13771	1	1114	72	1	690	72	11	1
15000	2	952	99	2	969	62		1
10365	3	651	88	2	936	133	1	1
10826	1	112	23	3	173	24		1
9000	1	65	17	4	84	20	1	1
12000				2	301	27	5	5
11109	1	152	19	1	340	26	1	1
10960	1	286	26	2	586	44		1
10256	1	253	45	2	357	89	1	1
8022				2	481	56		1
13100	1	198	42	2	162	26	1	1
11500	1	230	23	1	349	39	1	1
11368	1	170	65	3	901	148	1	1
10800				2	299	38	8	1
13296	1	415	35	1	654	62	1	
16300	1	1120	148	4	3702	169		30
16429	2	792	65	6	1243	89	1	1
11468	1	576	30	9	1740	75	1	1
17482	1	737	56	2	545	38		1
3500	1	77	12	1	127	11		1
13250	1	108	11	1	183	9		6
13660	1	301	26	1	624	33		1
8500	1	314	28	1	549	32		1
15120				1	74	15	1	1
9850				3	109	14	1	6
12960				1	106	18	1	1
10120				2	113	16	1	1
13715				1	67	12	1	1
12710	1	237	18	1	415	50	8	7
5876	2	743	71	2	1410	120	4	1

9-1(二) 续表 11

民族乡名称	农民合作社成员数（户）	农业技术服务机构个数（个）	农业技术服务机构从业人员数（人）	公共财政收入（万元）	公共财政支出（万元）
永州市江永县千家洞瑶族乡	710	2	10	322	317
永州市江永县兰溪瑶族乡	2026	1	4	1740	1740
永州市江永县源口瑶族乡	1426	1	6	737	840
永州市宁远县九疑瑶族乡	605	4	14	1234	1234
永州市宁远县棉花坪瑶族乡	5	2	2	544	544
永州市宁远县桐木漯瑶族乡	1800	1	1	481	481
永州市宁远县五龙山瑶族乡	772	1	3	415	442
永州市道县横岭瑶族乡	126	2	3	446	446
永州市道县洪塘营瑶族乡	213	2	2	996	997
永州市道县审章塘瑶族乡	931	1	5	1103	1103
永州市祁阳市晒北滩瑶族乡	378	1	1	582	652
永州市新田县门楼下瑶族乡	297	1	5	607	607
永州市双牌县上梧江瑶族乡	872	1	2	770	770
永州市江华瑶族自治县小圩壮族乡	320	1	5	1552	1552
张家界市桑植县刘家坪白族乡	657	1	6	2884	2880
张家界市桑植县马合口白族乡		1	3	1551	1551
张家界市桑植县走马坪白族乡	1510	1	7	947	947
张家界市桑植县芙蓉桥白族乡	104	1	3	482	1696
张家界市桑植县洪家关白族乡	3980	1	4	951	3724
张家界市慈利县三官寺土家族乡	267	1	8	2499	2499
张家界市慈利县高峰土家族乡	1098	1	9	1869	1869
张家界市慈利县金岩土家族乡	268	1	8	1740	1740
张家界市慈利县许家坊土家族乡	345	1	7	111	1315
张家界市慈利县阳和土家族乡	156	1	2	134	1693
张家界市慈利县甘堰土家族乡	215	1	5	2292	2292
张家界市慈利县赵家岗土家族乡	2948	1	6	1439	1439
郴州市桂阳县白水瑶族乡	165	1	3	2033	2033
郴州市北湖区保和瑶族乡	161	1	1	1921	1604
郴州市北湖区仰天湖瑶族乡	253			2003	1961
郴州市宜章县莽山瑶族乡	101	1	5	1691	1691

农村居民人均可支配收入（元）	普通高中和初中			小学			图书馆（个）	文化站（个）
	学校数（个）	在校学生数（人）	教师数（人）	学校数（个）	在校学生数（人）	教师数（人）		
7125	1	241	21	1	336	33	1	1
8450	1	146	10	1	302	30		1
8539	1	615	44	4	783	29	1	1
5103	2	552	50	3	1583	110	31	1
15000				1	177	23	1	1
11890	1	110	13	1	230	21		1
4800	1	98	15	2	315	41	1	1
9571	1	130	18	2	330	33		1
3350	1	182	22	4	619	46		1
20292	2	876	50	1	1336	29	15	15
12602				1	70	15	1	1
12221	1	88	15	1	199	13	1	1
11500	1	101	30	1	35	16		1
11140	1	932	48	3	2175	129		1
14980	1	127	15	1	253	19	1	1
6500	1	232	54	2	432	54	2	9
12000	1	292	23	6	728	62	15	15
9460	1	146	24	2	750	69	1	1
13800	2	2717	203	6	888	89	1	1
13000	1	804	68	13	1348	114	18	1
12000	1	474	72	1	952	37		1
10328	1	450	38	1	790	50		1
8258	1	670	50	1	907	46		1
8517	1	515	75	4	837	55		1
8172	2	797	81	11	1297	92		1
7988	1	433	38	9	711	52		1
15010	2	451	34	3	627	57		16
19016	3	650	50	2	697	28		1
24345	3	578	58	3	685	62		16
13254	1	260	21	2	346	27		7

9-1(二) 续表 12

民族乡名称	农民合作社成员数（户）	农业技术服务机构个数（个）	农业技术服务机构从业人员数（人）	公共财政收入（万元）	公共财政支出（万元）
郴州市汝城县文明瑶族乡	1946	1	5	5640	5204
郴州市汝城县延寿瑶族乡	420	2	5	3320	2705
郴州市临武县西山瑶族乡	435	1	5	1179	1063
郴州市资兴市回龙山瑶族乡	935	1	7	1455	1455
郴州市资兴市八面山瑶族乡	320	1	11	1231	1231
常德市鼎城区许家桥回族维吾尔族乡	1926	1	10	2259	2503
常德市汉寿县毛家滩回族维吾尔族乡	1316	1	9	2691	2691
常德市桃源县枫树维吾尔族回族乡	950	1	11	2709	2569
常德市桃源县青林回族维吾尔族乡	78	1	20	2939	2939
株洲市炎陵县中村瑶族乡	1847	1	17	1593	1593
衡阳市常宁市塔山瑶族乡	1392	4	21	1456	1456
益阳市桃江县鲊埠回族乡	224	1	8	1576	1576
广东省	**1459**	**8**	**43**	**14901**	**14905**
惠州市龙门县蓝田瑶族乡	178	1	6	4941	4941
清远市连州市三水瑶族乡	235	2	2	811	811
清远市连州市瑶安瑶族乡	114	2	2	741	741
清远市阳山县秤架瑶族乡	388	1	14	2000	2004
肇庆市怀集县下帅壮族瑶族乡	55	1	6	1709	1709
韶关市始兴县深渡水瑶族乡	199			1538	1538
河源市东源县漳溪畲族乡	290	1	13	3161	3161
广西壮族自治区	**55063**	**77**	**284**	**96564**	**114835**
梧州市蒙山县长坪瑶族乡	33	1	5	833	831
梧州市蒙山县夏宜瑶族乡	65	1	4	2650	2650
贺州市八步区黄洞瑶族乡	49	1	7	1454	1455
贺州市平桂管理区大平瑶族乡	142	1	11	1802	1802
贺州市昭平县仙回瑶族乡	65	1	6	1356	1356
贺州市钟山县两安瑶族乡	172	1	5	1008	1008
贺州市钟山县花山瑶族乡	131	1	4	1473	1473
贵港市平南县马练瑶族乡	331	1	4	198	3642
贵港市平南县国安瑶族乡	1210	2	6	101	3261

农村居民人均可支配收入（元）	普通高中和初中			小学			图书馆（个）	文化站（个）
	学校数（个）	在校学生数（人）	教师数（人）	学校数（个）	在校学生数（人）	教师数（人）		
13941	3	2130	167	20	4248	338		1
12547	2	850	70	2	1558	110		1
12157				1	28	346		1
18579	1	156	22	2	238	32		1
22153	1	140	17	2	334	45		1
19680	2	617	65	2	1013	84	1	1
19264	1	452	53	2	904	46	8	1
19669	1	830	68	3	1453	82	1	1
21500	2	927	89	6	1820	107	14	1
10500	3	326	86	3	548	86		1
26520	1	238	25	4	370	55		1
36000	2	1498	117	3	771	45		1
19365	**5**	**1171**	**114**	**10**	**3022**	**252**	**4**	**7**
22608	1	289	25	1	526	43	1	1
14099				1	166	20		1
13500	1	190	20	1	578	38	1	1
20811	1	211	21	1	667	37		1
23995	1	349	16	1	633	35	1	1
17369				1	101	19	1	1
19370	1	132	32	4	351	60		1
11121	**40**	**24594**	**3126**	**362**	**67285**	**7071**	**35**	**91**
9985				1	51	10	1	1
10250				4	313	38		1
14856				2	451	31		1
14592	1	249	22	5	870	65		1
9003				6	963	62		1
13625	1	653	40	11	1458	85		1
12527	1	524	30	7	446	34		1
	1	828	58	3	2066	131		1
10360	1	406	29	8	1040	70		1

9-1(二)　续表 13

民族乡名称	农民合作社成员数（户）	农业技术服务机构个数（个）	农业技术服务机构从业人员数（人）	公共财政收入（万元）	公共财政支出（万元）
防城港市上思县南屏瑶族乡	110	1	7	5445	5445
防城港市防城区十万山瑶族乡	88	1	2	1922	1922
南宁市马山县古寨瑶族乡	1270	1	10	6573	6904
南宁市马山县里当瑶族乡	640	1	10	3714	3714
南宁市上林县镇圩瑶族乡	254	1	9	3085	3109
柳州市三江侗族自治县同乐苗族乡	882	1	3		3963
柳州市三江侗族自治县福禄苗族乡	22613	1	3		
柳州市三江侗族自治县高基瑶族乡	25	1	2	1747	1747
柳州市融水苗族自治县滚贝侗族乡	4736	1	2	140	146
柳州市融水苗族自治县同练瑶族乡	210	1		1080	472
柳州市柳城县古砦仫佬族乡	653	3	12		
桂林市临桂区宛田瑶族乡	102	1	16	4716	1186
桂林市临桂区黄沙瑶族乡	3756	1	5	602	602
桂林市灵川县大境瑶族乡	552	3	4	1904	1904
桂林市灵川县兰田瑶族乡	22	4	11	1383	1383
桂林市全州县蕉江瑶族乡	180	2	5	893	893
桂林市全州县东山瑶族乡	344	2	6	1596	1596
桂林市兴安县华江瑶族乡	145	1	5	1067	1067
桂林市灌阳县洞井瑶族乡	254	1	3	362	351
桂林市灌阳县西山瑶族乡	105	1	1	1380	1380
桂林市资源县车田苗族乡	862	1	4	3269	3396
桂林市资源县两水苗族乡	634			667	667
桂林市资源县河口瑶族乡	143	1	6	122	122
桂林市平乐县大发瑶族乡	113	1	5	1381	1381
桂林市荔浦市蒲芦瑶族乡	156	1	5	849	849
桂林市雁山区草坪回族乡	48	1	5	630	606
百色市右江区汪甸瑶族乡					
百色市田东县作登瑶族乡	263	1	8	3310	3310
百色市田林县潞城瑶族乡	434	1	4	3570	3570
百色市田林县利周瑶族乡	632	1	3	3972	3962

农村居民人均可支配收入（元）	普通高中和初中			小学			图书馆（个）	文化站（个）
	学校数（个）	在校学生数（人）	教师数（人）	学校数（个）	在校学生数（人）	教师数（人）		
15738				4	851	111		1
11205				5	1032	63		1
14213	1	680	48	9	1242	70		1
14213	1	530	42	8	1503	62		1
	1	837	51	4	1801	120	1	1
9485				27	4266	268		1
	1	1416	96	16	4611	243		1
14760				1	294	22	8	1
2600				6	55	530		
7000				3	483	38		1
	1	415	37	13	1270	104	1	1
	1	539	41	2	1073	66		1
8226				2	113	25		1
8258	1	198	21	3	474	40	1	1
16200	1	90	13	1	217	23	4	1
18013	1	350	26	8	883	73		1
11078	1	1049	68	5	1543	117		1
21273	1	79	12	1	362	35		1
8900	1	282	22	1	613	65	1	1
7510	1	380	22	16	680	76		1
10000	1	866	65	11	1575	115	1	1
14726				7	378	38		1
9159				5	145	24	1	1
16105	1	265	28	9	716	73		1
14789				2	267	30		1
9920				1	308	36		1
		566	50		1468	150		14
10067				8	1409	128	1	21
	1	1015	105	4	1131	97		1
	1	441	43	1	571	61		1

9-1(二) 续表 14

民族乡名称	农民合作社成员数（户）	农业技术服务机构个数（个）	农业技术服务机构从业人员数（人）	公共财政收入（万元）	公共财政支出（万元）
百色市田林县八桂瑶族乡	360	1	2	1233	1233
百色市田林县八渡瑶族乡	414	1	2	3304	3360
百色市凌云县伶站瑶族乡	90	4	7	710	710
百色市凌云县朝里瑶族乡	39	1	2	1354	1354
百色市凌云县沙里瑶族乡	274	1	2	1089	1089
百色市凌云县玉洪瑶族乡	5262	1	2	6000	6000
百色市西林县足别瑶族苗族乡	526	1	3	15	1528
百色市西林县普合苗族乡	828	3	3	293	2058
百色市西林县那佐苗族乡	933	3	7	25	3049
河池市南丹县八圩瑶族乡	38	1	3	67	1402
河池市南丹县里湖瑶族乡	10	1	4	82	2346
河池市南丹县中堡苗族乡	50	2	4	413	675
河池市天峨县八腊瑶族乡	1064	1	7	2374	2374
河池市凤山县平乐瑶族乡	430	1	5	910	556
河池市凤山县江洲瑶族乡	58	1	4	954	954
河池市凤山县金牙瑶族乡	1008	1	4	2654	2654
河池市东兰县三弄瑶族乡		1	1	1238	1238
河池市环江毛南族自治县驯乐苗族乡	554	1	3	3125	3700
河池市宜州区北牙瑶族乡	576	2	7	2536	3073
河池市宜州区福龙瑶族乡	125	2	4	1936	2358
重庆市	**9506**	**15**	**103**	**28426**	**27947**
奉节县云雾土家族乡	125	1	3	699	699
奉节县长安土家族乡	130	1	5	2801	2801
奉节县龙桥土家族乡	2560	1	6	2689	2689
奉节县太和土家族乡	362	1	7	1603	1603
万州区恒合土家族乡	202	1	7	238	238
万州区地宝土家族乡	86	1	9	1770	1770
云阳县清水土家族乡	1886	1	14	5656	4145
巫山县红椿土家族乡	203	1	5	1925	2059
巫山县邓家土家族乡	61	1	2	2076	2088

农村居民人均可支配收入（元）	普通高中和初中			小学			图书馆（个）	文化站（个）
	学校数（个）	在校学生数（人）	教师数（人）	学校数（个）	在校学生数（人）	教师数（人）		
	1	622	61	2	556	68		1
	1	719	80	2	498	50		1
11750	2	767	1341	9	1766	113		1
10621	1	327	42	3	731	45	1	1
10601	1	616	36	6	1563	71		1
12318	1	482	33	1	1019	68		1
				1	365	31		1
				1	37	465		1
	1	387	37	3	103	1326		1
	1	1461	86	15	4604	222		1
	1	830	45	13	4480	225		1
10062				6	545	32		1
				5	598	103		1
9500	1	657	46	10	1998	125	12	1
6000	1	484	35	6	1301	92	1	1
4686	2	726	60	11	1540	146		1
10000				2	262	25		1
	1	486	39	4	881	85	1	1
	2	2175	140	25	3991	247		1
	1	1197	76	7	1455	103		1
15407	**2**	**770**	**54**	**23**	**5351**	**569**	**5**	**13**
17100				1	203	17	1	1
13579	1	35	12	2	364	80		1
14503				3	422	39		1
13200				2	679	54		1
15725	1	735	42	2	858	68	1	1
13899				1	450	35		1
15400				2	1154	86		
14274				1	161	18		1
12295				2	106	17	1	1

9-1(二) 续表 15

民族乡名称	农民合作社成员数（户）	农业技术服务机构个数（个）	农业技术服务机构从业人员数（人）	公共财政收入（万元）	公共财政支出（万元）
忠县磨子土家族乡	79	1	12	167	167
武隆区石桥苗族土家族乡	1236	2	17	3101	3230
武隆区文复苗族土家族乡	2131	1	4	1533	1974
武隆区后坪苗族土家族乡	400	1	5	2524	2812
武隆区浩口苗族仡佬族乡	45	1	7	1646	1674
四川省	**47415**	**105**	**632**	**90419**	**96596**
甘孜藏族自治州九龙县子耳彝族乡	140	2	4	653	653
甘孜藏族自治州九龙县小金彝族乡	60	2	4	546	546
甘孜藏族自治州九龙县朵落彝族乡	75	2	3	604	604
阿坝藏族羌族自治州松潘县十里回族乡	280	1	7	945	980
攀枝花市仁和区大龙潭彝族乡				866	
攀枝花市仁和区啊喇彝族乡	180	1	3	1103	1383
攀枝花市米易县麻陇彝族乡	1700	2	2		790
攀枝花市米易县白坡彝族乡	2093	2	4	1861	1861
攀枝花市米易县湾丘彝族乡	2110	1	6	1919	1919
攀枝花市米易县新山傈僳族乡	1046	1	4	1851	1851
攀枝花市盐边县红果彝族乡	3502	1	8	1532	1650
攀枝花市盐边县温泉彝族乡	1827	1	3	986	986
攀枝花市盐边县格萨拉彝族乡	432	1	3	1356	1432
攀枝花市盐边县红宝苗族彝族乡	705	1	4	928	947
泸州市叙永县白蜡苗族乡	156	1	4	1330	1330
泸州市叙永县合乐苗族乡	759	1	3	1058	1058
泸州市叙永县枧槽苗族乡	132	1	7	1138	1138
泸州市叙永县石厢子彝族乡	551	1	2	3221	3221
泸州市叙永县水潦彝族乡	1093	1	5	1226	2050
泸州市古蔺县箭竹苗族乡	131	1	7	1812	1812
泸州市古蔺县大寨苗族乡	162	1	1	1094	1094
泸州市古蔺县马嘶苗族乡	10	1	3	1643	1643
广元市青川县蒿溪回族乡	173	3	5	1128	1128
广元市青川县大院回族乡	521	1	1	623	622

农村居民人均可支配收入（元）	普通高中和初中			小学			图书馆（个）	文化站（个）
	学校数（个）	在校学生数（人）	教师数（人）	学校数（个）	在校学生数（人）	教师数（人）		
16442				1	167	39	1	1
16625				2	287	45	1	1
18630				1	148	23		1
16997				2	152	29		1
17207				1	200	19		1
16440	**31**	**14413**	**1082**	**146**	**38690**	**2785**	**105**	**167**
10917				1	157	16	1	1
13980				1	141	14	1	1
9125				1	80	11	1	1
18653				1	234	35		1
23088				6	805	54		1
22444				1	362	31	6	1
20140				1	263	19	1	6
22930				1	240	30		1
25360	1	253	19	1	912	57	7	1
21793				1	254	26	1	1
18897				1	341	46	6	6
18169				1	485	31		1
19003				2	202	35		7
17771								
8283	3	796	57	7	1446	66		1
10682	2	515	34	2	668	39	1	1
11098	1	471	36	6	1140	55	1	1
13894	1	296	20	3	687	53	6	1
12829	1	1202	76	4	1837	106	1	1
18347	1	461	25	4	607	33	9	9
20366	1	205	19	2	467	26	3	3
17658	2	755	56	4	1460	85		1
15113	1	96	18	1	117	21		
13500				1	158	22		

9-1(二) 续表 16

民族乡名称	农民合作社成员数（户）	农业技术服务机构个数（个）	农业技术服务机构从业人员数（人）	公共财政收入（万元）	公共财政支出（万元）
乐山市金口河区和平彝族乡		1	4	921	1058
乐山市金口河区共安彝族乡	405	1	3	1266	1604
南充市阆中市博树回族乡	1282	2	6	636	636
宜宾市筠连县高坪苗族乡	493	1	5	1056	1052
宜宾市筠连县联合苗族乡	153	1	5	526	860
宜宾市筠连县团林苗族乡	158	1	3	880	880
宜宾市屏山县屏边彝族乡	1142	1	6	1604	1604
宜宾市屏山县清平彝族乡	266	1	8	1454	1760
宜宾市兴文县大坝苗族乡	41	1	12	3476	2787
宜宾市兴文县大河苗族乡	378	1	14	3092	2728
宜宾市兴文县麒麟苗族乡	427	1	6	2785	2450
宜宾市兴文县仙峰苗族乡	1241	6	34	2301	1391
宜宾市珙县罗渡苗族乡	525	1	4	1021	1021
宜宾市珙县玉和苗族乡	205	1	6	569	632
宜宾市珙县观斗苗族乡	687	1	3	512	512
雅安市汉源县小堡藏族彝族乡	59	1	3	475	475
雅安市汉源县坭美彝族乡	117	2	2	271	271
雅安市汉源县永利彝族乡	40	1	1	364	364
雅安市汉源县顺河彝族乡	130			376	376
雅安市汉源县片马彝族乡	439	1	1	341	341
雅安市石棉县蟹螺藏族乡	79	1	4	1112	1112
雅安市石棉县栗子坪彝族乡	16	1	2	691	691
雅安市石棉县新民藏族彝族乡	559			1307	1309
雅安市石棉县草科藏族乡	590	1	4	1121	1109
雅安市宝兴县跷碛藏族乡	367	1	7	2453	2453
雅安市荥经县宝峰彝族民族乡	178	1	3	1952	2156
雅安市荥经县民建彝族民族乡	12	1	5	450	400
雅安市石棉县王岗坪彝族藏族乡	112	1	5	390	390
凉山彝族自治州西昌市高草回族乡	860	1	3	599	232
凉山彝族自治州西昌市裕隆回族乡	89	10	215	3009	3840

农村居民人均可支配收入（元）	普通高中和初中			小学			图书馆（个）	文化站（个）
	学校数（个）	在校学生数（人）	教师数（人）	学校数（个）	在校学生数（人）	教师数（人）		
14561				2	298	32		1
15160				2	465	48		1
18600	1	47	14	1	76	15		1
20181	1	274	20	2	732	31		1
18205	1	415	29	5	842	29		1
20005	1	250	18	4	428	27		1
15250	1	391	36	1	970	51		
15662	1	270	22	6	681	42	1	1
16890	1	2218	104	3	2400	152	1	1
19942	1	1624	115	5	2456	113	1	1
16377	2	924	90	2	1250	95	1	1
18429	1	145	13	3	441	94	1	1
16808				6	1034	63	1	1
20761				2	723	32		1
20000				2	521	24		1
12587				1	248	15	4	1
16000				1	144	11	3	2
11000				1	42	13	4	4
11500								1
19701				1	105	14		1
13308				2	134	25		1
10000				2	371	34	4	4
13530				1	416	31		1
11768				1	125	14		1
15187				2	424	43		6
17201	1	72	16	1	134	23	4	4
11800				1	170	17	1	4
16773				1	317	22	1	1
22146				1	827	43		1
18015	1	1038	66	3	1672	64		1

9-1(二) 续表 17

民族乡名称	农民合作社成员数（户）	农业技术服务机构个数（个）	农业技术服务机构从业人员数（人）	公共财政收入（万元）	公共财政支出（万元）
凉山彝族自治州木里藏族自治县屋脚蒙古族乡		1	3	639	714
凉山彝族自治州木里藏族自治县俄亚纳西族乡	1351			475	475
凉山彝族自治州木里藏族自治县白碉苗族乡	1448	3	10	1195	266
凉山彝族自治州木里藏族自治县项脚蒙古族乡	382	1	3	907	1018
凉山彝族自治州木里藏族自治县固增苗族乡	8	2	7	1142	1142
凉山彝族自治州盐源县大坡蒙古族乡	74	1	5	867	891
凉山彝族自治州德昌县金沙傈僳族乡	15	1	2	1239	1298
凉山彝族自治州德昌县南山傈僳族乡	22	1	53	1062	1062
凉山彝族自治州会理市新安傣族乡	90			1214	1214
凉山彝族自治州冕宁县和爱藏族乡	156	1	3		
凉山彝族自治州越西县保安藏族乡	45			315	315
绵阳市平武县木皮藏族乡	60	1	3	369	466
绵阳市平武县木座藏族乡	587	1	3	355	393
绵阳市平武县白马藏族乡	138			623	623
绵阳市平武县黄羊关藏族乡	404	1	1	738	738
绵阳市平武县虎牙藏族乡	115			444	1224
绵阳市平武县泗耳藏族乡	50	2	2	355	355
绵阳市平武县锁江羌族乡	1284	1	3	1492	1492
绵阳市平武县旧堡羌族乡	1095	3	9	431	546
绵阳市平武县阔达藏族乡	1	1	2	292	292
绵阳市平武县土城藏族乡	702	1	1	544	687
绵阳市平武县平通羌族乡	684	1	6	1736	1340
绵阳市平武县豆叩羌族乡	1000	2	7	1125	6429
绵阳市盐亭县大兴回族乡	2003	1	9	1225	1225
绵阳市北川羌族自治县桃龙藏族乡	133	1	3	441	441
达州市宣汉渡口土家族乡	1732	1	6	1066	1066
达州市宣汉龙泉土家族乡	628	1	6	1100	1100
达州市宣汉三墩土家族乡	2511	1	7	1192	1192
达州市宣汉漆树土家族乡	1809	1	11	1403	1403

农村居民人均可支配收入（元）	普通高中和初中			小学			图书馆（个）	文化站（个）
	学校数（个）	在校学生数（人）	教师数（人）	学校数（个）	在校学生数（人）	教师数（人）		
7346				1	308	31		3
13000				1	484	23	7	6
7100				1	369	24	4	4
11237				1	190	23		1
1142				1	320	20		5
9560				1	66	11		1
13447				1	462	28		4
15647				1	220	18		1
18000				2	396	25	1	1
				1	141	11		1
				1	264	16	6	4
14184								1
11800								1
12547								
13324							1	1
8600				1	21	8		5
13125							3	4
12929				1	134	34		1
17500				1	25	11	5	5
12800				1	134	16	5	6
14350				1	49	14		
17000	1	664	83	2	446	54		2
14400				1	169	26		1
18354				2	170	44		2
21300							1	1
22110				1	540	42		1
17124	1	262	32	1	384	36		1
17594	1	535	40	2	942	74		1
15010	1	234	24	2	947	68		9

9-1(二) 续表 18

民族乡名称	农民合作社成员数（户）	农业技术服务机构个数（个）	农业技术服务机构从业人员数（人）	公共财政收入（万元）	公共财政支出（万元）
贵州省	**203352**	**230**	**1743**	**403038**	**385475**
贵阳市南明区小碧布依族苗族乡	4262	1	2	5404	5404
贵阳市花溪区高坡苗族乡	42	1	11	443	3480
贵阳市花溪区孟关苗族布依族乡	32	1	12	12610	2127
贵阳市花溪区马铃布依族苗族乡	2120	1	5	1762	1762
贵阳市花溪区黔陶布依族苗族乡	189	1	6	476	1587
贵阳市乌当区偏坡布依族乡	65	1	7	1886	1905
贵阳市乌当区新堡布依族乡	143	1	7	2566	2566
贵阳市白云区牛场布依族乡	506	1	6	2845	3136
贵阳市白云区都拉布依族乡	2300	1	10	2100	2100
贵阳市清镇市麦格苗族布依族乡	439	1	5	2367	3193
贵阳市清镇市王庄布依族苗族乡	118	1	12	1233	1899
贵阳市清镇市流长苗族乡	320	1	11	4167	3985
贵阳市开阳县高寨苗族布依族乡	465	1	12	2070	2070
贵阳市开阳县南江布依族苗族乡	366	3	12	1105	2336
贵阳市开阳县禾丰布依族苗族乡	220	1	7	924	2798
贵阳市修文县大石布依族乡	47	3	10	1540	1561
贵阳市息烽县青山苗族乡	550	1	3	700	741
六盘水市水城县坪寨彝族乡	32	1	4	887	866
六盘水市水城县南开苗族彝族乡	324	3	7	1589	1088
六盘水市水城县青林苗族彝族乡	900	1	8	1112	1112
六盘水市水城县金盆苗族彝族乡	143	1	7	589	1174
六盘水市水城县新街彝族苗族布依族乡	515	1	4	917	917
六盘水市水城县杨梅彝族苗族回族乡	1193	1	5	1173	1173
六盘水市水城县野钟苗族彝族布依族乡	411	1	5	150	120
六盘水市水城县果布嘎彝族苗族布依族乡	4800	1	6	180	1100
六盘水市水城县龙场苗族白族彝族乡	1560	1	5	114	114
六盘水市水城县营盘苗族彝族白族乡	394	1	5	1602	1801
六盘水市水城县顺场苗族彝族布依族乡	246	1	3	1584	1584
六盘水市水城县花戛苗族布依族彝族乡	46	1	3	1710	1710
六盘水市水城县猴场苗族布依族乡	1365	1	5	1149	1149

农村居民人均可支配收入（元）	普通高中和初中			小学			图书馆	文化站
	学校数（个）	在校学生数（人）	教师数（人）	学校数（个）	在校学生数（人）	教师数（人）	（个）	（个）
11803	**211**	**125259**	**9778**	**1097**	**309934**	**20312**	**235**	**243**
22325	4	3007	322	4	2949	220		
17337	1	790	47	6	3608	140	8	1
21259	5	2976	221	7	3392	237		1
14000				3	564	54	1	1
19526				5	766	64		1
21943	1	38	11	1	105	15		1
22984	1	116	16	1	336	28		1
22060	1	548	43	2	1252	69		1
19162				2	983	53	1	1
21856	1	656	42	7	1890	100		1
17400	1	561	43	5	2041	126	1	1
17085	1	1359	80	10	4146	158		1
19822	1	80	7	4	1270	73		8
14600	1	402	74	4	1089	74	1	1
17874	1	299	79	1	772	50		1
12350	1	287	24	1	633	34	1	1
14560	1	193	19	1	484	29	1	1
10652	1	244	21	4	676	40		1
12783	1	1334	94	8	3432	181		1
12412	2	1258	40	6	1710	98		1
11681	2	986	77	5	3322	147		1
10900	1	229	21	1	704	32		1
12175	1	412	34	5	1342	88		1
10500	1	664	42	5	1479	88		1
12000	1	300	28	3	1290	75		1
10800	1	1382	80	5	2535	113		1
12100	1	380	35	4	1774	86		1
12000				7	1621	123	1	1
9300	1	408	39	4	1501	76	1	1
9910	1	610	44	5	1531	85		1

9-1(二) 续表 19

民族乡名称	农民合作社成员数（户）	农业技术服务机构个数（个）	农业技术服务机构从业人员数（人）	公共财政收入（万元）	公共财政支出（万元）
六盘水市盘州市普田回族乡	30	1	7	3992	2483
六盘水市盘州市旧营白族彝族苗族乡	9123	1	19	2203	2203
六盘水市盘州市羊场布依族白族苗族乡	10994	1	8	2456	2722
六盘水市盘州市保基苗族彝族乡	1587	1	13	3585	2583
六盘水市盘州市淤泥彝族乡	597	1	21	2467	2896
六盘水市盘州市普古彝族苗族乡	9680	4	25	1955	1946
六盘水市盘州市坪地彝族乡	8230	1	19	2592	2592
六盘水市六枝特区梭戛苗族彝族乡	53	3	14	339	1210
六盘水市六枝特区落别布依族彝族乡	138	1	27	1168	1746
六盘水市六枝特区中寨苗族彝族布依族乡	140	1	22	5990	5980
六盘水市六枝特区牛场苗族彝族乡	42	2	5	109	974
六盘水市六枝特区月亮河彝族苗族乡	550	1	15	1615	1614
遵义市仁怀市后山苗族布依族乡	45	4	16	3216	3216
遵义市播州区平正仡佬族乡	1391	1	27	2280	2280
遵义市播州区洪关苗族乡	200	1	22	1259	1259
遵义市桐梓县马鬃苗族乡	1304	1	21	1866	880
遵义市正安县谢坝仡佬族苗族乡	314	1	7	1272	1297
遵义市正安县市坪苗族仡佬族乡	468	1	4	889	829
遵义市余庆县花山苗族乡	230	1	7	1455	1455
遵义市道真仡佬族苗族自治县上坝土家族乡	786	6	18	2327	2209
安顺市西秀区鸡场布依族苗族乡	269	1	31	2083	2083
安顺市西秀区杨武布依族苗族乡	259	1	18	1750	1750
安顺市西秀区岩腊苗族布依族乡	1084	1	9	1145	1145
安顺市西秀区新场布依族苗族乡	165	1	9	685	685
安顺市西秀区黄腊布依族苗族乡	539	1	9	1705	1705
安顺市平坝区十字回族乡	91	1	21	2541	2743
安顺市平坝区羊昌布依族苗族乡	200	1	15	2093	2070
安顺市普定县补郎苗族乡	205	1	7	1862	1862
安顺市普定县猴场苗族仡佬族乡	50	1	1	380	380
安顺市普定县猫洞苗族仡佬族乡	352	1	6	552	552

农村居民人均可支配收入（元）	普通高中和初中			小学			图书馆（个）	文化站（个）
	学校数（个）	在校学生数（人）	教师数（人）	学校数（个）	在校学生数（人）	教师数（人）		
12553	1	166	26	5	583	46	1	1
12934	1	421	48	4	1424	96	12	1
13924	1	974	67	6	2722	135		1
12184	1	474	28	2	1366	24	3	1
13500	1	765	56	7	3209	146		1
11491	1	746	47	4	1842	87	22	
11429	1	467	47	8	2181	198		1
10310	1	1018	67	8	2919	116		1
12800	2	817	33	8	2800	200		1
9012	3	945	47	9	2680	144		1
12304	1	781	38	5	1987	156		1
10564	2	701	45	6	1398	87		1
13124	1	450	45	1	1012	68		1
13183	1	485	35	4	1240	85		1
12467	2	220	24	4	640	60		1
8869	1	87	14	5	333	32	10	1
8800	1	268	41	3	544	48		1
14000	1	400	40	4	8134	1257		1
14500	1	363	32	4	640	65		1
13423	1	1420	107	2	1210	78		1
11388	1	1054	59	2	2053	89		1
13254	1	838	50	6	1582	93		1
9831	1	517	45	5	1524	73	1	
10780	1	419	39	3	657	65		1
15749	1	140	29	2	507	52		1
10098	1	1270	100	12	2811	165		1
10000	3	1099	78	8	1619	122	1	1
11300	1	898	57	6	2347	272	1	1
11000	1	806	36	10	1800	110		1
12167	2	2031	30	7	3604	84		1

9-1(二) 续表 20

民族乡名称	农民合作社成员数（户）	农业技术服务机构个数（个）	农业技术服务机构从业人员数（人）	公共财政收入（万元）	公共财政支出（万元）
毕节市七星关区大屯彝族乡	80	1	4	1523	1416
毕节市七星关区田坎彝族乡	102	1	3	1745	1745
毕节市七星关区阿市苗族彝族乡	85	1	8	2086	2086
毕节市七星关区团结彝族苗族乡	91	1	5	2776	2776
毕节市七星关区阴底彝族苗族白族乡	1760	1	12	3820	3820
毕节市七星关区干溪彝族苗族白族乡	165	1	10	632	632
毕节市黔西市永燊彝族苗族乡	481	1	6	1574	1574
毕节市黔西市新仁苗族乡	81	1	7	1724	1724
毕节市黔西市花溪彝族苗族乡	920	1	4	1469	1502
毕节市黔西市中建苗族彝族乡	115	1	5	1185	1185
毕节市黔西市定新彝族苗族乡	156	1	4	1038	1038
毕节市黔西市太来彝族苗族乡	1426	1	6	1428	1428
毕节市黔西市绿化白族彝族乡	159	1	7	1803	1803
毕节市黔西市红林彝族苗族乡	587	1	10	1819	1552
毕节市黔西市五里布依族苗族乡	917	2	10	1474	1546
毕节市黔西市铁石苗族彝族乡	1251	1	8	1509	1524
毕节市大方县竹园彝族苗族乡	1123	1	12	2750	2600
毕节市大方县响水白族彝族仡佬族乡	406	1	19	1834	2041
毕节市大方县鼎新彝族苗族乡	108	1	10	4533	4039
毕节市大方县牛场苗族彝族乡	324	1	5	1358	1028
毕节市大方县理化苗族彝族乡	1225	1	11	1549	1549
毕节市大方县安乐彝族仡佬族乡	1254	1	4	2458	1505
毕节市大方县凤山彝族蒙古族乡	4200	1	3	2346	1353
毕节市大方县百纳彝族乡	213	1	6	1522	1186
毕节市大方县三元彝族苗族白族乡	185	1	3	2600	1600
毕节市大方县沙厂彝族乡	110	2	22	1221	1221
毕节市大方县黄泥彝族苗族满族乡	56	1	3	3570	3381
毕节市大方县核桃彝族白族乡	1041	1	3	4082	2607
毕节市大方县八堡彝族苗族乡	50	1	6	5151	5151
毕节市大方县兴隆苗族乡	1833	1	8	3167	1592

农村居民人均可支配收入（元）	普通高中和初中			小学			图书馆（个）	文化站（个）
	学校数（个）	在校学生数（人）	教师数（人）	学校数（个）	在校学生数（人）	教师数（人）		
11045	1	658	43	6	1280	65	1	1
10200	1	227	24	4	690	62		1
11102	1	490	43	5	1480	130		1
10500	1	512	53	7	1835	130	1	1
9693	2	1868	102	15	3875	225	1	1
10600	1	679	77	5	1456	136		1
10035	1	434	28	5	1211	60		1
11600	1	635	51	7	1754	93		1
9543	1	412	31	9	831	89		1
11055	1	299	21	5	670	40		1
9839	1	472	36	13	665	31		1
10408	1	732	49	9	1860	134		1
12068	1	587	43	3	996	85		1
10180	1	514	46	7	1330	79		1
13451	1	678	64	8	1721	97		1
10252	1	482	38	5	1203	72		1
12100	1	667	51	11	2225	128		1
12625	2	1326	107	9	1853	143		1
12635	2	2421	173	13	4780	189		1
9450	1	2200	128	11	3200	212	1	1
11425	1	1458	89	11	3764	179	1	1
8670	1	427	29	5	882	60		1
10087	1	1004	48	3	1535	47	1	1
12668	2	1462	116	5	2078	108		1
9900	1	412	30	8	1800	98		1
11487	1	439	42	4	1145	54		1
11200	1	142	20	4	686	51		1
9836	1	948	73	10	2588	137		1
10882	1	848	64	8	2341	170	1	1
10271	2	1011	75	10	2056	120	1	1

9-1(二) 续表 21

民族乡名称	农民合作社成员数 (户)	农业技术服务机构个数 (个)	农业技术服务机构从业人员数 (人)	公共财政收入 (万元)	公共财政支出 (万元)
毕节市大方县大山苗族彝族乡	35	1	9	3730	1907
毕节市大方县星宿苗族彝族仡佬族乡	380	1	3	2580	2009
毕节市织金县自强苗族乡	212	1	5	525	495
毕节市织金县官寨苗族乡	485	1	1	471	429
毕节市织金县后寨苗族乡	210	1	3	4129	3046
毕节市织金县大平苗族彝族乡	260	2	7	263	725
毕节市织金县茶店布依族苗族彝族乡	432	1	6	1800	1500
毕节市织金县金龙苗族彝族布依族乡	212	1	9	1821	2122
毕节市织金县鸡场苗族彝族布依族乡	152	1	22	1700	1600
毕节市金沙县太平彝族苗族乡	65	1	4	1202	1221
毕节市金沙县石场苗族彝族乡	36	1	6	1633	1633
毕节市金沙县马路彝族苗族乡	130	1	5	1468	1473
毕节市金沙县安洛苗族彝族满族乡	2764	1	10	1482	1482
毕节市金沙县新化苗族彝族满族乡	100	1	5	7944	7989
毕节市金沙县大田彝族苗族布依族乡	468	1	5	1259	1259
毕节市赫章县兴发苗族彝族回族乡	610			5793	5793
毕节市赫章县松林坡白族彝族苗族乡	7231	1	7	3271	3271
毕节市赫章县雉街彝族苗族乡	854	1	3	2495	2847
毕节市赫章县珠市彝族乡	2010	1	6	1643	1643
毕节市赫章县双坪彝族苗族乡	3174	1	11	8215	8215
毕节市赫章县辅处彝族苗族乡	642	1	5	2195	2185
毕节市赫章县铁匠苗族乡	245	1	11	3070	3070
毕节市赫章县可乐彝族苗族乡	198	2	8	5354	5354
毕节市赫章县河镇彝族苗族乡	519	1	16	4844	4844
毕节市赫章县结构彝族苗族乡	193	1	8	1716	1716
毕节市赫章县水塘堡彝族苗族乡	627	1	9	4440	4440
毕节市赫章县古达苗族彝族乡	3711	1	12	2023	2023
毕节市纳雍县库东关彝族苗族白族乡	1456	1	9	1792	1792
毕节市纳雍县董地苗族彝族乡	2382	2	6	1568	1568
毕节市纳雍县左鸠戛彝族苗族乡	96	1	11	132	132

农村居民人均可支配收入（元）	普通高中和初中			小学			图书馆（个）	文化站（个）
	学校数（个）	在校学生数（人）	教师数（人）	学校数（个）	在校学生数（人）	教师数（人）		
9679	1	1450	70	7	1970	100		1
9956	1	466	34	6	1443	87		1
11325	1	260	17	4	948	56		1
9800	1	850	51	10	2142	106		1
10000	1	898	56	6	3198	110	1	13
10600	1	630	45	9	2060	85		1
10021	1	836	64	6	2500	116		1
11426	1	1576	121	9	4526	172		1
10030	1	1420	89	18	4600	179	1	1
8756	1	603	46	5	999	77	1	1
8900	1	843	70	3	1894	102	12	12
7700	1	317	25	5	725	60	1	1
13600	1	770	48	7	1799	112	1	1
11080	1	882	64	4	1872	120	1	1
8050	1	501	40	3	728	50	1	1
11000	1	996	64	6	2903	157		1
9360	2	1028	50	4	2732	138		1
9700	1	462	31	6	1662	36		1
10100	2	1782	102	10	2988	136		1
12212	3	1616	126	11	4234	261		1
11000	1	557	41	6	1242	86		1
9140	1	952	67	6	1760	115		1
11500	1	1220	113	5	3851	196	20	1
10856	1	1565	92	7	5426	171		1
10101	1	424	32	2	1510	85	9	1
14134	2	1573	115	2	2299	120	4	1
9900	2	1060	157	7	3930	140	1	1
12340	1	726	59	16	3012	178		1
11231	1	1200	84	10	2667	141	1	1
8863	1	417	54	6	1134	93		1

9-1(二) 续表 22

民族乡名称	农民合作社成员数（户）	农业技术服务机构个数（个）	农业技术服务机构从业人员数（人）	公共财政收入（万元）	公共财政支出（万元）
毕节市纳雍县锅圈岩苗族彝族乡	2640	1	20	1633	1633
毕节市纳雍县新房彝族苗族乡	2659	1	11	1792	1792
毕节市纳雍县化作苗族彝族乡	368	1	6	1278	1278
毕节市纳雍县姑开苗族彝族乡	3852	1	4	4500	4500
毕节市纳雍县羊场苗族彝族乡	779	1	14	1805	1805
毕节市纳雍县昆寨苗族彝族白族乡	326	1	5	1764	824
毕节市纳雍县猪场苗族彝族乡	145	1	7	1470	1470
毕节市威宁彝族回族苗族自治县新发布依族乡	310	1	10	2312	2312
毕节市大方县大水彝族苗族布依族乡	1538	1	2	2473	2424
毕节市黔西市金坡苗族彝族满族乡	2957	1	3	1807	1735
毕节市大方县普底彝族苗族白族乡	276	1	3	2768	2115
毕节市黔西市仁和彝族苗族乡	1485	1	7	1898	1798
铜仁市碧江区桐木坪侗族乡	533			1100	1100
铜仁市碧江区瓦屋侗族乡	3204	1	6	1940	1993
铜仁市碧江区和平土家族侗族乡	407	1	7	2479	2479
铜仁市碧江区滑石侗族苗族土家族乡	1350	5	17	4576	4322
铜仁市碧江区六龙山侗族土家族乡	340	1	8	874	897
铜仁市万山区高楼坪侗族乡	696	1	8	3293	3293
铜仁市万山区黄道侗族乡	147	1	3	1315	1315
铜仁市万山区熬寨侗族乡	1485	1	6	2859	2859
铜仁市万山区下溪侗族乡	435	1	4	2023	2023
铜仁市万山区鱼塘侗族土家族苗族乡	348	1	12	1791	1791
铜仁市万山区大坪侗族土家族苗族乡	1867	1	12	1525	1525
铜仁市德江县楠杆土家族乡	300	3	12	1770	1770
铜仁市德江县沙溪土家族乡	6532	1	5	2165	2165
铜仁市德江县桶井土家族乡	597	3	15	2953	2953
铜仁市德江县堰塘土家族乡	2404	1	12	2925	2925
铜仁市德江县荆角土家族乡	3239	3	19	2025	2025
铜仁市德江县长丰土家族乡	657	1	11	2200	3000
铜仁市德江县龙泉土家族乡	1500	1	10	1990	2234

农村居民人均可支配收入（元）	普通高中和初中			小学			图书馆（个）	文化站（个）
	学校数（个）	在校学生数（人）	教师数（人）	学校数（个）	在校学生数（人）	教师数（人）		
8600	1	650	50	7	3241	249		1
9850	2	1222	101	7	3898	164		1
9913	1	1423	93	10	3396	150	1	1
8564	3	2459	158	10	3588	196	1	1
9550	3	1465	95	13	3112	243	17	1
11098	2	822	62	10	3178	192		1
10502	1	960	72	9	1940	130	1	1
9286	2	1346	105	13	3262	208	1	1
12938	1	118	15	4	870	51		1
11480	1	206	19	8	1605	98		1
14004	1	474	43	3	1667	74		1
8480	1	706	51	9	1265	96		1
9000	1	185	25	2	297	53		
14180	1	243	28	1	554	28		1
15273	1	411	37	10	896	82		1
11576	1	186	27	6	572	33	1	5
10596				2	53	19	1	1
9850	1	465	49	6	732	48		1
10651	1	454	38	7	908	61		1
12830	1	114	22	5	248	42	7	1
8300	1	102	20	5	351	33		1
10361	1	763	74	11	1360	116		1
12868	1	799	65	11	1207	108		1
11263	1	269	42	4	564	53		1
13650	1	212	41	1	52	334		1
9216	1	505	69	10	872	108		1
9870	1	280	35	6	680	83		1
11854	1	327	49	3	62	625		1
11757	1	461	51	5	885	70		1
10767	1	238	35	3	451	49		1

9－1(二)　续表 23

民族乡名称	农民合作社成员数（户）	农业技术服务机构个数（个）	农业技术服务机构从业人员数（人）	公共财政收入（万元）	公共财政支出（万元）
铜仁市德江县钱家土家族乡	734	5	17	1934	1935
铜仁市江口县德旺土家族苗族乡	60	1	4	1233	1233
铜仁市江口县官和侗族土家族苗族乡	160	1	4	1677	2485
铜仁市石阡县聚凤仡佬族侗族乡	404	1	17	133	133
铜仁市石阡县大沙坝仡佬族侗族乡	1606	1	7	119	1571
铜仁市石阡县枫香仡佬族侗族乡	900	1	12	564	564
铜仁市石阡县青阳苗族仡佬族侗族乡	1600	1	3	797	797
铜仁市石阡县龙井侗族仡佬族乡	1900	1	17	1753	1997
铜仁市石阡县石固仡佬族侗族乡	680	1	15	459	1119
铜仁市石阡县坪地仡佬族侗族乡	1000	1	5	350	350
铜仁市石阡县甘溪仡佬族侗族乡	1398	1	6	1613	1613
铜仁市石阡县坪山仡佬族侗族乡	866	1	11	1561	1561
铜仁市思南县思林土家族苗族乡	260	1	17	1993	2241
铜仁市思南县枫柼土家族苗族乡	372	1	16	1819	1891
铜仁市思南县杨家坳苗族土家族乡	162	1	11	1774	1046
铜仁市思南县胡家湾苗族土家族乡	4274	1	14	1587	1619
铜仁市思南县宽坪土家族苗族乡	3436	1	13	1575	1658
铜仁市思南县三道水土家族苗族乡	253	1	15	2983	2654
铜仁市思南县天桥土家族苗族乡	102	1	15	1483	1501
铜仁市思南县兴隆土家族苗族乡	1402	1	15	2217	2308
黔西南布依族苗族自治州兴仁市鲁础营回族乡	115	1	15	1895	1902
黔西南布依族苗族自治州望谟县油迈瑶族乡	908	1	12	2956	2956
黔东南苗族侗族自治州从江县秀塘壮族乡	170	1	4	618	618
黔东南苗族侗族自治州从江县刚边壮族乡	1170	1	4	2580	2562
黔东南苗族侗族自治州从江县翠里瑶族壮族乡	510	1	3	834	834
黔东南苗族侗族自治州镇远县尚寨土家族乡	28	1	2	766	766
黔东南苗族侗族自治州麻江县坝芒布依族乡	1913	1	6	1413	1386
黔东南苗族侗族自治州榕江县水尾水族乡	825	1	3	1276	1276
黔东南苗族侗族自治州榕江县三江水族乡	156	1	5	1229	774
黔东南苗族侗族自治州榕江县仁里水族乡	68	1	6	1570	1570

农村居民人均可支配收入（元）	普通高中和初中			小学			图书馆（个）	文化站（个）
	学校数（个）	在校学生数（人）	教师数（人）	学校数（个）	在校学生数（人）	教师数（人）		
10763	1	281	37	4	601	61	1	1
11650				2	403	44		1
11380				1	215	17		1
14987	1	487	56	5	1461	85		1
12000	2	326	57	4	690	93	15	15
15500	1	153	28	4	342	39	12	1
10885	1	165	25	1	425	29		1
11451	1	247	42	3	1270	95		1
12023	1	226	46	4	532	65		1
8650	1	421	47	3	711	77		1
14068	1	254	43	5	608	56		1
11128	1	152	20	4	415	39		1
9250	1	435	46	5	623	77		1
12080	1	785	76	4	620	61		1
8336	1	578	56	5	1904	101		1
9730	1	444	51	3	793	55		1
12856	1	555	61	4	841	83	1	1
11250	1	536	60	6	1168	152		
10600	1	300	41	5	654	61		1
11085	1	485	61	8	805	78	1	1
9790	1	508	37	5	948	78		1
12150				2	307	38		1
11600	1	205	20	1	424	23		1
11320	1	352	33	4	953	50	1	1
11800	1	423	41	4	776	40		1
12056				1	319	30		1
10862	1	429	43	2	845	59	1	1
11620				1	266	26		1
10529				9	1257	71		1
13392				1	493	39		1

9-1(二) 续表 24

民族乡名称	农民合作社成员数（户）	农业技术服务机构个数（个）	农业技术服务机构从业人员数（人）	公共财政收入（万元）	公共财政支出（万元）
黔东南苗族侗族自治州榕江县定威水族乡	105	2	10	1763	1834
黔东南苗族侗族自治州榕江县兴华水族乡	15	1	4	1886	1887
黔东南苗族侗族自治州榕江县塔石瑶族水族乡	168	1	3	2076	2044
黔东南苗族侗族自治州雷山县达地水族乡	2018	1	4	1151	1390
黔东南苗族侗族自治州黎平县顺化瑶族乡	366	1	3	953	924
黔东南苗族侗族自治州黎平县雷洞瑶族水族乡	860	1	3	1595	1452
黔东南苗族侗族自治州岑巩县羊桥土家族乡	378	1	4	1814	825
黔南布依族苗族自治州都匀市归兰水族乡	378	1	17	2768	2768
黔南布依族苗族自治州荔波县瑶山瑶族乡	272	1	12	8346	772
黔南布依族苗族自治州荔波县黎明关水族乡	1265	1	17	3766	3733
黔南布依族苗族自治州平塘县卡蒲毛南族	2967	1	9	2373	2063
贵阳市花溪区湖潮布依族苗族乡	130	1	10	5396	6615
云南省	**209519**	**199**	**1640**	**327526**	**365291**
昆明市晋宁区夕阳彝族乡	76	1	5	900	2263
昆明市晋宁区双河彝族乡	818	1	4	763	2232
昆明市宜良县九乡彝族回族乡	1490	2	15	1729	1729
昆明市宜良县耿家营彝族苗族乡	967	1	5	1280	1805
昭通市昭阳区守望回族乡	80	1	29	1884	1884
昭通市昭阳区小龙洞回族彝族乡	1756	1	6	1573	1573
昭通市布嘎回族乡	2330	1	36	1737	1737
昭通市青岗岭回族彝族乡	285	1	25	1637	1637
昭通市鲁甸县桃源回族乡	3391	1	7	8103	8103
昭通市鲁甸县茨院回族乡	1528	1	8	2066	2066
昭通市大关县上高桥回族彝族苗族乡	1348	1	14	1945	1945
昭通市永善县马楠苗族彝族乡	1365	3	6	1752	1752
昭通市永善县伍寨彝族苗族乡	1377	1	2	1779	1189
昭通市镇雄县果珠彝族乡	5325	1	3	3041	3041
昭通市镇雄县林口彝族苗族乡	5820	1	3	8443	576
昭通市彝良县龙街苗族彝族乡	3850	1	4	5436	5436
昭通市彝良县奎香苗族彝族乡	4578	6	25	4911	4911

农村居民人均可支配收入（元）	普通高中和初中			小学			图书馆（个）	文化站（个）
	学校数（个）	在校学生数（人）	教师数（人）	学校数（个）	在校学生数（人）	教师数（人）		
11750				5	609	45	6	8
10677				6	1378	72		1
10880				5	631	36	1	1
10886				3	591	44	12	1
10293				5	355	27		1
10285				11	925	61		1
9504	1	856	67	11	1782	114		1
15000				4	1229	85		1
13120				3	635	51	7	2
13250	1	904		5	843	58	16	1
12560				3	430	57	1	1
17510	5	4004	299	8	3982	226	1	1
12638	**124**	**83500**	**6450**	**866**	**206688**	**14410**	**56**	**146**
13752	1	124	21	1	201	24		1
15012	1	196	30	1	401	29		1
18210	1	406	41	3	717	67	2	1
9586	1	440	38	3	782	65		1
10800	1	1180	80	6	3411	186		1
10880	1	1362	82	9	3218	182		1
10904	1	1090	87	5	2980	156		1
10070	1	1051	84	8	1801	145		1
14876	1	903	87	9	2821	249		1
11235	1	726	103	3	2665	180		1
10861	1	435	46	6	1337	96	1	1
11845	1	292	29	1	731	58		1
13168	1	557	43	1	1178	64		1
10413	1	3078	124	14	4403	214		1
10930	2	2960	181	17	5236	240		1
10100	1	2024	113	13	4208	207		1
8216	2	2717	190	11	4649	210		1

9-1(二) 续表 25

民族乡名称	农民合作社成员数（户）	农业技术服务机构个数（个）	农业技术服务机构从业人员数（人）	公共财政收入（万元）	公共财政支出（万元）
昭通市彝良县树林彝族苗族乡	2737	1	2	1612	1612
昭通市彝良县柳溪苗族乡	548	1	5	1905	1905
昭通市彝良县洛旺苗族乡	103	1	8	2254	3243
昭通市威信县双河苗族彝族乡	711	1	7	3271	1159
曲靖市师宗县龙庆彝族壮族乡	1658	1	7	2224	2224
曲靖市师宗县五龙壮族乡	140	1	18	4316	4316
曲靖市师宗县高良壮族苗族瑶族乡	1144	1	16	2591	2591
曲靖市罗平县长底布依族乡	148	4	28	1601	1601
曲靖市罗平县旧屋基彝族乡	623	1	4	1665	1665
曲靖市罗平县鲁布革布依族苗族乡	718	1	29	1526	1526
曲靖市富源县古敢水族乡	386	1	15	2106	2304
曲靖市会泽县新街回族乡	2155	1	10	1570	2227
楚雄彝族自治州南华县雨露白族乡	256	1	6	1361	1416
楚雄彝族自治州大姚县湾碧傈僳傣族乡	1645	1	10	1633	1907
楚雄彝族自治州永仁县永兴傣族乡	1631	1	10	4012	2767
楚雄彝族自治州武定县东坡傣族乡	3600	5	22	4328	3703
玉溪市红塔区小石桥彝族乡	636	4	8	4169	2490
玉溪市红塔区洛河彝族乡	251	1	17	1370	3476
玉溪市江川区安化彝族乡	278	1	19	2125	2399
玉溪市通海县高大傣族彝族乡	1741	1	6	382	1351
玉溪市通海县里山彝族乡	1600	1	4	1124	1567
玉溪市通海县兴蒙蒙古族乡	1442	5	5	86	1000
玉溪市华宁县通红甸彝族苗族乡	516	3	8	1767	1767
玉溪市易门县十街彝族乡	2098	1	7	1038	2715
玉溪市易门县浦贝彝族乡	1274	5	17	2810	2817
玉溪市易门县铜厂彝族乡	1798	1	4	3635	3645
红河哈尼族彝族自治州河口瑶族自治县桥头苗族壮族乡	460	1	4	5357	5524
红河哈尼族彝族自治州金平苗族瑶族傣族自治县者米拉祜族乡	292	1	13	4913	5120
红河哈尼族彝族自治州蒙自市期路白苗族乡	108	1	12	2679	2760
红河哈尼族彝族自治州蒙自市老寨苗族乡	315	1	10	1853	1853

农村居民人均可支配收入	普通高中和初中			小学			图书馆	文化站
	学校数	在校学生数	教师数	学校数	在校学生数	教师数		
（元）	（个）	（人）	（人）	（个）	（人）	（人）	（个）	（个）
11000	1	1056	65	8	2396	111		1
8120	1	972	59	5	2655	122		1
8000	1	1380	100	9	2659	120		1
7700	1	790	56	11	2441	149		1
9576	1	1815	90	14	4816	272		1
6500	1	1116	64	13	3090	201	1	1
8410	1	1150	61	11	2635	170		1
14360	1	710	50	6	1348	95	1	1
11656	1	334	30	5	764	60		1
12451	1	996	57	9	2541	191	1	1
16280	1	525	43	3	1202	78		1
15960	1	332	58	12	1094	155	2	1
17757	1	235	25	5	649	51	1	1
10632	1	589	43	6	1035	89		1
11500				4	371	48	1	1
19134	1	298	29	8	945	68	1	1
20135				1	306	31	1	1
21680	1	206	32	3	407	73	1	1
16534				3	424	43		1
18350				3	672	80	1	1
12905				1	604	54		1
16000				1	302	40		1
13915	1	364	31	5	663	67	1	1
17122	1	146	29	6	307	81	1	1
22594	1	229	32	5	391	93		1
16935	1	332	54	8	731	126	1	1
8756	1	517	68	7	1442	136	1	1
11496	1	1246	57	6	2642	109		1
8890	1	334	26	4	1318	78	1	1
11356	1	455	25	4	1129	52		1

9-1(二) 续表 26

民族乡名称	农民合作社成员数 (户)	农业技术服务机构个数 (个)	农业技术服务机构从业人员数 (人)	公共财政收入 (万元)	公共财政支出 (万元)
红河哈尼族彝族自治州开远市大庄回族乡	212	1	15	3213	3055
文山壮族苗族自治州文山市东山彝族乡	620	1	14	1543	1848
文山壮族苗族自治州文山市红甸回族乡	143	1	9	1991	2332
文山壮族苗族自治州文山市秉烈彝族乡	79	1	10	1528	1528
文山壮族苗族自治州文山市柳井彝族乡	20	1	9	2314	2648
文山壮族苗族自治州文山市坝心彝族乡	57	1	8	1594	1594
文山壮族苗族自治州砚山县阿舍彝族乡	157	1	4	517	1431
文山壮族苗族自治州砚山县维末彝族乡	2021	1	8	747	3984
文山壮族苗族自治州砚山县盘龙彝族乡	2155	1	6	526	3315
文山壮族苗族自治州砚山县干河彝族乡	245	1	9	3008	1652
文山壮族苗族自治州丘北县舍得彝族乡	18	1	2	1434	1469
文山壮族苗族自治州丘北县新店彝族乡	172	1	14	1602	2134
文山壮族苗族自治州丘北县树皮彝族乡	3268	1	23	2171	2587
文山壮族苗族自治州丘北县八道哨彝族乡	1295	1	23	1692	1207
文山壮族苗族自治州丘北县腻脚彝族乡	1431	4	15	2359	2598
文山壮族苗族自治州麻栗坡县猛硐瑶族乡	2496	1	12	3749	4575
文山壮族苗族自治州富宁县洞波瑶族乡	283	1	6	3218	3370
普洱市澜沧拉祜族自治县酒井哈尼族乡	80	1	10	1748	1748
普洱市澜沧拉祜族自治县发展河哈尼族乡	746	1	12	2031	2031
普洱市澜沧拉祜族自治县谦六彝族乡	1120	1	25	2671	2671
普洱市澜沧拉祜族自治县文东佤族乡	615	1	11	1826	1826
普洱市澜沧拉祜族自治县安康佤族乡	514	1	8	1478	1478
普洱市澜沧拉祜族自治县雪林佤族乡	456	1	8	4668	4668
普洱市思茅区云仙彝族乡	582	1	15	2760	2760
普洱市思茅区龙潭彝族傣族乡	731	2	17	2152	2152
普洱市墨江哈尼族自治县孟弄彝族乡	826	3	13	4347	4500
普洱市西盟佤族自治县力所拉祜族乡	2999	1	10	1036	4102
大理白族自治州大理市太邑彝族乡	2034	6	14	1054	2486
大理白族自治州鹤庆县六合彝族乡	1176	1	11	3109	3342
大理白族自治州宾川县钟英傈僳族彝族乡	65	1	12	1467	1791

农村居民人均可支配收入（元）	普通高中和初中			小学			图书馆（个）	文化站（个）
	学校数（个）	在校学生数（人）	教师数（人）	学校数（个）	在校学生数（人）	教师数（人）		
19432	1	575	39	6	1179	100		1
9896	1	510	47	1	970	63		1
9780	1	424	38	3	848	52		1
9500	1	984	85	9	2139	168		1
8620	1	417	54	5	941	83		1
7973	1	227	19	1	409	32	1	1
13001	1	1319	82	8	3125	190		1
14621	2	2365	194	11	4800	295		1
14063	1	1028	86	8	2169	200		1
11225	1	996	79	6	2546	156	1	1
13069	1	733	47	7	1924	126		1
14506	1	1349	90	5	1418	163		1
13526	1	2331	140	12	4833	261		1
13658	1	1283	98	11	3675	201		1
14202	1	1527	115	10	3476	190		1
12000	1	635	47	8	1542	114	1	1
	1	1141	94	15	2385	212	1	1
11747	1	354	26	3	896	50		1
11609	1	295	30	4	1124	51		1
11459	2	823	89	7	3017	180		1
10008	1	247	50	4	1087	63		1
6845	1	464	33	6	906	61		1
9788	1	453	48	7	1408	76	1	1
13142	1	306	33	4	935	50		1
13550	1	353	40	3	788	95		1
14260	1	286	23	3	681	42		1
13097	1	289	27	3	835	73	1	1
13083	1	187	33	3	432	53	1	1
7645	1	403	36	14	699	61		1
16821	1	214	23	5	666	44		1

9-1(二) 续表 27

民族乡名称	农民合作社成员数（户）	农业技术服务机构个数（个）	农业技术服务机构从业人员数（人）	公共财政收入（万元）	公共财政支出（万元）
大理白族自治州宾川县拉乌彝族乡	1700	1	7	1846	1805
大理白族自治州祥云县东山彝族乡	1120	2	20	2253	2483
大理白族自治州弥渡县牛街彝族乡	1242	1	10	904	3319
大理白族自治州永平县北斗彝族乡	1675	6	7	1481	3837
大理白族自治州永平县厂街彝族乡	1905	1	25	1100	2541
大理白族自治州永平县水泄彝族乡	1779	2	27	1491	2398
大理白族自治州云龙县苗尾傈僳族乡	5	4	19	1640	2043
大理白族自治州云龙县团结彝族乡	197	4	12	5795	6294
丽江市华坪县永兴傈僳族乡	1204	1	8	1962	1796
丽江市华坪县通达傈僳族乡	1977	1	9	954	954
丽江市华坪县新庄傈僳族傣族乡	3904	1	17	1312	1312
丽江市华坪县船房傈僳族傣族乡	1641	1	14	1342	1342
丽江市永胜县羊坪彝族乡	283	1	5	1870	1953
丽江市永胜县东山傈僳族彝族乡	100	1	21	1127	1138
丽江市永胜县六德傈僳族彝族乡	488	1	9	1990	2162
丽江市永胜县大安彝族纳西族乡	357	1	6	2208	2208
丽江市永胜县光华傈僳族彝族乡	436	1	20	1537	1762
丽江市永胜县松坪傈僳族彝族乡	422	1	5	1649	1730
丽江市宁蒗彝族自治县翠玉傈僳族普米族乡	222	1	5	2293	2293
丽江市古城区金江白族乡	96	1	5	1888	2193
丽江市玉龙纳西族自治县九河白族乡	862	1	5	4229	1436
丽江市玉龙纳西族自治县石头白族乡	1438	3	12	2752	1975
丽江市玉龙纳西族自治县黎明傈僳族乡	2400	1	4	1377	1377
保山市隆阳区瓦马彝族白族乡	2926	2	8	591	4398
保山市隆阳区瓦房彝族苗族乡	4608	1	14	919	1991
保山市隆阳区杨柳白族彝族乡	7276	2	17	1247	2102
保山市隆阳区芒宽彝族傣族乡	7139	2	17	1947	2596
保山市施甸县摆榔彝族布朗族乡	1676	1	14	396	1024
保山市施甸县木老元布朗族彝族乡	958	1	14	295	950
保山市龙陵县木城彝族傈僳族乡	1101	1	6	6722	6722

农村居民人均可支配收入（元）	普通高中和初中			小学			图书馆	文化站
	学校数（个）	在校学生数（人）	教师数（人）	学校数（个）	在校学生数（人）	教师数（人）	（个）	（个）
17568	1	219	23	2	831	46		1
15533	1	188	22	8	527	35	8	1
10230	1	531	60	10	1027	72		1
15447	1	390	33	7	1057	94	1	1
14860	1	472	49	5	1369	177	1	1
14920	1	353	35	9	1225	106	1	1
12612	1	403	27	8	1134	76		1
10685	1	331	36	5	833	76	1	1
8621				9	880	88		1
12671				3	572	45		1
14126				5	1054	105		1
10841				5	442	61		1
12392				5	397	56		1
13000				6	756	60	1	1
11246	1	499	38	6	1482	93		1
9635	2	367	36	7	741	136		1
11800				8	772	94		1
9360				8	540	63		1
10099	1	345	32	8	865	66	1	1
20066				3	175	32		1
12408	1	574	76	11	1019	134	1	1
10241				5	434	73		1
11657				6	895	96		1
12973	2	1187	78	8	1687	127		1
13642	2	1015	99	15	2214	141		1
13911	1	306	36	15	2678	156	1	1
21334	2	1517	103	10	3638	179	1	1
14534	1	166	18	4	711	71	1	1
11000	1	175	21	1	417	21		1
13067	1	330	25	5	742	56		1

9-1(二) 续表 28

民族乡名称	农民合作社成员数（户）	农业技术服务机构个数（个）	农业技术服务机构从业人员数（人）	公共财政收入（万元）	公共财政支出（万元）
保山市昌宁县朱街彝族乡	5140	1	13	1359	2147
保山市昌宁县苟街彝族苗族乡	3451	1	15	2117	2601
保山市昌宁县湾甸傣族乡	2524	1	15	370	2038
德宏傣族景颇族自治州陇川县户撒阿昌族乡	1288	1	9	1214	1214
德宏傣族景颇族自治州芒市三台山德昂族乡	305	1	12	22	3682
德宏傣族景颇族自治州梁河县囊宋阿昌族乡	404	1	14	1809	1811
德宏傣族景颇族自治州梁河县九保阿昌族乡	896	1	15	1861	1861
德宏傣族景颇族自治州盈江县苏典傈僳族乡	245	1	6	1957	1957
怒江傈僳族自治州福贡县匹河怒族乡	2845	1	25	7733	7733
怒江傈僳族自治州泸水市洛本卓白族乡	2890	1	16	6760	6959
迪庆藏族自治州香格里拉市三坝纳西族乡	500	1	7	9528	9528
迪庆藏族自治州德钦县霞若傈僳族乡	1714	1	5	8203	7689
迪庆藏族自治州德钦县拖顶傈僳族乡	821	1	7	6802	7687
临沧市凤庆县新华彝族苗族乡	3510	2	12	2400	2400
临沧市凤庆县腰街彝族乡	5893	2	10	615	615
临沧市凤庆县郭大寨彝族白族乡	4930	1	14	1229	1373
临沧市云县栗树彝族傣族乡	2000	1	8		1190
临沧市云县忙怀彝族布朗族乡	111	1	11		1411
临沧市云县后箐彝族乡	120	1	9		1495
临沧市永德县大雪山彝族拉祜族傣族乡	1874	1	11	2169	2112
临沧市永德县乌木龙彝族乡	11262	1	12	1812	2851
临沧市临翔区平村彝族傣族乡	1887	1	7	1486	1712
临沧市临翔区南美拉祜乡	1379	1	3	1574	1847
临沧市耿马傣族佤族自治县芒洪拉祜族布朗族乡	1242	1	2	1324	1454
临沧市沧源佤族自治县勐角傣族彝族拉祜族乡	2520	1	17	1424	1424
临沧市镇康县军赛佤族拉祜族傈僳族德昂族乡	546	1	12	1465	1530
西双版纳傣族自治州景洪市基诺山基诺族乡	1344	1	17	2859	2872
西双版纳傣族自治州景洪市景哈哈尼族乡	160	1	19	4984	5037
西双版纳傣族自治州勐腊县瑶区瑶族乡	108	1	10	1679	1679
西双版纳傣族自治州勐腊县象明彝族乡	371	1	15	1645	1645

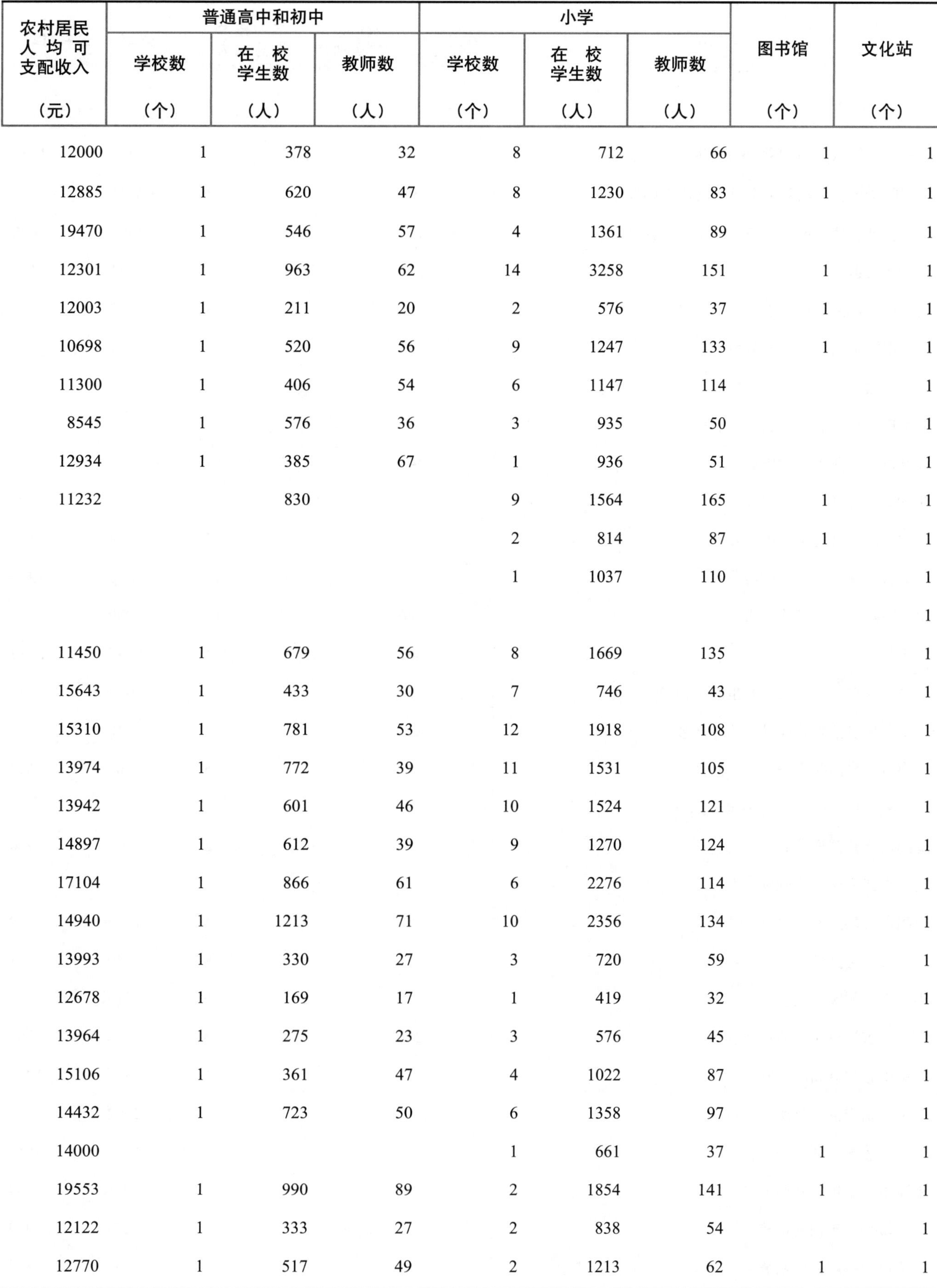

农村居民人均可支配收入（元）	普通高中和初中			小学			图书馆（个）	文化站（个）
	学校数（个）	在校学生数（人）	教师数（人）	学校数（个）	在校学生数（人）	教师数（人）		
12000	1	378	32	8	712	66	1	1
12885	1	620	47	8	1230	83	1	1
19470	1	546	57	4	1361	89		1
12301	1	963	62	14	3258	151	1	1
12003	1	211	20	2	576	37	1	1
10698	1	520	56	9	1247	133	1	1
11300	1	406	54	6	1147	114		1
8545	1	576	36	3	935	50		1
12934	1	385	67	1	936	51		1
11232		830		9	1564	165	1	1
				2	814	87	1	1
				1	1037	110		1
								1
11450	1	679	56	8	1669	135		1
15643	1	433	30	7	746	43		1
15310	1	781	53	12	1918	108		1
13974	1	772	39	11	1531	105		1
13942	1	601	46	10	1524	121		1
14897	1	612	39	9	1270	124		1
17104	1	866	61	6	2276	114		1
14940	1	1213	71	10	2356	134		1
13993	1	330	27	3	720	59		1
12678	1	169	17	1	419	32		1
13964	1	275	23	3	576	45		1
15106	1	361	47	4	1022	87		1
14432	1	723	50	6	1358	97		1
14000				1	661	37	1	1
19553	1	990	89	2	1854	141	1	1
12122	1	333	27	2	838	54		1
12770	1	517	49	2	1213	62	1	1

9-1(二) 续表 29

民族乡名称	农民合作社成员数（户）	农业技术服务机构个数（个）	农业技术服务机构从业人员数（人）	公共财政收入（万元）	公共财政支出（万元）
西双版纳傣族自治州勐海县格朗和哈尼族乡	400	1	19	1282	1282
西双版纳傣族自治州勐海县布朗山布朗族乡	1206	1	12	4415	4415
西双版纳傣族自治州勐海县西定哈尼族乡	484	1	18	4492	4492
西藏自治区	**742**	**5**	**54**	**3631**	**2123**
山南市错那县麻麻门巴族乡	66	1	5	2013	603
山南市错那县贡日门巴族乡	63				
山南市错那县基巴门巴族乡					
山南市错那县勒布区勒门巴族乡	55				
林芝市巴宜区更章门巴族乡	343	1	14		
林芝市米林县南伊珞巴乡				138	107
林芝市墨脱县达木珞巴族乡	169	1	7	138	105
昌都市芒康县下盐井纳西族乡		1	10	1212	1213
山南市隆子县斗玉洛巴乡	46	1	18	130	95
甘肃省	**11561**	**72**	**251**	**38734**	**38082**
临夏回族自治州广河县阿里麻土东乡族乡	1750	6	8	1023	993
甘南藏族自治州临潭县长川回族乡	219			1630	1521
甘南藏族自治州临潭县卓洛回族乡	57	1	5	767	687
甘南藏族自治州卓尼县勺哇土族乡					
陇南市文县铁楼藏族乡	379	1	5	960	960
陇南市武都区坪垭藏族乡	615				
陇南市武都区磨坝藏族乡	90	2	4	1359	1359
陇南市宕昌县新城子藏族乡	155	1	8	3449	3203
酒泉市肃州区黄泥堡裕固族乡	116	5	5	2015	1966
酒泉市玉门市小金湾东乡族乡	266	1	5	852	852
白银市会宁县新添堡回族乡	315	5	6	1308	1266
庆阳市正宁县五倾源回族乡	657	1	14	2364	2364
平凉市崆峒区峡门回族乡	1534			1612	1612
平凉市华亭市神峪回族乡	268	7	17	1958	2044
平凉市华亭市山寨回族乡	125	2	20	1203	934
平凉市崆峒区白庙回族乡	301	5	5	1159	1159

农村居民人均可支配收入（元）	普通高中和初中			小学			图书馆（个）	文化站（个）
	学校数（个）	在校学生数（人）	教师数（人）	学校数（个）	在校学生数（人）	教师数（人）		
15167				1	632	35		1
11063	1	856	40	2	1968	101	1	7
10590				3	1635	85	1	1
20257	**2**	**2259**	**231**	**15**	**3697**	**390**	**8**	**7**
22988				1	47	10		1
21502								1
23255				1	18			1
25040								
27000				1	142	24	1	1
	1	1041	115	9	2470	255		
17035				1	167	30		1
17667	1	1218	116	1	824	66	7	1
26583				1	29	5		1
10207	**21**	**6431**	**658**	**175**	**20125**	**1895**	**30**	**42**
8150				8	1758	97		1
9847	1	259	24	9	639	64	1	1
8250				2	200	26		1
9630	1	95	25	12	146	38	1	1
8820				1	302	33	1	1
6650				4	114	32		1
9844	1	156	16	3	387	42		1
21617							1	1
19342	1	422	31	1	1273	67	1	1
9866	1	384	46	6	972	146		
	1	611	55					1
11843	1	268	27	14	981	101		1
8900	1	411	46	12	1052	105		1
9560	1	383	43	8	407	108	1	1
11329	1	342	37	9	707	107	1	1

9−1(二)　续表 30

民族乡名称	农民合作社成员数（户）	农业技术服务机构个数（个）	农业技术服务机构从业人员数（人）	公共财政收入（万元）	公共财政支出（万元）
平凉市崆峒区大秦回族乡	291	4	12	1270	1271
平凉市崆峒区寨河回族乡	222	2	3	999	1006
平凉市崆峒区大寨回族乡	436	4	36	1570	1570
平凉市崆峒区西阳回族乡	1459	3	3	968	968
平凉市崆峒区上杨回族乡	88	3	10	1060	1060
张掖市肃南裕固族自治县祁丰藏族乡	160	1	2	2193	2193
张掖市肃南裕固族自治县马蹄藏族乡	186	2	16	1978	2277
张掖市肃南裕固族自治县白银蒙古族乡	16	1	4	680	572
张掖市甘州区平山湖蒙古族乡	90			863	863
临夏回族自治州临夏县井沟东乡族乡	394	5	26	748	796
临夏回族自治州和政县梁家寺东乡族乡	41	1	3	705	702
临夏回族自治州临夏县安家坡东乡族乡	103	1	7	466	459
酒泉市瓜州县七墩回族东乡族乡	652	1	4	755	755
酒泉市瓜州县广至藏族乡	115	5	13	1032	824
酒泉市瓜州县沙河回族乡	258	1	5	933	1002
酒泉市玉门市独山子东乡族乡	203	1	5	852	841
青海省	**8921**	**23**	**49**	**25938**	**28005**
西宁市大通回族土族自治县朔北藏族乡	24	1	1	1476	1476
西宁市大通回族土族自治县向化藏族乡	22	1	2	925	925
西宁市湟中区群加藏族乡	2			561	561
西宁市湟中区大才回族乡	210	1	1	1000	1000
西宁市湟中区汉东回族乡	24			619	619
西宁市湟源县日月藏族乡		2	4	1252	1197
海东市民和回族土族自治县杏儿藏族乡	4438	1	3	945	945
海东市乐都区下营藏族乡	171	1	1	698	957
海东市乐都区中坝藏族乡	73	1	2	782	754
海东市乐都区达拉土族乡	280	1	2		
海东市互助土族自治县松多藏族乡	65	1	1	722	427
海东市化隆回族自治县雄先藏族乡	284	1	3	1315	1780
海东市化隆回族自治县查甫藏族乡	101	2	6	717	717

农村居民人均可支配收入（元）	普通高中和初中			小学			图书馆（个）	文化站（个）
	学校数（个）	在校学生数（人）	教师数（人）	学校数（个）	在校学生数（人）	教师数（人）		
9618	1	352	32	6	761	87		1
11230	1	384	35	11	793	79		1
7816	1	400	41	15	838	95	1	1
7430	1	426	45	11	662	94		1
12504	1	146	19	7	348	72	7	1
21586	1	38	13	1	51	18		1
21893	1	31	18	2	64	31	1	1
21542								1
							1	1
8619	1	322	33	14	1483	126		13
8537	1	292	17	10	2726	102		1
11412	1	270	22	4	880	56	12	1
13210				1	407	28		1
11717				2	605	42		1
7395				1	444	36		1
10995	1	439	33	1	1125	63	1	1
10990	**20**	**7779**	**846**	**68**	**12511**	**1823**	**60**	**71**
2300	1	718	28	4	1378	53		1
14300	1	156	18	1	270	15	9	1
10047	1	67	9	1	148	7	1	1
11090	2	788	53	4	1810	96		1
13795				3	442	35		1
13450	2	251	35	2	567	42		1
12480	1	287	18	1	432	22	1	1
9984				1	159	22	1	10
11379				1	100	12		
12000				1	178	24		1
10176				5	275	34		9
	1	353	24	2	815	43		1
12000	1	172	13	10	408	24		1

9-1(二)　续表 31

民族乡名称	农民合作社成员数 (户)	农业技术服务机构个数 (个)	农业技术服务机构从业人员数 (人)	公共财政收入 (万元)	公共财政支出 (万元)
海东市化隆回族自治县金源藏族乡	29	2	4	796	796
海东市化隆回族自治县塔加藏族乡				659	659
海东市循化撒拉族自治县道帏藏族乡	145	1	2	3194	3194
海东市循化撒拉族自治县尕楞藏族乡	125	1	1	765	765
海东市循化撒拉族自治县岗察藏族乡	39			495	503
海东市循化撒拉族自治县文都藏族乡	266	1	5	1554	1423
海东市平安区沙沟回族乡	397	1	3	660	660
海东市平安区巴藏沟回族乡	360			929	954
海东市平安区石灰窑回族乡	304	1	1	838	838
海东市平安区洪水泉回族乡	230	1	3	1391	1391
海东市平安区古城回族乡	425	1	1	1330	2856
海东市互助土族自治县巴扎藏族乡	10	1	3	676	676
海北藏族自治州门源回族自治县皇城蒙古族乡	50			596	596
海北藏族自治州海晏县哈勒景蒙古乡	344			1043	1337
海南藏族自治州贵德县新街回族乡	503				
新疆维吾尔自治区	**5579**	**208**	**425**	**143707**	**160544**
吐鲁番市鄯善县东巴扎回族乡		1	2	1207	1207
和田地区皮山县瑙阿巴提塔吉克族乡				342	120
和田地区皮山县康克尔柯尔克孜族乡				248	1988
巴音郭楞蒙古自治州和硕县乌什塔拉回族乡	470	3	9	1902	1902
昌吉回族自治州奇台县大泉塔塔尔族乡	36	2	6	1238	1238
昌吉回族自治州奇台县五马场哈萨克族乡	84	1	3	1835	1835
昌吉回族自治州奇台县乔仁哈萨克族乡	60	1	5		
昌吉回族自治州木垒哈萨克自治县大南沟乌孜别克族乡	56	1	10	5882	5882
昌吉回族自治州玛纳斯县旱卡子滩哈萨克族乡	113	1	19	1167	1167
昌吉回族自治州玛纳斯县塔西河哈萨克族乡	24	1	17	500	500
昌吉回族自治州玛纳斯县清水河哈萨克族乡	50	3	9	1237	1237
昌吉回族自治州阜康市三工河哈萨克族乡	305	1	2	2361	2361
昌吉回族自治州阜康市上户沟哈萨克族乡	233	1	14	4047	4047
昌吉回族自治州昌吉市阿什里哈萨克族乡	164	3	9	1935	1935

农村居民人均可支配收入（元）	普通高中和初中			小学			图书馆（个）	文化站（个）
	学校数（个）	在校学生数（人）	教师数（人）	学校数（个）	在校学生数（人）	教师数（人）		
9097	1	222	30	1	573	38		
				1	151	14		
11975	1	421	27	5	1148	96		
11119	1	197	21	2	539	44		
14561				1	187	16		
14105	2	1215	117	1	770	60		
11000	1	250	17	4	564	46	1	1
11193				2	130	21	15	15
10746				2	319	41	1	1
12207				3	205	26	15	15
12676	1	532	50	4	32	613	1	1
12784				2	335	36	9	1
22270							5	1
16471	3	2150	386	3	249	320	1	6
11236				1	327	23		1
17426	**13**	**5699**	**633**	**78**	**26348**	**4137**	**90**	**195**
19667				1	596	52	1	
12985				1	149	10	1	3
7000		93		1	291	18	3	1
				3	867	101		1
19788				1	319	52		1
19148				2	661	108		1
21176				1	193	37		1
16950				1	264	47		1
22010				1	230	33		1
21882				1	246	65	1	1
21707				1	348	108	1	1
26557								1
20021				2	495	64		1
18285				1	752	99	7	1

9-1(二) 续表 32

民族乡名称	农民合作社成员数（户）	农业技术服务机构个数（个）	农业技术服务机构从业人员数（人）	公共财政收入（万元）	公共财政支出（万元）
昌吉回族自治州呼图壁县石梯子哈萨克族乡	100	5	16	1280	1280
乌鲁木齐市米东区柏杨河哈萨克族乡	242	1	2	2540	2540
克孜勒苏柯尔克孜自治州阿克陶县塔尔塔吉克族乡	247	1	11	5532	5532
喀什地区塔什库尔干塔吉克自治县科克亚尔柯尔克孜族乡	112	1	1	3118	1559
喀什地区泽普县布依鲁克塔吉克族乡	85	5	5	1135	1135
喀什地区莎车县孜热普夏提塔吉克族乡	116	4	12	1528	1528
伊犁哈萨克自治州察布查尔锡伯自治县米粮泉回族乡	140	1	2		
伊犁哈萨克自治州特克斯县科克铁热克柯尔克孜族乡	88	120	15	47704	47704
伊犁哈萨克自治州特克斯县呼吉尔特蒙古族乡	89	2	55	4383	4383
伊犁哈萨克自治州伊宁县愉群翁回族乡	192	1	19	4889	4889
伊犁哈萨克自治州尼勒克县科克浩特浩尔蒙古族乡	154	2	10	1302	1302
伊犁哈萨克自治州霍城县伊车嘎善锡伯族乡	270	20	42	4301	5456
伊犁哈萨克自治州霍城县三宫回族乡	1	12		1818	17402
伊犁哈萨克自治州昭苏县胡松图喀尔逊蒙古族乡		1	2	6920	6920
伊犁哈萨克自治州昭苏县察汗乌苏蒙古族乡	127	1	34	1793	1793
伊犁哈萨克自治州昭苏县夏特柯尔克孜族乡	87	6	47	1937	1937
塔城地区塔城市阿西尔达斡尔族乡	315	1	2	3746	3746
塔城地区乌苏市塔布勒合特蒙古族乡	78			2189	2326
塔城地区乌苏市吉尔格勒特郭楞蒙古族乡	84			488	488
塔城地区额敏县额玛勒郭楞蒙古族乡	60			828	828
塔城地区额敏县霍吉尔特蒙古族乡	45	1	10	3610	3610
阿克苏地区乌什县雅曼苏柯尔克孜族乡	219	1	1	6646	6646
阿克苏地区温宿县博孜东柯尔克孜族乡	699	1	21	3993	3993
哈密市伊吾县前山哈萨克族乡	11			3134	3132
哈密市德外都如克哈萨克族乡	12	1	5	1006	1008
哈密市乌拉台哈萨克族乡	29	1	8	1077	1079
阿勒泰地区布尔津县禾木哈纳斯蒙古族乡	382			1847	1847
阿勒泰地区阿勒泰市汗德尕特蒙古族乡				1062	1062

农村居民人均可支配收入（元）	普通高中和初中			小学			图书馆（个）	文化站（个）
	学校数（个）	在校学生数（人）	教师数（人）	学校数（个）	在校学生数（人）	教师数（人）		
18821				1	650	71		1
23082	1	153	12	1	441	34		1
8418	2	282		3	346	100		1
12001				1	51	22	1	1
7056				1	504	48	5	1
14109				6	1750	120		1
19106	1	331	64	1	472	42	1	1
15336	1	703	55	3	1685	108	1	1
18259				2	685	54	1	1
18541	2	1917	138	13	5322	338	17	1
20159	1	468	80	3	123	1439	11	1
20254				3	354	63		1
	1	564	62	4	1303	113	1	5
8000	1	297	33	1	836	40	1	1
13000	1	287	51	1	806	63		1
17186				1	1553	111		1
19552				1	175	35	19	19
15400								1
16000				1	197	32		1
17000				1	334	42		10
22000	1	324	89	1	478	38		10
13911				3	1132	65		1
10031	1	280	49	1	636	57	9	9
23703				1	255	54		103
20431				1	166	35	1	1
20350				3	430	83	4	3
42000				2	97	68	3	1
17660				1	156	68	1	1

9-1 全国各民族乡基本情况(2021年)(三)

民族乡名称	村文化活动室(个)	医疗卫生机构(个)	医院(个)	基层医疗卫生机构(个)	卫生院(个)
北京	**61**	**109**	**1**	**107**	**4**
朝阳区常营回族乡		43		43	1
通州区于家务回族乡	23	25		25	1
密云区檀营满族蒙古族乡		1	1		
怀柔区喇叭沟门满族乡	15	16		16	1
怀柔区长哨营满族乡	23	24		23	1
天津市	**13**	**12**		**12**	**1**
蓟州区孙各庄满族乡	13	12		12	1
河北省	**544**	**596**	**3**	**593**	**45**
石家庄市新乐市彭家庄回族乡	8	9		9	1
石家庄市藁城市九门回族乡	13	14		14	1
石家庄市无极县高头回族乡	15	16		16	1
唐山市遵化市汤泉满族乡	10	11		11	1
唐山市遵化市西下营满族乡	14	15		15	1
唐山市遵化市东陵满族乡	27	29		29	2
邯郸市邱县陈村回族乡	5	6		6	1
邯郸市大名县营镇回族乡	17	18		18	1
保定市易县凌云册满族回族乡	19	20		20	1
定州市号头庄回族乡	17	18		18	1
张家口市沽源县大二号回族乡	4	5		5	1
张家口市怀来县王家楼回族乡	14	16	1	15	1
廊坊市永清县管家务回族乡	12	13		13	1
廊坊市文安县大围河回族满族乡	24	25		25	1
承德市滦平县平坊满族乡	8	9		9	1
承德市滦平县安纯沟门满族乡	11	12		12	1
承德市滦平县五道营子满族乡	6	7		7	1
承德市滦平县邓厂满族乡	3	4		4	1
承德市滦平县马营子满族乡	10	11		11	1
承德市滦平县付家店满族乡	6	7		7	1

村卫生室（个）	卫生人员（人）	卫生技术人员（人）	其中：执业（助理）医师（人）	乡村医生和卫生员（人）	医疗卫生机构床位数（张）	医院（张）	基层医疗卫生机构（张）	卫生院（张）
66	**438**	**349**	**267**	**68**	**115**	**80**	**35**	**35**
4	128	107	161					
24	121	93	39	28	20		20	20
	94	94	43		80	80		
15	56	38	7	18	6		6	6
23	39	17	17	22	9		9	9
11	**25**	**7**	**5**	**18**	**12**		**12**	**12**
11	25	7	5	18	12		12	12
548	**1682**	**820**	**433**	**862**	**1339**	**196**	**1143**	**856**
8	60	39	15	21	25		25	17
13	132	54	29	78	62		62	49
15	60	45	10	15	100		100	86
10	31	9	4	22	10		10	8
14	27	13	7	14	36		36	36
27	50	10	9	40	58		58	18
5	13	12	12	1	18		18	14
17	34	12	11	22	20		20	18
19	37	17	17	20	49		49	30
17	59	27	22	32	38		38	31
4	14	10	5	4	30		30	30
14	34	14	7	20	30	20	10	10
12	82	46	20	36	36		36	36
24	64	22	8	42	20		20	20
8	12	4	4	8	19		19	10
11	37	25	7	12	28		28	18
6	16	10	2	6	11		11	4
3	7	7	1		10		10	7
10	17	7	3	10	25		25	15
6	18	13	5	5	15		15	14

9-1(三)　续表 1

民族乡名称	村文化活动室(个)	医疗卫生机构(个)	医院(个)	基层医疗卫生机构(个)	卫生院(个)
承德市滦平县西沟满族乡	9	10		10	1
承德市承德县岗子满族乡	10	11		11	1
承德市承德县两家满族乡	9	10		10	1
承德市兴隆县八卦岭满族乡	8	9		9	1
承德市兴隆县南天门满族乡	10	11		11	1
承德市隆化县尹家营满族乡	11	12		12	1
承德市隆化县庙子沟蒙古族满族乡	6	7		7	1
承德市隆化县偏坡营满族乡	14	15		15	1
承德市隆化县八达营蒙古族乡	12	13		13	1
承德市隆化县太平庄满族乡	11	12		12	1
承德市隆化县旧屯满族乡	11	12		12	1
承德市隆化县西阿超满族蒙古族乡	10	11		11	1
承德市平泉市七家岱满族乡	4	5		5	1
承德市平泉市茅兰沟满族蒙古族乡	9	10		10	1
沧州市黄骅市羊二庄回族乡	48	51		51	3
沧州市黄骅市新村回族乡		5		5	1
沧州市河间市果子洼回族乡	8	9		9	1
沧州市献县本斋回族乡	20	21		21	1
沧州市沧县大褚村回族乡	11	12		12	1
沧州市沧县杜林回族乡	26	28	1	27	1
沧州市沧县捷地回族乡	38	39		39	1
沧州市黄骅市羊三木回族乡	16	18	1	17	1
内蒙古自治区	**141**	**169**	**5**	**163**	**18**
呼伦贝尔市莫力达瓦达斡尔族自治旗巴彦鄂温克民族乡	17	19		19	3
呼伦贝尔市莫力达瓦达斡尔族自治旗杜拉尔鄂温克民族乡	10	10		10	1
呼伦贝尔市扎兰屯市达斡尔民族乡	7	7		7	1
呼伦贝尔市扎兰屯市萨马街鄂温克民族乡	6	7		7	1
呼伦贝尔市扎兰屯市南木鄂伦春民族乡	10	4		4	2
呼伦贝尔市阿荣旗查巴奇鄂温克民族乡	11	15		15	1
呼伦贝尔市阿荣旗新发朝鲜族民族乡	7	8		8	1

村卫生室（个）	卫生人员（人）	卫生技术人员（人）	其中：执业（助理）医师（人）	乡村医生和卫生员（人）	医疗卫生机构床位数（张）	医院（张）	基层医疗卫生机构（张）	卫生院（张）
9	29	20	4	9	19		19	7
10	34	20	6	14	22		22	12
9	54	36	4	18	25		25	25
8	16	9	9	7	29		29	22
10	19	9	9	10	26		26	16
11	27	16	8	11	18		18	18
6	16	7	7	9	18		18	18
14	30	16	5	14	20		20	20
12	27	15	15	12	25		25	25
11	31	16	5	15	30		30	30
11	20	9	8	11	19	15	4	2
10	32	23	14	9	25	21	4	3
4	44	28	9	16	20		20	20
9	42	17	7	25	25		25	25
48	96	6		90	56		56	56
4					6		6	6
8	18	9	9	9	9		9	9
20	40	14	14	26	40		40	20
11	17	17	17		15		15	15
26	82	47	30	35	64	42	22	20
38	116	42	26	74	76	1	75	1
16	88	48	29	40	112	97	15	15
146	**599**	**443**	**219**	**123**	**371**	**69**	**212**	**165**
16	73	57	20	16	56		56	40
9	11	11	11		8		8	8
6	28	16	16	12	14		14	8
6	20	11	4	9	20		20	20
2	44	42	23	2	20		4	16
14	29	16	8	13	8		8	8
7	35	23	8	12	8		8	8

9-1(三) 续表 2

民族乡名称	村文化活动室（个）	医疗卫生机构（个）	医院（个）	基层医疗卫生机构（个）	卫生院（个）
呼伦贝尔市阿荣旗音河达斡尔鄂温克民族乡	9	10		10	1
呼伦贝尔市阿荣旗得力其尔鄂温克民族乡	9	16		16	1
呼伦贝尔市根河市敖鲁古雅鄂温克民族乡	1	1		1	1
呼伦贝尔市额尔古纳市三河回族乡		19	2	17	
呼伦贝尔市额尔古纳市室韦俄罗斯民族乡	1	1	1		
兴安盟科尔沁右翼前旗满族屯满族乡					
赤峰市松山区当铺地满族乡	25	28		28	3
赤峰市喀喇沁旗十家满族乡	14	20	2	18	
乌兰察布市凉城县曹碾满族乡					
呼伦贝尔市鄂温克族自治旗巴彦塔拉达斡尔族乡	7	2		1	1
呼伦贝尔市陈巴尔虎旗鄂温克苏木	7	2		2	1
辽宁省	**507**	**664**	**12**	**642**	**53**
沈阳市康平县柳树屯蒙古族满族乡	9	10		10	1
沈阳市康平县沙金台蒙古族满族乡	11	12		12	1
沈阳市法库县四家子蒙古族乡	9	13		13	1
沈阳市康平县东升满族蒙古族乡	10	11		11	1
沈阳市康平县西关屯蒙古族满族乡	9	10		10	1
大连市瓦房店市三台满族乡	10	9		9	1
大连市瓦房店市杨家满族乡	11	12		12	1
大连市庄河市太平岭满族乡	6	7		7	1
大连市庄河市桂云花满族乡	5	7		7	2
抚顺市抚顺县拉古满族乡	10	10		10	1
抚顺市抚顺县汤图满族乡	9	8		8	1
本溪市桓仁县雅河朝鲜族乡	8	10		10	1
丹东市宽甸满族自治县下露河朝鲜族乡	6	10		10	1
丹东市东港市合隆满族乡	10	21		21	1
丹东市凤城市大堡蒙古族乡	8	12		12	1
锦州市义县地藏寺满族乡	5	6		6	1
锦州市义县大定堡满族乡	8	9		9	1
阜新市彰武县二道河子蒙古族乡	8	1		1	1

村卫生室（个）	卫生人员（人）	卫生技术人员（人）	其中：执业(助理)医师（人）	乡村医生和卫生员（人）	医疗卫生机构床位数（张）	医院（张）	基层医疗卫生机构（张）	卫生院（张）
9	31	20	12	11	17		17	17
15	57	28	14	15	8		8	8
	8	6	3		2		1	1
17	22	22			60			
	24	3	3	4	24	24		
25	122	95	67	27	63		50	13
18	65	65	17		45	45		
1	12	11	2	1	8		8	8
1	18	17	11	1	10		10	10
610	**1574**	**737**	**378**	**824**	**1865**	**350**	**1331**	**1018**
9	33	16	15	17	24		24	24
11	24	16	13	8	31		31	20
12	18	13	7	9	20		20	20
10	23	11	11	12	35		35	23
9	24	13	5	11	34		34	18
8	25	16	10	9	30		30	30
11	26	15	11	11	26		26	26
6	46	26	11	20	32		32	32
5	26	13	7	11	40		40	40
9	33	22	9	11	20		20	20
7	23	15	4	8	12		12	12
9	38	17	9	17	50		35	9
8	25	15	4	10	43		19	24
20	43	17	7	19	64		30	30
11	33	22	22	11	20		20	20
5	7	2	1	5	12		12	12
8	8	2		6	22		22	22
8	20	12	6	8	10		10	10

9-1(三) 续表 3

民族乡名称	村文化活动室（个）	医疗卫生机构（个）	医院（个）	基层医疗卫生机构（个）	卫生院（个）
辽阳市辽阳县吉洞峪满族乡	13	14	1	13	1
辽阳市辽阳县甜水满族乡	14	16		16	2
铁岭市开原市林丰满族乡	10	9			1
铁岭市铁岭县白旗寨满族乡	9	10		10	1
铁岭市西丰县成平满族乡	10	13		13	1
铁岭市西丰县德兴满族乡	7	8		8	1
铁岭市西丰县和隆满族乡	10	11		11	1
铁岭市西丰县金星满族乡	9	12		12	1
铁岭市西丰县明德满族乡	7	10		10	1
铁岭市西丰县营厂满族乡	9	10	1	9	1
铁岭市清河区聂家满族乡	10	13		13	1
朝阳市北票市马友营蒙古族乡	9	10	1	9	
朝阳市北票市凉水河蒙古族乡	6	6		6	1
朝阳市建平县三家蒙古族乡	14	18	1	17	1
朝阳市凌源市三家子蒙古族乡	17	45	1	44	1
朝阳市朝阳县松岭门蒙古族乡	6	19	1	17	1
朝阳市朝阳县乌兰河硕蒙古族乡	7	15		15	1
葫芦岛市绥中县西平坡满族乡	10	12	1	11	
葫芦岛市绥中县范家满族乡	10	11	1	10	
葫芦岛市绥中县高甸子满族乡	9	25	1	24	
葫芦岛市绥中县葛家满族乡	10	6	1	5	1
葫芦岛市绥中县明水满族乡	8	11	1	10	1
葫芦岛市绥中县网户满族乡	14	16	1	15	1
葫芦岛市兴城市白塔满族乡	11	15		15	2
葫芦岛市兴城市大寨满族乡	4	14		14	1
葫芦岛市兴城市碱厂满族乡	7	8		8	1
葫芦岛市兴城市旧门满族乡	8	11		11	1
葫芦岛市兴城市刘台子满族乡	10	14		14	1
葫芦岛市兴城市南大山满族乡	15	17		17	1
葫芦岛市兴城市望海满族乡	10	10		10	1

村卫生室（个）	卫生人员（人）	卫生技术人员（人）	其中：执业（助理）医师（人）	乡村医生和卫生员（人）	医疗卫生机构床位数（张）	医院（张）	基层医疗卫生机构（张）	卫生院（张）
14	25	8	7	17	90	59	10	20
14	41	28	9	13	120		60	60
8	32	16	5	16	20	20	29	29
9	17	8	8	9	15		15	15
12	35	15	1	20	12		12	12
7	10	3	2	7				
10	62	30	10	32	19		19	19
11	22	5	3	17	20		20	20
9	18	8	5	10	20		20	20
9	14	5	3	9	20			20
12	22	10	7	12	12		12	12
9	43	19	9	24	84	30	54	46
5	19	9	4	10	29		29	19
17	38	13	8	24	20		20	20
43	136	42	6	91	89	26	43	21
17	39	10	10	29	29	10	10	10
14	26	7	6	19	25		15	10
11	70	5	3	65	100	80	20	
10	30	18	4	12	55	20	35	
24	24	15	4	9	52	50	2	
4	7	6	1	1	16	10	6	2
9	20	10	2	10	30	20	10	10
14	31	17	2	14	41	25	16	1
13	30	17	7	13	30		30	30
13	36	23	18	13	24		24	24
7	22	15	4	7	35		35	7
10	26	16	16	10	30		30	10
13	33	20	17	13	40		40	20
16	31	15	3	16	48		48	15
9	15	6	6	9	50		50	37

9-1(三) 续表 4

民族乡名称	村文化活动室（个）	医疗卫生机　构（个）	医院（个）	基层医疗卫生机构（个）	卫生院（个）
葫芦岛市兴城市围屏满族乡	8	11		11	1
葫芦岛市兴城市羊安满族乡	11	14		14	1
葫芦岛市兴城市药王满族乡	11	11		11	1
葫芦岛市兴城市三道沟满族乡	11	9		9	1
葫芦岛市兴城市元台子满族乡	9	19		19	1
葫芦岛市建昌二道湾子蒙古族乡	12	13		13	1
吉林省	**312**	**324**	**3**	**301**	**32**
延边朝鲜族自治州珲春市三家子满族乡	8	8		8	1
延边朝鲜族自治州珲春市杨泡满族乡	7	1	1	1	1
吉林市昌邑区土城子满族朝鲜族乡	12	12		12	1
吉林市昌邑区两家子满族乡	13	13		13	1
吉林市永吉县金家满族乡	7	8		8	1
吉林市蛟河市乌林朝鲜族乡	20	22		16	1
通化市梅河口市小杨满族朝鲜族乡	17	16		16	2
通化市集安市凉水朝鲜族乡	10	9		9	1
通化市通化县金斗朝鲜族满族乡	5	6		6	1
通化市通化县大泉源满族朝鲜族乡	21	20		20	2
通化市辉南县楼街朝鲜族乡	12	17	1	1	1
通化市柳河县姜家店朝鲜族乡	10	9		9	1
辽源市东丰县三合满族朝鲜族乡	16	19	1	18	2
长春市双阳区双营子回族乡	6	7		7	1
长春市榆树市延和朝鲜族乡	1	1		1	1
长春市九台区胡家回族乡	9	9		9	1
长春市九台区莽卡满族乡	12	12		12	1
白城市通榆县包拉温都蒙古族乡	4	4		4	1
白城市通榆县向海蒙古族乡	16	18		18	2
白城市洮南市呼和车力蒙古族乡	7	7		7	1
白城市洮南市胡力吐蒙古族乡	10	11		11	1
白城市镇赉县哈吐气蒙古族乡	5	6		6	1
白城市镇赉县莫莫格蒙古族乡	13	14		14	1

村卫生室（个）	卫生人员（人）	卫生技术人员（人）	其中：执业（助理）医师（人）	乡村医生和卫生员（人）	医疗卫生机构床位数（张）	医院（张）	基层医疗卫生机构（张）	卫生院（张）
10	18	7	5	11	20		20	20
13	18	7	5	11	15		15	15
10	26	16	9	10	20		20	20
8	19	11	7	8	20		20	20
18	22	4	4	18	56		56	20
12	22	10	6	12	34		34	22
287	**880**	**470**	**234**	**383**	**523**	**22**	**409**	**366**
7	19	12	4	7	15		15	15
6	17	16	5	4	2	1	1	1
11	41	20	10	20	19		19	19
12	47	26	11	21	11		11	11
7	21	7		7	22		14	8
15	47	30	2	17	9		9	9
14	34	20	6	14	33		33	19
8	12	5	5	7	10		10	10
5	16	8	8	8	10		10	10
18	74	41	14	31	31		31	31
12	42	30	5	12	28	20	12	28
8	22	14	6	8	15		15	15
16	16			16	65			
6	26	11	7	15	12		12	12
	8	4	4	4	8		8	8
8	30	9	4	21	36		36	20
11	40	25	10	15	25		25	25
3	10	7	7	3	7		7	3
16	60	34	17	16	20		20	20
6	24	17	9	6	14		14	8
10	31	11	11	20	25	1	11	1
5	11	7	7	4	4		4	4
13	32	22	21	10	20		20	20

9-1(三) 续表 5

民族乡名称	村文化活动室（个）	医疗卫生机构（个）	医院（个）	基层医疗卫生机构（个）	卫生院（个）
白城市大安市新艾里蒙古族乡	5	5		5	1
白城市洮北区德顺蒙古族乡	19	21		21	1
松原市扶余区三骏满族蒙古族锡伯族乡	29	29		29	1
四平市公主岭市龙山满族乡	8	9		9	1
四平市双辽市那木斯蒙古族乡	10	11		11	1
黑龙江省	**387**	**432**	**8**	**424**	**54**
哈尔滨市南岗区红旗满族乡	8	12		12	1
哈尔滨市双城区乐群满族乡	9	5	1	4	1
哈尔滨市双城区同心满族乡	7	12	1	11	1
哈尔滨市双城区希勤满族乡	8	13	1	12	1
哈尔滨市双城区青岭满族乡	6	14		14	1
哈尔滨市五常市红旗满族乡	1	14	1	13	1
哈尔滨市五常市营城子满族乡	7	8	1	7	1
哈尔滨市五常市民乐朝鲜族乡	6	7		7	1
哈尔滨市尚志市河东朝鲜族乡	8	5		5	1
哈尔滨市尚志市鱼池朝鲜族乡	7	10		10	1
哈尔滨市依兰县迎兰朝鲜族乡	15	17		17	2
齐齐哈尔市梅里斯达斡尔族区莽格吐达斡尔族乡	3	4		4	1
齐齐哈尔市泰来县宁姜蒙古族乡	1	8		8	1
齐齐哈尔市泰来县胜利蒙古族乡	5	6		6	1
齐齐哈尔市富裕县友谊达满柯族乡	14	20		20	1
齐齐哈尔市讷河市兴旺鄂温克族乡	12	14		14	2
齐齐哈尔市富拉尔基区杜尔门沁达族乡	4	8		8	1
牡丹江市穆棱市福禄朝鲜族满族乡	11	7		7	1
牡丹江市宁安市江南朝、满族乡	25	28	1	27	1
牡丹江市宁安市卧龙朝鲜族乡	15	15		15	1
牡丹江市西安区海南朝鲜族乡	1	16		16	1
佳木斯市同江市街津口赫哲族乡	7	7		7	1
佳木斯市同江市八岔赫哲族乡	4	5		5	1
佳木斯市桦川县星火朝鲜族乡	15	10		10	1

村卫生室（个）	卫生人员（人）	卫生技术人员（人）	其中：执业（助理）医师（人）	乡村医生和卫生员（人）	医疗卫生机构床位数（张）	医院（张）	基层医疗卫生机构（张）	卫生院（张）
4	15	8	6	4	14		14	14
20	51	28	13	23	12		12	12
28	55	26	26	29	18		18	18
8	36	11	11	25	15		15	15
10	43	21	5	16	23		13	10
370	**1310**	**730**	**363**	**541**	**1202**	**129**	**1026**	**897**
11	38			22	70		70	70
3	16	8	3	8	20		20	20
10	28	12	7	14	19		19	19
11	29	12	4	17	39	23	16	16
13	42	29	17	13	40		40	25
12	62	36	10	26	53	41	12	12
6	29	23	9	6	30	12	18	12
6	21	12	3	6	24		18	18
4	12	12	12		30		30	30
9	29	16	9	13	10		10	10
15	53	27	4	26	20		20	20
3	14	10	6	4	14			
7	20	13		7	20		20	20
5	17	12		5	14		14	14
19	66	26	26	40	38		38	38
12	35	20	17	15	25		25	25
7	21	7	7	14	40		40	37
6	13	7	4	6	20		20	20
26	78	26	5	52	51	10	31	20
14	28	14	6	14	47		39	28
15	23	5		18	18		18	18
6	20	14	5	6	8		8	8
4	16	13	6	3	10		10	10
9	18	12	9	6	21		19	19

9-1(三)　续表 6

民族乡名称	村文化活动室（个）	医疗卫生机构（个）	医院（个）	基层医疗卫生机构（个）	卫生院（个）
佳木斯市汤原县汤旺朝鲜族乡	6	4		4	1
大庆市肇源县超等蒙古族乡	7	8		8	1
大庆市肇源县浩德蒙古族乡	5	6		6	1
大庆市肇源县义顺蒙古族乡	7	8		8	1
黑河市逊克县新鄂鄂伦春族乡	5	5		5	1
黑河市逊克县新兴鄂伦春族乡	4	2		2	1
黑河市爱辉区新生鄂伦春族乡	3	3		3	1
黑河市爱辉区四嘉子满族乡	6	7		7	1
黑河市爱辉区坤河达斡尔族满族乡	6	6		6	1
黑河市北安市主星朝鲜族乡	4	3		3	1
黑河市孙吴县沿江达斡尔族满族乡	8	9		9	1
绥化市北林区兴和朝鲜族乡	2	2		2	1
绥化市北林区红旗满族乡	17	3		3	1
绥化市望奎县厢白满族乡	7	8		8	1
绥化市望奎县灵山满族乡	5	7	1	6	1
伊春市铁力市年丰朝鲜族乡	8	15		15	1
鹤岗市萝北县东明朝鲜族乡	7	5		5	1
鹤岗市绥滨县福兴满族乡	3	4		4	1
大兴安岭地区呼玛县白银纳鄂伦春族乡	6	4		4	1
大兴安岭地区塔河县十八站鄂伦春族乡	6	4		4	1
双鸭山市饶河县四排赫哲族乡	4	4		4	1
双鸭山市友谊县成富朝鲜族满族乡	2	3		3	1
七台河市勃利县杏树朝鲜族乡	11	10		10	1
七台河市勃利县吉兴朝鲜族、满族乡	14	14		14	1
鸡西市密山市和平朝鲜族乡	12	4		4	1
鸡西市鸡东县鸡林朝鲜族乡	8	4		4	1
鸡西市鸡东县明德朝鲜族乡	8	7	1	6	1
鸡西市城子河区永丰朝鲜族乡	7	8		8	1
江苏省	**8**	**7**		**7**	**1**
扬州市高邮市菱塘回族乡	8	7		7	1

村卫生室 （个）	卫生人员 （人）	卫生技术人员 （人）	其中：执业（助理）医师 （人）	乡村医生和卫生员 （人）	医疗卫生机构床位数 （张）	医院 （张）	基层医疗卫生机构 （张）	卫生院 （张）
3	18	16	16	2	20		20	20
7	22	6	4	16	12		12	12
5	23	7	3	16	20		20	20
7	31	22	17	9	7		7	5
4	14	10	6	4	5		5	5
1	10	6	5	4	5		5	3
2	10	8	8	2	6		6	4
6	15	9	2	6	5		5	5
5	12	6	3	6	6		5	4
2	6	6	3		12		10	8
8	17	8	3	6	10		10	8
1	14	14	3		29		29	24
2	39	29	2	4	15		12	5
7	34	24	17	10	53	25	28	25
5	44	17	11	19	39	10	29	25
14	35	21	10	14	21		21	20
4	12	10	4	2	10		10	10
3	6	3	3	3	11		11	9
3	11	8	3	2	10		10	10
3	41	40	19	1	41		40	40
3	5	4	1	1	4		4	4
2	6	6			10		10	8
9	33	18	18	15	32		32	12
13	48	21	21	27	50		50	24
3	30	19	8	11	30		30	28
3	3	2	2	1	16		16	16
5	15	10	2	5	28	8	20	20
7	28	14		14	14		14	14
5	**55**	**45**	**33**	**30**	**26**		**26**	**26**
5	55	45	33	30	26		26	26

9-1(三) 续表 7

民族乡名称	村文化活动室（个）	医疗卫生机构（个）	医院（个）	基层医疗卫生机构（个）	卫生院（个）
浙江省	**100**	**65**		**65**	**14**
金华市兰溪市水亭畲族乡	19	20		20	1
衢州市龙游县沐尘畲族乡	10	8		8	1
丽水市莲都区丽新畲族乡	9	5		5	1
丽水市龙泉市竹垟畲族乡	8	3		3	1
丽水市云和县雾溪畲族乡	2	1		1	1
丽水市云和县安溪畲族乡	3	1		1	1
丽水市遂昌县三仁畲族乡	8	7		7	1
丽水市松阳县板桥畲族乡	5	2		2	1
杭州市桐庐县莪山畲族乡	7	8		8	1
温州市平阳县青街畲族乡	9	3		3	1
温州市苍南县岱岭畲族乡	7	1		1	1
温州市苍南县凤阳畲族乡	5	2		2	1
温州市文成县周山畲族乡	6	3		3	1
温州市泰顺县竹里畲族乡	2	1		1	1
安徽省	**67**	**77**	**2**	**75**	**9**
淮南市谢家集区孤堆回族乡	8	9		9	1
合肥市肥东县牌坊回族满族乡	11	12		12	1
滁州市定远县二龙回族乡	5	6		6	1
淮南市凤台县李冲回族乡	6	8	1	7	1
淮南市潘集区古沟回族乡	12	13		13	1
六安市寿县陶店回族乡	4	5		5	1
宣城市宁国市云梯畲族乡	4	6	1	5	1
蚌埠市五河县临北回族乡	11	11		11	1
阜阳市颍上县赛涧回族乡	6	7		7	1
福建省	**316**	**320**	**2**	**318**	**18**
福州市罗源县霍口畲族乡	24	11		11	1
福州市连江县小沧畲族乡	5	4		4	1
宁德市福安市坂中畲族乡	19	28		28	1
宁德市福安市康厝畲族乡	24	24		24	1

村卫生室 （个）	卫生人员 （人）	卫生技术人员 （人）	其中：执业（助理）医师 （人）	乡村医生和卫生员 （人）	医疗卫生机构床位数 （张）	医院 （张）	基层医疗卫生机构 （张）	卫生院 （张）
50	**197**	**137**	**75**	**39**	**26**		**26**	**26**
19	43	25	12	18	8		8	8
6	18	12	7	6				
4	18	14	9					
2	8	6	2	2	1		1	1
	3	2	2					
	3	3	3					
6	25	11	8	6	2		2	2
1	7	6	6	1				
7	26	25	8	1	2		2	2
2	18	11	7	1				
	8	7	3					
1	10	9	5	1				
2	6	3	2	2	10		10	10
	4	3	1	1	3		3	3
66	**286**	**154**	**90**	**132**	**244**	**30**	**214**	**196**
8	20	6	6	14	20		20	20
11	59	38	8	21	37		37	37
5	27	14	7	13	20		20	20
6	35	12	1	23	14		14	14
12	34	20	18	14	66	30	36	30
4	21	15	8	6	20		20	20
4	12	8	3	4	6		6	6
10	37	18	18	19	19		19	19
6	41	23	21	18	42		42	30
300	**980**	**612**	**226**	**368**	**502**	**133**	**369**	**369**
10	31	21	3	10	15		15	15
3	18	16	5	2	10		10	10
27	69	42	13	27	45		45	45
23	52	29	8	23	5		5	5

9-1(三) 续表 8

民族乡名称	村文化活动室（个）	医疗卫生机构（个）	医院（个）	基层医疗卫生机构（个）	卫生院（个）
宁德市福安市穆云畲族乡	33	23	1	22	
宁德市霞浦县盐田畲族乡	22	17		17	1
宁德市霞浦县崇儒畲族乡	27	15		15	1
宁德市霞浦县水门畲族乡	23	12		12	1
宁德市蕉城区金涵畲族乡	18	31	1	30	1
宁德市福鼎市硖门畲族乡	10	12		12	1
宁德市福鼎市佳阳畲族乡	12	12		12	1
漳州市漳浦县赤岭畲族乡	9	10		10	1
漳州市漳浦县湖西畲族乡	10	18		18	1
漳州市龙海区隆教畲族乡	10	23		23	1
三明市永安市青水畲族乡	21	15		15	1
三明市宁化县治平畲族乡	12	13		13	1
龙岩市上杭县官庄畲族乡	18	22		22	1
龙岩市上杭县庐丰畲族乡	14	24		24	1
泉州市惠安县百崎回族乡	5	6		6	1
江西省	**72**	**90**		**90**	**9**
鹰潭市贵溪樟坪畲族乡	5	4		4	1
上饶市铅山县太源畲族乡	4	4		4	1
上饶市铅山县篁碧畲族乡	4	5		5	1
吉安市永丰县龙冈畲族乡	11	20		20	1
赣州市南康赤土畲族乡	18	23		23	1
吉安市青原区东固畲族乡	15	19		19	1
抚州市乐安县金竹畲族乡	10	12		12	2
吉安市峡江县金坪民族乡	5	3		3	1
河南省	**86**	**104**	**1**	**103**	**11**
郑州市荥阳市金寨回族乡	2	3		3	1
商丘市民权县伯党回族乡	9	10		10	1
商丘市民权县胡集回族乡	13	14		14	1
平顶山市叶县马庄回族乡	8	9	1	8	
平顶山市郏县姚庄回族乡	6	7		7	1

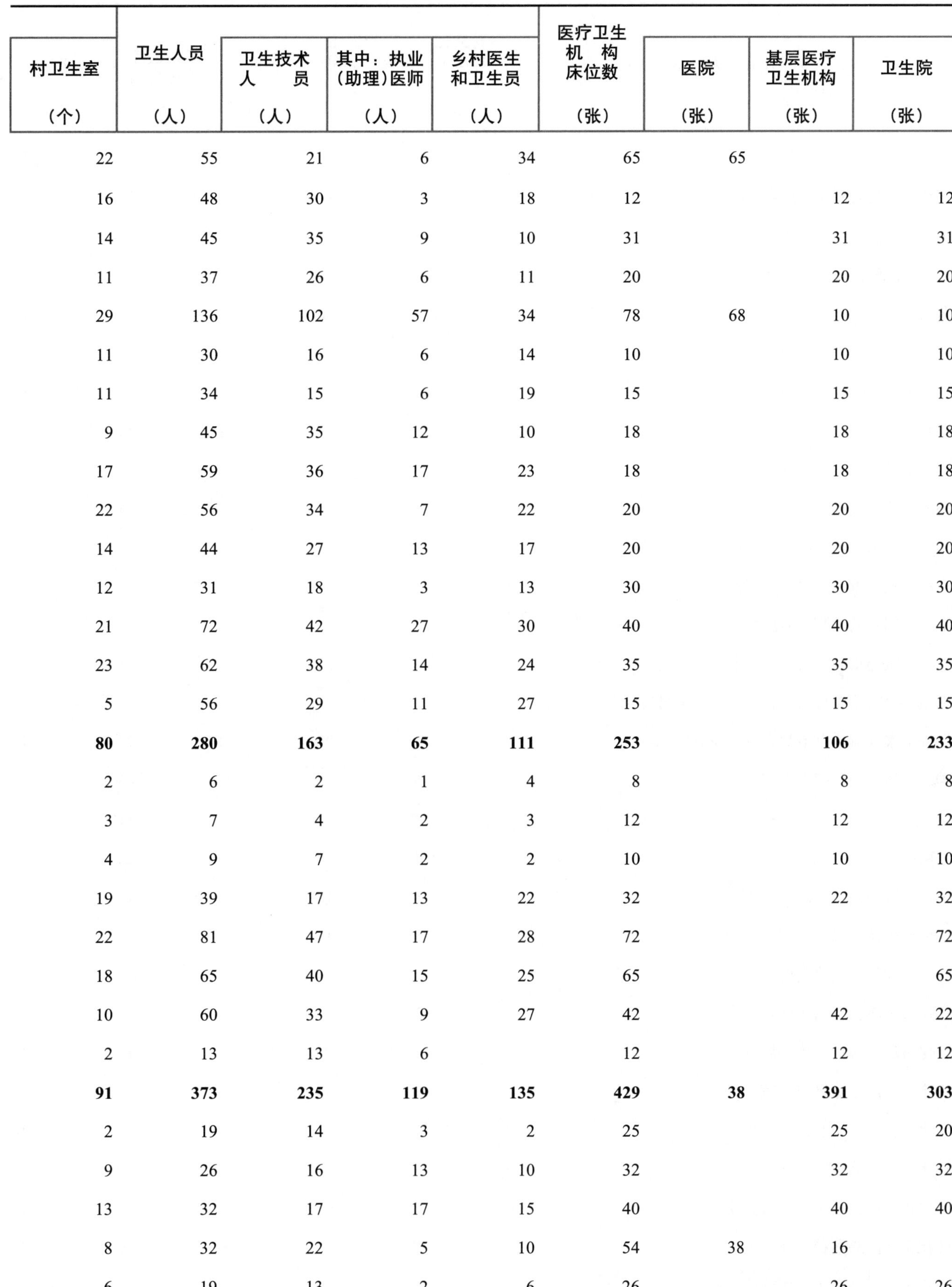

村卫生室（个）	卫生人员（人）	卫生技术人员（人）	其中：执业（助理）医师（人）	乡村医生和卫生员（人）	医疗卫生机构床位数（张）	医院（张）	基层医疗卫生机构（张）	卫生院（张）
22	55	21	6	34	65	65		
16	48	30	3	18	12		12	12
14	45	35	9	10	31		31	31
11	37	26	6	11	20		20	20
29	136	102	57	34	78	68	10	10
11	30	16	6	14	10		10	10
11	34	15	6	19	15		15	15
9	45	35	12	10	18		18	18
17	59	36	17	23	18		18	18
22	56	34	7	22	20		20	20
14	44	27	13	17	20		20	20
12	31	18	3	13	30		30	30
21	72	42	27	30	40		40	40
23	62	38	14	24	35		35	35
5	56	29	11	27	15		15	15
80	**280**	**163**	**65**	**111**	**253**		**106**	**233**
2	6	2	1	4	8		8	8
3	7	4	2	3	12		12	12
4	9	7	2	2	10		10	10
19	39	17	13	22	32		22	32
22	81	47	17	28	72			72
18	65	40	15	25	65			65
10	60	33	9	27	42		42	22
2	13	13	6		12		12	12
91	**373**	**235**	**119**	**135**	**429**	**38**	**391**	**303**
2	19	14	3	2	25		25	20
9	26	16	13	10	32		32	32
13	32	17	17	15	40		40	40
8	32	22	5	10	54	38	16	
6	19	13	2	6	26		26	26

9-1(三) 续表 9

民族乡名称	村文化活动室(个)	医疗卫生机构(个)	医院(个)	基层医疗卫生机构(个)	卫生院(个)
新乡市封丘县荆乡回族乡	5	6		6	1
许昌市许昌县艾庄回族乡	9	11		11	1
许昌市禹州市山货回族乡	6	7		7	1
南阳市镇平县郭庄回族乡	9	9		9	1
南阳市方城县袁店回族乡	3	10		10	1
驻马店市西平县蔡寨回族乡	6	7		7	1
洛阳市瀍河回族区廛河回族乡	10	11		11	1
湖北省	**147**	**139**	**1**	**138**	**10**
荆门市钟祥市九里回族乡	9	10		10	1
荆州市洪湖市老湾回族乡	6	8		8	1
荆州市松滋市卸甲坪土家族乡	9	9		9	1
宜昌市宜都市潘家湾土家族乡	10	10		10	1
十堰市郧西县湖北口回族乡	17	18		18	1
恩施土家族苗族自治州恩施市芭蕉侗族乡	19	21		21	1
恩施土家族苗族自治州宣恩县长潭河侗族乡	17	21		21	1
恩施土家族苗族自治州宣恩县晓关侗族乡	42	26	1	25	1
神农架林区下谷坪土家族乡	6	5		5	1
恩施土家族苗族自治州鹤峰县铁炉白族乡	12	11		11	1
湖南省	**986**	**1138**	**4**	**1120**	**114**
怀化市辰溪县罗子山瑶族乡	8	10		10	1
怀化市辰溪县苏木溪瑶族乡	10	11		11	1
怀化市辰溪县上蒲溪瑶族乡	8	9		9	1
怀化市辰溪县后塘瑶族乡	12	13		13	1
怀化市辰溪县仙人湾瑶族乡	16	16		16	1
怀化市洪江市深渡苗族乡	9	9		9	1
怀化市洪江市龙船塘瑶族乡	7	8		8	1
怀化市会同县炮团侗族苗族乡	8	9		9	1
怀化市会同县宝田侗族苗族乡	6	7		7	1
怀化市会同县蒲稳侗族苗族乡	6	7		7	1
怀化市会同县金子岩侗族苗族乡	26	29		29	3

村卫生室（个）	卫生人员（人）	卫生技术人员（人）	其中：执业（助理）医师（人）	乡村医生和卫生员（人）	医疗卫生机构床位数（张）	医院（张）	基层医疗卫生机构（张）	卫生院（张）
5	25	20	20	5	35		35	30
9	50	30	19	20	20		20	20
6	26	20	6	6	20		20	20
8	33	25	8	8	67		67	40
9	64	37	17	27	65		65	30
6	36	20	8	16	25		25	25
10	11	1	1	10	20		20	20
128	**746**	**497**	**193**	**244**	**582**		**534**	**516**
9	29	20	10	9	48		48	30
7	40	30	6	10	25		25	25
8	32	19	7	13	31		31	31
9	62	42	14	18	32		32	32
17	102	51	51	51	48			48
20	158	98	42	60	155		155	115
20	135	101	18	34	98		98	90
24	126	89	26	34	95		95	95
4	16	11	6	5	20		20	20
10	46	36	13	10	30		30	30
1005	**2829**	**1764**	**824**	**1045**	**2936**	**84**	**2601**	**2436**
9	16	7	3	9	16		16	16
10	20	10	7	10	30		30	30
8	19	11	3	8	20		20	20
12	36	24	24	12	20		20	20
15	46	24	6	22	25		25	25
8	18	10	6	8	20		20	20
7	22	15	4	7	33	7	26	26
8	28	18	6	10	28		28	28
6	28	17	8	11	20		20	20
6	11	5	3	6	20		20	20
26	93	65	30	26	94		94	94

9-1(三) 续表 10

民族乡名称	村文化活动室（个）	医疗卫生机构（个）	医院（个）	基层医疗卫生机构（个）	卫生院（个）
怀化市会同县漠滨侗族苗族乡	8	9	1	8	1
怀化市会同县青朗侗族苗族乡	13	19		19	2
怀化市沅陵县二酉苗族乡	30	33		33	3
怀化市沅陵县火场土家族乡	6	7		7	1
怀化市中方县蒿吉坪瑶族乡	6	7		7	1
怀化市通道侗族自治县大高坪苗族乡	5	6		5	1
怀化市新晃侗族自治县步头降苗族乡	7	8		4	1
怀化市新晃侗族自治县米贝苗族乡	8	8		8	1
邵阳市绥宁县河口苗族乡	10	12		12	2
邵阳市绥宁县麻塘苗族乡	13	15		15	2
邵阳市绥宁县东山侗族乡	12	13		13	1
邵阳市绥宁县鹅公岭侗族苗族乡	11	11		11	1
邵阳市绥宁县寨市苗族侗族乡	27	30		30	3
邵阳市绥宁县乐安铺苗族侗族乡	8	9		9	1
邵阳市绥宁县关峡苗族乡	9	13		13	1
邵阳市绥宁县长铺子苗族乡	29	32		32	3
邵阳市隆回县山界回族乡	16	16		16	1
邵阳市隆回县虎形山瑶族乡	12	13		13	1
邵阳市洞口县那溪瑶族乡	12	14		14	1
邵阳市洞口县大屋瑶族乡	7	8		8	1
邵阳市洞口县长塘瑶族乡	6	7		7	1
邵阳市新宁县黄金瑶族乡	11	12		12	1
邵阳市新宁县麻林瑶族乡	11	12		12	1
永州市蓝山县荆竹瑶族乡	6	6		6	1
永州市蓝山县湘江源瑶族乡	5	6		6	1
永州市蓝山县浆洞瑶族乡	6	7		7	1
永州市蓝山县汇源瑶族乡	5	6		6	1
永州市蓝山县犁头瑶族乡	4	3		3	1
永州市蓝山县大桥瑶族乡	7	10		10	1
永州市江永县松柏瑶族乡	14	16		16	2

村卫生室（个）	卫生人员（人）	卫生技术人员（人）	其中：执业（助理）医师（人）	乡村医生和卫生员（人）	医疗卫生机构床位数（张）	医院（张）	基层医疗卫生机构（张）	卫生院（张）
7	59	23	9	36	42		42	42
17	75	61	43	14	69		69	69
30	61	39	21	21	141		90	51
6	14	11	3	3	14		14	14
6	12	6	6	6	12		7	1
4	16	6	2	10	48	8	40	40
3	21	16	4	5	30		30	30
7	19	12	4	7	36		36	36
10	30	20	1	8	28		28	28
13	23	13	11	10	21		21	21
12	37	22	6	15	42		42	28
10	21	10	5	11	10		10	10
27	61	45	18	16	68		68	33
8	26	13	10	13	26		26	18
12	42	17	3	22	28		28	12
29	103	56	22	47	56		56	56
15	39	20	7	19	20		20	20
12	27	12	7	15	20		20	20
12	27	15	10	12	15		15	15
7	14	9	3	5	12	8	4	4
6	18	12	11	6	9		9	9
11	22	8	8	14	10		10	10
11	36	24	18	12	18		18	18
5	14	11	3	3	10		10	10
5	9	7	6	2	3		3	1
6	14	8	5	5	8		8	8
5	4	2	2	2	2		2	2
2	8	6	2	2	6		6	6
9	24	12	4	9	16		16	16
14	66	41	15	19	60		60	46

9-1(三) 续表 11

民族乡名称	村文化活动室（个）	医疗卫生机构（个）	医院（个）	基层医疗卫生机构（个）	卫生院（个）
永州市江永县千家洞瑶族乡	12	15		15	1
永州市江永县兰溪瑶族乡	6	7		7	1
永州市江永县源口瑶族乡	12	23		23	1
永州市宁远县九疑瑶族乡	21	24		24	3
永州市宁远县棉花坪瑶族乡	5	6		6	1
永州市宁远县桐木漯瑶族乡	6	7		7	1
永州市宁远县五龙山瑶族乡	11	13		13	2
永州市道县横岭瑶族乡	8	9		9	1
永州市道县洪塘营瑶族乡	10	11		11	1
永州市道县审章塘瑶族乡	14	16		16	2
永州市祁阳市晒北滩瑶族乡	9	9		9	1
永州市新田县门楼下瑶族乡	13	14		14	1
永州市双牌县上梧江瑶族乡	13	15		15	2
永州市江华瑶族自治县小圩壮族乡	21	31		22	1
张家界市桑植县刘家坪白族乡	6	7		7	1
张家界市桑植县马合口白族乡	9	12		12	3
张家界市桑植县走马坪白族乡	15	15		15	2
张家界市桑植县芙蓉桥白族乡	13	13		13	1
张家界市桑植县洪家关白族乡	23	22		22	1
张家界市慈利县三官寺土家族乡	17	17		17	1
张家界市慈利县高峰土家族乡	16	17		17	1
张家界市慈利县金岩土家族乡	12	13		13	1
张家界市慈利县许家坊土家族乡	10	15	1	14	1
张家界市慈利县阳和土家族乡	11	12	1	11	1
张家界市慈利县甘堰土家族乡	20	22		22	2
张家界市慈利县赵家岗土家族乡	12	12		12	1
郴州市桂阳县白水瑶族乡	16	17		17	1
郴州市北湖区保和瑶族乡	11	13		13	2
郴州市北湖区仰天湖瑶族乡	16	14		14	3
郴州市宜章县莽山瑶族乡	6	7		7	1

村卫生室（个）	卫生人员（人）	卫生技术人员（人）	其中：执业（助理）医师（人）	乡村医生和卫生员（人）	医疗卫生机构床位数（张）	医院（张）	基层医疗卫生机构（张）	卫生院（张）
14	58	32	9	26	15		15	15
6	21	13	6	8	22		22	22
22	38	14	5	22	30		30	30
21	54	33	15	21	12		12	12
5	10	7	2	3	10		10	10
6	12	6	6	6	6		3	3
11	24	13	4	11				
8	24	16	7	8	21		21	21
10	38	28	15	10	60		10	50
14	55	36	10	19	99		16	2
8	12	6	3	6	23		15	15
13	23	10	8	13	10		10	
13	29	20	11	9	26		26	26
21	36	15	15	21	10		10	10
6	20	15	8	5	19		19	13
9	9			9	32			
13	22	9	6	13	28		28	
12	33	25	8	8	19			
21	59	44	17	15				
16	31	22	8	9	38		38	38
16	19	12	5	7	10		10	10
12	27	15	9	12	25		25	25
13	39	26	13	13	42		42	29
10	33	26	8	7	25		25	25
20	54	34	14	20	40		40	40
11	26	21	9	5	10		10	10
16	22	6	6	16	25		25	25
11	25	17	17	8	28		28	28
11	22	11	11	11	30		30	30
6	15	8	5	7	17	11	6	6

9-1(三) 续表 12

民族乡名称	村文化活动室（个）	医疗卫生机构（个）	医院（个）	基层医疗卫生机构（个）	卫生院（个）
郴州市汝城县文明瑶族乡	36	47		47	3
郴州市汝城县延寿瑶族乡	17	19		19	2
郴州市临武县西山瑶族乡	12	14		14	1
郴州市资兴市回龙山瑶族乡	11	12		12	1
郴州市资兴市八面山瑶族乡	15	16		16	2
常德市鼎城区许家桥回族维吾尔族乡	16	19	1	18	2
常德市汉寿县毛家滩回族维吾尔族乡	8	9		9	1
常德市桃源县枫树维吾尔族回族乡	12	16		16	1
常德市桃源县青林回族维吾尔族乡	13	24		24	1
株洲市炎陵县中村瑶族乡	12	16		16	3
衡阳市常宁市塔山瑶族乡	11	12		12	1
益阳市桃江县鲊埠回族乡	9	10		10	1
广东省	**81**	**68**		**67**	**7**
惠州市龙门县蓝田瑶族乡	7	8		7	1
清远市连州市三水瑶族乡	4	5		5	1
清远市连州市瑶安瑶族乡	30	11		11	1
清远市阳山县秤架瑶族乡	10	14		14	1
肇庆市怀集县下帅壮族瑶族乡	13	13		13	1
韶关市始兴县深渡水瑶族乡	6	5		5	1
河源市东源县漳溪畲族乡	11	12		12	1
广西壮族自治区	**590**	**607**	**2**	**568**	**68**
梧州市蒙山县长坪瑶族乡	5	5		5	1
梧州市蒙山县夏宜瑶族乡	6	7		7	1
贺州市八步区黄洞瑶族乡	4	5		5	1
贺州市平桂管理区大平瑶族乡	6			7	1
贺州市昭平县仙回瑶族乡	6	7			1
贺州市钟山县两安瑶族乡	6	8		8	1
贺州市钟山县花山瑶族乡	6	6		6	1
贵港市平南县马练瑶族乡	12	13		13	1
贵港市平南县国安瑶族乡	10	11		11	1

村卫生室（个）	卫生人员（人）	卫生技术人员（人）	其中：执业（助理）医师（人）	乡村医生和卫生员（人）	医疗卫生机构床位数（张）	医院（张）	基层医疗卫生机构（张）	卫生院（张）
44	116	77	28	39	91		91	91
17	61	44	10	17	41		41	41
13	6	6	6		40		40	40
11	38	25	8	13	17		17	17
14	36	24	6	12	14		14	14
16	83	61	37	22	150	50	100	100
8	27	11	11	16	52		52	52
15	57	42	15	15	60		60	60
23	136	109	46	27	450		450	450
13	31	20	4	11	24		24	24
11	29	11	2	18	20		20	20
9	40	31	22	9	39		39	39
54	**208**	**147**	**49**	**54**	**146**		**116**	**129**
7	33	21	12	7	37		7	30
4	14	11	4	3	8		8	8
10	35	25	6	8	36		36	36
13	40	28	12	12	19		19	19
5	30	19	5	11	7		7	7
4	18	16	4	2	9		9	9
11	38	27	6	11	30		30	20
600	**2489**	**1744**	**601**	**732**	**2357**	**62**	**1535**	**1944**
4	15	11	2	4	5		5	5
6	16	2	2	7	13		13	13
4	42	29	8	6	37		37	37
6	40	31	10	9			24	24
6	28	28	6	12				20
7	30	24	9	6	30		30	30
5	23	19	9	4	10		10	10
12	94	74	26	20	103		103	103
10	49	42	9	11	88		88	88

9-1(三) 续表 13

民族乡名称	村文化活动室 (个)	医疗卫生机构 (个)	医院 (个)	基层医疗卫生机构 (个)	卫生院 (个)
防城港市上思县南屏瑶族乡	9	10		10	1
防城港市防城区十万山瑶族乡	5	6		6	1
南宁市马山县古寨瑶族乡	9	10		10	1
南宁市马山县里当瑶族乡	9	12		12	1
南宁市上林县镇圩瑶族乡	11	11		11	1
柳州市三江侗族自治县同乐苗族乡	19	26	1	1	1
柳州市三江侗族自治县福禄苗族乡	15			15	1
柳州市三江侗族自治县高基瑶族乡	8	1			1
柳州市融水苗族自治县滚贝侗族乡	11	12		12	1
柳州市融水苗族自治县同练瑶族乡	6			7	1
柳州市柳城县古砦仫佬族乡	13	14			1
桂林市临桂区宛田瑶族乡	15	16		16	1
桂林市临桂区黄沙瑶族乡	5	5		5	1
桂林市灵川县大境瑶族乡	10	17		17	1
桂林市灵川县兰田瑶族乡	3	4		4	1
桂林市全州县蕉江瑶族乡	8	9		9	1
桂林市全州县东山瑶族乡	16	17		17	1
桂林市兴安县华江瑶族乡	9	20		18	1
桂林市灌阳县洞井瑶族乡	9	10		10	1
桂林市灌阳县西山瑶族乡	10	11		11	1
桂林市资源县车田苗族乡	13	22		22	1
桂林市资源县两水苗族乡	6	7		7	1
桂林市资源县河口瑶族乡	6	6		6	1
桂林市平乐县大发瑶族乡	10	8		8	1
桂林市荔浦市蒲芦瑶族乡	9	10		10	1
桂林市雁山区草坪回族乡	4	4		4	1
百色市右江区汪甸瑶族乡					
百色市田东县作登瑶族乡	21	22		22	1
百色市田林县潞城瑶族乡	19	21		21	2
百色市田林县利周瑶族乡	9	10		10	1

村卫生室（个）	卫生人员（人）	卫生技术人员（人）	其中：执业（助理）医师（人）	乡村医生和卫生员（人）	医疗卫生机构床位数（张）	医院（张）	基层医疗卫生机构（张）	卫生院（张）
9	35	22	4	9	16		16	16
5	17	12	1	5	10		10	10
9	45	34	15	11	70		70	70
9	47	37	11	10	60		60	60
10	79	62	13	17	88		88	88
19	78	52	12	26	74	48	26	48
14	67	54	6	13	50			50
7	27	20	8	7	10			10
11		15	13		25		25	25
6	39	12		12	48		48	48
13	25		25		68			68
15	66	41	15	20	28			
4	15	10	5	5	4			
16	45	26	11	19	20		20	20
3	17	14	3	3	16		16	16
8	19	10	5	9	30		30	20
16	34	10	3	24	23		23	23
17	24	5	5	19	25		25	25
9	24	15	2	9	21	8	13	8
10	48	27	6	21	26	6	20	12
21	48	37	36	11	48		48	48
6	18	8	3	10	13		13	13
5	25	20	20	5	6		6	6
7	31	21	11	7	38		38	38
9	27	18	9	9	14		14	14
3	21	15	2	6	13		13	10
13								
22	84	59	30	25	326		48	48
19	74	55	17	19	37		37	37
9	45	36	11	9	35		35	35

9-1(三) 续表 14

民族乡名称	村文化活动室（个）	医疗卫生机构（个）	医院（个）	基层医疗卫生机构（个）	卫生院（个）
百色市田林县八桂瑶族乡	12	14		14	2
百色市田林县八渡瑶族乡	17	19		19	2
百色市凌云县伶站瑶族乡	9		1		1
百色市凌云县朝里瑶族乡	6				1
百色市凌云县沙里瑶族乡	12	12		12	2
百色市凌云县玉洪瑶族乡	18	18		18	2
百色市西林县足别瑶族苗族乡	6	6		6	1
百色市西林县普合苗族乡	7	7		7	1
百色市西林县那佐苗族乡	18	18		18	2
河池市南丹县八圩瑶族乡	17	16		16	1
河池市南丹县里湖瑶族乡	14	14		14	1
河池市南丹县中堡苗族乡	6	7		7	1
河池市天峨县八腊瑶族乡	10	9		9	3
河池市凤山县平乐瑶族乡	10	11		11	1
河池市凤山县江洲瑶族乡	7	8		8	1
河池市凤山县金牙瑶族乡	12	14		14	2
河池市东兰县三弄瑶族乡	5				1
河池市环江毛南族自治县驯乐苗族乡	12	16		16	1
河池市宜州区北牙瑶族乡	19	19			2
河池市宜州区福龙瑶族乡	15	16		16	1
重庆市	**99**	**110**		**110**	**16**
奉节县云雾土家族乡	3	4		4	1
奉节县长安土家族乡	8	8		8	1
奉节县龙桥土家族乡	6	6		6	1
奉节县太和土家族乡	8	8		8	2
万州区恒合土家族乡	13	15		15	1
万州区地宝土家族乡	4	5		5	1
云阳县清水土家族乡	14	16		16	2
巫山县红椿土家族乡	5	5		5	1
巫山县邓家土家族乡	5	6		6	1

村卫生室（个）	卫生人员（人）	卫生技术人员（人）	其中：执业（助理）医师（人）	乡村医生和卫生员（人）	医疗卫生机构床位数（张）	医院（张）	基层医疗卫生机构（张）	卫生院（张）
12	47	31	8	12	42		42	42
17	53	36	13	17	45		45	45
9	52	42	9	9	23			23
6	26	5	5	6	15			12
11	56	46	8	10	12			22
16	68	53	7	15	42		11	31
5	38	23	2	15	20		20	20
6	40	26	3	14	27		27	27
16	101	62	11	39	60		60	60
15	53	37	3	16	38		38	38
13	13	45	15	7	16			21
6	18	10	6	6	16		16	10
6	21	15	15	6	77		77	77
10	55	39	32	16	62		10	52
7	32	25	6	7	40		40	40
12	78	23	19	55	98		30	24
5	12	12	2	5				8
12	63	51	11	12	22		22	22
17	140	111	28	29	129			129
15	62	45	15	17	45		45	45
94	**382**	**260**	**124**	**109**	**402**		**364**	**324**
3	6	3		2	10		10	10
7	32	25	8	7	20		20	20
5	19	13	1	6	30		30	30
6	29	20	5	9	40		40	40
14	73	48	37	25	70		70	40
4	22	18	6	4	19			
14	63	44	16	12	64		64	64
4	22	12	5	5	19		5	1
5	14	8	1	6	8		8	8

9-1(三) 续表 15

民族乡名称	村文化活动室（个）	医疗卫生机构（个）	医院（个）	基层医疗卫生机构（个）	卫生院（个）
忠县磨子土家族乡	8	9		9	1
武隆区石桥苗族土家族乡	7	7		7	1
武隆区文复苗族土家族乡	6	7		7	1
武隆区后坪苗族土家族乡	6	7		7	1
武隆区浩口苗族仡佬族乡	6	7		7	1
四川省	**464**	**627**	**8**	**616**	**89**
甘孜藏族自治州九龙县子耳彝族乡	5	1		1	1
甘孜藏族自治州九龙县小金彝族乡	3	1		1	1
甘孜藏族自治州九龙县朵落彝族乡	3	1		1	1
阿坝藏族羌族自治州松潘县十里回族乡	7	7		7	1
攀枝花市仁和区大龙潭彝族乡	6	12		11	1
攀枝花市仁和区啊喇彝族乡		6		6	1
攀枝花市米易县麻陇彝族乡	6	8		8	1
攀枝花市米易县白坡彝族乡	7	14	1	13	1
攀枝花市米易县湾丘彝族乡	6	14	1	14	1
攀枝花市米易县新山傈僳族乡	4	6		6	1
攀枝花市盐边县红果彝族乡	6	13		13	1
攀枝花市盐边县温泉彝族乡	5	5		5	1
攀枝花市盐边县格萨拉彝族乡	6	7		7	1
攀枝花市盐边县红宝苗族彝族乡	5	6		6	1
泸州市叙永县白蜡苗族乡	7	9		9	1
泸州市叙永县合乐苗族乡	5	6		6	1
泸州市叙永县枧槽苗族乡	6	8		7	1
泸州市叙永县石厢子彝族乡	4	6		5	1
泸州市叙永县水潦彝族乡	10	12		11	1
泸州市古蔺县箭竹苗族乡	8	9		9	1
泸州市古蔺县大寨苗族乡	3	7		7	1
泸州市古蔺县马嘶苗族乡	6	11		11	1
广元市青川县蒿溪回族乡	4	7		7	1
广元市青川县大院回族乡	6	7		7	1

村卫生室（个）	卫生人员（人）				医疗卫生机构床位数（张）			
		卫生技术人员（人）	其中：执业（助理）医师（人）	乡村医生和卫生员（人）		医院（张）	基层医疗卫生机构（张）	卫生院（张）
8	40	31	29	9	70		70	70
6	16	10	4	6	12		12	12
6	15	9	2	6	22		17	17
6	17	11	5	6	4		4	4
6	14	8	5	6	14		14	8
553	**1811**	**1096**	**417**	**680**	**1662**	**92**	**1202**	**1175**
6	4	5	1	6	5			
2	2	3	2	3	5			
2	3	4		3	5			
6	14	8	3	6	2		2	2
10	41				24			
5	21	17	7	4	23		23	23
7	18	12	12	6	8		8	8
12	33	33	1	13	18	9	9	9
13	44	28	7	16	25	25	25	25
5	28	21	8	7	11		11	11
6	17	11	11	6	14		8	6
4	11	6	2	10	10		10	6
6	28			28	40		20	20
5	15	5	5	10	6			
8	48	24	8	24	45		45	45
5	12	6	6	6	25		25	25
6	30	17	9	13	13		13	13
4	24	16	6	8	27		27	27
10	21	11	11	10	45		45	45
8	40	30	17	10	30		30	30
6	25	19	6	6	25		25	25
10	40	24	8	8	20		20	20
6	14	7	4	7	6		6	6
6	12	9	2	7	6		6	6

9-1(三)　续表 16

民族乡名称	村文化活动室（个）	医疗卫生机构（个）	医院（个）	基层医疗卫生机构（个）	卫生院（个）
乐山市金口河区和平彝族乡	5	6		6	1
乐山市金口河区共安彝族乡	4	1	1	1	1
南充市阆中市博树回族乡	8	7		7	1
宜宾市筠连县高坪苗族乡	5	6		6	1
宜宾市筠连县联合苗族乡	5	7		7	1
宜宾市筠连县团林苗族乡	6	5		5	1
宜宾市屏山县屏边彝族乡	5	7	1	6	1
宜宾市屏山县清平彝族乡	7	7	1	6	1
宜宾市兴文县大坝苗族乡	23	23		23	2
宜宾市兴文县大河苗族乡	15	42		41	1
宜宾市兴文县麒麟苗族乡	16	48		48	2
宜宾市兴文县仙峰苗族乡	8	13		13	1
宜宾市珙县罗渡苗族乡	6	9		9	1
宜宾市珙县玉和苗族乡	4	6		6	1
宜宾市珙县观斗苗族乡	4	5		5	1
雅安市汉源县小堡藏族彝族乡	2	3		3	1
雅安市汉源县坭美彝族乡	2	3		3	1
雅安市汉源县永利彝族乡	3	4	1	4	1
雅安市汉源县顺河彝族乡	4	3		3	1
雅安市汉源县片马彝族乡	4	5		5	1
雅安市石棉县蟹螺藏族乡	4	4		4	1
雅安市石棉县栗子坪彝族乡	4	5		5	1
雅安市石棉县新民藏族彝族乡	5	7		7	1
雅安市石棉县草科藏族乡	3	5		4	1
雅安市宝兴县跷碛藏族乡	5	6		6	2
雅安市荥经县宝峰彝族民族乡	4	4		4	1
雅安市荥经县民建彝族民族乡	3	1		1	1
雅安市石棉县王岗坪彝族藏族乡	5	5		5	1
凉山彝族自治州西昌市高草回族乡	4	5		5	1
凉山彝族自治州西昌市裕隆回族乡	5	14		14	1

村卫生室 （个）	卫生人员 （人）	卫生技术人员 （人）	其中：执业(助理)医师 （人）	乡村医生和卫生员 （人）	医疗卫生机构床位数 （张）	医院 （张）	基层医疗卫生机构 （张）	卫生院 （张）
5	20	5	2	2	6		6	15
4	15	8	5	4	15	8	4	4
6	15	8	3	6	16		16	10
5	19	12	2	5	7		7	7
6	16	10	2	6	8		8	8
4	12	2	2	10	6		6	6
5	23	14	4	5	100		50	50
5	24	18	1	5	40		20	20
21	127	105	25	22	170		85	85
40	43	28	8	15	112		62	50
46	98	38	17	52	96		50	46
12	33	21	9	12	66		36	30
8	28	10	5	14	17		17	17
5	13			13	5		5	5
4	14	9	9	5	10		10	10
2	7	2	2	5	2		2	2
2	8	6	1	2	3		3	3
3	12	9	5	3	3			
2	7	7	7		5		5	5
4	14	11	7	3	9		9	9
3	11	11	3	4	4		4	4
4	21	10	3	8	9		8	8
6	22	17	4	5	18		18	18
3	15	10	3	1	10		10	10
4	10	10	10		13		13	13
3	16	16	1		9		9	6
1	10	5	2	1	6		6	6
4	13	9	4	4	6		4	4
4	25	11	4	14	15		15	15
13	36	17	6	17	45	45		

9-1(三) 续表 17

民族乡名称	村文化活动室（个）	医疗卫生机构（个）	医院（个）	基层医疗卫生机构（个）	卫生院（个）
凉山彝族自治州木里藏族自治县屋脚蒙古族乡	2	1	1	1	1
凉山彝族自治州木里藏族自治县俄亚纳西族乡	6	7		7	1
凉山彝族自治州木里藏族自治县白碉苗族乡	4	1	1	1	1
凉山彝族自治州木里藏族自治县项脚蒙古族乡	3	5		4	1
凉山彝族自治州木里藏族自治县固增苗族乡	4	5		5	1
凉山彝族自治州盐源县大坡蒙古族乡	3	4		4	1
凉山彝族自治州德昌县金沙傈僳族乡	3	4		4	1
凉山彝族自治州德昌县南山傈僳族乡	3	4		4	1
凉山彝族自治州会理市新安傣族乡	6	7		7	1
凉山彝族自治州冕宁县和爱藏族乡	5	6		5	1
凉山彝族自治州越西县保安藏族乡	3	3		3	1
绵阳市平武县木皮藏族乡	3	2		2	1
绵阳市平武县木座藏族乡	3	4		4	1
绵阳市平武县白马藏族乡	4	4		4	1
绵阳市平武县黄羊关藏族乡	4	3		3	1
绵阳市平武县虎牙藏族乡	5	5		5	1
绵阳市平武县泗耳藏族乡	4	3		3	1
绵阳市平武县锁江羌族乡	12	12		12	2
绵阳市平武县旧堡羌族乡	4	4		4	1
绵阳市平武县阔达藏族乡	5	5		5	1
绵阳市平武县土城藏族乡	6	7		7	1
绵阳市平武县平通羌族乡	12	11		11	1
绵阳市平武县豆叩羌族乡	12	12		12	1
绵阳市盐亭县大兴回族乡	7	18		18	2
绵阳市北川羌族自治县桃龙藏族乡	6	6		6	1
达州市宣汉渡口土家族乡	6	8		8	1
达州市宣汉龙泉土家族乡	10	15		15	1
达州市宣汉三墩土家族乡	5	10		10	1
达州市宣汉漆树土家族乡	8	2		2	2

村卫生室（个）	卫生人员（人）	卫生技术人员（人）	其中：执业（助理）医师（人）	乡村医生和卫生员（人）	医疗卫生机构床位数（张）	医院（张）	基层医疗卫生机构（张）	卫生院（张）
2	6	3	2	2	15	1	1	1
6	10	4	1	6	11		11	11
3	10	10	1	10	4	4	4	5
2	6	6	1	3	11		8	8
4	10	4	2	4	15			
3	8	8	1	5	5		5	5
3	9	9	2	3	4		4	4
3	11	8	1	3	2		2	2
6	19	15	4	9	19		19	19
4	11	5	3	6	2		2	2
2	12	8	3	3	6		1	1
1	4	4	1		3		3	3
3	8	4	1	4	5		5	5
3	5	5	2		6		6	6
2	7	4	1	3	2		2	2
4	4	3	3	1	3		3	3
2	2			2	3		3	3
10	47	16	11	31	16		16	16
3	7	4	2	3	5		5	5
4	12	10	5	2	14		14	14
6	16	12	4	4	15		15	15
10	74	59	21	15	58		58	58
11					24		24	24
16	29	24	11	5	34		34	34
5	10	6	2	4	5		5	5
7	31	22	7	9	25		25	25
14	33	15	5	18	18		18	18
9	75	48	16	27	23		23	23
13	63	25	12	38	40		40	40

9-1(三) 续表 18

民族乡名称	村文化活动室（个）	医疗卫生机构（个）	医院（个）	基层医疗卫生机构（个）	卫生院（个）
贵州省	**2117**	**2483**	**55**	**2382**	**196**
贵阳市南明区小碧布依族苗族乡	12	11	2	9	
贵阳市花溪区高坡苗族乡	19	1		1	1
贵阳市花溪区孟关苗族布依族乡	9	9			1
贵阳市花溪区马铃布依族苗族乡	3	4		1	1
贵阳市花溪区黔陶布依族苗族乡	7	9		9	1
贵阳市乌当区偏坡布依族乡	2	2		2	1
贵阳市乌当区新堡布依族乡	7	8		8	1
贵阳市白云区牛场布依族乡	13	13		13	1
贵阳市白云区都拉布依族乡	7	8		8	1
贵阳市清镇市麦格苗族布依族乡	15	16		16	1
贵阳市清镇市王庄布依族苗族乡	10	14		14	1
贵阳市清镇市流长苗族乡	26	30		30	1
贵阳市开阳县高寨苗族布依族乡	8	9		9	1
贵阳市开阳县南江布依族苗族乡	6	17	1	16	1
贵阳市开阳县禾丰布依族苗族乡	6	13		13	1
贵阳市修文县大石布依族乡	7	8		8	1
贵阳市息烽县青山苗族乡	5	6		6	1
六盘水市水城县坪寨彝族乡	4	5		5	1
六盘水市水城县南开苗族彝族乡	12	17	1	16	1
六盘水市水城县青林苗族彝族乡	4	9		9	1
六盘水市水城县金盆苗族彝族乡	6	7		7	1
六盘水市水城县新街彝族苗族布依族乡	3	5		5	1
六盘水市水城县杨梅彝族苗族回族乡	6	12		12	1
六盘水市水城县野钟苗族彝族布依族乡	5	5		5	1
六盘水市水城县果布嘎彝族苗族布依族乡	5	6		6	1
六盘水市水城县龙场苗族白族彝族乡	8	9	1	8	1
六盘水市水城县营盘苗族彝族白族乡	6	8	1	7	1
六盘水市水城县顺场苗族彝族布依族乡	7	7		7	1
六盘水市水城县花戛苗族布依族彝族乡	5	6		6	1
六盘水市水城县猴场苗族布依族乡	6	7		7	1

村卫生室 （个）	卫生人员 （人）	卫生技术人员 （人）	其中：执业（助理）医师 （人）	乡村医生和卫生员 （人）	医疗卫生机构床位数 （张）	医院 （张）	基层医疗卫生机构 （张）	卫生院 （张）
2273	**10726**	**6701**	**2767**	**3444**	**10563**	**4095**	**5803**	**5387**
9	645	636	636	9	1868	1848	10	10
19	36	8	7	19	29		19	10
8	50	42	3	8	20			20
3	28	23	5	3	12		6	6
8	22	11	6	10	6		4	6
1	5	4	1	1	4		4	4
7	15	7	7	8	8		8	8
12	43	31	17	12	15		15	15
7	37	30	12	7	8		8	8
15	48	31	10	17	20		20	20
13	47	25	12	22	20		20	20
29	105	76	26	29	64		64	64
8	71	43	7	21	30		30	30
15	38	15	11	32	30		30	30
12	36	16	8	12	22		22	12
7	13	6	3	7	8		8	8
5	14	6	5	8	14	13	1	1
4	60	52	10	8	45		45	45
15	114	62	18	34	228	30	99	99
8	44	27	4	17	8		8	8
6	57	32	11	16	45		45	25
4	42	35	7	7	24		24	24
11	61	41	18	20	45		45	45
4	69	51	14	18	36		36	36
5	58	46	10	12	45		45	45
7	112	101	18	11	196	80	116	116
6	80	66	40	14	162	99	63	63
6	53	35	7	18	45		45	45
5	62	47	6	15	45		45	45
6	45	33	12	12	23		23	23

9-1(三)　续表 19

民族乡名称	村文化活动室（个）	医疗卫生机构（个）	医院（个）	基层医疗卫生机构（个）	卫生院（个）
六盘水市盘州市普田回族乡	6	7		7	1
六盘水市盘州市旧营白族彝族苗族乡	11	13		13	1
六盘水市盘州市羊场布依族白族苗族乡	16	18	1	17	1
六盘水市盘州市保基苗族彝族乡	7	8		8	1
六盘水市盘州市淤泥彝族乡	20	22	1	20	1
六盘水市盘州市普古彝族苗族乡	21	25	1	2	1
六盘水市盘州市坪地彝族乡	15	17	1	16	1
六盘水市六枝特区梭戛苗族彝族乡	7	9		9	1
六盘水市六枝特区落别布依族彝族乡	14	15		15	1
六盘水市六枝特区中寨苗族彝族布依族乡	17	18		18	1
六盘水市六枝特区牛场苗族彝族乡	9	11		10	1
六盘水市六枝特区月亮河彝族苗族乡	17	17		18	1
遵义市仁怀市后山苗族布依族乡	4	5		5	1
遵义市播州区平正仡佬族乡	7	13		13	1
遵义市播州区洪关苗族乡	3	9		9	1
遵义市桐梓县马鬃苗族乡	10	6		6	1
遵义市正安县谢坝仡佬族苗族乡	6	7		7	1
遵义市正安县市坪苗族仡佬族乡	4	5		5	1
遵义市余庆县花山苗族乡	4	6		6	1
遵义市道真仡佬族苗族自治县上坝土家族乡	6	5		5	1
安顺市西秀区鸡场布依族苗族乡	5	11		11	1
安顺市西秀区杨武布依族苗族乡	12	14	1	13	1
安顺市西秀区岩腊苗族布依族乡	8	9		9	1
安顺市西秀区新场布依族苗族乡	8	8		8	1
安顺市西秀区黄腊布依族苗族乡	7	7		12	1
安顺市平坝区十字回族乡	11	24		24	1
安顺市平坝区羊昌布依族苗族乡	7	16		16	1
安顺市普定县补郎苗族乡	11	12		12	1
安顺市普定县猴场苗族仡佬族乡	10	11		11	1
安顺市普定县猫洞苗族仡佬族乡	15				1

村卫生室（个）	卫生人员（人）	卫生技术人员（人）	其中：执业（助理）医师（人）	乡村医生和卫生员（人）	医疗卫生机构床位数（张）	医院（张）	基层医疗卫生机构（张）	卫生院（张）
6	27	18	1	9	26		6	20
12	63	41	9	22	50		50	50
16	131	103	32	28	147	50	97	97
7	23	10	5	13	40		8	40
20	121	90	25	31	181	31	150	150
21	73	36	17	20	101	23	32	48
15	95	47	20	31	90	30	60	60
8	38	8	7	30	16		16	16
14	64	40	13	24	82		68	68
17	38	17	10	21	50		50	50
9	36	27	10	9	33	24	9	9
17	42	24	17	18	47		47	30
4	38	19	9	8	42		42	30
12	47	30	3	17	20		20	20
8	24	10	4	14	6		6	6
5	16	11	7	5	12		12	2
6	60	15	5	45	15		15	15
4	41	8	5	33	32		32	32
5	45	29	8	16	15		15	15
4	50	29	8	15	20		20	20
10	58	45	12	13	40		40	40
12	56	44	9	12	72	60	60	60
8	40	5	3	35	39		39	39
7	44	37	7	7	30		30	30
11	20	9	7	11	20		20	20
23	70	47	7	23	10		10	10
15	44	26	10	18	40		40	40
14	60	40	9	14	23		23	23
13	65	43	1	22	20		20	20
15	67	36	13	16				10

9-1(三) 续表 20

民族乡名称	村文化活动室（个）	医疗卫生机构（个）	医院（个）	基层医疗卫生机构（个）	卫生院（个）
毕节市七星关区大屯彝族乡	8	9		9	1
毕节市七星关区田坎彝族乡	7	11		11	1
毕节市七星关区阿市苗族彝族乡	13	15	1	14	1
毕节市七星关区团结彝族苗族乡	13	14		14	1
毕节市七星关区阴底彝族苗族白族乡	12	14	1	13	1
毕节市七星关区千溪彝族苗族白族乡	5	9	3	6	1
毕节市黔西市永燊彝族苗族乡	13	14		14	1
毕节市黔西市新仁苗族乡	9	14		14	1
毕节市黔西市花溪彝族苗族乡	10	11		11	1
毕节市黔西市中建苗族彝族乡	5	7		7	1
毕节市黔西市定新彝族苗族乡	13	13		13	1
毕节市黔西市太来彝族苗族乡	13	14		14	1
毕节市黔西市绿化白族彝族乡	9	14		14	1
毕节市黔西市红林彝族苗族乡	11	16		16	1
毕节市黔西市五里布依族苗族乡	10	17		17	1
毕节市黔西市铁石苗族彝族乡	11	11		11	1
毕节市大方县竹园彝族苗族乡	9	15	1	13	1
毕节市大方县响水白族彝族仡佬族乡	16	18	1	17	1
毕节市大方县鼎新彝族苗族乡	12	19		19	1
毕节市大方县牛场苗族彝族乡	10	18	2	16	1
毕节市大方县理化苗族彝族乡	10	16	1	15	1
毕节市大方县安乐彝族仡佬族乡	8	9		9	1
毕节市大方县风山彝族蒙古族乡	8	9	2	8	1
毕节市大方县百纳彝族乡	6	14	2	12	1
毕节市大方县三元彝族苗族白族乡	8	12		9	1
毕节市大方县沙厂彝族乡	6	9	1	8	1
毕节市大方县黄泥彝族苗族满族乡	6	7		7	1
毕节市大方县核桃彝族白族乡	9	18	1	17	1
毕节市大方县八堡彝族苗族乡	9	16	1	15	1
毕节市大方县兴隆苗族乡	8	15	2	13	1

村卫生室 (个)	卫生人员 (人)	卫生技术人员 (人)	其中：执业(助理)医师 (人)	乡村医生和卫生员 (人)	医疗卫生机构床位数 (张)	医院 (张)	基层医疗卫生机构 (张)	卫生院 (张)
8	37	24	5	13	38		38	30
10	36	22	5	14	35		35	15
13	30	15	2	15	35		35	35
13	31	16	3	14	52		52	38
12	29	8	8	21	76	16	60	16
5	59	46	10	13	100	50	50	50
13	55	23	2	20	30		30	30
13	29	11	11	18	25		25	25
10	37	24	4	13	30		30	30
6	29	23	6	6	30		30	30
12	58	29	12	17	20		20	20
13	52	36	7	16	50		50	50
13	29	11	11	18	38		38	25
15	56	36	16	20	45		45	45
16	91	58	11	23	33		33	33
10	73	37	11	25	65		65	32
13	48	22	17	17	66	26	40	40
16	84	58	5	26	86	35	51	36
18	93	57	13	23	43		43	43
15	112	18	13	65	110	60	15	50
14	93	55	20	18	120	30	90	90
8	41	25	5	11	20		20	20
10	82	69	13	10	80	60	20	20
11	74	29	20	45	118	89	29	29
8	23	13	10	10	48		48	48
7	43	38	8	5	82	40	42	35
6	19	13	1	6	31		31	31
16	104	84	21	20	58	20	38	38
14	46	21	15	20	89	9	80	80
12	88	36	8	52	102	45	57	45

9-1(三) 续表 21

民族乡名称	村文化活动室（个）	医疗卫生机构（个）	医院（个）	基层医疗卫生机构（个）	卫生院（个）
毕节市大方县大山苗族彝族乡	11	12		12	1
毕节市大方县星宿苗族彝族仡佬族乡	10	14	2	12	1
毕节市织金县自强苗族乡	11	12		12	1
毕节市织金县官寨苗族乡	16	17		17	1
毕节市织金县后寨苗族乡	13	13		13	1
毕节市织金县大平苗族彝族乡	13	14		14	1
毕节市织金县茶店布依族苗族彝族乡	21	19		19	1
毕节市织金县金龙苗族彝族布依族乡	20	21		21	1
毕节市织金县鸡场苗族彝族布依族乡	24	26	2	24	1
毕节市金沙县太平彝族苗族乡	5	7	1	6	1
毕节市金沙县石场苗族彝族乡	12	17		17	1
毕节市金沙县马路彝族苗族乡	7	9		9	1
毕节市金沙县安洛苗族彝族满族乡	8	16	1	15	1
毕节市金沙县新化苗族彝族满族乡	10	32	2	30	1
毕节市金沙县大田彝族苗族布依族乡	7	7		7	1
毕节市赫章县兴发苗族彝族回族乡	16	17		17	1
毕节市赫章县松林坡白族彝族苗族乡	18	17		17	1
毕节市赫章县雉街彝族苗族乡	10	11		10	1
毕节市赫章县珠市彝族乡	18	19		19	1
毕节市赫章县双坪彝族苗族乡	26	27		27	1
毕节市赫章县辅处彝族苗族乡	9	10		10	1
毕节市赫章县铁匠苗族乡	11	12		12	1
毕节市赫章县可乐彝族苗族乡	19	20		20	1
毕节市赫章县河镇彝族苗族乡	21	22		22	1
毕节市赫章县结构彝族苗族乡	8	9		9	1
毕节市赫章县水塘堡彝族苗族乡	14	15		15	1
毕节市赫章县古达苗族彝族乡	25	26		26	1
毕节市纳雍县库东关彝族苗族白族乡	10	11	1	10	1
毕节市纳雍县董地苗族彝族乡	12	12		12	1
毕节市纳雍县左鸠戛彝族苗族乡	6	7		7	1

村卫生室（个）	卫生人员（人）	卫生技术人员（人）	其中：执业（助理）医师（人）	乡村医生和卫生员（人）	医疗卫生机构床位数（张）	医院（张）	基层医疗卫生机构（张）	卫生院（张）
11	42	16	3	20	24		24	24
11	65	46	22	11	67	45	22	22
11	41	19	7	22	31		31	20
16	40	10	5	30	30		30	15
12	64	53	9	11	33		33	20
13	52	23	11	29	33		33	20
18	73	34	16	39	51		51	30
20	61	26	23	35	40		40	20
24	138	90	14	48	40		40	20
5	35	19	5	5	21	1	10	10
16	142	111	31	15	61	45	16	53
8	31	19	3	12	22		22	22
9	66	44	20	13	30	30		30
27	135	98	21	37	95	50	15	30
6	25	10	6	15	10		10	10
16	101	39	38	16	103	63	40	40
16	55	45	8	10	29		29	29
9	31	19	3	9	20		20	20
18	41	17	6	18	45	20		25
26	92	41	26	26	121		81	55
9	23	11	3	9	29		29	20
11	33	19	4	11	20		20	20
19	235	32	15	158	158	103	12	43
21	29	7	23	22	141	81	60	60
8	51	24	3	27	20		20	20
14	41	27	6	14	45		45	45
25	92	67	33	25	90		50	50
9	72	44	16	28	70	40	30	30
11	40	28	12	12	56		56	45
6	39	29	11	10	36		36	30

9-1(三) 续表 22

民族乡名称	村文化活动室（个）	医疗卫生机构（个）	医院（个）	基层医疗卫生机构（个）	卫生院（个）
毕节市纳雍县锅圈岩苗族彝族乡	17	19	1	18	1
毕节市纳雍县新房彝族苗族乡	25	27		27	2
毕节市纳雍县化作苗族彝族乡	20	22	1	21	1
毕节市纳雍县姑开苗族彝族乡	14	16	1	15	1
毕节市纳雍县羊场苗族彝族乡	16	17	1	16	1
毕节市纳雍县昆寨苗族彝族白族乡	17	19	1	18	1
毕节市纳雍县猪场苗族彝族乡	11	14	2	12	1
毕节市威宁彝族回族苗族自治县新发布依族乡	31	32		32	1
毕节市大方县大水彝族苗族布依族乡	8	14		14	1
毕节市黔西市金坡苗族彝族满族乡	10	20		20	1
毕节市大方县普底彝族苗族白族乡	10	16	2	14	1
毕节市黔西市仁和彝族苗族乡	9	16		16	1
铜仁市碧江区桐木坪侗族乡	1	5		5	1
铜仁市碧江区瓦屋侗族乡	6	8		8	1
铜仁市碧江区和平土家族侗族乡	9	14		14	1
铜仁市碧江区滑石侗族苗族土家族乡	5	8		8	1
铜仁市碧江区六龙山侗族土家族乡	4	4		4	1
铜仁市万山区高楼坪侗族乡	13	15	1	14	1
铜仁市万山区黄道侗族乡	10	13		13	1
铜仁市万山区熬寨侗族乡	5	8		8	1
铜仁市万山区下溪侗族乡	8	10		10	1
铜仁市万山区鱼塘侗族土家族苗族乡	12	15		15	1
铜仁市万山区大坪侗族土家族苗族乡	12	12		12	1
铜仁市德江县楠杆土家族乡	14	15		15	1
铜仁市德江县沙溪土家族乡	15	16		16	1
铜仁市德江县桶井土家族乡	23	24		24	1
铜仁市德江县堰塘土家族乡	14	14		14	1
铜仁市德江县荆角土家族乡	16	16		16	1
铜仁市德江县长丰土家族乡	15	15		15	1
铜仁市德江县龙泉土家族乡	12	13		13	1

村卫生室（个）	卫生人员（人）	卫生技术人员（人）	其中：执业（助理）医师（人）	乡村医生和卫生员（人）	医疗卫生机构床位数（张）	医院（张）	基层医疗卫生机构（张）	卫生院（张）
17	29	19	9	20	102	55	47	30
25	76	36	12	28	46		46	45
20	61	27	27	34	60	20	40	20
14	62	22	8	40	60	22	38	24
15	42	27	9	15	55	20	35	20
17	76	44	18	32	97	20	77	60
11	42	27	15	15	91	60	31	20
31	122	43	12	59	60	20	29	20
13	39	25	6	14	40		40	40
19	41	20	9	21	30		30	30
13	229	211	49	18	405	362	43	43
15	32	16	3	16	40		40	40
4	18	14	5	4	10		10	10
7	31	20	13	11	10		10	10
13	49	31	13	18	10		10	10
7	40	23	10	13	11		11	11
3	15	13	6	2	10		10	10
13	22	6	2	16	24	12	12	12
12	32	19	6	13	20		20	10
7	26	18	2	8	8		8	8
9	36	28	5	8	34		20	20
14	65	43	19	22	50		50	50
11	34	22	18	12	24		24	24
14	46	26	7	20	44		44	44
15	56	41	2	15	15		12	12
23	51	28	3	23	19		19	19
13	28	14	6	14	27		27	14
15	33	17	4	16	20		20	20
14	36	20	7	16	15		15	15
12	41	18	10	13	37		37	25

9-1(三) 续表 23

民族乡名称	村文化活动室（个）	医疗卫生机构（个）	医院（个）	基层医疗卫生机构（个）	卫生院（个）
铜仁市德江县钱家土家族乡	14	15		15	1
铜仁市江口县德旺土家族苗族乡	10	11		11	1
铜仁市江口县官和侗族土家族苗族乡	4	5		5	1
铜仁市石阡县聚凤仡佬族侗族乡	18	17		17	1
铜仁市石阡县大沙坝仡佬族侗族乡	15	16		16	1
铜仁市石阡县枫香仡佬族侗族乡	12	12		12	1
铜仁市石阡县青阳苗族仡佬族侗族乡	14	15		15	1
铜仁市石阡县龙井侗族仡佬族乡	23	24		24	1
铜仁市石阡县石固仡佬族侗族乡	14	15		15	1
铜仁市石阡县坪地仡佬族侗族乡	18	19		19	1
铜仁市石阡县甘溪仡佬族侗族乡	9	10		10	1
铜仁市石阡县坪山仡佬族侗族乡	8	9		9	1
铜仁市思南县思林土家族苗族乡	14	13		13	1
铜仁市思南县枫芸土家族苗族乡	16	17		17	1
铜仁市思南县杨家坳苗族土家族乡	18	19		19	1
铜仁市思南县胡家湾苗族土家族乡	14	15		15	1
铜仁市思南县宽坪土家族苗族乡	14	15		15	1
铜仁市思南县三道水土家族苗族乡	17	18	1	18	1
铜仁市思南县天桥土家族苗族乡	12	13		13	1
铜仁市思南县兴隆土家族苗族乡	13	15		14	1
黔西南布依族苗族自治州兴仁市鲁础营回族乡	8	8		8	1
黔西南布依族苗族自治州望谟县油迈瑶族乡	8	9		9	1
黔东南苗族侗族自治州从江县秀塘壮族乡	13	13		14	1
黔东南苗族侗族自治州从江县刚边壮族乡	11	11		11	1
黔东南苗族侗族自治州从江县翠里瑶族壮族乡	20	19		19	1
黔东南苗族侗族自治州镇远县尚寨土家族乡	4	4			1
黔东南苗族侗族自治州麻江县坝芒布依族乡	7	10		10	1
黔东南苗族侗族自治州榕江县水尾水族乡	5	5		5	1
黔东南苗族侗族自治州榕江县三江水族乡	13	12		12	1
黔东南苗族侗族自治州榕江县仁里水族乡	8	8		8	1

村卫生室（个）	卫生人员（人）	卫生技术人员（人）	其中：执业（助理）医师（人）	乡村医生和卫生员（人）	医疗卫生机构床位数（张）	医院（张）	基层医疗卫生机构（张）	卫生院（张）
14	34	20	7	14	15		15	15
10	41	31	6	10	25		25	25
4	36	29	5	7	20		20	20
16	50	25	20	20	45		20	25
15	33	18	3	15	30		30	15
11	38	26	15	12	23		12	11
14	25	13	12	12	30		14	16
23	85	55	18	28	88		44	44
14	55	39	6	16	60		30	30
18	70	50	42	18	66		36	30
9	39	30	29	9	34	20	14	20
8	26	15	6	9	33		8	25
12	31	19	9	12	12		12	12
16	24	11	7	13	15		10	15
18	40	22	2	18	10		10	10
14	34	20	6	14	10		10	10
14	35	20	5	14	20		20	20
17	61	44	18	17	60	40	20	20
12	34	20	6	14	10		10	10
13	34	21	9	13	35		18	20
7	34	21	9	13	8		8	8
8	46	20	4	15	18		18	10
13	34	15	5	18	27		27	13
10	41	16	16	25	28		28	17
18	44	24	10	20	11		11	11
3	25	22	5	3	15		15	12
9	39	22	6	10	21		21	21
4	17	13	6	4	14		14	10
11	32	20	9	12	24		24	13
7	26	18	6	8	6		6	6

9-1(三)　续表 24

民族乡名称	村文化活动室（个）	医疗卫生机构（个）	医院（个）	基层医疗卫生机构（个）	卫生院（个）
黔东南苗族侗族自治州榕江县定威水族乡	6	7		7	1
黔东南苗族侗族自治州榕江县兴华水族乡	9	9		9	1
黔东南苗族侗族自治州榕江县塔石瑶族水族乡	9	9		9	1
黔东南苗族侗族自治州雷山县达地水族乡	10	11	1	1	1
黔东南苗族侗族自治州黎平县顺化瑶族乡	4	5		5	1
黔东南苗族侗族自治州黎平县雷洞瑶族水族乡	16	16		16	1
黔东南苗族侗族自治州岑巩县羊桥土家族乡	15	15		15	1
黔南布依族苗族自治州都匀市归兰水族乡	13	12		12	3
黔南布依族苗族自治州荔波县瑶山瑶族乡	6	6		6	1
黔南布依族苗族自治州荔波县黎明关水族乡	14	15		15	3
黔南布依族苗族自治州平塘县卡蒲毛南族	6	7	1	6	1
贵阳市花溪区湖潮布依族苗族乡	18	24	3	21	1
云南省	**3434**	**1231**	**1**	**1226**	**144**
昆明市晋宁区夕阳彝族乡	10	11		11	1
昆明市晋宁区双河彝族乡	6	7		7	1
昆明市宜良县九乡彝族回族乡	8	15		15	1
昆明市宜良县耿家营彝族苗族乡	9	10		10	1
昭通市昭阳区守望回族乡	7	7		7	1
昭通市昭阳区小龙洞回族彝族乡	6	7		7	1
昭通市布嘎回族乡	5	6		6	1
昭通市青岗岭回族彝族乡	7	7		7	1
昭通市鲁甸县桃源回族乡	7	8		8	1
昭通市鲁甸县茨院回族乡	6	10		10	1
昭通市大关县上高桥回族彝族苗族乡	7	7		7	1
昭通市永善县马楠苗族彝族乡	6	6		6	1
昭通市永善县伍寨彝族苗族乡	5	6		6	1
昭通市镇雄县果珠彝族乡	5	7		6	1
昭通市镇雄县林口彝族苗族乡	8	11		10	1
昭通市彝良县龙街苗族彝族乡	43	13		13	1
昭通市彝良县奎香苗族彝族乡	9	10		10	1

村卫生室（个）	卫生人员（人）	卫生技术人员（人）	其中：执业（助理）医师（人）	乡村医生和卫生员（人）	医疗卫生机构床位数（张）	医院（张）	基层医疗卫生机构（张）	卫生院（张）
6	21	16	1	5	18		18	18
8	25	19	9	6	12		12	12
8	29	22	11	7	14		14	14
11	31	14	14	14	38		38	18
4	30	25	5	5	11		11	8
15	33	19	6	14	45		45	15
14	64	45	19	16	77		77	35
9	77	62	23	15	19		19	19
5	41	28	3	9	14		14	10
12	95	77	23	18	29		29	29
5	24	16	5	8	40	20	20	20
20	211	115	86	20	189	178	11	11
1065	**7852**	**4807**	**1510**	**2762**	**4446**	**95**	**4333**	**4311**
10	39	19	6	19	12		12	12
6	19	13	5	6	10		10	10
8	52	30	16	18	30		30	30
9	42	25	10	17	50		50	50
6	76	46	18	30	62		62	62
6	108	82	10	26	60		60	60
5	48	26	9	22	75		75	75
6	59	38	15	21	59		59	59
7	92	47	20	45	65		65	65
6	75	46	22	28	99		99	99
6	58	40	12	18	30		30	30
5	42	30	6	11	30		30	30
5	46	39	3	7	15		15	15
5	65	38	24	27	60		60	60
9	118	57	21	61	46		46	46
12	67	27	12	35	50		50	50
9	150	104	32	46	114		114	114

9-1(三) 续表 25

民族乡名称	村文化活动室（个）	医疗卫生机构（个）	医院（个）	基层医疗卫生机构（个）	卫生院（个）
昭通市彝良县树林彝族苗族乡	5	5		5	1
昭通市彝良县柳溪苗族乡	5	6		6	1
昭通市彝良县洛旺苗族乡	9	10		10	1
昭通市威信县双河苗族彝族乡	21	9		9	1
曲靖市师宗县龙庆彝族壮族乡	14	15		15	1
曲靖市师宗县五龙壮族乡	13	14		14	1
曲靖市师宗县高良壮族苗族瑶族乡	116	12		12	1
曲靖市罗平县长底布依族乡	6	7		7	1
曲靖市罗平县旧屋基彝族乡	53	8		8	1
曲靖市罗平县鲁布革布依族苗族乡	29	11		10	1
曲靖市富源县古敢水族乡	7	4		4	1
曲靖市会泽县新街回族乡	16	17		17	1
楚雄彝族自治州南华县雨露白族乡	39	7		7	1
楚雄彝族自治州大姚县湾碧傈僳傣族乡	123	13		13	1
楚雄彝族自治州永仁县永兴傣族乡	68	13		13	1
楚雄彝族自治州武定县东坡傣族乡	20	8		8	1
玉溪市红塔区小石桥彝族乡	3	4		4	1
玉溪市红塔区洛河彝族乡	5	6		6	1
玉溪市江川区安化彝族乡	6	6		6	1
玉溪市通海县高大傣族彝族乡	7	7		7	1
玉溪市通海县里山彝族乡	6	7		7	1
玉溪市通海县兴蒙蒙古族乡	3	2		2	1
玉溪市华宁县通红甸彝族苗族乡	6	6		6	1
玉溪市易门县十街彝族乡	8	8		8	1
玉溪市易门县浦贝彝族乡	7	8		8	1
玉溪市易门县铜厂彝族乡	9	9		9	1
红河哈尼族彝族自治州河口瑶族自治县桥头苗族壮族乡	93	11		11	1
红河哈尼族彝族自治州金平苗族瑶族傣族自治县者米拉祜族乡	9	10	1	9	1
红河哈尼族彝族自治州蒙自市期路白苗族乡	65	8		8	1
红河哈尼族彝族自治州蒙自市老寨苗族乡	41	5		5	1

村卫生室（个）	卫生人员（人）	卫生技术人员（人）	其中：执业（助理）医师（人）	乡村医生和卫生员（人）	医疗卫生机构床位数（张）	医院（张）	基层医疗卫生机构（张）	卫生院（张）
4	62	23	8	17	50		50	50
5	50	30	8	20	38		38	38
9	78	44	8	24	43		43	43
8	63	26	14	37	15		15	15
14	66	22	9	44	60		60	60
13	70	41	8	29	56		56	56
11	80	47	4	33	25		25	25
6	27	17	10	10	12		12	12
7	21	11	3	10	18		10	8
9	61	36	8	21	49		49	49
3	39	25	8	14	10		10	10
16	54	19	5	30	15		15	15
6	39	26	5	13	18		18	18
12	56	26	10	30	28		28	28
12	44	20	5	19	24		24	24
7	27	12	3	14	40		40	40
3	40	28	15	10	30		30	30
5	33	16	7	10	17		17	17
5	23	13	3	10	12		12	12
6	26	8	5	18	15		15	15
6	27	14	8	10	8		8	8
1	14	10	5	4	25		25	25
5	28	18	7	10	12		12	12
7	38	23	10	15	20		20	20
7	41	25	14	16	12		12	12
8	44	22	15	22	10		10	10
8	50	31	10	19	30		30	30
8	67	49	11	18	128	95	33	33
7	30	21	13	9	30		30	30
4	25	18	7	7	16		16	16

9-1(三) 续表 26

民族乡名称	村文化活动室（个）	医疗卫生机构（个）	医院（个）	基层医疗卫生机构（个）	卫生院（个）
红河哈尼族彝族自治州开远市大庄回族乡	34	6		6	1
文山壮族苗族自治州文山市东山彝族乡	4	4		4	1
文山壮族苗族自治州文山市红甸回族乡	29	4		4	1
文山壮族苗族自治州文山市秉烈彝族乡	65	13		13	1
文山壮族苗族自治州文山市柳井彝族乡	7	7		7	1
文山壮族苗族自治州文山市坝心彝族乡	38	5		5	1
文山壮族苗族自治州砚山县阿舍彝族乡	103	8		8	1
文山壮族苗族自治州砚山县维末彝族乡	105	12		12	2
文山壮族苗族自治州砚山县盘龙彝族乡	58	10		10	1
文山壮族苗族自治州砚山县干河彝族乡	54	5		5	1
文山壮族苗族自治州丘北县舍得彝族乡	68	7		7	1
文山壮族苗族自治州丘北县新店彝族乡	6	6		6	1
文山壮族苗族自治州丘北县树皮彝族乡	15	11		10	1
文山壮族苗族自治州丘北县八道哨彝族乡	5	8		8	1
文山壮族苗族自治州丘北县腻脚彝族乡	7	8		8	1
文山壮族苗族自治州麻栗坡县猛硐瑶族乡	76	5		5	1
文山壮族苗族自治州富宁县洞波瑶族乡	136	13		13	1
普洱市澜沧拉祜族自治县酒井哈尼族乡	4	5		5	1
普洱市澜沧拉祜族自治县发展河哈尼族乡	4	4		4	1
普洱市澜沧拉祜族自治县谦六彝族乡	15	16		16	1
普洱市澜沧拉祜族自治县文东佤族乡	6	10		10	1
普洱市澜沧拉祜族自治县安康佤族乡	5	6		6	1
普洱市澜沧拉祜族自治县雪林佤族乡	7	8		8	1
普洱市思茅区云仙彝族乡	12	14		14	2
普洱市思茅区龙潭彝族傣族乡	6	6		6	1
普洱市墨江哈尼族自治县孟弄彝族乡	7	8		8	1
普洱市西盟佤族自治县力所拉祜族乡	5	7		7	1
大理白族自治州大理市太邑彝族乡	5	6		6	1
大理白族自治州鹤庆县六合彝族乡	13	14		14	1
大理白族自治州宾川县钟英傈僳族彝族乡	48	7		7	1

村卫生室（个）	卫生人员（人）	卫生技术人员（人）	其中：执业（助理）医师（人）	乡村医生和卫生员（人）	医疗卫生机构床位数（张）	医院（张）	基层医疗卫生机构（张）	卫生院（张）
5	85	51	13	21	25		25	25
3	33	15	6	8	16		16	16
3	45	30	8	15	19		19	19
12	76	48	7	28	30		30	30
6	54	38	5	16	18		18	18
4	36	26	5	10	10		10	10
7	97	70	13	27	30		30	30
10	155	121	26	34	101		101	101
9	95	64	16	31	69		69	69
4	52	15	6	26	20		20	20
6	89	45	5	29	23		23	23
5	60	31	6	29	24		24	24
9	149	105	14	44	80		80	80
7	82	68	11	14	49		49	49
7	63	34	14	29	32		32	32
4	58	45	8	13	24		24	24
12	127	89	12	38	99		99	99
4	29	20	8	8	15		15	15
3	57	43	14	12	20		20	20
15	108	48	22	60	84		84	84
9	29	17	4	11	20		20	20
5	26	13	8	13	15		15	15
7	43	35	6	7	16		16	16
12	59	34	10	25	30		30	30
5	47	36	11	11	30		30	30
7	47	34	6	13	18		18	18
6	35	14	6	8	14		14	14
5	36	20	9	16	18		18	18
13	92	46	12	46	15		15	15
6	58	43	10	15	12		12	12

9-1(三)　续表 27

民族乡名称	村文化活动室（个）	医疗卫生机构（个）	医院（个）	基层医疗卫生机构（个）	卫生院（个）
大理白族自治州宾川县拉乌彝族乡	55	8		8	1
大理白族自治州祥云县东山彝族乡	8	9		9	1
大理白族自治州弥渡县牛街彝族乡	122	12		12	1
大理白族自治州永平县北斗彝族乡	9	10		10	1
大理白族自治州永平县厂街彝族乡	11	12		12	1
大理白族自治州永平县水泄彝族乡	9	10		10	1
大理白族自治州云龙县苗尾傈僳族乡	8	9		9	1
大理白族自治州云龙县团结彝族乡	5	8		8	1
丽江市华坪县永兴傈僳族乡	7	8		8	1
丽江市华坪县通达傈僳族乡	5	6		6	1
丽江市华坪县新庄傈僳族傣族乡	47	8		8	1
丽江市华坪县船房傈僳族傣族乡	20	6		6	1
丽江市永胜县羊坪彝族乡	5	6		6	1
丽江市永胜县东山傈僳族彝族乡	28	6		6	1
丽江市永胜县六德傈僳族彝族乡	8	9		9	1
丽江市永胜县大安彝族纳西族乡	40	9		9	1
丽江市永胜县光华傈僳族彝族乡	8	9		9	1
丽江市永胜县松坪傈僳族彝族乡	8	9		9	1
丽江市宁蒗彝族自治县翠玉傈僳族普米族乡	6	7		7	1
丽江市古城区金江白族乡	30	5		5	1
丽江市玉龙纳西族自治县九河白族乡	11	12		12	1
丽江市玉龙纳西族自治县石头白族乡	8	5		5	1
丽江市玉龙纳西族自治县黎明傈僳族乡	37	8		8	1
保山市隆阳区瓦马彝族白族乡	31	23		23	2
保山市隆阳区瓦房彝族苗族乡	78	20		20	1
保山市隆阳区杨柳白族彝族乡	63	20		20	2
保山市隆阳区芒宽彝族傣族乡	15	15		15	1
保山市施甸县摆榔彝族布朗族乡	15	5		5	1
保山市施甸县木老元布朗族彝族乡	14	5		5	1
保山市龙陵县木城彝族傈僳族乡	5	6		6	1

村卫生室（个）	卫生人员（人）	卫生技术人员（人）	其中：执业（助理）医师（人）	乡村医生和卫生员（人）	医疗卫生机构床位数（张）	医院（张）	基层医疗卫生机构（张）	卫生院（张）
7	55	34	11	21	8		8	8
8	38	20	7	18	10		10	10
11	98	69	13	29	20		20	20
9	71	27	12	39	17		17	17
11	57	33	17	24	34		24	10
9	44	20	8	18	20		20	20
8	63	34	15	14	16		16	16
5	34	21	9	13	20		20	20
7	53	43	19	10	28		28	28
5	27	19	5	8	13		13	13
7	49	35	19	14	25		25	25
4	25	19	11	5	20		20	20
5	28	13	5	15	10		10	10
5	32	20	11	12	10		10	10
8	43	16	9	24	17		17	17
8	46	15	9	22	10		10	10
8	47	25	9	22	10		10	10
8	37	15	6	22	10		10	10
6	25	15	3	10	15		15	9
4	15	12	5	3	10		10	10
11	39	28	12	11	20		20	20
4	32	15	7	10	11		11	11
7	39	25	7	7	18		18	18
21	89	68	12	21	63		63	63
19	146	91	20	55	91		91	91
18	76	31	11	45	72		72	72
14	149	100	23	49	121		121	121
4	42	27	10	15	30		30	30
4	25	15	4	10	10		10	10
5	32	23	10	9	20		20	20

9-1(三) 续表 28

民族乡名称	村文化活动室(个)	医疗卫生机构(个)	医院(个)	基层医疗卫生机构(个)	卫生院(个)
保山市昌宁县朱街彝族乡	57	11		11	1
保山市昌宁县苟街彝族苗族乡	64	12		12	1
保山市昌宁县湾甸傣族乡	5	6		6	1
德宏傣族景颇族自治州陇川县户撒阿昌族乡	128	11		11	1
德宏傣族景颇族自治州芒市三台山德昂族乡	4	6		6	1
德宏傣族景颇族自治州梁河县曩宋阿昌族乡	66	13		13	1
德宏傣族景颇族自治州梁河县九保阿昌族乡	67	8		8	1
德宏傣族景颇族自治州盈江县苏典傈僳族乡	4	4		4	1
怒江傈僳族自治州福贡县匹河怒族乡	10	10		10	1
怒江傈僳族自治州泸水市洛本卓白族乡	9	9		9	1
迪庆藏族自治州香格里拉市三坝纳西族乡	7	8		8	1
迪庆藏族自治州德钦县霞若傈僳族乡	8	9		9	1
迪庆藏族自治州德钦县拖顶傈僳族乡	8	8		8	1
临沧市凤庆县新华彝族苗族乡	52	12		12	1
临沧市凤庆县腰街彝族乡	6	7		7	1
临沧市凤庆县郭大寨彝族白族乡	26	12		12	1
临沧市云县栗树彝族傣族乡	16	17		17	1
临沧市云县忙怀彝族布朗族乡	11	12		12	1
临沧市云县后箐彝族乡	11	12		12	1
临沧市永德县大雪山彝族拉祜族傣族乡	8	9		9	1
临沧市永德县乌木龙彝族乡	10	11		11	1
临沧市临翔区平村彝族傣族乡	42	6		6	1
临沧市临翔区南美拉祜乡	4	5		5	1
临沧市耿马傣族佤族自治县芒洪拉祜族布朗族乡	5	6		6	1
临沧市沧源佤族自治县勐角傣族彝族拉祜族乡	9	10		10	1
临沧市镇康县军赛佤族拉祜族傈僳族德昂族乡	36	7		7	1
西双版纳傣族自治州景洪市基诺山基诺族乡	46	7		7	1
西双版纳傣族自治州景洪市景哈哈尼族乡	6	12		12	1
西双版纳傣族自治州勐腊县瑶区瑶族乡	4	5		5	1
西双版纳傣族自治州勐腊县象明彝族乡	60	7		7	1

村卫生室（个）	卫生人员（人）	卫生技术人员（人）	其中：执业（助理）医师（人）	乡村医生和卫生员（人）	医疗卫生机构床位数（张）	医院（张）	基层医疗卫生机构（张）	卫生院（张）
10	48	27	8	21	30		30	30
11	96	67	21	29	87		87	87
5	74	53	9	21	50		50	50
10	60	22	11	30	32		32	32
5	30	20	11	10	10		10	10
12	61	40	19	21	33		33	33
7	74	53	32	21	37		37	37
3	25	16	7	7	16		16	16
9	56	30	6	26	20		20	20
8	51	30	6	17	20		20	20
7	72	35	12	16	22		22	22
8	38	26	12	8	25		25	25
7	42	31	12	9	35		35	35
11	58	26	12	26	18		18	18
6	45	31	13	10	11		11	11
11	57	37	15	20	27		27	27
16	50	34	16	16	40		40	40
11	45	29	7	16	46		46	46
11	44	33	17	11	40		40	40
8	62	43	12	15	30		30	30
10	75	57	4	18	40		40	40
5	24	13	7	11	11		11	11
4	27	20	9	7	10		10	10
5	26	20	7	6	18		18	18
9	59	37	7	15	20		20	20
6	31	21	13	10	40		40	40
6	83	67	10	16	30		30	30
8	85	61	33	12	50		50	50
4	54	43	7	11	20		20	20
6	39	15	3	20	18		18	18

9-1(三)　续表 29

民族乡名称	村文化活动室（个）	医疗卫生机构（个）	医院（个）	基层医疗卫生机构（个）	卫生院（个）
西双版纳傣族自治州勐海县格朗和哈尼族乡	5	7		7	1
西双版纳傣族自治州勐海县布朗山布朗族乡		8		8	1
西双版纳傣族自治州勐海县西定哈尼族乡	11	12		12	1
西藏自治区	**92**	**98**		**98**	**9**
山南市错那县麻麻门巴族乡	1	1		1	1
山南市错那县贡日门巴族乡	2	2		2	1
山南市错那县基巴门巴族乡	2	2		2	1
山南市错那县勒布区勒门巴族乡		2		2	1
林芝市巴宜区更章门巴族乡	6	7		7	1
林芝市米林县南伊珞巴乡	69	70		70	1
林芝市墨脱县达木珞巴族乡	4	5		5	1
昌都市芒康县下盐井纳西族乡	5	5		5	1
山南市隆子县斗玉洛巴乡	3	4		4	1
甘肃省	**288**	**290**	**1**	**289**	**32**
临夏回族自治州广河县阿里麻土东乡族乡	6	7		7	1
甘南藏族自治州临潭县长川回族乡	10	11		11	1
甘南藏族自治州临潭县卓洛回族乡	3	4		4	1
甘南藏族自治州卓尼县勺哇土族乡					
陇南市文县铁楼藏族乡	16	16		16	1
陇南市武都区坪垭藏族乡	1	9		9	
陇南市武都区磨坝藏族乡	8	9		9	1
陇南市宕昌县新城子藏族乡	10	11		11	1
酒泉市肃州区黄泥堡裕固族乡	3	1		1	1
酒泉市玉门市小金湾东乡族乡	5	5		5	1
白银市会宁县新添堡回族乡	13	14		14	1
庆阳市正宁县五倾源回族乡	5	6		6	1
平凉市崆峒区峡门回族乡	24	24		24	1
平凉市华亭市神峪回族乡	11	14		14	1
平凉市华亭市山寨回族乡	8	10		10	1
平凉市崆峒区白庙回族乡	9	10		10	1

村卫生室（个）	卫生人员（人）	卫生技术人员（人）	其中：执业（助理）医师（人）	乡村医生和卫生员（人）	医疗卫生机构床位数（张）	医院（张）	基层医疗卫生机构（张）	卫生院（张）
6	43	25	12	18	25		25	25
7	79	44	22	21	24		24	24
11	82	47	11	35	23		23	23
89	**274**	**215**	**91**	**49**	**177**		**28**	**24**
	11			2	6			
1	10	4	4	6	3			
1	5	1	1	3	1			
1	10	6	6	4	3			
6	17	5	5	12	5		5	5
69	164	164	65		136			
4	18	10	3	8	6		6	6
4	26	18	6	8	10		10	10
3	13	7	1	6	7		7	3
257	**782**	**491**	**200**	**245**	**681**	**69**	**518**	**497**
6	16	7	3	6	15		15	15
10	25	15	3	10	11		11	11
3	9	6	6	3	4		4	4
15	34	11	5	23	40		40	40
9	9			9	11	11		
8	22	14	14	8	10		10	10
10	24	14	4	10	12		12	12
	8	8	5		10		10	10
4	36	19	5	14	32		12	12
13	38	25	6	8	15		28	15
5	10	6	6	4	17		17	17
23	59	49	9	10	37		23	14
13	54	38	9	16	41		41	30
9	42	33	9	9	20		20	20
9	29	16	16	13	22		22	22

9-1(三) 续表 30

民族乡名称	村文化活动室（个）	医疗卫生机构（个）	医院（个）	基层医疗卫生机构（个）	卫生院（个）
平凉市崆峒区大秦回族乡	12	13		13	1
平凉市崆峒区寨河回族乡	12	13		13	1
平凉市崆峒区大寨回族乡	27	23		23	1
平凉市崆峒区西阳回族乡	13	14		14	1
平凉市崆峒区上杨回族乡	7	8		8	1
张掖市肃南裕固族自治县祁丰藏族乡	13	8		8	1
张掖市肃南裕固族自治县马蹄藏族乡	23	9		9	3
张掖市肃南裕固族自治县白银蒙古族乡	3	2		2	1
张掖市甘州区平山湖蒙古族乡	3	1		1	1
临夏回族自治州临夏县井沟东乡族乡	13	14		14	1
临夏回族自治州和政县梁家寺东乡族乡	8	10	1	9	1
临夏回族自治州临夏县安家坡东乡族乡	4	5		5	1
酒泉市瓜州县七墩回族东乡族乡	3	3		3	1
酒泉市瓜州县广至藏族乡	6	7		7	1
酒泉市瓜州县沙河回族乡	5	5		5	1
酒泉市玉门市独山子东乡族乡	4	4		4	1
青海省	**361**	**318**	**2**	**265**	**32**
西宁市大通回族土族自治县朔北藏族乡	18	21		21	2
西宁市大通回族土族自治县向化藏族乡	9	10		10	1
西宁市湟中区群加藏族乡	5	6		1	1
西宁市湟中区大才回族乡	16	17		17	1
西宁市湟中区汉东回族乡	4	4		4	
西宁市湟源县日月藏族乡	20			20	1
海东市民和回族土族自治县杏儿藏族乡	7	8		8	1
海东市乐都区下营藏族乡	10	11		11	1
海东市乐都区中坝藏族乡	14				1
海东市乐都区达拉土族乡	21	1			1
海东市互助土族自治县松多藏族乡	8	9		9	1
海东市化隆回族自治县雄先藏族乡	24	26		26	2
海东市化隆回族自治县查甫藏族乡	12	13		13	1

村卫生室（个）	卫生人员（人）	卫生技术人员（人）	其中：执业（助理）医师（人）	乡村医生和卫生员（人）	医疗卫生机构床位数（张）	医院（张）	基层医疗卫生机构（张）	卫生院（张）
12	32	20	7	12	18		18	18
12	47	41	15	6	38		38	38
22	50	28	17	2	39	1	22	1
13	9	2	2	7	15		15	15
7	25	20	3	5	12		12	7
7	16	12	8	4	46			46
6	31	21	4	6	30		30	30
1	2	2	2		4		2	2
	6	3	3	3	7		7	7
13	28	14	7	13	30	17	13	13
8	32	20	3	8	63	30	33	25
4	19	13	7	6	20	3	17	17
2	13	9	6	4	9		9	9
6	24	3	6	21	27		27	27
4	16	12	4		19		10	10
3	17	10	6	5	7	7		
364	**523**	**305**	**230**	**387**	**480**	**22**	**284**	**266**
18	67	31	18	38	65		56	9
9		11	4	9	7			7
5	11	4	1	6	8		1	2
16		22	19	32	16		16	16
4	6	4	4	2	16		16	
19		19	7	44				11
7	22	13	2	7	13	6	7	6
10	27	12	7	15	10		2	8
14	32	6	3	23	28		24	4
21			3	21				10
8	21	13	7	8	8		8	8
24	41	16	6	25	28		14	14
12	28	9	7	12	6		6	6

9-1(三) 续表 31

民族乡名称	村文化活动室（个）	医疗卫生机构（个）	医院（个）	基层医疗卫生机构（个）	卫生院（个）
海东市化隆回族自治县金源藏族乡	14	15		15	1
海东市化隆回族自治县塔加藏族乡	9	10		10	1
海东市循化撒拉族自治县道帏藏族乡	27	31			1
海东市循化撒拉族自治县尕楞藏族乡	11	12			1
海东市循化撒拉族自治县岗察藏族乡		4			
海东市循化撒拉族自治县文都藏族乡	16	16			
海东市平安区沙沟回族乡	10	11		11	1
海东市平安区巴藏沟回族乡	13	14		14	1
海东市平安区石灰窑回族乡	14	14		14	1
海东市平安区洪水泉回族乡	15	16		16	1
海东市平安区古城回族乡	14	15		15	1
海东市互助土族自治县巴扎藏族乡	8	9		9	1
海北藏族自治州门源回族自治县皇城蒙古族乡	4	5		5	1
海北藏族自治州海晏县哈勒景蒙古乡	29	10	2	6	6
海南藏族自治州贵德县新街回族乡	9	10		10	1
新疆维吾尔自治区	**260**	**289**	**4**	**285**	**46**
吐鲁番市鄯善县东巴扎回族乡	4	1		1	1
和田地区皮山县瑙阿巴提塔吉克族乡	3	3		3	1
和田地区皮山县康克尔柯尔克孜族乡	2	2		2	1
巴音郭楞蒙古自治州和硕县乌什塔拉回族乡	7	6		6	1
昌吉回族自治州奇台县大泉塔塔尔族乡	2	6		6	1
昌吉回族自治州奇台县五马场哈萨克族乡	4	5		5	1
昌吉回族自治州奇台县乔仁哈萨克族乡	2	2		2	1
昌吉回族自治州木垒哈萨克自治县大南沟乌孜别克族乡	3	3		3	1
昌吉回族自治州玛纳斯县旱卡子滩哈萨克族乡	4	4		4	1
昌吉回族自治州玛纳斯县塔西河哈萨克族乡	5	5		5	1
昌吉回族自治州玛纳斯县清水河哈萨克族乡	6	7		7	1
昌吉回族自治州阜康市三工河哈萨克族乡	3	3		3	1
昌吉回族自治州阜康市上户沟哈萨克族乡	8	9	1	8	1
昌吉回族自治州昌吉市阿什里哈萨克族乡	7	8	1	7	1

村卫生室 （个）	卫生人员 （人）	卫生技术人员 （人）	其中：执业（助理）医师 （人）	乡村医生和卫生员 （人）	医疗卫生机构床位数 （张）	医院 （张）	基层医疗卫生机构 （张）	卫生院 （张）
14	14	14	14		14		14	14
9	12	3	3	9	14		14	14
27			29		35			
11			1		19			19
3			8		7			7
16			14		30			
10	29	5	10	12	16			10
13	33	12	5	16	30		26	4
13	26	12	11	14	21		13	8
15	35	20	20	15	22		22	22
14	40	17	8	23	22		14	8
8	18	11	10	7	6			6
4	14	10	2	4				2
31	25	33		31	19	16	31	31
9	22	8	7	14	20			20
253	**1288**	**804**	**264**	**443**	**724**	**40**	**457**	**437**
	23	19	8		4		4	4
2	6	2	1	4	4		2	2
1	6	2	2	4	40		20	20
5	79	52	17	10	34		1	1
5	19	13	7	6	10		10	10
4	12	7	7	12	10		10	10
1	17		8	17	10			
2	21	3	3	4	4		4	4
3	18	16	9	2	15		15	15
4	21	17	3	3	10		10	10
6	31	24	10	7	38		38	20
2	15	15	3		10			
8	26	18	6	8	10	10	10	10
6	29	23	2	6	20	20		

9-1(三)　续表 32

民族乡名称	村文化活动室（个）	医疗卫生机构（个）	医院（个）	基层医疗卫生机构（个）	卫生院（个）
昌吉回族自治州呼图壁县石梯子哈萨克族乡	6	7		7	1
乌鲁木齐市米东区柏杨河哈萨克族乡	6	7		7	1
克孜勒苏柯尔克孜自治州阿克陶县塔尔塔吉克族乡	7	8		8	1
喀什地区塔什库尔干塔吉克自治县科克亚尔柯尔克孜族乡	2	1		1	1
喀什地区泽普县布依鲁克塔吉克族乡	4	5		5	1
喀什地区莎车县孜热普夏提塔吉克族乡	13	14		14	1
伊犁哈萨克自治州察布查尔锡伯自治县米粮泉回族乡	3				
伊犁哈萨克自治州特克斯县科克铁热克柯尔克孜族乡	7	2	1	1	1
伊犁哈萨克自治州特克斯县呼吉尔特蒙古族乡	5	1		1	1
伊犁哈萨克自治州伊宁县愉群翁回族乡	16	14		14	1
伊犁哈萨克自治州尼勒克县科克浩特浩尔蒙古族乡	10	10		10	1
伊犁哈萨克自治州霍城县伊车嘎善锡伯族乡	17	6		6	1
伊犁哈萨克自治州霍城县三宫回族乡		60		60	5
伊犁哈萨克自治州昭苏县胡松图喀尔逊蒙古族乡	8	3		3	1
伊犁哈萨克自治州昭苏县察汗乌苏蒙古族乡	7	4		4	1
伊犁哈萨克自治州昭苏县夏特柯尔克孜族乡	8	5		5	1
塔城地区塔城市阿西尔达斡尔族乡	18	20	1	19	1
塔城地区乌苏市塔布勒合特蒙古族乡	4	1		1	1
塔城地区乌苏市吉尔格勒特郭楞蒙古族乡	8	9		9	1
塔城地区额敏县额玛勒郭楞蒙古族乡	10	5		5	1
塔城地区额敏县霍吉尔特蒙古族乡	10	11		11	1
阿克苏地区乌什县雅曼苏柯尔克孜族乡	7	8		8	1
阿克苏地区温宿县博孜东柯尔克孜族乡	9	11		11	2
哈密市伊吾县前山哈萨克族乡	3	3		3	1
哈密市德外都如克哈萨克族乡	1	2		2	1
哈密市乌拉台哈萨克族乡	3	3		3	1
阿勒泰地区布尔津县禾木哈纳斯蒙古族乡	2	2		2	1
阿勒泰地区阿勒泰市汗德尕特蒙古族乡	6	3		3	1

村卫生室（个）	卫生人员（人）	卫生技术人员（人）	其中：执业（助理）医师（人）	乡村医生和卫生员（人）	医疗卫生机构床位数（张）	医院（张）	基层医疗卫生机构（张）	卫生院（张）
6	21	11	7	4	15		15	15
6	20	18	10	8	19		19	19
7	52	19	7	33	20		20	20
2	8	5	2	3	6	1	6	6
4	16	12	4	4	10			
13	70	44	20	26	50		50	50
	76	36	14	40	20		3	1
7	40	3	7	37	22		1	1
4	32	24	3	5	4		4	4
13	158	117	11	41	35		1	1
9	43	34	9	9	25		25	25
5	33	25	10	8	20		10	10
55	45	8	5	32				
2	26	15	3	6	20		20	20
3	4	4	4		35		35	35
4	32	24	6	8	25		25	25
18	38	24	6	35	9	9	9	9
	9	6	3	2	6		6	6
8	20	12	8	8	32		16	16
4	10	10	3		6			
10	21	21	7		14			
7	34	34	1	9	27			
9	31	20	5	6	41		24	24
2	33	21	2	12	10		10	10
1	17	11	4	6	6		6	6
2	24	5	5	5	9		9	9
1	21	10	7	4	10		10	10
2	31	20	5	9	9		9	9

全国少数民族发展情况

一、人　口

1-1 历次人口普查全国分民族人口

单位：人

民族	历次普查人口数						
	1953年	1964年	1982年	1990年	2000年	2010年	2020年
全国总计	**577856141**	**691220104**	**1003913927**	**1130510638**	**1242612226**	**1332810869**	**1409778724**
汉族	542824056	651296368	936674944	1039187548	1137386112	1220844520	1284446389
蒙古族	1451035	1965766	3411367	4802407	5813947	5981840	6290204
回族	3530498	4473147	7228398	8612001	9816805	10586087	11377914
藏族	2753081	2501174	3847875	4593072	5416021	6282187	7060731
维吾尔族	3610462	3996311	5963491	7207024	8399393	10069346	11774538
苗族	2490874	2782088	5021175	7383622	8940116	9426007	11067929
彝族	3227750	3380960	5453564	6578524	7762272	8714393	9830327
壮族	6864585	8386140	13383086	15555820	16178811	16926381	19568546
布依族	1237714	1348055	2119345	2548294	2971460	2870034	3576752
朝鲜族	1111275	1339569	1765204	1923361	1923842	1830929	1702479
满族	2399228	2695675	4304981	9846776	10682262	10387958	10423303
侗族	712802	836123	1426400	2508624	2960293	2879974	3495993
瑶族	665933	857265	1411967	2137033	2637421	2796003	3309341
白族	567119	706623	1132224	1598052	1858063	1933510	2091543
土家族		524755	2836814	5725049	8028133	8353912	9587732
哈尼族	481220	628727	1058806	1254800	1439673	1660932	1733166
哈萨克族	509375	491637	907546	1110758	1250458	1462588	1562518
傣族	478966	535389	839496	1025402	1158989	1261311	1329985
黎族	360950	438813	887107	1112498	1247814	1463064	1602104
傈僳族	317465	270628	481884	574589	634912	702839	762996
佤族	286158	200272	298611	351980	396610	429709	430977
畲族		234167	371965	634700	709592	708651	746385
高山族	329	366	1650	2877	4461	4009	3479
拉祜族	139060	191241	304256	411545	453705	485966	499167
水族	133566	156099	286908	347116	406902	411847	495928
东乡族	155761	147443	279523	373669	513805	621500	774947
纳西族	143453	156796	251592	277750	308839	326295	323767
景颇族	101852	57762	92976	119276	132143	147828	160471

注：1. 各年度人口均为中国大陆人口普查数，不包括现役军人。
2. 少数民族人口合计数中不包括其他未识别的民族人口和外国人加入中国籍人口数。
3. 1982年人口数未包括西藏间接调查的28601人，据有关资料计算，如包括间接调查人口数，1982年门巴族约为6248人，珞巴族约为2065人。

1-1 续表

单位：人

民　族	历次普查人口数						
	1953年	1964年	1982年	1990年	2000年	2010年	2020年
柯尔克孜族	70944	70151	113386	143537	160823	186708	204402
土族	53277	77349	159632	192568	241198	289565	281928
达斡尔族		63394	94126	121463	132394	131992	132299
仫佬族		52819	90357	160648	207352	216257	277233
羌族	35660	49105	102815	198303	306072	309576	312981
布朗族		39411	58473	82398	91882	119639	127345
撒拉族	30658	34664	69135	87546	104503	130607	165159
毛南族		22382	38159	72370	107166	101192	124092
仡佬族		26852	54164	438192	579357	550746	677521
锡伯族	19022	33438	83683	172932	188824	190481	191911
阿昌族		12032	20433	27718	33936	39555	43775
普米族		14298	24238	29721	33600	42862	45012
塔吉克族	14462	16236	26600	33223	41028	51069	50896
怒族		15047	22896	27190	28759	37524	36575
乌孜别克族	13626	7717	12213	14763	12370	10569	12742
俄罗斯族	22656	1326	2917	13500	15609	15393	16136
鄂温克族	4957	9681	19398	26379	30505	30875	34617
德昂族		7261	12297	15461	17935	20556	22354
保安族	4957	5125	9017	11683	16505	20074	24434
裕固族	3861	5717	10568	12293	13719	14378	14706
京族		4293	13108	18749	22517	28199	33112
塔塔尔族	6929	2294	4122	5064	4890	3556	3544
独龙族		3090	4633	5825	7426	6930	7310
鄂伦春族	2262	2709	4103	7004	8196	8659	9168
赫哲族		718	1489	4254	4640	5354	5373
门巴族		3809	1140	7498	8923	10561	11143
珞巴族			1066	2322	2965	3682	4237
基诺族			11962	18022	20899	23143	26025
其他未识别民族	1017299	32411	799705	752347	734438	640101	836488
外国人加入中国籍	1004	7416	4937	3498	941	1448	16595

1-2 历次人口普查少数民族人口的分布情况(一)

地　区	1953年			1964年		
	绝对数(人)	占该地区总人口的比重(%)	占全国少数民族人口的比重(%)	绝对数(人)	占该地区总人口的比重(%)	占全国少数民族人口的比重(%)
全　国	**34013782**	**5.89**	**100.00**	**39883909**	**5.77**	**100.00**
北　京	168404	6.08	0.50	283524	3.75	0.71
天　津	79857	2.96	0.23	115613	2.70	0.29
河　北	715752	1.75	2.10	621926	1.50	1.56
山　西	20316	0.14	0.06	40100	0.22	0.10
内蒙古	959336	15.73	2.82	1604756	13.00	4.02
辽　宁	1482619	8.07	4.36	1858900	6.90	4.66
吉　林	1193237	10.67	3.51	1342170	8.57	3.37
黑龙江	944328	7.98	2.78	1087045	5.40	2.73
上　海	31461	0.51	0.90	43591	0.40	0.11
江　苏	66362	0.16	0.20	83002	9.19	0.21
浙　江	30854	0.14	0.09	106411	0.38	0.27
安　徽	133801	0.45	0.39	155256	0.50	0.39
福　建	19979	0.15	0.06	147017	0.88	0.37
江　西	2001	0.01	0.01	9300	0.04	0.02
山　东	252506	0.52	0.74	294643	0.53	0.74
河　南	405715	0.93	1.19	517195	1.03	1.30
湖　北	35434	0.13	0.10	183035	0.54	0.46
湖　南	586737	1.78	1.72	1275719	3.43	3.20
广　东	430279	1.25	1.27	747181	1.75	1.87
广　西	7337944	37.51	21.57	8553300	41.03	21.45
海　南						
四　川	2022315	3.11	5.95	1728955	2.54	4.33
贵　州	3562493	23.69	10.47	4009683	23.39	10.05
云　南	5411883	31.59	15.91	6384114	31.13	16.01
西　藏	1273969	100.00	3.75	1213796	97.01	3.04
陕　西	56272	0.36	0.17	93978	0.45	0.24
甘　肃	1486775	11.71	4.37	955396	7.56	2.40
青　海	854136	50.95	20.51	829318	38.65	2.18
宁　夏				650366	30.86	1.63
新　疆	4449017	93.01	13.08	4948619	68.07	12.41

1-2 历次人口普查少数民族人口的分布情况(二)

地区	1982年			1990年		
	绝对数（人）	占该地区总人口的比重(%)	占全国少数民族人口的比重(%)	绝对数（人）	占该地区总人口的比重(%)	占全国少数民族人口的比重(%)
全国	**66434341**	**6.62**	**100.00**	**90567245**	**8.01**	**100.00**
北京	322320	3.49	0.49	413937	3.83	0.46
天津	164241	2.12	0.25	202642	2.31	0.22
河北	853275	1.61	1.28	2408876	3.94	2.66
山西	63760	0.25	0.10	82061	0.29	0.09
内蒙古	2996477	15.55	4.51	4166260	19.42	4.60
辽宁	2909615	8.15	4.38	6165508	15.62	6.81
吉林	1829555	8.11	2.75	2525212	10.24	2.79
黑龙江	1613043	4.94	2.43	1997934	5.67	2.21
上海	49748	0.42	0.07	62171	0.47	0.07
江苏	110559	0.18	0.17	153060	0.23	0.07
浙江	161546	0.42	0.24	212582	0.51	0.23
安徽	261760	0.53	0.39	324227	0.58	0.36
福建	250449	0.97	0.38	465995	1.55	0.51
江西	22052	0.07	0.03	101144	0.27	0.11
山东	407849	0.55	0.61	505694	0.60	0.56
河南	799338	1.07	1.20	1008972	1.18	1.11
湖北	1778494	3.72	2.68	2140188	3.97	2.36
湖南	2201087	4.08	3.31	4823649	7.95	5.33
广东	1057527	1.78	1.59	354625	0.56	0.39
广西	13933250	38.26	20.97	16577113	39.24	18.30
海南				1114803	17.00	1.23
四川	3660402	3.67	5.51	4889295	4.56	5.40
贵州	6675360	23.38	10.05	10504828	32.43	11.60
云南	10277069	31.57	15.47	12351834	33.41	13.64
西藏	1769935	94.97	2.66	2112168	96.18	2.33
陕西	133098	0.46	2.20	156403	0.48	0.17
甘肃	1555186	7.95	2.34	1857467	8.30	2.05
青海	1535774	39.42	2.31	1878028	42.14	2.07
宁夏	1244238	31.94	1.87	1549067	33.27	1.71
新疆	7797344	59.61	11.74	9961202	62.42	10.45

1-2 历次人口普查少数民族人口的分布情况(三)

单位：万人

地区	2000年			2010年			2020年		
	总人口	少数民族人口	占总人口比例(%)	总人口	少数民族人口	占总人口比例(%)	总人口	少数民族人口	占总人口比例(%)
全国	**124261**	**10449**	**8.41**	**133281**	**11132**	**8.35**	**140978**	**12448**	**8.83**
北京	1357	59	4.31	1961	80	4.08	2189	105	4.78
天津	985	27	2.71	1294	33	2.56	1387	44	3.17
河北	6668	290	4.35	7185	299	4.17	7461	322	4.31
山西	3247	10	0.32	3571	9	0.26	3492	12	0.35
内蒙古	2332	486	20.83	2471	506	20.46	2405	511	21.26
辽宁	4182	672	16.06	4375	664	15.19	4259	642	15.07
吉林	2680	245	9.15	2745	219	7.96	2407	209	8.67
黑龙江	3624	177	4.89	3831	137	3.59	3185	112	3.52
上海	1641	10	0.63	2302	28	1.20	2487	40	1.60
江苏	7304	26	0.35	7866	38	0.49	8475	61	0.72
浙江	4593	39	0.85	5443	121	2.21	6457	217	3.37
安徽	5900	40	0.67	5950	40	0.66	6103	43	0.71
福建	3410	58	1.71	3689	79	2.15	4154	111	2.68
江西	4040	13	0.31	4457	15	0.34	4519	21	0.47
山东	8997	63	0.70	9579	73	0.76	10153	90	0.89
河南	9124	114	1.25	9403	112	1.19	9937	115	1.16
湖北	5951	260	4.36	5724	247	4.31	5775	277	4.79
湖南	6327	641	10.13	6570	655	9.97	6644	668	10.06
广东	8523	127	1.49	10432	206	1.98	12601	474	3.76
广西	4385	1683	38.37	4602	1711	37.17	5013	1880	37.51
海南	756	131	17.38	867	143	16.44	1008	158	15.68
重庆	3051	197	6.47	2885	194	6.71	3205	217	6.76
四川	8235	412	5.00	8042	491	6.10	8367	569	6.80
贵州	3525	1263	35.82	3475	1179	33.93	3856	1335	34.61
云南	4236	1415	33.41	4597	1535	33.38	4721	1561	33.07
西藏	262	245	93.79	300	275	91.75	365	320	87.73
陕西	3537	18	0.50	3733	19	0.51	3953	22	0.56
甘肃	2512	220	8.75	2558	241	9.42	2502	266	10.62
青海	482	222	45.97	563	264	46.98	592	293	49.47
宁夏	549	190	34.56	630	221	35.15	720	259	35.95
新疆	1846	1097	59.42	2182	1299	59.52	2585	1493	57.76

1-3 2020年全国人口普查各民族分城市、镇、乡村的人口

单位：人

民族	总人口	城市人口	镇人口	乡村人口
全国总计	**1409778724**	**575170855**	**324820307**	**509787562**
汉族	1284446389	542511128	295833738	446101523
少数民族合计	124479252	32474485	28709658	63295109
少数民族占全国比重(%)	8.83	5.65	8.84	12.42
蒙古族	6290204	2006108	1829941	2454155
回族	11377914	4539546	2718526	4119842
藏族	7060731	1065697	1400971	4594063
维吾尔族	11774538	2002249	2199107	7573182
苗族	11067929	2281738	2723800	6062391
彝族	9830327	1577772	2010663	6241892
壮族	19568546	6428285	4026442	9113819
布依族	3576752	901109	913640	1762003
朝鲜族	1702479	989339	213410	499730
满族	10423303	3908758	2378244	4136301
侗族	3495993	725451	1078204	1692338
瑶族	3309341	655692	719731	1933918
白族	2091543	584188	466233	1041122
土家族	9587732	2393993	2899874	4293865
哈尼族	1733166	248503	375766	1108897
哈萨克族	1562518	213328	405927	943263
傣族	1329985	230156	328892	770937
黎族	1602104	265033	300160	1036911
傈僳族	762996	79049	188898	495049
佤族	430977	39243	98696	293038
畲族	746385	198660	175159	372566
高山族	3479	2020	826	633
拉祜族	499167	44720	83249	371198
水族	495928	90884	145284	259760
东乡族	774947	119774	138013	517160
纳西族	323767	112114	59473	152180
景颇族	160471	27456	28389	104626
柯尔克孜族	204402	20691	39596	144115

1−3　续表

单位：人

民　　族	总人口	城市人口	镇人口	乡村人口
土族	281928	62859	83033	136036
达斡尔族	132299	50745	40716	40838
仫佬族	277233	100474	83726	93033
羌族	312981	63769	95071	154141
布朗族	127345	12368	25118	89859
撒拉族	165159	35618	45814	83727
毛南族	124092	35157	34443	54492
仡佬族	677521	172210	232941	272370
锡伯族	191911	101472	29780	60659
阿昌族	43775	6969	8223	28583
普米族	45012	6707	13716	24589
塔吉克族	50896	2135	10184	38577
怒族	36575	3545	7816	25214
乌孜别克族	12742	6201	4152	2389
俄罗斯族	16136	12400	2217	1519
鄂温克族	34617	9263	13650	11704
德昂族	22354	3357	4025	14972
保安族	24434	3546	5064	15824
裕固族	14706	4570	3887	6249
京族	33112	13985	6346	12781
塔塔尔族	3544	1701	751	1092
独龙族	7310	686	2411	4213
鄂伦春族	9168	3145	3800	2223
赫哲族	5373	3205	927	1241
门巴族	11143	1302	1860	7981
珞巴族	4237	430	554	3253
基诺族	26025	5110	2319	18596
其他未识别的民族	836488	179597	273430	383461
外国人加入中国籍	16595	5645	3481	7469

1-4 2020年全国人口普查各民族3岁及以上人口的受教育状况(一)

单位：人

民　族	合　计	未上过学	学前教育	小　学	初　中
全国总计	**1368140098**	**48595937**	**53355845**	**349658733**	**487095010**
汉族	1247564630	41214914	47214747	310225809	447493408
少数民族合计	119773256	7296925	6098840	39158900	39355499
少数民族占全国比重(%)	8.75	15.02	11.43	11.20	8.08
蒙古族	6061485	167703	265851	1482660	1900875
回族	10921051	751600	529002	3407936	3280868
藏族	6735027	1554466	338601	2633530	962699
维吾尔族	11539014	309675	901738	4252498	3816240
苗族	10575558	802793	523221	3799786	3528907
彝族	9382692	881172	519229	3993174	2475854
壮族	18854018	647992	945393	5499047	7510157
布依族	3414048	272440	177261	1174992	1165678
朝鲜族	1671001	18509	41143	225441	666448
满族	10095800	178046	377155	2401071	4021325
侗族	3351259	175329	161670	1044036	1212208
瑶族	3166665	172240	174320	1111716	1075008
白族	2007596	86266	86846	615933	675541
土家族	9243956	322507	406359	2780353	3212464
哈尼族	1660698	160389	71852	733246	447530
哈萨克族	1513168	25782	85803	486640	494909
傣族	1277919	121003	55976	533706	362297
黎族	1541070	62879	70284	399822	706932
傈僳族	728268	92115	34873	338630	177350
佤族	410857	41895	17189	190167	111988
畲族	716602	35148	39533	251367	217476
高山族	3325	70	199	597	842
拉祜族	476376	61142	20263	242003	106022
水族	473453	35866	25863	173785	150007
东乡族	720886	125516	59821	350646	127452
纳西族	311635	16213	12731	84786	96776
景颇族	151668	14582	7223	57923	45970

1-4(一) 续表

单位：人

民族	合计	未上过学	学前教育	小学	初中
柯尔克孜族	198714	5272	13864	76547	50603
土族	269542	22764	13415	92726	65154
达斡尔族	127764	1862	5359	23796	44164
仫佬族	264651	9058	16113	80870	87196
羌族	301508	17928	13524	103631	80599
布朗族	120968	15676	5667	53610	29547
撒拉族	155256	24678	9451	69408	31003
毛南族	118709	3921	6773	35758	43760
仡佬族	644185	34553	34644	199793	204236
锡伯族	185452	2031	7662	32770	68011
阿昌族	41457	3171	2308	15397	12720
普米族	42752	3714	2376	14360	11221
塔吉克族	49186	999	2911	20176	11746
怒族	34145	3929	2487	13367	8670
乌孜别克族	12405	183	814	3331	3130
俄罗斯族	15580	190	760	1895	3669
鄂温克族	33177	544	1557	6578	10233
德昂族	21150	2437	1186	9732	5317
保安族	22820	2862	1929	9466	4704
裕固族	14165	461	607	4312	3225
京族	30976	972	2677	7892	9932
塔塔尔族	3444	53	167	726	756
独龙族	6865	629	411	2398	2067
鄂伦春族	8700	143	497	1388	2358
赫哲族	5121	61	283	776	1440
门巴族	10582	2884	680	2985	1242
珞巴族	3978	807	276	1545	475
基诺族	24909	1805	1043	8176	8498
其他未识别的民族	786626	82446	41601	269694	241131
外国人加入中国籍	15586	1652	657	4330	4972

1-4 2020年全国人口普查各民族3岁及以上人口的受教育状况(二)

单位：人

民族	高中	大学专科	大学本科	硕士研究生	博士研究生
全国总计	**212209922**	**112303002**	**94156072**	**9488228**	**1277349**
汉族	198724224	104803905	87633137	9034841	1219645
少数民族合计	13411649	7460585	6481403	451962	57493
少数民族占全国比重(%)	6.32	6.64	6.88	4.76	4.50
蒙古族	846113	615544	702036	71848	8855
回族	1370529	758180	745902	68302	8732
藏族	465713	432043	334922	11658	1395
维吾尔族	1156307	693918	397206	9899	1533
苗族	1015212	483596	399476	20088	2479
彝族	749177	428899	320654	13042	1491
壮族	2333390	1101580	775115	37346	3998
布依族	305044	154733	157647	5647	606
朝鲜族	388081	132255	177439	17958	3727
满族	1275240	839596	890715	100251	12401
侗族	373496	196266	178910	8363	981
瑶族	347414	154382	122730	7848	1007
白族	237517	148249	146206	9680	1358
土家族	1328716	602756	543017	42117	5667
哈尼族	130574	70874	44408	1637	188
哈萨克族	188223	133005	96269	2295	242
傣族	102919	58205	41884	1748	181
黎族	173614	75147	50742	1506	144
傈僳族	43336	24054	17251	608	51
佤族	26774	14254	8343	229	18
畲族	86526	43024	40199	2972	357
高山族	582	414	530	82	9
拉祜族	22792	13274	10343	495	42
水族	43281	21024	22822	736	69
东乡族	31220	13478	12246	467	40
纳西族	41953	30122	26934	1871	249
景颇族	13747	7544	4462	203	14

1-4(二) 续表

单位：人

民　族	高　中	大学专科	大学本科	硕士研究生	博士研究生
柯尔克孜族	23606	17789	10775	226	32
土族	27637	20874	25673	1141	158
达斡尔族	19471	15282	15844	1743	243
仫佬族	32990	19105	17999	1200	120
羌族	33325	28056	22791	1464	190
布朗族	7811	4458	3984	182	33
撒拉族	9966	4825	5699	201	25
毛南族	13627	7363	7103	366	38
仡佬族	72810	42847	52793	2275	234
锡伯族	28301	20961	22857	2497	362
阿昌族	3786	2047	1956	68	4
普米族	4478	3430	3020	138	15
塔吉克族	7117	4996	1221	20	
怒族	2410	1875	1367	38	2
乌孜别克族	1902	1438	1520	70	17
俄罗斯族	2868	2706	3148	303	41
鄂温克族	5369	4384	4113	355	44
德昂族	1404	644	418	10	2
保安族	1963	1027	844	23	2
裕固族	1802	1603	1977	158	20
京族	4536	2476	2339	144	8
塔塔尔族	550	532	590	59	11
独龙族	582	486	272	14	6
鄂伦春族	1311	1426	1417	140	20
赫哲族	746	669	977	144	25
门巴族	1013	890	860	27	1
珞巴族	278	220	371	5	1
基诺族	2500	1760	1067	55	5
其他未识别的民族	72564	37300	40376	1334	180
外国人加入中国籍	1485	1212	1156	91	31

1-5 2020年全国人口普查各民族分年龄的人口

单位：人

民 族	人口总计	0—14岁	15—59岁	60岁及以上	其中：65岁及以上
全国总计	**1409778724**	**253383938**	**892376568**	**264018218**	**190635280**
汉族	1284446389	223861511	812984979	247599899	179004076
少数民族合计	124479252	29272773	78874890	16331589	11567662
少数民族占全国比重(%)	8.83	11.55	8.84	6.19	6.07
蒙古族	6290204	1298329	4196799	795076	487119
回族	11377914	2656556	7089865	1631493	1175694
藏族	7060731	1825994	4541826	692911	496480
维吾尔族	11774538	3559228	7219091	996219	658092
苗族	11067929	2776550	6975114	1316265	992756
彝族	9830327	2629529	6200512	1000286	721843
壮族	19568546	4236247	12443237	2889062	2110080
布依族	3576752	857089	2272281	447382	328551
朝鲜族	1702479	191651	1044586	466242	308873
满族	10423303	1906147	6612181	1904975	1223018
侗族	3495993	796015	2205877	494101	370076
瑶族	3309341	878428	2027285	403628	284847
白族	2091543	417737	1374635	299171	219953
土家族	9587732	2021229	6066054	1500449	1168556
哈尼族	1733166	419752	1113104	200310	137584
哈萨克族	1562518	399383	1033951	129184	78902
傣族	1329985	279530	878410	172045	107833
黎族	1602104	370373	1064571	167160	114317
傈僳族	762996	175029	504243	83724	57452
佤族	430977	90807	291329	48841	31587
畲族	746385	177074	455176	114135	80120
高山族	3479	793	2259	427	244
拉祜族	499167	109902	332999	56266	35643
水族	495928	127258	316690	51980	38779
东乡族	774947	275930	434783	64234	48971
纳西族	323767	53803	217198	52766	39853
景颇族	160471	42308	102790	15373	9440

1-5 续表

单位：人

民 族	人口总计	0—14岁	15—59岁	60岁及以上	其中：65岁及以上
柯尔克孜族	204402	54342	132594	17466	12146
土族	281928	63883	189181	28864	19930
达斡尔族	132299	26200	89119	16980	9982
仫佬族	277233	69766	173741	33726	24722
羌族	312981	58802	206707	47472	35633
布朗族	127345	31288	83067	12990	8421
撒拉族	165159	55730	95828	13601	9944
毛南族	124092	29081	78677	16334	12024
仡佬族	677521	169302	430299	77920	60702
锡伯族	191911	36453	124338	31120	20197
阿昌族	43775	12291	27150	4334	2650
普米族	45012	10738	29714	4560	3356
塔吉克族	50896	12724	33435	4737	3131
怒族	36575	10099	22792	3684	2490
乌孜别克族	12742	3440	7871	1431	942
俄罗斯族	16136	2991	10402	2743	1728
鄂温克族	34617	7822	23769	3026	1603
德昂族	22354	6244	13898	2212	1323
保安族	24434	8668	13542	2224	1609
裕固族	14706	2684	10121	1901	1366
京族	33112	10875	18464	3773	2772
塔塔尔族	3544	774	2285	485	313
独龙族	7310	1961	4682	667	452
鄂伦春族	9168	2232	6229	707	397
赫哲族	5373	1317	3491	565	334
门巴族	11143	3035	7226	882	541
珞巴族	4237	1393	2573	271	183
基诺族	26025	5967	16849	3209	2108
其他未识别的民族	836488	245941	505266	85281	62582
外国人加入中国籍	16595	3713	11433	1449	960

二、教　　育

2-1 全国分地区少数民族教职工(2021年)(一)

单位：人

地　区	普通高等学校	成人高等学校	中等职业教育
全　国	**170865**	**1454**	**57752**
北　京	9206	170	496
天　津	2252	28	252
河　北	5714	20	2992
山　西	491		65
内蒙古	13746	114	4003
辽　宁	11832	142	3558
吉　林	7181	135	1640
黑龙江	3782	81	447
上　海	2496	16	174
江　苏	3147	60	239
浙　江	2234	12	337
安　徽	1272		126
福　建	1433	6	229
江　西	997	9	103
山　东	2515	3	346
河　南	4072	8	522
湖　北	5701	2	1403
湖　南	7619	27	4257
广　东	6042	49	869
广　西	20820	101	7943
海　南	974	14	285
重　庆	2977		1186
四　川	5166	33	1276
贵　州	14495	15	7188
云　南	12264	11	5954
西　藏	1565		1719
陕　西	2874	21	126
甘　肃	2724		1249
青　海	1793	23	982
宁　夏	2912	32	894
新　疆	10569	322	6892

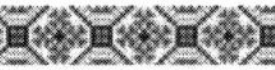

2–1 全国分地区少数民族教职工(2021年)(二)

单位：人

地　区	普通中学	特殊教育学校	小　学	幼儿园
全　国	**682450**	**7836**	**683581**	**438646**
北　京	5872	93	3960	4982
天　津	2118	35	1488	881
河　北	21779	262	20520	7814
山　西	371	7	238	102
内蒙古	42233	676	37707	20352
辽　宁	42795	539	27120	19401
吉　林	13974	217	9619	3201
黑龙江	8656	92	4601	1220
上　海	1554	22	509	535
江　苏	1942	44	1205	815
浙　江	2857	29	2363	1799
安　徽	1780	33	1602	687
福　建	2643	59	3056	1688
江　西	845	6	595	473
山　东	3887	38	2761	1974
河　南	6356	77	5352	2478
湖　北	18552	185	13571	8036
湖　南	48835	467	33728	24275
广　东	12886	203	4547	7943
广　西	102597	1313	119540	83617
海　南	5823	68	7212	6102
重　庆	14834	117	14398	8798
四　川	19481	181	33165	12654
贵　州	99151	951	98949	68204
云　南	64891	833	78182	47347
西　藏	13510	256	22325	8466
陕　西	1044	17	776	678
甘　肃	12273	75	16399	7151
青　海	16101	111	15979	10966
宁　夏	10728	120	10606	9679
新　疆	82082	710	91508	66328

2-2 全国分地区少数民族专任教师(2021年)(一)

单位：人

地　区	普通高等学校	成人高等学校	中等职业教育
全　国	**116145**	**870**	**47840**
北　京	4389	73	375
天　津	1470	19	194
河　北	4082	8	2365
山　西	346		51
内蒙古	9282	69	3739
辽　宁	7804	80	2721
吉　林	4400	94	1255
黑龙江	2549	40	389
上　海	1587	10	126
江　苏	2304	40	218
浙　江	1653	8	319
安　徽	969		120
福　建	1023	3	198
江　西	746	7	79
山　东	1966	2	303
河　南	3051	4	432
湖　北	3855	2	1199
湖　南	5502	8	3981
广　东	4209	27	734
广　西	14689	63	5989
海　南	744	8	202
重　庆	2261		1023
四　川	3677	23	1028
贵　州	10211	8	5745
云　南	8822	7	5045
西　藏	1036		1644
陕　西	1645	15	109
甘　肃	1961		872
青　海	1287	14	794
宁　夏	2147	23	742
新　疆	6478	215	5849

2-2 全国分地区少数民族专任教师(2021年)(二)

单位：人

地　区	普通中学	特殊教育学校	小　学	幼儿园
全　国	**601995**	**6801**	**612280**	**254277**
北　京	4884	81	3621	3082
天　津	1874	32	1368	547
河　北	19049	218	19363	5124
山　西	334	7	226	52
内蒙古	35095	578	31596	13494
辽　宁	37346	442	24013	11156
吉　林	12152	195	8493	1830
黑龙江	7632	84	4107	726
上　海	1413	22	471	380
江　苏	1835	38	1176	613
浙　江	2693	29	2298	1213
安　徽	1682	32	1577	486
福　建	2464	57	2971	1067
江　西	816	6	585	321
山　东	3663	34	2717	1309
河　南	5894	69	5181	1552
湖　北	16637	166	12858	4251
湖　南	46581	431	32845	12828
广　东	11489	176	4243	4981
广　西	89986	1065	108531	42712
海　南	4993	41	6401	3121
重　庆	14040	113	14127	4896
四　川	18268	164	30521	7769
贵　州	86930	844	84455	39235
云　南	59084	760	72955	28956
西　藏	13117	233	22149	7415
陕　西	947	17	726	395
甘　肃	11386	53	15806	5076
青　海	14021	74	13323	6486
宁　夏	10369	117	10475	4977
新　疆	65321	623	73102	38227

2–3 全国分地区少数民族在校学生(2021年)(一)

单位：人

地　　区	博士生（含科研机构）	硕士生（含科研机构）	普通高等学校（普通本、专科）	成人高等学校（成人本、专科）	中等职业教育
全　　国	**28225**	**164656**	**3577466**	**34255**	**1402089**
北　　京	7313	19931	72164	366	3575
天　　津	852	3681	52670	566	2930
河　　北	236	3295	100773	540	42554
山　　西	56	688	13174	15	728
内 蒙 古	615	8374	140464		42794
辽　　宁	1802	13996	214630	2608	57317
吉　　林	1792	7997	77862	2024	9147
黑 龙 江	1126	4815	66372	1608	5288
上　　海	1849	6978	42318	162	4559
江　　苏	1281	6026	98988	92	3530
浙　　江	637	2657	43580	419	11839
安　　徽	374	1572	25807	36	3062
福　　建	427	2358	48283	641	8207
江　　西	161	1276	34406	16	2487
山　　东	416	2502	57060	320	7046
河　　南	126	1623	52434	107	7818
湖　　北	1739	10090	158216	239	27294
湖　　南	1027	6352	193356	3611	90773
广　　东	1102	5392	50732	1052	20094
广　　西	445	8175	451191	6816	213556
海　　南	55	662	35362	33	29409
重　　庆	623	6552	103744	1448	31863
四　　川	1009	6112	173808	2596	81206
贵　　州	305	6831	374043	1690	145174
云　　南	642	8067	313453	520	216221
西　　藏	136	965	26252		29218
陕　　西	1081	6385	49745	3393	2403
甘　　肃	480	2868	69285	370	13901
青　　海	91	1118	42895	694	49091
宁　　夏	140	1968	65991	143	39158
新　　疆	287	5350	328408	2130	199847

2–3 全国分地区少数民族在校学生(2021年)(二)

单位：人

地　　区	普通中学	特殊教育学校	小　学	幼儿园
全　　国	**8791836**	**132793**	**13654542**	**5223593**
北　　京	56498	546	107337	52494
天　　津	29889	163	41301	13743
河　　北	266564	2293	359832	101185
山　　西	4692	31	8249	1515
内 蒙 古	339533	4146	447011	190058
辽　　宁	363500	2791	442178	140927
吉　　林	108698	755	134415	39156
黑 龙 江	80957	458	79226	13868
上　　海	21093	94	25623	10628
江　　苏	32869	174	54574	14877
浙　　江	63355	243	150911	62041
安　　徽	25135	122	38357	8933
福　　建	60580	520	104534	30772
江　　西	8538	99	14603	3997
山　　东	61593	375	93744	28736
河　　南	86528	341	116696	34094
湖　　北	186408	2484	225167	86535
湖　　南	486903	6965	686251	249416
广　　东	120350	617	261260	80324
广　　西	1366382	16323	1951302	843189
海　　南	101258	1123	153311	54657
重　　庆	181010	2544	205239	84528
四　　川	431198	6881	795013	295521
贵　　州	1238364	16916	1813335	735802
云　　南	1091021	18753	1655494	713938
西　　藏	213921	7144	358130	150610
陕　　西	9521	61	17490	6736
甘　　肃	179760	3590	335119	138687
青　　海	213603	5730	340375	140027
宁　　夏	211540	4145	296249	102814
新　　疆	1150575	26366	2342216	793785

三、文　　化

3–1 全国分地区少数民族文字出版的图书(2021年)(一)

地　区	总　计				书　籍			
	种数合计(种)	#新　出	印　数[万册(份)]	印　张(千印张)	种数合计(种)	#新　出	印　数[万册(份)]	印　张(千印张)
全国合计	**5506**	**2556**	**4096**	**412101**	**4089**	**2390**	**2278**	**270870**
中央合计	350	247	225	57918	306	230	213	55987
地　方	5156	2309	3871	354183	3783	2160	2065	214883
内蒙古	1911	604	1335	116771	1216	569	521	55456
辽　宁	174	85	38	5091	151	85	30	4546
吉　林	483	231	97	9462	327	205	60	6067
黑龙江	47	31	13	1039	47	31	13	1039
广　西	45	13	21	1128	29	13	9	564
四　川	528	235	507	66573	366	210	182	35803
贵　州	57	35	6	978	57	35	6	978
云　南	108	108	17	2149	59	59	6	1091
西　藏	350	86	315	30095	280	84	150	16394
甘　肃	233	88	152	11031	233	88	152	11025
青　海	220	64	261	21964	89	62	57	5986
新　疆	1000	729	1109	87902	929	719	879	75934

3–1 全国分地区少数民族文字出版的图书(2021年)(二)

地　区	课　本			
	种数合计(种)	#新　出	印　数[万册(份)]	种数合计(种)
全国合计	**1409**	**158**	**1816**	**141123**
中央合计	44	17	12	1931
地　方	1365	141	1804	139192
内蒙古	695	35	814	61315
辽　宁	23		8	545
吉　林	156	26	37	3395
黑龙江				
广　西	16		12	564
四　川	162	25	325	30770
贵　州				
云　南	48	48	9	957
西　藏	70	2	165	13701
甘　肃				
青　海	131	2	204	15978
新　疆	64	3	230	11967

注：本年出版少数民族文字图书的文种有：布依文、朝鲜文、德宏傣文、侗文、规范彝文、哈尼文、哈萨克文、景颇文、柯尔克孜文、拉祜文、傈僳文、满文、蒙古文、苗文、纳西文、佤文、维吾尔文、西双版纳文、锡伯文、瑶文、载佤文、藏文、壮文等23种。

3-2　全国分地区少数民族文字出版的期刊(2021年)(一)

地　区	合　计				综合类			
	种　数(种)	平均期印数[万册(份)]	总印数[万册(份)]	总印张(千印张)	种　数(种)	平均期印数[万册(份)]	总印数[万册(份)]	总印张(千印张)
总　计	**229**	**83**	**830**	**40848**	**9**	**1**	**3**	**234**
中　央	17	12	61	3465	3		2	55
地　方	212	71	769	37382	6		1	179
内蒙古	45	27	403	17411				
吉　林	14	5	62	3964				
黑龙江	2		3	206				
广　西	1	1	4	144				
四　川	6	4	18	1198				
云　南	3		2	89				
西　藏	16	9	56	2420	1		1	132
甘　肃	3	1	3	232				
青　海	13	3	16	1176				
新　疆	109	22	203	10543	5			47

3-2　全国分地区少数民族文字出版的期刊(2021年)(二)

地　区	哲学、社会科学类				自然科学、技术类			
	种　数(种)	平均期印数[万册(份)]	总印数[万册(份)]	总印张(千印张)	种　数(种)	平均期印数[万册(份)]	总印数[万册(份)]	总印张(千印张)
总　计	**77**	**60**	**679**	**30615**	**40**	**8**	**48**	**2244**
中　央	9	11	54	2852				
地　方	68	49	625	27763	40	8	48	2244
内蒙古	19	23	373	15422	8	1	8	367
吉　林	5	4	48	2822	2		1	103
黑龙江								
广　西								
四　川	3	3	12	773				
云　南								
西　藏	5	6	44	1652	3	1	5	195
甘　肃	2		1	60				
青　海	6	1	9	561	2		1	62
新　疆	28	12	138	6473	25	5	33	1517

3-2 全国分地区少数民族文字出版的期刊(2021年)(三)

地区	文化、教育类				文学、艺术类			
	种数(种)	平均期印数[万册(份)]	总印数[万册(份)]	总印张(千印张)	种数(种)	平均期印数[万册(份)]	总印数[万册(份)]	总印张(千印张)
总计	**39**	**4**	**30**	**1942**	**64**	**11**	**70**	**5813**
中央					5	1	6	558
地方	39	4	30	1942	59	10	65	5255
内蒙古	6	1	8	467	12	2	14	1155
吉林	3	1	10	602	4		3	437
黑龙江					2		3	206
广西					1	1	4	144
四川	1	1	4	350	2		1	75
云南					3		2	89
西藏	4	1	4	296	3		2	145
甘肃					1	1	2	171
青海	2		2	169	3	1	3	384
新疆	23		1	58	28	5	31	2449

3-2 全国分地区少数民族文字出版的期刊(2021年)(四)

地区	少儿读物类				画刊类			
	种数(种)	平均期印数[万册(份)]	总印数[万册(份)]	总印张(千印张)	种数(种)	平均期印数[万册(份)]	总印数[万册(份)]	总印张(千印张)
总计	**6**	**10**	**222**	**9062**	**5**	**1**	**6**	**192**
中央					3		2	55
地方	6	10	222	9062	2	1	4	137
内蒙古	2	9	212	8485				
吉林	1	1	7	456				
黑龙江	1		2	113				
广西								
四川								
云南								
西藏								
甘肃								
青海								
新疆	2		1	9	2	1	4	137

3−3 全国分地区少数民族文字出版的报纸(2021年)

地区	合计			
	种数(种)	平均期印数[万册(份)]	总印数[万册(份)]	总印张(千印张)
总计	**99**	**96**	**21677**	**242392**
中央	1	4	1435	14348
地方	98	92	20243	228044
内蒙古	12	8	1946	27612
辽宁	3	1	116	870
吉林	8	4	714	10766
黑龙江	1		63	1268
四川	1	1	25	250
云南	3	2	268	2680
西藏	8	4	212	1727
甘肃	12	20	5565	73144
青海	7	5	203	1638
新疆	43	48	11130	108090
兵团				

3-4 主要少数民族语言广播播出基本情况(2021年)

地　区	广播使用语言（种）	合计	转中央台节目	转省级台节目	转地市级台节目	制作节目播出时间
		时:分	时:分	时:分	时:分	时:分
合　计	蒙古语	**162150 : 34**	**36527 : 14**	**27796 : 14**	**15293 : 45**	**82533 : 41**
内蒙古		118522 : 56	28184 : 00	16017 : 40	11213 : 45	63107 : 31
辽　宁		4928 : 00	1825 : 00	0 : 00	0 : 00	3103 : 00
吉　林		5924 : 50	365 : 00	548 : 00	0 : 00	5011 : 50
黑龙江		5273 : 50	1095 : 00	170 : 00	3880 : 00	128 : 50
青　海		7690 : 18	602 : 14	3862 : 34	200 : 00	3025 : 30
新　疆		19811 :	4456 : 00	7198 : 00	0 : 00	8157 : 00
合　计	朝鲜语	**14920 : 10**	**8763 : 30**	**158 : 00**	**170 : 00**	**5828 : 40**
辽　宁		9099 : 00	3772 : 00	158 : 00	170 : 00	4999 : 00
吉　林		5821 : 10	4991 : 30	0 : 00	0 : 00	829 : 40
合　计	藏语	**225284 : 33**	**96057 : 27**	**72412 : 4**	**8567 : 00**	**48248 : 02**
四　川		2919 : 30	912 : 30	0 : 00	0 : 00	2007 : 00
云　南		3094 : 00	0 : 00	0 : 00	0 : 00	3094 : 00
西　藏		105116 : 44	26833 : 40	50688 : 20	8161 : 00	19433 : 44
甘　肃		5602 : 14	605 : 20	310 : 00	0 : 00	4686 : 54
青　海		108552 : 05	67705 : 57	21413 : 44	406 : 00	19026 : 24
合　计	维吾尔语	**187768 : 08**	**29948 : 50**	**47312 : 53**	**13982 : 40**	**96523 : 45**
新　疆		187768 : 08	29948 : 50	47312 : 53	13982 : 40	96523 : 45

3–5 主要少数民族语言电视播出基本情况(2021年)

地　　区	电视节目播出语种种类	合计	转中央台节目	转省级台节目	转地市级台节目	制作节目播出时间
	(种)	时:分	时:分	时:分	时:分	时:分
合　　计	蒙古语	**102137:44**	**28135:05**	**16206:40**	**8145:00**	**49650:59**
内蒙古		75116:53	21707:30	6503:30	6858:30	40047:23
辽　　宁		1334:00	189:00	151:00	0:00	994:00
吉　　林		3275:00	220:00	365:00	0:00	2690:00
黑龙江		2306:40	182:30	121:40	542:30	1460:00
青　　海		8603:56	3536:05	3032:30	200:00	1835:21
新　　疆		11501:15	2300:00	6033:00	544:00	2624:15
合　　计	朝鲜语	**9342:46**	**1533:04**	**0:00**	**0:00**	**7809:42**
吉　　林		9342:46	1533:04	0:00	0:00	7809:42
合　　计	藏语	**300741:58**	**89007:14**	**88551:16**	**61707:13**	**61476:15**
四　　川		34696:30	19198:00	2794:00	1718:00	10986:30
云　　南		3261:00	464:00	609:00	129:00	2059:00
西　　藏		145266:33	32569:09	39947:16	57300:15	15449:53
甘　　肃		12874:49	1268:50	945:00	1518:48	9142:11
青　　海		104643:06	35507:15	44256:00	1041:10	23838:41
合　　计	维吾尔语	**138132:12**	**25095:30**	**63346:37**	**7516:42**	**42173:23**
新　　疆		138132:12	25095:30	63346:37	7516:42	42173:23
合　　计	哈萨克语	**69758:44**	**7413:32**	**48878:14**	**785:00**	**12681:58**
新　　疆		69758:44	7413:32	48878:14	785:00	12681:58

四、体 育

4-1 全国少数民族传统体育运动会情况

届 次	时 间	地 点	参加代表团（个）	运动员人数（个）	比赛项目（个）	表演项目（个）
1	1953.11	天津	15	395	6	414
2	1982.9	呼和浩特	29	863	2	68
3	1986.8	乌鲁木齐	29	1097	7	115
4	1991.11	南宁	30	1740	9	120
5	1995.11	昆明	31	2342	11	129
6	1999.8—9	拉萨、北京	31	3390	14	150
7	2003.9	银川、石嘴山	34	3735	14	125
8	2007.11	广州	34	6381	15	149
9	2011.9	贵阳	34	6790	16	185
10	2015.8	鄂尔多斯	33	7000	17	140
11	2019.9	郑州	34	7009	17	102

4-2 全国分地区少数民族在队运动员和教练员(2021年)

单位：人

地区	少数民族运动员	少数民族教练员
全国	**3178**	**2630**
中央	48	17
地方	3130	2613
北京	73	38
天津	31	20
河北	90	49
山西	28	18
内蒙古	302	264
辽宁	421	172
吉林	38	135
黑龙江	51	53
上海	33	23
江苏	26	22
浙江	23	15
安徽	17	12
福建	25	25
江西	1	3
山东	23	69
河南	46	80
湖北	24	52
湖南	83	121
广东	59	61
广西	283	285
海南	126	16
四川	174	109
贵州	73	73
云南	180	283
西藏	139	36
重庆	17	21
陕西	29	37
甘肃	246	42
青海	76	52
宁夏	50	42
新疆	343	385

五、民族贸易和民族特需商品生产

5-1 全国分地区定点边销茶企业生产情况(2021年)

地区	企业数(个)	从业人员年末数(人)	#专业技术人员(人)	边销茶产量(吨)	边销茶产量占企业产品总产量的比重(%)	边销茶销售量(吨)	边销茶产值(万元)
合计	**63**	**5841**	**1264**	**76773**	**64**	**60150**	**156663**
浙江	**5**	**390**	**52**	**6516**	**92**	**6396**	**9640**
宁波赤岩峰茶业有限公司		38	10	1200	80	920	1440
新昌县江南诚茂砖茶有限公司		75	15	3098	100	3098	4021
浙江武义骆驼九龙砖茶有限公司		112	18	2201	89	2362	3147
浙江景宁慧明红实业发展有限公司		165	9	17	65	16	1032
浙江铭达茶叶有限公司							
河南	**1**	**35**	**3**	**1480**	**60**	**1320**	**2310**
信阳市四季香茶业有限公司		35	3	1480	60	1320	2310
湖北	**13**	**1284**	**232**	**20103**	**53**	**16096**	**29603**
湖北富华茶业有限公司		10	5	31	100	22	37
羊楼洞茶业股份有限公司		366	63	2630	30	1840	4208
湖北省赵李桥茶厂有限责任公司		288	38	5450	76	4985	8350
咸宁生甡川茶厂有限公司		20	5	50	15	30	250
鑫鼎生物科技有限公司		130	16	3400	45	2000	4930
宜都市安明有机富锌茶业有限公司		47	35		15	75	420
湖北力沃茶业股份有限公司		66	6	2490	93	2057	3811
湖北省洞庄茶业有限公司		119	27	2400	60	2620	2600
湖北赤壁赵李桥茶业有限公司		78	15	1002	42	737	1251
咸宁市三山川茶业股份有限公司		50	8	850	60	110	1318
湖北省赤壁市思庄茶业股份有限公司		46	4	1200	90	1200	1800
咸宁市柏庄茶业有限公司		29	5	200	10	100	260
湖北一盅春茶业科技有限公司		35	5	400	60	320	368
湖南	**19**	**1828**	**456**	**12795**	**51**	**10216**	**19762**
安化怡清源茶业有限公司		70	10	180	40	180	190
湖南紫艺茶业有限公司		75	12	98	63	75	93
益阳茶厂有限公司		296	56	4402	84	4094	6692
湖南省白沙溪茶厂有限责任公司		204	154	922	61	231	5515
中茶湖南安化第一茶厂有限公司		215	48	82	11	69	543
湖南益阳香炉山茶业有限公司		65	15				
临湘市茶业有限责任公司		32	12	2100	100	1000	1000
湖南省临湘永巨茶业有限公司		45	15	485	90	456	547
临湘市明伦茶业有限公司		201	36	2340	27	2245	2647
湖南浩茗茶业食品有限公司		60	10	344	19	242	294
湖南阿香茶果食品有限公司		72	18	21	10	21	25
岳阳三湘茶业有限公司		45	6	1200	100	1000	1160
湖南官庄干发茶业有限公司		87	13	303	17	287	494

5-1 续表 1

地　　区	企业数（个）	从业人员年末数（人）	#专　业技术人员（人）	边　销茶产量（吨）	边销茶产量占企业产品总产量的比重(%)	边销茶销售量（吨）	边销茶产　值（万元）
沅陵县天湖茶业开发有限公司		15	3				
会同瑞春茶业有限公司		165	17	20	30	18	200
湖南省高马二溪茶业有限公司		62	16	17	10	18	103
湖南金湘叶茶业股份有限公司		32	8				
安化连心岭茶业有限公司		55	5	280	45	280	260
城步白云湖生态农业发展有限责任公司		32	2				
广　西	**6**	**744**	**117**	**1071**	**40**	**2437**	**10738**
广西梧州茂圣茶叶有限公司		108	49	319	38	226	4338
广西壮族自治区梧州茶厂		298	27	1670	100	1499	54288
广西梧州圣源茶叶有限公司		32	7	41	10	41	220
广西顺来茶业有限公司		113	10	300	48	280	4200
广西南山白毛茶茶业有限公司		128	13	342	37	296	4263
广西金花茶叶有限公司		65	11	110	35	95	2200
四　川	**11**	**799**	**230**	**21267**	**88**	**17556**	**48371**
四川省茶业集团股份有限公司		226	33	7991	90	7905	23464
雅安茶厂股份有限公司		76	22	1869	91	1701	4098
四川吉祥茶业有限公司		40	28	1463	68	863	4680
雅安市友谊茶叶有限公司		110	23	2084	93	1938	2501
雅安市蔡龙茶厂		85	35	610	93	310	1464
雅安市和龙茶业有限公司		45	26	500	93	330	2500
雅安周公山茶业有限公司		36	18	330	72	284	1594
名山区西藏朗赛茶厂		60	10	3370	100	1800	3200
雅安义兴藏茶有限公司		20	5	700	65	225	2520
绵阳平武雪宝顶茶业(集团)有限责任公司		58	10	950	70	900	750
四川省洪雅县松潘民族茶厂		43	20	1400	100	1300	1600
贵　州	**5**	**190**	**74**	**5184**	**77**	**3541**	**9253**
贵州黔韵福生态茶业有限公司		25	3	850	75	65	350
都匀市高寨水库茶场有限公司		56	25	33	11	5	21
贵州都云毛尖茶叶有限公司		19	3	1	1	1	1
镇宁自治县金瀑农产品开发有限责任公司		28	7	1200	90	610	5600
贵州梵锦茶业有限公司		62	36	3100	80	2860	3280
云　南	**2**	**357**	**72**	**7760**	**62**	**2110**	**18960**
云南下关沱茶(集团)股份有限公司		266	52	1560	74	910	5960
临沧天下茶都茶业集团有限公司		91	20	6200	60	1200	13000
陕　西	**1**	**214**	**28**	**596**	**100**	**479**	**8026**
咸阳泾渭茯茶有限公司		214	28	596	100	479	8026

5-1 续表 2

地　区	边销茶产值占企业产品总产值的比重(%)	边销茶销售收入（万元）	边销茶销售利润（万元）	全年流动资金贷款额（万元）	享受流动资金贷款利率优惠额（万元）	减　免增值税（万元）
合　计	**41**	**162200**	**21316**	**134802**	**2237**	**3679**
浙　江	**79**	**9651**	**182**	**9538**	**181**	**393**
宁波赤岩峰茶业有限公司	80	1104	31	1950	56	38
新昌县江南诚茂砖茶有限公司	100	4021	199	2568	49	241
浙江武义骆驼九龙砖茶有限公司	68	3590	-103	3720	75	86
浙江景宁慧明红实业发展有限公司	57	936	55	1300		28
浙江铭达茶叶有限公司						
河　南	**58**	**2530**	**125**	**1450**		
信阳市四季香茶业有限公司	58	2530	125	1450		
湖　北	**33**	**23047**	**992**	**36994**	**841**	**1481**
湖北富华茶业有限公司	100	27	6			1
羊楼洞茶业股份有限公司	10	3165	199	13600		44
湖北省赵李桥茶厂有限责任公司	76	7303	77	3850	66	204
咸宁生甡川茶厂有限公司	13	150	15			7
鑫鼎生物科技有限公司	35	3000	30	8700	121	345
宜都市安明有机富锌茶业有限公司	16	380	40	500	500	
湖北力沃茶业股份有限公司	89	3210	193	1271	37	417
湖北省洞庄茶业有限公司	65	2750	96	5000	47	316
湖北赤壁赵李桥茶业有限公司	35	872	50	1475	37	71
咸宁市三山川茶业股份有限公司	70	350	32	200	6	11
湖北省赤壁市思庄茶业股份有限公司	80	1400	210	2168	23	11
咸宁市柏庄茶业有限公司	10	130	20			15
湖北一盅春茶业科技有限公司	60	310	25	230	4	40
湖　南	**38**	**14322**	**-180**	**30936**	**737**	**515**
安化怡清源茶业有限公司	10	190	1	1000	21	
湖南紫艺茶业有限公司	42	94	22	360	8	
益阳茶厂有限公司	51	6223	-498	8500	218	187
湖南省白沙溪茶厂有限责任公司	46	1382	41	10000	220	78
中茶湖南安化第一茶厂有限公司	11	165	-51	500	11	8
湖南益阳香炉山茶业有限公司						
临湘市茶业有限责任公司	100	1000	80	46	46	30
湖南省临湘永巨茶业有限公司	88	570	34	400	7	17
临湘市明伦茶业有限公司	28	2440	100	1100	30	50
湖南浩茗茶业食品有限公司	18	232	20	980	28	30
湖南阿香茶果食品有限公司	5	25	-1	2390	70	
岳阳三湘茶业有限公司	100	990	30	90	3	114
湖南官庄干发茶业有限公司	19	468	17	1770	49	

5-1　续表 3

地　　区	边销茶产值占企业产品总产值的比重(%)	边销茶销售收入(万元)	边销茶销售利润(万元)	全年流动资金贷款额(万元)	享受流动资金贷款利率优惠额(万元)	减　免增值税(万元)
沅陵县天湖茶业开发有限公司						
会同瑞春茶业有限公司	20	180	20	180	4	
湖南省高马二溪茶业有限公司	10	103	4	900	22	
湖南金湘叶茶业股份有限公司				2520		
安化连心岭茶业有限公司	40	260		200		
城步白云湖生态农业发展有限责任公司						
广　西	**25**	**53247**	**17240**	**10014**	**14**	
广西梧州茂圣茶叶有限公司	16	2876	220	4915	14	
广西壮族自治区梧州茶厂	100	42249	16317			
广西梧州圣源茶叶有限公司	10	254	21	2128		
广西顺来茶业有限公司	47	3655	116			
广西南山白毛茶茶业有限公司	30	3513	461	2076		
广西金花茶叶有限公司	35	700	105	895		
四　川	**46**	**38664**	**1914**	**29490**	**228**	**900**
四川省茶业集团股份有限公司	33	22626	1244	16000		
雅安茶厂股份有限公司	92	1205	38	3250	36	157
四川吉祥茶业有限公司	60	2760	96	6130	177	110
雅安市友谊茶叶有限公司	91	2519	64	510	6	289
雅安市蔡龙茶厂	91	1395	63	150		5
雅安市和龙茶业有限公司	90	1585	127	600		56
雅安周公山茶业有限公司	51	1364	68	460		177
名山区西藏朗赛茶厂	100	2500	52			
雅安义兴藏茶有限公司	60	810	32	300		41
绵阳平武雪宝顶茶业(集团)有限责任公司	45	700	35	1740		65
四川省洪雅县松潘民族茶厂	100	1200	95	350	10	
贵　州	**75**	**7822**	**567**	**680**		**371**
贵州黔韵福生态茶业有限公司	65	380	160			
都匀市高寨水库茶场有限公司	10	17	5	350		
贵州都云毛尖茶叶有限公司	1	1		30		
镇宁自治县金瀑农产品开发有限责任公司	92	4564	127	300		
贵州梵锦茶业有限公司	60	2860	275			371
云　南	**31**	**7251**	**138**	**9700**	**150**	**19**
云南下关沱茶(集团)股份有限公司	18	4251	68	8700	142	19
临沧天下茶都茶业集团有限公司	45	3000	70	1000	8	
陕　西	**100**	**5666**	**336**	**6000**	**86**	
咸阳泾渭茯茶有限公司	100	5666	336	6000	86	

六、其　他

6–1 历届中国共产党全国代表大会少数民族中央委员、候补中央委员人数

届　次	时　间	地　点	代表总数	#少数民族代表	中央委员、中央候补委员总数	#少数民族中央委员、中央候补委员人数
第一届	1921.7.23—31	上 海	12	1		
第二届	1922.7.16—23	上 海	12	1	5	
第三届	1923.6.12—20	广 州	30余人		14	
第四届	1925.1.11—22	上 海	20		14	
第五届	1927.4.27—5.9	武 汉	80	1	45	
第六届	1928.6.18—7.11	莫斯科	118		36	1
第七届	1945.4.23—6.11	延 安	755		77	2
第八届	1956.9.15—27	北 京	1133		170	10
第九届	1969.4.1—24	北 京	1512		279	
第十届	1973.8.24—28	北 京	1249		319	15
第十一届	1977.8.12—18	北 京	1510		333	16
第十二届	1982.9.1—11	北 京	1749	104	348	31
第十三届	1987.10.25—11.1	北 京	1936		285	32
第十四届	1992.10.12—18	北 京	1989	198	319	32
第十五届	1997.9.12—18	北 京	2048	219	344	38
第十六届	2002.11.8—14	北 京	2114	230	356	35
第十七届	2007.10.15—21	北 京	2213	242	371	40
第十八届	2012.11.8—14	北 京	2270	249	376	39
第十九届	2017.10.18—24	北 京	2280	264	376	38
第二十届	2022.10.16—22	北 京	2296	264	376	29

6–2 历届全国人民代表大会少数民族代表人数

届 次	时 间	代表总数	#少数民族代表数	少数民族代表比例(%)	少数民族(个)
第一届	1954年	1226	178	14.50	30
第二届	1959年	1226	179	14.60	30
第三届	1964年	3040	372	12.20	53
第四届	1975年	2885	270	9.40	54
第五届	1978年	3497	381	10.90	54
第六届	1983年	2978	403	13.60	55
第七届	1988年	2970	445	14.90	55
第八届	1993年	2898	554	18.60	55
第九届	1998年	2979	428	14.37	55
第十届	2003年	2985	415	13.90	55
第十一届	2008年	2987	411	13.76	55
第十二届	2013年	2987	409	13.69	55
第十三届	2018年	2980	438	14.70	55

6–3 历届中国人民政治协商会议全国委员会少数民族委员人数

届 次	时 间	委员总数	#少数民族委员数	少数民族委员比例(%)	少数民族(个)
第一届	1949年	198	19	9.60	10
第二届	1954年	753	61	8.10	16
第三届	1959年	1071	78	7.29	19
第四届	1965年	1199	81	6.76	20
第五届	1978年	2268	147	6.49	31
第六届	1983年	2228	185	8.31	37
第七届	1988年	2180	222	10.19	45
第八届	1993年	2172	101	4.65	55
第九届	1998年	2196	259	11.80	55
第十届	2003年	2238	262	11.70	55
第十一届	2008年	2237	250	11.18	55
第十二届	2013年	2237	258	11.53	55
第十三届	2018年	2158	245	11.35	55

6-4 国务院历次全国民族团结进步表彰情况(一)

单位：个，人

地区	1988年第一次表彰			1994年第二次表彰			1999年第三次表彰		
	集体	个人	#女	集体	个人	#女	集体	个人	#女
合计	**565**	**601**	**106**	**642**	**613**	**106**	**626**	**628**	**118**
北京	12	5	2	12	9	2	12	10	1
天津	9	5	1	8	8	1	10	10	4
河北	11	14	3	15	13	1	16	15	3
山西	3	4	1	4	5		5	8	2
内蒙古	34	34	8	29	33	5	30	31	5
辽宁	26	16	4	25	22	4	24	24	4
吉林	15	26	4	18	22	3	19	23	5
黑龙江	18	12	2	16	16	2	13	19	1
上海	8	6	2	11	7	1	12	7	4
江苏	5	7	1	7	7	1	7	8	
浙江	7	5	2	7	6	2	7	6	1
安徽	5	5		6	8	1	6	7	1
福建	8	4	1	11	6	1	8	6	1
江西	4	3	1	4	3	1	7	4	
山东	10	9	2	11	12	1	11	13	4
河南	15	7		10	13	2	12	11	1
湖北	13	15	5	19	14	3	17	17	4
湖南	25	16	3	22	20	1	24	19	5
广东	4	8		8	7	2	9	6	
广西	46	39	6	41	41	10	41	39	10
海南	11	9	2	12	10	1	12	11	3
重庆							15	11	3
四川	18	37	5	29	30	4	20	20	3
贵州	33	29	7	33	23	8	31	29	9
云南	45	39	3	47	30	7	35	44	6
西藏	10	38	9	19	21	5	21	21	7
陕西	3	7	1	7	5	1	7	6	1
甘肃	18	24	1	22	19	3	23	17	4
青海	26	16	5	17	16	2	14	20	3
宁夏	17	25	4	17	17	2	15	22	6
新疆	24	61	15	40	45	10	44	57	8
其他	82	76	6	115	125	19	99	87	9

6-4 国务院历次全国民族团结进步表彰情况(二)

地区	2005年第四次表彰			2009年第五次表彰			2014年第六次表彰			2019年第七次表彰		
	集体	个人	#女	集体	个人	#女	集体	个人	#女	集体	个人	#女
合计	**642**	**676**	**135**	**739**	**749**	**161**	**678**	**818**	**195**	**665**	**812**	**231**
北京	12	10	3	15	13	5	14	15	5	14	16	7
天津	9	10	4	10	11	6	9	12	4	9	11	5
河北	17	18	2	19	19	4	17	22	5	15	20	8
山西	5	7	2	7	8	2	6	8		6	7	
内蒙古	32	31	4	32	34	4	31	38	8	27	33	11
辽宁	22	23	5	25	24	4	25	26	9	23	25	9
吉林	19	23	5	20	22	3	19	24	8	21	25	8
黑龙江	17	15	2	17	18	2	15	20	8	16	19	8
上海	13	7	3	16	7	3	13	10	4	10	13	3
江苏	10	8	2	11	10	6	11	11	1	11	15	5
浙江	8	8	1	9	10	4	8	13	4	13	19	3
安徽	7	8	3	9	9	2	8	9		9	13	5
福建	8	10	1	10	11	1	9	14	2	12	12	4
江西	8	4	2	8	7	3	7	8	3	6	11	3
山东	13	11	2	14	13	2	13	15	3	11	14	3
河南	13	12	3	17	12	3	14	16	3	18	20	4
湖北	17	18	2	19	19	6	17	20	5	17	23	7
湖南	24	22	4	28	25	4	25	30	4	23	28	8
广东	11	11	1	15	11	2	17	19	3	17	21	6
广西	42	42	11	44	44	11	40	49	23	34	39	17
海南	11	12	2	13	13	3	12	15	4	12	14	6
重庆	16	13	2	16	15	5	14	17	5	14	16	6
四川	23	23	3	29	27	4	26	34	5	24	30	4
贵州	33	32	5	35	34	11	32	38	15	27	34	15
云南	39	40	8	39	40	7	37	44	12	39	42	10
西藏	21	21	9	24	28	5	22	31	9	24	30	9
陕西	6	6		8	8	3	8	7	1	7	9	3
甘肃	21	21	4	24	21	3	19	26	2	20	28	7
青海	17	18	3	18	20	3	17	21	3	23	28	8
宁夏	18	19	6	21	21	7	18	24	7	18	21	6
新疆	40	52	13	40	53	16	37	51	14	34	43	13
其他	90	121	18	127	142	17	118	131	16	111	133	20

主要统计指标解释

普通高等学校 指通过国家普通高等教育招生考试，招收高中毕业生为主要培养对象，实施高等学历教育的全日制大学、独立设置的学院、独立学院和高等专科学校、高等职业学校及其他机构。

大学、独立设置的学院主要实施本科及本科层次以上的教育。独立学院主要实施本科层次的教育。高等专科学校、高等职业学校实施专科层次的教育。其他机构是指承担国家普通招生计划任务不计校数的机构，包括普通高等学校分校、大专班等。

成人高等学校 指通过国家成人高等教育招生考试，招收具有高中毕业或同等学力的人员为主要培养对象，利用函授、业余、脱产等多种形式，对其实施高等学历教育的学校。包括：职工高等学校、农民高等学校、管理干部学院、教育学院、独立函授学院、广播电视大学、其他机构。其他机构是指承担国家成人招生计划任务不计校数的机构。

其他资料

其他资料一　全国行政区划（2021年底）

单位：个

省级区划名称	地级区划数	地级市	地区	自治州	盟	县级区划数	市辖区
全　国	**333**	**293**	**7**	**30**	**3**	**2843**	**977**
北京市						16	16
天津市						16	16
河北省	11	11				167	49
山西省	11	11				117	26
内蒙古自治区	12	9			3	103	23
辽宁省	14	14				100	59
吉林省	9	8		1		60	21
黑龙江省	13	12	1			121	54
上海市						16	16
江苏省	13	13				95	55
浙江省	11	11				90	37
安徽省	16	16				104	45
福建省	9	9				84	31
江西省	11	11				100	27
山东省	16	16				136	58
河南省	17	17				157	54
湖北省	13	12		1		103	39
湖南省	14	13		1		122	36
广东省	21	21				122	65
广西壮族自治区	14	14				111	41
海南省	4	4				25	10
重庆市						38	26
四川省	21	18		3		183	55
贵州省	9	6		3		88	16
云南省	16	8		8		129	17
西藏自治区	7	6	1			74	8
陕西省	10	10				107	31
甘肃省	14	12		2		86	17
青海省	8	2		6		44	7
宁夏回族自治区	5	5				22	9
新疆维吾尔自治区	14	4	5	5		107	13

注：1.数据统计不含香港特别行政区、澳门特别行政区和台湾省。
　　2.县级总数包含湖北1个林区、贵州1个特区。
　　3.乡镇级总数包含河北省、新疆维吾尔自治区的各一个区公所。

县级市	县(旗)	自治县(自治旗)	乡镇级区划数	街道	镇	乡(苏木)	其中：民族乡(民族苏木)
394	**1350**	**120**	**38558**	**8925**	**21322**	**8309**	**962**
			343	165	143	35	5
			252	124	125	3	1
21	91	6	2254	310	1287	656	42
11	80		1278	217	631	430	
11	66	3	1025	246	509	270	18
16	17	8	1354	513	640	201	54
20	16	3	958	351	426	181	28
21	45	1	1316	415	565	336	52
			215	107	106	2	
21	19		1237	519	699	19	1
20	32	1	1364	488	618	258	14
9	50		1512	276	997	239	9
11	42		1102	195	655	252	19
12	61		1570	174	834	562	8
26	52		1825	696	1072	57	
21	82		2457	673	1178	606	12
26	35	2	1255	333	761	161	10
19	60	7	1943	421	1133	389	83
20	34	3	1609	486	1112	11	7
10	48	12	1253	135	806	312	59
5	4	6	218	22	175	21	
	8	4	1031	245	625	161	14
19	105	4	3101	459	2016	626	83
10	50	11	1509	364	831	314	192
18	65	29	1418	214	665	539	140
	66		699	23	142	534	9
7	69		1316	326	973	17	
5	57	7	1356	127	892	337	32
5	25	7	404	42	140	222	28
2	11		242	49	103	90	
28	60	6	1142	210	463	468	42

其他资料二　全国国民经济和社会发展总量与速度指标

指　　标	总量指标			
	1978年	2000年	2020年	2021年
人口(万人)				
总人口(年末)	96259	126743	141212	141260
城镇人口	17245	45906	90220	91425
乡村人口	79014	80837	50992	49835
就业(万人)				
就业人员	40152	72085	75064	74652
第一产业	28318	36043	17715	17072
第二产业	6945	16219	21543	21712
第三产业	4890	19823	35806	35868
城镇登记失业人员	530	595	1160	1040
国民经济核算				
国民总收入(亿元)	3678.7	99066.1	1005451.3	1133239.8
国内生产总值(亿元)	3678.7	100280.1	1013567.0	1143669.7
第一产业	1018.5	14717.4	78030.9	83085.5
第二产业	1755.1	45663.7	383562.4	450904.5
第三产业	905.1	39899.1	551973.7	609679.7
人均国民总收入(元)	384.7	7845.9	71253.0	80237.3
人均国内生产总值(元)	384.7	7942.1	71828.1	80975.8
人民生活				
全国居民人均可支配收入(元)	171	3721	32189	35128
城镇居民人均可支配收入(元)	343	6256	43834	47412
农村居民人均可支配收入(元)	134	2282	17131	18931
财政(亿元)				
一般公共预算收入	1132.3	13395.2	182913.9	202554.6
一般公共预算支出	1122.1	15886.5	245679.0	245673.0
能源(万吨标准煤)				
一次能源生产总量	62770.0	138569.7	407295.2	433000.0
能源消费总量	57144.0	146964.0	498314.1	524000.0
固定资产投资				
全社会固定资产投资(亿元)		32917.7	527270.3	552884.2
#房地产开发		4984.1	141442.9	147602.1
对外经济贸易				
货物进出口总额(亿元)	355.0	39273.3	322215.2	390921.7
出口额	167.7	20634.4	179278.8	217287.4
进口额	187.4	18638.8	142936.4	173634.3
外商直接投资(亿美元)		407.2	1443.7	1734.8

指数(%)（2021年为以下各年）			平均增长速度（%）	
1978年	2000年	2020年	1979—2021年	2001—2021年
146.7	111.5	100.0	0.9	0.5
530.2	199.2	101.3	4.0	3.3
63.1	61.6	97.7	-1.1	-2.3
185.9	103.6	99.5	1.5	0.2
60.3	47.4	96.4	-1.2	-3.5
312.6	133.9	100.8	2.7	1.4
733.5	180.9	100.2	4.7	2.9
196.2	174.8	89.7	1.6	2.7
4296.9	572.2	108.0	9.1	8.7
4336.5	570.4	108.1	9.2	8.6
632.7	229.7	107.1	4.4	4.0
6496.3	605.7	108.2	10.2	9.0
6277.5	654.8	108.2	10.1	9.4
2909.0	511.5	107.9	8.2	8.1
2935.8	510.0	108.0	8.2	8.1
2959.7	591.1	108.1	8.2	8.8
1851.6	484.4	107.1	7.0	7.8
2352.9	480.6	109.7	7.6	7.8
17268.2	1460.2	110.7	12.7	13.6
21141.0	1497.9	100.0	13.3	13.8
689.8	312.5	106.2	4.6	5.6
917	356.5	105.2	5.3	6.3
	1679.6	104.9		16.7
	2961.5	104.4		20.2
110118.8	995.4	121.3	17.7	11.6
129607.7	1053.0	121.2	18.1	11.9
92659.3	931.6	121.5	17.2	11.2
	426.1	120.2		7.1

其他资料二　续表 1

指　　标	总量指标			
	1978年	2000年	2020年	2021年
农业				
农林牧渔业总产值(亿元)	1397.0	24915.8	137782.2	147013.4
主要农产品产量(万吨)				
谷　物		40522.4	61674.3	63275.7
棉　花	216.7	441.7	591.0	573.1
油　料	521.8	2954.8	3586.4	3613.2
肉　类	943.0	6013.9	7748.4	8990.0
水产品	465.4	3706.2	6549.0	6690.3
工业				
主要工业产量				
原　煤(亿吨)	6.2	13.8	39.0	41.3
天然气(亿立方米)	137.3	272.0	1925.0	2075.8
水　泥(万吨)	6524.0	59700.0	239470.8	237724.5
粗　钢(万吨)	3178.0	12850.0	106476.7	103524.3
钢　材(万吨)	2208.0	13146.0	132489.2	133666.8
金属切削机床(万台)	18.3	17.7	43.9	60.2
汽　车(万辆)	14.9	207.0	2532.5	2625.7
发电机组(万千瓦)	483.8	1249.0	13384.5	15976.4
发电量(亿千瓦小时)	2565.5	13556.0	77790.6	85342.5
规模以上工业企业				
主要指标(亿元)				
资产总计		126211	1303499	1466716
营业收入		84152	1083658	1314557
利润总额		4393	68465	92933
建筑业				
建筑业总产值(亿元)		12498	263947	293078
房地产业				
房地产企业房屋施工面积(万平方米)		65897	926759	975387
房地产企业房屋竣工面积(万平方米)		25105	91218	101412
房地产企业商品房销售面积(万平方米)		18637	176086	179433
#住宅		16570	154878	156532
房地产企业商品房销售额(亿元)		3935	173613	181930
#住宅		3229	154567	162730

指数(%)（2021年为以下各年）			平均增长速度(%)	
1978年	2000年	2020年	1979—2021年	2001—2021年
1008.2	257.5	107.9	5.5	4.6
	156.2	102.6		2.1
264.5	129.7	97.0	2.3	1.2
692.5	122.3	100.7	4.6	1.0
953.3	149.5	116.0	5.4	1.9
1437.5	180.5	102.2	6.4	2.9
667.6	298.1	105.7	4.5	5.3
1511.9	763.2	107.8	6.5	10.2
3643.8	398.2	99.3	8.7	6.8
3257.5	805.6	97.2	8.4	10.4
6053.8	1016.8	100.9	10.0	11.7
329.0	340.1	137.1	2.8	6.0
17622.1	1268.5	103.7	12.8	12.9
3302.3	1279.1	119.4	8.5	12.9
3326.5	629.6	109.7	8.5	9.2
	2345.1	111.0		16.2
	1480.2	105.2		13.7
	404.0	111.2		6.9
	962.8	101.9		11.4
	944.7	101.1		11.3
	4622.9	104.8		20.0
	5040.3	105.3		20.5

其他资料二　续表 2

指　　标	总量指标			
	1978年	2000年	2020年	2021年
批发、零售和旅游业				
社会消费品零售总额(亿元)	1558.6	38447.1	391980.6	440823.2
入境旅客(万人次)	180.9	8344.4		
#外国人(万人次)	23.0	1016.0		
国内旅客(百万人次)		744.0	2879.0	3246.1
国内旅游总花费(亿元)		3175.5	22286.3	29190.7
交通运输业				
客运量(万人)	253993.0	1478572.5	966539.7	830256.6
铁　路	81491.0	105072.5	220349.9	261170.6
公　路	149229.0	1347392.0	689425.0	508693.3
水　路	23042.0	19386.0	14987.0	16337.1
民　航	231.0	6721.7	41777.8	44055.7
货运量(万吨)	319431.4	1358681.7	4725861.9	5298499.1
铁　路	110119.0	178581.0	455236.2	477371.6
公　路	151602.0	1038813.0	3426412.7	3913888.5
水　路	47357.0	122391.0	761629.6	823972.8
民　航	6.4	196.7	676.6	731.8
管　道	10347.0	18700.0	81906.7	82534.4
沿海规模以上港口货物吞吐量(万吨)		125603.0	948002.2	997259.0
民用汽车拥有量(万辆)	135.8	1608.9	27340.9	29418.6
#私人汽车		625.3	24291.2	26152.0
邮政、电信和信息软件业				
邮政业务总量(亿元)	14.9	232.8	21053.2	13698.3
电信业务总量(亿元)	19.2	4559.9	136763.3	17197.5
移动电话年末用户(万户)		8453.3	159407.0	164282.5
固定电话年末用户(万户)	192.5	14482.9	18190.8	18070.1
互联网宽带接入用户(万户)			48355.0	53578.7
软件业务收入(亿元)			81585.9	95502.0
金融业				
社会融资规模存量(万亿元)			284.8	314.1
货币和准货币(M2)(万亿元)		13.5	218.7	238.3
货币(M1)(万亿元)		5.3	62.6	64.7
流通中现金(M0)(万亿元)		1.5	8.4	9.1
金融机构人民币各项存款余额(万亿元)	0.1	12.4	212.6	232.3
金融机构人民币各项贷款余额(万亿元)	0.2	9.9	172.7	192.7

指数(%)（2021年为以下各年）			平均增长速度(%)	
1978年	2000年	2020年	1979—2021年	2001—2021年
28283.3	1146.6	112.5	14.0	12.3
	436.3	112.8		7.3
	919.2	131.0		11.1
326.9	56.2	85.9	2.8	-2.7
320.5	248.6	118.5	2.7	4.4
340.9	37.8	73.8	2.9	-4.5
70.9	84.3	109.0	-0.8	-0.8
19071.8	655.4	105.5	13.0	9.4
1658.7	390.0	112.1	6.7	6.7
433.5	267.3	104.9	3.5	4.8
2581.7	376.8	114.2	7.9	6.5
1739.9	673.2	108.2	6.9	9.5
11435.0	372.0	108.2	11.7	6.5
797.7	441.4	100.8	4.9	7.3
	794.0	105.2		10.4
21656.8	1828.5	107.6	13.3	14.8
	4182.1	107.7		19.5
	1943.4	103.1		15.2
9384.9	124.8	99.3	11.1	1.1
		110.8		
		117.1		
		110.3		
	1687.8	109.0		14.4
	1200.5	103.5		12.6
	620.5	107.7		9.1
190010.6	1782.8	109.3	19.2	14.7
125864.7	2082.5	111.6	18.1	15.6

其他资料二　续表 3

指　　标	总量指标			
	1978年	2000年	2020年	2021年
境内股票发行金额(亿元)		1515.8	14221.6	15421.5
保险公司保费金额(亿元)		1598.0	45257.3	44900.2
保险公司赔款及给付金额(亿元)		526.0	13907.1	15608.6
科学技术				
研究与试验发展经费支出(亿元)		896.0	24393.1	27956.3
发明专利申请授权数(件)		12683.0	530127.0	695946.0
技术市场成交额(亿元)		651.0	28251.5	37294.3
教育				
专任教师数(万人)				
#普通高等学校	20.6	46.3	183.3	186.6
普通高中	74.1	75.7	193.3	202.8
初中	244.1	328.7	386.1	397.1
普通小学	522.6	586.0	643.4	660.1
在校学生数(万人)				
#普通本专科	85.6	556.1	3285.3	3496.1
普通高中	1553.1	1201.3	2494.5	2605.0
初中	4995.2	6256.3	4914.1	5018.4
普通小学	14624.0	13013.3	10725.4	10779.9
教育经费支出(亿元)		3849.1	53033.9	
卫生				
医院(个)	9293.0	16318.0	35394.0	36570.0
执业(助理)医师(万人)	97.8	207.6	408.6	428.8
医院床位数(万张)	110.0	216.7	713.1	741.4
卫生总费用(亿元)	110.2	4586.6	72175.0	76845.0
文化体育				
图书出版总印数(亿册、亿张)	37.7	62.7	103.7	118.6
电视节目制作时间(万小时)		58.5	328.2	306.0
故事影片产量(部)	46.0	91.0	531.0	565.0
社会保险				
社会保险基金收入(亿元)		2644.9	75512.5	96936.8
社会保险基金支出(亿元)		2385.6	78611.8	86734.9
参加基本养老保险人数(万人)		13617.4	99864.9	102871.4
参加失业保险人数(万人)		10408.4	21689.5	22957.9
参加基本医疗保险人数(万人)		3786.9	136131.1	136296.7

指数(%) （2021年为以下各年）			平均增长速度 (%)	
1978年	2000年	2020年	1979— 2021年	2001— 2021年
	1017.4	108.4		11.7
		104.1		
		114.1		
	3120.1	114.6		17.8
	5487.2	131.3		21.0
	5728.8	132.0		21.3
905.6	402.9	101.8	5.3	6.9
273.7	267.9	104.9	2.4	4.8
162.7	120.8	102.9	1.1	0.9
126.3	112.6	102.6	0.5	0.6
4084.3	628.7	106.4	9.0	9.1
167.7	216.9	104.4	1.2	3.8
100.5	80.2	102.1		-1.0
73.7	82.8	100.5	-0.7	-0.9
393.5	224.1	103.3	3.2	3.9
438.3	206.5	104.9	3.5	3.5
674.0	342.2	104.0	4.5	6.0
69726.0	1675.4	106.5	16.4	14.4
314.7	189.2	114.4	2.7	3.1
	523.0	93.2		8.2
1228.3	620.9	106.4	6.0	9.1
	3665.0	128.4		18.7
	3635.8	110.3		18.7
	755.4	103.0		10.1
	220.6	105.8		3.8
	3599.1	100.1		18.6

附 录

包括相关行政区划名单，以及历史、文化、旅游、文学、体育等相关内容。

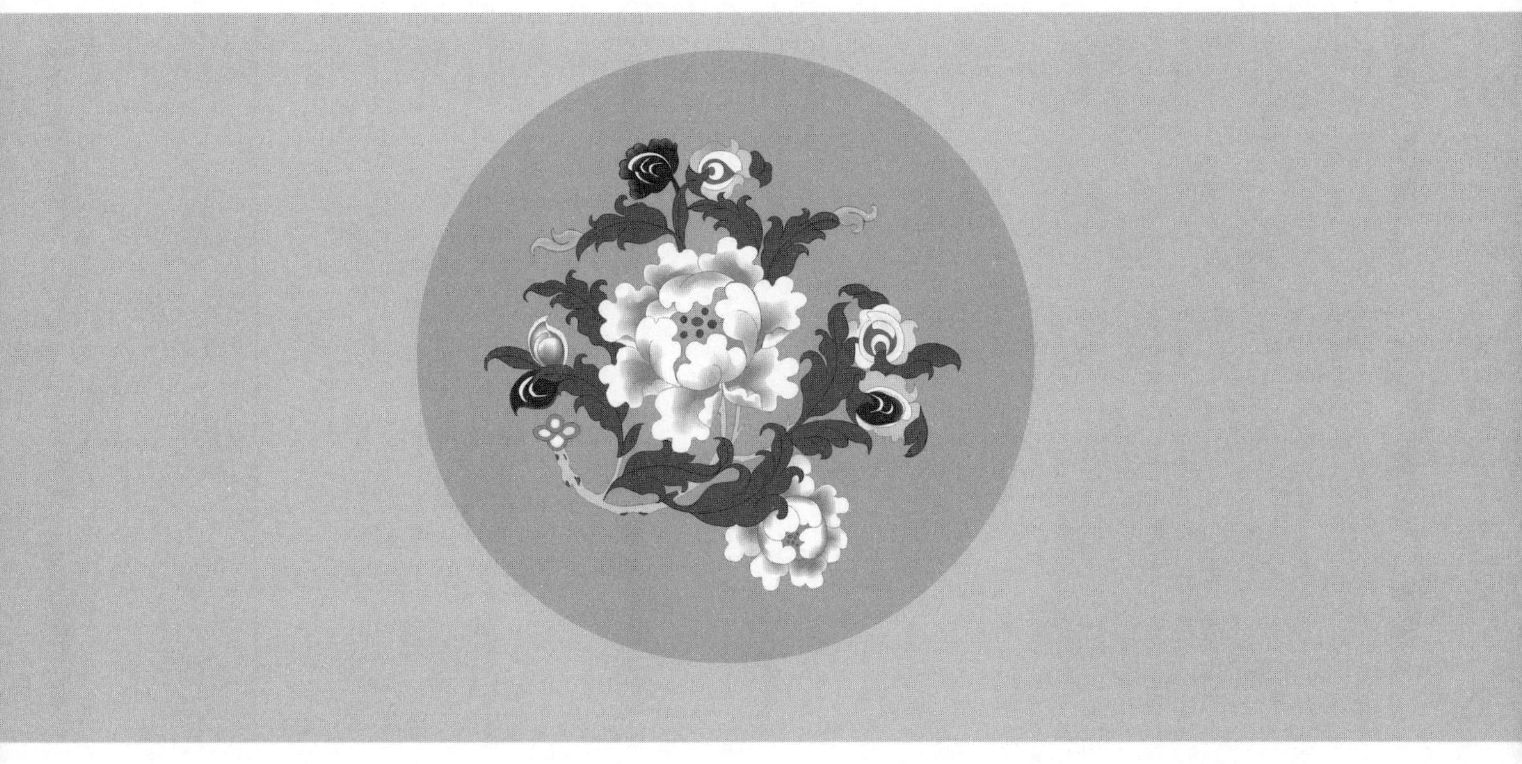

民族自治地方、民族乡名单

■民族自治地方

民族自治地方	建立时间	驻地	面积(万平方公里)
自治区			
内蒙古自治区	1947.5.1	呼和浩特市	118.3000
广西壮族自治区	1958.3.15	南宁市	23.6660
西藏自治区	1965.9.1	拉萨市	122.8400
宁夏回族自治区	1958.10.25	银川市	6.6400
新疆维吾尔自治区	1955.10.1	乌鲁木齐市	166.0400
自治州			
吉林省			
延边朝鲜族自治州	1952.9.3	延吉市	4.3559
湖北省			
恩施土家族苗族自治州	1983.12.1	恩施市	2.3902
湖南省			
湘西土家族苗族自治州	1957.9.20	吉首市	1.5461
四川省			
甘孜藏族自治州	1950.11.24	康定市城关镇	15.1078
凉山彝族自治州	1952.10.1	西昌市	6.0111
阿坝藏族羌族自治州	1953.1.1	马尔康镇	8.3201
贵州省			
黔东南苗族侗族自治州	1956.7.23	凯里市	3.0339
黔南布依族苗族自治州	1956.8.8	都匀市	2.6207
黔西南布依族苗族自治州	1982.5.1	兴义市	1.6804
云南省			
西双版纳傣族自治州	1953.1.24	允景洪镇	1.9700
德宏傣族景颇族自治州	1953.7.24	芒市镇	1.1526
怒江傈僳族自治州	1954.8.23	鲁掌镇	1.4703
大理白族自治州	1956.11.22	大理市	2.9460
迪庆藏族自治州	1957.9.13	中心镇	2.3870
红河哈尼族彝族自治州	1957.11.18	蒙自市	3.2929
文山壮族苗族自治州	1958.4.1	开化镇	3.2239

续表 1

民族自治地方	建立时间	驻地	面积(万平方公里)
甘肃省			
甘南藏族自治州	1953.10.1	合作镇	4.0898
临夏回族自治州	1956.11.19	临夏市	0.8166
青海省			
玉树藏族自治州	1951.12.25	结古镇	18.8794
海南藏族自治州	1953.12.6	恰卜恰镇	4.5895
黄南藏族自治州	1953.12.22	隆务镇	1.7921
海北藏族自治州	1953.12.31	浩门镇	3.9354
果洛藏族自治州	1954.1.1	大武镇	7.6312
海西蒙古族藏族自治州	1954.1.25	德令哈市	32.5785
新疆维吾尔自治区			
巴音郭楞蒙古自治州	1954.6.23	库尔勒市	46.2700
博尔塔拉蒙古自治州	1954.7.13	博乐市	2.5074
克孜勒苏柯尔克孜自治州	1954.7.14	阿图什市	6.9112
昌吉回族自治州	1954.7.15	昌吉市	7.7129
伊犁哈萨克自治州	1954.11.27	伊宁市	49.0039
自治县(旗)			
河北省			
孟村回族自治县	1955.11.30	孟村镇	0.0393
大厂回族自治县	1955.12.7	大厂镇	0.0176
青龙满族自治县	1987.5.10	青龙镇	0.3309
丰宁满族自治县	1987.5.15	大阁镇	0.8747
围场满族蒙古族自治县	1990.6.12	围场镇	0.9058
宽城满族自治县	1990.6.16	宽城镇	0.1933
内蒙古自治区			
鄂伦春自治旗	1951.10.1	阿里河镇	6.0378
鄂温克族自治旗	1958.8.1	巴彦托海镇	1.8750
莫力达瓦达斡尔族自治旗	1958.8.15	尼尔基镇	1.0985
辽宁省			
喀喇沁左翼蒙古族自治县	1958.4.1	大城子镇	0.2238
阜新蒙古族自治县	1958.4.7	阜新镇	0.6284
新宾满族自治县	1985.6.7	新宾镇	0.4287
岫岩满族自治县	1985.6.11	岫岩镇	0.4507
清原满族自治县	1990.6.6	清原镇	0.3926
本溪满族自治县	1990.6.8	小市镇	0.3362
桓仁满族自治县	1990.6.10	桓仁镇	0.3548
宽甸满族自治县	1990.6.12	宽甸镇	0.6125
吉林省			
前郭尔罗斯蒙古族自治县	1956.9.1	前郭镇	0.7076
长白朝鲜族自治县	1958.9.15	长白镇	0.2498
伊通满族自治县	1989.8.30	伊通镇	0.2523

续表 2

民族自治地方	建立时间	驻地	面积(万平方公里)
黑龙江省			
杜尔伯特蒙古族自治县	1956.12.5	泰康镇	0.6427
浙江省			
景宁畲族自治县	1984.12.24	鹤溪镇	0.1950
湖北省			
长阳土家族自治县	1984.12.8	龙舟坪镇	0.3430
五峰土家族自治县	1984.12.12	五峰镇	0.2072
湖南省			
通道侗族自治县	1954.5.7	双江镇	0.2225
江华瑶族自治县	1955.11.25	沱江镇	0.3216
城步苗族自治县	1956.11.30	儒林镇	0.2620
新晃侗族自治县	1956.12.5	新晃镇	0.1511
芷江侗族自治县	1987.9.24	芷江镇	0.2096
靖州苗族侗族自治县	1987.9.27	渠阳镇	0.2211
麻阳苗族自治县	1990.4.1	高村镇	0.1561
广东省			
连南瑶族自治县	1953.1.25	三江镇	0.1231
连山壮族瑶族自治县	1962.9.26	吉田镇	0.1264
乳源瑶族自治县	1963.10.1	乳城镇	0.2125
广西壮族自治区			
龙胜各族自治县	1951.8.19	龙胜镇	0.2537
金秀瑶族自治县	1952.5.28	金秀镇	0.2517
融水苗族自治县	1952.11.26	融水镇	0.4665
三江侗族自治县	1952.12.3	古宜镇	0.2455
隆林各族自治县	1953.1.1	新州镇	0.3542
都安瑶族自治县	1955.12.15	安阳镇	0.4092
巴马瑶族自治县	1956.2.6	巴马镇	0.1966
富川瑶族自治县	1984.1.1	富阳镇	0.1572
罗城仫佬族自治县	1984.1.10	东门镇	0.2639
环江毛南族自治县	1987.11.24	思恩镇	0.4558
大化瑶族自治县	1987.12.23	大化镇	0.2754
恭城瑶族自治县	1990.10.15	恭城镇	0.2149
海南省			
乐东黎族自治县	1987.12.28	抱由镇	0.2746
琼中黎族苗族自治县	1987.12.28	营根镇	0.2693
保亭黎族苗族自治县	1987.12.30	保城镇	0.1161
昌江黎族自治县	1987.12.30	石碌镇	0.1596
白沙黎族自治县	1987.12.30	牙叉镇	0.2118
陵水黎族自治县	1987.12.30	陵城镇	0.1128

续表 3

民族自治地方	建立时间	驻地	面积(万平方公里)
重庆市			
秀山土家族苗族自治县	1983.11.7	中和镇	0.2450
酉阳土家族苗族自治县	1983.11.11	钟多镇	0.5173
彭水苗族土家族自治县	1984.11.10	汉葭镇	0.3903
石柱土家族自治县	1984.11.18	南宾镇	0.3031
四川省			
北川羌族自治县	2003.10.25	曲山镇	0.2865
木里藏族自治县	1953.2.19	博瓦镇	1.3246
峨边彝族自治县	1984.10.5	沙坪镇	0.2395
马边彝族自治县	1984.10.9	民建镇	0.2383
贵州省			
威宁彝族回族苗族自治县	1954.11.11	城关镇	0.6294
松桃苗族自治县	1956.12.31	城关镇	0.2861
三都水族自治县	1957.1.2	三合镇	0.2384
镇宁布依苗族自治县	1963.9.11	城关镇	0.1721
紫云苗族布依族自治县	1966.2.11	松山镇	0.2284
关岭布依族苗族自治县	1981.12.31	关索镇	0.1468
玉屏侗族自治县	1984.11.7	平溪镇	0.0517
印江土家族苗族自治县	1987.11.20	印江镇	0.1961
沿河土家族自治县	1987.11.23	和平镇	0.2469
务川仡佬族苗族自治县	1987.11.26	都濡镇	0.2773
道真仡佬族苗族自治县	1987.11.29	玉溪镇	0.2156
云南省			
峨山彝族自治县	1951.5.12	双江镇	0.1972
澜沧拉祜族自治县	1953.4.7	勐朗镇	0.8807
江城哈尼族彝族自治县	1954.5.18	勐烈镇	0.3476
孟连傣族拉祜族佤族自治县	1954.6.16	孟连镇	0.1957
耿马傣族佤族自治县	1955.10.16	耿宣镇	0.3837
宁蒗彝族自治县	1956.9.20	大兴镇	0.0206
贡山独龙族怒族自治县	1956.10.1	茨开镇	0.4506
巍山彝族回族自治县	1956.11.9	文华镇	0.2266
石林彝族自治县	1956.12.31	鹿阜镇	0.1777
玉龙纳西族自治县	1961.4.10	黄山镇	0.6521
屏边苗族自治县	1963.7.1	玉屏镇	0.1906
河口瑶族自治县	1963.7.11	河口镇	0.1313
沧源佤族自治县	1964.2.28	勐董镇	0.2539
西盟佤族自治县	1965.3.5	西盟镇	0.1391
南涧彝族自治县	1965.11.27	南涧镇	0.1802
墨江哈尼族自治县	1979.11.28	玖联镇	0.5459
寻甸回族彝族自治县	1979.12.20	仁德镇	0.3966

续表 4

民族自治地方	建立时间	驻地	面积(万平方公里)
元江哈尼族彝族傣族自治县	1980.11.12	澧江镇	0.2858
新平彝族傣族自治县	1980.11.25	桂山镇	0.4223
维西傈僳族自治县	1985.10.13	保和镇	0.4661
漾濞彝族自治县	1985.11.1	上街镇	0.1957
禄劝彝族苗族自治县	1985.11.25	屏山镇	0.4378
金平苗族瑶族傣族自治县	1985.12.7	金河镇	0.3677
宁洱哈尼族彝族自治县	1985.12.15	宁洱镇	0.3670
景东彝族自治县	1985.12.20	锦屏镇	0.4532
景谷傣族彝族自治县	1985.12.25	威远镇	0.7777
双江拉祜族佤族布朗族傣族自治县	1985.12.30	勐勐镇	0.2292
兰坪白族普米族自治县	1988.5.25	金顶镇	0.4555
镇沅彝族哈尼族拉祜族自治县	1990.5.15	按板镇	0.4223
甘肃省			
天祝藏族自治县	1950.5.6	华藏寺镇	0.7147
肃北蒙古族自治县	1950.7.29	党城湾镇	6.6748
东乡族自治县	1950.9.25	锁南镇	0.1510
张家川回族自治县	1953.7.6	张家川镇	0.1293
肃南裕固族自治县	1954.4.20	红湾寺镇	2.3041
阿克塞哈萨克族自治县	1954.4.27	博罗转井镇	3.3333
积石山保安族东乡族撒拉族自治县	1981.9.30	吹麻滩镇	0.0910
青海省			
门源回族自治县	1953.12.19	浩门镇	0.6896
互助土族自治县	1954.2.17	威远镇	0.3320
化隆回族自治县	1954.3.1	巴燕镇	0.2740
循化撒拉族自治县	1954.3.1	积石镇	0.1749
河南蒙古族自治县	1954.10.16	优干宁	0.6250
民和回族土族自治县	1986.6.27	上川口镇	0.1780
大通回族土族自治县	1986.7.10	桥头镇	0.3090
新疆维吾尔自治区			
焉耆回族自治县	1954.3.15	焉耆镇	0.2439
察布查尔锡伯自治县	1954.3.25	察布查尔镇	0.4469
木垒哈萨克自治县	1954.7.17	木垒镇	1.3235
和布克赛尔蒙古自治县	1954.9.10	和布克赛尔镇	3.2000
塔什库尔干塔吉克自治县	1954.9.17	塔什库尔干镇	5.2300
巴里坤哈萨克自治县	1954.9.30	巴里坤镇	3.5714

■民族乡

地　区	数　量	民族乡名称
北京市	5	朝阳区常营回族乡、通州区于家务回族乡、密云区檀营满族蒙古族乡、怀柔区喇叭沟门满族乡、怀柔区长哨营满族乡
天津市	1	蓟州区孙各庄满族乡
河北省	42	石家庄市新乐市彭家庄回族乡、石家庄市藁城市九门回族乡、石家庄市无极县高头回族乡、唐山市遵化市汤泉满族乡、唐山市遵化市西下营满族乡、唐山市遵化市东陵满族乡、邯郸市邱县陈村回族乡、邯郸市大名县营镇回族乡、保定市易县凌云册满族回族乡、保定市定州市号头庄回族乡、张家口市沽源县大二号回族乡、张家口市怀来县王家楼回族乡、廊坊市永清县管家务回族乡、廊坊市文安县大围河回族满族乡、承德市滦平县平坊满族乡、承德市滦平县安纯沟门满族乡、承德市滦平县五道营子满族乡、承德市滦平县邓厂满族乡、承德市滦平县马营子满族乡、承德市滦平县付家店满族乡、承德市滦平县西沟满族乡、承德市承德县岗子满族乡、承德市承德县两家满族乡、承德市兴隆县八卦岭满族乡、承德市兴隆县南天门满族乡、承德市隆化县尹家营满族乡、承德市隆化县庙子沟蒙古族满族乡、承德市隆化县偏坡营满族乡、承德市隆化县八达营蒙古族乡、承德市隆化县太平庄满族乡、承德市隆化县旧屯满族乡、承德市隆化县西阿超满族蒙古族乡、承德市平泉市七家岱满族乡、承德市平泉市茅兰沟满族蒙古族乡、沧州市黄骅市羊二庄回族乡、沧州市黄骅市新村回族乡、沧州市河间市果子洼回族乡、沧州市献县本斋回族乡、沧州市沧县大褚村回族乡、沧州市沧县杜林回族乡、沧州市沧县捷地回族乡、沧州市黄骅市羊三木回族乡
内蒙古自治区	18（含1个民族苏木）	呼伦贝尔市莫力达瓦达斡尔族自治旗巴彦鄂温克民族乡、呼伦贝尔市莫力达瓦达斡尔族自治旗杜拉尔鄂温克民族乡、呼伦贝尔市扎兰屯市达斡尔民族乡、呼伦贝尔市扎兰屯市萨马街鄂温克民族乡、呼伦贝尔市扎兰屯市南木鄂伦春民族乡、呼伦贝尔市阿荣旗查巴奇鄂温克民族乡、呼伦贝尔市阿荣旗新发朝鲜族民族乡、呼伦贝尔市阿荣旗音河达斡尔鄂温克民族乡、呼伦贝尔市阿荣旗得力其尔鄂温克民族乡、呼伦贝尔市根河市敖鲁古雅鄂温克民族乡、呼伦贝尔市额尔古纳市三河回族乡、呼伦贝尔市额尔古纳市室韦俄罗斯民族乡、兴安盟科尔沁右翼前旗满族屯满族乡、赤峰市松山区当铺地满族乡、赤峰市喀喇沁旗十家满族乡、乌兰察布市凉城县曹碾满族乡、呼伦贝尔市鄂温克族自治旗巴彦塔拉达斡尔族乡、呼伦贝尔市陈巴尔虎旗鄂温克苏木
辽宁省	54	沈阳市康平县柳树屯蒙古族满族乡、沈阳市康平县沙金台蒙古族满族乡、沈阳市法库县四家子蒙古族乡、沈阳市康平县东升满族蒙古族乡、沈阳市康平县西关屯蒙古族满族乡、大连市瓦房店市三台满族乡、大连市瓦房店市杨家满族乡、大连市庄河市太平岭满族乡、大连市庄河市桂云花满族乡、抚顺市抚顺县拉古满族乡、抚顺市抚顺县汤图满族乡、本溪市桓仁满族自治县雅河朝鲜族乡、丹东市宽甸满族自治县下露河朝鲜族乡、丹东市东港市合隆满族乡、丹东市凤城市大堡蒙古族乡、锦州市义县地藏寺满族乡、锦州市义县大定堡满族乡、阜新市彰武县二道河子蒙古族乡、辽阳市辽阳县吉洞峪满族乡、辽阳市辽阳县甜水满族乡、铁岭市开原市林丰满族乡、铁岭市铁岭县白旗寨满族乡、铁岭市西丰县成平满族乡、铁岭市西丰县德兴满族乡、铁岭市西丰县和隆满族乡、铁岭市西丰县金星满族乡、铁岭市西丰县明德满族乡、铁岭市西丰县营厂满族乡、铁岭市清河区聂家满族乡、朝阳市北票市马友营蒙古族乡、朝阳市北票市凉水河蒙古族乡、朝阳市建平县三家蒙古族乡、朝阳市凌源市三家子蒙古族乡、朝阳市朝阳县松岭门蒙古族乡、朝阳市朝阳县乌兰河硕蒙古族乡、葫芦岛市绥中县西平坡满族乡、葫芦岛市绥中县范家满族乡、葫芦岛市绥中县高甸子满族乡、葫芦岛市绥中县葛家满族乡、葫芦岛市绥中县明水满族乡、葫芦岛市绥中县网户满族乡、葫芦岛市兴城市白塔满族乡、葫芦岛市兴城市大寨满族乡、葫芦岛市兴城市碱厂满族乡、葫芦岛市兴城市旧门满族乡

续表 1

地　区	数　量	民族乡名称
辽宁省	54	葫芦岛市兴城市刘台子满族乡、葫芦岛市兴城市南大山满族乡、葫芦岛市兴城市望海满族乡、葫芦岛市兴城市围屏满族乡、葫芦岛市兴城市羊安满族乡、葫芦岛市兴城市药王满族乡、葫芦岛市兴城市三道沟满族乡、葫芦岛市兴城市元台子满族乡、葫芦岛市建昌县二道湾子蒙古族乡
吉林省	28	延边朝鲜族自治州珲春市三家子满族乡、延边朝鲜族自治州珲春市杨泡满族乡、吉林市昌邑区土城子满族朝鲜族乡、吉林市昌邑区两家子满族乡、吉林市永吉县金家满族乡、吉林市蛟河市乌林朝鲜族乡、通化市梅河口市小杨满族朝鲜族乡、通化市集安市凉水朝鲜族乡、通化市通化县金斗朝鲜族满族乡、通化市通化县大泉源满族朝鲜族乡、通化市辉南县楼街朝鲜族乡、通化市柳河县姜家店朝鲜族乡、辽源市东丰县三合满族朝鲜族乡、长春市双阳区双营子回族乡、长春市榆树市延和朝鲜族乡、长春市九台区胡家回族乡、长春市九台区莽卡满族乡、白城市通榆县包拉温都蒙古族乡、白城市通榆县向海蒙古族乡、白城市洮南市呼和车力蒙古族乡、白城市洮南市胡力吐蒙古族乡、白城市镇赉县哈吐气蒙古族乡、白城市镇赉县莫莫格蒙古族乡、白城市大安市新艾里蒙古族乡、白城市洮北区德顺蒙古族乡、松原市扶余县三骏满族蒙古族锡伯族乡、四平市公主岭市龙山满族乡、四平市双辽市那木斯蒙古族乡
工	52	哈尔滨市南岗区红旗满族乡、哈尔滨市双城区乐群满族乡、哈尔滨市双城区同心满族乡、哈尔滨市双城区希勤满族乡、哈尔滨市双城区青岭满族乡、哈尔滨市五常市红旗满族乡、哈尔滨市五常市营城子满族乡、哈尔滨市五常市民乐朝鲜族乡、哈尔滨市尚志市河东朝鲜族乡、哈尔滨市尚志市鱼池朝鲜族乡、哈尔滨市依兰县迎兰朝鲜族乡、齐齐哈尔市梅里斯达斡尔族区莽格吐达斡尔族乡、齐齐哈尔市泰来县宁姜蒙古族乡、齐齐哈尔市泰来县胜利蒙古族乡、齐齐哈尔市富裕县友谊达满柯族乡、齐齐哈尔市讷河市兴旺鄂温克族乡、齐齐哈尔市富拉尔基区杜尔门沁达族乡、牡丹江市西安区海南朝鲜族乡、牡丹江市宁安市江南朝鲜族满族乡、牡丹江市宁安市卧龙朝鲜族乡、牡丹江市穆棱市福禄朝鲜族满族乡、佳木斯市同江市街津口赫哲族乡、佳木斯市同江市八岔赫哲族乡、佳木斯市汤原县汤旺朝鲜族乡、佳木斯市桦川县星火朝鲜族乡、大庆市肇源县超等蒙古族乡、大庆市肇源县浩德蒙古族乡、大庆市肇源县义顺蒙古族乡、黑河市逊克县新鄂鄂伦春族乡、黑河市逊克县新兴鄂伦春族乡、黑河市爱辉区新生鄂伦春族乡、黑河市爱辉区四嘉子满族乡、黑河市爱辉区坤河达斡尔族满族乡、黑河市北安市主星朝鲜族乡、黑河市孙吴县沿江达斡尔族满族乡、绥化市北林区兴和朝鲜族乡、绥化市北林区红旗满族乡、绥化市望奎县厢白满族乡、绥化市望奎县灵山满族乡、伊春市铁力市年丰朝鲜族乡、鹤岗市萝北县东明朝鲜族乡、鹤岗市绥滨县福兴满族乡、大兴安岭地区呼玛县白银纳鄂伦春族乡、大兴安岭地区塔河县十八站鄂伦春族乡、双鸭山市饶河县四排赫哲族乡、双鸭山市友谊县成富朝鲜族满族乡、七台河市勃利县杏树朝鲜族乡、七台河市勃利县吉兴朝鲜族满族乡、鸡西市密山市和平朝鲜族乡、鸡西市鸡东县鸡林朝鲜族乡、鸡西市鸡东县明德朝鲜族乡、鸡西市城子河区永丰朝鲜族乡

续表 2

地　区	数　量	民族乡名称
江苏省	1	扬州市高邮市菱塘回族乡
浙江省	14	金华市兰溪市水亭畲族乡、衢州市龙游县沐尘畲族乡、丽水市莲都区丽新畲族乡、丽水市龙泉市竹垟畲族乡、丽水市云和县雾溪畲族乡、丽水市云和县安溪畲族乡、丽水市遂昌县三仁畲族乡、丽水市松阳县板桥畲族乡、杭州市桐庐县莪山畲族乡、温州市平阳县青街畲族乡、温州市苍南县岱岭畲族乡、温州市苍南县凤阳畲族乡、温州市文成县周山畲族乡、温州市泰顺县竹里畲族乡
安徽省	9	淮南市谢家集区孤堆回族乡、合肥市肥东县牌坊回族满族乡、滁州市定远县二龙回族乡、淮南市凤台县李冲回族乡、淮南市潘集区古沟回族乡、淮南市寿县陶店回族乡、宣城市宁国市云梯畲族乡、蚌埠市五河县临北回族乡、阜阳市颍上县赛涧回族乡
福建省	19	福州市罗源县霍口畲族乡、福州市连江县小沧畲族乡、宁德市福安市坂中畲族乡、宁德市福安市康厝畲族乡、宁德市福安市穆云畲族乡、宁德市霞浦县盐田畲族乡、宁德市霞浦县崇儒畲族乡、宁德市霞浦县水门畲族乡、宁德市蕉城区金涵畲族乡、宁德市福鼎市硖门畲族乡、宁德市福鼎市佳阳畲族乡、漳州市漳浦县赤岭畲族乡、漳州市漳浦县湖西畲族乡、漳州市龙海市隆教畲族乡、三明市永安市青水畲族乡、三明市宁化县治平畲族乡、龙岩市上杭县官庄畲族乡、龙岩市上杭县庐丰畲族乡、泉州市惠安县百崎回族乡
江西省	8	鹰潭市贵溪市樟坪畲族乡、上饶市铅山县太源畲族乡、上饶市铅山县篁碧畲族乡、吉安市永丰县龙冈畲族乡、赣州市南康区赤土畲族乡、吉安市青原区东固畲族乡、抚州市乐安县金竹畲族乡、吉安市峡江县金坪民族乡
河南省	12	郑州市荥阳市金寨回族乡、商丘市民权县伯党回族乡、商丘市民权县胡集回族乡、平顶山市叶县马庄回族乡、平顶山市郏县姚庄回族乡、新乡市封丘县荆乡回族乡、许昌市建安区艾庄回族乡、许昌市禹州市山货回族乡、南阳市镇平县郭庄回族乡、南阳市方城县袁店回族乡、驻马店市西平县蔡寨回族乡、洛阳市瀍河回族区瀍河回族乡
湖北省	10	荆门市钟祥市九里回族乡、荆州市洪湖市老湾回族乡、荆州市松滋市卸甲坪土家族乡、宜昌市宜都市潘家湾土家族乡、十堰市郧西县湖北口回族乡、恩施土家族苗族自治州恩施市芭蕉侗族乡、恩施土家族苗族自治州宣恩县长潭河侗族乡、恩施土家族苗族自治州宣恩县晓关侗族乡、神农架林区下谷坪土家族乡、恩施土家族苗族自治州鹤峰县铁炉白族乡
湖南省	83	怀化市辰溪县罗子山瑶族乡、怀化市辰溪县苏木溪瑶族乡、怀化市辰溪县上蒲溪瑶族乡、怀化市辰溪县后塘瑶族乡、怀化市辰溪县仙人湾瑶族乡、怀化市洪江市深渡苗族乡、怀化市洪江市龙船塘瑶族乡、怀化市会同县炮团侗族苗族乡、怀化市会同县宝田侗族苗族乡、怀化市会同县蒲稳侗族苗族乡、怀化市会同县金子岩侗族苗族乡、怀化市会同县漠滨侗族苗族乡、怀化市会同县青朗侗族苗族乡、怀化市沅陵县二酉苗族乡、怀化市沅陵县火场土家族乡、怀化市中方县蒿吉坪瑶族乡、怀化市通道侗族自治县大高坪苗族乡、怀化市新晃侗族自治县步头降苗族乡、怀化市新晃侗族自治县米贝苗族乡、邵阳市绥宁县河口苗族乡、邵阳市绥宁县麻塘苗族乡、邵阳市绥宁县东山侗族乡、邵阳市绥宁县鹅公岭侗族苗族乡、邵阳市绥宁县寨市苗族侗族乡、邵阳市绥宁县乐安铺

续表 3

地　区	数　量	民族乡名称
湖南省	83	苗族侗族乡、邵阳市绥宁县关峡苗族乡、邵阳市绥宁县长铺子苗族乡、邵阳市隆回县山界回族乡、邵阳市隆回县虎形山瑶族乡、邵阳市洞口县那溪瑶族乡、邵阳市洞口县大屋瑶族乡、邵阳市洞口县长塘瑶族乡、邵阳市新宁县黄金瑶族乡、邵阳市新宁县麻林瑶族乡、永州市蓝山县荆竹瑶族乡、永州市蓝山县湘江源瑶族乡、永州市蓝山县浆洞瑶族乡、永州市蓝山县汇源瑶族乡、永州市蓝山县犁头瑶族乡、永州市蓝山县大桥瑶族乡、永州市江永县松柏瑶族乡、永州市江永县千家洞瑶族乡、永州市江永县兰溪瑶族乡、永州市江永县源口瑶族乡、永州市宁远县九疑瑶族乡、永州市宁远县棉花坪瑶族乡、永州市宁远县桐木漯瑶族乡、永州市宁远县五龙山瑶族乡、永州市道县横岭瑶族乡、永州市道县洪塘营瑶族乡、永州市道县审章塘瑶族乡、永州市祁阳县晒北滩瑶族乡、永州市新田县门楼下瑶族乡、永州市双牌县上梧江瑶族乡、永州市江华瑶族自治县小圩壮族乡、张家界市桑植县刘家坪白族乡、张家界市桑植县马合口白族乡、张家界市桑植县走马坪白族乡、张家界市桑植县芙蓉桥白族乡、张家界市桑植县洪家关白族乡、张家界市慈利县三官寺土家族乡、张家界市慈利县高峰土家族乡、张家界市慈利县金岩土家族乡、张家界市慈利县许家坊土家族乡、张家界市慈利县阳和土家族乡、张家界市慈利县甘堰土家族乡、张家界市慈利县赵家岗土家族乡、郴州市桂阳县白水瑶族乡、郴州市北湖区保和瑶族乡、郴州市北湖区仰天湖瑶族乡、郴州市宜章县莽山瑶族乡、郴州市汝城县文明瑶族乡、郴州市汝城县延寿瑶族乡、郴州市临武县西山瑶族乡、郴州市资兴市回龙山瑶族乡、郴州市资兴市八面山瑶族乡、常德市鼎城区许家桥回族维吾尔族乡、常德市汉寿县毛家滩回族维吾尔族乡、常德市桃源县枫树维吾尔族回族乡、常德市桃源县青林回族维吾尔族乡、株洲市炎陵县中村瑶族乡、衡阳市常宁市塔山瑶族乡、益阳市桃江县鲊埠回族乡
广东省	7	惠州市龙门县蓝田瑶族乡、清远市连州市三水瑶族乡、清远市连州市瑶安瑶族乡、清远市阳山县秤架瑶族乡、肇庆市怀集县下帅壮族瑶族乡、韶关市始兴县深渡水瑶族乡、河源市东源县漳溪畲族乡
广西壮族自治区	59	梧州市蒙山县长坪瑶族乡、梧州市蒙山县夏宜瑶族乡、贺州市八步区黄洞瑶族乡、贺州市平桂区大平瑶族乡、贺州市昭平县仙回瑶族乡、贺州市钟山县两安瑶族乡、贺州市钟山县花山瑶族乡、贵港市平南县马练瑶族乡、贵港市平南县国安瑶族乡、防城港市上思县南屏瑶族乡、防城港市防城区十万山瑶族乡、南宁市马山县古寨瑶族乡、南宁市马山县里当瑶族乡、南宁市上林县镇圩瑶族乡、柳州市三江侗族自治县同乐苗族乡、柳州市三江侗族自治县福禄苗族乡、柳州市三江侗族自治县高基瑶族乡、柳州市融水苗族自治县滚贝侗族乡、柳州市融水苗族自治县同练瑶族乡、柳州市柳城县古砦仫佬族乡、桂林市临桂县宛田瑶族乡、桂林市临桂县黄沙瑶族乡、桂林市灵川县大境瑶族乡、桂林市灵川县兰田瑶族乡、桂林市全州县蕉江瑶族乡、桂林市全州县东山瑶族乡、桂林市兴安县华江瑶族乡、桂林市灌阳县洞井瑶族乡、桂林市灌阳县西山瑶族乡、桂林市资源县车田苗族乡、桂林市资源县两水苗族乡、桂林市资源县河口瑶族乡、桂林市平乐县大发瑶族乡、桂林市荔浦市蒲芦瑶族乡、桂林市雁山区草坪回族乡、百色市右江区汪甸瑶族乡、百色市田东县作登瑶族乡、百色市田林县潞城瑶族乡、百色市田林县利周瑶族乡、百色市田林县八桂瑶族乡、百色市田林县八渡瑶族乡、百色市凌云县伶站瑶族乡、百色市凌云县朝里瑶族乡、百色市凌云县沙里瑶族乡、百色市凌云县玉洪瑶族乡、百色市西林县足别瑶族苗族乡、百色市西林县普合苗族乡、百色市西林县那佐苗族乡、河池市南丹县八圩瑶族乡、河池市南丹县里湖瑶族乡、河池市南丹县中堡苗族乡、河池市天峨县八腊瑶族乡、河池市凤山县平乐瑶族乡、河池市凤山县江洲瑶族乡、河池市凤山县金牙瑶族乡、河池市东兰县三弄瑶族乡、河池市环江毛南族自治县驯乐苗族乡、河池市宜州区北牙瑶族乡、河池市宜州区福龙瑶族乡
重庆市	14	奉节县云雾土家族乡、奉节县长安土家族乡、奉节县龙桥土家族乡、奉节县太和土家族乡、万州区恒合土家族乡、万州区地宝土家族乡、云阳县清水土家族乡、巫山县红椿土家族乡、巫山县邓家土家族乡、忠县磨子土家族乡、武隆区石桥苗族土家族乡、武隆区文复苗族土家族乡、武隆区后坪苗族土家族乡、武隆区浩口苗族仡佬族乡

续表 4

地　区	数　量	民族乡名称
四川省	83	甘孜州九龙县子耳彝族乡、甘孜州九龙县小金彝族乡、甘孜州九龙县朵落彝族乡、阿坝州松潘县十里回族乡、攀枝花市仁和区大龙潭彝族乡、攀枝花市仁和区啊喇彝族乡、攀枝花市米易县麻陇彝族乡、攀枝花市米易县白坡彝族乡 、攀枝花市米易县湾丘彝族乡、攀枝花市米易县新山傈僳族乡、攀枝花市盐边县红果彝族乡、攀枝花市盐边县温泉彝族乡、攀枝花市盐边县格萨拉彝族乡、攀枝花市盐边县红宝苗族彝族乡、泸州市叙永县白蜡苗族乡、泸州市叙永县合乐苗族乡、泸州市叙永县枧槽苗族乡、泸州市叙永县石厢子彝族乡、泸州市叙永县水潦彝族乡、泸州市古蔺县箭竹苗族乡、泸州市古蔺县大寨苗族乡、泸州市古蔺县马嘶苗族乡、广元市青川县蒿溪回族乡、广元市青川县大院回族乡、乐山市金口河区和平彝族乡、乐山市金口河区共安彝族乡、南充市阆中市博树回族乡、宜宾市筠连县高坪苗族乡、宜宾市筠连县联合苗族乡、宜宾市筠连县团林苗族乡、宜宾市屏山县屏边彝族乡、宜宾市屏山县清平彝族乡、宜宾市兴文县大坝苗族乡、宜宾市兴文县大河苗族乡、宜宾市兴文县麒麟苗族乡、宜宾市兴文县仙峰苗族乡、宜宾市珙县罗渡苗族乡、宜宾市珙县玉和苗族乡、宜宾市珙县观斗苗族乡、雅安市汉源县小堡藏族彝族乡、雅安市汉源县坭美彝族乡、雅安市汉源县永利彝族乡、雅安市汉源县顺河彝族乡、雅安市汉源县片马彝族乡、雅安市石棉县蟹螺藏族乡、雅安市石棉县栗子坪彝族乡、雅安市石棉县新民藏族彝族乡、雅安市石棉县草科藏族乡、雅安市石棉县王岗坪彝族藏族乡、雅安市宝兴县跷碛藏族乡、雅安市荥经县宝峰彝族民族乡、雅安市荥经县民建彝族民族乡、凉山州西昌市高草回族乡、凉山州西昌市裕隆回族乡、凉山州木里藏族自治县屋脚蒙古族乡、凉山州木里藏族自治县俄亚纳西族乡、凉山州木里藏族自治县白碉苗族乡、凉山州木里藏族自治县项脚蒙古族乡、凉山州木里藏族自治县固增苗族乡、凉山州盐源县大坡蒙古族乡、凉山州德昌县金沙傈僳族乡、凉山州德昌县南山傈僳族乡、凉山州会理县新安傣族乡、凉山州冕宁县和爱藏族乡、凉山州越西县保安藏族乡、绵阳市平武县木皮藏族乡、绵阳市平武县木座藏族乡、绵阳市平武县白马藏族乡、绵阳市平武县黄羊关藏族乡、绵阳市平武县虎牙藏族乡、绵阳市平武县泗耳藏族乡、绵阳市平武县锁江羌族乡、绵阳市平武县旧堡羌族乡、绵阳市平武县阔达藏族乡、绵阳市平武县土城藏族乡、绵阳市平武县平通羌族乡、绵阳市平武县豆叩羌族乡、绵阳市盐亭县大兴回族乡、绵阳市北川羌族自治县桃龙藏族乡、达州市宣汉渡口土家族乡、达州市宣汉龙泉土家族乡、达州市宣汉三墩土家族乡、达州市宣汉漆树土家族乡
贵州省	193	贵阳市南明区小碧布依族苗族乡、贵阳市花溪区高坡苗族乡、贵阳市花溪区孟关苗族布依族乡、贵阳市花溪区马铃布依族苗族乡、贵阳市花溪区黔陶布依族苗族乡、贵阳市乌当区偏坡布依族乡、贵阳市乌当区新堡布依族乡、贵阳市白云区牛场布依族乡、贵阳市白云区都拉布依族乡、贵阳市清镇市麦格苗族布依族乡、贵阳市清镇市王庄布依族苗族乡、贵阳市清镇市流长苗族乡、贵阳市开阳县高寨苗族布依族乡、贵阳市开阳县南江布依族苗族乡、贵阳市开阳县禾丰布依族苗族乡、贵阳市修文县大石布依族乡、贵阳市息烽县青山苗族乡、六盘水市水城县坪寨彝族乡、六盘水市水城县南开苗族彝族乡、六盘水市水城县青林苗族彝族乡、六盘水市水城县金盆苗族彝族乡、六盘水市水城县新街彝族苗族布依族乡、六盘水市水城县杨梅彝族苗族回族乡、六盘水市水城县野钟苗族彝族布依族乡、六盘水市水城县果布嘎彝族苗族布依族乡、六盘水市水城县龙场苗族白族彝族乡、六盘水市水城县营盘苗族彝族白族乡、六盘水市水城县顺场苗族彝族布依族乡、六盘水市水城县花戛苗族布依族彝族乡、六盘水市水城县猴场苗族布依族乡、六盘水市盘州市普田回族乡、六盘水市盘州市旧营白族彝族苗族乡、六盘水市盘州市羊场布依族白族苗族乡、六盘水市盘州市保基苗族彝族乡、六盘水市盘州市淤泥彝族乡、六盘水市盘州市普古彝族苗族乡、六盘水市盘州市坪地彝族乡、六盘水市六枝特区梭戛苗族彝族乡、六盘水市六枝特区落别布依族彝族乡、六盘水市六枝特区中寨苗族彝族布依族乡

续表 5

地　区	数　量	民族乡名称
贵州省	193	六盘水市六枝特区牛场苗族彝族乡、六盘水市六枝特区月亮河彝族苗族乡、遵义市仁怀市后山苗族布依族乡、遵义市播州区平正仡佬族乡、遵义市播州区洪关苗族乡、遵义市桐梓县马鬃苗族乡、遵义市正安县谢坝仡佬族苗族乡、遵义市正安县市坪苗族仡佬族乡、遵义市余庆县花山苗族乡、遵义市道真仡佬族苗族自治县上坝土家族乡、安顺市西秀区鸡场布依族苗族乡、安顺市西秀区杨武布依族苗族乡、安顺市西秀区岩腊苗族布依族乡、安顺市西秀区新场布依族苗族乡、安顺市西秀区黄腊布依族苗族乡、安顺市平坝区十字回族乡、安顺市平坝区羊昌布依族苗族乡、安顺市普定县补郎苗族乡、安顺市普定县猴场苗族仡佬族乡、安顺市普定县猫洞苗族仡佬族乡、毕节市七星关区大屯彝族乡、毕节市七星关区田坎彝族乡、毕节市七星关区阿市苗族彝族乡、毕节市七星关区团结彝族苗族乡、毕节市七星关区阴底彝族苗族白族乡、毕节市七星关区千溪彝族苗族白族乡、毕节市黔西县永燊彝族苗族乡、毕节市黔西县新仁苗族乡、毕节市黔西县花溪彝族苗族乡、毕节市黔西县中建苗族彝族乡、毕节市黔西县定新彝族苗族乡、毕节市黔西县太来彝族苗族乡、毕节市黔西县绿化白族彝族乡、毕节市黔西县红林彝族苗族乡、毕节市黔西县五里布依族苗族乡、毕节市黔西县铁石苗族彝族乡、毕节市大方县竹园彝族苗族乡、毕节市大方县响水白族彝族仡佬族乡、毕节市大方县鼎新彝族苗族乡、毕节市大方县牛场苗族彝族乡、毕节市大方县理化苗族彝族乡、毕节市大方县安乐彝族仡佬族乡、毕节市大方县凤山彝族蒙古族乡、毕节市大方县百纳彝族乡、毕节市大方县三元彝族苗族白族乡、毕节市大方县沙厂彝族乡、毕节市大方县黄泥彝族苗族满族乡、毕节市大方县核桃彝族白族乡、毕节市大方县八堡彝族苗族乡、毕节市大方县兴隆苗族乡、毕节市大方县大山苗族彝族乡、毕节市大方县星宿苗族彝族仡佬族乡、毕节市织金县自强苗族乡、毕节市织金县官寨苗族乡、毕节市织金县后寨苗族乡、毕节市织金县大平苗族彝族乡、毕节市织金县茶店布依族苗族彝族乡、毕节市织金县金龙苗族彝族布依族乡、毕节市织金县鸡场苗族彝族布依族乡、毕节市金沙县太平彝族苗族乡、毕节市金沙县石场苗族彝族乡、毕节市金沙县马路彝族苗族乡、毕节市金沙县安洛苗族彝族满族乡、毕节市金沙县新化苗族彝族满族乡、毕节市金沙县大田彝族苗族布依族乡、毕节市赫章县兴发苗族彝族回族乡、毕节市赫章县松林坡白族彝族苗族乡、毕节市赫章县雉街彝族苗族乡、毕节市赫章县珠市彝族乡、毕节市赫章县双坪彝族苗族乡、毕节市赫章县辅处彝族苗族乡、毕节市赫章县铁匠苗族乡、毕节市赫章县可乐彝族苗族乡、毕节市赫章县河镇彝族苗族乡、毕节市赫章县结构彝族苗族乡、毕节市赫章县水塘堡彝族苗族乡、毕节市赫章县古达苗族彝族乡、毕节市纳雍县库东关彝族苗族白族乡、毕节市纳雍县董地苗族彝族乡、毕节市纳雍县左鸠戛彝族苗族乡、毕节市纳雍县锅圈岩苗族彝族乡、毕节市纳雍县新房彝族苗族乡、毕节市纳雍县化作苗族彝族乡、毕节市纳雍县姑开苗族彝族乡、毕节市纳雍县羊场苗族彝族乡、毕节市纳雍县昆寨苗族彝族白族乡、毕节市纳雍县猪场苗族彝族乡、毕节市威宁彝族回族苗族自治县新发布依族乡、毕节市大方县大水彝族苗族布依族乡、毕节市黔西县金坡苗族彝族满族乡、毕节市大方县普底彝族苗族白族乡、毕节市黔西县仁和彝族苗族乡、铜仁市碧江区桐木坪侗族乡、铜仁市碧江区瓦屋侗族乡、铜仁市碧江区和平土家族侗族乡、铜仁市碧江区滑石侗族苗族土家族乡、铜仁市碧江区六龙山侗族土家族乡、铜仁市万山区高楼坪侗族乡、铜仁市万山区黄道侗族乡、铜仁市万山区敖寨侗族乡、铜仁市万山区下溪侗族乡、铜仁市万山区鱼塘侗族土家族苗族乡、铜仁市万山区大坪侗族土家族苗族乡、铜仁市德江县楠杆土家族乡、铜仁市德江县沙溪土家族乡、铜仁市德江县桶井土家族乡、铜仁市德江县堰塘土家族乡、铜仁市德江县荆角土家族乡、铜仁市德江县长丰土家族乡、铜仁市德江县龙泉土家族乡、铜仁市德江县钱家土家族乡、铜仁市江口县德旺土家族苗族乡、铜仁市江口县官和侗族土家族苗族乡、铜仁市石阡县聚凤仡佬族侗族乡、铜仁市石阡县大沙坝仡佬族侗族乡、铜仁市石阡县枫香仡佬族侗族乡、铜仁市石阡县青阳苗族仡佬族侗族乡、铜仁市石阡县龙井侗族仡佬族乡、铜仁市石阡县石固仡佬族侗族乡、铜仁市石阡县坪地仡佬族侗族乡、铜仁市石阡县甘溪仡佬族侗族乡、铜仁市石阡县坪山仡佬族侗族乡、铜仁市思南县思林土家族苗族乡、铜仁市思南县枫柼土家族苗族乡、铜仁市思南县杨家坳苗族土家族乡、铜仁市思南县胡家湾苗族土家族乡、铜仁市思南县宽坪土家族苗族乡、铜仁市思南县三道水土家族苗族乡、铜仁市思南县天桥土家族苗族乡、铜仁市思南县兴隆土家族苗族乡

续表 6

地　区	数　量	民族乡名称
贵州省	193	黔东南苗族侗族自治州岑巩县羊桥土家族乡、黔南布依族苗族自治州都匀市归兰水族乡、黔南布依族苗族自治州荔波县瑶山瑶族乡、黔南布依族苗族自治州荔波县黎明关水族乡、黔南布依族苗族自治州平塘县卡蒲毛南族、贵阳市花溪区湖潮布依族苗族乡
云南省	140	昆明市晋宁区夕阳彝族乡、昆明市晋宁区双河彝族乡、昆明市宜良县九乡彝族回族乡、昆明市宜良县耿家彝族苗族乡、昭通市昭阳区守望回族乡、昭通市昭阳区小龙洞回族彝族乡、昭通市昭阳区布嘎回族乡、昭通市昭阳区青冈岭回族彝族乡、昭通市鲁甸县桃源回族乡、昭通市鲁甸县茨院回族乡、昭通市大关县上高桥回族彝族苗族乡、昭通市永善县马楠苗族彝族乡、昭通市永善县伍寨彝族苗族乡、昭通市镇雄县果珠彝族乡、昭通市镇雄县林口彝族苗族乡、昭通市彝良县龙街苗族彝族乡、昭通市彝良县奎香苗族彝族乡、昭通市彝良县树林彝族苗族乡、昭通市彝良县柳溪苗族乡、昭通市彝良县洛旺苗族乡、昭通市威信县双河苗族彝族乡、曲靖市师宗县龙庆彝族壮族乡、曲靖市师宗县五龙壮族乡、曲靖市师宗县高良壮族苗族瑶族乡、曲靖市罗平县长底布依族乡、曲靖市罗平县旧屋基彝族乡、曲靖市罗平县鲁布革布依族苗族乡、曲靖市富源县古敢水族乡、曲靖市会泽县新街回族乡、楚雄彝族自治州南华县雨露白族乡、楚雄彝族自治州大姚县湾碧傈僳傣族乡、楚雄彝族自治州永仁县永兴傣族乡、楚雄彝族自治州武定县东坡傣族乡、玉溪市红塔区小石桥彝族乡、玉溪市红塔区洛河彝族乡、玉溪市江川县安化彝族乡、玉溪市通海县高大傣族彝族乡、玉溪市通海县里山彝族乡、玉溪市通海县兴蒙蒙古族乡、玉溪市华宁县通红甸彝族苗族乡、玉溪市易门县十街彝族乡、玉溪市易门县浦贝彝族乡、玉溪市易门县铜厂彝族乡、红河哈尼族彝族自治州河口瑶族自治县桥头苗族壮族乡、红河哈尼族彝族自治州金平苗族瑶族傣族自治县者米拉祜族乡、红河哈尼族彝族自治州蒙自市期路白苗族乡、红河哈尼族彝族自治州蒙自市老寨苗族乡、红河哈尼族彝族自治州开远市大庄回族乡、文山壮族苗族自治州文山市东山彝族乡、文山壮族苗族自治州文山市红甸回族乡、文山壮族苗族自治州文山市秉烈彝族乡、文山壮族苗族自治州文山市柳井彝族乡、文山壮族苗族自治州文山市坝心彝族乡、文山壮族苗族自治州砚山县阿舍彝族乡、文山壮族苗族自治州砚山县维末彝族乡、文山壮族苗族自治州砚山县盘龙彝族乡、文山壮族苗族自治州砚山县干河彝族乡、保山市隆阳区瓦马彝族白族乡、保山市隆阳区瓦房彝族苗族乡、保山市隆阳区杨柳白族彝族乡、保山市隆阳区芒宽彝族傣族乡、保山市施甸县摆榔彝族布朗族乡、保山市施甸县木老元布朗族彝族乡、保山市龙陵县木城彝族傈僳族乡、保山市昌宁县朱街彝族乡、保山市昌宁县苟街彝族苗族乡、保山市昌宁县湾甸傣族乡、德宏傣族景颇族自治州陇川县户撒阿昌族乡、德宏傣族景颇族自治州芒市三台山德昂族乡、德宏傣族景颇族自治州梁河县曩宋阿昌族乡、德宏傣族景颇族自治州梁河县九保阿昌族乡、德宏傣族景颇族自治州盈江县苏典傈僳族乡、怒江傈僳族自治州福贡县匹河怒族乡、怒江傈僳族自治州泸水市洛本卓白族乡、迪庆藏族自治州香格里拉市三坝纳西族乡、迪庆藏族自治州德钦县霞若傈僳族乡、迪庆藏族自治州德钦县拖顶傈僳族乡、临沧市凤庆县新华彝族苗族乡、临沧市凤庆县腰街彝族乡、临沧市凤庆县郭大寨彝族白族乡、临沧市云县栗树彝族傣族乡、临沧市云县忙怀彝族布朗族乡、临沧市云县后箐彝族乡、临沧市永德县大雪山彝族拉祜族傣族乡、临沧市永德县乌木龙彝族乡、临沧市临翔区平村彝族傣族乡、临沧市临翔区南美拉祜乡、临沧市耿马傣族佤族自治县芒洪拉祜族布朗族乡、临沧市沧源佤族自治县勐角傣族彝族拉祜族乡德昂族乡、西双版纳傣族自治州景洪市、

续表 7

地　区	数　量	民族乡名称
云南省	140	临沧市镇康县军赛佤族拉祜族傈僳族基诺山基诺族乡、西双版纳傣族自治州景洪市景哈哈尼族乡、西双版纳傣族自治州勐腊县瑶区瑶族乡、西双版纳傣族自治州勐腊县象明彝族乡、西双版纳傣族自治州勐海县格朗和哈尼族乡、西双版纳傣族自治州勐海县布朗山布朗族乡、西双版纳傣族自治州勐海县西定哈尼族乡
西藏自治区	9	山南市错那县麻玛门巴族乡、山南市错那县贡日门巴族乡、山南市错那县基巴门巴族乡、山南市错那县勒布区勒门巴族乡、林芝市巴宜区更章门巴族乡、林芝市米林县南伊珞巴乡、林芝市墨脱县达木珞巴族乡、昌都市芒康县下盐井纳西族乡、山南市隆子县斗玉洛巴乡
甘肃省	32	临夏回族自治州广河县阿里麻土东乡族乡、甘南藏族自治州临潭县长川回族乡、甘南藏族自治州临潭县卓洛回族乡、甘南藏族自治州卓尼县勺哇土族乡、陇南市文县铁楼藏族乡、陇南市武都区坪垭藏族乡、陇南市武都区磨坝藏族乡、陇南市宕昌县新城子藏族乡、酒泉市肃州区黄泥堡裕固族乡、酒泉市玉门市小金湾东乡族乡、白银市会宁县新添堡回族乡、庆阳市正宁县五倾源回族乡、平凉市崆峒区峡门回族乡、平凉市华亭市神峪回族乡、平凉市华亭市山寨回族乡、平凉市崆峒区白庙回族乡、平凉市崆峒区大秦回族乡、平凉市崆峒区寨河回族乡、平凉市崆峒区大寨回族乡、平凉市崆峒区西阳回族乡、平凉市崆峒区上杨回族乡、张掖市肃南裕固族自治县祁丰藏族乡、张掖市肃南裕固族自治县马蹄藏族乡、张掖市肃南裕固族自治县白银蒙古族乡、张掖市甘州区平山湖蒙古族乡、临夏回族自治州临夏县井沟东乡族乡、临夏回族自治州和政县梁家寺东乡族乡、临夏回族自治州临夏县安家坡东乡族乡、酒泉市瓜州县七墩回族东乡族乡、酒泉市瓜州县广至藏族乡、酒泉市瓜州县沙河回族乡、酒泉市玉门市独山子东乡族乡
青海省	28	西宁市大通回族土族自治县朔北藏族乡、西宁市大通回族土族自治县向化藏族乡、西宁市湟中市群加藏族乡、西宁市湟中市大才回族乡、西宁市湟中市汉东回族乡、西宁市湟源县日月藏族乡、海东市民和回族土族自治县杏儿藏族乡、海东市乐都区下营藏族乡、海东市乐都区中坝藏族乡、海东市乐都区达拉土族乡、海东市互助土族自治县松多藏族乡、海东市化隆回族自治县雄先藏族乡、海东市化隆回族自治县查甫藏族乡、海东市化隆回族自治县金源藏族乡、海东市化隆回族自治县塔加藏族乡、海东市循化撒拉族自治县道帏藏族乡、海东市循化撒拉族自治县尕楞藏族乡、海东市循化撒拉族自治县岗察藏族乡、海东市循化撒拉族自治县文都藏族乡、海东市平安县沙沟回族乡、海东市平安县巴藏沟回族乡、海东市平安县石灰窑回族乡、海东市平安县洪水泉回族乡、海东市平安县古城回族乡、海东市互助土族自治县巴扎藏族乡、海北藏族自治州门源回族自治县皇城蒙古族乡、海北藏族自治州海晏县哈勒景蒙古族乡、海南藏族自治州贵德县新街回族乡
新疆维吾尔自治区	42	吐鲁番市鄯善县东巴扎回族乡、和田地区皮山县瑙阿巴提塔吉克族乡、和田地区皮山县康克尔柯尔克孜族乡、巴音郭楞蒙古自治州和硕县乌什塔拉回族乡、昌吉回族自治州奇台县大泉塔塔尔族乡、昌吉回族自治州奇台县五马场哈萨克族乡、昌吉回族自治州奇台县乔仁哈萨克族乡、昌吉回族自治州木垒哈萨克自治县大南沟乌孜别克族乡、昌吉回族自治州玛纳斯县旱卡子滩哈萨克族乡、昌吉回族自治州玛纳斯县塔西河哈萨克族乡、昌吉回族自治州玛纳斯县清水河哈萨克族乡、昌吉回族自治州阜康市三工河哈萨克族乡、昌吉回族自治州阜康市上户沟哈萨克族乡、昌吉回族自治州昌吉市阿什里哈萨克族乡、昌吉回族自治州呼图壁县石梯子哈萨克族乡、乌鲁木齐市米东区柏杨河哈萨克族乡、克孜勒苏柯尔克孜自治州阿克陶县塔尔塔吉克族乡、喀什地区塔什库尔干塔吉克自治县科克亚尔柯尔克孜族乡、喀什地区泽普县布依鲁克塔吉克族乡、

续表 8

地　区	数　量	民族乡名称
新疆维吾尔自治区	42	喀什地区莎车县孜热普夏提塔吉克族乡、伊犁哈萨克自治州察布查尔锡伯自治县米粮泉回族乡、伊犁哈萨克自治州特克斯县科克铁热克柯尔克孜族乡、伊犁哈萨克自治州特克斯县呼吉尔特蒙古族乡、伊犁哈萨克自治州伊宁县愉群翁回族乡、伊犁哈萨克自治州尼勒克县科克浩特浩尔蒙古族乡、伊犁哈萨克自治州霍城县伊车嘎善锡伯族乡、伊犁哈萨克自治州霍城县三宫回族乡、伊犁哈萨克自治州昭苏县胡松图喀尔逊蒙古族乡、伊犁哈萨克自治州昭苏县察汗乌苏蒙古族乡、伊犁哈萨克自治州昭苏县夏特柯尔克孜族乡、塔城地区塔城市阿西尔达斡尔族乡、塔城地区乌苏市塔布勒合特蒙古族乡、塔城地区乌苏市吉尔格勒特郭楞蒙古族乡、塔城地区额敏县额玛勒郭楞蒙古族乡、塔城地区额敏县霍吉尔特蒙古族乡、阿克苏地区乌什县雅曼苏柯尔克孜族乡、阿克苏地区温宿县博孜东柯尔克孜族乡、哈密市伊吾县前山哈萨克族乡、哈密市伊州区德外里都如克哈萨克族乡、哈密市伊州区乌拉台哈萨克族乡、阿勒泰地区布尔津县禾木哈纳斯蒙古族乡、阿勒泰地区阿勒泰市汗德尕特蒙古族乡

陆地边境县、牧区半牧区县、民族自治地方国家乡村振兴重点帮扶县、民族贸易县名单

■陆地边境县（市辖区、市、旗）

地区	市（地区、自治州、盟）	县（市辖区、市、旗）
内蒙古自治区	包头市	达尔罕茂明安联合旗
	呼伦贝尔市	扎赉诺尔区、满洲里市、额尔古纳市 陈巴尔虎旗、新巴尔虎左旗、新巴尔虎右旗
	巴彦淖尔市	乌拉特中旗、乌拉特后旗
	乌兰察布市	四子王旗
	兴安盟	阿尔山市、科尔沁右翼前旗
	锡林郭勒盟	二连浩特市、阿巴嘎旗、苏尼特左旗 苏尼特右旗、东乌珠穆沁旗
	阿拉善盟	阿拉善左旗、阿拉善右旗、额济纳旗
辽宁省	丹东市	振兴区、元宝区、振安区、东港市、宽甸满族自治县
吉林省	通化市	集安市
	白山市	浑江区、临江市、抚松县、长白朝鲜族自治县
	延边朝鲜族自治州	图们市、珲春市、龙井市、和龙市、安图县
黑龙江省	鸡西市	虎林市、密山市、鸡东县
	鹤岗市	萝北县、绥滨县
	双鸭山市	饶河县
	伊春市	嘉荫县
	佳木斯市	同江市、抚远市
	牡丹江市	绥芬河市、穆棱市、东宁市
	黑河市	爱辉区、逊克县、孙吴县
	大兴安岭地区	漠河市、呼玛县、塔河县

续表

地区	市（地区、自治州、盟）	县（市辖区、市、旗）
广西壮族自治区	防城港市	防城区、东兴市
	百色市	靖西市、那坡县
	崇左市	凭祥市、宁明县、龙州县、大新县
云南省	保山市	腾冲市、龙陵县
	普洱市	江城哈尼族彝族自治县、孟连傣族拉祜族佤族自治县
		澜沧拉祜族自治县、西盟佤族自治县
	临沧市	镇康县、耿马傣族佤族自治县、沧源佤族自治县
	红河哈尼族彝族自治州	绿春县、金平苗族瑶族傣族自治县、河口瑶族自治县
	文山壮族苗族自治州	麻栗坡县、马关县、富宁县
	西双版纳傣族自治州	景洪市、勐海县、勐腊县
	德宏傣族景颇族自治州	芒市、瑞丽市、盈江县、陇川县
	怒江傈僳族自治州	泸水市、福贡县、贡山独龙族怒族自治县
西藏自治区	日喀则市	定日县、康马县、定结县、仲巴县、亚东县、吉隆县
		聂拉木县、萨嘎县、岗巴县
	林芝市	墨脱县、察隅县
	山南市	洛扎县、错那县、浪卡子县
	阿里地区	噶尔县、普兰县、札达县、日土县
甘肃省	酒泉市	肃北蒙古族自治县
新疆维吾尔自治区	哈密市	伊州区、巴里坤哈萨克自治县、伊吾县
	阿克苏地区	温宿县、乌什县
	喀什地区	叶城县、塔什库尔干塔吉克自治县
	和田地区	和田县、皮山县
	昌吉回族自治州	奇台县、木垒哈萨克自治县
	博尔塔拉蒙古自治州	博乐市、阿拉山口市、温泉县
	克孜勒苏柯尔克孜自治州	阿图什市、阿克陶县、阿合奇县、乌恰县
	伊犁哈萨克自治州	霍尔果斯市、霍城县、昭苏县、察布查尔锡伯自治县
	塔城地区	塔城市、额敏县、托里县、裕民县、和布克赛尔蒙古自治县
	阿勒泰地区	阿勒泰市、布尔津县、富蕴县、福海县
		哈巴河县、青河县、吉木乃县

注：1.名单顺序按民政部编《中华人民共和国行政区划简册》排列。
2.统计口径以沿陆地国境线的县级行政区划为单位。
3.资料截止时间为 2021 年 12 月 31 日。
4.新疆生产建设兵团 58 个边境团场暂未列入本表。

■牧区、半牧区县（旗）

地　区	分　类	县　数	县（旗）
河北省	半牧区	6	张北县、康保县、沽源县、尚义县、丰宁满族自治县、围场满族蒙古族自治县
山西省	半牧区	1	右玉县
内蒙古	牧区	33	锡林浩特市、达尔罕茂明安联合旗、阿鲁科尔沁旗、巴林左旗、巴林右旗、克什克腾旗、翁牛特旗、科尔沁左翼中旗、科尔沁左翼后旗、扎鲁特旗、鄂托克前旗、鄂托克旗、杭锦旗、乌审旗、陈巴尔虎旗、新巴尔虎左旗、新巴尔虎右旗、鄂温克族自治旗、乌拉特中旗、乌拉特后旗、四子王旗、科尔沁右翼中旗、阿巴嘎旗、苏尼特左旗、苏尼特右旗、东乌珠穆沁旗、西乌珠穆沁旗、镶黄旗、正镶白旗、正蓝旗、阿拉善左旗、阿拉善右旗、额济纳旗
	半牧区	20	东胜区、扎兰屯市、林西县、敖汉旗、开鲁县、库伦旗、奈曼旗、达拉特旗、准格尔旗、伊金霍洛旗、阿荣旗、莫力达瓦达斡尔族自治旗、磴口县、乌拉特前旗、察哈尔右翼中旗、察哈尔右翼后旗、突泉县、科尔沁右翼前旗、扎赉特旗、太仆寺旗
辽宁省	半牧区	6	康平县、彰武县、阜新蒙古族自治县 北票市、建平县、喀喇沁左翼蒙古族自治县
吉林省	牧区	1	通榆县
	半牧区	7	双辽市、长岭县、洮南市、大安市、乾安县 前郭尔罗斯蒙古族自治县、镇赉县
黑龙江省	牧区	7	安达市、龙江县、甘南县、富裕县、肇源县、杜尔伯特蒙古族自治县、青冈县
	半牧区	8	虎林市、同江市、肇东市、泰来县、肇州县、林甸县、兰西县、明水县
四川省	牧区	10	松潘县、壤塘县、阿坝县、若尔盖县、红原县、德格县、白玉县、石渠县、色达县、理塘县
	半牧区	38	马尔康市、康定市、西昌市、会理市、汶川县、理县、茂县、九寨沟县、金川县、小金县、黑水县、泸定县、丹巴县、九龙县、雅江县、道孚县、炉霍县、甘孜县、新龙县、巴塘县、乡城县、稻城县、得荣县、盐源县、德昌县、会东县、宁南县、普格县、布拖县、金阳县、昭觉县、喜德县、冕宁县、越西县、甘洛县、美姑县、雷波县、木里藏族自治县
云南省	牧区	3	香格里拉市、德钦县、维西傈僳族自治县
西藏自治区	牧区	13	色尼区、当雄县、仲巴县、萨嘎县、嘉黎县、聂荣县、安多县、申扎县、班戈县、巴青县、革吉县、改则县、措勤县
	半牧区	25	卡若区、林周县、昂仁县、谢通门县、康马县、亚东县、岗巴县、江达县、贡觉县、类乌齐县、丁青县、察雅县、八宿县、工布江达县、曲松县、措美县、错那县、浪卡子县、比如县、索县、尼玛县、普兰县、噶尔县、札达县、日土县
甘肃省	牧区	7	天祝藏族自治县、肃南裕固族自治县、肃北蒙古族自治县、阿克塞哈萨克族自治县、玛曲县、碌曲县、夏河县
	半牧区	13	合作市、永登县、永昌县、靖远县、民勤县、山丹县、瓜州县、环县、华池县、漳县、岷县、卓尼县、迭部县
青海省	牧区	26	玉树市、德令哈市、格尔木市、海晏县、祁连县、刚察县、泽库县、河南蒙古族自治县、共和县、同德县、兴海县、贵南县、玛沁县、班玛县、甘德县、达日县、久治县、玛多县、杂多县、称多县、治多县、囊谦县、曲麻莱县、乌兰县、都兰县、天峻县
	半牧区	4	门源回族自治县、同仁市、尖扎县、贵德县
宁夏回族自治区	牧区	1	盐池县
	半牧区	2	同心县、海原县
新疆维吾尔自治区	牧区	22	阿勒泰市、伊吾县、塔什库尔干塔吉克自治县、民丰县、木垒哈萨克自治县、温泉县、和静县、阿合奇县、乌恰县、新源县、昭苏县、特克斯县、尼勒克县、托里县、裕民县、和布克赛尔蒙古自治县、布尔津县、富蕴县、福海县、哈巴河县、青河县、吉木乃县
	半牧区	15	伊州区、博乐市、塔城市、乌鲁木齐县、巴里坤哈萨克自治县、温宿县、沙雅县、奇台县、精河县、尉犁县、且末县、和硕县、阿克陶县、巩留县、额敏县

注：全国共有牧区县和半牧区县 268 个。

■民族自治地方国家乡村振兴重点帮扶县

地　区	数　量	名称
内蒙古自治区	10	巴林左旗、库伦旗、鄂伦春自治旗、化德县、商都县、四子王旗、科尔沁右翼前旗、科尔沁右翼中旗、扎赉特旗、正镶白旗
广西壮族自治区	20	马山县、融水苗族自治县、三江侗族自治县、德保县、那坡县、凌云县、乐业县、田林县、隆林各族自治县、靖西市、昭平县、凤山县、东兰县、罗城仫佬族自治县、环江毛南族自治县、巴马瑶族自治县、都安瑶族自治县、大化瑶族自治县、忻城县、天等县
重庆市	2	酉阳土家族苗族自治县、彭水苗族土家族自治县
四川省	25	金川县、黑水县、壤塘县、阿坝县、若尔盖县、红原县、道孚县、炉霍县、甘孜县、新龙县、德格县、白玉县、石渠县、色达县、理塘县、盐源县、普格县、布拖县、金阳县、昭觉县、喜德县、越西县、甘洛县、美姑县、雷波县
贵州省	15	务川仡佬族苗族自治县、关岭布依族苗族自治县、紫云苗族布依族自治县、威宁彝族回族苗族自治县、沿河土家族自治县、松桃苗族自治县、晴隆县、望谟县、册亨县、锦屏县、剑河县、榕江县、从江县、罗甸县、三都水族自治县
云南省	16	宁蒗彝族自治县、澜沧拉祜族自治县、武定县、元阳县、红河县、金平苗族瑶族傣族自治县、绿春县、马关县、广南县、泸水市、福贡县、贡山独龙族怒族自治县、兰坪白族普米族自治县、香格里拉市、德钦县、维西傈僳族自治县
甘肃省	6	张家川回族自治县、永靖县、东乡族自治县、积石山保安族东乡族撒拉族自治县、临潭县、舟曲县
青海省	15	同仁市、尖扎县、泽库县、共和县、玛沁县、班玛县、甘德县、达日县、玛多县、玉树市、杂多县、称多县、治多县、囊谦县、曲麻莱县
宁夏回族自治区	5	红寺堡区、同心县、原州区、西吉县、海原县

■民族贸易县（旗、市）

地　区	数　量	县（旗、市）名称
河北省	5	青龙满族自治县、丰宁满族自治县、围场满族蒙古族自治县、宽城满族自治县、孟村回族自治县
内蒙古自治区	57	苏尼特左旗、阿巴嘎旗、西乌珠穆沁旗、镶黄旗、正镶白旗、正蓝旗、苏尼特右旗、东乌珠穆沁旗、多伦县、太仆寺旗、达尔罕茂明安联合旗、四子王旗、商都县、化德县、察哈尔右翼前旗、察哈尔右翼右旗、察哈尔右翼后旗、乌拉特中旗、乌拉特后旗、鄂托克旗、杭锦旗、准格尔旗、乌审旗、伊金霍洛旗、鄂托克前旗、林西县、巴林右旗、阿鲁科尔沁旗、克什克腾旗、翁牛特旗、巴林左旗、宁城县、敖汉旗、喀喇沁旗、科尔沁右翼前旗、扎赉特旗、科尔沁左翼后旗、科尔沁右翼中旗、库伦旗、奈曼旗、扎鲁特旗、陈巴尔虎旗、新巴尔虎左旗、新巴尔虎右旗、根河市、鄂温克族自治旗、莫力达瓦达斡尔族自治旗、鄂伦春自治旗、阿拉善左旗、阿拉善右旗、额济纳旗、科尔沁左翼中旗、托克托县、清水河县、武川县、和林格尔县、固阳县
辽宁省	5	阜新蒙古族自治县、喀喇沁左翼蒙古族自治县、新宾满族自治县、岫岩满族自治县、桓仁满族自治县
吉林省	5	安图县、长白朝鲜族自治县、龙井市、和龙市、汪清县
黑龙江省	1	杜尔伯特蒙古族自治县
浙江省	1	景宁畲族自治县
湖北省	10	来凤县、鹤峰县、咸丰县、利川市、巴东县、建始县、宣恩县、恩施市、五峰土家族自治县、长阳土家族自治县
湖南省	12	龙山县、桑植县、永顺县、保靖县、花垣县、古丈县、泸溪县、凤凰县、新晃侗族自治县、通道侗族自治县、城步苗族自治县、江华瑶族自治县
广东省	3	连山壮族瑶族自治县、连南瑶族自治县、乳源瑶族自治县

续表

地　区	数　量	县（旗、市）名称
广西壮族自治区	34	那坡县、凌云县、乐业县、西林县、隆林各族自治县、平果县、田林县、德保县、靖西市、田东县、马山县、上林县、天等县、大新县、龙州县、宁明县、隆安县、上思县、巴马瑶族自治县、环江毛南族自治县、罗城仫佬族自治县、东兰县、凤山县、都安瑶族自治县、天峨县、南丹县、大化瑶族自治县、金秀瑶族自治县、融水苗族自治县、三江侗族自治县、忻城县、资源县、龙胜各族自治县、富川瑶族自治县
海南省	8	保亭黎族苗族自治县、白沙黎族自治县、乐东黎族自治县、琼中黎族苗族自治县、东方市、陵水黎族自治县、昌江黎族自治县、五指山市
重庆市	5	酉阳土家族苗族自治县、秀山土家族苗族自治县、黔江区、彭水苗族土家族自治县、石柱土家族自治县
四川省	51	马尔康市、会理市、康定市、茂县、红原县、阿坝县、汶川县、若尔盖县、理县、黑水县、小金县、松潘县、金川县、九寨沟县、壤塘县、峨边彝族自治县、马边彝族自治县、冕宁县、宁南县、德昌县、会东县、昭觉县、金阳县、甘洛县、布拖县、普格县、喜德县、雷波县、越西县、美姑县、木里藏族自治县、盐源县、米易县、盐边县、九龙县、炉霍县、甘孜县、雅江县、新龙县、道孚县、白玉县、理塘县、德格县、乡城县、石渠县、稻城县、色达县、巴塘县、泸定县、得荣县、丹巴县
贵州省	51	道真仡佬族苗族自治县、剑河县、台江县、黎平县、榕江县、从江县、雷山县、丹寨县、黄平县、锦屏县、天柱县、麻江县、施秉县、镇远县、三穗县、岑巩县、荔波县、罗甸县、惠水县、三都水族自治县、平塘县、独山县、长顺县、贵定县、龙里县、福泉市、瓮安县、松桃苗族自治县、沿河土家族自治县、印江土家族苗族自治县、禄丰市、望谟县、册亨县、安龙县、晴隆县、兴仁市、普安县、威宁彝族回族苗族自治县、赫章县、纳雍县、镇宁布依族苗族自治县、紫云苗族布依族自治县、关岭布依族苗族自治县、大方县、黔西市、织金县、金沙县、水城县、盘县特区、六枝特区、务川仡佬族苗族自治县
云南省	68	富宁县、麻栗坡县、马关县、文山市、砚山县、丘北县、广南县、西畴县、屏边苗族自治县、河口瑶族自治县、金平苗族瑶族傣族自治县、绿春县、元阳县、红河县、泸西县、石屏县、武定县、禄劝彝族苗族自治县、石林彝族自治县、巍山彝族回族自治县、南涧彝族自治县、漾濞彝族自治县、剑川县、鹤庆县、云龙县、弥渡县、洱源县、祥云县、宾川县、永平县、景谷傣族彝族自治县、江城哈尼族彝族自治县、孟连傣族拉祜族佤族自治县、西盟佤族自治县、澜沧拉祜族自治县、墨江哈尼族自治县、峨山彝族自治县、新平彝族傣族自治县、元江哈尼族彝族傣族自治县、勐海县、勐腊县、潞西县、陇川县、盈江县、梁河县、福贡县、泸水县、贡山独龙族怒族自治县、兰坪白族普米族自治县、香格里拉县、维西傈僳族自治县、德钦县、宁蒗彝族自治县、丽江纳西族自治县、耿马傣族佤族自治县、镇康县、沧源佤族自治县、双江拉祜族佤族布朗族傣族自治县、寻甸回族彝族自治县、景东彝族自治县、镇源彝族哈尼族拉祜族自治县、龙陵县、南华县、牟定县、大姚县、双柏县、永仁县、姚安县
甘肃省	20	临夏市、张家川回族自治县、临潭县、舟曲县、玛曲县、夏河县、卓尼县、迭部县、碌曲县、临夏县、永靖县、和政县、康乐县、广河县、东乡族自治县、积石山保安族东乡族撒拉族自治县、天祝藏族自治县、肃南裕固族自治县、肃北蒙古族自治县、阿克塞哈萨克族自治县
青海省	33	门源回族自治县、祁连县、刚察县、海晏县、尖扎县、同仁市、河南蒙古族自治县、泽库县、贵德县、同德县、兴海县、贵南县、共和县、玛沁县、班玛县、甘德县、达日县、久治县、玛多县、玉树市、杂多县、称多县、治多县、囊谦县、曲麻莱县、乌兰县、都兰县、天峻县、循化撒拉族自治县、化隆回族自治县、互助土族自治县、民和回族土族自治县、大通回族土族自治县
宁夏回族自治区	9	同心县、盐池县、原州区、西吉县、泾源县、海原县、隆德县、灵武县、彭阳县
新疆维吾尔自治区	53	和田市、喀什市、阿图什市、且末县、若羌县、和静县、和田县、皮山县、洛浦县、民丰县、策勒县、墨玉县、于田县、坷坪县、乌什县、温宿县、巴楚县、伽师县、疏附县、疏勒县、英吉沙县、岳普湖县、麦盖提县、莎车县、泽普县、塔什库尔干塔吉克自治县、叶城县、尼勒克县、新源县、巩留县、伊吾县、巴里坤哈萨克自治县、阿克陶县、阿合奇县、乌恰县、奇台县、木垒哈萨克自治县、温泉县、察布查尔锡伯自治县、霍城县、昭苏县、特克斯县、和布克赛尔蒙古自治县、裕民县、额敏县、托里县、阿勒泰市、布尔津县、青河县、哈巴河县、富蕴县、福海县、吉木乃县

注：吉林省珲春市和新疆维吾尔自治区博乐市、塔城市、焉耆回族自治县境内距县城(市区)100 公里以上，交通不便，少数民族聚居的 16 个乡镇按民族贸易县内的乡镇对待，享受国家有关民族贸易优惠政策。

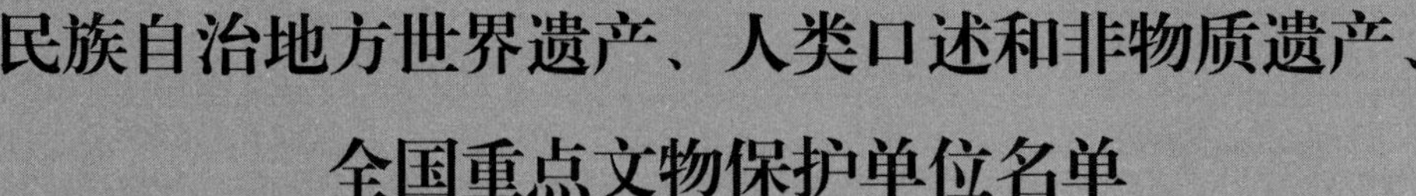

民族自治地方世界遗产、人类口述和非物质遗产、全国重点文物保护单位名单

■民族自治地方世界遗产

（截至 2021 年）

	名称	地点
世界文化遗产	元上都遗址	内蒙古自治区锡林郭勒盟正蓝旗
	土司遗址	湖北省恩施土家苗族自治州咸丰县
	红河哈尼梯田文化景观	云南省红河哈尼族彝族自治州元阳县
	拉萨布达拉宫历史建筑群（布达拉宫、大昭寺、罗布林卡）	西藏自治区拉萨市
	丝绸之路：长安—天山廊道的路网	新疆维吾尔自治区高昌故城、交河故城、克孜尔尕哈峰燧、克孜尔石窟、苏巴什佛寺遗址、北庭故城遗址
	高句丽王城、王陵及贵族墓葬	辽宁省本溪市桓仁满族自治县
	左江花山岩画文化景观	广西壮族自治区崇左市
世界自然遗产	九寨沟	四川省阿坝藏族羌族自治州九寨沟县
	黄龙	四川省阿坝藏族羌族自治州松潘县
	四川大熊猫栖息地	四川省阿坝藏族羌族自治州、甘孜藏族自治州
	云南三江并流保护区	云南省迪庆藏族自治州、怒江傈僳族自治州
	中国南方喀斯特	云南省石林彝族自治县、贵州省黔南布依族苗族自治州荔波县、贵州省黔东南苗族侗族自治州施秉县、广西壮族自治区桂林市阳朔县、广西壮族自治区河池市环江毛南族自治县
	青海可可西里	青海省玉树藏族自治州治多县、曲麻莱县
	新疆天山	新疆维吾尔自治区昌吉回族自治州、巴音郭楞蒙古自治州、阿克苏地区、伊犁哈萨克自治州

■民族自治地方人类口述和非物质遗产

（截至 2021 年）

名称	省区
蒙古族长调民歌	内蒙古自治区
蒙古族呼麦	内蒙古自治区
朝鲜族农乐舞	吉林省、黑龙江省、辽宁省
贵州侗族大歌	贵州省、广西壮族自治区
藏戏	西藏自治区、青海省、四川省、甘肃省、云南省
藏医药浴法	西藏自治区
《格萨尔》史诗	西藏自治区、青海省、甘肃省、四川省、内蒙古自治区、新疆维吾尔自治区
甘肃花儿	甘肃省
青海热贡艺术	青海省
新疆《玛纳斯》	新疆维吾尔自治区
新疆维吾尔木卡姆艺术	新疆维吾尔自治区

■民族自治地方全国重点文物保护单位

（截至 2021 年）

（一）古遗址：245 处				
地　区	数量	名　称	时 代	地　址
内蒙古自治区	74	辽上京遗址	辽	巴林左旗
		辽中京遗址	辽	宁城县
		大窑遗址	旧石器时代	呼和浩特市
		居延遗址	汉	额济纳旗
		嘎仙洞遗址	北魏	鄂伦春自治旗
		元上都遗址	元	正蓝旗
		兴隆洼遗址	新石器时代	敖汉旗
		大甸子遗址	青铜时代	敖汉旗
		固阳秦长城遗址	秦	固阳县
		缸瓦窑遗址	辽	赤峰市
		敖伦苏木城遗址	元	达尔罕茂明安联合旗
		萨拉乌苏遗址	旧石器时代	乌审旗
		岱海遗址群	新石器时代	凉城县
		庙子沟遗址	新石器时代	察哈尔右翼前旗
		架子山遗址群	青铜时代	喀喇沁旗
		大井古铜矿遗址	青铜时代	林西县
		城子山遗址	青铜时代	敖汉旗
		和林格尔土城子遗址	汉至唐	和林格尔县
		黑山头城址	金、元	额尔古纳市
		金界壕遗址	金	呼伦贝尔市、兴安盟、通辽市、赤峰市、乌兰察布市、包头市
		应昌路故城遗址	元	克什克腾旗
		黑城遗址	西夏至元	额济纳旗
		阿善遗址	新石器时代	包头市
		赵宝沟遗址	新石器时代	敖汉旗
		红山遗址群	新石器时代至青铜时代	赤峰市
		夏家店遗址群	新石器时代至战国	赤峰市
		朱开沟遗址	新石器时代至商	伊金霍洛旗
		秦直道遗址	秦	鄂尔多斯市
		麻池城遗址和召湾墓群	汉	包头市
		黑城城址	汉	宁城县
		朔方郡故城	汉	磴口市、巴彦淖尔市
		霍洛柴登城址	汉	杭锦旗
		克里孟城址	汉至南北朝	察哈尔右翼后旗
		沃野镇故城	汉至南北朝	乌拉特前旗
		白灵淖尔城址	南北朝	固阳县

续表 1

地　区	数量	名　称	时 代	地　址
内蒙古自治区	74	十二连城城址	隋至唐	准格尔旗
		城川城址	唐	鄂托克前旗
		查干浩特城址	辽至明	阿鲁科尔沁旗
		安答堡子城址	金至元	达尔罕茂明安联合旗
		净州路故城	金至元	四子王旗
		砂井路总管府故城	元	四子王旗
		巴彦乌拉城址	元	鄂温克族自治旗
		蘑菇山北遗址	旧石器时代	满洲里市
		金斯太洞穴遗址	旧石器时代、商	东乌珠穆沁旗
		辉河水坝遗址	新石器时代	鄂温克族自治旗
		哈克遗址	新石器时代	海拉尔区
		白音长汗遗址	新石器时代	林西县
		兴隆沟遗址	新石器时代	敖汉旗
		魏家窝铺遗址	新石器时代	红山区
		富河沟门遗址	新石器时代	巴林左旗
		寨子圪旦遗址	新石器时代	准格尔旗
		草帽山遗址	新石器时代	敖汉旗
		马架子遗址	新石器时代、夏、商、周	喀喇沁旗
		三座店石城遗址	夏至商	松山区
		二道井子遗址	夏至商	红山区
		太平庄遗址群	夏至商	松山区
		尹家店山城遗址	夏至商	松山区
		南山根遗址	周	宁城县
		奈曼土城子城址	战国至秦汉	奈曼旗
		云中郡故城	战国至隋唐	托克托县
		浩特陶海城址	辽	陈巴尔虎旗
		灵安州遗址	辽	库伦旗
		豫州城遗址及墓地	辽	扎鲁特旗
		韩州城遗址	辽	科尔沁左翼后旗
		饶州故城址	辽	林西县
		武安州遗址	辽、金、元	敖汉旗
		宁昌路遗址	辽、金、元	敖汉旗
		吐列毛杜古城遗址	金	科尔沁右翼中旗
		四郎城古城	金、元、明	正蓝旗
		燕家梁遗址	元	九原区
		新忽热古城址	元、明	乌拉特中旗
		岔河口遗址	新石器时代	清水河县
		哈民遗址	新石器时代	科尔沁左翼中旗
		丰州故城遗址	辽金元	呼和浩特市赛罕区

续表 2

地　区	数量	名　称	时 代	地　址
辽宁省	10	查海遗址	新石器时代	阜新蒙古族自治县
		庙后山遗址	旧石器时代	本溪满族自治县
		永陵南城址	汉至魏晋	抚顺市新宾满族自治县
		高俭地山城	汉至唐	本溪市桓仁满族自治县
		下古城子城址	汉至唐	本溪市桓仁满族自治县
		赫图阿拉故城	明	新宾满族自治县
		五女山山城	高句丽（公元前 37—668 年）	桓仁满族自治县
		东山嘴遗址	新石器时代	喀喇沁左翼蒙古族自治县
		鸽子洞遗址	旧石器时代	喀喇沁左翼蒙古族自治县
		卧龙山山城遗址	隋唐	岫岩满族自治县
吉林省	9	渤海中京城遗址	渤海（公元 698—926 年）	延边朝鲜族自治州和龙市
		八连城遗址	唐、五代	延边朝鲜族自治州珲春市
		塔虎城	辽、金	前郭尔罗斯蒙古族自治县
		百草沟遗址	战国至晋	延边朝鲜族自治州汪清县
		城山子山城	唐	延边朝鲜族自治州敦化市
		磨盘村山城	唐至金	延边朝鲜族自治州图们市
		石人沟遗址	旧石器时代	延边朝鲜族自治州和龙市
		萨其城址	唐	延边朝鲜族自治州珲春市
		温特赫部城址与裴优城址	唐、金	延边朝鲜族自治州珲春市
湖北省	5	建始直立人遗址	旧石器时代	恩施土家族苗族自治州建始县
		施州城址	宋	恩施土家族苗族自治州恩施市
		唐崖土司城址	元至清	恩施土家族苗族自治州咸丰县
		容美土司遗	明至清	恩施土家族苗族自治州鹤峰县
		长阳人遗址	旧石器时代	宜昌市长阳土家族自治县
湖南省	5	不二门遗址	商、周	湘西土家族苗族自治州永顺县
		魏家寨古城遗址	汉	湘西土家族苗族自治州保靖县
		里耶大板遗址与墓群	汉	湘西土家族苗族自治州龙山县
		四方城遗址	战国至汉	湘西土家族苗族自治州保靖县
		老司城遗址	五代至清	湘西土家族苗族自治州永顺县
广西壮族自治区	19	百谷和高岭坡遗址	旧石器时代	百色市、田东县
		甑皮岩遗址	新石器时代	桂林市
		顶蛳山遗址	新石器时代	邕宁区
		白莲洞遗址	旧石器至新石器时代	柳州市
		鲤鱼嘴遗址	旧石器至新石器时代	柳州市
		感驮岩遗址	新石器时代至战国	那坡县
		秦城遗址	秦至晋	兴安县
		智城城址	唐	上林县

续表 3

地　区	数量	名　称	时　代	地　址
广西壮族自治区	19	柳城巨猿洞	旧石器时代	柳城县
		布兵盆地洞穴遗址群	旧石器时代	田东县
		那赖遗址	旧石器时代	田阳区
		晓锦遗址	新石器时代	资源县
		大浪古城遗址	汉	合浦县
		草鞋村遗址	汉	合浦县
		越州故城	南朝	浦北县
		中和窑址	宋	藤县
		娅怀洞遗址	旧石器时代	隆安县
		大岩遗址	旧石器时代至新石器时代	桂林市临桂区
		父子岩遗址	新石器时代至商周	桂林市雁山区
海南省	2	桥山遗址	新石器时代	陵水黎族自治县
		信冲洞遗址	旧石器时代	昌江黎族自治县
重庆市	1	重庆冶锌遗址群	明至清	石柱土家族自治县
四川省	5	营盘山和姜维城遗址	新石器时代	阿坝藏族羌族自治州茂县、汶川县
		大洋堆遗址	周至战国	凉山彝族自治州西昌市
		哈休遗址	新石器时代	阿坝藏族羌族自治州马尔康市
		罕额依新石器时代文化遗址和汉代石棺葬墓群	新石器时代、汉	甘孜藏族自治州丹巴县
		永平堡古城	明	北川羌族自治县
贵州省	2	龙广观音洞遗址	旧石器时代至新石器时代	黔西南布依族苗族自治州安龙县
		普安铜鼓山遗址	战国至西汉	黔西南布依族苗族自治州普安县
云南省	11	太和城遗址	南诏（公元 649—902 年）	大理白族自治州大理市
		元谋猿人遗址	旧石器时代	楚雄彝族自治州元谋县
		腊玛古猿化石地点		楚雄彝族自治州禄丰市
		石佛洞遗址	新石器时代	耿马傣族佤族自治县
		白羊村遗址	新石器时代	大理白族自治州宾川县
		山龙山于图山城址	唐	巍山彝族回族自治县
		元谋古猿化石地点	旧石器时代	楚雄彝族自治州元谋县
		玉水坪遗址	旧石器时代至新石器时代	怒江傈僳族自治州兰坪白族普米族自治县
		大墩子遗址	新石器时代	楚雄彝族自治州元谋县
		海门口遗址	新石器时代至夏、商、周	大理白族自治州剑川县
		银梭岛遗址	新石器时代至商	大理白族自治州大理市
西藏自治区	7	古格王国遗址	约为公元十世纪前后	札达县
		卡若遗址	新石器时代	卡若区
		拉加里王宫遗址	13 世纪至 18 世纪	曲松县

续表 4

地　区	数量	名　称	时 代	地　址
西藏自治区	7	小恩达遗址	新石器时代	卡若区
		皮央和东嘎遗址	宋至明	札达县
		尼阿底遗址	旧石器时代	申扎县
		杰顿珠宗遗址	元明	洛扎县
甘肃省	11	齐家坪遗址	新石器时代	临夏回族自治州广河县
		林家湾遗址	新石器时代	临夏回族自治州东乡族自治县
		八角城城址	唐至明	甘南藏族自治州夏河县
		半山遗址	新石器时代	临夏回族自治州广河县
		然闹遗址	新石器时代	甘南藏族自治州迭部县
		磨沟遗址（含墓群）	新石器时代至商	甘南藏族自治州临潭县
		新庄坪遗址	新石器时代至商	临夏回族自治州积石山保安族东乡族撒拉族自治县
		边家林遗址	新石器时代至商	临夏回族自治州康乐县
		马家塬遗址	新石器时代、战国	天水市张家川回族自治县
		草沟井城址	汉至明	张掖市肃南裕固族自治县
		马鬃山玉矿遗址	战国至汉	北蒙古族自治县
青海省	8	马厂塬(yuán)遗址	新石器时代	民和回族土族自治县
		西海郡故城遗址	汉至南北朝	海北藏族自治州海晏县
		喇家遗址	新石器时代	民和回族土族自治县
		塔温搭里哈遗址	青铜时代	海西蒙古族藏族自治州都兰县
		宗日遗址	新石器时代	海南藏族自治州同德县
		塔里他里哈遗址	商至周	海西蒙古族藏族自治州都兰县
		门源古城	宋	海北藏族自治州门源回族自治县
		贡萨寺旧址与宗喀巴大殿	清	玉树藏族自治州治多县
宁夏回族自治区	15	水洞沟遗址	旧石器时代	灵武县
		开城遗址	元	原州区
		鸽子山遗址	旧石器时代	青铜峡市
		菜园遗址	新石器时代	海原县
		照壁山铜矿遗址	汉	中卫市
		灵武窑址	宋至明	灵武市
		张家场城址	汉	盐池县
		页河子遗址	新石器时代	隆德县
		固原古城遗址	汉至清	原州区
		省嵬城址	宋	惠农区
		七营北嘴城址	宋至明	海原县
		柳州城址	宋至明	海原县
		大营城址	宋至明	原州区
		兴武营城址	明	盐池县
		姚河塬遗址	西周	彭阳县

续表 5

地　区	数量	名　称	时 代	地　址
新疆维吾尔自治区	61	高昌故城	高昌（公元 500—640 年）	高昌区
		雅尔湖故城	高昌（公元 500—640 年）	高昌区
		楼兰故城遗址	汉至晋	若羌县
		北庭故城遗址	唐	吉木萨尔县
		尼雅遗址	西汉－西晋	民丰县
		苏巴什佛寺遗址	南北朝－唐	库车县
		奴拉赛铜矿遗址	青铜时代	尼勒克县
		圆沙古城	汉	于田县
		克孜尔尕哈烽燧	汉	库车县
		孔雀河烽燧群	汉至晋	尉犁县
		罗布泊南古城遗址	汉至晋	若羌县
		莫尔寺遗址	汉至唐	疏附县
		托库孜萨来遗址	汉至唐	巴楚县
		米兰遗址	汉至唐	若羌县
		安迪尔古城遗址	汉至唐	民丰县
		石头城遗址	晋至清	塔什库尔干塔吉克自治县
		七个星佛寺遗址	晋至宋	焉耆回族自治县
		热瓦克佛寺遗址	南北朝	洛浦县
		白杨沟佛寺遗址	唐	哈密市
		大河古城	唐	巴里坤县
		乌拉泊古城	唐至元	乌鲁木齐县
		台藏塔遗址	唐至宋	吐鲁番市
		丹丹乌里克遗址	南北朝至唐	策勒县
		麻扎塔格戍堡址	唐	墨玉县
		通古斯巴西城址	唐	新和县
		骆驼石旧石器遗址	旧石器时代	和布克赛尔蒙古自治县
		岳公台一西黑沟遗址群	春秋至战国	巴里坤哈萨克自治县
		龟兹故城	西汉至宋	库车县
		石人子沟遗址群	汉	巴里坤哈萨克自治县
		营盘古城古墓群及古墓群	汉至晋	尉犁县
		喀拉墩遗址	汉至南北朝	于田县
		乌什喀特古城遗址	汉至唐	新和县
		石城子遗址	东汉	奇台县
		达玛沟佛寺遗址	南北朝	策勒县
		克斯勒塔格佛寺遗址	唐	柯坪县
		兰城遗址	唐	和硕县
		唐王城遗址	唐	库车县

续表 6

地　区	数量	名　称	时 代	地　址
新疆维吾尔自治区	61	阿萨古城遗址	唐至宋	鄯善县
		达勒特古城遗址	唐至元	博乐市
		唐朝墩古城遗址	唐至元	奇台县
		夏塔古城遗址	唐至元	昭苏县
		昌吉州境内烽燧群	唐至清	木垒哈萨克自治县、奇台县、吉木萨尔县、阜康市、昌吉市、呼图壁县、玛纳斯县
		古代吐鲁番盆地军事防御遗址	唐至清	吐鲁番市、托克逊县、鄯善县
		哈密境内烽燧遗址	唐至清	伊州区、巴里坤哈萨克自治县、伊吾县
		柳中古城遗址	唐至清	鄯善县
		道尔本厄鲁特森木古城遗址	明	和布克赛尔蒙古自治县
		惠远新、老古城遗址	清	霍城县
		阔纳齐兰遗址	清	柯坪县
		伊犁清代卡伦遗址	清	霍城县、察布查尔锡伯自治县
		通天洞遗址	旧石器时代至商	吉木乃县
		吉仁台沟口遗址	商周	勒克县
		卓尔库特古城遗址	汉	轮台县
		博格达沁古城遗址	汉至唐	焉耆回族自治县
		阔纳协海尔古城遗址	魏晋至唐	轮台县
		乌什吐尔和夏合吐尔遗址	晋至宋	库车县、新和县
		公主堡古城遗址	唐	塔什库尔干塔吉克自治县
		霍拉山佛寺遗址	唐	焉耆回族自治县
		拉甫却克古城遗址	唐	哈密市伊州区
		小央达克协海尔古城遗址	唐	沙雅县
		玛纳斯古城遗址	唐至元	玛纳斯县
		巴里坤故城遗址	清	里坤哈萨克自治县
（二）石窟寺、石刻及其他：36 处				
地　区	数量	名　称	时 代	地　址
内蒙古自治区	2	阴山岩画	新石器至青铜时代	乌拉特前旗、乌拉特后旗、乌拉特中旗、磴口县
		真寂之寺石窟	辽	巴林左旗
湖北省	1	仙佛寺石窟	唐	恩施土家族苗族自治州来凤县
湖南省	3	溪州铜柱	五代	湘西土家族苗族自治州永顺县
		阳华岩摩崖	唐至清	江华瑶族自治县
		丹口苗文石刻群	明清	城步苗族自治县
广西壮族自治区	3	花山岩画	战国至东汉	宁明县
		桂林石刻	唐至清	桂林市
		柳侯祠碑刻	宋至民国	柳州市
四川省	1	博什瓦黑岩画	唐至宋	凉山彝族自治州昭觉县

续表 7

地　区	数量	名　称	时 代	地　址
云南省	4	石钟山石窟	南诏、大理（公元 649—1094 年）	大理白族自治州剑川县
		南诏铁柱	南　诏	大理白族自治州弥渡县
		元世祖平云南碑	元	大理白族自治州大理市
		沧源崖画	新石器时代	沧源佤族自治县
西藏自治区	5	查拉路甫石窟	唐宋	拉萨市城关区
		仁达摩崖造像	唐	察雅县
		囊巴朗则石雕	宋	芒康县
		乃甲切木石窟	明	岗巴县
		林恩摩崖石刻	唐	昂仁县
甘肃省	4	炳灵寺石窟	北魏至明	临夏回族自治州临夏县
		马蹄寺石窟群	十六国～清	肃南裕固族自治县
		文殊山石窟	北朝～西夏	肃南裕固族自治县
		河峪摩崖石刻	东汉	张家川回族自治县
青海省	1	贝大日如来佛石窟寺和勒巴沟摩崖	唐	玉树藏族自治州玉树市
宁夏回族自治区	3	须弥山石窟	北朝至唐	原州区
		贺兰山岩画	元	贺兰县
		大麦地岩画	新石器时代至西夏	中卫市沙坡头区
新疆维吾尔自治区	9	克孜尔千佛洞	唐至宋	拜城县
		库木吐喇千佛洞	唐至宋	库车县
		柏孜克里克千佛洞	唐至元	高昌区
		森木塞姆千佛洞	晋－宋	库车县
		克孜尔尕哈石窟	北朝至唐	库车县
		平定准噶尔勒铭碑	清	昭苏县
		吐峪沟石窟	南北朝至唐	鄯善县
		焕彩沟石刻	东汉、唐	哈密市伊州区
		刘平国刻石	东汉	拜城县
（三）古墓葬：85 处				
地　区	数量	名　称	时 代	地　址
内蒙古自治区	22	辽陵及奉陵邑(含怀凌陵及奉陵)	辽	巴林右旗、巴林左旗
		成吉思汗陵	1954 年迁建	伊金霍洛旗
		宝山、罕苏木墓群	辽	阿鲁科尔沁旗
		扎赉诺尔墓群	汉	满洲里市
		王昭君墓	汉	呼和浩特市
		韩匡嗣家族墓地	辽	巴林左旗
		吐尔基山墓	辽	科尔沁左翼后旗
		萧氏家族墓	辽	奈曼旗
		张应瑞家族墓地	元	翁牛特旗

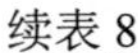

续表 8

地　区	数量	名　称	时　代	地　址
内蒙古自治区	22	南宝力皋吐古墓地	新石器时代	扎鲁特旗
		小黑石沟墓群	西周至战国	宁城县
		团结墓地	东汉	海拉尔区
		和林格尔东汉壁画墓	东汉	和林格尔县
		谢尔塔拉墓地	唐至五代	海拉尔区
		奈林稿辽墓群	辽	库伦旗
		耶律祺家族墓	辽	阿鲁科尔沁旗
		耶律琮墓	辽	喀喇沁旗
		沙日宝特墓群	辽	阿鲁科尔沁旗
		砧子山古墓群	元	多伦县
		恩格尔河墓群	元	苏尼特左旗
		和硕端静公主墓	清	喀喇沁旗
		马鬃山墓群	商周至汉	乌拉特中旗
辽宁省	6	永陵	清	新宾满族自治县
		马城子墓地	夏至西周	本溪市本溪满族自治县
		望江楼墓地	西汉王东汉	本溪市桓仁满族自治县
		雅河流域墓群	汉至唐	本溪市桓仁满族自治县
		冯家堡子墓地	汉至唐	本溪市桓仁满族自治县
		关山辽墓	辽	阜新市阜新蒙古族自治县
吉林省	4	干沟子墓群	战国至西汉	长白朝鲜族自治县
		龙头山古墓群	渤海	延边朝鲜族自治州和龙市
		六顶山古墓	渤海(公元 698—927 年)	延边朝鲜族自治州敦化市
		鸭绿江上游积石墓群	汉至唐	长白朝鲜族自治县
湖南省	1	里耶麦茶战国墓群	战国	湘西土家族苗族自治州龙山县
广西壮族自治区	2	合浦汉墓群	汉	合浦县
		凤腾山古墓群	清	环江毛南族自治县
四川省	1	凉山大石墓群	战国至汉	凉山彝族自治州德昌县、喜德县
贵州省	6	交乐墓群	汉	黔西南布依族苗族自治州兴仁市
		务川大坪墓群	汉	务川仡佬族苗族自治县
		兴义万屯墓群	东汉	黔西南布依族苗族自治州兴义市
		惠水仙人桥洞葬	明至清	黔南布依族苗族自治州惠水县
		黔南水族墓群	明至清	黔南布依族苗族自治州三都水族自治县、荔波县
		明十八先生墓	清	黔西南布依族苗族自治州安龙县
云南省	2	万家坝古墓群	明	楚雄彝族自治州楚雄市
		顺荡火葬墓群	明	大理白族自治州云龙县
西藏自治区	5	藏王墓	公元七世纪	琼结县
		烈山墓地	唐	朗县

续表 9

地　区	数量	名　称	时 代	地　址
西藏自治区	5	吉堆吐蕃墓群	唐	洛扎县
		查木钦墓群	唐	拉孜县
		故如甲木墓地	汉晋	噶尔县
青海省	4	杂涅墓群	唐	玉树藏族自治州玉树市
		玉树古墓群	唐	玉树藏族自治州治多县、玉树市、称多县
		街子拱北	清	循化撒拉族自治县
		热水墓群	唐	海西蒙古族藏族自治州都兰县
宁夏回族自治区	3	西夏陵	西夏	银川市
		固原北朝隋唐墓地	北朝至唐	原州区
		窨子梁唐墓	唐	盐池县
新疆维吾尔自治区	29	小河墓地	公元前 2000 年—公元前 1500 年	若羌县
		阔科克古墓群	青铜时代	布尔津县
		拜其尔墓地	青铜时代	伊吾县
		大喀纳斯景区墓葬群	青铜时代至铁器时代	布尔津县
		赛里木湖古墓群	青铜时代、汉至唐	博乐市
		阿日夏特科克石围及石堆墓群	春秋至战国	温泉县
		阿敦乔鲁石棚古墓群及岩画群	春秋至战国	温泉县
		库车友谊路墓群	晋、十六国	库车县
		小洪纳海石人墓	隋、唐	昭苏县
		默拉纳额什丁麻扎	明	库车县
		阿斯塔纳古墓群	晋至唐	吐鲁番市
		阿巴和明麻札	清	喀什市
		三海子墓葬及鹿石	青铜时代	青河县
		焉不拉克古墓群	青铜时代	哈密市
		察吾乎古墓群	青铜时代	和静县
		切木尔切克石人及石棺墓群	青铜时代至汉、魏	阿勒泰市
		扎滚鲁克石墓群	青铜时代至汉、晋	且末县
		山普拉古墓群	汉、晋	洛浦县
		楼兰墓群	新石器时代至晋	若羌县
		五堡墓群	青铜时代	哈密市
		洋海墓群	青铜时代至唐	鄯善县
		阿日夏特石人墓	隋至唐	温泉县
		麻赫穆德•喀什噶里墓	元	疏附县
		速檀•歪思汗麻扎	明	伊宁县
		叶尔羌汗国王陵	明	莎车县
		艾比甫•艾洁木麻扎	清	阿图什市
		哈密回王墓	清至民国	哈密市

续表 10

地　区	数量	名　称	时 代	地　址
新疆维吾尔自治区	29	吐虎鲁克 · 铁木尔汗麻扎	元	霍城县
		吉尔赞喀勒墓地	东周	塔什库尔干塔吉克自治县
（四）古建筑及历史纪念建筑物：145 处				
地　区	数量	名　称	时 代	地　址
内蒙古自治区	22	万部华严经塔	辽	呼和浩特市
		金刚座舍利宝塔	清	呼和浩特市
		美岱召	明	土默特右旗
		五当召	清	包头市
		汇宗寺	清	多伦县
		福会寺	清	喀喇沁旗
		喀喇沁亲王府及家庙	清	喀喇沁旗
		和硕恪靖公主府	清	呼和浩特市
		开鲁县佛塔	元	开鲁县
		清水河县长城	明	清水河县
		纳林塔秦国长城遗址	战国	伊金霍洛旗
		锦山龙泉寺	清	喀喇沁旗
		大召	明至清	呼和浩特市
		绥远城墙和将军衙署	清	呼和浩特市
		贝子庙	清	锡林浩特市
		定远营	清	阿拉善左旗
		灵悦寺	清	喀喇沁旗
		诺尔古建筑群	清	多伦县
		库伦三大寺	清	库伦旗
		僧格林沁王府	清	科尔沁左翼后旗
		宝善寺	清	阿鲁科尔沁旗
		昆都仑召	清	包头市昆都仑区
吉林省	1	灵光塔	渤海	长白朝鲜族自治县
浙江省	1	时思寺	元至清	景宁畲族自治县
湖北省	2	鱼木寨	明至清	恩施土家族苗族自治州利川市
		大水井古建筑群	清	恩施土家族苗族自治州利川市
湖南省	6	马田鼓楼	清	通道侗族自治县
		芋头侗寨古建筑群	明、清	通道侗族自治县
		坪坦风雨桥	清	通道侗族自治县
		凤凰古城堡	清	湘西土家族苗族自治州凤凰县
		芷江文庙	清	芷江侗族自治县
		宝镜何家大院	清至民国	江华瑶族自治县
广西壮族自治区	17	经略台真武阁	明	容县
		程阳永济桥	民国	三江县

续表 11

地　区	数量	名　称	时 代	地　址
广西壮族自治区	17	灵渠	秦	兴安县
		大士阁	明	合浦县
		莫土司衙署	明、清	忻城县
		靖江王府及王陵	明	桂林市
		岜团桥	清	三江侗族自治县
		临贺故城	汉至清	贺州市
		江头村和长岗岭村古建筑群	明至民国	灵川县
		马殷庙	明至清	富川瑶族自治县
		燕窝楼	明至清	全州县
		恭城古建筑群	明至清	恭城瑶族自治县
		桂林静江府城墙	南宋至明	桂林市叠彩区、秀峰区
		来宾文辉塔	明	来宾市兴宾区
		左江归龙斜塔	明清	崇左市江州区
		贺州江氏客家围屋	清	贺州市八步区
		乐湾村古建筑群	清至民国	恭城瑶族自治县
重庆市	1	湾底谭氏民居	清	石柱土家族自治县
四川省	10	卓克基土司官寨	清	阿坝藏族羌族自治州马尔康市
		德格印经院	清	甘孜藏族自治州德格县
		直波碉楼	清	阿坝藏族羌族自治州马尔康市
		松潘古城墙	明	阿坝藏族羌族自治州松潘县
		棒托寺	明、清	阿坝藏族羌族自治州壤塘县
		丹巴古碉群	唐至清	甘孜藏族自治州丹巴县
		措尔机寺	元至清	阿坝藏族羌族自治州壤塘县
		日斯满巴碉房	元至明	阿坝藏族羌族自治州壤塘县
		松格嘛呢石经城和巴格嘛呢石经墙	明至清	甘孜藏族自治州石渠县
		波日桥	清	甘孜藏族自治州新龙县
贵州省	9	增冲鼓楼	清	黔东南苗族侗族自治州从江县
		青龙洞	清	黔东南苗族侗族自治州镇远县
		福泉城墙	明	黔南布依族苗族自治州福泉市
		郎德上寨古建筑群	明、清	黔东南苗族侗族自治州雷山县
		地坪风雨桥	清	黔东南苗族侗族自治州黎平县
		寨英村古建筑群	明至清	松桃苗族自治县
		飞云崖古建筑群	明至清	黔东南苗族侗族自治州黄平县
		旧州古建筑群	明至清	黔东南苗族侗族自治州黄平县
		葛镜桥	明	黔南布依族苗族自治州福泉市
云南省	26	崇圣寺三塔	唐、五代	大理白族自治州大理市
		广允缅寺	清	沧源佤族自治县

续表 12

地 区	数量	名 称	时 代	地 址
云南省	26	景真八角亭	清	西双版纳傣族自治州勐海县
		曼飞龙塔	清	西双版纳傣族自治州景洪市
		大宝积宫与琉璃殿	明	玉龙纳西族自治县
		中心镇公堂	清	迪庆藏族自治州香格里拉市
		喜洲白族古建筑群	明、清	大理白族自治州大理市
		建水文庙	明、清	红河哈尼族彝族自治州建水县
		水目寺塔	唐至明	大理白族自治州祥云县
		佛图寺塔	唐	大理白族自治州大理市
		大姚白塔	唐	楚雄彝族自治州大姚县
		指林寺大殿	元至清	红河哈尼族彝族自治州建水县
		宝山石头城	元	玉龙纳西族自治县
		州城文庙和武庙	明至清	大理白族自治州宾川县
		龙华寺	明至清	楚雄彝族自治州姚安县
		朝阳楼	明	红河哈尼族彝族自治州建水县
		西门街古建筑群	明	大理白族自治州剑川县
		沙溪兴教寺	明至民国	大理白族自治州剑川县
		孟连宣抚司署	清	孟连傣族拉祜族佤族自治县
		曼短佛寺	清	西双版纳傣族自治州勐海县
		双龙桥	清	红河哈尼族彝族自治州建水县
		长春洞	清	巍山彝族回族自治县
		寿国寺	清	维西傈僳族自治县
		叶枝土司衙署	清	维西傈僳族自治县
		墨江文庙	清	墨江哈尼族自治县
		同乐傈僳族民居建筑群	清	维西傈僳族自治县
西藏自治区	31	大昭寺		拉萨市
		昌珠寺		乃东区
		萨迦寺	元	萨迦县
		布达拉宫	明至民国	拉萨市
		噶丹寺	明初至清	拉萨市
		扎什伦布寺	明初至清	日喀则市
		哲蚌寺	明	拉萨市
		色拉寺	明	拉萨市
		罗布林卡	清	拉萨市
		夏鲁寺	元至清	日喀则市
		桑耶寺	789—799 年	扎囊县
		托林寺	宋	札达县
		扎塘寺	1081—1093 年	扎囊县
		白居寺	明	江孜县

续表 13

地　区	数量	名　称	时 代	地　址
西藏自治区	31	朗色林庄园	明	扎囊县
		曲德寺、卓玛拉康	公元 10 世纪、公元 1274 年	吉隆县（大唐天竺使出铭公元 658 年）
		色喀古托寺	公元 1080 年	洛扎县
		科迦寺	公元 996 年	普兰县
		小昭寺	公元 641 年	拉萨市
		曲西碉楼群	北宋至明	洛扎县
		乃宁曲德寺	北宋至清	康马县
		艾旺寺	北宋至清	康马县
		达律王府	元	贡觉县
		吉如拉康	唐至清	乃东区
		松卡石塔	唐	扎囊县
		聂塘卓玛拉康	宋	曲水县
		敏竹林寺	明	扎囊县
		查杰玛大殿	元至清	昌都市
		平措林寺	明	拉孜县
		邦纳寺	明	索县
		康松桑卡林	清	扎囊县
甘肃省	2	拉卜楞寺	清	甘南藏族自治州夏河县
		天祝东大寺	清	天祝藏族自治县
青海省	5	隆务寺	明、清	黄南藏族自治州同仁县
		贵德文庙及玉皇阁	明、清	海南藏族自治州贵德县
		藏娘佛塔及桑周寺	北宋至清	玉树藏族自治州玉树市
		格萨尔三十大将军灵塔和达那寺	宋、元	玉树藏族自治州囊谦县
		却藏寺	清	互助土族自治县
宁夏回族自治区	7	海宝塔	清	银川市
		同心清真大寺	清	同心县
		拜寺口双塔	西夏	贺兰县
		一百零八塔	元	青铜峡市
		承天寺塔	清	银川市
		董府	清	吴忠市
		宁夏秦长城遗址	战国	彭阳县、西吉县、原州区
新疆维吾尔自治区	5	苏公塔	清	吐鲁番市
		伊犁将军府	清	伊宁市
		昭苏圣佑庙	清	昭苏县
		艾提尕尔清真寺	明	喀什市
		靖远寺	明	察布查尔锡伯自治县

续表 14

地　区	数量	名　称	时 代	地　址
（五）革命遗址、革命纪念建筑物及近现代重要史迹和代表性建筑：73 处				
内蒙古自治区	8	乌兰夫故居	清至民国	土默特左旗
		成吉思汗庙	民国	乌兰浩特市
		“独贵龙”运动旧址	1919—1921 年	乌审旗
		百灵庙起义旧址	1936 年	达尔罕茂明安联合旗
		内蒙古自治政府成立大会会址	1947 年	乌兰浩特市
		白塔火车站旧址	1921 年	呼和浩特市赛罕区
		侵华日军木石匣工事旧址	1941—1943 年	克什克腾旗
		集宁战役旧址	1946 年	乌兰察布市集宁区
湖北省	1	五里坪革命旧址	1929—1933 年	恩施土家族苗族自治州鹤峰县
湖南省	3	沈从文故居	清	湘西土家族苗族自治州凤凰县
		湘鄂川黔革命根据地旧址	1934—1935 年	湘西土家族苗族自治州永顺县、龙山县
		抗日胜利芷江洽降旧址	1945 年	芷江侗族自治县
广西壮族自治区	25	金田起义地址	1851 年	桂平市
		中国工农红军第七军、第八军军部旧址	1929—1930 年	百色市、龙州县
		李宗仁故居(包括李宗仁府邸)	1921—1948 年	临桂区、桂林市
		李济深故居	民国	苍梧县
		右江工农民主政府旧址	1929 年	田东县
		八路军桂林办事处旧址	1938 年	桂林市
		北海近代建筑	近代	北海市
		刘永福、冯子材旧居建筑群	清	钦州市
		连城要塞遗址和友谊关	明至清	北海市、防城港市、宁明县、凭祥市、龙州县、大新县、靖西市、那坡县
		容县近代建筑	清至民国	容县
		太平天国永安活动旧址	1851 年	蒙山县
		马胖鼓楼	民国	三江侗族自治县
		梧州中山纪念堂	民国	梧州市
		广西农民运动讲习所旧址	1925 年	东兰县
		红军标语楼	1930 年	河池市
		湘江战役旧址	1934 年	兴安县、 全州县、灌阳县
		昆仑关战役旧址	1939—1940 年	南宁市、宾阳县、柳州市
		胡志明旧居	1942—1954 年	柳州市
		西林教案发生地	1856 年	田林县
		法国驻龙州领事馆旧址	1898—1949 年	龙州县
		武宣刘氏庄园	1911 年	武宣县
		武宣郭氏庄园	1924 年	武宣县
		梧州市中共广西早期革命活动旧址	1962—1928 年	梧州市万秀区

续表 15

地　区	数量	名　称	时　代	地　址
广西壮族自治区	25	中共广西省第一次代表大会旧址	1928 年	贵港市港北区
		广西省立艺术馆旧址	1944 年	桂林市秀峰区
海南省	1	陵水县苏维埃政府　旧址	1927—1928 年	陵水黎族自治县
重庆市	1	赵世炎故居	1904—1914 年	酉阳土家族苗族自治县
四川省	3	泸定桥	1935 年	甘孜藏族自治州泸定县
		阿坝红军长征遗迹	1935 年	阿坝藏族羌族自治州小金县、黑水县、松潘县、若尔盖县、茂县、红原县
		白利寺	1936—1950 年	甘孜藏族自治州泸定县
贵州省	4	黔东特区革命委员会旧址	1934 年	沿河土家族自治县、印江土家族苗族自治县
		黎平会议会址	1934 年	黔东南苗族侗族自治州黎平县
		“二十四道拐”抗战公路	1936 年	黔西南布依族苗族自治州晴隆县
		和平村旧址	1941—1944 年	黔东南苗族侗族自治州镇远县
云南省	10	纳楼长官司署	清	红河哈尼族彝族自治州建水县
		南甸宣抚司署	清、民国	德宏傣族景颇族自治州梁河县
		五家寨铁路桥	清	屏边苗族自治县
		茨中教堂	清	迪庆藏族自治州德钦县
		蒙自海关旧址	清至民国	红河哈尼族彝族自治州蒙自市
		鸡街火车站	民国	红河哈尼族彝族自治州个旧市
		企鹤楼	民国	红河哈尼族彝族自治州石屏县
		陈氏宗祠	民国	红河哈尼族彝族自治州石屏县
		允燕塔	民国	德宏傣族景颇族自治州盈江县
		民族团结誓词碑	1951 年	宁洱哈尼族彝族自治县
西藏自治区	4	江孜宗山抗英遗址	1904 年	江孜县
		亚东海关遗址	1894—1903 年	亚东县
		昌都市人民解放委员会办公旧址	1955—1959 年	昌都市卡若区
		川藏、青藏公路纪念碑	1984 年	拉萨市城关区
甘肃省	1	俄界会议旧址	1935 年	甘南藏族自治州迭部县
青海省	3	第一个核武器研制基地旧址	1957—1995 年	海北藏族自治州海晏县
		新寨嘉那嘛呢	清	玉树藏族自治州玉树市
		循化西路红军革命旧址	1939—1946 年	循化撒拉族自治县
宁夏回族自治区	1	将台堡革命旧址	1936 年	西吉县
新疆维吾尔自治区	8	坎儿井地下水利工程	清	吐鲁番市
		塔城红楼	清至民国	塔城市
		三区革命政府政治文化活动中心旧址	民国	伊宁市
		乌鲁木齐文庙	1922 年	乌鲁木齐市天山区
		赛图拉哨卡遗址	1877—1962 年	皮山县
		毛泽民办公室及宿舍旧址	1940—1941 年	乌鲁木齐市天山区
		石河子军垦旧址	1952 年	新疆生产建设兵团第八师石河子市
		玉尔滚军垦旧址	1973 年	新疆生产建设兵团第一师阿拉尔市

民族自治地方国家级自然保护区、国家 AAAAA 级旅游景区和国家级风景名胜区名单

■民族自治地方国家级自然保护区

（截至 2021 年）

地区	数量	保护区名称	行政区域	主要保护对象	类型	建立时间
河北省	3	红松洼草原	围场满族蒙古族自治县	草原生态系统	草原草甸	1994/8/1
		塞罕坝	围场满族蒙古族自治县	森林-草原交错带生态系统	草原草甸	2007/4/6
		滦河上游	围场满族蒙古族自治县	滦河上游的自然生态环境、森林生态系统及其生物多样性和珍稀濒危的野生动植物物种	森林和野生动物	2008/1/14
内蒙古自治区	29	赛罕乌拉	巴林左旗	森林及马鹿等野生动物	森林生态	1997/4/1
		达里诺尔鸟类	克什克腾旗	珍稀鸟类	野生动物	1987/9/8
		白音敖包云杉林	克什克腾旗	沙地云杉林	森林生态	1979/10/4
		黑里河	宁城县	森林生态系统	森林生态	1996/12/31
		大黑山	敖汉旗	天然阔叶林	森林生态	1996/9/1
		大兴安岭汗马	根河市	森林生态系统	森林生态	1996/11/29
		红花尔基樟子松林	额温克旗	樟子松林	森林生态	1998/5/1
		辉河	鄂温克族自治旗	湿地、珍禽、草原	内陆湿地	1997/12/1
		呼伦湖	新巴尔虎右旗、新巴尔虎左旗、满洲里市和扎赉诺尔区	湖泊、湿地、草原生态系统	内陆湿地	1992/10/1
		科尔沁	科尔沁右翼中旗	湿地珍禽、灌丛及疏林草原	野生动物	1986/6/1
		图牧吉	扎赉特旗	草原生态系统及大鸨等珍禽	草原草甸	1996/8/1
		大青沟	科尔沁左翼后旗	针阔混交林	森林生态	1988/5/9
		锡林郭勒草原	锡林浩特市	草甸草原、沙地疏林	草原草甸	1985/8/8
		鄂尔多斯遗鸥	东胜区	遗鸥及其生境	野生动物	1991/1/1
		西鄂尔多斯	鄂托克旗、乌海市	古老残遗濒危植物	野生植物	1986/12/1
		乌拉特梭梭林-蒙古野驴	乌拉特后旗	梭梭林、蒙古野驴及荒漠生态系统	荒漠生态	1985/10/1
		内蒙古贺兰山	阿拉善左旗	水源涵养林、野生动植物	森林生态	1992/10/27
		额济纳胡杨林	额济纳旗	胡杨林	荒漠生态	1968/6/1
		阿鲁科尔沁	阿鲁科尔沁旗	沙地草原、湿地生态系统及珍稀鸟类	森林生态	2005/7/23
		哈腾套海	磴口县	荒漠植被和野生动植物	荒漠生态	2005/7/23
		额尔古纳	额尔古纳市	寒温带针叶林	森林生态	2006/2/11
		鄂托克恐龙遗迹化石	鄂托克旗查布苏木	多种类型的恐龙足迹化石,以及恐龙骨骼化石	地质遗迹	2007/4/6

续表 1

地区	数量	保护区名称	行政区域	主要保护对象	类型	建立时间
内蒙古自治区	29	大青山	乌兰察布市卓资县、呼和浩特市、包头市	山地森林灌丛珍稀野生动植物及水源涵养地	森林生态	2008/1/14
		罕山	扎鲁特旗	天然次生林及草原、章甸生态系统、珍稀濒危野生动植物资源、人文遗迹	综合型生态系统类型自然保护区	2013/12/1
		青山	兴安盟科尔沁右翼前旗	森林草原生态系统	森林草原生态系统	2013/12/25
		毕拉河	大兴安岭毕拉河林业局达尔滨湖林场和扎文河林场境内	森林沼泽、草本沼泽以及珍稀濒危野生动植物等	湿地生态系统，森林生态系统	2014/12/5
		乌兰坝	赤峰市巴林左旗	过渡带森林、草原植被及珍稀野生动物	森林生态	2014/12/23
		高格斯台罕乌拉	内蒙古赤峰市阿鲁科尔沁旗北部	森林、草原、湿地生态系统及珍稀动物	森林生态	2011/4/16
		古日格斯台	大兴安岭南部山地余脉的西麓	大兴安岭南部山地北麓森林系统	草原生态性	1998 年
辽宁省	3	老秃顶子	新宾满族自治县、桓仁满族自治县	长白植物区系原生型森林及紫杉、人参等珍稀物种	森林生态	1981/9/18
		白石砬子	宽甸满族自治县	原生型红松阔叶混交林	森林生态	1981/9/9
		海棠山	阜新蒙古族自治县	油松栎类混交的顶极群落及野生动物	森林生态	2007/4/6
吉林省	9	伊通火山群	伊通满族自治县	火山地质遗迹	地质遗迹	1984/6/27
		鸭绿江上游	长白朝鲜族自治县	冷水性鱼类	野生动物	1996/10/1
		天佛指山松茸	延边朝鲜族自治州龙井市	松茸及森林生态系统	野生植物	1996/8/22
		长白山	延边朝鲜族自治州安图县	森林及野生动物	森林生态	1960/4/1
		珲春东北虎	延边朝鲜族自治州珲春市	东北虎、豹及其栖息地	野生动物	2005/7/23
		查干湖	前郭尔罗斯蒙古族自治县	半干旱地区湖泊水生生态系统、湿地生态系统和野生珍稀、濒危鸟类	内陆湿地和水域生态	2007/4/6
		雁鸣湖	延边朝鲜族自治州敦化市	牡丹江上游湿地及黑鹳、东方白鹳、丹顶鹤、中华秋沙鸭等濒危水禽及东北虎迁移的重要生态通道	内陆湿地和水域生态	2007/4/6
		黄泥河	延边朝鲜族自治州敦化市	东北虎	自然和森林生态系统类型	2012/1/1
		汪清	延边朝鲜族自治州汪清县和珲春市	东北红豆杉、东北虎	森林生态	2012 年
湖北省	5	神农架	恩施土家族苗族自治州巴东县	森林生态系统及珍稀动物金丝猴等	森林生态	1986/7/9
		后河	五峰土家族自治县	原始森林珍稀动植物	森林生态	2000/4/1
		星斗山	恩施土家族苗族自治州利川市、恩施市、咸丰县	水杉、珙桐及森林植被	野生植物	1988/1/1

续表 2

地区	数量	保护区名称	行政区域	主要保护对象	类型	建立时间
湖北省	5	七姊妹山	恩施土家族苗族自治州宣恩县	典型的中亚热带山地常绿阔叶林生态系统、珙桐为主的珍稀濒危植物及群落、大型猫科动物为主的珍稀濒危动物及其栖息环境和亚高山泥炭藓沼泽湿地	野生植物	2008/1/14
		长阳崩尖子	长阳土家族自治县	中亚热带森林生态系统及生物多样性、国家珍稀濒危野生动植物资源及其栖息地	森林生态	1988/8/5
湖南省	1	小溪	湘西土家族苗族自治州永顺县	原始次生林	森林生态	1985/7/16
广西壮族自治区	23	大明山	武鸣区、马山县、上林县	季风常绿阔叶林、水源涵养林及自然景观	森林生态	1981/8/1
		花坪	龙胜各族自治县、临桂区	银杉及典型常绿阔叶林生态系统	野生植物	1961/11/1
		猫儿山	资源县、兴安县	典型常绿阔叶林生态系统、水源涵养林	森林生态	1976/5/1
		山口红树林	合浦县	红树林生态系统	海洋海岸	1990/9/30
		合浦营盘港-英罗港儒艮	合浦县	儒艮及其生态环境	野生动物	1986 年
		北仑河口	防城港市防城区和东兴市境内	红树林生态系统	树林生态系统	2000/4/1
		防城金花茶	防城港市防城区境内	珍稀濒危金花茶组植物及其赖以生存的北热带森林生态系统	森林生态	1994 年
		十万大山	防城港市上思县	珍贵稀有动植物资源及其栖息地	森林生态	1982 年
		弄岗	龙州、宁明两县交界处	石灰岩季雨林生态系、珍稀物种及岩溶地貌	森林生态	1980 年
		大瑶山	金秀瑶族自治县、荔浦市、蒙山县	银杉，瑶山鳄蜥、瑶山苣苔及金斑喙凤蝶	常绿阔叶林生态系统	2000 年
		木论	河池市环江毛南族自治县	喀斯特森林生态系统	森林生态	1998/8/1
		千家洞	灌阳县	银杏、资源冷杉、黄腹角雉、林麝	森林生态	2006/2/1
		岑王老山	田林县、凌云县	南亚热带中山常绿阔叶混交林、垂直带谱森林生态系统和黑颈长尾雉、叉孢苏铁、伯乐树等珍稀濒危物种	森林生态	2007/4/6
		九万山	融水苗族自治县、罗城仫佬族自治县、环江毛南族自治县	水源涵养林	森林生态	2007/4/6
		金钟山黑颈长尾雉	隆林各族自治县、西林县	黑颈长尾雉	野生动物	2008 年
		雅长兰科植物	百色市乐业县	兰科植物	野生植物	2005/4/1
		崇左白头叶猴	崇左市	白头叶猴、黑叶猴等野生动物及其赖以生存的喀斯特石山森林生态系统	野生动物	2012/1/1
		大桂山鳄蜥	贺州市	鳄蜥及其栖息地	野生动物	2013/6/1
		邦亮东黑冠长臂猿	靖西市	东黑冠长臂猿及其主要栖息地	岩溶山地季雨林生态系统	2013/12/25
		恩城	大新县恩城乡	金花茶、黑叶猴、黑熊、冠斑犀鸟、红腹雉等	野生动物	1980 年
		元宝山	融水县	森林植物资源、水资源及其珍稀树种	野生植物	2013/12/1

续表 3

地区	数量	保护区名称	行政区域	主要保护对象	类型	建立时间
广西壮族自治区	23	七冲	昭平县	野生动植物	森林生态	2013/12/18
		银竹老山	资源县	珍贵树种资源冷杉	森林生态	1982/6/1
海南省	4	尖峰岭	乐东黎族自治县	热带雨林生态系统	森林生态	1976/10/1
		五指山	琼中黎族苗族自治县	热带原始林生态系统	森林生态	1985/11/1
		坝王岭	昌江黎族自治县	黑冠长臂猿及生境	野生动物	1980/4/9
		吊罗山	陵水黎族自治县、保亭黎族苗族自治县、琼中黎族苗族自治县	森林生态系统及珍稀动植物	森林生态	2008/1/14
四川省	16	马边大风顶	马边彝族自治县	大熊猫及森林生态系统	野生动物	1977/5/1
		卧龙	阿坝藏族羌族自治州汶川县	大熊猫及森林生态系统	野生动物	1975/1/1
		九寨沟	阿坝藏族羌族自治州九寨沟县	大熊猫及森林生态系统	野生动物	1978/1/1
		小金四姑娘山	阿坝藏族羌族自治州小金县	野生动物及高山生态系统	野生动物	1996/11/29
		若尔盖湿地	阿坝藏族羌族自治州若尔盖县	高寒沼泽湿地及黑颈鹤等野生动物	内陆湿地	1994/8/18
		贡嘎山	甘孜藏族自治州康定市、泸定县	珍稀动物及高山生物多样性	森林生态	1997/12/8
		察青松多	甘孜藏族自治州白玉县	白唇鹿、金钱豹等野生动物	野生动物	1995/1/1
		亚丁	甘孜藏族自治州稻城县	森林生态系统、野生动植物、冰川	森林生态	1997/12/16
		美姑大风顶	凉山彝族自治州美姑县	大熊猫及森林生态系统	野生动物	1982/1/1
		海子山	甘孜州理塘县、稻城县	高寒湿地和麝类野生动物	湿地和野生动物	2008/1/1
		长沙贡玛	甘孜藏族自治州石渠县	西藏野驴等野生动物	沼泽湿地和野生动物类型	1995 年
		黑竹沟	峨边彝族自治县	大熊猫、四川山鹧鸪、红豆杉、珙桐等珍稀濒危野生动植物	森林生态系统和野生动物类型	2012/1/21
		格西沟	甘孜藏族自治州东南部的雅江县河口镇境内	四川雉鹑等珍稀野生鸟类	野生动物	1995 年
		白河	阿坝藏族羌族自治州九寨沟县白河乡	大熊猫、金丝猴等	森林和野生动物类型	2018/3/19
		南莫且湿地	阿坝藏族羌族自治州壤塘县	黑颈鹤、白唇鹿和湖泊、沼泽等高原湿地生态系统	内陆湿地	2002/9/1
		海子山	甘孜藏族自治州稻城县、理塘县	高寒湿地生态系统	内陆湿地	2008/1/14
贵州省	6	梵净山	印江土家族苗族自治县、松桃苗族自治县			1986/7/9
		麻阳河黑叶猴	沿河土家族自治县	黑叶猴等珍稀动物及生境	野生动物	1987/8/1
		草海	威宁彝族回族苗族自治县	高原湿地生态系统及黑颈鹤等	内陆湿地	1985/1/1
		雷公山	黔东南苗族侗族自治州	中亚热带森林及秃杉等珍稀植物	森林生态	1982/6/1

续表 4

地区	数量	保护区名称	行政区域	主要保护对象	类型	建立时间
贵州省	6	茂兰	黔南布依族苗族自治州荔波县	喀斯特地貌为主的森林生态系统	森林生态	1986/4/9
		大沙河	道真仡佬族苗族自治县	森林、动植物资源	森林生态	2018/5/31
云南省	12	哀牢山	新平彝族傣族自治县	原始森林、黑长臂猿等珍稀动植物	森林生态	1986/3/1
		高黎贡山	怒江傈僳族自治州泸水市	喜马拉雅红豆杉、戴帽叶猴	森林和野生动物类型	1986
		大围山	屏边苗族自治县	南亚热带常绿阔叶林及珍稀动物	森林生态	1986/6/1
		金平分水岭	金平苗族瑶族傣族自治县	热带半山山地苔藓常绿阔叶林以及珍稀动植物	森林生态	1986/6/1
		黄连山	红河哈尼族彝族自治州绿春县	亚热带常绿阔叶林生态系统、野生动植物	森林生态	1983/4/1
		文山老君山	文山壮族苗族自治州文山市	原始阔叶林	森林生态	1958/10/8
		无量山	景东彝族自治县、南涧县	亚热带常绿阔叶林及长臂猿等	森林生态	1988/3/1
		西双版纳	西双版纳傣族自治州、南涧彝族自治县	热带森林生态系统及珍稀野生动植物	森林生态	1958/10/9
		纳板河	西双版纳傣族自治州景洪市	森林和野生动植物	森林生态	1992/7/1
		苍山洱海	大理白族自治州大理市	断层湖泊、古代冰川遗迹、弓鱼、苍山冷杉、杜鹃林	内陆湿地	1981/11/5
		白马雪山	迪庆藏族自治州德钦县	高山针叶林、滇金丝猴	森林生态	1984/1/1
		南滚河	沧源佤族自治县	亚洲象及其栖息的热带季雨林	野生动物	1980/1/1
西藏自治区	11	雅鲁藏布江中游黑颈鹤	林周县	黑颈鹤及其越冬生境	野生动物	1993/1/1
		芒康滇金丝猴	芒康县	滇金丝猴及其生态系统	野生动物	1993/1/1
		珠穆朗玛峰	日喀则市	高山森林及荒漠生态系统	森林生态	1988/4/5
		色林错	申扎县	黑颈鹤繁殖地、高原湿地生态系统	野生动物	1993/1/1
		羌塘	双湖县、改则县等	藏羚羊、野牦牛等野生动物及高原荒漠生态系统	荒漠生态	1993/4/4
		雅鲁藏布大峡谷	墨脱县	热带山地垂直带植被及珍贵动植物	森林生态	1985/7/9
		察隅慈巴沟	察隅县	羚羊、山地亚热带森林生态系统	森林生态	1985/1/1
		拉鲁湿地	拉萨市	高寒湿地生态系统	内陆湿地	2005/7/23
		类乌齐马鹿	类乌齐县	马鹿、白唇鹿等野生动物及其生境、自然植被	野生动物	2005/7/23
		麦地卡湿地	嘉黎县	黑颈鹤、赤麻鸭等多种珍稀鸟类的迁徙走廊和繁殖地	高原湖泊沼泽草甸湿地	2018/3/19
		玛旁雍错湿地	普兰县	黑颈鹤、斑头雁等	湖泊湿地	2018/3/19
甘肃省	7	莲花山	卓尼、康乐县	森林生态系统	森林生态	1982/12/1
		尕海－则岔	甘南藏族自治州碌曲县	候鸟等野生动物、森林生态、石林等	野生动物	1995/10/1
		盐池湾	肃北蒙古族自治县	白唇鹿及过渡带生态系统	荒漠生态	2006/2/11
		黄河首曲湿地	甘南藏族自治州玛曲县	黄河首曲高原湿地生态系统	内陆湿地和水域生态系统	2013/12/25

续表 5

地区	数量	保护区名称	行政区域	主要保护对象	类型	建立时间
甘肃省	7	安南坝野骆驼	阿克塞哈萨克族自治县	野骆驼及其荒漠生态系统	野生动物	2006/2/11
		多儿	甘南藏族自治州迭部县	野生大熊猫及其栖息地的连片保护	野生动物	2017/7/4
		洮河	甘南藏族自治州的卓尼、临潭、迭部和合作四县	国家一级重点保护野生动物 5 种，国家重点保护动物 9 种	森林生态	1982 年
青海省	5	孟达	循化撒拉族自治县	森林生态系统及珍稀生物物种	森林生态	1980/4/1
		青海湖	海北藏族自治州刚察县	斑头雁、棕头鸥等水禽及生态系统	野生动物	1975/8/8
		可可西里	玉树藏族自治州	藏羚羊、野驴、野牦牛等有蹄类动物及生态系统	野生动物	1995/10/8
		隆宝	玉树藏族自治州玉树市	黑颈鹤、天鹅等水禽及草甸生态系统	野生动物	1986/8/9
		三江源	玉树藏族自治州玉树市	珍稀动物、湿地、森林、高寒草甸、冰川等生态系统	内陆湿地	2000/5/1
宁夏回族自治区	9	贺兰山	银川市	森林生态系统、野生动植物资源	森林生态	1982/7/1
		沙坡头	沙坡头区	自然沙生植被及人工植被、野生动物	荒漠生态	1984/9/1
		罗山	同心县	水源涵养林	森林生态	1982/7/1
		白芨滩	灵武市	天然柠条母树林及沙生植被	荒漠生态	1985/1/4
		六盘山	原州区	野生动物及水源涵养林	森林生态	1982/5/9
		哈巴湖	盐池县	过渡区荒漠–湿地生态系统	内陆湿地	2006/2/11
		云雾山	固原市	黄土高原半干旱区典型草原生态系统、典型草原生物多样性、典型草原自然生态“本底”等	草原与草甸生态系统	2013/6/4
		火石寨	西吉县	黄土高原地貌地质遗迹	山地森林灌丛草甸生态	2002 年
		南华山	海原县	山地森林生态系统和山地草原与草甸生态系统	森林草原复合生态	2014/12/23
新疆维吾尔自治区	15	阿尔金山	若羌县	三大有蹄类野生动物	荒漠生态	1983/1/1
		罗布泊野骆驼	若羌县	野骆驼及其生境	野生动物	1986/1/1
		巴音布鲁克	和静县	天鹅等珍稀水禽、沼泽	野生动物	1980/5/9
		托木尔峰	温宿县	野生动植物	森林生态	1980/1/1
		西天山	巩留县	雪岭云杉林森林生态系统	森林生态	1983/1/2
		甘家湖梭梭林	乌苏市	梭梭林及生境	荒漠生态	1983/10/1
		哈纳斯	布尔津县、哈巴河县	西伯利亚动植物区系及自然景观	森林生态	1980/5/1
		塔里木胡杨	尉犁县、轮台县	胡杨林及其荒漠生态系统	森林生态	2006/2/11
		艾比湖湿地	博乐市、精河县	湿地及珍稀野生动植物	内陆湿地	2007/4/6
		布尔根河狸	青河县	珍稀濒危的蒙新河狸和鸟类以及生境	野生动物	2013/12/1
		巴尔鲁克山	裕民县、托里县	巴尔鲁克山森林生态系统以及野巴旦杏、野苹果等濒危珍贵物种	森林生态	2014/12/23
		伊宁小叶白蜡	伊宁县	唯一的天然小叶白蜡集中地	野生植物	2016/5/2
		霍城四爪陆龟	霍城县	珍稀动物四爪陆龟及其生境	野生动物	2016/5/2
		北鲵	苏鲁别珍	北鲵	野生动物	2018/3/19
		阿勒泰科克苏湿地	阿勒泰市	湿地	内陆湿地	2017/7/4

■民族自治地方国家 AAAAA 级旅游景区

（截至 2021 年）

地　区	数量	名　称
内蒙古自治区	6	达拉特旗响沙湾旅游景区
		伊金霍洛旗成吉思汗陵旅游区
		满洲里市中俄边境旅游区
		阿尔山市柴河旅游景区
		赤峰市克什克腾旗阿斯哈图石阵景区
		阿拉善盟额济纳旗胡杨林
辽宁省	1	本溪满族自治县本溪水洞景区
吉林省	2	延边朝鲜族自治州安图县长白山景区
		延边朝鲜族自治州敦化市六鼎山文化旅游区
湖北省	4	长阳土家族自治县清江画廊景区
		恩施土家族苗族自治州恩施市恩施大峡谷景区
		恩施土家族苗族自治州利川市腾龙洞景区
		恩施土家族苗族自治州巴东县神农溪纤夫文化旅游区
广西壮族自治区	8	桂林市漓江景区
		桂林市乐满地度假世界
		桂林独秀峰 · 靖江王城景区
		南宁市青秀山旅游区
		桂林市两江四湖(秀峰区) · 象山(象山区)景区
		崇左市大新县德天跨国瀑布景区
		百色市右江区百色起义纪念园景区
		北海市海城区涠洲岛南湾鳄鱼山景区
海南省	2	保亭黎族苗族自治县呀诺达雨林文化旅游区
		陵水黎族自治县分界洲岛旅游区
重庆市	2	酉阳土家族苗族自治县桃花源景区
		彭水苗族土家族自治县阿依河景区
四川省	6	北川羌族自治县羌城旅游区
		阿坝藏族羌族自治州九寨沟旅游景区
		阿坝藏族羌族自治州松潘县黄龙风景名胜区
		阿坝藏族羌族自治州汶川特别旅游区
		甘孜藏族自治州泸定县海螺沟景区
		甘孜藏族自治州稻城县稻城亚丁旅游景区

续表

地　区	数量	名　称
贵州省	3	镇宁布依族苗族自治县黄果树瀑布景区
		黔南布依族苗族自治州荔波县樟江景区
		黔东南苗族侗族自治州镇远县镇远古城旅游景区
云南省	6	迪庆藏族自治州香格里拉市普达措国家公园
		西双版纳傣族自治州勐腊县中科院西双版纳热带植物园
		大理白族自治州大理市崇圣寺三塔文化旅游区
		玉龙纳西族自治县玉龙雪山景区
		石林彝族自治县石林风景区
		文山壮族苗族自治州丘北县普者黑旅游景区
西藏自治区	5	拉萨市布达拉宫景区
		拉萨市大昭寺景区
		林芝市工布江达县巴松措景区
		日喀则市桑珠孜区扎什伦寺景区
		林芝市米林县雅鲁藏布大峡谷旅游景区
甘肃省	1	临夏回族自治州永靖县炳灵寺景区
青海省	2	互助土族自治县互助土族故土园旅游区
		海北藏族自治州祁连县阿咪东索景区
宁夏回族自治区	4	石嘴山市沙湖旅游景区
		中卫市沙坡头旅游景区
		银川市西夏区宁夏镇北堡西部影视城
		银川市灵武市水洞沟旅游区
新疆维吾尔自治区	14	昌吉回族自治州阜康市天山天池风景名胜区
		吐鲁番市高昌区葡萄沟风景区
		伊犁哈萨克自治州阿勒泰地区布尔津县喀纳斯景区
		伊犁哈萨克自治州新源县那拉提旅游风景区
		伊犁哈萨克自治州阿勒泰地区富蕴县可可托海景区
		喀什地区泽普县金胡杨景区
		乌鲁木齐市乌鲁木齐县天山大峡谷
		巴音郭楞蒙古自治州博湖县博斯腾湖景区
		喀什地区喀什市喀什噶尔老城景区
		伊犁哈萨克自治州特克斯县喀拉峻景区
		巴音郭楞蒙古自治州和静县巴音布鲁克景区
		伊犁哈萨克自治州阿勒泰地区哈巴河县白沙湖景区
		喀什地区塔什库尔干塔吉克自治县帕米尔旅游区
		克拉玛依市乌尔禾区世界魔鬼城景区

■民族自治地方国家级风景名胜区

（截至 2021 年）

地　区	数量	名称
内蒙古自治区	2	扎兰屯风景名胜区
		额尔古纳风景名胜区
辽宁省	2	青山沟风景名胜区
		本溪水洞风景名胜区
吉林省	2	仙景台风景名胜区
		防川风景名胜区
湖南省	4	猛洞河风景名胜区
		德夯风景名胜区
		万佛山–侗寨风景名胜区
		湖南省凤凰风景名胜区
广西壮族自治区	3	桂林漓江风景名胜区
		桂平西山风景名胜区
		花山风景名胜区
四川省	4	黄龙寺－九寨沟风景名胜区
		贡嘎山风景名胜区
		四姑娘山风景名胜区
		邛海－螺髻山风景名胜区
贵州省	11	黄果树风景名胜区
		㵲阳河风景名胜区
		荔波樟江风景名胜区
		马岭河峡谷风景名胜区
		都匀斗篷山－剑江风景名胜区
		黎平侗乡风景名胜区
		紫云格凸河穿洞风景名胜区
		平塘风景名胜区
		榕江苗山侗水风景名胜区
		沿河乌江山峡风景名胜区
		瓮安江界河风景名胜区
云南省	9	路南石林风景名胜区
		西双版纳风景名胜区
		大理风景名胜区
		三江并流风景名胜区
		丽江玉龙雪山风景名胜区
		瑞丽江—大盈江风景名胜区

续表

地　区	数量	名称
云南省	9	省建水风景名胜区
		普者黑风景名胜区
		阿庐风景名胜区
西藏自治区	4	雅砻河风景名胜区
		纳木错-念青唐古拉山风景名胜区
		唐古拉山-怒江源风景名胜区
		西藏自治区土林-古格风景名胜区
青海省	1	青海湖风景名胜区
宁夏回族自治区	2	西夏王陵风景名胜区
		宁夏回族自治区须弥山石窟风景名胜区
新疆维吾尔自治区	6	天山天池风景名胜区
		库木塔格沙漠风景名胜区
		博斯腾湖风景名胜区
		赛里木湖风景名胜区
		托木尔大峡谷风景名胜区
		罗布人村寨风景名胜区

民族自治地方国家历史文化名城、中国历史文化名镇、中国历史文化名村名单

■民族自治地方国家历史文化名城

（截至 2021 年）

地　区	数量	名称
内蒙古自治区	1	呼和浩特市
湖南省	1	凤凰县
广西壮族自治区	3	桂林市、柳州市、北海市
四川省	1	会理市
贵州省	1	镇远县
云南省	3	大理市、巍山彝族回族自治县、建水县
西藏自治区	3	拉萨市、桑珠孜区、江孜县
青海省	1	同仁县
宁夏回族自治区	1	银川市
新疆维吾尔自治区	5	喀什市、吐鲁番市、库车县、伊宁市、特克斯县

■民族自治地方中国历史文化名镇

（截至 2021 年）

地区	数量	名称
内蒙古自治区	5	牙克石市博克图镇
		多伦县多伦淖尔镇
		丰镇市隆盛庄镇
		喀喇沁旗王爷府镇
		库伦旗库伦镇
辽宁省	1	新宾满族自治县永陵镇
浙江省	1	景宁畲族自治县鹤溪镇
湖北省	1	恩施土家族苗族自治州宣恩县椒园镇
湖南省	4	湘西土家族苗族自治州龙山县里耶镇
		湘西土家族苗族自治州永顺县芙蓉镇
		湘西土家族苗族自治州泸溪县浦市镇
		湘西土家族苗族自治州花垣县边城镇
广西壮族自治区	10	昭平县黄姚镇
		灵川县大圩镇
		阳朔县兴坪镇

续表

广西壮族自治区	10	阳朔县福利镇
		兴安县界首镇
		恭城瑶族自治县恭城镇
		贺州市八步区贺街镇
		鹿寨县中渡镇
		防城港市防城区那良镇
		兴安县界首镇
重庆市	2	阳土家族苗族自治县
		酉阳土家族苗族自治县龚滩镇
贵州省	3	黔东南苗族侗族自治州黄平县旧州镇
		黔东南苗族侗族自治州雷山县西江镇
		松桃苗族自治县寨英镇
云南省	6	楚雄彝族自治州禄丰市黑井镇
		大理白族自治州剑川县沙溪镇
		孟连傣族拉祜族佤族自治县娜允镇
		大理白族自治州宾川县州城镇
		大理白族自治州洱源县凤羽镇
		红河哈尼族彝族自治州蒙自市新安所镇
西藏自治区	5	乃东区昌珠镇
		定结县陈塘镇
		贡嘎县杰德秀镇
		日喀则市萨迦镇
		札达县托林镇
甘肃省	1	甘南藏族自治州临潭县新城镇
青海省	1	循化撒拉族自治县街子镇
新疆维吾尔自治区	3	鄯善县鲁克沁镇
		霍城县惠远镇
		富蕴县可可托海镇

■民族自治地方中国历史文化名村

（截至 2021 年）

地　区	数量	名称
内蒙古自治区	2	土默特右旗美岱召镇美岱召村
		包头市石拐区五当召镇五当召村
吉林省	1	延边朝鲜族自治州图们市月晴镇白龙村
湖北省	4	恩施土家族苗族自治州恩施市崔家坝镇滚龙坝村
		恩施土家族苗族自治州宣恩县沙道沟镇两河口村
		恩施土家族苗族自治州宣恩县椒园镇庆阳坝村
		恩施土家族苗族自治州利川市谋道镇鱼木村
湖南省	5	湘西土家族苗族自治州龙山县苗儿滩镇捞车村
		通道侗族自治县坪坦乡坪坦村
		通道侗族自治县双江镇芋头村
		通道侗族自治县清塘镇楼田村
		湘西土家族苗族自治州永顺县灵溪镇老司城村
广东省	1	连南瑶族自治县三排镇南岗古排村
广西壮族自治区	29	富川瑶族自治县朝东镇秀水村
		灵山县佛子镇大芦村
		富川瑶族自治县古城镇秀山村
		南宁市江南区江西镇同江村三江坡
		南宁市江南区江西镇扬美村
		玉林市玉州区城北街道办事处高山村
		宾阳县古辣镇蔡村
		岑溪市筋竹镇云龙村
		富川瑶族自治县朝东镇福溪村
		灌阳县文市镇月岭村
		贺州市平桂区沙田镇龙井村
		灵川县青狮潭镇江头村
		灵山县新圩镇萍塘村
		陆川县平乐镇长旺村
		天峨县三堡乡三堡村
		兴安县漠川乡榜上村
		兴业县葵阳镇榜山村
		兴业县龙安镇龙安村

续表 1

地　区	数量	名称
广西壮族自治区	29	兴业县石南镇庞村
		兴业县石南镇谭良村
		阳朔县白沙镇旧县村
		阳朔县高田镇朗梓村
		玉林市福绵区新桥镇大楼村
		玉林市玉州区南江街道岭塘村(朱砂垌)
		钟山县公安镇大田村
		钟山县公安镇荷塘村
		钟山县回龙镇龙道村
		钟山县清塘镇英家村
		钟山县燕塘镇玉坡村
四川省	1	甘孜藏族自治州丹巴县梭坡乡莫洛村
贵州省	10	黔东南苗族侗族自治州锦屏县隆里乡隆里村
		黔东南苗族侗族自治州黎平县肇兴乡肇兴寨村
		黔东南苗族侗族自治州从江县往洞乡增冲村
		三都水族自治县都江镇怎雷村
		黔东南苗族侗族自治州雷山县郎德镇上郎德村
		务川仡佬族苗族自治县大坪镇龙潭村
		黔东南苗族侗族自治州从江县丙妹镇岜沙村
		黔东南苗族侗族自治州黎平县茅贡乡地扪村
		黔东南苗族侗族自治州榕江县栽麻乡大利村
		务川仡佬族苗族自治县大坪镇龙潭村
云南省	6	大理白族自治州云龙县诺邓镇诺邓村
		红河哈尼族彝族自治州石屏县宝秀镇郑营村
		巍山彝族回族自治县永建镇东莲花村
		大理白族自治州祥云县云南驿镇云南驿村
		大理白族自治州弥渡县密祉乡文盛街村
		大理白族自治州永平县博南镇曲硐村
西藏自治区	4	吉隆县吉隆镇帮兴村
		尼木县吞巴乡吞达村
		普兰县普兰镇科迦村
		工布江达县错高乡错高村

续表 2

地　区	数量	名称
青海省	5	黄南藏族自治州同仁县年都乎乡郭麻日村
		玉树藏族自治州玉树市仲达乡电达村
		循化撒拉族自治县清水乡大庄村
		玉树藏族自治州玉树市安冲乡拉则村
		果洛藏族自治州班玛县灯塔乡班前村
宁夏回族自治区	1	中卫市香山乡南长滩村
新疆维吾尔自治区	4	鄯善县吐峪沟乡麻扎村
		哈密市回城乡阿勒屯村
		哈密市五堡乡博斯坦村
		特克斯县喀拉达拉乡琼库什台村

中国少数民族特色村寨名单

■首批中国少数民族特色村寨

地　区	数量（个）	少数民族特色村寨名称
北京市	4	北京市房山区窦店镇窦店村
		北京市顺义区后沙峪镇回民营村
		北京市密云区古北口镇古北口村
		北京市延庆区大庄科乡慈母川村
天津市	1	天津市蓟州区孙各庄满族乡隆福寺村
河北省	9	河北省张家口市崇礼区西湾子镇黄土嘴村
		河北省承德市宽城满族自治县化皮溜子乡西岔沟村
		河北省秦皇岛市青龙满族自治县安子岭乡东山村
		河北省唐山市迁西县汉儿庄乡太阳峪村
		河北省唐山市玉田县唐自头镇小陵村
		河北省保定市易县西陵镇凤凰台村
		河北省保定市易县西陵镇忠义村
		河北省沧州市青县曹寺乡马家场村
		河北省沧州市海兴县赵毛陶镇小尤村
内蒙古自治区	3	内蒙古自治区呼伦贝尔市根河市敖鲁古雅鄂温克民族乡敖鲁古雅村
		内蒙古自治区呼伦贝尔市阿荣旗新发朝鲜族乡东光村
		内蒙古自治区锡林郭勒盟太仆寺旗贡宝力格苏木后瓦窑嘎查
辽宁省	4	辽宁省朝阳市喀喇沁左翼蒙古族自治县南哨镇白音爱里村
		辽宁省抚顺市新宾满族自治县永陵镇赫图阿拉村
		辽宁省丹东市凤城市凤山区大梨树村
		辽宁省盘锦市盘山县胡家镇红岩村
吉林省	9	吉林省吉林市龙潭区乌拉街满族镇阿拉底村
		吉林省白山市浑江区七道江镇鲜明村
		吉林省白山市抚松县漫江镇锦江满族木屋村
		吉林省白山市长白朝鲜族自治县马鹿沟镇果园村
		吉林省延边朝鲜族自治州图们市月晴镇白龙村
		吉林省延边朝鲜族自治州珲春市敬信镇防川村
		吉林省延边朝鲜族自治州和龙市西城镇金达莱村
		吉林省延边朝鲜族自治州安图县石门镇茶条村
		吉林省延边朝鲜族自治州安图县二道白河镇奶头山村

续表 1

地　区	数量（个）	少数民族特色村寨名称
黑龙江省	4	黑龙江省齐齐哈尔市梅里斯达斡尔族区雅尔赛镇哈拉新村
		黑龙江省黑河市爱辉区新生鄂伦春族乡新生村
		黑龙江省佳木斯市郊区敖其镇敖其赫哲族村
		黑龙江省牡丹江市宁安市江南朝鲜族满族乡明星村
江苏省	1	江苏省扬州市高邮市菱塘回族乡清真村
浙江省	6	浙江省杭州市桐庐县莪山畲族乡中门民族村
		浙江省湖州市安吉县章村镇郎村村
		浙江省温州市平阳县南雁镇堂基村
		浙江省丽水市莲都区大港头镇利山村
		浙江省丽水市景宁畲族自治县东坑镇深垟村
		浙江省丽水市景宁畲族自治县大均乡李宝村
安徽省	2	安徽省安庆市望江县漳湖镇回民村
		安徽省宣城市宁国市云梯畲族乡千秋村
福建省	10	福建省福州市长乐区航城街道琴江满族村
		福建省福州市连江县东湖镇天竹村
		福建省南平市延平区水南街道岭炳洋村
		福建省三明市永安市青水畲族乡沧海村
		福建省漳州市漳浦县湖西畲族乡顶坛村
		福建省漳州市华安县新圩镇官畲村
		福建省宁德市蕉城区金涵畲族乡上金贝村
		福建省宁德市蕉城区八都镇猴盾村
		福建省宁德市福安市穆云畲族乡溪塔村
		福建省宁德市霞浦县溪南镇白露坑村
江西省	3	江西省赣州市赤土畲族乡青塘村大岭背组
		江西省吉安市青原区东固畲族乡江口民族村蔡家垅自然村
		江西省吉安市峡江县金坪民族乡新民村
河南省	5	河南省洛阳市栾川县城关镇大南沟村
		河南省焦作市沁阳市太行办事处水南关村
		河南省开封市祥符区朱仙镇西大街村
		河南省平顶山市叶县马庄回族乡李庄村
		河南省南阳市方城县袁店回族乡汉山村
湖北省	21	湖北省襄阳市宜城市板桥店镇王台回族村
		湖北省宜昌市点军区土城乡车溪村
		湖北省宜昌市宜都市潘家湾土家族乡潘家湾村
		湖北省宜昌市长阳土家族自治县武落钟离山庄溪村

续表 2

地　区	数量（个）	少数民族特色村寨名称
湖北省	21	湖北省神农架林区下谷坪土家族乡金甲坪村
		湖北省神农架林区下谷坪土家族乡兴隆寺村
		湖北省恩施土家族苗族自治州恩施市白杨坪乡熊家岩村
		湖北省恩施土家族苗族自治州恩施市白杨坪乡麂子渡村
		湖北省恩施土家族苗族自治州恩施市三岔乡莲花池村
		湖北省恩施土家族苗族自治州恩施市芭蕉侗族乡戽口村
		湖北省恩施土家族苗族自治州恩施市芭蕉侗族乡高拱桥村
		湖北省恩施土家族苗族自治州建始县高坪镇大店子村
		湖北省恩施土家族苗族自治州巴东县水布垭镇围龙坝村
		湖北省恩施土家族苗族自治州巴东县野三关镇石桥坪村
		湖北省恩施土家族苗族自治州宣恩县彭家寨
		湖北省恩施土家族苗族自治州咸丰县黄金洞乡麻柳溪村
		湖北省恩施土家族苗族自治州来凤县三湖乡黄柏村
		湖北省恩施土家族苗族自治州来凤县百福司镇南河村
		湖北省恩施土家族苗族自治州鹤峰县中营镇大路坪村
		湖北省恩施土家族苗族自治州鹤峰县五里乡南村村
		湖北省恩施土家族苗族自治州鹤峰县邬阳乡斑竹村
湖南省	27	湖南省长沙市开福区捞刀河镇汉回村
		湖南省张家界市永定区王家坪镇石堰坪村
		湖南省张家界市慈利县阳和土家族乡杨家坪村
		湖南省常德市桃源县枫树维回乡维回新村
		湖南省常德市石门县罗坪乡长梯隘村
		湖南省郴州市资兴市团结瑶族乡二峰村
		湖南省永州市江永县千家峒瑶族乡刘家庄村
		湖南省邵阳市隆回县虎形山瑶族乡崇木凼村
		湖南省邵阳市绥宁县黄桑坪苗族乡上堡村
		湖南省邵阳市城步苗族自治县长安营乡大寨村
		湖南省邵阳市城步苗族自治县丹口镇桃林村
		湖南省怀化市新晃侗族自治县凉伞镇冲首村
		湖南省怀化市新晃侗族自治县贡溪乡天井寨
		湖南省怀化市芷江侗族自治县碧涌镇碧河村
		湖南省怀化市靖州苗族侗族自治县三锹乡地笋村
		湖南省怀化市通道侗族自治县坪坦乡坪坦村
		湖南省怀化市通道侗族自治县坪坦乡横岭村
		湖南省湘西土家族苗族自治州吉首市矮寨镇德夯村

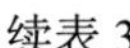

续表 3

地　区	数量（个）	少数民族特色村寨名称
湖南省	27	湖南省湘西土家族苗族自治州吉首市寨阳乡坪朗村
		湖南省湘西土家族苗族自治州花垣县边城乡隘门村
		湖南省湘西土家族苗族自治州花垣县排料乡金龙村
		湖南省湘西土家族苗族自治州保靖县普戎镇亨章村
		湖南省湘西土家族苗族自治州古丈县默戎镇龙鼻村
		湖南省湘西土家族苗族自治州永顺县芙蓉镇（王村古镇）
		湖南省湘西土家族苗族自治州永顺县大坝乡双凤村
		湖南省湘西土家族苗族自治州永顺县灵溪镇司城村
		湖南省湘西土家族苗族自治州龙山县苗儿滩镇捞车河村
广东省	7	广东省清远市连南瑶族自治县三排镇南岗千年瑶寨
		广东省清远市连南瑶族自治县三排镇连水村委会墩龙瑶寨
		广东省清远市连南瑶族自治县三排镇油岭村委会油岭古寨
		广东省韶关市乳源瑶族自治县必背镇必背村委会必背口村
		广东省韶关市乳源瑶族自治县游溪镇大寮坑村委会八一瑶族新村
		广东省韶关市乳源瑶族自治县东坪镇新村村委会东莞“双到”瑶族新村
		广东省汕尾市海丰县鹅埠镇红罗畲族村
广西壮族自治区	59	广西壮族自治区南宁市兴宁区三塘镇路东村留肖坡
		广西壮族自治区桂林市全州县东山瑶族乡清水村委清水村
		广西壮族自治区桂林市兴安县华江瑶族乡千祥村军田头屯、瓦窑面屯
		广西壮族自治区桂林市灌阳县洞井瑶族乡洞井村洞井自然村
		广西壮族自治区桂林市资源县两水苗族乡社水村
		广西壮族自治区桂林市荔浦市蒲芦瑶族乡福文村纳兊屯
		广西壮族自治区桂林市龙胜各族自治县乐江乡宝赠侗寨
		广西壮族自治区桂林市龙胜各族自治县泗水乡周家村白面瑶寨
		广西壮族自治区桂林市龙胜各族自治县和平乡龙脊古壮寨
		广西壮族自治区桂林市龙胜各族自治县和平乡金竹壮寨
		广西壮族自治区桂林市龙胜各族自治县和平乡平安壮寨
		广西壮族自治区桂林市龙胜各族自治县和平乡黄洛瑶寨
		广西壮族自治区桂林市龙胜各族自治县乐江乡地灵侗寨
		广西壮族自治区桂林市龙胜各族自治县平等乡广南侗寨
		广西壮族自治区桂林市龙胜各族自治县平等乡平等侗寨
		广西壮族自治区桂林市龙胜各族自治县三门镇同烈瑶寨
		广西壮族自治区桂林市龙胜各族自治县伟江乡布弄苗寨
		广西壮族自治区桂林市恭城瑶族自治县莲花镇红岩村
		广西壮族自治区柳州市柳城县古砦仫佬族乡滩头屯

续表 4

地　区	数量（个）	少数民族特色村寨名称
广西壮族自治区	59	广西壮族自治区柳州市融安县雅瑶乡章口村
		广西壮族自治区柳州市三江侗族自治县林溪乡高秀村
		广西壮族自治区柳州市三江侗族自治县林溪乡高友村
		广西壮族自治区柳州市三江侗族自治县林溪乡冠洞村冠小屯
		广西壮族自治区柳州市三江侗族自治县林溪乡马鞍屯
		广西壮族自治区柳州市三江侗族自治县独峒乡高定村
		广西壮族自治区柳州市三江侗族自治县独峒乡岜团村
		广西壮族自治区柳州市三江侗族自治县独峒乡林略村
		广西壮族自治区柳州市三江侗族自治县独峒乡唐朝村
		广西壮族自治区柳州市三江侗族自治县独峒乡八协村座龙屯
		广西壮族自治区柳州市三江侗族自治县八江乡布央村
		广西壮族自治区柳州市三江侗族自治县丹洲镇丹洲村
		广西壮族自治区柳州市三江侗族自治县良口乡和里村欧阳屯
		广西壮族自治区柳州市融水苗族自治县安陲乡吉曼村吉曼屯
		广西壮族自治区柳州市融水苗族自治县杆洞乡杆洞村杆洞屯
		广西壮族自治区柳州市融水苗族自治县四荣乡东田村小东江屯
		广西壮族自治区柳州市融水苗族自治县四荣乡荣地村
		广西壮族自治区柳州市融水苗族自治县香粉乡雨卜村卜令屯
		广西壮族自治区柳州市融水苗族自治县香粉乡中坪村雨梅屯
		广西壮族自治区柳州市融水苗族自治县安太乡林洞村
		广西壮族自治区柳州市融水苗族自治县大浪乡大新村红邓屯
		广西壮族自治区柳州市融水苗族自治县大浪乡高培村上寨屯
		广西壮族自治区柳州市融水苗族自治县拱洞乡龙培村
		广西壮族自治区梧州市蒙山县长坪瑶族乡平垌瑶寨
		广西壮族自治区防城港市防城区那良镇高林村
		广西壮族自治区崇左市凭祥市夏石镇新鸣村板小屯
		广西壮族自治区崇左市大新县堪圩乡明仕村弄朋屯
		广西壮族自治区崇左市宁明县城中镇珠连村攀龙屯
		广西壮族自治区百色市右江区平圩民族新村
		广西壮族自治区百色市德保县城关镇西读村大朔屯
		广西壮族自治区百色市靖西市新靖镇旧州街
		广西壮族自治区百色市西林县马蚌乡浪吉村那岩古木寨
		广西壮族自治区河池市南丹县里湖瑶族乡怀里屯
		广西壮族自治区河池市南丹县里湖瑶族乡王尚屯
		广西壮族自治区河池市南丹县里湖瑶族乡八雅村巴哈屯

续表 5

地　区	数量（个）	少数民族特色村寨名称
广西壮族自治区	59	广西壮族自治区河池市罗城仫佬族自治县东门镇中石村石围屯
		广西壮族自治区河池市环江毛南族自治县下南乡中南村南昌屯
		广西壮族自治区来宾市金秀瑶族自治县金秀镇金田村美村屯
		广西壮族自治区贺州市昭平县黄姚镇黄姚街黄姚屯
		广西壮族自治区贺州市富川瑶族自治县城北镇凤溪村
海南省	3	海南省万宁市长丰镇边肚村委会文通村
		海南省白沙黎族自治县元门乡罗帅村
		海南省保亭黎族苗族自治县三道镇什进村
重庆市	5	重庆市黔江区小南海镇板夹溪十三寨
		重庆市石柱土家族自治县冷水镇八龙山寨
		重庆市彭水苗族土家族自治县鞍子镇罗家坨苗寨
		重庆市酉阳土家族苗族自治县酉水河镇河湾山寨
		重庆市秀山土家族苗族自治县海洋乡岩院古寨
四川省	5	四川省乐山市峨边彝族自治县哈曲乡解放村
		四川省阿坝藏族羌族自治州茂县南新镇牟托村
		四川省阿坝藏族羌族自治州松潘县山巴乡上磨村
		四川省甘孜藏族自治州色达县色柯镇姑咱二村
		四川省凉山彝族自治州布拖县特木里镇日嘎村
贵州省	62	贵州省贵阳市乌当区偏坡乡偏坡村
		贵州省贵阳市乌当区王岗村
		贵州省贵阳市乌当区偏坡乡下院村
		贵州省贵阳市花溪区青岩镇龙井村
		贵州省贵阳市清镇市红枫湖镇大冲村虎山彝寨
		贵州省贵阳市开阳县南江布依族苗族乡龙广村
		贵州省六盘水市盘州市淤泥彝族乡麻郎垤村
		贵州省遵义市赤水市大同镇民族村
		贵州省遵义市播州区平正仡佬族乡红心村
		贵州省遵义市习水县桑木镇土河村
		贵州省遵义市道真仡佬族苗族自治县玉溪镇桑木坝村
		贵州省遵义市务川仡佬族苗族自治县大坪镇龙潭村
		贵州省安顺市经济技术开发区幺铺镇尚兴村
		贵州省安顺市关岭布依族苗族自治县断桥镇木城村
		贵州省安顺市镇宁布依族苗族自治县城关镇高荡村
		贵州省安顺市黄果树风景名胜区黄果树镇石头寨村
		贵州省安顺市黄果树风景名胜区白水镇滑石哨村

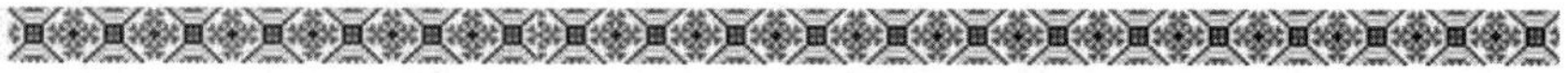

续表 6

地　区	数量（个）	少数民族特色村寨名称
贵州省	62	贵州省毕节市黔西县百里杜鹃管委会金坡彝族苗族满族乡附源村
		贵州省毕节市赫章县朱市乡韭菜坪村
		贵州省毕节市威宁彝族回族苗族自治县板底乡板底村
		贵州省铜仁市万山区高楼坪乡青年湖村
		贵州省铜仁市江口县太平镇梵净山村寨沙侗寨
		贵州省铜仁市江口县太平镇云舍村
		贵州省铜仁市石阡县坪山乡尧上村
		贵州省铜仁市石阡县国荣乡楼上村
		贵州省铜仁市石阡县枫香乡鸳鸯湖村
		贵州省铜仁市印江土家族苗族自治县永义县团龙村
		贵州省铜仁市沿河土家族自治县沙子镇南庄村
		贵州省铜仁市松桃苗族自治县正大乡薅菜村
		贵州省铜仁市松桃苗族自治县盘信镇大湾村
		贵州省铜仁市松桃苗族自治县盘石镇响水洞村
		贵州省黔东南苗族侗族自治州凯里市三棵树镇乌利寨
		贵州省黔东南苗族侗族自治州天柱县坌处镇三门塘村
		贵州省黔东南苗族侗族自治州锦屏县隆里乡隆里所村
		贵州省黔东南苗族侗族自治州剑河县革东镇屯州村
		贵州省黔东南苗族侗族自治州台江县南宫乡交宫村
		贵州省黔东南苗族侗族自治州黎平县肇兴镇肇兴侗寨
		贵州省黔东南苗族侗族自治州黎平县双江镇四寨村
		贵州省黔东南苗族侗族自治州黎平县岩洞镇铜关村
		贵州省黔东南苗族侗族自治州榕江县平阳乡小丹江村
		贵州省黔东南苗族侗族自治州雷山县西江镇西江村
		贵州省黔东南苗族侗族自治州麻江县龙山镇复兴村
		贵州省黔东南苗族侗族自治州麻江县杏山镇六堡村
		贵州省黔东南苗族侗族自治州丹寨县龙泉镇卡拉村
		贵州省黔东南苗族侗族自治州丹寨县南皋乡石桥村
		贵州省黔南布依族苗族自治州都匀市经济开发区坝固镇坝固村坡脚寨
		贵州省黔南布依族苗族自治州福泉市黄丝镇黄丝村
		贵州省黔南布依族苗族自治州荔波县瑶山乡拉片村
		贵州省黔南布依族苗族自治州贵定县盘江镇音寨村
		贵州省黔南布依族苗族自治州独山县影山镇翁奇村
		贵州省黔南布依族苗族自治州平塘县卡蒲乡场河村
		贵州省黔南布依族苗族自治州惠水县好花红乡好花红村

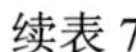续表 7

地　区	数量（个）	少数民族特色村寨名称
贵州省	62	贵州省黔南布依族苗族自治州惠水县大龙乡九龙村
		贵州省黔南布依族苗族自治州三都水族自治县三合镇姑挂村
		贵州省黔西南布依族苗族自治州兴义市万峰林街道办事处纳灰村
		贵州省黔西南布依族苗族自治州兴义市义龙新区顶效镇楼纳村
		贵州省黔西南布依族苗族自治州兴义市义龙新区郑屯镇民族村
		贵州省黔西南布依族苗族自治州兴仁市屯脚镇鲤鱼坝村
		贵州省黔西南布依族苗族自治州兴仁市鲁础营回族乡鲁础营村
		贵州省黔西南布依族苗族自治州兴仁市李关乡鹧鸪园村
		贵州省黔西南布依族苗族自治州贞丰县者相镇纳孔村
		贵州省黔西南布依族苗族自治州安龙县钱相乡打凼村
云南省	41	云南省昆明市石林彝族自治县石林镇和摩站村委会寺背后村
		云南省玉溪市通海县兴蒙乡白阁村
		云南省保山市腾冲市滇滩镇联族村委会水城村
		云南省保山市腾冲市芒棒镇蔓乃村委会马家寨
		云南省昭通市鲁甸县桃源乡桃源村
		云南省丽江市古城区束河镇龙泉社区仁里村
		云南省丽江市玉龙纳西族自治县白沙乡玉湖村
		云南省丽江市宁蒗彝族自治县永宁乡木底箐村普米新村
		云南省普洱市江城哈尼族彝族自治县整董镇整董村民委员会曼贺村
		云南省普洱市澜沧拉祜族自治县酒井乡老达保村
		云南省普洱市澜沧拉祜族自治县惠民乡芒景村翁基寨
		云南省临沧市耿马傣族佤族自治县孟定镇遮哈村芒团村
		云南省临沧市沧源佤族自治县翁丁村翁丁大寨村
		云南省德宏傣族景颇族自治州芒市三台山允欠村委会允欠三组
		云南省德宏傣族景颇族自治州瑞丽市勐卯镇姐东村委会喊沙村
		云南省德宏傣族景颇族自治州陇川县章凤镇芒弄村委会广山村
		云南省德宏傣族景颇族自治州陇川县户撒乡芒炳村委会芒旦村
		云南省怒江傈僳族自治州泸水市上江镇新建村委会大南茂村
		云南省怒江傈僳族自治州福贡县匹河乡老姆登村委会红卫村
		云南省怒江傈僳族自治州贡山独龙族怒族自治县丙中洛镇秋那桶村委会秋那桶村
		云南省怒江傈僳族自治州贡山独龙族怒族自治县独龙江乡孔当村委会腊配村
		云南省怒江傈僳族自治州兰坪白族普米族自治县通甸镇德胜村委会罗古箐村
		云南省迪庆藏族自治州香格里拉市建塘镇红坡村次尺迪村（霞给）
		云南省大理白族自治州祥云县禾甸镇大营社区村委会七宣村
		云南省大理白族自治州宾川县鸡足山镇沙址村委会寺前村

续表 8

地　区	数量（个）	少数民族特色村寨名称
云南省	41	云南省大理白族自治州云龙县诺邓镇诺邓村委会诺邓古村
		云南省大理白族自治州剑川县沙溪镇寺登村
		云南省大理白族自治州鹤庆县金墩乡银河村委会金翅鹤村
		云南省大理白族自治州鹤庆县草海镇新华村委会北邑村
		云南省大理白族自治州巍山彝族回族自治县永建镇永和村委会东莲花村
		云南省楚雄彝族自治州南华县龙川镇岔河村委会小岔河村
		云南省楚雄彝族自治州永仁县永定镇太平地村委会方山诸葛营村
		云南省红河哈尼族彝族自治州弥勒市西一镇起飞村委会红万村
		云南省红河哈尼族彝族自治州泸西县永宁乡永宁村委会城子古村
		云南省红河哈尼族彝族自治州元阳县新街镇土锅寨村委会大鱼塘村
		云南省红河哈尼族彝族自治州红河县甲寅乡阿撒村委会作夫村
		云南省红河哈尼族彝族自治州红河县宝华乡朝阳村委会龙甲村
		云南省文山壮族苗族自治州丘北县八道哨乡八道哨村民委上那红村
		云南省文山壮族苗族自治州广南县坝美镇者歪村委会坝美村
		云南省西双版纳傣族自治州景洪市基诺山乡巴亚村委会巴坡村
		云南省西双版纳傣族自治州勐腊县勐腊镇曼龙代村委会曼龙代村
西藏自治区	10	西藏自治区拉萨市尼木县吞巴乡吞达村
		西藏自治区拉萨市曲水县曲水镇俊巴村
		西藏自治区拉萨市堆龙德庆区东嘎镇桑木村
		西藏自治区林芝市巴宜区鲁朗镇东巴村
		西藏自治区林芝市工布江达县江达乡太昭村
		西藏自治区林芝市米林县南伊乡琼林村
		西藏自治区林芝市米林县派镇格嘎村
		西藏自治区林芝市波密县玉普乡米堆村
		西藏自治区山南市乃东区昌珠镇扎西曲登居委会
		西藏自治区日喀则市拉孜县锡钦乡锡钦村
陕西省	5	陕西省宝鸡市陇县固关镇固关街村
		陕西省汉中市镇巴县清水乡朱家岭村
		陕西省安康市宁陕县江口回族镇高桥村
		陕西省商洛市镇安县茅坪回族镇茅坪村
		陕西省商洛市镇安县西口回族镇聂家沟村
甘肃省	5	甘肃省酒泉市肃北蒙古族自治县党城湾镇马场村
		甘肃省陇南市文县铁楼藏族乡麦贡山村
		甘肃省临夏回族自治州临夏市枹罕镇拜家村
		甘肃省临夏回族自治州东乡族自治县坪庄乡韩则岭村
		甘肃省甘南藏族自治州迭部县旺藏乡茨日那村

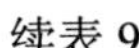
续表 9

地　区	数量（个）	少数民族特色村寨名称
青海省	9	青海省西宁市大通回族土族自治县塔尔乡塔尔湾村
		青海省海东市互助土族自治县五十镇北庄村
		青海省海东市循化撒拉族自治县街子镇马家村
		青海省海东市循化撒拉族自治县查汉都斯乡赞上村
		青海省海南藏族自治州贵德县河西镇下排村
		青海省黄南藏族自治州同仁县保安镇卧科村
		青海省黄南藏族自治州尖扎县昂拉乡尖巴昂村
		青海省黄南藏族自治州尖扎县坎布拉镇直岗拉卡村
		青海省海西蒙古族藏族自治州都兰县沟里乡秀拉赛堂村
宁夏回族自治区	12	宁夏回族自治区银川市兴庆区大新镇塔桥村
		宁夏回族自治区银川市永宁县闽宁镇原隆村
		宁夏回族自治区银川市永宁县杨河乡纳家户村
		宁夏回族自治区石嘴山市平罗县灵沙乡东润村
		宁夏回族自治区吴忠市利通区金积乡秦坝关村
		宁夏回族自治区吴忠市利通区古城镇党家河湾村
		宁夏回族自治区吴忠市利通区东塔寺乡穆民新村
		宁夏回族自治区吴忠市青铜峡市青铜峡镇余桥村
		宁夏回族自治区吴忠市盐池县冯记沟乡强记滩村
		宁夏回族自治区固原市原州区三营镇三营村
		宁夏回族自治区固原市泾源县泾河源镇冶家村
		宁夏回族自治区中卫市沙坡头区迎水桥镇鸣沙村
新疆维吾尔自治区	8	新疆维吾尔自治区吐鲁番市鄯善县鄯善城镇蒲昌村
		新疆维吾尔自治区吐鲁番市鄯善县吐峪沟乡麻扎村
		新疆维吾尔自治区巴音郭楞蒙古自治州和硕县乃仁克尔乡乌勒泽特村
		新疆维吾尔自治区巴音郭楞蒙古自治州焉耆回族自治县永宁镇下岔河村
		新疆维吾尔自治区伊犁哈萨克自治州伊宁市都来提巴格街道办事处
		新疆维吾尔自治区伊犁哈萨克自治州伊宁县愉群翁回族乡愉群翁村
		新疆维吾尔自治区阿勒泰地区布尔津县喀纳斯景区管理委员会铁热克提乡白哈巴村
		新疆维吾尔自治区阿勒泰地区布尔津县喀纳斯景区管理委员会禾木哈纳斯蒙古民族乡禾木村

■第二批中国少数民族特色村寨

地　区	数量（个）	少数民族特色村寨名称
北京市	7	北京市怀柔区喇叭沟门满族乡中榆树店村
		北京市怀柔区喇叭沟门满族乡对角沟门村
		北京市怀柔区喇叭沟门满族乡苗营村

续表 1

地　区	数量（个）	少数民族特色村寨名称
北京市	7	北京市怀柔区长哨营满族乡七道梁村
		北京市怀柔区长哨营满族乡西沟村
		北京市怀柔区长哨营满族乡二道河村
		北京市延庆区井庄镇王仲营村
天津市	1	天津市蓟州区渔阳镇桃花寺村
河北省	24	河北省辛集市新城镇南街回族村
		河北省唐山市遵化市马兰峪镇官房满族村
		河北省邯郸市大名县金滩镇金北回族村
		河北省邢台市经济开发区东汪镇七里桥村
		河北省保定市高碑店市和平办事处高二村
		河北省保定市涞水县娄村满族乡福山营村
		河北省承德市承德县两家满族乡大杨树林村
		河北省承德市承德县岗子满族乡郑栅子村
		河北省承德市兴隆县南天门满族乡郭家庄村
		河北省承德市平泉市柳溪镇大窝铺村
		河北省承德市平泉市党坝镇永安社区
		河北省承德市滦平县涝洼乡三岔口满族村
		河北省承德市滦平县两间房乡苇塘满族村
		河北省承德市丰宁满族自治县黄旗镇西村
		河北省承德市丰宁满族自治县南关蒙古族乡云雾山村
		河北省承德市围场满族蒙古族自治县哈里哈乡扣花营村
		河北省承德市宽城满族自治县塌山乡尖宝山村
		河北省沧州市黄骅市羊二庄回族镇西段庄村
		河北省沧州市黄骅市羊三木回族乡刘皮庄村
		河北省沧州市盐山县韩集镇王古宅村
		河北省沧州市孟村回族自治县牛进庄乡北肖庄子村
		河北省廊坊市固安县柳泉镇大韩寨村
		河北省廊坊市大厂回族自治县夏垫镇南王庄村
		河北省廊坊市经济技术开发区南营村
内蒙古自治区	40	内蒙古自治区呼和浩特市回民区攸攸板镇西乌素图村
		内蒙古自治区呼和浩特市玉泉区小黑河镇西地村
		内蒙古自治区包头市昆都仑区卜尔汉图镇卜尔汉图嘎查
		内蒙古自治区包头市九原区阿嘎如泰苏木阿嘎如泰嘎查
		内蒙古自治区包头市九原区阿嘎如泰苏木梅力更嘎查
		内蒙古自治区包头市达茂旗巴音敖包苏木巴音花嘎查

续表 2

地　区	数量（个）	少数民族特色村寨名称
内蒙古自治区	40	内蒙古自治区包头市达茂旗希拉穆仁镇哈拉乌素嘎查
		内蒙古自治区包头市达茂旗明安镇莎如塔拉嘎查
		内蒙古自治区包头市达茂旗百灵庙镇黄花滩村
		内蒙古自治区通辽市科左中旗花吐古拉镇浩日彦艾勒嘎查
		内蒙古自治区鄂尔多斯市鄂托克前旗昂素镇阿日赖嘎查
		内蒙古自治区鄂尔多斯市鄂托克旗苏米图苏木苏里格嘎查
		内蒙古自治区鄂尔多斯市乌审旗苏力德苏木陶尔庙嘎查
		内蒙古自治区鄂尔多斯市伊金霍洛旗伊金霍洛镇布拉格嘎查达尔扈特新村
		内蒙古自治区呼伦贝尔市额尔古纳市恩和俄罗斯民族乡恩和村
		内蒙古自治区呼伦贝尔市额尔古纳市三河回族乡上护林村
		内蒙古自治区呼伦贝尔市鄂伦春自治旗大杨树镇多布库尔猎民村
		内蒙古自治区呼伦贝尔市莫力达瓦达斡尔族自治旗腾克镇腾克村
		内蒙古自治区巴彦淖尔市临河区双河镇马场地村
		内蒙古自治区巴彦淖尔市五原县天吉泰镇天吉泰村
		内蒙古自治区巴彦淖尔市磴口县沙金苏木巴音宝力格嘎查
		内蒙古自治区巴彦淖尔市乌拉特前旗白彦花镇乌日图高勒嘎查
		内蒙古自治区巴彦淖尔市乌拉特中旗海流图镇巴仁宝勒格村
		内蒙古自治区巴彦淖尔市乌拉特后旗呼和温都尔镇那仁乌布尔嘎查
		内蒙古自治区巴彦淖尔市杭锦后旗团结镇联合蒙汉新村
		内蒙古自治区乌兰察布市察右后旗乌兰哈达苏木阿里乌素嘎查
		内蒙古自治区兴安盟乌兰浩特市乌兰哈达镇三合村
		内蒙古自治区兴安盟科右前旗乌兰毛都苏木勿布林嘎查
		内蒙古自治区兴安盟科右前旗满族屯满族乡满族屯嘎查
		内蒙古自治区兴安盟扎赉特旗阿拉达尔吐苏木沙日格台嘎查
		内蒙古自治区兴安盟突泉县永安镇哈拉沁村
		内蒙古自治区锡林郭勒盟锡林浩特市白音锡勒牧场黄花树特分场
		内蒙古自治区锡林郭勒盟阿巴嘎旗洪格尔高勒镇萨如拉图雅嘎查
		内蒙古自治区锡林郭勒盟西乌珠穆沁旗脑干宝力格嘎查
		内蒙古自治区阿拉善盟阿拉善左旗巴彦浩特镇通古淖尔地区五嘎查
		内蒙古自治区阿拉善盟阿拉善右旗巴丹吉林镇阿日毛道嘎查
		内蒙古自治区阿拉善盟阿拉善右旗雅布赖镇新呼都格嘎查
		内蒙古自治区阿拉善盟阿拉善右旗阿拉腾敖包镇查干努如嘎查
		内蒙古自治区阿拉善盟阿拉善右旗塔木素布拉格苏木胡树其嘎查
		内蒙古自治区阿拉善盟额济纳旗达来呼布镇纳林高勒社区

续表 3

地　区	数量（个）	少数民族特色村寨名称
辽宁省	31	辽宁省沈阳市沈北新区黄家街道腰长河村
		辽宁省沈阳市沈北新区兴隆台街道兴隆台村
		辽宁省沈阳市新民市后大河泡村
		辽宁省沈阳市辽中区冷子堡镇社甲村
		辽宁省沈阳市法库县公主陵村
		辽宁省大连市金普新区石河街道石河村
		辽宁省抚顺市新宾满族自治县大房子村
		辽宁省抚顺市新宾满族自治县蓝旗村
		辽宁省本溪市本溪满族自治县东营坊乡湖里村
		辽宁省本溪市本溪满族自治县小市镇同江峪村
		辽宁省本溪市桓仁满族自治县华来镇木盂子管委会木盂子村
		辽宁省丹东市东港市龙王庙镇龙王庙村
		辽宁省丹东市东港市小甸子镇海青房村
		辽宁省丹东市东港市椅圈镇依兰苏村
		辽宁省丹东市宽甸满族自治县青山沟镇青山沟村
		辽宁省丹东市宽甸满族自治县下露河朝鲜族乡通江村
		辽宁省锦州市北镇市常兴店镇杏叶村
		辽宁省阜新市阜新蒙古族自治县王府镇烟台营子村
		辽宁省辽阳市灯塔市大河南镇新光村
		辽宁省辽阳市辽阳县吉洞峪满族乡吉洞峪村
		辽宁省盘锦市盘山县甜水镇二创村
		辽宁省铁岭市清河区张相镇石家堡子村
		辽宁省铁岭市铁岭县白旗寨满族乡夹河厂村
		辽宁省铁岭市昌图县宝力农场孟可村
		辽宁省朝阳市北票市马友营蒙古族乡马友营村
		辽宁省朝阳市贾家店农场北德立吉村
		辽宁省朝阳市建平县三家蒙古族乡新爱里村
		辽宁省朝阳市喀左蒙古族自治县白塔子镇三道营子村
		辽宁省朝阳市喀左蒙古族自治县官大海管理区东官村
		辽宁省朝阳市喀左蒙古族自治县东哨镇十家子村
		辽宁省葫芦岛市建昌县杨树湾子乡蒙古营子村
吉林省	11	吉林省吉林市龙潭区乌拉街满族镇韩屯村
		吉林省辽源市东辽县安石镇朝阳村
		吉林省松原市前郭尔罗斯蒙古族自治县查干花镇查干花村
		吉林省延边朝鲜族自治州延吉市依兰镇春兴村

续表 4

地 区	数量（个）	少数民族特色村寨名称
吉林省	11	吉林省延边朝鲜族自治州延吉市小营镇河龙村
		吉林省延边朝鲜族自治州图们市石砚镇水南村
		吉林省延边朝鲜族自治州珲春市板石镇孟岭村
		吉林省延边朝鲜族自治州珲春市密江乡密江村
		吉林省延边朝鲜族自治州龙井市东盛涌镇仁化村
		吉林省延边朝鲜族自治州和龙市东城镇光东村
		吉林省延边朝鲜族自治州安图县万宝镇红旗村
黑龙江省	17	黑龙江省哈尔滨市南岗区红旗满族乡东升村
		黑龙江省哈尔滨市双城区农丰镇双利锡伯族村
		黑龙江省哈尔滨市双城区希勤乡希勤满族村
		黑龙江省哈尔滨市双城区幸福街道办事处久援满族村
		黑龙江省哈尔滨市尚志市鱼池朝鲜族乡新兴村
		黑龙江省鹤岗市萝北县东明朝鲜族乡红光村
		黑龙江省大庆市杜尔伯特蒙古族自治县巴彦查干乡永珍王府新村
		黑龙江省佳木斯市桦川县星火朝鲜族乡中星村
		黑龙江省佳木斯市同江市街津口赫哲族乡渔业村
		黑龙江省佳木斯市同江市八岔赫哲族乡八岔村
		黑龙江省牡丹江市西安区海南朝鲜族乡中兴村
		黑龙江省牡丹江市宁安市卧龙朝鲜族乡勤劳村
		黑龙江省黑河市爱辉区瑷珲镇外四道沟村
		黑龙江省黑河市爱辉区坤河达斡尔族满族乡坤河村
		黑龙江省黑河市逊克县奇克镇边疆村
		黑龙江省绥化市庆安县致富乡兴隆村
		黑龙江省绥化市绥棱县上集镇大兴村
江苏省	3	江苏省南京市江宁区禄口街道石埝民族村
		江苏省常州市武进区雪堰镇城西回民村
		江苏省宿迁市泗阳县众兴镇杨集村
浙江省	15	浙江省杭州市桐庐县莪山畲族乡新丰民族村
		浙江省杭州市建德市大慈岩镇双泉民族村
		浙江省温州市平阳县青街畲族乡王神洞民族村
		浙江省温州市文成县黄坦镇培头民族村
		浙江省温州市泰顺县司前畲族镇左溪民族村
		浙江省温州市泰顺县竹里畲族乡竹里民族村
		浙江省湖州市安吉县报福镇中张民族村
		浙江省金华市武义县柳城畲族镇江下民族村

续表 5

地　区	数量（个）	少数民族特色村寨名称
浙江省	15	浙江省衢州市衢江区大洲镇外焦民族村大路自然村
		浙江省衢州市龙游县沐尘畲族乡社里民族村
		浙江省丽水市莲都区老竹畲族镇沙溪民族村
		浙江省丽水市松阳县裕溪乡内陈民族村
		浙江省丽水市景宁畲族自治县东坑镇马坑民族村
		浙江省丽水市景宁畲族自治县鹤溪街道周湖民族村
		浙江省丽水市龙泉市八都镇署网民族村
安徽省	10	安徽省合肥市肥东县牌坊回族满族乡牌坊民族村
		安徽省蚌埠市五河县临北回族乡临北回族村
		安徽省淮南市八公山区山王镇闪冲回族村
		安徽省马鞍山市郑蒲港新区白桥镇陈桥洲民族村
		安徽省滁州市全椒县西王镇管坝民族村
		安徽省滁州市来安县施官镇贾龙民族村
		安徽省滁州市定远县二龙回族乡中汤村
		安徽省宿州市砀山县曹庄镇许庄回族村
		安徽省池州市东至县胜利镇江心回民村
		安徽省宣城市宣州区沈村镇胡村回族村
福建省	32	福建省福州市连江县丹阳镇后冠村
		福建省福州市罗源县起步镇庭洋坂村
		福建省福州市罗源县霍口畲族乡福湖村
		福建省莆田市涵江区大洋乡坝头村
		福建省三明市永安市青水畲族乡青水村
		福建省三明市宁化县中沙乡下沙村
		福建省三明市大田县桃源镇东坂村
		福建省泉州市泉港区涂岭镇小坝村
		福建省泉州市石狮市永宁镇郭坑村
		福建省泉州市安溪县官桥镇善坛村
		福建省泉州市永春县东关镇南美村
		福建省漳州市芗城区天宝镇茶铺村
		福建省漳州市漳浦县赤岭畲族乡赤岭村
		福建省南平市顺昌县洋口镇田坪村
		福建省龙岩市漳平市赤水镇香寮民族村
		福建省龙岩市上杭县庐丰畲族乡丰康村
		福建省龙岩市上杭县官庄畲族乡树人村
		福建省宁德市蕉城区霍童镇八斗村

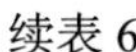
续表 6

地　区	数量（个）	少数民族特色村寨名称
福建省	32	福建省宁德市蕉城区九都镇九仙村
		福建省宁德市福安市康厝畲族乡金斗洋村
		福建省宁德市福安市坂中畲族乡廉岭村
		福建省宁德市福安市松罗乡后洋村
		福建省宁德市福安市穆云畲族乡虎头村
		福建省宁德市福鼎市磻溪镇赤溪村
		福建省宁德市福鼎市佳阳畲族乡双华村
		福建省宁德市福鼎市秦屿镇财堡村
		福建省宁德市福鼎市硖门畲族乡瑞云村
		福建省宁德市霞浦县崇儒畲族乡上水村
		福建省宁德市霞浦县三沙镇东山村
		福建省宁德市霞浦县水门畲族乡茶岗村
		福建省宁德市屏南县甘棠乡巴地村
		福建省宁德市寿宁县竹管垅乡李家洋村
江西省	9	江西省赣州市南康区赤土畲族乡花园畲族村地前组
		江西省赣州市信丰县正平镇球狮畲族村背村自然村
		江西省赣州市信丰县安西镇田垅畲族村金田高村小组
		江西省赣州市全南县陂头镇瑶族村(高围组和白芒坑组)
		江西省赣州市大余县青龙镇元龙畲族村蓝屋自然村
		江西省赣州市会昌县洞头乡洞头畲族村（围背组、罗丁坝组和双合垇组）
		江西省抚州市资溪县乌石镇新月畲族村新建村小组
		江西省上饶市铅山县太源畲族乡太源村水美自然村
		江西省上饶市三清山管委会枫林办事处引浆畲族村畲民新村
河南省	1	河南省平顶山市郏县姚庄回族乡三郎庙村
湖北省	28	湖北省宜昌市秭归县九畹溪镇石柱土家族村
		湖北省宜昌市五峰土家族自治县采花乡栗子坪村
		湖北省宜昌市五峰土家族自治县长乐坪镇腰牌村
		湖北省宜昌市枝江市安福寺镇秦家塝村
		湖北省恩施土家族苗族自治州恩施市白果乡金龙坝村
		湖北省恩施土家族苗族自治州恩施市龙凤镇龙马村
		湖北省恩施土家族苗族自治州恩施市龙凤镇青堡村
		湖北省恩施土家族苗族自治州恩施市沐抚办事处营上村
		湖北省恩施土家族苗族自治州利川市柏杨镇水井村
		湖北省恩施土家族苗族自治州利川市沙溪乡荷花村张高寨
		湖北省恩施土家族苗族自治州利川市团堡镇野猫水村

续表 7

地　区	数量（个）	少数民族特色村寨名称
湖北省	28	湖北省恩施土家族苗族自治州建始县茅田乡要操门村
		湖北省恩施土家族苗族自治州巴东县东瀼口镇牛洞坪村
		湖北省恩施土家族苗族自治州巴东县沿渡河镇石板坪村
		湖北省恩施土家族苗族自治州宣恩县高罗乡小茅坡营村
		湖北省恩施土家族苗族自治州宣恩县高罗镇板寮村
		湖北省恩施土家族苗族自治州宣恩县椒园镇庆阳坝村
		湖北省恩施土家族苗族自治州宣恩县万寨乡五家台村
		湖北省恩施土家族苗族自治州咸丰县大路坝区蛇盘溪村
		湖北省恩施土家族苗族自治州咸丰县高乐山镇沙坝村
		湖北省恩施土家族苗族自治州来凤县百福司镇舍米湖村
		湖北省恩施土家族苗族自治州来凤县百福司镇兴安村
		湖北省恩施土家族苗族自治州来凤县三胡乡石桥村
		湖北省恩施土家族苗族自治州鹤峰县铁炉白族乡细杉村
		湖北省恩施土家族苗族自治州鹤峰县下坪乡岩门村
		湖北省恩施土家族苗族自治州鹤峰县燕子乡董家村
		湖北省恩施土家族苗族自治州鹤峰县走马镇官仓村
		湖北省神农架林区下谷坪土家族乡板桥河村
湖南省	31	湖南省株洲市炎陵县中村瑶族乡龙渣村
		湖南省邵阳市洞口县那溪瑶族乡白椒村
		湖南省邵阳市绥宁县关峡苗族乡花园阁村
		湖南省邵阳市隆回县山界回族乡民族村
		湖南省邵阳市城步苗族自治县丹口镇边溪村
		湖南省常德市石门县壶瓶山镇泥沙社区
		湖南省张家界市永定区王家坪镇关水坪村
		湖南省张家界市武陵源区中湖乡野鸡铺居委会
		湖南省张家界市慈利县广福桥镇老棚村
		湖南省张家界市桑植县洪家关白族乡泉峪村
		湖南省益阳市资阳区蓼东回民村
		湖南省郴州市宜章县莽山瑶族乡黄家塝村
		湖南省郴州市汝城县三江口瑶族镇三江口村
		湖南省永州市江华瑶族自治县大石桥乡井头湾村
		湖南省怀化市会同县高椅乡高椅村
		湖南省怀化市沅陵县二酉苗族乡乌宿村
		湖南省怀化市新晃侗族自治县扶罗镇皂溪村
		湖南省怀化市芷江侗族自治县三道坑镇牛皮寨村

续表 8

地　区	数量（个）	少数民族特色村寨名称
湖南省	31	湖南省怀化市通道侗族自治县播阳镇上湘村
		湖南省怀化市靖州苗族侗族自治县寨牙乡岩脚村
		湖南省怀化市麻阳苗族自治县石羊哨乡石羊哨村
		湖南省怀化市麻阳苗族自治县谭家寨乡楠木桥村
		湖南省娄底市新化县天门乡土坪村
		湖南省湘西土家族苗族自治州吉首市矮寨镇中黄村
		湖南省湘西土家族苗族自治州古丈县红石林镇张家坡村
		湖南省湘西土家族苗族自治州龙山县洗车河镇洗车村
		湖南省湘西土家族苗族自治州永顺县车坪乡咱河村
		湖南省湘西土家族苗族自治州凤凰县山江镇老家寨村
		湖南省湘西土家族苗族自治州泸溪县潭溪镇新寨坪村
		湖南省湘西土家族苗族自治州保靖县普戎镇波溪村
		湖南省湘西土家族苗族自治州花垣县双龙镇十八洞村
广东省	10	广东省广州市增城区正果镇畲族村
		广东省韶关市始兴县深渡水瑶族乡长梅村委会长梅一组
		广东省韶关市乳源瑶族自治县游溪镇中心洞村委会政研瑶族新村
		广东省清远市连南瑶族自治县三江镇金坑村委会红星移民新村
		广东省清远市连南瑶族自治县涡水镇大竹湾村委会小横龙村
		广东省清远市连南瑶族自治县三排镇三排村委会福彩新村
		广东省清远市连山壮族瑶族自治县吉田镇古县坪民族新村
		广东省清远市连山壮族瑶族自治县小三江镇三联村委会东西江村
		广东省清远市连山壮族瑶族自治县永和镇永梅村委会蒙洞村
		广东省潮州市饶平县饶洋镇蓝屋畲族村
广西壮族自治区	38	广西壮族自治区南宁市马山县古零镇乔老村小都百屯
		广西壮族自治区南宁市上林县大丰镇云里村内里庄
		广西壮族自治区南宁市上林县乔贤镇恭睦村内黄旦庄
		广西壮族自治区南宁市上林县巷贤镇古民庄
		广西壮族自治区南宁市上林县镇圩瑶族乡排红村排岜庄
		广西壮族自治区柳州市融安县长安镇安宁村大袍屯
		广西壮族自治区柳州市融水苗族自治县融水镇长赖屯
		广西壮族自治区柳州市融水苗族自治县四荣乡荣塘村
		广西壮族自治区柳州市三江侗族自治县林溪镇冠洞村冠大屯
		广西壮族自治区柳州市三江侗族自治县林溪镇平岩村平寨屯
		广西壮族自治区桂林市雁山区潜经村
		广西壮族自治区桂林市灵川县九屋镇东源村委老寨村

续表 9

地　区	数量（个）	少数民族特色村寨名称
广西壮族自治区	38	广西壮族自治区桂林市永福县罗锦镇崇山村
		广西壮族自治区桂林市恭城瑶族自治县西岭镇杨溪村
		广西壮族自治区梧州市蒙山县夏宜瑶族乡夏宜村
		广西壮族自治区防城港市东兴市江平镇巫头村
		广西壮族自治区钦州市钦北区大寺镇那桑村委会那桑村
		广西壮族自治区贵港市覃塘区蒙公乡新岭村新归屯
		广西壮族自治区贵港市覃塘区覃塘镇姚山村群山屯
		广西壮族自治区百色市靖西市安德镇安德街
		广西壮族自治区百色市田阳县那满镇露美村
		广西壮族自治区百色市德保县足荣镇那亮村那雷屯
		广西壮族自治区百色市凌云县伶站乡浩坤屯
		广西壮族自治区百色市凌云县下甲镇彩架村弄福屯
		广西壮族自治区贺州市富川瑶族自治县朝东镇福溪村
		广西壮族自治区贺州市富川瑶族自治县葛坡镇深坡村
		广西壮族自治区贺州市富川瑶族自治县新华乡虎马岭村
		广西壮族自治区河池市南丹县罗富镇塘丁村塘香屯
		广西壮族自治区河池市天峨县三堡乡三堡村
		广西壮族自治区河池市东兰县三弄瑶族乡弄宁原生态瑶族铜鼓民俗村
		广西壮族自治区河池市罗城仫佬族自治县小长安镇龙腾村大勒洞屯
		广西壮族自治区河池市环江毛南族自治县思恩镇陈双村
		广西壮族自治区来宾市金秀瑶族自治县金秀镇六段村
		广西壮族自治区来宾市金秀瑶族自治县六巷乡古陈村
		广西壮族自治区来宾市金秀瑶族自治县六巷乡门头村
		广西壮族自治区来宾市金秀瑶族自治县桐木镇龙腾村
		广西壮族自治区崇左市江州区驮卢镇莲塘村花梨屯
		广西壮族自治区崇左市大新县恩城乡维新村新胜屯
海南省	11	海南省三亚市吉阳区中廖村
		海南省东方市大田镇报白村
		海南省五指山市南圣镇永忠村
		海南省五指山市毛阳镇初保村
		海南省琼海市会山镇加脑村
		海南省白沙黎族自治县邦溪镇芭蕉村
		海南省昌江黎族自治县七叉镇宝山村
		海南省保亭黎族苗族自治县响水镇番道村
		海南省琼中黎族苗族自治县什运乡便文村

续表 10

地　区	数量（个）	少数民族特色村寨名称
		海南省琼中黎族苗族自治县什运乡番道村
		海南省琼中黎族苗族自治县红毛镇什寒村
重庆市	17	重庆市武隆区浩口苗族仡佬族乡浩口村
		重庆市武隆区后坪苗族土家族乡文凤村
		重庆市云阳县清水土家族乡清水村
		重庆市奉节县云雾土家族乡码头村
		重庆市巫山县邓家土家族乡池塘村
		重庆市石柱土家族自治县金玲乡银杏村
		重庆市秀山土家族苗族自治县里仁镇南庄村
		重庆市秀山土家族苗族自治县梅江镇民族村
		重庆市秀山土家族苗族自治县清溪场镇大寨村
		重庆市秀山土家族苗族自治县溪口镇中和村
		重庆市秀山土家族苗族自治县雅江镇雅江居委会
		重庆市秀山土家族苗族自治县钟灵镇凯堡村
		重庆市武隆区石桥苗族土家族乡八角村
		重庆市酉阳土家族苗族自治县苍岭镇大河口村
		重庆市酉阳土家族苗族自治县楠木乡红庄村
		重庆市彭水苗族土家族自治县梅子垭镇佛山村
		重庆市彭水苗族土家族自治县黄家镇先锋村
四川省	50	四川省绵阳市北川羌族自治县曲山镇石椅村
		四川省绵阳市北川羌族自治县擂鼓镇猫儿石村
		四川省绵阳市北川羌族自治县桂溪乡渭沟村伊纳羌寨
		四川省绵阳市北川羌族自治县马槽乡黑水村
		四川省绵阳市北川羌族自治县青片乡上五村
		四川省攀枝花市东区银江镇阿署达村
		四川省攀枝花市西区格里坪镇庄上村
		四川省攀枝花市仁和区平地镇迤沙拉村
		四川省广元市利州区龙潭乡回民村
		四川省广元市朝天区大滩镇新生村
		四川省广元市青川县青溪镇东方村
		四川省广元市青川县大院回族乡花果村
		四川省广元市青川县篙溪回族乡青光村
		四川省乐山市金口河区共安彝族乡象鼻村
		四川省乐山市金口河区永和镇胜利村
		四川省乐山市金口河区永胜乡顺河村

续表 11

地　区	数量（个）	少数民族特色村寨名称
四川省	50	四川省乐山市峨边彝族自治县黑竹沟镇底底古村
		四川省乐山市峨边彝族自治县新林镇黄泥村
		四川省乐山市峨边彝族自治县沙坪镇峨星村
		四川省乐山市马边彝族自治县烟峰镇烟峰社区
		四川省乐山市马边彝族自治县民主乡玛瑙村
		四川省雅安市宝兴县硗碛藏族乡夹拉村
		四川省阿坝藏族羌族自治州马尔康市马尔康镇俄尔雅村
		四川省阿坝藏族羌族自治州马尔康市卓克基镇西索村
		四川省阿坝藏族羌族自治州金川县万林乡西里在村
		四川省阿坝藏族羌族自治州小金县日尔乡董马村
		四川省阿坝藏族羌族自治州壤塘县吾依乡壤古村
		四川省阿坝藏族羌族自治州汶川县龙溪乡联合村
		四川省阿坝藏族羌族自治州理县甘堡藏寨
		四川省阿坝藏族羌族自治州理县桃坪镇桃坪羌寨
		四川省阿坝藏族羌族自治州茂县松坪沟乡白腊村
		四川省阿坝藏族羌族自治州茂县凤仪镇坪头村
		四川省阿坝藏族羌族自治州松潘县小姓乡埃溪村
		四川省阿坝藏族羌族自治州九寨沟县漳扎镇隆康村
		四川省阿坝藏族羌族自治州九寨沟县大录乡大录村
		四川省阿坝藏族羌族自治州黑水县沙石多乡羊茸村
		四川省阿坝藏族羌族自治州黑水县色尔古镇色尔古村
		四川省甘孜藏族自治州康定市孔玉乡色龙村
		四川省甘孜藏族自治州泸定县得妥乡发旺村
		四川省甘孜藏族自治州丹巴县巴底镇邛山一村
		四川省甘孜藏族自治州丹巴县革什扎乡布科村
		四川省甘孜藏族自治州丹巴县革什扎乡大桑村
		四川省甘孜藏族自治州丹巴县梭坡乡莫洛村
		四川省甘孜藏族自治州九龙县呷尔镇华丘村
		四川省甘孜藏族自治州雅江县西俄洛镇杰珠村
		四川省甘孜藏族自治州道孚县协德乡先锋村
		四川省甘孜藏族自治州巴塘县措拉镇措拉村
		四川省甘孜藏族自治州巴塘县德达乡德达村
		四川省甘孜藏族自治州巴塘县竹巴龙乡基里村
		四川省甘孜藏族自治州稻城县桑堆镇吉乙二村

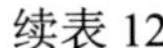
续表 12

地　区	数量（个）	少数民族特色村寨名称
贵州省	151	贵州省贵阳市花溪区石板镇镇山村
		贵州省贵阳市花溪区董家堰村麦翁寨
		贵州省贵阳市乌当区羊昌镇黄连村
		贵州省贵阳市乌当区新堡布依族乡陇上村
		贵州省贵阳市乌当区新堡布依族乡马头村
		贵州省贵阳市开阳县禾丰乡穿洞村穿洞街上组
		贵州省贵阳市开阳县南江乡苗寨村
		贵州省贵阳市修文县小箐乡岩鹰山村
		贵州省遵义市桐梓县马鬃乡龙台村
		贵州省遵义市道真仡佬族苗族自治县洛龙镇大塘村
		贵州省遵义市湄潭县茅坪镇地关村平顺坝寨
		贵州省遵义市务川仡佬族苗族自治县镇南镇桃符村
		贵州省遵义市务川仡佬族苗族自治县丰乐镇庙坝村
		贵州省遵义市余庆县花山苗族乡花山村飞龙寨
		贵州省六盘水市钟山区月照社区大坝村
		贵州省六盘水市六枝特区落别乡牛角村
		贵州省六盘水市六枝特区梭戛乡高兴村
		贵州省六盘水市水城县猴场乡补那村
		贵州省六盘水市水城县玉舍镇新发村
		贵州省六盘水市水城县玉舍镇海坪村
		贵州省六盘水市盘州市羊场乡纳木村关庄新村
		贵州省安顺市西秀区大西桥镇河桥村
		贵州省安顺市西秀区黄蜡乡龙青村
		贵州省安顺市西秀区杨武乡平田村
		贵州省安顺市镇宁布依族苗族自治县双龙山办事处大寨村
		贵州省安顺市平坝区夏云镇小河湾村
		贵州省安顺市平坝区白云镇邢江村
		贵州省安顺市普定县城关镇陇财村
		贵州省安顺市关岭布依族苗族自治县关索街道办事处月亮湾村
		贵州省安顺市紫云苗族布依族自治县格凸河镇坝寨村
		贵州省安顺市开发区管委会宋旗镇平寨村三合苗寨
		贵州省安顺市龙宫管委会龙宫镇龙潭村
		贵州省铜仁市万山区敖寨乡中华山村
		贵州省铜仁市江口县太平镇寨抱村
		贵州省铜仁市江口县桃映镇匀都村羌寨

续表 13

地　区	数量（个）	少数民族特色村寨名称
贵州省	151	贵州省铜仁市江口县太平镇快场村院子沟寨
		贵州省铜仁市玉屏侗族自治县皂角坪街道野鸡坪村
		贵州省铜仁市石阡县龙塘镇神仙庙村
		贵州省铜仁市石阡县中坝镇河西村
		贵州省铜仁市思南县大河坝镇鹅溪村
		贵州省铜仁市印江土家族苗族自治县木黄镇芙蓉村
		贵州省铜仁市印江土家族苗族自治县木黄镇燕子岩村
		贵州省铜仁市印江土家族苗族自治县朗溪镇河西村甘川组
		贵州省铜仁市松桃苗族自治县牛郎镇矮红村
		贵州省毕节市大方县八堡彝族苗族乡新开村
		贵州省毕节市大方县核桃彝族白族乡木寨村
		贵州省毕节市大方县凤山彝族蒙古族乡店子村
		贵州省毕节市威宁彝族回族苗族自治县龙街镇大寨村
		贵州省毕节市威宁彝族回族苗族自治县秀水乡秀中社区
		贵州省毕节市赫章县兴发彝族苗族回族乡中营村
		贵州省毕节市百里杜鹃管理区普底彝族苗族白族乡迎丰村
		贵州省黔东南苗族侗族自治州凯里市开怀街道棉席村棉席寨
		贵州省黔东南苗族侗族自治州凯里市开怀街道养朵村养朵大寨
		贵州省黔东南苗族侗族自治州凯里市三棵树镇朗利村朗利大寨
		贵州省黔东南苗族侗族自治州凯里市三棵树镇南花村南花寨
		贵州省黔东南苗族侗族自治州凯里市湾水镇岩寨村岩寨大寨
		贵州省黔东南苗族侗族自治州凯里市湾水镇洪溪村洪溪寨
		贵州省黔东南苗族侗族自治州凯里市舟溪镇营盘村营盘苗寨
		贵州省黔东南苗族侗族自治州凯里市大风洞乡对江村新寨革寨
		贵州省黔东南苗族侗族自治州凯里市大风洞乡官庄村官庄寨
		贵州省黔东南苗族侗族自治州凯里市碧波镇白秧坪村偿班大寨
		贵州省黔东南苗族侗族自治州镇远县报京乡报京村报京大寨
		贵州省黔东南苗族侗族自治州黄平县谷陇镇山坪村
		贵州省黔东南苗族侗族自治州施秉县城关镇沙坪村
		贵州省黔东南苗族侗族自治州施秉县城关镇云台村
		贵州省黔东南苗族侗族自治州施秉县甘溪乡高碑村
		贵州省黔东南苗族侗族自治州施秉县马号乡黄古村
		贵州省黔东南苗族侗族自治州施秉县双井镇平寨村
		贵州省黔东南苗族侗族自治州施秉县双井镇龙塘村
		贵州省黔东南苗族侗族自治州施秉县双井镇铜鼓村

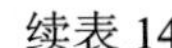
续表 14

地　区	数量（个）	少数民族特色村寨名称
贵州省	151	贵州省黔东南苗族侗族自治州三穗县台烈镇寨头村
		贵州省黔东南苗族侗族自治州岑巩县注溪镇衙院村
		贵州省黔东南苗族侗族自治州岑巩县羊桥土家族乡杨柳村
		贵州省黔东南苗族侗族自治州天柱县坌处镇抱塘村
		贵州省黔东南苗族侗族自治州锦屏县敦寨镇雷屯村
		贵州省黔东南苗族侗族自治州锦屏县彦洞乡瑶白村
		贵州省黔东南苗族侗族自治州锦屏县河口乡文斗村
		贵州省黔东南苗族侗族自治州锦屏县平略镇平敖村
		贵州省黔东南苗族侗族自治州锦屏县茅坪镇茅坪村
		贵州省黔东南苗族侗族自治州剑河县太拥镇昂英村
		贵州省黔东南苗族侗族自治州剑河县南哨镇反召村
		贵州省黔东南苗族侗族自治州剑河县久仰镇基佑村
		贵州省黔东南苗族侗族自治州台江县台拱街道红阳村
		贵州省黔东南苗族侗族自治州台江县方召镇反排村
		贵州省黔东南苗族侗族自治州台江县老屯乡长滩村
		贵州省黔东南苗族侗族自治州台江县方召镇交汪村
		贵州省黔东南苗族侗族自治州黎平县茅贡镇地扪村
		贵州省黔东南苗族侗族自治州黎平县双江镇黄岗村
		贵州省黔东南苗族侗族自治州黎平县水口镇滚政村
		贵州省黔东南苗族侗族自治州黎平县岩洞镇述洞村
		贵州省黔东南苗族侗族自治州黎平县永从镇中罗村
		贵州省黔东南苗族侗族自治州黎平县肇兴镇堂安村
		贵州省黔东南苗族侗族自治州榕江县栽麻镇大利村
		贵州省黔东南苗族侗族自治州榕江县栽麻镇宰荡村
		贵州省黔东南苗族侗族自治州从江县西山镇秋卡村
		贵州省黔东南苗族侗族自治州从江县丙妹镇岜沙村
		贵州省黔东南苗族侗族自治州从江县翠里乡高文村
		贵州省黔东南苗族侗族自治州从江县高增乡岜扒村
		贵州省黔东南苗族侗族自治州从江县高增乡小黄村
		贵州省黔东南苗族侗族自治州从江县下江镇高坪村
		贵州省黔东南苗族侗族自治州从江县下江镇良文村
		贵州省黔东南苗族侗族自治州从江县加榜乡加车村
		贵州省黔东南苗族侗族自治州从江县加鸠镇加翁村
		贵州省黔东南苗族侗族自治州雷山县达地乡也蒙村
		贵州省黔东南苗族侗族自治州雷山县大塘镇掌坳村

续表 15

地　区	数量（个）	少数民族特色村寨名称
贵州省	151	贵州省黔东南苗族侗族自治州雷山县丹江镇乌东村
		贵州省黔东南苗族侗族自治州雷山县方祥乡格头村
		贵州省黔东南苗族侗族自治州雷山县郎德镇上郎德村
		贵州省黔东南苗族侗族自治州雷山县郎德镇也改村
		贵州省黔东南苗族侗族自治州雷山县望丰乡公统村
		贵州省黔东南苗族侗族自治州雷山县西江镇干荣村
		贵州省黔东南苗族侗族自治州雷山县大塘镇新桥村
		贵州省黔东南苗族侗族自治州雷山县方祥乡陡寨村
		贵州省黔东南苗族侗族自治州雷山县方祥乡平祥村
		贵州省黔东南苗族侗族自治州雷山县望丰乡排肖村
		贵州省黔东南苗族侗族自治州雷山县望丰乡乌响村
		贵州省黔东南苗族侗族自治州雷山县西江镇麻料村
		贵州省黔东南苗族侗族自治州雷山县西江镇猫鼻岭村
		贵州省黔东南苗族侗族自治州雷山县永乐镇乔洛村
		贵州省黔东南苗族侗族自治州雷山县方祥乡毛坪村
		贵州省黔东南苗族侗族自治州麻江县宣威镇龙江村
		贵州省黔东南苗族侗族自治州麻江县宣威镇城中村
		贵州省黔东南苗族侗族自治州麻江县宣威镇卡乌村
		贵州省黔东南苗族侗族自治州麻江县宣威镇翁保村
		贵州省黔东南苗族侗族自治州丹寨县扬武镇扬颂村
		贵州省黔东南苗族侗族自治州丹寨县排调镇麻鸟村
		贵州省黔东南苗族侗族自治州丹寨县雅灰乡送陇村
		贵州省黔东南苗族侗族自治州丹寨县兴仁镇王家村
		贵州省黔东南苗族侗族自治州丹寨县扬武镇排莫村
		贵州省黔东南苗族侗族自治州丹寨县龙泉镇高要村
		贵州省黔东南苗族侗族自治州丹寨县排调镇刘家村
		贵州省黔南布依族苗族自治州都匀市归兰水族乡奉合村榔木寨
		贵州省黔南布依族苗族自治州福泉市仙桥乡大花水村麒麟山苗寨
		贵州省黔南布依族苗族自治州荔波县玉屏街道办事处水甫村水葩古寨
		贵州省黔南布依族苗族自治州荔波县瑶山瑶族乡菇类村董蒙寨
		贵州省黔南布依族苗族自治州三都水族自治县都江镇怎雷村
		贵州省黔南布依族苗族自治州三都水族自治县九阡镇水各村
		贵州省黔南布依族苗族自治州三都水族自治县都江镇来术村
		贵州省黔南布依族苗族自治州三都水族自治县三合街道办事处排烧村
		贵州省黔南布依族苗族自治州三都水族自治县普安镇野记古寨

续表 16

地　区	数量（个）	少数民族特色村寨名称
贵州省	151	贵州省黔南布依族苗族自治州三都水族自治县九阡镇石板寨
		贵州省黔南布依族苗族自治州都匀经济开发区新场村格多苗寨
		贵州省黔西南布依族苗族自治州兴义市南盘江镇南龙古寨
		贵州省黔西南布依族苗族自治州兴仁市巴铃镇绿荫河社区
		贵州省黔西南布依族苗族自治州望谟县桑郎镇桑郎村
		贵州省黔西南布依族苗族自治州望谟县王母街道甘莱村
		贵州省黔西南布依族苗族自治州望谟县蔗香镇蔗香村
		贵州省黔西南册亨县冗渡镇大寨村
		贵州省黔西南册亨县冗渡镇威旁村
		贵州省黔西南布依族苗族自治州安龙县万峰湖镇坝盘村
		贵州省黔西南布依族苗族自治州义龙试验区龙广镇联新村
云南省	113	云南省昆明市五华区西翥街道办事处陡坡社区
		云南省昆明市石林彝族自治县圭山镇糯黑村
		云南省曲靖市宣威市东山镇芙蓉村委会花树脚自然村
		云南省玉溪市红塔区春和街道黄草坝村
		云南省玉溪市江川区九溪镇罗合白村
		云南省玉溪市华宁县华溪镇上拖卓村
		云南省玉溪市易门县龙泉街道中屯社区平滩子村
		云南省玉溪市易门县十街乡摆依村
		云南省玉溪市峨山彝族自治县岔河乡鹏展村
		云南省玉溪市峨山彝族自治县塔甸镇统邑村
		云南省玉溪市峨山彝族自治县塔甸镇大西村
		云南省玉溪市新平彝族傣族自治县漠沙镇曼线村南蒣小组
		云南省玉溪市元江哈尼族彝族傣族自治县澧江街道者嘎村
		云南省玉溪市元江哈尼族彝族傣族自治县羊街乡尼果上寨
		云南省玉溪市元江哈尼族彝族傣族自治县因远镇安定村
		云南省昭通市昭阳区小龙洞乡宁边村偏坡苗寨
		云南省昭通市昭阳区旧圃镇小寨子
		云南省昭通市永善县务基镇锦屏村单彝
		云南省昭通市彝良县龙安镇木坪村寨子
		云南省昭通市彝良县奎香乡寸田村后山
		云南省保山市隆阳区潞江镇莫卡村赧浒村
		云南省保山市腾冲市荷花镇民团村坝派
		云南省保山市腾冲市清水乡三家村中寨
		云南省保山市腾冲市猴桥镇猴桥村委会黑泥塘村

续表 17

地 区	数量（个）	少数民族特色村寨名称
云南省	113	云南省保山市腾冲市芒棒镇大水塘村委会下寨
		云南省保山市施甸县木老元乡哈寨村哈寨
		云南省保山市龙陵县龙新乡黄草坝小米地
		云南省保山市龙陵县勐糯镇大寨村大寨
		云南省普洱市思茅区思茅港镇那澜村委会芒约村
		云南省普洱市宁洱哈尼族彝族自治县同心乡那柯里村委会那柯里村
		云南省普洱市江城哈尼族彝族自治县整董镇曼滩村委员会曼滩村
		云南省普洱市江城哈尼族彝族自治县整董镇整董村委会曼乱宰村
		云南省普洱市孟连傣族拉祜族佤族自治县娜允镇娜允村委会娜允四组
		云南省普洱市孟连傣族拉祜族佤族自治县勐马镇芒海村委会芒沙村
		云南省普洱市孟连傣族拉祜族佤族自治县景信乡回俄村委会景信一二组
		云南省普洱市孟连傣族拉祜族佤族自治县芒信乡岔河村委会广伞村
		云南省普洱市孟连傣族拉祜族佤族自治县景信乡朗勒村委会朗岛村
		云南省普洱市孟连傣族拉祜族佤族自治县娜允镇娜允村委会贺雅一组
		云南省普洱市澜沧拉祜族自治县糯福乡阿里村委会老迈村
		云南省普洱市澜沧拉祜族自治县惠民镇景迈村委会笼蚌村
		云南省普洱市澜沧拉祜族自治县竹塘乡东主村委会老缅村
		云南省普洱市西盟佤族自治县勐梭镇秧落村博航十组
		云南省普洱市西盟佤族自治县勐卡镇大马散村委会永俄寨
		云南省普洱市西盟佤族自治县中课乡窝笼村委会六组
		云南省临沧市临翔区博尚镇勐准村腾龙自然村
		云南省临沧市镇康县军赛乡岔路村红岩自然村
		云南省临沧市双江自治县邦丙乡南直村南直自然村
		云南省临沧市沧源佤族自治县单甲乡安也村护俄自然村
		云南省临沧市沧源佤族自治县班洪乡班洪村大寨一组自然村
		云南省德宏傣族景颇族自治州芒市三台山德昂族乡允欠村委会帮弄村
		云南省德宏傣族景颇族自治州芒市遮放镇弄坎村委会贺焕村
		云南省德宏傣族景颇族自治州芒市芒市镇芒核村委会广母村
		云南省德宏傣族景颇族自治州瑞丽市畹町镇芒棒村委会回环村
		云南省德宏傣族景颇族自治州瑞丽市弄岛镇等嘎村委会等噶二组
		云南省德宏傣族景颇族自治州盈江县苏典乡下勐橄村
		云南省德宏傣族景颇族自治州盈江县铜壁关乡三合村松克村民小组
		云南省德宏傣族景颇族自治州陇川县户撒乡户早村委会芒海自然村
		云南省怒江傈僳族自治州泸水市鲁掌镇三河村委会滴水河自然村
		云南省怒江傈僳族自治州泸水市洛本卓乡托拖村委会新村自然村

续表 18

地　区	数量（个）	少数民族特色村寨名称
云南省	113	云南省怒江傈僳族自治州福贡县鹿马登乡赤恒底村委会娃底自然村
		云南省怒江傈僳族自治州贡山独龙族怒族自治县丙中洛镇甲生村委会甲生自然村
		云南省怒江傈僳族自治州贡山独龙族怒族自治县丙中洛镇甲生村委会重丁自然村
		云南省怒江傈僳族自治州贡山独龙族怒族自治县独龙江乡马库村委会钦兰当自然村
		云南省怒江傈僳族自治州贡山独龙族怒族自治县独龙江乡巴坡村委会巴坡自然村
		云南省怒江傈僳族自治州兰坪白族普米族自治县通甸镇八十一村委会八十一自然村
		云南省怒江傈僳族自治州兰坪白族普米族自治县兔峨乡果力村委会果力自然村
		云南省迪庆藏族自治州德钦县云岭乡斯农村明永一、二社
		云南省迪庆藏族自治州维西傈僳族自治县叶枝镇同乐村同乐大村
		云南省大理白族自治州大理市龙下登白族特色村寨
		云南省大理白族自治州大理市双廊白族特色村寨
		云南省大理白族自治州大理市下阳波白族特色村寨
		云南省大理白族自治州祥云县波罗彝族特色村寨
		云南省大理白族自治州宾川县萂村白族特色村寨
		云南省大理白族自治州弥渡县朵祜彝族特色村寨
		云南省大理白族自治州永平县曲硐回族特色村寨
		云南省大理白族自治州永平县龙街彝族特色村寨
		云南省大理白族自治州洱源县西湖南登白族特色村寨
		云南省大理白族自治州洱源县梨园白族特色村寨
		云南省大理白族自治州洱源县郑家庄多民族特色村寨
		云南省大理白族自治州剑川县弥井白族特色村寨
		云南省大理白族自治州剑川县大佛殿彝族特色村寨
		云南省大理白族自治州鹤庆县五星彝族特色村寨
		云南省大理白族自治州漾濞彝族自治县白塔箐白族特色村寨
		云南省大理白族自治州南涧彝族自治县盖瓦洒彝族特色村寨
		云南省大理白族自治州巍山彝族回族自治县下西莲花回族特色村寨
		云南省大理白族自治州巍山彝族回族自治县打竹彝族特色村寨
		云南省大理白族自治州巍山彝族回族自治县琢木郎彝族特色村寨
		云南省楚雄彝族自治州楚雄市紫溪镇紫溪彝村
		云南省楚雄彝族自治州楚雄市苴乡马家村
		云南省楚雄彝族自治州双柏县法脿乡李方村
		云南省楚雄彝族自治州南华县雨露白族乡袁家丫口村
		云南省楚雄彝族自治州姚安县光禄镇朝阳村

续表 19

地　区	数量（个）	少数民族特色村寨名称
云南省	113	云南省楚雄彝族自治州永仁县宜就镇火把新村（彝人新村）
		云南省红河哈尼族彝族自治州个旧市贾沙乡陡岩村委会阿邦村
		云南省红河哈尼族彝族自治州弥勒市西三镇蚂蚁村委会可邑村
		云南省红河哈尼族彝族自治州弥勒市巡检司镇高甸村委会下高甸村
		云南省红河哈尼族彝族自治州石屏县宝秀镇郑村委会郑营村
		云南省红河哈尼族彝族自治州泸西县向阳乡沙马村委会山色村
		云南省红河哈尼族彝族自治州元阳县新街镇哈尼小镇
		云南省红河哈尼族彝族自治州红河县石头寨乡旧施村委会旧施瑶寨
		云南省红河哈尼族彝族自治州金平苗族瑶族傣族自治县马鞍底乡中寨村委会标水岩村
		云南省红河哈尼族彝族自治州河口瑶族自治县桥头乡中寨村委会芭蕉田小组
		云南省文山壮族苗族自治州马关县仁和镇阿峨村委会新寨村
		云南省文山壮族苗族自治州马关县南捞乡小麻栗坡村委会坡角村
		云南省文山壮族苗族自治州马关县金厂镇金厂村委会罗家坪
		云南省文山壮族苗族自治州富宁县剥隘镇甲村村委员会坡芽村
		云南省文山壮族苗族自治州富宁县归朝镇归朝村委会老街三寨村
		云南省西双版纳傣族自治州景洪市嘎洒镇曼占宰曼丢
		云南省西双版纳傣族自治州景洪市勐罕镇曼听曼春满
		云南省西双版纳傣族自治州景洪市勐罕镇曼嘎俭曼峦嘎
		云南省西双版纳傣族自治州景洪市勐罕镇曼听曼乍
		云南省西双版纳傣族自治州景洪市勐龙镇坝卡村委会坝卡
		云南省西双版纳傣族自治州景洪市基诺山巴卡村委会巴卡老寨
西藏自治区	8	西藏自治区拉萨市城关区夺底乡洛欧村
		西藏自治区拉萨市曲水县达嘎乡色康民俗文化村
		西藏自治区昌都市八宿县然乌镇瓦巴村
		西藏自治区日喀则市白朗县嘎东镇马义村
		西藏自治区日喀则市定结县陈塘镇
		西藏自治区林芝市米林县男伊珞巴民族乡才召村
		西藏自治区山南市隆子县斗玉珞巴族民族乡斗玉村
		西藏自治区山南市错那县麻麻门巴民族乡麻麻村
陕西省	6	陕西省宝鸡市凤县凤州镇凤州村
		陕西省安康市汉滨区恒口镇联红村
		陕西省汉中市略阳县接官亭镇何家岩村
		陕西省商洛市镇安县西口回族镇青树村
		陕西省商洛市镇安县茅坪回族镇元坪村
		陕西省商洛市镇安县西口回族镇石景村

续表 20

地　区	数量（个）	少数民族特色村寨名称
甘肃省	12	甘肃省酒泉市肃州区黄泥堡裕固族乡黄泥堡村
		甘肃省酒泉市肃北蒙古族自治县石包城乡石板墩村
		甘肃省酒泉市阿克塞哈萨克族自治县红柳湾镇红柳湾村
		甘肃省张掖市肃南裕固族自治县大河乡松木滩村
		甘肃省武威市天祝藏族自治县天堂镇天堂村
		甘肃省陇南市文县铁楼藏族乡草河坝村
		甘肃省陇南市文县铁楼藏族乡石门沟村
		甘肃省临夏回族自治州临夏县榆林乡窑湾村
		甘肃省临夏回族自治州积石山保安东乡族撒拉族自治县大河家镇大墩村
		甘肃省甘南藏族自治州夏河县曲奥乡香告村
		甘肃省甘南藏族自治州迭部县多儿乡洋布村
		甘肃省甘南藏族自治州卓尼县尼巴乡尼巴村
青海省	11	青海省海东市民和回族土族自治县官亭镇喇家村
		青海省海东市互助土族自治县东沟乡塘拉村
		青海省海东市互助土族自治县红崖子沟乡张家村
		青海省海东市化隆回族自治县塔加乡塔一村
		青海省海东市化隆回族自治县塔加乡塔二村
		青海省海东市循化撒拉族自治县街子镇三兰巴海村
		青海省海东市循化撒拉族自治县清水乡塔沙坡村
		青海省海东市循化撒拉族自治县清水乡下庄村
		青海省海西蒙古族藏族自治州都兰县香日德镇中庄村
		青海省海西蒙古族藏族自治州都兰县察苏镇下西台村
		青海省海西蒙古族藏族自治州都兰县巴隆乡巴隆托托社区
宁夏回族自治区	8	宁夏回族自治区银川市贺兰县南梁台子铁东村中心区
		宁夏回族自治区石嘴山市平罗县红崖子乡红瑞村
		宁夏回族自治区吴忠市利通区郭家桥乡刘家湾村
		宁夏回族自治区吴忠市青铜峡市青铜峡镇同兴村
		宁夏回族自治区吴忠市同心县丁塘镇团结村
		宁夏回族自治区吴忠市盐池县冯记沟乡老庄子村
		宁夏回族自治区固原市西吉县硝河乡硝河村
		宁夏回族自治区中卫市沙坡头区永康镇永新村
新疆维吾尔自治区	14	新疆维吾尔自治区阿克苏地区新和县依其艾日克乡加依村
		新疆维吾尔自治区喀什地区泽普县布依鲁克塔吉克民族乡布依鲁克村
		新疆维吾尔自治区巴音郭楞蒙古自治州和静县巴音布鲁克镇巴西力克村
		新疆维吾尔自治区克孜勒苏柯尔克孜自治州阿合奇县阿合奇镇科克乔库尔民俗文化村

续表 21

地　区	数量（个）	少数民族特色村寨名称
新疆维吾尔自治区	14	新疆维吾尔自治区伊犁哈萨克自治州伊宁市达达木图乡布拉克村
		新疆维吾尔自治区伊犁哈萨克自治州尼勒克县种蜂场艾米尔布拉克队
		新疆维吾尔自治区伊犁哈萨克自治州尼勒克县克令乡克孜勒土木斯克村
		新疆维吾尔自治区伊犁哈萨克自治州霍城县惠远镇央布拉克村
		新疆维吾尔自治区伊犁哈萨克自治州昭苏县萨尔阔布乡萨尔阔布村
		新疆维吾尔自治区伊犁哈萨克自治州特克斯县特克斯镇博斯坦村
		新疆维吾尔自治区伊犁哈萨克自治州特克斯县喀拉达拉乡琼库什台村
		新疆维吾尔自治区伊犁哈萨克自治州特克斯县特克斯镇霍斯库勒村
		新疆维吾尔自治区伊犁哈萨克自治州特克斯县乔拉克铁热克镇克孜阔拉村
		新疆维吾尔自治区阿勒泰地区布尔津县冲乎尔镇布拉乃村
新疆生产建设兵团	8	新疆生产建设兵团第四师 73 团 8 连
		新疆生产建设兵团第五师 89 团 9 连少数民族特色村寨
		新疆生产建设兵团第六师军户农场 5 连
		新疆生产建设兵团第八师石河子市 143 团紫泥泉镇石门村
		新疆生产建设兵团第九师 165 团 4 连（巴依木扎）
		新疆生产建设兵团第十二师 104 团畜牧连
		新疆生产建设兵团第十三师黄田农场庙尔沟村
		新疆生产建设兵团第十三师红星四场塔水河（现牧场连）

■第三批中国少数民族特色村寨

地　区	数量（个）	少数民族特色村寨名称
北京市	2	北京市怀柔区汤河口镇小梁前村
		北京市密云区古北口镇河西村
天津市	1	天津市北辰区天穆镇天穆村
河北省	20	河北省唐山市遵化市东陵满族乡裕大村
		河北省唐山市遵化市东陵满族乡裕小村
		河北省秦皇岛市卢龙县蛤泊乡青龙河村
		河北省秦皇岛市青龙满族自治县肖营子镇高丽铺村
		河北省邯郸市大名县黄金堤乡马时庄村
		河北省保定市定州市明月店镇三十里铺村
		河北省张家口市尚义县大盘营乡五台蒙古营村
		河北省张家口市怀来县新保安镇前进街村
		河北省承德市平泉市柳溪镇薛杖子社区
		河北省承德市承德县两家满族乡两家村
		河北省承德市滦平县巴克什营镇古城川村
		河北省承德市隆化县茅荆坝乡茅荆坝村

续表 1

地　区	数量（个）	少数民族特色村寨名称
河北省	20	河北省承德市丰宁满族自治县五道营乡九道沟村
		河北省承德市宽城满族自治县大石柱子乡大闫杖子村
		河北省承德市宽城满族自治县化皮镇任杖子村
		河北省承德市围场满族蒙古族自治县四道沟乡庙宫村
		河北省承德市围场满族蒙古族自治县御道口镇御道口村
		河北省沧州市青县盘古乡曹辛庄村
		河北省廊坊市香河县五百户镇香椿营村
		河北省廊坊市大厂回族自治县大厂镇小厂村
山西省	1	山西省临汾市翼城县唐兴镇北关村
内蒙古自治区	45	内蒙古自治区包头市东河区沙尔沁镇阿都赖村
		内蒙古自治区包头市石拐区吉忽伦图苏木爬榆树嘎查
		内蒙古自治区包头市九原区阿嘎如泰苏木阿贵沟嘎查
		内蒙古自治区赤峰市巴林右旗索博日嘎镇索博日嘎嘎查
		内蒙古自治区赤峰市巴林右旗幸福之路苏木关乃英格嘎查
		内蒙古自治区赤峰市巴林右旗幸福之路苏木床金嘎查
		内蒙古自治区赤峰市巴林右旗查干沐沦苏木沙巴尔台嘎查
		内蒙古自治区赤峰市翁牛特旗紫城街道德日苏嘎查
		内蒙古自治区赤峰市喀喇沁旗十家满族乡十家村
		内蒙古自治区通辽市奈曼旗白音他拉苏木伊和乌苏嘎查庙屯小组
		内蒙古自治区鄂尔多斯市东胜区罕台镇九成宫村
		内蒙古自治区鄂尔多斯市鄂托克前旗昂素镇巴彦乌素嘎查
		内蒙古自治区鄂尔多斯市鄂托克旗阿尔巴斯苏木呼和陶勒盖嘎查
		内蒙古自治区鄂尔多斯市鄂托克旗苏米图苏木马什亥嘎查
		内蒙古自治区鄂尔多斯市鄂托克旗棋盘井镇乌仁都西嘎查
		内蒙古自治区鄂尔多斯市杭锦旗塔然高勒巴音巴拉格嘎查
		内蒙古自治区鄂尔多斯市杭锦旗独贵塔拉镇道图嘎查
		内蒙古自治区鄂尔多斯市乌审旗乌兰陶勒盖镇巴音希利嘎查
		内蒙古自治区呼伦贝尔市满洲里市敖尔金街道办事处敖尔金新村
		内蒙古自治区呼伦贝尔市新巴尔虎左旗甘珠尔苏木甘珠尔嘎查
		内蒙古自治区呼伦贝尔市鄂伦春自治旗古里乡猎民村
		内蒙古自治区呼伦贝尔市鄂伦春自治旗托扎敏乡希日特奇猎民村
		内蒙古自治区呼伦贝尔市鄂温克族自治旗辉苏木辉道嘎查
		内蒙古自治区呼伦贝尔市鄂温克族自治旗锡尼河西苏木巴彦胡硕嘎查
		内蒙古自治区乌兰察布市商都县十八顷镇小庙子嘎查
		内蒙古自治区乌兰察布市察哈尔右翼后旗白音察干镇那仁格嘎查

续表 2

地　区	数量（个）	少数民族特色村寨名称
内蒙古自治区	45	内蒙古自治区兴安盟乌兰浩特市义勒力特镇义勒力特嘎查
		内蒙古自治区兴安盟乌兰浩特市葛根庙镇哈达那拉嘎查
		内蒙古自治区兴安盟科尔沁右翼前旗桃合木苏木乌申一合嘎查
		内蒙古自治区兴安盟科尔沁右翼前旗阿力得尔苏木海力森嘎查
		内蒙古自治区兴安盟科尔沁右翼中旗杜尔基镇鲜光嘎查
		内蒙古自治区兴安盟科尔沁右翼中旗额木庭高勒苏木巴彦敖包嘎查
		内蒙古自治区兴安盟扎赉特旗巴彦乌兰苏木巴彦塔拉嘎查
		内蒙古自治区兴安盟扎赉特旗音德尔镇阿拉坦花嘎查
		内蒙古自治区兴安盟扎赉特旗好力保镇五道河子村
		内蒙古自治区锡林郭勒盟阿巴嘎旗吉尔郎图苏木海尔罕嘎查
		内蒙古自治区锡林郭勒盟阿巴嘎旗巴彦图嘎苏木脑木罕嘎查
		内蒙古自治区锡林郭勒盟苏尼特左旗洪格尔苏木新阿米都日勒嘎查
		内蒙古自治区锡林郭勒盟苏尼特右旗脑干塔拉嘎查
		内蒙古自治区锡林郭勒盟正镶白旗宝力根陶海苏木陶林宝拉格嘎查
		内蒙古自治区锡林郭勒盟正镶白旗伊和淖日苏木阿日善嘎查
		内蒙古自治区锡林郭勒盟正镶白旗伊和淖日苏木察罕乌拉嘎查
		内蒙古自治区阿拉善盟阿拉善右旗阿拉腾朝格苏木那仁布拉格嘎查
		内蒙古自治区阿拉善盟阿拉善右旗雅布赖镇努日盖嘎查
		内蒙古自治区阿拉善盟额济纳旗巴彦陶来苏木吉日嘎郎图嘎查
辽宁省	7	辽宁省沈阳市于洪区马三街道边台村
		辽宁省沈阳市新民市公主屯镇辽滨塔村
		辽宁省沈阳市康平县郝官屯镇小塔子村
		辽宁省抚顺市新宾满族自治县永陵镇嘉禾村
		辽宁省抚顺市清原满族自治县大苏河乡三十道河村沙河子组
		辽宁省本溪市南芬区思山岭街道办事处甬子峪村
		辽宁省本溪市桓仁满族自治县五里甸子镇老黑山村
吉林省	19	吉林省吉林市昌邑区土城子满族朝鲜族乡曾通村
		吉林省通化市辉南县样子哨镇样子哨村
		吉林省白山市临江市六道沟镇三道阳岔村
		吉林省松原市前郭尔罗斯蒙古族自治县查干花镇乌兰花村
		吉林省松原市前郭尔罗斯蒙古族自治县查干花镇白音花村
		吉林省松原市前郭尔罗斯蒙古族自治县查干湖镇妙音寺村
		吉林省松原市前郭尔罗斯蒙古族自治县吉拉吐乡七家子村
		吉林省松原市前郭尔罗斯蒙古族自治县长山镇四克基村
		吉林省延边朝鲜族自治州延吉市朝阳川镇太兴村

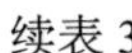
续表 3

地　区	数量（个）	少数民族特色村寨名称
吉林省	19	吉林省延边朝鲜族自治州延吉市小营镇五凤村
		吉林省延边朝鲜族自治州图们市月晴镇马牌村
		吉林省延边朝鲜族自治州图们市石岘镇河北村
		吉林省延边朝鲜族自治州敦化市官地镇江南村
		吉林省延边朝鲜族自治州珲春市敬信镇圈河村
		吉林省延边朝鲜族自治州龙井市智新镇明东村
		吉林省延边朝鲜族自治州和龙市西城镇龙浦村
		吉林省延边朝鲜族自治州汪清县百草沟镇凤林村
		吉林省延边朝鲜族自治州安图县石门镇镜城村
		吉林省延边朝鲜族自治州安图县松江镇松花村
黑龙江省	8	黑龙江省哈尔滨市宾县居仁镇三合村
		黑龙江省齐齐哈尔市讷河市兴旺鄂温克族乡索伦村
		黑龙江省齐齐哈尔市富裕县塔哈镇吉斯堡村
		黑龙江省齐齐哈尔市富裕县友谊达满柯族乡五家子村
		黑龙江省佳木斯市抚远市乌苏镇抓吉赫哲族村
		黑龙江省佳木斯市桦川县星火朝鲜族乡星火村
		黑龙江省牡丹江市宁安市渤海镇瀑布村
		黑龙江省牡丹江市东宁市三岔口朝鲜族镇三岔口村
江苏省	4	江苏省南京市六合区竹镇镇竹墩社区
		江苏省淮安市淮阴区马头镇张庄镇村
		江苏省淮安市涟水县黄营镇朱桥村
		江苏省镇江市丹徒区世业镇卫星村
浙江省	19	浙江省杭州市桐庐县莪山畲族乡龙峰民族村
		浙江省温州市平阳县青街畲族乡九岱村
		浙江省温州市平阳县水头镇新联村
		浙江省温州市苍南县岱岭畲族乡富源村
		浙江省温州市文成县西坑畲族镇让川民族村
		浙江省温州市泰顺县彭溪镇玉塔畲族村
		浙江省温州市泰顺县司前畲族镇里光村
		浙江省金华市兰溪市水亭畲族乡西方坞村
		浙江省衢州市衢江区举村乡西坑村
		浙江省衢州市开化县池淮镇潭头村
		浙江省衢州市龙游县詹家镇浦山村
		浙江省丽水市莲都区丽新畲族乡咸宜村
		浙江省丽水市遂昌县妙高街道东峰村

续表 4

地　区	数量（个）	少数民族特色村寨名称
浙江省	19	浙江省丽水市遂昌县三仁畲族乡好川村
		浙江省丽水市松阳县板桥畲族乡板桥村
		浙江省丽水市云和县凤凰山街道新岭村
		浙江省丽水市云和县安溪畲族乡黄处村
		浙江省丽水市云和县雾溪畲族乡坪垟岗村
		浙江省丽水市景宁畲族自治县大均乡伏叶村
安徽省	1	安徽省亳州市谯城区牛集镇蒋楼民族村
福建省	26	福建省福州市罗源县松山镇八井村
		福建省福州市罗源县西兰乡许洋村
		福建省莆田市涵江区白塘镇双福村
		福建省三明市永安市青水畲族乡汀海畲族村
		福建省三明市明溪县枫溪乡官坊回族村
		福建省三明市宁化县治平畲族乡治平畲族村
		福建省三明市宁化县治平畲族乡湖背角畲族村
		福建省泉州市泉港区山腰街道钟厝村
		福建省泉州市石狮市蚶江镇石渔村
		福建省泉州市安溪县湖上乡盛富村
		福建省南平市建瓯市房道镇吴大元村
		福建省南平市顺昌县仁寿镇江墩村
		福建省南平市光泽县寨里镇浆源村
		福建省南平市松溪县花桥乡招沙甲村
		福建省龙岩市漳平市桂林街道山羊村
		福建省宁德市蕉城区金涵畲族乡亭坪村
		福建省宁德市蕉城区七都镇北山村
		福建省宁德市蕉城区霍童镇东岭村
		福建省宁德市福安市坂中畲族乡仙岩村
		福建省宁德市福安市溪尾镇坎下村
		福建省宁德市福安市溪潭镇兰田村
		福建省宁德市福安市穆云畲族乡南山村
		福建省宁德市福安市甘棠镇过洋村
		福建省宁德市霞浦县崇儒畲族乡霞坪村
		福建省宁德市霞浦县沙江镇大墓里村
		福建省宁德市周宁县咸村镇云门村
江西省	3	江西省九江市武宁县东林乡山头畲族村高畲雷家自然村
		江西省鹰潭市贵溪市樟坪畲族乡樟坪畲族村樟坪组
		江西省抚州市乐安县金竹畲族乡流舍畲族村吓通村小组

续表 5

地　区	数量（个）	少数民族特色村寨名称
山东省	7	山东省济南市天桥区桑梓店街道小寨村
		山东省泰安市泰山区省庄镇岳庄村
		山东省泰安市肥城市边院镇凤凰村
		山东省临沂市郯城县马头镇民主社区
		山东省德州市临邑县临邑镇老马家村
		山东省滨州市无棣县车王镇五营中村
		山东省菏泽市定陶区天中街道办事处南城社区
河南省	2	河南省平顶山市郏县姚庄回族乡小张庄村
		河南省许昌市襄城县颖桥镇北街村
湖北省	15	湖北省宜昌市长阳土家族自治县龙舟坪镇郑家榜村
		湖北省宜昌市五峰土家族自治县湾潭镇茶园村
		湖北省荆州市松滋市卸甲坪乡覃睦庄社区
		湖北省荆州市松滋市卸甲坪乡曲尺河村
		湖北省恩施土家族苗族州恩施市白杨坪镇洞下槽村
		湖北省恩施土家族苗族州利川市忠路镇老屋基村
		湖北省恩施土家族苗族州利川市柏杨坝镇栏堰村
		湖北省恩施土家族苗族州建始县茅田乡太和街村
		湖北省恩施土家族苗族州宣恩县长潭河乡兴隆村
		湖北省恩施土家族苗族州宣恩县长潭河乡两溪河村
		湖北省恩施土家族苗族州宣恩县晓关乡野椒园村
		湖北省恩施土家族苗族州咸丰县清坪镇龙潭司村
		湖北省恩施土家族苗族州咸丰县忠堡镇马倌屯村
		湖北省恩施土家族苗族州来凤县大河镇五道水村
		湖北省恩施土家族苗族州鹤峰县容美镇屏山村
湖南省	29	湖南省邵阳市隆回县虎形山瑶族乡大托村
		湖南省邵阳市绥宁县乐安铺苗族侗族乡大团村
		湖南省邵阳市城步苗族自治县长安营镇长坪村
		湖南省张家界市永定区四都坪乡牧笛溪村
		湖南省郴州市汝城县文明瑶族乡沙洲村
		湖南省永州市江永县兰溪瑶族乡勾蓝瑶寨
		湖南省永州市江华瑶族自治县湘江乡桐冲口村
		湖南省怀化市洪江市龙船塘瑶族乡翁朗溪村
		湖南省怀化市芷江侗族自治县碧涌镇哨田村
		湖南省湘西土家族苗族自治州吉首市矮寨镇坪年村
		湖南省湘西土家族苗族自治州吉首市矮寨镇补点村

续表 6

地　区	数量（个）	少数民族特色村寨名称
湖南省	29	湖南省湘西土家族苗族自治州吉首市马颈坳镇隘口村
		湖南省湘西土家族苗族自治州吉首市矮寨镇联团村
		湖南省湘西土家族苗族自治州吉首市矮寨镇排兄村
		湖南省湘西土家族苗族自治州吉首市矮寨镇阳孟村
		湖南省湘西土家族苗族自治州泸溪县浦市镇岩头山村
		湖南省湘西土家族苗族自治州泸溪县达岚镇岩门村
		湖南省湘西土家族苗族自治州泸溪县洗溪镇欧溪村
		湖南省湘西土家族苗族自治州凤凰县麻冲乡老洞村
		湖南省湘西土家族苗族自治州凤凰县麻冲乡竹山村
		湖南省湘西土家族苗族自治州凤凰县麻冲乡扭仁村
		湖南省湘西土家族苗族自治州花垣县双龙芷耳村
		湖南省湘西土家族苗族自治州古丈县坪坝镇曹家村
		湖南省湘西土家族苗族自治州古丈县默戎镇中寨村
		湖南省湘西土家族苗族自治州古丈县高峰镇石门寨村
		湖南省湘西土家族苗族自治州永顺县小溪镇小溪村
		湖南省湘西土家族苗族自治州永顺县泽家镇西那司村
		湖南省湘西土家族苗族自治州永顺县灵溪镇那必村
		湖南省湘西土家族苗族自治州永顺县灵溪镇洞坎村
广东省	2	广东省清远市连山壮族瑶族自治县禾洞镇禾联村委会政岐村
		广东省清远市连南瑶族自治县三江镇金坑村委会金坑自然村
广西壮族自治区	40	广西壮族自治区南宁市青秀区南阳镇施厚村古岳坡
		广西壮族自治区南宁市邕宁区新江镇新江社区那蒙坡
		广西壮族自治区南宁市武鸣区双桥镇八桥村大伍屯
		广西壮族自治区南宁市隆安县那桐镇定江村定典屯
		广西壮族自治区南宁市马山县古零镇羊山村三甲屯
		广西壮族自治区南宁市马山县古寨瑶族乡本立村古朗屯
		广西壮族自治区南宁市马山县古寨瑶族乡本立村古奔屯
		广西壮族自治区南宁市上林县巷贤镇高贤社区高磨庄
		广西壮族自治区南宁市横州市校椅镇青桐村委稽僧村
		广西壮族自治区柳州市柳江区三都镇三都村边山屯
		广西壮族自治区柳州市鹿寨县拉沟乡大坪村古报屯
		广西壮族自治区柳州市鹿寨县拉沟乡木龙村五家屯
		广西壮族自治区柳州市鹿寨县平山镇青山村堡底屯
		广西壮族自治区柳州市融水苗族自治县安陲乡乌吉村乌吉屯
		广西壮族自治区柳州市融水苗族自治县安太乡小桑村

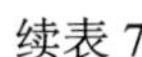
续表 7

地　区	数量（个）	少数民族特色村寨名称
广西壮族自治区	40	广西壮族自治区柳州市融水苗族自治县安太乡培秀村
		广西壮族自治区柳州市融水苗族自治县红水乡良双村
		广西壮族自治区柳州市融水苗族自治县杆洞乡高培村
		广西壮族自治区柳州市融水苗族自治县良寨乡大里村
		广西壮族自治区桂林市资源县两水苗族乡塘洞村李洞寨
		广西壮族自治区桂林市龙胜各族自治县平等镇昌背侗寨
		广西壮族自治区桂林市龙胜各族自治县平等镇蒙洞村
		广西壮族自治区桂林市龙胜各族自治县乐江乡西腰村
		广西壮族自治区桂林市龙胜各族自治县马堤乡芙蓉村
		广西壮族自治区桂林市龙胜各族自治县伟江乡洋湾村
		广西壮族自治区桂林市恭城瑶族自治县观音乡狮塘村委蕉山村
		广西壮族自治区贵港市港北区港城街道龙井村
		广西壮族自治区贵港市覃塘区覃塘街道龙凤村平田屯
		广西壮族自治区百色市德保县城关镇那温村那温屯
		广西壮族自治区百色市凌云县泗城镇金保村
		广西壮族自治区百色市田林县定安镇定安村
		广西壮族自治区河池市南丹县里湖瑶族乡千户瑶寨
		广西壮族自治区来宾市象州县罗秀镇礼教村委纳禄屯
		广西壮族自治区来宾市象州县妙皇乡盘古村委古朴屯
		广西壮族自治区来宾市金秀瑶族自治县六巷乡六巷屯
		广西壮族自治区崇左市扶绥县岜盆乡弄洞村姑辽屯
		广西壮族自治区崇左市宁明县城中镇耀达村濑江屯
		广西壮族自治区崇左市龙州县上金乡卷逢村白雪屯
		广西壮族自治区崇左市龙州县上金乡中山村旧街屯
		广西壮族自治区崇左市大新县桃城镇万礼村依沙屯
海南省	9	海南省万宁市南桥镇桥南外村
		海南省东方市大田镇马龙村
		海南省澄迈县仁兴镇新兴苗村
		海南省白沙黎族自治县七坊镇高石老村
		海南省昌江黎族自治县叉河镇排岸村
		海南省乐东黎族自治县万冲镇抱班村
		海南省陵水黎族自治县文罗镇坡村
		海南省陵水黎族自治县隆广镇常皮村
		海南省琼中黎族苗族自治县什运乡光一二村

续表 8

地　区	数量（个）	少数民族特色村寨名称
重庆市	4	重庆市石柱土家族自治县西沱镇云梯街
		重庆市秀山土家族苗族自治县中平乡地岑村
		重庆市秀山土家族苗族自治县孝溪乡中心村
		重庆市彭水苗族土家族自治县朗溪乡田湾村何家盖
四川省	69	四川省攀枝花市米易县麻陇彝族乡中心村
		四川省攀枝花市米易县新山傈僳族乡新山村
		四川省绵阳市平武县白马藏族乡伊瓦岱惹村
		四川省绵阳市平武县白马藏族乡亚者造祖村
		四川省绵阳市平武县白马藏族乡厄哩村
		四川省绵阳市平武县豆叩镇银岭村
		四川省绵阳市平武县平通镇牛飞村
		四川省绵阳市平武县虎牙藏族乡上游村
		四川省绵阳市北川羌族自治县片口乡保尔村
		四川省绵阳市北川羌族自治县桃龙藏族乡大鹏村
		四川省绵阳市北川羌族自治县青片乡高峰村
		四川省广元市青川县前进乡古城村
		四川省广元市青川县蒿溪回族乡地坪村
		四川省乐山市金口河区和平彝族乡迎春村
		四川省乐山市金口河区共安彝族乡林丰村
		四川省宜宾市珙县上罗镇团胜村
		四川省宜宾市珙县观斗苗族乡白仁村
		四川省宜宾市珙县玉和苗族乡凤凰社区
		四川省宜宾市筠连县镇舟镇马家村
		四川省阿坝藏族羌族自治州马尔康市沙尔宗镇从恩村
		四川省阿坝藏族羌族自治州汶川县漩口镇群益村
		四川省阿坝藏族羌族自治州理县米亚罗镇八角碉村
		四川省阿坝藏族羌族自治州茂县三龙乡纳呼村
		四川省阿坝藏族羌族自治州茂县太平镇牛尾村
		四川省阿坝藏族羌族自治州茂县叠溪镇较场村
		四川省阿坝藏族羌族自治州茂县富顺镇槽木村
		四川省阿坝藏族羌族自治州茂县富顺镇团结村
		四川省阿坝藏族羌族自治州茂县白溪乡余家沟村
		四川省阿坝藏族羌族自治州茂县黑虎乡耕读百吉村
		四川省阿坝藏族羌族自治州茂县黑虎乡小河坝村
		四川省阿坝藏族羌族自治州九寨沟县马家乡苗州村

续表 9

地 区	数量（个）	少数民族特色村寨名称
四川省	69	四川省阿坝藏族羌族自治州九寨沟县草地乡下草地村
		四川省阿坝藏族羌族自治州小金县木坡乡登春村
		四川省阿坝藏族羌族自治州黑水县沙石多乡杨柳秋村
		四川省阿坝藏族羌族自治州黑水县沙石多乡昌德村
		四川省阿坝藏族羌族自治州黑水县沙石多乡羊茸村
		四川省阿坝藏族羌族自治州黑水县沙石多乡甲足村
		四川省阿坝藏族羌族自治州黑水县芦花镇铁别村
		四川省阿坝藏族羌族自治州阿坝县各莫乡俄休村
		四川省阿坝藏族羌族自治州阿坝县哇尔玛乡铁穷村
		四川省阿坝藏族羌族自治州若尔盖县冻列乡然多村
		四川省阿坝藏族羌族自治州红原县壤口乡壤口村
		四川省甘孜藏族自治州丹巴县中路乡基卡依村
		四川省甘孜藏族自治州丹巴县中路乡克格依村
		四川省甘孜藏族自治州丹巴县巴旺乡小巴旺村
		四川省甘孜藏族自治州丹巴县革什扎镇三道桥村
		四川省甘孜藏族自治州丹巴县聂呷乡拖瓦村
		四川省甘孜藏族自治州石渠县洛须镇龙溪卡村
		四川省甘孜藏族自治州白玉县赠科乡下比沙村
		四川省甘孜藏族自治州乡城县然乌乡克麦村
		四川省甘孜藏族自治州乡城县热打乡热打村
		四川省甘孜藏族自治州乡城县青德镇仲德村
		四川省凉山彝族自治州西昌市大箐乡白庙村
		四川省凉山彝族自治州西昌市裕隆回族乡兴富村
		四川省凉山彝族自治州德昌县黑龙潭镇大湾村
		四川省凉山彝族自治州德昌县铁炉乡菠萝村
		四川省凉山彝族自治州德昌县金沙傈僳族乡观音堂村
		四川省凉山彝族自治州会理市小黑箐镇白沙村
		四川省凉山彝族自治州会理市小黑箐镇岔河村
		四川省凉山彝族自治州会理市小黑箐镇茨竹村
		四川省凉山彝族自治州会理市绿水镇松坪村
		四川省凉山彝族自治州会东县野租乡柏栎箐村
		四川省凉山彝族自治州越西县南箐镇河坎村
		四川省凉山彝族自治州越西县保安藏族乡梨花村
		四川省凉山彝族自治州越西县大瑞镇林沟村
		四川省凉山彝族自治州越西县大花乡斯觉村

续表 10

地　区	数量（个）	少数民族特色村寨名称
四川省	69	四川省凉山彝族自治州越西县乐青地乡瓦曲村
		四川省凉山彝族自治州木里藏族自治县东朗乡亚英村
		四川省凉山彝族自治州木里藏族自治县水洛乡两保村
贵州省	99	贵州省贵阳市清镇市王庄布依族苗族乡小坡村
		贵州省贵阳市修文县六屯镇大木村
		贵州省六盘水市钟山区大湾镇海嘎村
		贵州省六盘水市水城县花戛乡天门村
		贵州省六盘水市水城县龙场乡娱乐村
		贵州省六盘水市盘州市淤泥彝族乡岩博村
		贵州省六盘水市六枝特区牂牁镇西陵村
		贵州省遵义市赤水市元厚镇石梅村五星苗寨
		贵州省遵义市凤冈县新建镇新建社区长碛古寨
		贵州省遵义市道真仡佬族苗族自治县河口镇梅江村
		贵州省遵义市务川仡佬族苗族自治县黄都镇丝棉社区沈家坝寨
		贵州省安顺市平坝区羊昌乡龙海村
		贵州省安顺市镇宁布依族苗族自治县丁旗街道幸福村
		贵州省安顺市关岭布依族苗族自治县普利乡马马崖村
		贵州省安顺市紫云苗族布依族自治县猫营镇沙坎村
		贵州省安顺市紫云苗族布依族自治县坝羊镇红院村
		贵州省安顺市紫云苗族布依族自治县火花镇九岭村
		贵州省安顺市经济技术开发区幺铺镇羊场村
		贵州省毕节市金沙县化觉镇前顺村
		贵州省毕节市织金县官寨乡屯上村
		贵州省毕节市纳雍县化作乡枪杆岩村
		贵州省毕节市赫章县可乐彝族苗族乡农场社区顺山苗寨
		贵州省毕节市赫章县兴发苗族彝族回族乡中寨村
		贵州省毕节市赫章县雉街彝族苗族乡发达村
		贵州省毕节市百里杜鹃管理区黄泥乡槽门村
		贵州省毕节市百里杜鹃管理区戛木管理区大堰村
		贵州省铜仁市碧江区云场坪镇路腊村
		贵州省铜仁市万山区高楼坪侗族乡夜郎村
		贵州省铜仁市万山区万山镇土坪社区
		贵州省铜仁市江口县德旺乡坝梅村
		贵州省铜仁市江口县官和乡泗渡村
		贵州省铜仁市石阡县聚凤乡廖家屯村

续表 11

地　区	数量（个）	少数民族特色村寨名称
贵州省	99	贵州省铜仁市思南县长坝镇龙门村
		贵州省铜仁市玉屏侗族自治县新店镇老寨村
		贵州省铜仁市玉屏侗族自治县朱家场镇谢桥村
		贵州省铜仁市印江土家族苗族自治县缠溪镇方家岭村
		贵州省铜仁市沿河土家族自治县后坪乡下坝村葫芦湾
		贵州省铜仁市松桃苗族自治县牛郎镇岑朵村
		贵州省黔西南布依族苗族自治州兴仁市城北街道办丰岩村
		贵州省黔西南布依族苗族自治州兴仁市大山镇野场村
		贵州省黔西南布依族苗族自治州贞丰县白层镇坝桥村
		贵州省黔西南布依族苗族自治州贞丰县珉谷街道坡旗村
		贵州省黔西南布依族苗族自治州贞丰县平街乡花江村
		贵州省黔西南布依族苗族自治州贞丰县永丰街道纳马村
		贵州省黔西南布依族苗族自治州贞丰县者相镇董箐村
		贵州省黔西南布依族苗族自治州望谟县新屯街道办新屯村
		贵州省黔西南布依族苗族自治州望谟县油迈瑶族乡油迈村
		贵州省黔西南布依族苗族自治州册亨县秧坝镇福尧村
		贵州省黔西南布依族苗族自治州安龙县笃山镇梨树村
		贵州省黔东南苗族侗族自治州凯里市舟溪镇曼洞村青曼苗寨
		贵州省黔东南苗族侗族自治州凯里市旁海镇屯寨村屯寨苗寨
		贵州省黔东南苗族侗族自治州黄平县谷陇镇滚水村滚水寨
		贵州省黔东南苗族侗族自治州黄平县重安镇下翁细村下翁细寨
		贵州省黔东南苗族侗族自治州三穗县款场乡龙脚村
		贵州省黔东南苗族侗族自治州三穗县良上镇雅中村
		贵州省黔东南苗族侗族自治州镇远县尚寨土家族乡丰收村苗屯大寨
		贵州省黔东南苗族侗族自治州岑巩县注溪镇周坪村
		贵州省黔东南苗族侗族自治州天柱县竹林镇龙塘村
		贵州省黔东南苗族侗族自治州天柱县渡马镇共和村甘溪侗寨
		贵州省黔东南苗族侗族自治州天柱县石洞镇下腾村
		贵州省黔东南苗族侗族自治州锦屏县隆里乡华寨村
		贵州省黔东南苗族侗族自治州锦屏县偶里乡寨欧村
		贵州省黔东南苗族侗族自治州锦屏县平秋镇平秋村
		贵州省黔东南苗族侗族自治州锦屏县彦洞乡黄门村
		贵州省黔东南苗族侗族自治州剑河县磻溪镇小广村
		贵州省黔东南苗族侗族自治州台江县方召镇方召村
		贵州省黔东南苗族侗族自治州台江县南宫镇交密村

续表 12

地　区	数量（个）	少数民族特色村寨名称
贵州省	99	贵州省黔东南苗族侗族自治州台江县排羊乡九摆村
		贵州省黔东南苗族侗族自治州黎平县洪州镇救寨村
		贵州省黔东南苗族侗族自治州榕江县寨蒿镇晚寨村
		贵州省黔东南苗族侗族自治州榕江县平江镇滚仲村
		贵州省黔东南苗族侗族自治州从江县秀塘壮族乡上敖村
		贵州省黔东南苗族侗族自治州雷山县望丰乡青山村
		贵州省黔东南苗族侗族自治州麻江县龙山镇河坝村
		贵州省黔东南苗族侗族自治州麻江县宣威镇瓮袍村
		贵州省黔东南苗族侗族自治州丹寨县南皋乡清江村
		贵州省黔东南苗族侗族自治州丹寨县龙泉镇高寨村
		贵州省黔东南苗族侗族自治州丹寨县排调镇羊先村
		贵州省黔东南苗族侗族自治州丹寨县兴仁镇乌佐村
		贵州省黔东南苗族侗族自治州丹寨县扬武镇老冬村
		贵州省黔东南苗族侗族自治州丹寨县兴仁镇甲劳村
		贵州省黔南布依族苗族自治州都匀市毛尖镇坪阳村总阳寨
		贵州省黔南布依族苗族自治州福泉市凤山镇金凤村
		贵州省黔南布依族苗族自治州福泉市陆坪镇新桥营村柏秧坪么佬寨
		贵州省黔南布依族苗族自治州荔波县玉屏街道水浦村
		贵州省黔南布依族苗族自治州荔波县佳荣镇大土苗寨
		贵州省黔南布依族苗族自治州荔波县小七孔镇觉巩村巴竹寨
		贵州省黔南布依族苗族自治州平塘县平舟镇京舟村
		贵州省黔南布依族苗族自治州罗甸县沫阳镇麻怀村
		贵州省黔南布依族苗族自治州罗甸县红水河镇红河村
		贵州省黔南布依族苗族自治州长顺县白云山镇中院村
		贵州省黔南布依族苗族自治州龙里县湾滩河镇走马村孔雀寨
		贵州省黔南布依族苗族自治州龙里县醒狮镇大岩村大寨
		贵州省黔南布依族苗族自治州惠水县雅水镇西牛村
		贵州省黔南布依族苗族自治州惠水县摆金镇高寨村
		贵州省黔南布依族苗族自治州三都水族自治县三合街道拉揽村高寨
		贵州省黔南布依族苗族自治州三都水族自治县都江镇月亮村
		贵州省黔南布依族苗族自治州三都水族自治县普安镇高硐村
		贵州省黔南布依族苗族自治州三都水族自治县普安镇望结村
云南省	93	云南省昆明市寻甸回族彝族自治县金所街道草海子社区额秧村
		云南省昆明市寻甸回族彝族自治县塘子街道钟灵社区小海新村
		云南省曲靖市罗平县鲁布革布依族苗族乡舍坡村委会中寨村

续表 13

地 区	数量（个）	少数民族特色村寨名称
云南省	93	云南省玉溪市峨山彝族自治县甸中镇小甸中村委会栖木塀村
		云南省玉溪市新平彝族傣族自治县彝族自治县平掌乡库独木村委会大寨村
		云南省玉溪市新平彝族傣族自治县彝族自治县桂山街道亚尼社区勒达村
		云南省玉溪市新平彝族傣族自治县彝族自治县新化乡新化村委会小黑达村
		云南省玉溪市新平彝族傣族自治县彝族自治县戛洒镇耀南村委会马家寨村
		云南省玉溪市元江哈尼族彝族傣族自治县洼垤乡它才吉村委会坡垤村
		云南省保山市施甸县摆榔彝族布朗族乡大中村委会大中村
		云南省保山市施甸县甸阳镇沙坝脚社区西山村
		云南省保山市龙陵县平达乡安乐村委会空竹洼村
		云南省昭通市镇雄县以古镇岩洞脚村委会下寨村
		云南省昭通市镇雄县林口彝族苗族乡木黑村委会湾子村
		云南省昭通市水富市两碗镇三角村委会坪头村
		云南省丽江市古城区大研街道义尚社区文林村
		云南省丽江市玉龙纳西族自治县宝山乡宝山村委会石头城村
		云南省丽江市玉龙纳西族自治县黎明傈僳族乡黎明村委会中村
		云南省丽江市玉龙纳西族自治县拉市镇南尧村委会四组
		云南省普洱市思茅区思茅港镇大车树村委会忙播村
		云南省普洱市思茅区云仙彝族乡桃子树村委会芒牛村
		云南省普洱市墨江哈尼族自治县哈尼族自治县联珠镇者铁村委会勐簸村
		云南省普洱市澜沧拉祜族自治县糯福乡南段村委会龙竹棚老寨村
		云南省普洱市澜沧拉祜族自治县惠民镇芒景村委会翁哇村
		云南省临沧市凤庆县诗礼乡古墨村委会平村
		云南省临沧市凤庆县小湾镇锦秀村委会茶王村
		云南省临沧市镇康县凤尾镇芦子园村委会小落水村
		云南省临沧市镇康县军赛佤族拉祜族傈僳族德昂族乡南榨村委会酒房坡村
		云南省临沧市双江拉祜族佤族布朗族傣族自治县勐库镇公弄村委会大寨村
		云南省临沧市双江拉祜族佤族布朗族傣族自治县勐勐镇忙乐村委会忙乐四组
		云南省临沧市双江拉祜族佤族布朗族傣族自治县沙河乡允俸村委会景亢村
		云南省临沧市耿马傣族佤族自治县孟定镇下坝村委会芒汀组
		云南省临沧市耿马傣族佤族自治县孟定镇景信村委会四方井组
		云南省临沧市耿马傣族佤族自治县孟定镇河西村委会那永组
		云南省临沧市耿马傣族佤族自治县孟定镇遮哈村委会弄棒组
		云南省临沧市耿马傣族佤族自治县勐撒镇箐门口村委会芒见组
		云南省临沧市沧源佤族自治县班老乡帕浪村委会芒黑村
		云南省楚雄彝族自治州楚雄市东瓜镇桃园社区白花山村

续表 14

地　区	数量（个）	少数民族特色村寨名称
云南省	93	云南省楚雄彝族自治州双柏县大麦地镇普龙社区进巴珠村
		云南省楚雄彝族自治州双柏县大麦地镇普龙社区埂井村
		云南省楚雄彝族自治州双柏县大麦地镇峨足村委会各莫村
		云南省楚雄彝族自治州牟定县凤屯镇河节村委会大平地村
		云南省楚雄彝族自治州南华县五顶山乡牛丛村委会渔坝塘村
		云南省楚雄彝族自治州南华县兔街镇兔街村委会兔街老村
		云南省楚雄彝族自治州大姚县赵家店镇赵家店社区紫丘村
		云南省楚雄彝族自治州大姚县桂花镇马茨村委会马茨村
		云南省楚雄彝族自治州永仁县永兴傣族乡拉姑村委会下拉姑村
		云南省楚雄彝族自治州元谋县元马镇星火社区环州驿村
		云南省楚雄彝族自治州武定县狮山镇旧城社区马豆沟村
		云南省楚雄彝族自治州武定县发窝乡发窝村委会左中梁子村
		云南省红河哈尼族彝族自治州泸西县午街铺镇水塘村委会小河边村
		云南省红河哈尼族彝族自治州元阳县新街镇爱春村委会阿者科村
		云南省红河哈尼族彝族自治州红河县迤萨镇勐龙村委会勐龙村
		云南省红河哈尼族彝族自治州红河县乐育镇然仁村委会格伍村
		云南省红河哈尼族彝族自治州屏边苗族自治县湾塘乡牛碑村委会人字桥村
		云南省红河哈尼族彝族自治州屏边苗族自治县玉屏镇姑租碑村委会刺竹林村
		云南省文山壮族苗族自治州文山市马塘镇塘子寨村
		云南省文山壮族苗族自治州西畴县西洒镇汤谷村
		云南省文山壮族苗族自治州西畴县兴街镇老黑箐村
		云南省文山壮族苗族自治州马关县坡脚镇小马固新寨村
		云南省文山壮族苗族自治州马关县马白镇马洒村委会马洒村
		云南省文山壮族苗族自治州丘北县双龙营镇普者黑村委会仙人洞村
		云南省文山壮族苗族自治州广南县者兔乡马碧村
		云南省西双版纳傣族自治州景洪市勐龙镇曼别村委会曼迷村
		云南省西双版纳傣族自治州景洪市勐罕镇曼景村委会曼景村
		云南省西双版纳傣族自治州景洪市嘎洒镇曼景罕村委会曼景罕村
		云南省西双版纳傣族自治州勐海县打洛镇打洛村委会勐景来村
		云南省西双版纳傣族自治州勐海县勐满镇城子村委会城子村
		云南省西双版纳傣族自治州勐海县勐海镇曼袄村委会曼板村
		云南省西双版纳傣族自治州勐腊县勐捧镇勐哈村委会曼掌村
		云南省大理白族自治州大理市湾桥镇古生村
		云南省大理白族自治州宾川县金牛镇彩凤村委会尼萨村
		云南省大理白族自治州弥渡县牛街彝族乡荣华村委会大核桃箐村

续表 15

地 区	数量（个）	少数民族特色村寨名称
云南省	93	云南省大理白族自治州弥渡县寅街镇瓦哲村委会瓦哲村
		云南省大理白族自治州云龙县宝丰乡宝丰村
		云南省大理白族自治州云龙县漕涧镇仁山村委会丹梯村
		云南省大理白族自治州洱源县茈碧湖镇碧云村
		云南省大理白族自治州鹤庆县西邑镇奇峰村委会奇峰村
		云南省大理白族自治州鹤庆县西邑镇响水河村委会响水河村
		云南省大理白族自治州鹤庆县草海镇新华村委会南邑村
		云南省大理白族自治州漾濞彝族自治县苍山西镇光明村委会鸡茨坪村
		云南省大理白族自治州南涧彝族自治县乐秋乡乐秋村委会下大湾村
		云南省德宏傣族景颇族自治州芒市三台山德昂族乡出东瓜村委会出东瓜一组
		云南省德宏傣族景颇族自治州芒市风平镇遮晏村委会上井坎村
		云南省德宏傣族景颇族自治州芒市五岔路乡弯丹村委会弯丹村
		云南省德宏傣族景颇族自治州芒市芒海镇吕尹村委会户那村
		云南省德宏傣族景颇族自治州盈江县勐弄乡勐弄村委会龙门寨
		云南省怒江傈僳族自治州贡山独龙族怒族自治县丙中洛镇秋那桶村委会雾里村
		云南省怒江傈僳族自治州贡山独龙族怒族自治县丙中洛镇双拉村委会双拉1−2组
		云南省怒江傈僳族自治州兰坪白族普米族自治县河西乡大羊村委会大古梅村
		云南省迪庆藏族自治州香格里拉市尼西乡幸福村委会上桥头村
		云南省迪庆藏族自治州香格里拉市洛吉乡尼汝村委会尼中村
		云南省迪庆藏族自治州维西傈僳族自治县攀天阁乡皆菊村委会迪妈村
西藏自治区	11	西藏自治区拉萨市堆龙德庆区乃琼镇波玛村
		西藏自治区拉萨市曲水县才纳乡四季吉祥村
		西藏自治区昌都市江达县岗托镇岗托村
		西藏自治区林芝市巴宜区更章门巴民族乡门仲村
		西藏自治区林芝市米林县羌纳乡西嘎村
		西藏自治区林芝市墨脱县德兴乡德兴村
		西藏自治区阿里地区普兰县普兰镇科迦村
		西藏自治区阿里地区普兰县普兰镇吉让居委会
		西藏自治区阿里地区普兰县普兰镇赤德村
		西藏自治区阿里地区普兰县普兰镇仁贡村
		西藏自治区阿里地区札达县达巴乡达巴村
甘肃省	10	甘肃省武威市天祝藏族自治县天堂镇本康村
		甘肃省张掖市肃南裕固族自治县大河乡西柳沟村
		甘肃省张掖市肃南裕固族自治县皇城镇东顶村

续表 16

地　区	数量（个）	少数民族特色村寨名称
甘肃省	10	甘肃省酒泉市肃北蒙古族自治县马鬃山镇巴音布勒格村
		甘肃省临夏回族自治州积石山保安族东乡族撒拉族自治县大河家镇甘河滩村
		甘肃省甘南藏族自治州卓尼县木耳镇博峪村
		甘肃省甘南藏族自治州舟曲县峰迭镇水泉村
		甘肃省甘南藏族自治州迭部县益哇镇扎尕那村
		甘肃省甘南藏族自治州夏河县阿木去乎镇安果行政村安果自然村
		甘肃省甘南藏族自治州夏河县达麦乡达麦行政村当应道自然村
青海省	22	青海省海东市互助土族自治县威远镇小庄村
		青海省海东市互助土族自治县五十镇班彦村
		青海省海东市互助土族自治县丹麻镇索卜滩村
		青海省海东市互助土族自治县丹麻镇哇麻村
		青海省海东市化隆回族自治县金源乡支哈加村
		青海省海东市化隆回族自治县甘都镇阿河滩村
		青海省海东市循化撒拉族自治县街子镇团结村
		青海省黄南藏族自治州同仁县扎毛乡扎毛村
		青海省黄南藏族自治州同仁县曲库乎乡瓜什则村
		青海省黄南藏族自治州尖扎县昂拉乡德吉村
		青海省果洛藏族自治州玛沁县拉加镇洋玉新村
		青海省果洛藏族自治州班玛县灯塔乡班前村
		青海省果洛藏族自治州班玛县江日堂乡多日麻村
		青海省果洛藏族自治州班玛县亚尔堂乡王柔村
		青海省果洛藏族自治州久治县索乎日麻乡索乎日麻村
		青海省玉树藏族自治州玉树市安冲乡拉则村
		青海省玉树藏族自治州称多县拉布乡拉司通村
		青海省玉树藏族自治州称多县拉布乡郭吾村
		青海省玉树藏族自治州囊谦县白扎乡巴麦村
		青海省海西蒙古族藏族自治州德令哈市蓄集乡陶尔根家园
		青海省海西蒙古族藏族自治州格尔木市唐古拉山镇长江源村
		青海省海西蒙古族藏族自治州茫崖市花土沟镇代尔森村
新疆维吾尔自治区	25	新疆维吾尔自治区克拉玛依市克拉玛依区小拐乡小拐村
		新疆维吾尔自治区吐鲁番市托克逊县夏乡南湖村
		新疆维吾尔自治区吐鲁番市托克逊县伊拉湖镇郭若村
		新疆维吾尔自治区阿克苏地区库车县伊西哈拉镇库木艾日克社区
		新疆维吾尔自治区昌吉回族自治州奇台县大泉塔塔尔族乡大泉湖村
		新疆维吾尔自治区博尔塔拉蒙古自治州博乐市小营盘镇明格陶勒哈村

续表 17

地　区	数量（个）	少数民族特色村寨名称
新疆维吾尔自治区	25	新疆维吾尔自治区博尔塔拉蒙古自治州温泉县扎勒木特乡博格达尔村
		新疆维吾尔自治区巴音郭楞蒙古自治州若羌县铁干里克镇果勒吾斯塘村
		新疆维吾尔自治区巴音郭楞蒙古自治州和静县巩乃斯镇阿尔先郭勒村
		新疆维吾尔自治区巴音郭楞蒙古自治州焉耆回族自治县七个星镇霍拉山村
		新疆维吾尔自治区伊犁哈萨克自治州伊宁市喀尔墩乡东梁村
		新疆维吾尔自治区伊犁哈萨克自治州伊宁市解放路街道六星街社区
		新疆维吾尔自治区伊犁哈萨克自治州伊宁县萨木于孜镇撒拉村
		新疆维吾尔自治区伊犁哈萨克自治州伊宁县阿热吾斯塘镇古库热提曼村
		新疆维吾尔自治区伊犁哈萨克自治州霍城县萨尔布拉克镇萨尔布拉克镇齐巴拉嘎西村
		新疆维吾尔自治区伊犁哈萨克自治州霍城县兰干乡其宁巴克村
		新疆维吾尔自治区伊犁哈萨克自治州霍城县三宫回族乡下三宫村
		新疆维吾尔自治区伊犁哈萨克自治州尼勒克县克令乡阔依塔斯村
		新疆维吾尔自治区伊犁哈萨克自治州察布查尔锡伯自治县纳达齐牛录乡纳达齐牛录村
		新疆维吾尔自治区伊犁哈萨克自治州察布查尔锡伯自治县琼博拉镇琼博拉村
		新疆维吾尔自治区阿勒泰地区布尔津县窝依莫克镇也拉曼村
		新疆维吾尔自治区阿勒泰地区布尔津县窝依莫克镇哈太村
		新疆维吾尔自治区阿勒泰地区布尔津县冲乎尔镇镇哈热阿布拉克村
		新疆维吾尔自治区阿勒泰地区布尔津县也格孜托别乡克孜勒托盖村
		新疆维吾尔自治区阿勒泰地区布尔津县也格孜托别乡克孜勒加尔村
新疆生产建设兵团	2	新疆生产建设兵团第四师可克达拉市六十四团十四连
		新疆生产建设兵团第四师可克达拉市七十八团三连

中国少数民族文学、中国少数民族传统体育运动会资料

■历届全国少数民族文学“骏马奖”获奖作品

	第一届	第二届	第三届	第四届	第五届	第六届	第七届	第八届	第九届	第十届	第十一届	第十二届
长篇小说	7	4	6	6	8	7	7	5	5	5	5	5
中、短篇小说集(中、短篇小说)	29	51	14	28	14	15	17	6	5	5	5	5
诗歌集(诗集、长诗、短诗)	59	33	10	25	13	14	10	5	7	5	5	5
散文、报告文学集(散文、报告文学)	17	12	5	11	10	12	12	10	8	10	9	10
评论集(评论)		6	1	4	4	4	4	5	5			
儿童文学集(儿童文学)	8		3	3	1	4	2					
电影文学	4											
剧　本	5											
翻译奖(人)		8	4	6	3	6	4	1	4	4	3	5
新人新作			18	16	10							
特别奖			22			1						
荣誉奖	11	13										
人口较少民族特别奖									5			
合　计	140	127	83	99	63	63	56	32	39	29	27	30

■历届全国少数民族传统体育运动会

项目	第一届	第二届	第三届	第四届
时间	1953年11月8日—12日	1982年9月2日—8日	1986年8月10日—17日	1991年11月10日—17日
地点	天津市	呼和浩特市	乌鲁木齐市	南宁市
参加单位	华北、东北、西北、中南、西南、东南等6大行政区和内蒙古、解放军、铁路系统共9个单位	29个省、自治区、直辖市代表团	29个省、自治区、直辖市代表团	30个省、自治区、直辖市代表团
参加人数	395名运动员	863名运动员、教练员；2个观摩团，400多人；300多名中外记者	1097名运动员、教练员；29个观摩团，872人；中外记者580人；港澳同胞及外国朋友45人	1740名运动员。29个观摩团，有教练员、裁判员、工作人员、少数民族体育先进地区和单位代表、新闻工作者共4500人
比赛项目	举重、拳击、石锁、摔跤、击剑和步射(弓箭射准)	射箭邀请赛、中国式摔跤比赛	摔跤、射箭、赛马、叼羊、射弩、抢花炮、秋千	龙舟、抢花炮、秋千、射弩、珍珠球、木球、摔跤、赛马和武术
表演项目	武术(分棒术和器械，共383项)、民间体育(分石提、爬杆等22项)、骑术(各种马上技巧表演9项)	傣族的孔雀拳、蒙古族的赛骆驼、赛马等68项	表演项目115项	表演项目120项

项目	第五届	第六届	
时间	1995 年 11 月 5 日—12 日	1999 年 9 月 24 日—30 日	1999 年 8 月 18 日—23 日
地点	昆明市	北京市(主赛场)	拉萨市(分赛场)
参加单位	31 个省、自治区、直辖市代表团，新疆生产建设兵团、解放军代表团、台湾少数民族代表团	31 个省、自治区、直辖市代表团，新疆生产建设兵团、解放军代表团、台湾少数民族代表团	31 个省、自治区、直辖市代表团、新疆生产建设兵团、解放军代表团
参加人数	2342 名运动员。30 个省、自治区、直辖市组织了观摩团。运动员、教练员、工作人员、观摩人员、少数民族体育模范代表，中外记者及来宾共 7000 人参加了运动会。	2626 名运动员。各省、自治区、直辖市组织了观摩团、运动员、教练员、工作人员、观摩人员、少数民族体育模范代表及记者共计 6000 人。	764 名运动员。各省、自治区、直辖市组织了 33 个代表团和 40 个观摩团。运动员、教练员、工作人员、观摩人员及记者共计 2386 人。
比赛项目	抢花炮、珍珠球、木球、民族式摔跤(博克、且里西、格、北嘎、绊跤)、秋千、武术、射弩、龙舟、马上项目(速度赛马、走马、跑马、射击、跑马射箭、跑马捡哈达、叼羊)、打陀螺、毽球等共 11 项	抢花炮、珍珠球、毽球、蹴球、木球、秋千、武术、龙舟、民族式摔跤(博克、格、且里西、北嘎、绊跤)、马上项目(速度赛马、走马、跑马、射击、跑马射箭、跑马拾哈达)等 10 个项目	马上项目、射弩、打陀螺、押加等 4 个项目
表演项目	表演项目 129 项	表演项目 11 项	表演项目 39 项

项目	第七届	第八届	第九届	第十届	第十一届
时间	2003 年 9 月 6 日—13 日	2007 年 11 月 10 日—18 日	2011 年 9 月 10 日—2011 年 9 月 18 日	2015 年 8 月 9 日—17 日	2019 年 9 月 8 日—16 日
地点	银川市（主赛场）石嘴山市（分赛场）	广州市	贵阳市	鄂尔多斯市	郑州市
参加单位	31 个省、自治区、直辖市代表团，新疆生产建设兵团、解放军代表团、台湾少数民族代表团	31 个省、自治区、直辖市代表团，新疆生产建设兵团、解放军代表团、台湾少数民族代表团	31 个省、自治区、直辖市代表团，新疆生产建设兵团、中国人民解放军、台湾少数民族代表团	全国各省、自治区、直辖市及中国人民解放军、新疆生产建设兵团	全国 31 个省（自治区、直辖市）、新疆生产建设兵团、解放军以及台湾共 34 个代表团
参加人数	3735 名运动员。30 个省、自治区、直辖市组织了观摩团。运动员、教练员、工作人员、观摩人员、少数民族体育模范代表，中外记者及来宾共 9039 人参加了运动会	6381 名运动员。30 个省、自治区、直辖市组织了观摩团。运动员、教练员、工作人员、观摩人员、少数民族体育模范代表，中外记者及来宾共 1.5 万人参加了运动会	6771 名运动员。31 个省、自治区、直辖市组织了观摩团。运动员、教练员、工作人员、观摩人员、少数民族体育模范代表，中外记者及来宾近万人参加了运动会	运动员、教练员、裁判员及工作人员共 9000 人	参赛运动员 7009 名
比赛项目	抢花炮、珍珠球、木球、民族式摔跤(博克、且里西、格、北嘎、绊跤)、秋千、武术、射弩、龙舟、马术(速度赛马、走马、跑马射箭、跑马射击、跑马拾哈达)、打陀螺、毽球、蹴球、高脚竞速、押加等共 14 项	抢花炮、珍珠球、木球、民族式摔跤(博克、且里西、格、北嘎、绊跤、朝鲜族式摔跤)、秋千、武术、射弩、龙舟、马术(速度赛马、走马、跑马射箭、跑马射击、跑马拾哈达)、打陀螺、毽球、蹴球、高脚竞速、板鞋竞速、押加等共 15 项	花炮、珍珠球、木球、蹴球、毽球、龙舟、独竹漂、秋千、射弩、陀螺、押加、高脚竞速、板鞋竞速、武术、民族式摔跤（搏克、且里西、格、北嘎、绊跤、希日木）、马术（速度赛马、走马、跑马射击、跑马射箭、跑马拾哈达）等 16 个大项	花炮、珍珠球、木球、蹴球、毽球、龙舟、独竹漂、秋千、射弩、陀螺、押加、高脚竞速、板鞋竞速、少数民族武术、民族式摔跤、马术、民族健身操等 17 项	大会设有花炮、珍珠球、木球、蹴球、毽球、龙舟、独竹漂、秋千、射弩、陀螺、押加、高脚竞速、板鞋竞速、民族武术、民族式摔跤、民族马术、民族健身操等 17 个竞赛项目和表演项目
表演项目	表演项目 125 项	表演项目 148 项	3 个大类，共 188 项	表演项目 140 项	10 个表演项目共 102 个小项